동서양정치사상사 3

한·중 근세정치사상사 비교

지기영 지음

법영사

머 리 말

조선은 역사적으로 중국으로부터 정치문화면에서 강한 영향을 받아 왔다.

근세 중국과 조선의 역사 전개과정은 공통적으로 성리학의 이념·이데올로기에 의해 이끌어졌다는 점에서 크게 다르지 않았다. 그러나 정치적으로는 청(淸)과의 병자호란을 계기로 서로 다른 길을 걷게 되었다.

본고(本稿)에서는 제1장에서 성리학에 대한 철학적 접근을 시도하였다.

명말청초의 고염무를 위시해 개화기의 담사동 등, 조선에서는 허목, 윤휴를 이어 다산 역시 선진유학의 정신으로 돌아갈 것을 주장하였으나, 그들은 다만 성리학의 공소한 면을 지적하였을 뿐 선진유학과 신유학의 근본적 성격의 차이에 대해서는 명확한 설명을 하고 있지 않다.

주희는 '부자관계가 있기 이전에 그 효(孝)는 이미 존재한다'고 하였고, 아마도 이 말이 성리학의 특성을 상징적으로 들어낸다고 할 수 있다. 그러나 현실적으로 아비 자식이 없는 상태에서의 효는 공소(空疎)하며, 안원은 이를 두고 '리(理)가 일이나 사물과 나뉘면서 허공에 매달린 꼴이 되었다'고 하였다.

유학은 실천철학이며 이러한 현실에 근거, 뿌리하지 않은 관념은 위화감(違和感)을 자아내었고, 학자들의 성리학에 대한 반대·공박 역시 이 하나에 집중되었다.

그러나 신유학은 그 공소함으로 인해 끊임없이 비판받아 왔음에도 불구하고 7백년 이상을 강력한 통제력으로 비단 정치세계뿐 아니라, 동양의 사회·문화 전반을 장악하여 왔는데, 그 힘의 한 축(軸)은 성리학의 형이상학적 세계관이 갖는 절대적 성격에서 비롯된 것이다.

본고에서는 도(道)와 형이상학의 명제간의 차이라는 관점에서 선진유학과 신유학을, 그리고 형이상학과 세계계관의 관계를 해명함으로서 신유학의 절대적 성격의 근거를 분명히 하고자 하였다.

다른 하나, 병자호란의 발발(勃發)은 당시 조선 사대부들의 교조주의화한 성리학적 가치관에 따른 숭명(崇明)정신이 결정적 요인이었으며, 따라서 그들에게 과연 명은 무엇이었나를 묻고자 하였다. 이는 병자호란으로 인한 참화(慘禍)뿐 아니라 조선 근세사의 성격을 정치적으로는 중국의 속국, 사회적으로는 '침체·낙후'로 규정짓게 되는 근본적이고 결정적 계기가 되었다는 점에서 중요하였다.

조선조 초기의 대명(對明)관계가 독립적이었던 것을 생각하면, 이들 조선 후기 성리학자들의 책임은 피할 수 없다고 본다.

본고는 중국과 조선의 근세 정치사상을 보다 분명하게 들어내기 위해서 같은 시간대에 있었던 사건이나 인물들을 상호 비교하는 형식을 취했다. 그런 과정에서 어쩔 수 없이 지나치게 단순화한 논리도 있었지 않나 하는 생각도 있다. 또한 중국과 조선을 함께 다루다보니 『동서양 정치사상사』 1·2권과 중복되는 부분이 있게 되어 이를 앞의 책에서 전제(轉載)하였음을 이해해주기 바란다.

그리고 저자 자신의 계획성 없고, 치밀하지 못한 성격으로 인용하려고 메모하면서 책 이름이나 저자를 적어놓지 않아, 몇 곳에서 부득이 하게 '표절'하게 되었음을 그 분들께 사과드립니다.

『동서양 정치사상사』 1, 2권을 출판해준 법영사의 고준영 사장이 금년 봄에 타계하여 마음을 아프게 하였다. 그리고 아버님 유지를 이어 회사를 경영하게 된 고호균 사장이 3권 역시 출판을 결정해 준 것에 대해 감사드린다.

2014. 12. 1

저자 지 기 영

차　례

제 1 장　선진유학과 신유학

제 2 장 명(明)과 조선전기(朝鮮前期)

제 3 장 퇴계(退溪)와 율곡(栗谷)

제4장　청 초기와 조선 후기 첫 100년 (1608–1724, 광해군–숙종)

제1장 | 선진유학과 신유학

제1절 선진(先秦)유학과 신유학에 대한 철학적 접근

1. 도와 형이상학 - 관점(View Point)을 세우기 위한 시도 -

– 알지 못하고 있다는 것을 아는 것이 최상이다(知不知 上), 알 수 없는 것을 안다고 하는 것은 병이다(不知知 病) – 『도덕경』

1) 도(道)의 성격 - 知不知 上 -

– 당신은 일찍이 사물이 존재하고 있다는 단순한 사실 그 자체에 마음을 빼앗긴 적이 있는가? 당신은 당신 자신에게 당신 앞의 한 인간이든, 하나의 꽃이든 아니면 한 알의 모래알이든, '그것이 거기에 존재한다'고 말해본 적이 있는가? 그것들이 어떤 방식으로 있든지 그리고 그것들이 어떤 형태를 갖는 지에는 전혀 관심을 갖지 않은 채 말이다. 당신이 그러한 경험을 해본 적이 있다면 당신은 당신의 마음을 경외와 경탄으로 사로잡는 어떤 신비한 현존을 느꼈을 것이다. – Sammuel Tayler Coleridge

공자는 '아침에 도를 들으면 저녁에 죽어도 좋다(朝聞道 夕死 可矣)(이인(里仁), 『논어(論語)』)고 하였는데, 이 의미를 새기기 위해 도(道)를 존재의 근원이라는 관점에서 사유(思惟)하려 했을 때, 도는 순간적인 음향처럼 왔다가면서 어디인가 그것이 가장 본원적인 것을 의미한다는 느낌만 남긴다.

인간은 도(道)에 대한 물음으로부터 자유로울 수 없다. 도에 대한 물음은 삶의 본연, 삶 자체에 대한 물음과 함께하는 것으로 그 형태는 '인생은 나그네 길, 어디서 왔다 어디로 가는가?' 같은 유행가의 가사(歌詞)에서부터 '이 무엇인고(是甚麽)?'라는 불가(佛家)의 화두(話頭)에 이르기 까지 다양하다. 이는 그 해답이 인간이 삶을 대하는 근원에 자리하고 있기 때문이다.

그러나 그 근원에 이르는 것은 인간의 인식 능력이 미치지 못하는, 사유의 한계를 너머선 선험의 경지이며, 칸트는 이를 '대상들 그 자체가 무엇일지는, 그것들의 현상에 대한 최고로 명료한 인식을 통해서도 결코 알려지지 않을 터이다(『순수이성비판』)'라고 한다. 따라서 그것을 표현하려 할 때, 그것은 직선적인 논리가 아니라 다만 비유나 역설로서만 가능하다.

하이데거는 '존재(存在)와 존재자(存在者)를 구별하면서 존재는 가장 공허한 것이면서 가장 풍요로운 것이고, 가장 일반적인 것이면서도 유일무이한 것이며, 가장 이해하기 쉬운 것이면서도 모든 개념화에 저항하는 것이며, 가장 자주 사용되는 것이면서도 이제 비로소 발원하는 것이며, 가장 믿을 수 있는 것이면서 가장 심연적인 것이며, 가장 망각된 것이면서 가장 상기시키는 것이며, 가장 자주 말해지는 것이면서 가장 침묵하는 것이다'라 한다(하이데거, 『니체와 니힐리즘』).

이러한 표현은 불가(佛家)의 불성(佛性)에 대한 언급(言及)으로도 충분히 받아 들여 질 수 있다. 사실 역설적 표현이라면 불가의 색즉시공 공즉시색(色卽是空 空卽是色) 만큼 유명한 예도 없을 것이다.

또한 유가에서도 도(道)나 중화(中和)를 말하는 자리에서 같은 형식을 취하고 있다.

유가는 『중용』에서 도에 대하여 '숨은 것처럼 잘 드러나는 것이 없으며, 미세한 것처럼 잘 나타나는 것이 없다(莫見乎隱 莫顯乎微)'라거나 '군자의 도는 그 효용은 광대하지만 그 본체는 은미하여 들어나지 않는다(君子之道 費而隱)'라 했을 때 이 역시 역설적인 표현으로 도의 은

미(隱微)함과 광대한 효용을 함께 들어내고자 한 것이다.

도가(道家)에서는 『도덕경』 첫 머리에 '도를 도라 하였을 때는 이미 도가 아니다(道可道 非常道)'라 하여 도에 대한 어떠한 명명(命名)도 거부한다. 명사(名辭)는 개념(槪念)이며, 개념화는 구별이라는 사유형식을 통해 대상을 불러 세워 고정시키는 작업이다. 그러나 도에는 한계가 없으며 '전체' 내지 '온전(穩全)함'이라는 보편성은 일체의 구별, 그 자체들을 포섭하고 있다.

우주의 보편·궁극이라는 관점에서의 '도', '존재', '불성'은 분명 인간의 가능한 인식범위 밖의 것으로 다만 유추(類推)[1]할 수 있을 뿐이다. 그러나 유추로는 어떠한 정의(定義)도 가능하지 않으며 따라서 도에 대한 정의는 그것이 명(名)해지는 그 순간에 이미 오류를 범하는 것이다.

근본적으로 사유(思惟) 형식은 범주(範疇)이며 따라서 사유(思惟)의 성격은 '구별'이고 '차이'이다. '범주'는 실재적 대상에 대해 연역적으로 그들 대상 간을 중재(仲裁)·매개하는 관계성을 이해하고 구별함으로서 성립되며, 그 일체의 존재자를 포섭하고 있는 범주라는 최고의 유(類) 개념을 근거로, 사물 간의 관계를 차이로서 인식하게 된다. 그리고 인간은 이러한 인식을 통해 거대한 관계망을 형성하고 있는 사물간의 관계성을 포착하고, 이를 기반으로 지식세계를 형성해 나간다.

그러나 도는 학문이나 지식을 통해 다가갈 수 있는 경지가 아니며, 그것은 깨달음의 대상이다. 학문은 지식의 집적(集積)과정을 거쳐서 완성되지만, 도의 깨달음을 위해서는 지식을 덜어내고 마음을 비워가야 한다(爲學日益 爲道日損).

도·존재·불성(佛性)은 분명히 인간의 인식범위 밖의 것으로 직관(直觀)에 의지하거나 아니면 다만 유추(類推)에 의해 그 개연성만을 확보

1) 유추는 연역적 추리 또 귀납적 추리도 아니다. 두 개의 특수한 사물이 몇 개의 성질을 같이 할 때, 이것에 의해 한 쪽에서 볼 수 있는 성질은 아마 다른 쪽에도 존재할 것이라고 추정하는 것이다. 그 결과로 확보할 수 있는 것은 정의(定義)가 아니라 개연성(蓋然性)이다.

할 수 있을 뿐, 어떠한 정의(定義)도 가능하지 않다.

도의 경지는 '미음을 경외와 경탄으로 사로잡는 어떤 신비한 현존을 느낄 수 있는 세계'이며, 그 세계에 이르는 데는 사고의 기능을 필요로 하지 않은 채 대상과 직접적인 관계를 맺는 직관(直觀)으로서만 가능하다. 그러나 이러한 신비한 현존을 느낄 수 있는 직관은 우연히 다가오는 것이 아니다.

그것은 시인(詩人)처럼 오랜 동안 정일(靜逸)한 마음으로 사물을 관조하거나, 또는 지적(知的) 과정을 충분히 쌓는 과정 혹은 그 연후에 그 사유(思惟)의 연장을 끊고 도약(跳躍)하는 형태로 찾아온다. 이를 불가에서는 점수(漸修)와 돈오(頓悟)로 말하고 있다.

이처럼 도는 인식하거나 규정할 수 없으며(無規定性) 이를 인정한 공자는 '내가 무얼 알겠는가'라 하여 '알지 못하는 것을 아는 것이 최상(知不知 上)'의 모습을 보인다.

도를 인간의 인식범위 밖의 것으로 인정하는 것(知不知 上)은 동양화의 여백(餘白)처럼 여유이고 가능성에 대한 개방이다. 선진유학은 공자의 가르침에 근원하며, 이러한 공자의 성품은 곧 선진유학의 성격이라 할 수 있다.

2) 형이상학이란? -不知知 病-

서구의 형이상학의 체계에는 중국철학의 '도', '성(誠)'에 해당하는 우주의 보편적 최고원리를 상정(想定)하고 있으며 그러한 면에서 도와 형이상학은 만나게 된다. 이는 인간 이성의 형이상학적 자연소질 즉 '자연본성(自然本性)으로서의 이성(理性)'이 우주의 보편·궁극에 대한 지향성을 지니고 있기 때문이다(칸트).

서구 형이상학은 존재와 존재자를 구분하고, 존재(存在)를 이데아[2)]

2) 플라톤의 '이데아'는 우리가 상식적으로 이해하는 '의식내에 가지고 있는 표상'들을 가리키는 명칭이 아니다. 그것은 존재의 본질 자체에 대한 명칭으로 존재자에 대해 가장 일반적인, 보편적인 것 즉 존재자성(存在者性)을 가리킨다. 그리고 이는 존재자에 선행(先行-Apriori)하는 것이다

로 보는 플라톤의 이분법적 해석으로부터 시작되며, 서구 철학의 역사는 형이상학의 역사이다. 이러한 형이상학은 존재하는 것으로 하여금 존재토록 하는 근본 원인, 원리를 탐구하는 학문으로, 그 대상은 변동하는 경험의 세계 너머에 있는 초월적 선험적인 세계이다.

형이상학은 참되다고 생각하는 하나의 세계를 정립하기 위하여 우주의 최고 원리를 상정하고 그 원리를 우주·세계에 적용하여 우주 질서 그리고 규범의 당위성을 설명하는 학문이다.

그러나 형이상학은 그 본질에 있어 사변철학이며, 이 '궁극적 존재'가 우리에게 알려질 수 있는가 즉 인식의 대상인가에 대해서는 부정적일 수밖에 없다. 사실 칸트는 형이상학을 도그마(Dogma)[3]라고 하였다.

한편 아리스토텔레스는 형이상학을 논리학(論理學)과 표리관계(表裏關係)에 있다고 규정하였는데, 이는 형이상(形而上)이라는 선험적 대상을 궁구(窮究)하는 형이상학에서 그 정당성을 확보해 주는 것은 오직 사유(思惟) 일반의 보편적 규칙 즉 논리의 합당성뿐이며, 그 외에 어느 것에도 기댈만한 것이 없기 때문이다.

이러한 논리학은 참된 것을 인식하기 위한 명법(名法)이 아니고 우리들이 참되다고 생각하는 하나의 세계를 정립하고 준비하기 위한 도구이다. 데카르트 역시 전통적 논리학에 대해 이는 자기가 모르는 것을 배우기보다는 자기가 알고 있는 것을 타인에게 설명하기 위한 방식이라고 하였다.

칸트는 형이상학의 실상을 인간 이성의 이상적(理想的) 기질이 빚어놓은 것으로, 우리에게 가능한 실질적 인식의 대상은 경험세계뿐이라 하였고, 따라서 선험세계에 대한 형이상학의 해답·명제는 진리(眞理) 자체는 아니다.

그러나 비록 형이상학적 진리(眞理)가 다만 참되다고 여기는 가상(假想)이며, 그것이 곧 진리자체는 아니라 하더라도, 형이상학은 카오스

---

3) 칸트는 '도그마'를 아마도 교훈·교설(教說-Lehrspruch)로 번역 할 수 있다고 하며, 이때 도그마(Dogma)는 필연적 명제(命題)-Mathema-와 구별되는 의미로 사용하였다(철학 사전).

(Chaos)혼돈(混沌)의 상태에 있는 우주에 해석관점을 제시함으로서, 그들 나름[4]의 성격과 질서를 제공하여 '살아있는 하나의 체계로서의 우주'를 인류에 선사한다. 그것은 우주·자연에 대한 오묘(奧妙), 경외(驚畏)라는 막연한 감성적 분위기로부터의 깨어남이다.

이러한 형이상학은 인간 사유(思惟)의 최상의 형태이며, 인간 이성의 모든 문화개발의 완성이다(칸트).

그러함에도 불구하고 형이상학의 명제는 도그마로서 '알 수 없는 것을 안다고 하는 것'(不知知)이라 할 수 밖에 없다. 그러나 형이상학은 그 명제의 적용·해석이 관념의 세계에 머무는 한에서는 어떠한 병폐로도 작용하지 않는다.

다만 신유학에서처럼 그것이 현실세계에서 삶의 방향을 설정하기 위해 가치와 연계시키면서, 즉 인간학과 결합되면서 그 병폐가 들어난다(不知知 病).

도·존재 즉 우주 본연의 진면목(眞面目)은 불입문자(不立文字), 침묵의 세계이다.

이를 형이상학과의 관계에서 보면 존재(存在)는 존재와 존재자의 형이상학적 구별, 그것 자체를 담지하고 보장하는, 즉 형이상학의 근원으로 존재한다. 하이데거는 이를 철학적 관점에서 '형이상학의 형이상학' 즉 형이상학의 근거이며, 그것을 표현하는 데는 변증법은 물론이고 형이상학조자 적합하지 않다고 한다.

---

4) 하이데거에 의하면 아리스토텔레스(B.C. 384-322)가 존재를 현실태(現實態-에네르게이아)라고 말하고, 중세의 신학자들이 이를 창조로부터 재해석하면서 존재를 순수현동(純粹現動)이라고 말하며, 라이프니츠가 이를 다시 근원적인 활력이라고 말한다. 또한 칸트(1724-1804)가 존재를 객관성이자 대상성으로, 헤겔이 절대정신으로서 무제약적인 현실성이라 하고, 니체가 권력에의 의지라고 말할 경우에 이러한 모든 사상가들은 동질적인 것을 다른 용어로 말하고 있다(하이데거, 『니체와 니힐리즘』).
이때 그 용어의 차이는 시대정신을 표현하는 것으로 그에 따른 나름대로의 모습으로 우주 세계를 그려내고 있다. 다시 말하자면 형이상학은 존재자에 대한 하나의 특정한 해석과 진리에 대한 하나의 특정한 파악을 통하여 한 시대의 본질 형태의 근거를 부여함으로서 그 시대를 근거 놓는다. 그리고 이 근거가 그 시대를 특징짓고 있는 모든 현상들을 철두철미 지배하고 있다(한스 페터 헴펠, 『하이데거와 선(禪)』).

그렇게 하여 오히려 도(道)는 누구에게나 항상 다만 '물음'의 대상으로 남아 모두에게 개방되어 있다. 또한 역(逆)으로 도에 대해서는 누구나 자신의 견해·믿음을 가질 수 있다.

석가(釋迦)는 도의 원론적 물음인 우주의 근원을 깨달은 분으로 그 진면모를 중생에게 가르치려 평생 동안 설법(說法)을 펴셨다. 그러나 그 개달음의 경지는 오직 염화미소(拈華媚笑)로만 전할 수 있었다.

이에 비해 공자(孔子)는 중국 본래의 인간학의 전통에서 도(道)를 우주의 궁극적, 보편적 본연(本然)(천도)인 동시에 우주 본연에 이르는 인간의 행위(行爲)(인도)로 이해하였고, 이러한 이해가 그를 실천철학으로 이끌었다.

그러나 그는 '도 본연'에 대해서는 '물음'의 대상으로 남겨둠으로써, 형이상학적 명제를 포함한 어떠한 도그마(Dogma)에도 매이지 않는 자유인(自由人)으로서의 삶을 살았다. 이러한 공자의 근본정신을 근거로, 선진유학은 비교적 유연한 개방성을 유지하였다.

한편 신유학은 형이상학으로 '인간 사유(思惟)의 최상의 형태이며, 인간 이성의 모든 문화개발의 완성'으로서의 면모를 갖추었으나, 형이상학이 갖는 한계성을 스스로 인정하거나, 지키지는 못하였다. 아니 오히려 유가 본래의 실천철학과 융합되어 도그마로서의 병폐가 더욱 현저하게 들어났다.[5)]

2. 선진유학과 도

유가에서는 실천철학의 관점에서 '유추(類推)'를 통해 도에 대한 접근을 시도한다.

그러나 유추에 의해 그 본원에 이를 수 있다 하더라도, 이를 확정

---

5) 그러나 이러한 형이상학을 세계해석과 삶의 방향을 설정하기 위해 가치와 연계시키는 현상은 신유학에서 뿐 아니라 서양 형이상학에서도 니체가 존재자성(存在者性)을 '권력에의 의지'로 규정하면서 나타났다. 이때 '권력에의 의지'는 인간이 가치 즉 '삶의 유지와 고양(高揚)을 위한 제 조건을 획득하려는 의지'로서, 이후의 나치즘 같은 세계관으로서의 정치철학에 근거를 제공하였다.

적으로 인식할 수는 없고, 물론 도 자체를 정의(定義)할 수도 없다. 그러나 유추로는 완전하지는 못하더라도 도에 대한 개연성(蓋然性)은 확보할 수 있다.

1) 도(道)와 중화(中和) 그리고 성(誠)

①『중용(中庸)』에서의 도(道)

『중용』 첫 장은 '천이 명하는 것을 성이라 하고, 성을 따르는 것을 일컬어 도라 한다(天命之謂性 率性之謂道)'로 시작한다. 천명으로서의 성(性)을 따르는 것이 도(道)라 함은 성이 인간과 사물을 아우르는 우주 만물의 존재·근원임을 이르는 것이다. 그러나 이 문장에서의 '성'은 지극한 보편성과 가능성(可能性)만을 품수(稟受)하고 있을 뿐 어떠한 규정성이나 가치 관념도 내포(內包)하고 있지 않다.

우주의 모든 사물들은 각기의 성(性)을 품수하고 있으며, 관점을 바꾸어 보면 모든 사물들은 그 성의 자기 현성(現成)이다. 그리고 모든 사물·모든 존재자는 각각 특수한 것이며 어떤 종류의 것이며, 개별적이라는 존재형식을 취한다.

여기 '솔성'(率性-率은 循(좇다), 用, 行)에서의 '성'은 개별 존재의 특수성을 사상(捨象)한, 일반적이고 보편적인 그 무엇 즉 우주 보편성으로서의 '도'이다. 그것은 개별적인 특수성을 사상하였기에[6] 언뜻 보기에 공허하지만 그러나 우주만물을 키워내고 충만(充滿)시키는 가능성으로 존재한다.

성에 따름(率性)이란 곧 성의 자기현성(現成)을 이름이며[7], 그것이 '도'라 함은 '성'이 곧 우주 보편성의 실체에 다름 아니라는 말이다.

---

6) 여기 '개별적 특수성의 사상'에서 첫 머리에 인용한 Coleridge의 '그것들이 어떤 방식으로 있든지 그리고 그것들이 어떤 형태를 갖는 지에는 전혀 관심을 갖지 않은 채'라는 말의 의미를 볼 수 있다.

7) 하이데거는 존재자의 본질(性)이란 추상을 통해서 파악되거나 고정된 일반적인 사실이 아니라 그것은 자신을 열고(Aufgehen), 우리에게 와 닿는(Angehen) 생성(動)의 현상 즉 현성(現成)이라고 한다. 그는 이어 존재 자체를 '인간에게 다가오고, 말을 걸며, 헤아릴 수 없는 비밀과 은익의 차원으로부터 자신을 개현하는 것으로 나타난다'고 말하고 있다.

‘도’를 기준으로는 ‘성에 따름‘이지만 ’성’으로는 자기 현성, 펼쳐 보임이며, 그것이 우주만물의 근원으로서의 ‘도‘이다.

그럼으로 『중용』은 이어서 ‘도라는 것은 잠시라도 (현상, 색, 존재자로 부터) 떠날 수 없는 것이다. 만일 떠날 수 있다면 그것은 도가 아니다(道也者 不可須臾離也, 可離 非道也)’라 하여 도와 현상과의 관계를 설명한다.

이를 하이데거는 ‘존재(存在)’에 대한 인간의 관계는 어둠에 쌓여있다. 그러나 언제 어디서나 존재자와 관계하면서 동시에 존재에 관여(關與) 안에 머무른다’(하이데거, 전게서)고 한다.

정이천은 이를 정리하여 ‘하늘로는 천명이라 하고 사람으로는 본성이요 그 본성을 운용함을 도라 한다. 성·명·도는 그 쓰임에 처하여 부쳐지는 이름일 뿐 하나이다(在天曰命 在人曰性 循性曰道 性也命也道也 各有所當)’(성리대전)라 하였다. 그리고 물론 ‘성’은 인간의 본성만을 지시하는 것은 아니다.

② 성(性)과 도, 중화, 중용은 하나이다.

『중용』에 있어 중화(中和)의 중(中)은 도의 은익(隱匿)된 잠재태(潛在態)로서 천하의 본(本)이고, 화(和)는 ‘도’의 들어냄이다. ‘중’과 ‘화’의 관계는 성(性)의 관점에서 보면 성과 정(情)의 관계이고, 도의 관점에서는 ‘중’은 도의 원리성·내면성을 그리고 ‘화’는 도가 모습을 드러내는 현실성(작용성)이다. 이러한 중화는 곧 도의 다른 표현일 뿐이다.

또한 주희는 『사서집주』에서 ‘중용과 중화는 같은 뜻이며, 다만 성품과 정(性情)으로 말한다면 ‘중화’라 하고, 덕행(德行)으로 말한다면 ‘중용’이라 하는 것이 옳다. 그러나 중용의 중이 실상 중화의 뜻을 겸한 것이다’라 하고 있다.

그러나 이렇게 ‘중화’로써 도를 들어내고자 하지만 그렇다하여 도(道)의 본질적인 내용이 들어난 것은 아니다. 중용이나 중화는 도의 존재 형식을 들어 낼뿐 아직 도의 내용·성격에 대하여서는 한 마디도 말하지 않은 것이다.

그리고 이제 도(道)는 성(誠)을 말하며(『중용』 20장) 비로소 그 모습을 드러낸다.

'성(誠)은 하늘의 도요, 성을 실천하는 것은 인간의 도(誠者 天之道也 誠之者 人之道也)'라 하였을 때 도(道)는 처음으로 자신의 무규정성(無規定性)의 원칙을 벗어나 자신의 본 모습으로서 성(誠)을 내세워 하나의 메세지(Message)를 보낸다.

성(誠)을 천도(天道)라 하였을 때 천(天)은 특별한 의미가 없고 다만 그 말의 정당성에 대한 정서적 강조로 볼 수 있다. 자사(子思)의 시대에 천(天)에는 초월적 인격신의 이미지는 찾아보기 어렵다. 따라서 이 문장은 도를 곧 성(誠)으로 규정한 것이다.

그리고 다음의 자성명위지성(自誠明謂之性)과 솔성위지도(率性謂之道) 두 문구에서 만물의 본바탕이며 무엇을 할 수 있는 능력인 성(性)의 성격 내지 목적이 '성(誠)으로 세상을 밝게 하는' 것이고, 그것이 곧 '도'임을 말하고 있다. 이렇게 하여 성(性)을 중심으로 도(道)와 성(誠)을 하나로 일치시킨다.

동양철학의 근간에는 우주를 하나의 역동적(力動的)인 생명체로 이해할 뿐 아니라 우주를 구성하는 천·지·인을 하나의 목적으로 통합시키는 삼재사상(三才思想)을 사유(思惟)의 근원으로 공유하고 있다.[8] 삼재사상에서는 '천지인은 만물의 근본으로 하늘은 낳고, 땅은 키우고, 사람은 완성시킨다(天地人 萬物之大也, 天生之 地養之 人成之)(동중서(董仲舒), 『춘추번로(春秋繁露)』)고 하여 천지인이 대통합을 이루는 일원론적 우주관을 제시한다.

성(誠)은 천지인(天地人)이 하나라는 일원론적 삼재(三才)사상의 바탕에서 이들을 통합·완성시키는 활력 기운(힘)이다. 이와 같은 관념은 인도(印度)의 우파니샤드 성자(聖者)들 역시 통찰(洞察)한 바로서 그들은 '우주의 근본적인 활력과 인간 존재의 영적 에너지는 하나이고 동일

---

8) 주역에서의 괘(掛)를 형성하는 삼효(三爻)는 각기 천·지·인을 상징한다.

하다"라 믿었고, 이는 인도인들 사유(思惟)의 기본으로 되어있다.

『중용』의 저자인 자사(子思) 이후 맹자(孟子)는 '우리의 마음을 극진히 하면 성을 알게 되고, 성을 완전히 알면 하늘을 알게 된다(盡其心者 知其性也 知其性 則知其天矣)(맹자 진심상)고 하여 천(우주·자연)과 성을 같은 차원에서 이해하였다.

또한 그는 성(誠)과 유사(類似)한 의미로 호연지기(浩然之氣)를 말하였는데, 호연지기란 하늘과 땅 사이에 넘치게 가득 찬, 바르고 강한 큰 원기(元氣)(其爲氣也, 至大至剛 以直養而無害 則塞于天地之間)이며, 도의에 뿌리를 박고 공명정대하여 조금도 두려울 바 없는(配義與道 無是 餒也) 사물에서 해방된 넓고 풍성한 기운이다.

이는 맹자가 성(誠)을 보다 윤리적 입장에서 해석한 것이라 볼 수 있다.

2) 성(誠)의 성격

① 성(誠)의 측면들

『중용』에서는 '유추'라는 사유형식의 속성에 따라 성(誠)의 성격을 여러 측면에서 나열하고 있다.

먼저 '성은 밝음이고 밝음은 곧 성이다'(誠卽明矣 明卽誠矣)(20장)라 한다. 성(誠)은 밝음을 끊임없이 창출하여 우주자연을 밝음, 즉 대긍정(大肯定)의 세계로 이끄는, 따라서 명(明)은 성(誠)의 현현(顯現)이며 그 성격이다.

또한 '성(誠) 그 자체는 힘쓰지 않아도, 고민하며 생각하지 않아도, 마음을 놓고 편안하게 있는데도 도에 맞는(中)다'하여 그 성격이 솔성(率性)으로, 본래의 가장 자연스러운 온전(穩全)함임을 말한다.

성(誠)은 천지의 화육(化育)을 이끌며, 덕(德)이란 인간이 거기 참여하여 화육을 돕는 능력이다. 인간의 덕성(德性)이라는 입장에서 성(誠)은 천하의 달덕(達德-덕에 이르도록 이끄는 힘)인 지(知), 인(仁), 용(勇)을 행하게 하는 그 원천이다. 인자(仁慈)는 자기 인격을 완성하는 것이요 만물을 완성시키는 힘이다. 인과 지는 모두 천생의 덕성(德性)으로 안과 밖을 결합시키는 도이다.

이러한 성(誠)은 성지(誠之)함으로서 인간의 인격만을 완성하는 것이 아니라 만물(萬物)을 완성시키는 '근원적 힘'이기도 하다.

'오직 천하의 가장 성실한 성인(聖人)이라야 비로소 자기의 본성을 극진히 발휘 할 수 있고, 자기의 본성을 극진히 발휘할 수 있으면 다른 사람의 본성을 극진히 발휘시킬 수 있으며, 다른 사람의 본성을 극진히 발휘시킬 수 있으면 사물의 본성을 극진히 발휘시킬 수 있으며 사물의 본성을 극진히 발휘시킬 수 있으면 천지의 변화와 육성에 참여할 수 있다'는 것이다.

이때 '변화와 육성의 대상으로서의 천지'는 자연·생물의 세계만을 지명하는 것은 아니고 인문세계(人文世界)를 포함한다. 이 생각의 근저에는 문화가 인간의 필요에서 나왔다기보다도 문화 창조 자체가 바로 천지의 의지(意志)라는 믿음이 있었다. 따라서 천지는 자신의 그러한 의지를 인간을 통해 실현하기 위해 인간에게 덕성과 지능을 주어 대신 완성시켜 주기를 원한다고(人者 天地之大成者也)주장하는 것이다(김충열, 『논쟁으로 보는 중국철학』).

인문세계의 창조·완성을 인간 삶의 지고한 목적으로 삼는 유가에서는, 인간이 대신할 수 없는 자연의 생성 능력과, 자연이 대신할 수 없는 인간의 문화 창조 능력이 합쳐져야만 비로소 천지는 대성할 수 있다고 말한다. 이는 이른바 천지인 삼재사상(三材之道)에 근거한 해석이다.

따라서 『중용』에서는 천지의 위대함에도 여전히 유감스러운 면이 없지 않다(天地之大也 人有所憾-憾은 恨, 섭섭함)(『중용』 12장)고 하였다.

동양철학에서 『중용』과 함께 쌍벽을 이루는 『주역』에는 천지이생물위심(天地以生物爲心)이라 하여 끊임없는 창조과정(생생(生生)) 즉 동일한 사태의 반복(反復)이나[9] 동일한 물질의 지속(持續)을 부정하며 새롭게

9) (생명 작용에서는) 일어나고 있는 어떠한 것도 반복되지 않는다. 반복들은 우리의 이성 능력이 세워놓은 망판(網版)용 스크린 속에서만 일어날 뿐이다(한스 페터 헴펠, 전게서).

창진(創進)하는 우주 생명작용인 '생물(生物-物을 낳고 키우는 것)'이 천의 마음(心)이며 그것이 '천지의 대덕'이라고 한다.

여기서 '심'이란 성(性)의 그릇으로 성은 심을 통하여 자신을 표현하게 된다. 그리고 대덕은 행위라는 관점에서의 도이다.

이렇게 『중용』의 '성(誠)'과 『주역』의 '생물지심'은 하나의 근원을 들어낸다.

② 성(誠)과 아가톤(Agathon-선(善)의 이데아)

플라톤은 존재와 존재자를 구분하는 이분법적 사유(思惟)에서 존재를 이데아로 파악했고 '이데아들 중의 이데아'-동시에 이데아들의 본질적인 것은 '선(善)의 이데아(Agathon)'라 하였다. 그리고 아가톤은 그리스적으로는 '유능하게 만드는 것' 즉 존재자이기 위한 능력과 가능성을 존재자에 부여하는 것이다.[10)]

달리 말해 '인식하는 능력과 인식된 것'에게는 은폐되지 않은 것이라는 성격을 증여하는 제3의 것이 없으면 인식은 인식할 수 없을 것이며 이것을 가능케 하는 제3의 것이 선(善)의 이데아(아가톤)이며, 이 '선'에 유사한 것은 태양이다. 태양은 밝음으로서 '봄'(인식능력)과 '보여 질 수 있는 사물'(인식대상)에 빛과 따뜻함을 선사함으로서 사물들은 각각의 방식으로 '존재하는 것'이 된다(하이데거, 전게서).

그리고 성(誠) 역시 선을 실행하여 천지의 화육을 도와 모든 것을 가능케 하며, 그 성격은 밝음(誠卽明)이라는 의미에서 이 둘은 같은 성격을 갖는다. 이처럼 도 자체이며, 동시에 도에 이르는 가능성을 제공하는 덕이며 만물의 화육을 돕고 이루는 성(誠)은 서양 형이상학에서

---

10) 선(善) 'Agathon'은 '좋다, 훌륭하다는 그리스어 Agathos(형용사)에 중성 정관사를 붙인 추상명사이다. 그리고 이 'Agathos'의 일반명사형인 'Arete'는 영어에서 'Virtue'로 번역되었고, 이는 어떤 것에 능(能)함 또는 훌륭함을 의미하였다.
그러나 소피스트들이 정치인의 Arete를 가르친다고 할 때 윤리적인 것은 아니었다. Arete는 직업과 관련되는 것으로 예를 들자면 군인에게 Arete는 용기(勇氣)이다. 그런데 소크라테스, 플라톤들은 Arete 앞에 [인간의]를 붙여-인간의 훌륭함-을 물었다. 이렇게 하여 Arete는 덕의 개념이 되어 윤리적 성격을 갖게 된다.

플라톤의 '아가톤(Agathon-선(善)의 이데아)과 거의 같은 내용이다.

다시 말해 이들은 공통적으로 선(善)[11]을 최고의 덕목으로 하며, 우주는 그 힘에 의지하여 만물을 화육(化育)하고, 존재자이기 위한 능력과 가능성을 부여하며, 그 성격은 밝음과 따뜻함이라는 것이다. 따라서 서양 중세 신학에서는 아가톤을 신(神)의 다른 이름으로 이해하였다.

동·서양 세계는 거의 2천 5백 년 전, 철학사의 시원(始原)에서 서로 아무런 교감(交感)없이도, 우주근원에 대해 이처럼 한 쌍(雙)이라 할 만한 사유를 공유하였다. 그 근거는 인간 이성의 자연본성이 우주근원에의 지향성을 갖고 있으며, 성(誠)·아가톤이 그 우주근원에 놓여있다는데 있었다.

그러나 플라톤이 존재와 존재자를 구분하는 이분법적 사유(思惟)로서 존재를 이데아로 파악했을 때 그 이데아는 초월적 존재로서 관념(觀念)이지만, 일원론적 우주관에 근거한 선진유학에서의 성(誠)은 초월적 존재가 아니라 천지를 포용하고, 행위를 그 요건으로 하는 실체(實體)이다.

성(誠)은 이상과 현실, 당위와 존재를 구분(區分)하지 않는 일원론적 존재다. 그것이 플라톤의 아가톤(Agathon) 같은 최고의 원리이기는 하지만 서구의 이원론적 형이상학의 길로 가지 않는 근본적 차이었다.

③ 실천철학으로서의 선진유학

서양철학의 기원은 탈레스, 피타고라스, 파르메니데스 등 일군의 자연철학자(自然哲學者)들에 의해 개시되었고, 이들의 주된 관심은 우주자연에 대한 탐구로 인간 삶의 내면 내지 심성 문제들 보다는 자연현상에서의 보편성, 객관성의 추구를 그 특징으로 하고 있었다. 그리고 그것은 객관성·합리성을 추구하는 서양철학의 성격을 결정짓는 토대가 되었다.

소크라테스는 이러한 철학사조(思潮)에 반발하여 '너 자신(인간)을 알

11) 선을 행위의 관점에서는 사랑, 사랑하는 마음, 사랑하는 능력으로 볼 수 있다. 이는 기독교에서 흔히 말하는 사랑과 통하는 면이 있다.

라'는 명제로 그리스 젊은이들에게 도덕적 삶을 호소하였다. 플라톤은 특히 파르메니데스와 소크라테스의 영향을 받았고, 이들로부터 각각 우주 본연에 대한 지식과 인간학을 배워, 이상과 현실을 이분화 하는 형이상학을 형성하는데 이르렀다.

그러나 동양철학은 그 시원(始原)에서 인간학으로 출발하였고 우주·자연도 인간학의 관점에서 해석하였다. 이들은 천지인(天地人) 삼자를 '하늘은 낳고, 땅은 기르며, 사람은 완성시킨다(天生之, 地養之 人成之)'는 하나의 통일 생명체로 이해하였고, 그 생명체의 동인(動因) 역시 천인이 감응(感應)하는 쌍방적 관계였다.

인간의 생존방법인 인도(人道)가 궁극적으로 자연의 천리인 천도를 본받아 설정되며(道之大原出於天), 이때 천도와 인도는 둘이 아니라 성(誠)과 성지(誠之)의 관계이다. 즉 도(道)는 우주의 궁극적, 보편적 '본연(本然)'(천도)인 동시에, 우주 본연에 이르는 삶을 추구하는 '행위(行爲)'(인도)의 의미를 함께하고 있다. 서양 철학식으로 말하면 '원리성(대상성)'과 '현실성(작용성)'을 공유하였다.

이러한 유가의 도(道)에 대한 이해가 곧 실천철학으로의 길을 열었다.

i) 도와 일상

유가(儒家) 일상(日常)에서의 지향(志向)은 도(道)를 추구하고 실천하는데 있고, 그리고 이때의 도는 개개(箇箇)의 사물이나 상황에 상응하여 존재한다는 성격을 갖는다. 이는 공자가 석사 가의(夕死 可矣)라고 할만한 '도'와는 다르다고 할 수 있다.

도에 대한 이해(理解)의 층(層)은 가장 근원적이고 고답적인 경지로부터 일상생활의 범상(凡常)한 논의까지 다양할 수 있다.

도는 심오한 궁극적이고 보편적인 도(道)와 함께, 일상에서 생활하며 만나는 모든 사물, 관계에도 역시 존재한다. 관점을 바꾸어, 성(性)이 자신으로부터 피어나면서, 자신을 개현(開顯)한다는 의미에서 보면, 본질적으로 개개의 사물이란 성의 자기개현으로서, 따라서 일상에서 만나는 사물·관계로부터 성·도를 본다는 것은 어느 정도 타당한 것

이다.[12)]

선진유가에서는 인간학의 관점에서 '군자의 도는 그 용처가 매우 넓으면서도 그 본체는 미묘하다. 우부(愚婦)라 할지라도 그것을 알 수 있다. 그런데 그 지극(至極)한데 이르러서는 성인(聖人)이라 할지라도 알지 못하는 데가 있다'(『중용』)라 한다.

이를 실행면에서 보면 '일상의 평범한 생활을 하면서도 곧장 선천(先天)의 순수한 경지에 도달한다(不離日用常內行 直到先天未畫前)'는 것이다. 그리고 맹자는 이를 천민(天民)이라 불렀다. 이것이 도의 극진한 경지와 유가의 도덕철학을 맺어 주는 사유체계의 근거이다.

현실적으로 말하자면, 인간은 오직 현상으로 들어난 사물에 대한 인간의 관계밖에 경험·인식하지 못한다. 인간의 경험이나 인식의 대상은 오직 '성이 현성된 상태' 즉 사물에 국한된다. 이러한 현실적 조건에서 인간이 근원적인 도에 대한 궁극적 해답에 이르기는 요원(遙遠)하다. 그렇다 하드라도 인간에게 현실은 실천해 볼만한, 사실 그 길밖에는 없다.

성인(聖人)은 일상사를 사회의 한 성원으로 만이 아니라 우주의 성원으로서 즉 이기심과 물욕을 초월한 순수체험인 천인합일의 경지를 유지한다. 그리고 인간은 비록 범인(凡人)이라도 일상에서 자기희생이라는 개별적인 자신에 집착하지 않는 일종의 자기초월 통해 '순수체

---

12) 신유학에 따르면 태극은 모든 사물 안에 존재하지만(萬物有太極) 각 사물에서의 태극의 존재방식은 '조각조각 분할되어 있는 것'이 아니라, 불가(佛家)에서 말하는 '월인천강(月印千江)'에서와 같이, 마치 '달빛이 모든 강에 드리우는 듯' 존재한다는 것이다.
이때의 도는 개별성, 특수성의 한계를 갖는 것으로 비록 성 자체, 도를 규지(窺知-엿보다)할 수 있을지라도, 월인천강으로서의 달을 보는 것은 달 자체를 보는 것과는 다르다.
이러한 개별적인 도는 엄격하게 자신을 특수한 의미로 제한하여 전체대용(全體大用)으로서의 성·도와 확실한 거리를 유지하여야 한다. 그렇게 하여 활연대오(豁然大悟)한 무변(無邊)의 진리의 세계에서 오히려 자신이 확보한 진리성을 정당한 것으로 남게 한다.
율곡은 '리의 보편성은 기와의 관계에서 개별성과 동시에 국한성을 갖게 되며, 이때 그러한 유행의 리(理)를 버리고 별도로 본연의 리를 구한다면 절대 안 된다. 또 만약 유행의 리에 선악이 있다는 것을 가지고 리의 본연으로 본다면 그것 또한 안 된다'고 하여, '하나도 아니고 둘도 아닌 경지'를 말하고 있다.

험'을 할 수 있다. 이때 희생은 인간으로서, 그리고 인류로서 본질적으로 그 자신이 되는, 그의 '가장 고유한 것을 추구함'을 의미할 수도 있다.[13] 그러나 범인은 그 상태를 유지할 수 없다는 점에서 성인과의 차이가 있다.

인간은 활연대오(豁然大悟)의 경지에 이르지 못하였을 지라도 집선(執善)의 실천행위를 통하여 자신을 고양시키는 삶의 길을 갈 수 있다.

ii) 실천철학

공자는 '도'에 대한 규정이나 개념화를 부정하며, 근원적인 도(道)에의 물음 앞에 자신을 세워놓았다. 그러한 인식 불가능한 '도(道)에의 물음'은 '가장 고귀한 무지(無知)'를 동반하여 공자는 일찍이 '나에게는 고정된 옳음도 없고 그름도 없다'고 하였다.

그러나 그 '물음'이 불가지론이나 회의론을 뜻하는 것은 결코 아니다. 오히려 공자와 같은 성인조차 알 수 없다고 한, 그러면서도 '아침에 도를 들으면 저녁에 죽어도 좋다'라는 염원을 안고 평생을 함께 한 도, 그러한 도의 뿌리 깊은 존재감이 유가적 삶을 정당한 길로 유도하였다.

인간은 '도' '존재'에 대한 규정·개념화를 거부하며 근원적인 도(道)에의 물음 앞에 자신을 세워 놓음으로서 모든 것을 알 수 있다고 자만하지 않고, 자신을 제한하는 것에 의해 신중함을 유지할 수 있게 한다. 오히려 하이데거는 '그것만이 이미 있었던 것과 현재의 것 그리고 미래의 것을 깨닫게 하고 그러한 깨달음 안에 서게 한다'(하이데거, 전게서)고 한다.

공자는 『논어』의 자한(子罕)에서 '네 가지를 끊었는데 뜻함도 끊고, 기필함도 끊고, 고집함도 끊고, 자기라는 것도 끊고 없었다(子 四絕 毋意毋必毋固毋我)'고 하였고,[14] 더 나아가 내가 무엇을 알겠는가?(吾有知

13) 소크라테스가 '너 자신을 알라'고 말한 것은 개별적 인간의 특성이 아니라 인간의 본질을 숙고하라는 의미, 즉 '본질적 인간'으로 존재하라는 것으로 이러한 관점에서 이기심은 오히려 '자기로서 존재함'의 한 변종(變種)이다.

14) 사무(四無)에서 의(意)는 조금이라도 억지로 일으키거나 금지한다는 의미이다., 본래

乎哉)라 하였다.

이 '사무'는 '도를 들으면 저녁에 죽어도 좋다(朝聞道 夕死 可矣)'라는 차원 즉 절대적(絕對的)인 존재에 대한 물음 앞에 자신을 세워 놓음으로서 가능했고, 이는 가히 '깨달은 사람의 경지'와 크게 틀리지 않은 자유(自由)세계이다.

선진유학에서 도는 무규정성을 유지하며, 택선(擇善)하여 고집하는 성지(誠之)로서 도에 접근을 시도한다. 이는 불가에서 관념(원리성)에 치우쳐 다만 '깨달음'을 이루려는 것과는 다르다.

유가의 극기복례(克己復禮)는 '너(인간, 인류) 자신을 알고'(소크라테스) '너 자신을 초극(超克)하는'(붓다) 그러면서도 생명, 무리지어 사는 생명체로서의 삶의 요청을 정면으로 받아들여 이에 적극적으로 대응하고 충실하려는 적극적 표현이다. 여기서 예(禮)는 무리지어 사는 인간들 즉 사회의 자기보존을 위해 요구되는 '질서'라는 소극적 의미를 넘어, 인문세계(人文世界)의 완성이라는 적극적 의지(意志)를 함유하고 있다.

이러한 유가의 본질은 도덕철학이고 이는 곧 실천철학임을 의미한다.

실천철학에서의 도(道)는 추상적·연원적으로 존재하는 것이 아니라 인간이 적극적 행위를 통해 실현하는 구체적·유동적인 상대로 반전(反轉)된다. 칸트식으로 말하자면 선(善)의 실행은 정언명령(正言命令)이고, 이 정언명령은 보편적 원리(universal law)로서 우리에게 연역적으로

심(心)과 의는 하나이나 치우쳐 둘로 갈라지면 속셈이 된다. 그리고 이 속셈을 따를 때 억지나 금지라는 작위성(作爲性)이 나타난다. 필(必)은 맹목성으로 무조건 이와 같아야하고 같아서는 안 된다는 것이다. 대도(大道)는 방향이 없거늘 어떻게 확정하여 여기에 있고 저기에 없다고 하겠는가. 고(固)는 완고함으로, 완고하게 고수하여 융통성이 없다면 그 도는 반드시 궁지에 빠지고 만다. 아(我)는 아집으로 의념이 생기지 않으면 완전히 고요하여 무(無)도 서지 않거늘 무슨 아집이 있겠는가(양명) 이 '사무'로서 공자는 자유로울 수 있었다.

이 사무를 『중용』의 '솔성위지도(率性之謂道)'와의 관계·관점에서 보면, '솔성' 즉 성을 따라 행한다는 것이 어떤 경지·의미이고, 어떤 마음으로 행하는 것인가에 대한 답이 곧 사무라 할 수 있다. 신유학에서는 본연지성은 기품의 영향을 받아 왜곡된다고 하는데, 사무의 경지는 이미 그 영향으로부터 초탈(絕)하였고, 도(道)의 관점에서 보면 공자는 깨달은 분으로 볼 수 있다. 다만 성철스님이 말하는 '돈오(頓悟)'가 아니라 '점오(漸悟)'로 이해할 수 있겠다.

존재하는 것이 아니라 일선(一善)으로부터 스스로를 구성해나가는 것이다(김용옥, 『중용』).

그리하여 중용에서는 '성을 실행한다는 것은 선을 택하여 이를 고집함으로서 이루어진다(誠之者 擇善而固執之者也)'고 하여 성(誠) 즉 도는 선(善)을 실천함으로 도달할 수 있는 것으로 선언한다. 사실 유학의 모든 철학적 담론은 이 도(道)의 실천에 따른 논의에 다름 아니다.

도(道)는 '길 놓음'(행위)이고 '길'(본연)이다. 길은 여러 사람들이 다님, 즉 인간의 본성에 따른(率性) 반복적 행위가 길(道) 자체를 형성한다. 이처럼 유가의 도(道)에는 실천행위가 전제되어 있다. 따라서 유가에서 도(道)는 원리성으로서 보다도 현실성·작용성에 중심이 실리어 있다.

성(誠)은 선의 실천문제로 돌아와 공자의 인(仁)의 세계에서 개방된다. 『논어』에서는 '도는 기본적으로 인간의 능동적인 주체적 행위를 통해 실현되며 도가 인간을 구원하고 인간되게 하는 것은 아니다(人能弘道 非道弘人)(위령공, 『논어』)'라 선언한다.

『중용』에서 '천명으로서의 성(性)을 따르는 것(率性)이 도(道)'이고, '성(誠)은 하늘의 도요, 성을 실천하는 것은 인간의 도(誠者 天之道也 誠之者 人之道也)'라 했을 때 여기서 솔성이나 성지(誠之)는 곧 인간의 행위이고 천의 뜻은 인간의 행위에 의해 성취된다는 것이다. 다시 말해 천리·천륜은 인간의 행위를 매체로 하여 '도'로서의 의미를 갖게 된다.

현실에서 도는 인간의 적극적 행위를 통해 실현하는 것으로, 인간 존재 아니면 공허할 수밖에 없다. 공자가 '사람도 제대로 섬기지 못하는데 어찌 귀신을 섬길 수 있겠는가? 아직 삶에 대해서도 알지 못하는데 어찌 죽음에 대해 알 수 있겠는가(선진)'라고 하였을 때 이는 철저하게 현실적 삶을 본위로 해야 한다는 도의 요구인 것이다.

이는 '요임금이 군도(君道)를 다하여 군도가 늘어나고, 순임금이 이들의 도리를 극진히 했다고 해서 이들의 도리가 늘어났다고 어찌 말할 수 있겠는가?(二程遺書)'라고 하는 신유가의 도(道) 즉 천리와는 정면으로 대치된다. 물론 이는 도에 대한 사변적 원론적 이해이기는 하지만 그것이 본질상 행위철학인 유가에 채용될 때 인간은 도에 대해 피동적 내지 수동적 존재일 수밖에 없다.

그러나 인간은 삶에 대한 수동적인 자세로는 도의 본질에 이를 수 없다.

3. 형이상학으로서의 신유학

– '성리학'이라는 용어는 원래 '성명(性命)'의 준말이다. 심성의 수양을 철저히 하면서 동시에 규범법칙 및 자연법칙으로서의 리(理) 또는 성(性) 이른바 의리(義理)를 깊이 연구하여 그 의미를 완전하게 실현하려는 유학 중의 하나이다. 한 마디로 하여 존심양성(存心養性)과 궁리(窮理)를 지극히 중요시 함으로서 종래의 유학을 형이상학적으로 재구성 발전시킨 것이다(윤사순, 『동양사상과 한국사상』). –

1) 신유학의 철학적 구조

① 개 요

형이상학은 존재(存在)를 이데아로 보는 플라톤의 이분법적 해석으로부터 시작되며, 이상주의(理想主義-Idealismus)는 이데아(Idea)에서 즉 이념적, 이상적인 것에서 존재자의 본질이 구해진다는 의미이다. 그리고 신유학은 형이상학으로서 이상주의 철학이다.

그 철학의 기본은 우주 만물의 현상을 형이상자(形而上者)인 리(理)와 형이하자(形而下者)인 기(器)로서(기(器·氣)는 자연의 사물만이 아니라 인위의 사물도 포함하고 있다) 해명하여, 리와 기로서 당위와 존재의 관계를 설정하는 이분법적 사고(思考)이다. 이러한 이분법이 서양의 이상주의 철학체계인 형이상학과 같은 길을 걷게 하였다.

신유학에서는 '태극은 리(理)요, 동정은 기이지만 동정의 근거(소이)는 리'라는 정의에 따라 태극·음양동정(陰陽動靜)의 문제가 리·기 문제로 전환하고 다시 심성정(心性情)의 문제로 연결되어 한 물결로 연결되어 있다(금장태, 『조선 전기의 유학사상』).

이러한 신유학의 철학적 구조는 태극과 리, 리기론·심성론이 상호 연관성에서 하나의 축(軸)으로 묶이어 있고, 우주론적 차원에서, 우주 질서의 절대성과 유가의 윤리적 당위(當爲)를 일치시키려는 목표에 초점이 맞추어져 있다.

사실 신유학에서의 격물치지(格物致知) 즉 사물에 나아가 그 이치를 궁구하는 의도(意圖)는 인륜관계(人倫關係)를 사물에 내재하는 물리적 법칙에 준하는 필연의 법칙(事物當然之理)으로 밝혀 도덕적 표준으로 세우려 하는 것이다. 평유란의 말대로 '주희의 흥취는 논리적인 것이 아니라 윤리적인 것'이었다.[15)]

신유학의 학문체계는 형이상학으로 우주의 해석과 함께 인간의 윤리적 행위의 실천적인 믿음의 교리(敎理)로 기능한다. 선진유학에서는 근원적인 도에 대한 물음을 남겨 둔 채, 일상에서의 도(道)의 의미를 확인·실천한다는 입장인데 비해 신유학에서는 생활상의 덕목인 '인의예지는 곧 최고의 리(理)'라는 명제를 성립시키고 있다.

퇴계는 리가 인의예지와 하나임을 다음과 같이 설명한다.

'천이란 곧 리인데 그 리에는 네 가지가 있다. 원·형·이·정(元·亨·

15) 평유란은 주자가 말한 리(理)는 본래는 순전히 논리적인 것이었으나 윤리적인 것과 뒤섞이게 되었다고 한다. 예컨대 '시각(視覺)의 리'가 시각의 형식을 지칭할 때는 논리적인 것이나 '명철해야 함'을 지칭할 때는 윤리적인 것이다. 주자는 이 두 측면을 하나로 합하여, 한 사물이 그러한 까닭으로서의 리(所以然之理)는 동시에 그것의 당위성이기도 하다고 여겼다.
윤리적 관점에서 리·기의 관계는 리를 선으로 기를 악으로 보는 경향이 뚜렷하다. 기는 음양과 오행을 그 원형으로 하며, 하늘에 속하는 것은 형(形)만 있고, 땅에 속하는 것은 질량(質量)을 갖추고 있는데, 윤리적 관점에서는 기(氣)중에서도 물질적 속성이 강할 수 록 악이며 천(賤)한 것이다.
또한 '음양의 귀신이나 인간에 있어 정신'을 '천에 있어서의 신, 신명에서의 신'과 구별하고 '귀신이나 정신'은 기이지만 후자 '신명의 신'은 기를 타고 출입하는 리(乘氣以出入者)라고 한다. 즉 귀신이나 신령처럼 객관적 형체를 구별할 수 없는 상태에서, 귀신은 기이고 신령은 리라 한 것은 성리학에서 악, 사사로운 것은 기이고 선(善), 공정한 것은 리라는 윤리적 입장을 표현한 것이다. 사실 태극이 리이고 음양이 기라고 하는 태극론의 체계를 인정하는 한 리의 우월성은 태생적이라 할 수밖에 없다.
성리학에서는 리·기가 존재론으로서의 의미보다 윤리적 의미가 더 두드러졌다.

利·貞)[16]이 곧 그것이다. 그리하여 음양오행의 기(氣)가 유행할 때, 이 넷이 언제나 그 가운데 있으면서 사물을 이루는 본원(本源)이 된다. 이런 까닭에 음양오행의 기를 받아 신체를 이루는 모든 사물은 어느 것이나 원현이정의 리(理)를 가지고 성(性)을 이루지 않는 것이 없다. 그런데 그 성의 조목에 다섯이 있으니 인의예지신(仁義禮智信)이 곧 그것이다. 그러므로 사덕(원형이정)과 오상(인의예지신)이 상하의 일리(一理)로서 천과 인(人)의 나뉨에 차이가 있었던 적이 없다'(『퇴계전서』)

이는 인의예지(仁義禮智)가 천리일 뿐 아니라, 그러한 선한 본성이 인간에게 본구되어 있고, 그 자발성으로 해서 인간은 자율적으로 오륜을 실천함으로서, 정치·윤리와 같은 사회생활을 영위하며 천리를 실현할 수 있음을 역설한 것이다.

그리고 이제 천리 그리고 천리를 실현하며 사는 인간의 삶의 근거를 논리적으로 확보한 신유학은 더 이상, 그 앞에 어떤 삶에 대한 의문도 있을 수 없고, 또 있어서도 안 되는, '우주질서의 절대성과 유가의 윤리적 당위(當爲)를 일치시키려는 목표'를 달성시켰고, 이로서 형이상학의 완성이 이루어졌다. 따라서 그 실천철학으로서의 성격은 절대적이고 이상적(理想的)이다. 그러나 이로 인해 도(道)의 근원성은 망각된다.[17]

기본적으로 '리가 곧 태극'이라는 관점에서는 태극·도·리는 하나이다.[18] 그러나 주희나 퇴계의 리기이물(理氣二物)이라는 관점에서의 리

---

16) 역학(易學)에서 말하는 천도(天道)의 네 가지 원리로 '원'은 봄으로 만물의 시초, '형'은 여름으로 만물이 자라고, '이'는 가을로 만물이 이루어지고, '형'은 겨울로 만물을 거둠을 뜻한다. 일반적으로는 사물의 근본되는 도리를 말한다.
또한 정이천 이후의 성리학자들은 우주를 일종의 생명체로 이해하여, 원이란 만물의 시(始)이고 형는 장(長) 이는 수(遂), 정은 성(成)이라 한다.

17) 도란 우리의 움직이는 삶이며, 그래서 그것은 지배하거나, 손아귀에 넣으려고 시도하면(즉 논리적으로 확보하여 개념화하려하면), 할수록 그것은 더욱 더 완강하게 우리로부터 스스로를 숨기고 만다(한스 페터 헴펠, 전게서).

18) 태극에서의 '극' 즉 기준(基準-평유란은 극을 기준이라 했다)은 리(理)라 할 수 있으나 주염계가 무극이태극(無極而太極)이라 했을 때, 태극은 개별적 극을 총괄·포섭하며 따라서 개별적 극과는 차원이 다르다. '무극(無極)'이란 일체 사물을 포괄하고 있는 유(有)전체는 '규정성이 없음'으로 부치어진 이름이다. 전체는 '개별 사물'의 산술적 집합이 아니다.

는, 리와 기로 나누어 질 수 없는 도(道) 즉 본래의 통합적이고 일원론적인 도(道)와는 그 성격이 다를 수밖에 없다.[19] 공자에게 도는 존재의 근원에 대한 물음이지만 신유학에서의 리(理)는 존재의 형식·기능에 대한 해석이다.

신유학에서 '도(道)'는 '리(理)'로 대체되고, 리가 인의예지로 규정되면서 도가 갖는 근원적인 존재에 대한 물음, 상식적으로는 '나는 왜, 무엇을 위해 살지?' 같은 물음은 더 이상 물음의 대상이 아니게 된다. 하이데거는 이러한 현상을 '존재의 망각(忘却)'이라고 한다.

② 태극·리기론

신유학에서는 태극과 리(理)와 기(氣)의 개념을 구사하여, 우주의 생성과 구조, 인간 심성, 사회에서의 인간의 자세 등에 관하여 깊이 사색함으로써 종래 한(漢)과 당(唐)초기의 훈고학(訓詁學)이 다루지 못하였던 형이상학적, 내성적 실천철학 등 여러 분야에서 새로운 유학사상(儒學思想)을 수립하였다.

그 철학구조에서 태극(太極)은 '어떤 변화를 변화이게 끔 하는 근본진리, 변할 수도 편벽(偏僻)할 수도 없는 극존무대(極尊無對)한 이름붙일 곳이 없는 도(道)의 대본(大本)이다. 이는 어떤 것에도 명(命)을 받지 않는, 명을 하는 영구불변의 자리로서, 인간과 만물이 같이하는 본연

또한 태극은 일원의 으뜸이고 리는 이원의 한 축이지만 정주는 이 둘을 '태극은 곧 리'라 하여 동일한 개념으로 정의하였다. 그러나 태극은 최고 원리임과 동시에 음양을 생성하는 실체적 개념이다. 주자가 리를 태극과 같다고 했을 때 그것은 태극의 우주만물 생성의 원리와 최고 가치라는 형이상의 이념만을 인수한 것으로, 실체로서의 성격 즉 음양양의는 포함하지 않았다. 그것은 리기이원론에서는 리(理)와 대위(對位)관계에 있는 기(氣)에 해당하기 때문이다.

이는 곧 기일원론이 리기이원론의 체계에 오버랩(over-lap)된 현상을 의미하며, 이러한 상황에서 리 개념의 혼란은 불가피한 것이다.

성리학에서 '리'와 함께 '태극' 역시 꾸준히 주요한 개념으로 등장하며, 리는 '태극도설'의 잔영을 떨치지 못하여 리의 작용설로 나타난다. 또한 때로 태극은 '리의 총화'라 하여 리에 대한 상위 개념으로서의 모습을 보이지만, 리가 성리학 최고의 가치를 품수한 원리로서 기를 통제하는 뜻으로 쓰일 때 우주생성론을 품수하고 있는 태극체계는 '형이하의 존재'에 해당한다.

19) 도는 그런 식의 이원론은 알지 못한다. 도는 우주 도처에 편재한다. 도는 좌우 어디로든 흐른다(한스 페터 헴펠, 전게서).

지성(本然之性), 그 '성(性)'의 근원처(根源處)인 것이다(유칠로, 『중도와 원시유가의 본체론』).

그리고 정주(程朱)에 이르면 태극의 이론체계를 리(理)로서 해석·정립하여 성리학의 근원적 개념으로 삼았다. 태극은 리 이외의 것이 아니며 '천지로는 천지 중에 태극이 있고 만물로는 그 만물 중에 태극이 있으며 천지가 생기기 앞서 필경 이 리가 앞서 있었다(在天地言則天地中有太極, 在萬物言則萬物中各有太極 未有天地之先 畢竟是先有此理)(『性理大全』).

그리고 주자가 태극을 리로 설명할 때 리는 단순한 '사물의 리', 법칙이라기보다는 '인(人)과 사물(事物) 공공(公共)의 리'로서 궁극적 존재와 연맥(緣脈)되는 불변(不變)하는 원리이다.

③ 인성론(人性論)

기독교는 원죄론(原罪論)을 교리의 출발점으로 하여 인간의 성악(性惡)을 주장하는데 비해 신유학은 오히려 그 반대로 성선(性善)을 주장한다.

신유학에서는 성즉리(性卽理)라 해서 성(性)을 순선무악(純善無惡)한 '리'와 일치시킨다. 결과적으로 인간의 본성에는 그 자체 도덕적 원리인 인의예지(仁義禮智)가 구비되어 있어, 삼강오륜(三綱五倫)의 실천은 다만 인간의 본성에 따르는 자율적 행위가 된다.

그 철학에 따르면 본연의 성(本然之性)은 순선무악 하지만 기(氣)의 부중절(不中節)로 인해 훼손(毁損)되어 악으로 나타난다. 따라서 수기(修己)는 성리학의 절대적 요구(要求)이며, 그 목표는 본연지성인 천리를 지켜, 기질의 방해로 나타나는 인욕을 제어하는 일이다.

공자는 '사심을 극복하고 예로 돌아가라(克己復禮)'고 했고, 『중용(中庸)』은 '중화를 이룩하고 덕성을 높이고 학문을 추구하라(致中和 尊德性道問學)'고 했고 『대학』은 '밝은 덕을 밝히라(明明德)'고 했고 『서경(書經)』은 '인심은 위태롭고 도심은 미미하니 오작 정진하고 전일하여 진실로 중도를 견지하라(人心惟危 道心惟微 惟精惟一 允執厥中)'고 했거니와 성인의 천만마디는 다만 사람들에게 천리를 보존하고 인욕을 소멸할 것(存天理 滅人慾)을 가르치려는 것이다(『주자어류』).

성리학에서는 인간에 본성을 부여한 천명과 태극을 리(理)인 점에서 동일시한다.

그러나 천명이 리의 의미로 쓰일 때 리는 단순한 원리, 원칙에 그치지 않고 천리(天理)의 실천적 명령 또는 그 주재로서의 의미가 강하다(윤사순, 『조선 성리학 연구』). 그러므로 이제 천과 사람(天人)관계에서 인간은 선진유학이나 삼재사상에서처럼 대등한 입장이 아니라 명령(命令)을 부여하고 부여 받는다는 종속적 관계로 전락한다.

2) 신유학과 이상주의

신유학은 리(理)와 기(氣)의 세계를 구분하는 형이상학으로 리에서 기의 존재의미를 구하려는 이상주의 철학이다.

주자는 리(理)의 선험성에 대해 '어떤 일이 있기 전에 그 리(理)는 존재했다. 예컨대 군신(君臣)이 없었을 때도 이미 군신의 리는 먼저 존재했고, 부자(父子)가 없었을 때도 이미 부친(父親)의 리는 이미 존재했다. 그러므로 원래 그 리가 없었는데 군신과 부자가 있게 됨에 따라 리가 그 안에 심어지게 된 것이라고는 말할 수 없다'(어류(語類))고 하였다.

주자의 철학에서는 이러한 선험적 리(理)가 구성하는 시공을 초월한 그 자체로 완전하고 이상적인 관념의 세계와, 그리고 리를 본체로 하는, 그러나 기(氣)에 의한 현상의 세계, 즉 시공(時空)안에 존재하지 않거나, 존재하는 두 세계가 존재한다. 이때 리(理)의 세계는 곧 플라톤의 이데아(idea)의 세계와 동일하다. 그리고 이상주의(Idealismus)는 바로 이 이데아(idea) 즉 이념적이고 이상적인 세계에서 존재의 본질을 구현하려는 철학이다.

다시 말해 이분법적(二分法的) 논리를 적용하고 있는 신유학에서의 목표가 '천리(理)를 보존하고 인욕(氣)을 소멸하는 것(存天理 滅人慾)'이라는 것은 곧 '리의 세계'를 추구·구현하려는 것으로 이상주의이다.

이상주의(理想主義)는 궁극적인 가치, 절대적 목적에의 접근 또는 실현 그리고 인격이나 인류의 어떤 완성 가능성에 대한 신뢰에 입각하여 모든 실천을 이 이념적 목적에 따라서 규제하고 방향지으려는 세계관이다.

그 특성은 현실을 초월한 가치를 중점적으로 지향하고 현실의 악(惡)이나 추(醜)를 경시하는 점에 있다. 또한 완전한 것, 절대적으로 가치있는 것에 대한 추구는 감각적, 육체적 조건을 경시하며, 정신적 가치에 우위를 두고 있기 때문에 현실적이고 실용적인 공리주의(功利主義)에 반대한다.

이러한 이상주의는 종교 일반의 현상이기도 하다.

기독교 신자들은 원죄(原罪)로부터 벗어나기 위해 타율적인 신에 의한 구원을 소망하는 신앙생활을 한다. 그리고 신유학에서 수양(修養)을 통해 천리(天理)에 따라 살아가려 하는 의지는 인간 현존의 무한성(無限性)을 희구(希求)하는 점에서 역시 일종의 구원에 해당한다.

기독교의 '원죄(原罪)'와 성리학의 인간 '본성의 순선무악(順善無惡)'은 정반대의 인간관이지만 이들의 전제(前提) 즉 본성에 대한 이해는 현존재와는 괴리(乖離)된 의제(擬制)라는 점에서 공통적이다.

인간은 결코 원죄를 안고 태어나지도 않았고, 그렇다고 순선무악한 존재도 아니다. 따라서 그러한 의제가 그대로 현실에서 원리로서 작용하여 현실변화를 촉구하는 과정에는 필연적으로 도덕적 물리적 강제가 요구된다. 사실 역사적으로도 이상주의 정치철학이 현실에서 실현되려면 항상 강제력(도덕적이거나 물리적인)이 요구되었고 그만큼 강한 정치통제력을 필요로 하였다.

4. 맺음 말

유학이 형이상학화 되면서 신유학에서는 두 가지 면에서 큰 변화가 초래되었다.

그 하나는 행위규범(리)의 문제로 신유학에서는 청대(淸代) 학자인 안원(顔元)이 말한 대로 '리(理)가 일이나 사물과 나뉘면서 허공에 매달린 꼴이 되었다' 주자는 '부자관계가 있기 이전에 그 효(孝)는 이미 존재한다'고 하였는데 아마도 이 말이 성리학의 특성을 상징적으로 들어낸다고 할 수 있다. 그러나 현실적으로 아비 자식이 없는 상태에서의 효는 공소(空疎)할 수밖에 없다.

그리고 다른 하나는 신유학은 유가적 '이념과 가치'를 형이상학에 결합시켜 우주론적 차원에서 삶의 의미를 규정하여 나름대로의 형이상학을 완성시켰고[20] 그것으로 하나의 세계관을 성립시킴으로서 그 목표하는 가치가 절대성을 갖게 되었다.

신유학은 그 공소함으로 인해 끊임없이 비판받아 왔음에도 불구하고 7백년 이상을 강력한 통제력으로 비단 정치세계뿐 아니라, 동양의 사회·문화 전반을 장악하여 왔는데, 그 힘의 한 축(軸)은[21] 그 형이상학적 세계관이 갖는 절대적 성격에서 비롯된 것이다.

그리하여 한편으로는 규범이 공소해지고 다른 한편으로는 오히려 그 공소한 규범이 천(天)의 이름으로 절대화되며, 강력한 통제력을 행사하는 이중적인 모습을 보이게 되었다.

1) 형이상학은 관념론이다.

형이상학은 사유형식에 있어서는 이원론이고 인식론의 입장에서는 관념론이다.

---

20) 여기서 '형이상학의 완성'은 오히려 '형이상학의 종말'의 의미를 담고 있다.
'유가적 '이념과 가치'를 형이상학에 결합시킴'으로 인해 형이상학의 본질로부터 '존재와 존재자에 대한 구별(형이상학은 이 구별에 근거한다)'이 갖는 성격·의미가 사라지게 되었다. 하이데거는 이를 형이상학의 근원이 고갈(枯渴)된 상태라 말한다.

21) 여기서 한 축(軸)으로 의미를 제한한 이유는 유가의 근본적 힘은 그 본질적 성격에 있기 때문이다.
유가의 윤리강령인 삼강의 정신·뜻과 그 덕목들인 오상(五常)·오륜(五倫)의 내용은 인간의 본성에 근거한 극히 자연스럽고, 현실적이며, 따라서 외적 강제 없이도 스스로가 행하게 될 뿐 아니라, 생활을 통해 그 정당성이 확인되어 왔다. 인간이 스스로를 정립해 나가는 과정에서, 진리는 그때마다 다시 정립되어야 한다는 관점에서 보았을 때, 이러한 '확인'은 사회윤리 실천철학으로서 가장 큰 장점이며, 따라서 이들 덕목은 현시대에도 부정·거부하기 어려운 소중한 규범이다. 유가의 덕목들인 오륜 자체는 항상 긍정되어 왔고, 이 점이 유가의 가장 큰 힘이다.

신유학은 리(理)로서의 선험적인 관념세계와 기(氣)인 경험적인 물질세계를 나누며, 그 각각이 독자적 지위를 갖는 이원론 체계이다. 한편 신유학이 취하고 있는 관념론의 성격은 선험적인 관념의 세계(리)가 외계·현상계(기)보다 본질적이고 영원불변하다는 관점에서 세계를 인식하려는 입장이다.

신유학에서 영원불변한 선험적인 리의 세계는 물질. 현실세계에 대해 독자적 초월적 지위에 있으며, 리(理)·관념적 가치의 정당성은 기(氣)·현실세계에 의해 주어지는 것이 아니다.

이러한 리의 선재(先在)에 따른 독자적 지위에 대해 신유학에서 '요임금이 군도(君道)를 다하여 군도가 늘어나고, 순임금이 이들의 도리를 극진히 했다고 해서 이들의 도리가 늘어났다고 어찌 말할 수 있겠는가?(『二程遺書』)'라는 데서 드러나고 있다.

신유학에서는 리로서의 효(孝)는 부자(父子)관계가 있기 이전에 이미 존재한다고 한다. 그러나 부자의 관계는 혈육을 나누고 지극한 사랑과 희생으로 키워가는 인간관계이다. '그러한 아비와 자식'과 관계없이 하늘에서 내려진 '효'는 당연히 공소하게 느껴질 수밖에 없다. 그것은 엄중한 삶의 실천성을 외면한 피상적 이해라 하겠다.22)

사실 이는 관념론 자체의 성격이기도 하다.23)

유가에서 천은 항상 '최고의 올바름·가치'이지만, 선진유학에서의 천은 천인이 감응하는 '천'인데 반해 신유학에서의 '천'은 형이상학적 천으로 인간·인간의 행위와는 무관한 선험적 천이다.

---

22) 신유학에서는 도·리를 곧 바로 천리, 천륜이라 한다. 그러나 선진유학에서 '천명'으로서의 성(性)을 따르는 것(率性)이 '도(道)'이고, '성(誠)'은 하늘의 도요, 성을 실천하는 것은 인간의 도(誠者 天之道也 誠之者 人之道也)라 했을 때 여기서 솔성이나 성지(誠之)는 곧 인간의 행위이고 천의 뜻은 인간의 행위에 의해 성취된다는 것이다. 다시 말해 천리·천륜은 인간의 행위를 매체로 하여 '도'로서의 의미를 갖게 된다. 여기서 솔성, 성지 그것이 진솔한 삶의 모습이다.

23) 하이데거에 의하면 관념론자인 헤겔 자신이 '그의 체계가 갖는 의미에 따라 사유한다는 것은 거꾸로 서서 걷는 것을 의미한다'고 말하였다고 한다(하이데거, 전게서). 또한 유물론자인 마르크스는 자신의 철학을 헤겔의 관념론을 180도 회전시켜 인간이 '머리가 아닌 발로 딛고 서게 만들었다'고 하였다. 여기서 '거꾸로 서다'는 그 관념이 현실적 삶, 감성에 뿌리하지 않은 상태, 공소함을 표현한 것이다.

신유학에서 천륜으로 규정한 유가의 덕목들(충효, 인의예지 등)이 공소하게 다가오는 이유는 천(天-형이상학적 천)이 인간의 삶에 뿌리내린 행위, 생활감성과는 무관(無關)하게, 사물의 정당성과 의미를 부여하고 있기 때문이다.

사실 신유학에서는 '도는 기본적으로 인간의 능동적인 주체적 행위를 통해 실현되며 도가 인간을 구원하고 인간되게 하는 것은 아니다(人能弘道 非道弘人)『논어』 위령공)'를 부정(否定)한다.

이러한 신유학이 빚어내는 현상은 정치적인 면에서는 민주성의 상실로 들어난다.

유학에서 정치질서의 요체인 삼강은 '임금은 임금다워야 하고 신하는 신하다워야 하고 아비는 아비다워야 하고 아들은 아들다워야 한다(君君 臣臣 父父 子子)'라는 각자의 명(名)에 합당한 도덕적 행위실천이 그 정당성의 근거·전제이다.

그러나 신유학에서는 삼강(三綱)의 정당성을 '천리'라 하여 실제적 인간관계·행위와 무관하게 되면서, 현실 정치세계에서는 '군신 쌍방의 합당한 실천행위'라는 전제가 필요 없게 되어, 다만 천명을 위임받은 군주 일방의 역할·강제성만 남게 되었다.

동양적 민주사상에서는, 비록 정권의 정통성이 천명이라는 형식으로 부여되지만, 천(天)이 직접 정치의 잘잘못을 판단하는 것이 아니라, 이른바 '하늘이 보는 것은 우리 백성을 통해서 보고 하늘이 듣는 것은 우리 백성을 통해서 듣는다(『맹자』 만장).' 바꿔 말하면 그 정치를 직접 경험하는 민(民)에 의해 그것이 판단되어야 한다는 것이다.

그러나 신유학의 이원론에서는 천심과 민심이 서로 무관해지면서, 천심이라는 이름을 통해 민심을 반영하던 동양 민주사상의 유일한 통로(通路) 역시 막히게 되었다.

동양 정치에서 정치의 본질(本質)은 도의 실천에 있고 정치권력은 성인(聖人)·지도자의 도덕적 행위가 자연스럽게 형성하는 정치 권위(權威)가 공동사회에서 지배·복종 관계의 시원(始原)이 될 뿐 아니라,

통치의 정당성의 근거가 된다.

지도자의 정치권위는 '군자의 덕(德)은 바람이고 백성은 풀(草) 같아서 군자는 덕으로 백성을 교화(教化)시킬 수 있다(『논어』 안연)'는 믿음 즉 '군자의 덕행'에 근거한 것으로, 이는 정치권력의 정당성이 군왕의 덕·인정(仁政)에 있음을 의미한다.

천자(天子)는 형식적 의의(意義)에서 절대권위를 부여 받지만 현실 정치에서 '천'의 뜻을 실현시킴으로 그 자격이 증명되어야 한다. 그리하여 맹자는 폭군방벌론을 주장하였고, 그 근거 역시 이와 다르지 않았다.

물론 신유학에서도 군주 성학(聖學)이라던가 정치 담당자인 사대부의 수기를 요구하고 있지만, 이는 정치권위의 정당성을 부여하는 근원적 차원이 아니라, 다만 인성론의 차원에서 개인적인 덕목, 아니라도 정치 정통성의 관점에서는 이차적 지위에 있다.

2) 형이상학으로서의 세계관

형이상학은 일체의 존재와 생성의 근본원인에 대한 학문으로 인간학이나 세계관과는 그 우주 보편성에서 구분된다. 원론적으로 형이상학의 '우주 보편성'에는 인간학이 갖는 가치 관념이나 실천적 목표 같은 것은 존재할 수 없다. 그것은 형이상학과 인간학 사이에 존재하는 간극(間隙)이다.

따라서 하이데거는 '형이상학으로서의 인간학은 형이상학이 그것의 최후의 형태에로 이행해 가는 과도기적 형태이며 그 최후의 형태는 세계관'이라 한다.

세계관(Weltanschauung)은 우주론적 관점에서 세계를 통일적으로 파악한다는 면에서는 형이상학이며[24] 또한 세계 안에서의 인간의 위치, 나가야 할 방향, 어떻게 살아야 할 것인가에 대한 반성까지를 포함하는 인간학이며, 이를 근거로 가치를 추구하는 실천철학으로서 이 셋

---

24) '세계 전체'는 일정한 방법적, 객관적 이해(理解)를 초월하고 있는 대상이다. '세계 전체'라 하였을 때 그것은 경험의 세계에서 변동하는 일상적이고 개별적인 것들 너머에 있는 초월적 대상으로, 이에 대한 이해·해명에는 형이상학적 근거가 요구된다.

을 아우르는 성격을 갖는다.

여기에는 지적(知的) 측면에서의 포괄적 세계파악만이 아니라 정서적 실천적 측면까지도 포함하며, 또한 객관적으로 대상을 이해하는데 그치지 않고 주체의 실천적 목적을 포함한다.25)

형이상학의 한계는 칸트가 말한 대로 독단론(獨斷論-Dogma)일 수밖에 없다는 데 있고. 특히 형이상학으로서의 세계관에서는 이성(理性)의 비판을 허용하지 않는 교리 즉 독단론의 성격이 두드러지게 나타난다.

하이데거는 이에 대해 '세계관은 형이상학의 무조건적인 완성이 시작되는 순간에 필연적으로 나타나며 그 힘이 형이상학의 본질을 독점해버렸다'고 말한다. 그리고 그러한 세계관으로부터 '완전하고 무조건적이며 어느 것에 의해서도 방해받지 않고 혼란에 빠지지 않는 지배(支配)가 전개된다'고 경고한다.26)

하이데거가 말한 세계관에 따른 지배행태는 신유학 즉 성리학에서도 현실화되었고, 특히 조선사회를 완벽하게 장악하였다.

3) 세계관으로서의 신유학

하이데거는 형이상학에서 인간학, 세계관으로의 순차적 이행을 말하였으나, 이러한 관점에서 보면 중국철학은 근본이 인간학이고, 후에 형이상학화 되었다.

선진유학에서 말해지는 단편적인 우주자연에 대한 이해는 '세계상(世界像)'으로 객관적 상대적인 것인데 비하여, 신유학의 세계관(世界觀)은 주관적 절대적이다. 신유학은 선진유학의 세계상(世界像)에 현실세계를 보편적 원리로 해명하는 하나의 형이상학적 관점을 제공함으로서 세계관(世界觀)으로 변신시켰다.

신유학은 태극·리기론으로 우주를 해석하는 형이상학으로 여기에

25) 세계관은 본질상 주체적 실체적 입장에서의 세계에 대한 파악이며, 이러한 세계관은 관념적이 아니라 실천적 대상, 즉 대상성(對象性)을 확보하는 행위이며, 이때 목표하는 가치는 절대성의 요구를 갖는다.

26) 하이데거는 당시의 나치즘과 마르크시즘에 대한 경험, 그리고 근원적으로는 기독교에 대한 비판 의식을 갖고 있었다.

유가적 '이념과 가치'를 결합시켜 삶의 방향을 규정함으로서 나름대로의 형이상학을 완성시켰고 그것으로 하나의 세계관을 성립시켰다.

신유학 우주론에서의 리는 우주세계 운행질서의 규범으로 천리(天理)이고, 윤리적 차원에서의 리는 인간의 삶의 가치와 목적을 실현시키는 근원으로 천륜(天倫)이다. 사실 우주론을 궁구하는 목적이 인간이 세운 윤리적 목표에 절대적 의의(意義)를 부여하기 위한 것으로 볼 수도 있다(배종호, 전게서).

선진유학에서도 천(天)은 인간의 본성이나 윤리규범의 정당성을 보증하는, 더 나아가 천도가 인도의 모범틀이라는 관념은 항상 유지되어왔다. 그러나 다시 말하지만 선진유학에서의 천은 천·지·인이 하나인 일원론적(一元論的) 세계상에 근거한, 천인이 감응하는 상대적 '천'인데 반해 신유학에서의 '천'은 이원론(二元論)을 근간으로 하는 형이상학적 리(理)·천으로 인간·인간의 행위와는 무관한 선험적 절대적 '천'이다.

이제 신유학에서는 '리'로서 인간의 삶의 가치와 목적을 확정하여 본연의 존재, 도에 대한 더 이상의 의문이 있을 수 없는, 완성이 이루어지는 동시에 독단적인 세계관으로서, 그 실천과정에서 '어느 것에 의해서도 방해받지 않는 지배'가 전개되었다.

여기서 덧붙이자면, 신유학의 세계관이 절대적 권위에 오르는 데는 앞서 말한 세계관 일반의 독단성과 함께 그 체계를 구성하는 개념들의 절대화가 동반되었다. 즉 윤리 주체로서의 인간의 성(性)과 그 행위규범인 오륜을 구성하는 덕목인 오상(五常)[27]이 그것이다.

신유학은 맹자의 성선설을 지극한 경지로 끌어 올려 '성즉리(性卽理)'[28] 규정하고, 성을 천리·천륜(절대성)으로 상정하였고, 오상(五常)인

27) 인의예지는 맹자의 사단으로부터 제시된 유가의 덕목으로 여기에 한대(漢代)에 이르러 동중서는 신(信)을 더하여 음양오행의 오행과 짝을 맞추어 오상(五常)으로 변환시켰다.

28) 성즉리는 인간의 성선을 절대 긍정하고 이를 하늘(天: 자연 물리적인 천이 아니고 조물주, 원리, 형이상학적인 천)이 부여해준 것으로 이해하여, 천리, 천명, 소여지리

인의예지신을 리라 하여 그에 절대성을 부여하였다. 다시 말해 신유학에서는 인륜 실행의 주(主)로서의 성(性)과 빈(賓)의 위치에 있는 오륜·오상, 즉 주빈 모두가 절대적 지위에 있었다.

그러나 '성과 오상의 절대성'의 논리·주장에는 이론(異論)이 있을 수밖에 없다.

공자는 '성상근'으로서 성의 상대성을 분명히 하였고, 맹자는 성선설을 하나의 성향으로 말하였던 것이다. 그리고 다산은 이를 기호·경향으로 단정하고 있다.

또한 오상에서 인을 제외한 의·예·지·신은 결코 인(仁)과 동격 내지 같은 범주에 있지 않다.29)

인(仁)은 선(善)의 인성론적 표현이며, 선은 그것 자체가 형이상학의 근원으로서의 지위를 갖는 절대적 관념이다. 그것은 우주에 대한 근원적 지위에 서는 성(誠-天道)이 선의 자기실현(擇善而固執)인 성지(誠之-人道)와 하나인 것에서도 확인된다. 서양철학에서도 플라톤의 '선의 이데아'는 이데아 중의 이데아이고, 또한 칸트에서 선의지(善意志)는 정언명령으로 절대적 관념이다.

따라서 리와 인(仁)은 같은 범주 혹은 차원에서 말해 질 수 있다. 그러나 의(義)·예(禮) 등은 이와는 범주가 다른 사회학적 개념으로 상대적 성격을 갖는다.

칸트는 '실천이성의 요청(要請)은 무엇이 사실인가에 대해 어떤 주장을 한다는 점에서 형식상으로는 이론적이지만, 그러나 그 요청은

로 상정함으로서 인간의 도덕 윤리적 완성을 지향하고, 이 도덕성의 근원을 천의 권위에 의탁하려는 의도를 반영하는 주자학 인성론의 대명제였다(김준석, 『한국 중세 유교정치사상사』).

29) 주자는 '인(仁)은 생생지리(生生之理)로서 천지의 대덕'(주역)이라 하며, 인을 '이것이 생생의 의사(意思)로서 사자(四字)의 가운데를 관통주류한다'고 하였다. 이어서 그는 '인은 진실로 인의 본체이지만, 의는 인의 단제(斷制), 예는 인의 절문(節文-예절에 관한 문장), 지(智)는 인의 분별이다'라 하여, 그 범주를 구별한다.
이처럼 의·예·지·신은 선으로부터 파생, 혹은 선을 근거로 해서 이룰 수 있는 상대적·사회적 가치, 덕목들이다. 사실 맹자가 사단에 대한 설명에서도 인의 측은지심 이외에는 그것들이 본성으로부터 우러나오는 보편적 개념으로 수긍·공감할 만한 예는 들지 못하였다.

이론적으로는 참 혹은 거짓이라고 증명될 수 없다. 이에 대한 믿음은 도덕성의 요구에서 비롯된다'(칸트, 『실천이성비판』)고 하였고 이를 삼강오륜이라는 사회적 덕목에 적용시켰을 때 그것들은 '도덕성의 요구에서 비롯된 믿음'으로 절대적 객관적 진리가 아니다.

5. 부연(敷衍) - 군자사상과 선비정신 -

1) 군자(君子)사상

유가정치 이념에서 고유로 전제되는 중심 관념은 소위 '군자사상'이다.

이는 중국 정치사상의 일반적 특질을 구성한 인치주의, 인간본위의 가치, 질서 그리고 교화(敎化)로서 정치적 효능을 이루려는 중국 정치 전통의 토대가 된 것이다.

유교의 사회적 덕(德)은 인간윤리의 핵심인 '효'에서부터 기초되었다.

효(孝)가 모든 행위의 근원이 되어 이로부터 윤리적 생활이 가까운 것에서 먼 곳에 미치게 한다. 이리하여 군자가 덕행을 쌓아 자신에게서부터 타인에게, 가까운 데서 먼 데로, 즉 수신제가치국평천하(修身齊家治國平天下)(『대학』)하는 것이다. 이러한 군자는 덕과 재능 특히 홍대(弘大)한 기개와 도량(度量)을 함께 갖춘 지조(志操)를 지키며 살아가는 인격자이다.

이때 군자는 인격적 주체로서 인간 의지의 자유를 존중하여, 공자는 '삼군의 장수를 빼앗을 수 있어도 필부의 뜻은 빼앗을 수 없다(三軍可奪帥 匹夫 不可奪志)'고 하였다.

① 화이부동(和而不同)

공자사상의 근원에 있는 '충서(忠恕)'란 인을 실천하는 것으로 적극적으로는 '나를 세우려 할 때는 타인을 세우고 내가 이루려 할 때는 타인을 이루게 한다'(己欲立而立人 己欲達而達人)(『논어』 옹야) 따라서 군자는 타인과의 관계에서 긍지를 가지되 다투지 않고(矜而不爭) 서로 인정하고 함께하되 한가지로 묶으려 하지 않는(和而不同)다. 이리하여 군자는 덕은 외롭지 않다(德不孤 必有隣)고 믿는다.

화이부동은 군자정신의 요체로 공자가 『논어』의 자한(子罕)에서 '네 가지를 끊었는데 뜻함도 끊고, 기필함도 끊고, 고집함도 끊고, 자기라는 것도 끊고 없었고(子 四絕 毋意毋必毋固毋我), 더 나아가 내가 무엇을 알겠는가?(吾有知乎哉)'라 하였는데 이는 관용정신의 근원적 사유형태로 볼 수 있다.

공자는 군자에 대해 소인과 비교하여 '소인은 모든 것을 타인에게서 구하지만 군자는 모든 원인을 자신에게서 찾는다(小人求諸人 君子求諸己)'고 하였는데, 이로서 군자는 타인을 관용할 여유를 갖게 된다.

그리고 타인을 평가함에 있어 '군자는 말만으로 사람을 높이지 않고 또 사람 때문에 그 말까지 버리는 일이 없다'(不以言擧之 不以人廢言)(위령) 즉 군자의 인격은 신중하여야 하며 선입관이나 고정관념으로 못을 박고, 편견으로 대해서는 안 된다는 것이다.

② 도의 실천

『논어』에서 '도는 기본적으로 인간의 능동적인 주체적 행위를 통해 실현되며 도가 인간을 구원하고 인간되게 하는 것은 아니다'(人能弘道 非道弘人)(『논어』 위령공)라 선언한다.

그리고 이를 실현할 행위주체가 곧 군자이며, 따라서 군자는 어떠한 역사적 사태와 사회현실에 대하여도 인도(仁道)의 구체적 실천을 해나갈 수 있는 지행(知行)을 겸비한 인격자로서 '글을 널리 배우고 예로서 요약하여'(博學於文 約之以禮) 실천하여야 한다(『논어』 옹야)고 하였다.

그러므로 '군자는 덕성을 존중하고 학문을 따른다. 덕은 넓고 큼을 이루되 자세하고 작은 것에 까지 다 미치게 한다. 높고 밝음은 지극하되 중용의 길을 간다. 옛것을 익혀 새것을 알며 공경된 마음을 두터이 하여 예를 존중해야 한다(尊德性而道問學 致廣大而盡精微 極高明而道中庸 溫故而知新 敦厚以 崇禮)'(『중용』)

그러한 군자의 마음은 어짐(仁)이니 '인(仁)은 인야(人也)'로 군자는 단순한 지식인이 아니라 인을 실천하는 사람이고, 여기서 사람이 사람을 사랑하는 마음이란 자신을 규율하는 공공심이며 타인에 대한 성실함이다. 이러한 인의 정치적 계기는 천하위공(天下爲公) 즉 세상은 사(私)가 아닌 공정하여야 한다는 데 있다.

이리하여 군자도(君子道)는 국가와 사회의 모든 생활 실천에 있어 정치적 의의를 포괄하는 보편원리(普遍 原理)에 대명사와 같은 위치에 있는 것이다.

군자는 사회적 존재이고 정치적 인격자이다. 공자의 가르침은 근본적으로 군자학(君子學)의 다름 아니다. 법가(法家)의 법치주의나 신유학에서처럼 천리(天理)를 따르는 소극적 경향과는 다른 인치주의 입장에서 적극적으로 도덕세계를 구축하려 한 것이다.

이러한 군자사상은 사회계층 의식이나 계급적 이익과는 무관하다는 점에서 근대 사대부, 선비들과 차이를 갖는다.

2) 선비정신

① 사대부의 형성

춘추시대의 사회계층의 구조는 '천자' '제후' '대부' '사(士)' '서인(庶人)'으로 구성되어 있었고 이들 중 봉토(封土)를 받은 대부까지가 귀족이었다. 이들 중 '사'는 가신(家臣)들이었고, '서인'은 농·공·상의 직업을 가지고 있었다. 이처럼 사회 정치적 존재로서의 사(士)는 선진 시대에는 평민이었으나 정치에서 중추적 역할을 담임함으로서 귀족계급과 평민 사이에서 삼각관계를 형성하였다.

송(宋)은 건국되면서 문치주의를 표방하고 관리임용을 위해 귀천(貴賤)을 가리지 않고 과거제도를 전면적으로 개방하여 능력위주의 사회가 되었고, 이때 평민 부유층(形勢戶)의 자제들은 과거에 합격하여 관료로서 출세하기 시작하였다. 이들은 조세(租稅)와 노역(勞役) 감면 등 특혜를 받았고 대신 황제에게 절대 복종하면서 종래의 문벌귀족을 대신하여 새로운 지배계층으로 등장하였다.

그리고 과거에 합격하려면 유학에 대한 학식, 소양을 갖추어야 했음으로 유학(儒學) 지식계층이 형성되었는데 이들이 '독서인(讀書人)' 계층이었다.

이들은 각 향촌에서 여론을 조성하고 교육·교화를 담당하고, 유교의 윤리도덕, 가치관과 질서를 유지·옹호하고 위로는 황제에게 절대 복종하는 지배계층으로 성장하였는데 이들이 바로 사대부 계층으로서 송대 사회의 중추를 이루는 핵심계층이 되었다(이춘식, 『중국사서설』). 따라서 이들은 강한 계급의식, 특권의식을 갖고 있었다.

② 조선에서의 사대부, 선비

선비(士)는 유교적 교양인으로 신유학 시대의 이상상(理想像)이었다.

조선시대에 '선비'라는 명칭이 본격적으로 사용되기는 15·16세기의 사림파(士林派) 학자들에 의해서이었다. 이들의 가치관은 도덕적 순수성을 강조함으로서 현실적 공리(功利)에 대해서는 무관심하다는 면과 함께 화이(華夷)의 분변을 그 특징으로 가지고 있다.

이들은 공자 시대의 군자·인인(仁人)·현자(賢者)와 같은 의미로 사용되는데서 알 수 있듯이 덕을 갖추는 것을 필수로, 더 나아가 자신과 연관된 일체의 관계까지도 초탈(超脫)해서 현실을 폭 넓고 깊이 있게 진단하면서 현실사회를 이끌어 가는 철인(哲人) 기질의 지성인으로 이해되었다. 그러한 선비의 특성은 견리사의(見利思義)와 살신성인(殺身成仁) 그리고 봉공정신(奉公精神)에 있다(윤사순, 『사림파의 선비정신』).

신유학이 내세우는 도덕정치의 요체(要諦)인 덕치(德治), 예치(禮治)는 개개인의 수기(修己)에 기초한 윤리, 도덕정신을 전제로 하며, 이는 정치 이전의 인간적인 가치추구로, 따라서 사대부, 선비정신에는 철저한 수기에 의한 고상한 인품 내지 고고한 인격의 형성이 필수적인 요건이었다.

그들은 천리로서의 도덕법칙이 명령으로서 모든 사람을 엄격하게 구속한다는 점을 인정하지만, 동시에 그에 따르고 지키는 것이 자신들의 인격완성이라는 목표를 성취하는 길로 이해한다. 그 길은 삶의 진정한 가치를 포섭(包攝)하고 있는 지상(至上)의 목표로, 서서히 종교적 신념이 되어 갔다.

사대부, 선비는 스스로를 천리의 담지자로서 자부(自負)하며, 천명으로서의 도덕법칙을 따를 뿐 아니라, '대쪽같은 성품'으로 그들이 가치(價値)있다고 생각하는 사회적 질서체계를 수호하는 것을 목표로 한다. 따라서 이들에게는 군자사상 본연의 남을 세워 자기를 확충해가는 흔쾌함이 없고, 군자의 '자유의지'로부터 파생되는 관용정신(寬容精神)도 찾기 어렵다.

군자사상의 요체인 화이부동(和而不同)이 관용으로 차이를 받아들이는 마음이라면, 선비의 '대쪽같은 절개'는 원리를 지키는 자의 자세이다. 군자는 대동세계를 이상으로 하며, 선비는 천리가 실현된 사회를 목표로 한다.

③ 선비정신의 변질

조선후기 성리학은 교조주의가 팽배하여 자연히 창의력을 상실하게 되고, 임기응변(臨機應變)이 요구되는 현실 적응력 부족, 그에 더하여 공리(公利)를 배척함으로써 실용실질을 추구하는데 실패하였다. 사실 엄격한 선비일수록 보수적 수구적 질서, 예(禮)의 형식주의에서 벗어나기 어려웠다.

또한 조선 사대부들 사이에서는 끊임없이 논쟁이 계속되었는데 이는 당쟁이라는 정치적 관점에 보면 그 배후에는 당리당략을 숨긴 채 정치권력을 장악하려는 속셈이 있었다. 즉 '천리를 앞세워 인욕을 감추고. 사리사욕을 극대화해 간 것'이었다.

사실 논쟁을 통해서 그들이 수호(守護)하고자 한 것은 올바른 유교이념·가치와 함께 자신들 사회적 계급의 이익을 유지하려는 이중적 목적을 갖는다. 따라서 그들은 엄격한 계급적 차별을 천명(天命)으로 주어진 기질의 차이에서 비롯된 것으로 설명함으로서, 그 차별을 인위적으로 바꿀 수 없는, 천부의 것으로 고정시키려 하였다.

군자는 계급적 한계를 인지(認知)하지 않고 행위 할 수 있는 자유의지에의 경향을 가진 반면 선비는 봉건적 가치를 수호함으로서 귀족으로 자신들의 사회적 이익을 지키려는 입장이었다.

제 2 절 선진유학

1. 유가 정치사상의 이념적 구조

1) 정치에서의 천인관계

유방(劉邦)에 의하여 설립된 한(漢)나라는 진(秦)의 경험을 반성하고 춘추전국시대를 회고하여 진정한 정치적 이념을 수립하려 노력하였다. 그리하여 한 무제(漢武帝)시대에는 국가의 통치기반을 튼튼히 하려는 목적에서 유교를 국교화하였다.

정치이념을 그 원천에서부터 다시 세우려는 노력은 상고 이래의 정신에 관심이 집중되었다.

그리고 나라의 흥망성쇠가 '천(天)'의 섭리에 따른다는 전통적 신념은 천인(天人)이 상응(相應)하는 정치이념으로 되어 이는 당시 사상가들에 공통적으로 나타났다.

'천 사상(天思想)'[30]은 상고 이래로 노자의 자연관과 유가사상에 보편하는 것으로 그들 이념이 유래한 연원(淵源)이었다. 그러나 그것은 다만 원리(原理)로서의 '초재적인 주재자'라고 신념되었을 뿐이다.

전한(前漢) 초기에 성행하였던 도교를 대표하는 가의(賈誼)의 천지인(天地人)사상과 유교의 대표적 학자 동중서의 천명주의(天命主義)가 모

---

30) 천(天)의 관념은 주(周)나라 이후에 형성되었다. 은(殷)나라 때는 크다는 의미만 있었을 뿐이다. 그들은 태양에 더 많은 관심을 보였다. 천에 포함된 의미들은 다음 네 가지로 분류할 수 있다
첫째는 자연운행으로서의 천이고,
둘째는 주재적(主宰的)이고 근원적인 천이고,
셋째는 생성하고 조화하는 천이고,
넷째는 도덕과 이법(理法)으로서의 천이다.
이 중 둘째를 제외하면 모두 법칙성에 따르고 주로 도가 사상에서 많이 보인다. 주재적인 것으로 보는 관념은 유가에서이고 동시에 그들은 도덕이나 이법으로서의 천과도 연결되기 시작했다(미조구찌 유조, 『중국사상 명강의』).
그러나 여기에는 형이상학적 천은 빠졌다.

두 천을 중심으로 정치이념을 찾는데서 비롯되었다. 그리고 사실 이 천 사상은 자연과 인간의 조화라는 근원적 이해에서 신념된 것이다.

한(漢)민족의 생활 감성에는 서구 세계의 경험과는 구별되는 면모가 있었다.

고대 서구의 자연법(自然法)이 인간 세계를 포함하여 일체의 것을 절대적으로 규범 또는 규율하는 절대 권위적 존재라는 일방적 관계로 사유된데 비하여 한 민족의 경우는 물론 그러한 면도 인정하면서 나아가 인간 자신이 자연법 원리를 조정할 수 있다는 쌍방적인 관계로 이념(理念)한 것이다.

다시 말해 중국에서는 인간의 본성적 능력이 자연법의 운행에 영향을 주어 조화롭게 방향 지을 수 있다고 믿었다. 이것이 삼재(三才)사상(天生之 地養之 人成之)의 정신이다.

『서경(書經)』에는 황제의 덕(德)이 비바람에 응수하여 자연과 인간사를 조화롭게 할 수 있다고 하였다. 장마나 오랜 가뭄, 혹서(酷暑)나 혹한(酷寒)은 주권자인 황제의 포악, 과오, 게으름, 성급함에 상응하는 '천'의 뜻이며 자연을 통해 상징적으로 내보이는 것이다(홍범). 여기에 천, 자연, 인간이 본성에서 조화 상응하는 원리가 있다.

이러한 생각은 한 민족에게만 원래적으로 개척된 인류 사상사 상에 유례없고 경이로운 것이다. 이것이 중국의 인도주의(人道主義)가 정치사상적으로 서양과 특질을 갈리게 하는 근본적인 계기이다.

그들은 '하늘의 뜻이 땅의 이로움만 못하고 지리는 인간의 화목만 못하다(天心不如地利 地利不如人和)'라고 말할 줄 아는 인도주의의 길을 간 것이다.

고대 그리스의 소아시아 출신 자연철학자 중에는 우주의 운행을 중국의 기(氣) 또는 오행사상(五行思想)과 비슷한 물질요소의 운행으로 이해하는 학자들이 있었고, 그들 중 엠페도클레스는 동양의 음양원리와 같은 '사랑과 투쟁'의 힘의 관계로 우주의 작용을 설명하였다.

그러나 플라톤의 '이데아(Idea)' 이념에서부터 '절대적 가치로서의 정신적 실체'라는 권위적 개념이 틀이 잡히고 아리스토텔레스 역시 그에게서 멀리 벗어나지는 않았다. 그는 자연법이 객관적 규범으로 절대적 성격을 갖는다고 보았다.

그러나 한(漢)민족 문화의 천과 자연법 관념에서는 인간은 그 자신 성품의 능력과 행위가 진리일 수 있고, 또한 자유가 인간 존재의 본성이라는 고유한 지위가 용인된다.

천은 먼저 자연법도에서 길흉화복(吉凶禍福)을 자체 원리로서 범형(範形)을 보인다. 그리고 인간이 길하고 복된 법도를 선택하여 행하면 흥하고 흉과 화의 법도를 취하면 망한다는 것이다. 즉 이는 인간 자신이 스스로 그 결과에 책임을 지는 선택의 자유를 갖는 것으로 한(漢)민족 정신에 내재한 인간의 자주성이 상징적으로 표현된 이념이다.

천(天)은 만물을 생성하고 민생을 사랑 연민하고 교화 양육하며 선행에는 상을 주고 악행에 벌을 주는 주재자인 것이다. 그리고 황제는 인민에 대하여는 천행을 대변하고, 하늘의 뜻에 책임지는 지위에 있다. 즉 천의 뜻을 그 자신의 정치적 덕(德)으로 효과 할 것을 위촉 받은 것이다.

천자(天子)는 형식적 의의(意義)에서 절대권위를 부여 받지만 현실정치에서 '천'의 뜻을 실현시킴으로 그 자격이 증명되어야 한다. 왜냐하면 천의 뜻은 인민을 고르게 사랑하고 양육하는 것이지 황제의 지위를 위한 것이 아니기 때문이다. 이것이 인심(人心)이 천심으로, 즉 인민의사의 귀추(歸趨)가 천의 뜻이 어디에 있는가를 증명하는 것이다.

요(堯)가 순(舜)에게 순이 우(禹)에게 왕위를 물려 준 것은 인민의사의 귀추에서 증명된 천(天)의 뜻을 수행한 것이다. 걸주(桀紂)를 방벌한 탕문(湯文)을 맹자는 그들은 왕으로서의 걸주가 아닌 일개 필부를 죽인 것이며 그렇게 함으로서 황제의 지위에 대한 천의 뜻을 수호 한 것이므로 천을 거스른 것이 아니라고 하였다.

이러한 한(漢)민족의 정치 이념에는 동서(東西)를 통하여 가장 모범적인 형태의 민주적 논리일 수 있는 이념적 면모를 고유하게 내포하고 있다해야 할 것이다.

중국은 상고 이래로 민족정신에 이 같은 문화 감성을 구축하였다.

농업 국가로서 일상생활에서 비바람의 순하고 고름(雨順風和)을 기원하고 천행에 따라 생사 문제를 감은하거나 두려워(感恩恐怖)하였다.

그러나 천의 주재성에 대해 외경(畏敬)하면서도 우왕의 9년 치수(治水)는 인간의 힘이 단순하게 자연의 작용에 수수방관하지 않음을 증명함으로서 인간의 지위를 천, 자연, 인간의 삼각구도의 한 축으로서 확인한 것이다.

이것이 인간이 꾸려나가는 역사에서 인간 본위의 현실주의로 나가게 된 사상적 배경이다.

2) 정치 이념

① 중용과 주역

중국의 이러한 사상의 원형은 점차로 학문의 체계를 갖추며 유가 입장으로 계승되었다.

이 사상의 원형은 『주역(周易)』과 『중용』에서 그 모습을 보인다.

『주역』의 정신은 인간 윤리의 행해야 할 바를 천과 자연 그리고 인간 이들 삼자간의 조화를 전제로 하고, 천행을 모범으로 삼아 그에 따름으로서 인성(人性)과 천명(天命)의 이치를 깨닫고 그 효능에 도달하려는 것이다.

또한 『중용(中庸)』에서는 그 실천 원리를 성(誠)에 두어 천도(天道)와 인도(人道)가 연결되는 면을 밝혔다. 즉 성은 천도이며 성을 실행하는 것은 인도(誠者 天之道也 誠之者 人之道也)이다. 그리고 성을 실행한다는 것은 결국 선(善)을 택하여 이를 잡고 굳게 지키는 것(擇善而 固執之者也)이다.

그런데 이 성(誠)의 원형은 중화(中和)에 있다.

중은 천하의 근본이고 화는 천하가 그 도(道)에 이르는 것이다. 중화가 이루어지면 천지가 자리 잡히고 만물이 길러지게 된다(中也者 天

下之大本也 和也者 天下之達道也 致中和 天地位焉 萬物之育焉).

인간에게 있어 중화의 중(中)은 희노애락(喜怒哀樂)의 감정이 아직 일어나지 않은 상태를 이르는 것이며 화(和)는 이들이 나타나 모두 절도에 맞음을 이른다(喜怒哀樂之未發 謂之中 發而皆中節 謂之和).

인간이 선(善)을 지성으로 실행하면 이것이 인간 본성(人性)에 따르는 것이며 이는 사물의 본성(物性)에 통하여 인간과 사물이 함께 섭화(攝化-두둔하고 보호하며 교화함)하는 정치의 길이 열린다. 그리고 이는 천지의 본성인 화육(化育-자연의 이치로 만물을 길러 자라게 함)의 덕(德)에 중화(中和)하는 것이 되어 그 효용이 전 세계에 보편하는 것이 된다.

『중용』에서는 그 과정을 다음과 같이 설명하고 있다.

'성(誠)으로부터 명(明)으로 구현되어 나가는 것을 성(性)이라 하고, 명으로부터 성(誠)을 구현되어 나가는 것을 교(敎)라 하니, 성(誠)과 명은 하나이다'(自誠明謂之性 自明誠謂之敎 誠則明矣 明則誠矣)

여기서 성(誠)은 천도 즉 성자(誠者)에 상응하고 명은 인도 즉 성지자에 상응한다고 볼 수 있다. 명은 인간이 만들어 내는 인문사회에서의 문명(文明)의 뜻이 강하여 교(敎)와 연계된다. 도(道)의 내용인 성(誠)과 명을 본성과 교육 두 측면으로 나누어 보았다고 해도 무방할 것이다(김용옥, 전게서).

그리고 명(明)에 대해서 플라톤은 '눈에는 보는 능력을, 사물들에게 색(色)의 존재를 가정하더라도 그것의 본질상 봄과 보여 질 수 있음을 동시에 가능케 하는 제삼의 것이 개입하지 않는다면 보는 능력은 볼 수 없으며 색은 보여 질 수 없다. 이 제삼의 것이 빛(明)이며, 선의 이데아(아가톤)라고 한다. 이는 성(誠)이 곧 명임으로 다시 성과 아가톤(Agathon)이 하나가 된다.

그러한 뜻 즉 보는 능력과 보여 질 수 있는 사물들을 각각의 방식으로 존재·작용하게 한다는 의미에서 명은 성(誠)이 만물의 화육을 돕는 한 측면이다. 사실 명(明)의 밝음, 따듯함 그리고 부드러움은 모든 생명의 본질적 성품(性稟)이다.

② 대 학

『대학(大學)』에서는 이 『중용』의 '선(善)을 밝히고 지성(至誠)으로 실행'하는 내용을 삼강령(三綱領)과 팔조목(八條目)으로 밝히었고 이것이 바로 유가 정치학의 기본 교시(教示)이다.

즉 대학의 도는 밝은 덕을 밝히고 인민을 사랑하고 지극한 선에 머무름(大學之道 在明明德 在親民 在止於善)을 이르는 것이며 명덕(明德), 친민(親民), 지어선(止於善)은 삼강령으로 정치의 으뜸 되는 큰 줄기이다. 그리고 명덕, 친민, 지어선이라는 순서는 안정성 있는 정치를 위한 차례이기도 하다.

정치(政治)는 인간 자체를 이해하고 주체적 입장에서 사물을 판단하여 정의(正義)를 균형 있게 실현함으로서 인간과 사물이 조화롭게 살아 갈 수 있도록 하는 것이다. 따라서 사물에 대한 올바른 판단은 정치를 좌우할 수 있는 매우 중요한 행위이다.

『대학』에서는 인간이 올바른 사유(思惟)를 하려면은 먼저 '머무를 데를 안 뒤에라야 정(定)함이 있고 정하여진 뒤에라야 능히 고요해 질 수 있으며 고요해진 뒤에라야 능히 편안해질 수 있고 편안해진 뒤에라야 능히 생각할 수 있으며 생각한 뒤에라야 능히 얻을 수 있는 것이다. 물건에는 근본과 말단이 있고 일에는 끝남과 시작이 있으니 먼저하고 뒤에 할 바를 알면 곧 도(道)에 가까운 것이다(知止而後有定 定而後能靜 靜而後能安 安而後能慮 慮而後能得 物有本末 事有始終 知所先後則近道矣)'라 하였다.

이러한 의미에 있어 천하(세계)에 덕을 밝히려는 실천과정에도 순서가 있다. 『대학』에서는 이를 팔조목으로 설명하였다.

'예부터 밝은 덕을 천하에 밝히려는 이는 먼저 그의 나라를 다스리고 그의 나라를 다스리려는 이는 먼저 그의 집안을 바로 잡고 그의 집안을 바로 잡으려는 이는 먼저 그의 몸을 닦고 그의 몸을 닦으려는 이는 먼저 그의 마음을 바르게 하고 그의 마음을 바르게 하려는 이는 먼저 그의 뜻을 진실 되게 하고 그의 뜻을 진실 되게 하려는 이는 먼저 그의 앎을 이루어야 하느니 앎을 이루는 것은 사물의 이치를 투철하게 밝히는데 있다(古之所欲明明德於天下者 先治其國 欲治其國者 先齊其家 欲齊其家者 先修其身 欲修其身者 先正其心 欲正其心者 先誠其意 欲誠其意者 先致其知 致知在格物)'

이때 격물(格物)은 하나하나의 사물을 겪어보고 탐구하면서 그 각각의 성격을 파악하는 것이고 치지(致知)는 각각의 사물을 통찰하여 만사만물을 꿰뚫는 보편적인 법칙과 원리를 깨닫는 것이다(임태승, 『소나무와 나비』).

여기에 『중용』과 『대학』이 성(誠)·지(知)·명(明)의 의미에서 함께 연결되는 계기가 있으니 '앎에 이르는 것은 사물의 이치를 투철하게 밝히는데 있다(致知在格物)'는 의미에서 하나가 되는 것이다. 즉 사물을 성실하게 대하고 투철하게 밝힘으로서 앎에 이르는 것(物格而 後知至)이다.[31)]

③ 유가 정치이념의 특성

『중용』에서 말하는 인간과 자연의 관계는 자연법에 관한 서구 논리의 이념면도 포함되어있다.

그러나 그들과는 달리 자연법의 조리(條理)를 인간이 주체적으로 그에 조응하여 실현시킬 수 있다는 인간주권적(人間主權的)인 것으로, 이

31) 유학의 수학(修學) 최고 지침서인 『대학』은 주역의 경험주의적 사유에 따라 사물에는 다 그 리가 내재하여 사물에 나아가 그 리를 궁구할 수 있다고 가르친다. 그리하여 어느 시기에 활연관통(豁然貫通-환히 깨달음)하면 온갖 사물들의 표리정조(表裏精粗-표면과 심층 및 심오함과 피상적 측면) 등 전부가 파악되고 내 마음의 전체대용(全體大用)-온전한 본체와 광대한 작용)도 전부 밝아진다(대학장구)는 것이다.
그러나 개개(箇箇)의 사물에 나아가 궁구하는 귀납적 지식은 그 과정이 분별, 구별하는 사고(思考)로 활연관통하는 경지가 될 수는 없다. 본질적으로 성(性)으로서의 인의예지가 인간 내면에 본구되어 있다면 그에 대한 이해는 내적 관조(觀照)에 의해서만 가능한 것이며 외적 사물의 표리정조에 대한 사변적 지식에 있지 않다. 그러한 지식은 오히려 제거되어야 할 지적(知的) 찌꺼기로 깨달음에는 방해가 될 뿐이다.
대학의 입장은 위학(爲學)과 위도(爲道)를 뒤섞은 것으로 학은 더해 가고 도는 덜어가야 한다는 관점에서 보면 옳지 않다(펑유란, 『중국 철학사』).

러한 인간의 품성에 대한 믿음은 유학(儒學)의 특질로 매우 찬연(燦然)한 것이다. 이 극명(克明)한 인간 본위의 그리고 웅대한 이념논리는 세계 정치사상에서 그 유례를 찾기 어려운 것이다.

이러한 유가에서 도(道)는 그 사람(聖人)을 기다린 뒤에야 행하여지나니 그러므로 '진실로 지극한 덕(德)이 아니면 지극한 도(道)는 이루어지지 않는다(苟不至德 至道不凝焉)' 즉 원리로서의 도(道)가 그 생명력을 얻으려면 도를 체득한 성인 수준의 행위, 덕에 의지(依支)함으로서만 가능하다는 것이다.

중국학을 연구한 에스카다는 '유교는 인간 내지 사물의 상태와 관계를 주체적인 그리고 정당한 관계에서 동력화(動力化)하려는 세계관적 입장에 있다'고 하였다.

2. 공자(B.C.552-479)

1) 시대적 배경과 생애

① 시대적 배경

공자가 활약한 시대는 춘추시대 중기를 조금 넘은 시기로 그 후대 사상가인 맹자나 순자의 전국시대(戰國時代)에 비하면 이직 선대 문물의 회복으로 정치선(政治善)을 실현시킬 수 있을 것이라는 희망을 가질 수 있었던 시기였다,

춘추시대의 사회계층의 구조는 천자, 제후(상위 특정국 제후는 공(公)), 대부(大夫-상위 대부는 경(卿)), 사(士)(이들은 가신(家臣)), 서인(庶人)(농·공·상)으로 구성되어 있었고 이들 중 봉토(封土)를 받은 대부까지가 귀족이었다.

사(士)는 고급 귀족에 종속되어 전투와 방위에 종사하고 아울러 천문관측으로 길흉을 점치고 사실(史實)을 기록하고 예의(禮儀)에 참여하여 도우는 일을 하였는데 이들 중 무사(武士)를 제외한 무리를 유(儒)라고 하였다. 이들은 주(周) 황실의 멸망으로 봉건제가 붕괴되면서 독

립되었다. 이들 중 무사들은 묵가(墨家)에 흡수되었다(임계유(任繼愈), 『중국의 유가와 도가』).

한(漢)나라 때의 사가(史家) 유흠(劉歆 B.C.46-A.D.26)은 제자백가(諸子百家)의 사상적 특징을 논하면서 선진유학의 성격을 다음과 같이 기술하였다.

'유가류는 대개 사도(司徒)출신이다. 그들은 군주를 돕고 음양에 순응하였으며 교화를 밝히는 것을 직책으로 삼았다. 이 학파는 육경을 즐겨 연구하고, 인의와 도덕에 뜻을 두었으며, 요순을 조술(祖述-선인의 설을 본받아서 서술하여 밝힘)하고 문무를 본받거나 밝히고, 공자를 종사(宗師)로 삼아 자기 학문을 높이어 도에 있어서 최고의 경지에 이르렀다'(漢書, 『藝文志』)

한(漢)민족 같이 까마득히 소급하는 성인왕(聖人王)들의 전설(傳說)을 가진 예는 없다.

또한 그토록 오랜 동안 준열(峻烈)한 정치적 훈련을 경험한 나라도 없다. 따라서 그들은 항상 현실의 필요한 교훈을 옛 문물에서 찾았다. 그런데 공자에게 선대 문물의 회복이란 곧 주(周)나라의 봉건제도와 예의를 되살리는 것을 의미한다, 즉 그는 '나의 길은 선왕의 도를 풀이할 뿐 내가 만드는 것이 아니다'(述而不作)고 하였다.

그의 정치사상의 근간은 예(禮)로서 치국(治國)의 기본을 삼고 인(仁)의 정신으로 다스리며 이를 시행하는데 있어 지나침을 경계하여 중용(中庸)을 택하는 것이다. 그러나 이 중용은 형식적인 절충주의를 말하는 것은 아니며 근본에 충실한 성(誠)을 전제한 것이다. 그리고 개인의 수양(修養)은 이러한 행위의 주체인 인격의 도덕적 바탕을 형성해 준다.

그의 정치사상에서는 군왕과 인민이 하나이며 대립적 내지 적대적 관계에 있다고 생각하지는 않았다, 또한 그가 지향한 봉건제에서는 전제군주 체제에서 군왕과 신하가 '하루에 백번을 싸운다(一日百戰)'[32]

32) 『황제서(黃帝書)』에 나오는 글이다. 신하는 사심(邪心)을 숨기고 군주의 태도를 살

는 일방적이고 대립적인 관계와 달리 군신(君臣)의 관계 역시 일반적으로 일체로 보는 것이다,

그리고 그는 군왕은 보좌하고 모시는 것이지 맹자처럼 가르치겠다는 입장은 아니었다.

공자의 정치적 관점(觀點)은 군왕의 정치적 역할과 책임을 중하게 여긴 까닭에 군왕의 입장에 서있다고 할 수 있다. 그러나 그가 생각하는 정치는 '군자의 덕(德)은 바람이고 백성은 풀(草) 같아서 군자는 덕으로 백성을 교화(敎化)시킬 수 있다(『논어』 안연 등등)'는 즉 통치자 자신이 공명정대하고 선행(善行)을 하면 인민은 자연히 따르게 되고, 따라서 평민의 절도행위는 통치자의 탐욕에서 그 원인이 있다는 것이다.

그리고 그는 '백성들로 하여금 따르게 할 수는 있어도 알게 할 수는 없다'(民可使由之 不可使知之)라고 하여 정치에서의 백성의 지위를 대상화시켰다.

그러나 그가 생각하는 이 말의 뜻은 백성을 가볍게 여긴다는 것은 아니었다. 즉 인민으로 하여금 정치를 알지 못하게 하려는 것이 아니라 인민이 정책의 본질과 내용의 의미를 알고 나서야 정책이 시행되어야 한다면 이는 [정치되어지기]를 기대할 수 없다. 따라서 백성에게는 정치효과를 그들의 몫으로 주고 이에 따르도록 할 수밖에 없다는 것이다. 그리고 이는 당대 백성의 의식수준에 따른 것이었다.

② 생 애

그는 출신국 노(魯) 나라에서 봉직하며 실력을 쌓아 형벌을 관장(管掌)하는 사구(司寇)가 되었다.

공자의 생애에서 가장 위대한 두 업적은 교육과 전통문화를 체계적으로 정립한 것이다.

피며 군주는 법도를 잡고 신하를 제재한다. 이렇게 군신 간에는 마음을 감추고 속으로는 하루에도 백번을 싸운다. 따라서 군주의 입장에서는 '신하가 요구하는 대로 군주가 받아주면 그것은 적에게 도끼를 빌려주는 격이다' '군주는 반드시 신하들의 붕당(朋黨)을 쳐야한다' '신하가 군주를 시해하지 못하는 것은 도당이 형성되지 않았기 때문이다' 등 철저한 '힘의 논리'로 이는 전국시대의 일반적 경향이었다.

그는 심혈을 기울여 전통문화를 육경(六經)[33]으로 정리하였다. 그때까지 전하여 온 전통 문화에 그의 깊은 성찰과 현실을 몸으로 겪어낸 경험적 지혜로 이들을 재해석하여 그 의미를 심화시켰다. 그러나 무엇보다도 주요(主要)한 것은 주(周) 나라의 예(禮)가 외재적(外在的) 규범에 그쳤던 것을 그 예에 자각적(自覺的)인 인(仁)의 정신을 불어넣어 생동하는 세계를 펼친 것이다.

이러한 육경이 갖는 중국 정치 문화사상의 지위는 실로 막중하여 후대의 학자들은 이를 중국 문화의 연원(淵源)으로 자신들 학문 사상적 정당성의 전거(典據)로 삼을 만큼 중국 문화에 지대한 공헌을 하였다.

또한 그는 교육을 통하여 인재를 키우며 그의 사상을 세상에 펼쳐 제자가 삼천이나 되고 그 중에 육예(六藝)[34]에 통달한 72명을 배출할 만큼 사람들과의 관계에 탁월한 능력을 가졌다. 그는 지식과 덕을 위주로 가르쳤고 '가르침에는 계급이 없다'(有教無類)는 믿음에서 평민에게도 기회를 주어 이들을 통치계급으로 배양시켰다.

사실 공자의 교육에 있어 중요한 실천은 가르침에 있어 계급적 차별이 없었다(有教無類)(위령공편)는 점이다. 그는 계급 차별을 넘어 선 자유를 사랑하는 개방적 인격의 소유자였다. 그의 제자들의 출신 성분은 다양하였고 그들의 성품 역시 큰 차이가 있었음에도 공자는 그들을 모두 포섭할 수 있었다.

공자교육의 사회적 효과는 사계급(士階級)의 정치적 역할을 증대시켰다.

이는 종래의 귀족과 평민이라는 양분 체제로부터 군자 정신(君子 精神)으로 교육된 사(士)계급이 정치를 담당 내지 자문(諮問)하여 귀족, 사(士), 그리고 평민의 삼각구도를 형성한 것이다.

즉 지배 피지배라는 이항(二項)의 대립적(對立的) 사회구조를 사인(士人)계급이 개입하는 삼각구도로 바꾸는 것으로, 따라서 유가의 사상적 특징은 중도주의(中道主義)라 할 수 있다.

---

33) 시(詩), 서(書), 예(禮), 악(樂), 춘추(春秋)와 역(易).
34) 예절, 음악, 활쏘기, 승마, 글쓰기와 셈(산수).

2) 공자 사상

① 성상근

공자는 '성상근 습상원(性相近 習相遠)'이라 하였고, 불교에서는 '성상근'에서 더나가 '색성공(色性空)'[35]이라 한다. 이 둘은 인간의 본성에 대해 어떤 규정도 거부하였다는 의미에서 동일하며 그것은 개방적이고 개념화를 거부하는 도의 특성에 근원하는 것이다.

공자가 성상근이라 했을 때 이는 인간의 본성에 대한 규정이 아니라 보편적 관점에서 보아 모든 인간의 성품이 서로 크게 다르지 않다는, 따라서 그 근저(根底)에는 품성이란 삶, 인간관계를 통해 도야되고 그 속에서 발현되는 것이라는 생각이 존재한다.

'성상근 습상원'은 실존주의 철학에서의 '실존이 본질에 선행(先行)한다'는 것에 근사한 명제이다. 그러나 이 명제가 본질과 실존을 대위적 관계로 설정한 고정된 존재론적 표현이라면, 공자의 '성상근 습상원'에서는 생동하는 삶의 현장에서 성(性)의 보편성과 습(習)의 실천행위로서의 개별성이 함께 어우러지고 있다.

성상근은 공자의 교육에서의 위대한 업적인 '유교무류(有教無類)'라는 이념의 근원적 근거로 적용되었다. '류(類)'의 차별이란 신분에서의 차별뿐 아니라 인간의 개발가능성에 대한 차별로 성상근은 이를 부정(否定)하는 것이다. 공자에게는 '의(意), 필(必), 고(固), 아(我) 이 네 가지를 끊어 없었고'(四無)(『논어』 자한(子罕)) 사실 이러한 경지에서 '차

---

35) 불교의 '반야심경'에서는 '보살이 수행 명상 중에 삼라만상이 모두 공한 것을 보았고 일체의 고액으로부터 자유로워졌다(觀自在菩薩 行深般若波羅密多時 照見五蘊皆空 渡一切苦厄)고 하였는데 이는 색성공(色性空)의 경지를 터득하였다는 의미이다. 색성공, 자성공은 불교 최고의 깨달음인 연기(緣起)가 성립될 수 있는 근거이다.
공자는 그의 철학세계가 유(有)에 근본하여 성상근(性相近)이라 하였고, 불교에서는 무(無)의 입장에서 색성공이라 하였을 뿐, 둘의 성에 대한 이해는 같다고 보아야 할 것이다.
여기서 불교의 공(空)에 대해서 분명히 해두어야 할 것은 '불교에서 말하는 공은 근본불교와 대승불교는 물론 선종(禪宗)에 이르기까지 색의 자성이 공하다는 색성공이지, 색 이대로가 아무 것도 없다는 색멸공(色滅空)이 아니라는 것이다(성철스님, 『백일법문』).

별'이란 피상적(皮相的)이고 일시적인 사회현상에 지나지 않는다.

이는 공자 자신의 성품에서 보이는 '무규정성과 개방성'과 같은 맥락·차원으로 그는 어떠한 독단론(도그마)의 유혹으로부터도 자유로울 수 있었다.

그의 자유롭고 행위세계를 존중하는 성품에서 우러나오는 이념의 표현은 현실적용에 있어 변화를 예측하기 어려웠다. 그는 하나의 논제라도 그 질문하는 사람에 따라 서로 다른 대답으로 응수하였다. 사실 어떤 대답이 현실에 적용되어 실효를 거두기 위하여서는 사람과 여건에 따라 달리할 수밖에 없는 것이다. 그리고 그렇게 대응할 수 있었던 것이 공자의 '지혜로움'이다.

사상의 존재형식은 담론(談論)이 아니고 실천이며, 사상의 최고 형태는 감성(感性)의 형태로 가슴에 갈무리되어 있는 것이다. 담론의 구조가 아무리 논리적이라고 하더라도 인격으로 육화(肉化)된 것이 아니면 안 된다'(신영복, 『강의』) 그리고 그것이 '참 지혜'이다.

참 지혜는 감성의 형태이고, 이는 외계(外界)와의 관계에서 일차적이고 즉각적으로 대응할 때 들어난다. 사실 공자의 가르침은 일상의 흔한 상황에서 현장감(現場感)이 묻어나는 간단한 대화의 형식을 띠고 있다. 이는 숙고(熟考)를 거치지 않은 생생함으로, 공자는 그 경우에 가장 빛날 수 있었다.

안자(顔子)는 스승의 인격을 평하여 '우러러보면 볼수록 더욱 높으시고 뚫으면 뚫을수록 더욱 굳으셨다, 앞에 계시는 것을 보았는데 홀연히 뒤에 계신다'(仰之彌高 鑽之彌堅 瞻之在前 忽焉在後)고 하였다. 공자의 인격은 높은 덕과 자유 자재한 성품으로 그것은 도에 근접한 인격의 특성이라 할 수 있다.

이점에서 『논어(論語)』의 서술 방식은 옳았다. 섣부른 추상적(抽象的) 언어나 논리는 오히려 공자를 왜곡시키는 첩경일 수 있었다. 그리고 공자의 이러한 비사변(非思辨) 비논리적 특성이 때로 추상적 개념을 다루는 형이상학적 문제에 관심이 없었다는 것으로 해석되지만 그렇

다고 하여 공자가 그 문제들을 외면하였다는 것은 아니다.[36]

② 인(仁)

유가(儒家)에서 인은 천지가 만물을 생(生)하는 마음으로 사람이 이것을 얻어서 마음으로 삼는 것이라 한다. 천이 부여한 인의예지 가운데 천지가 만물을 낳는 마음인 인(仁)은 사람 안에 있어서는 본심 전체의 덕(德)으로서 천지의 자연스러운 편안함이 있고, 또한 인욕에 빠지는 위태로움이 없게 하여 잠간 동안이라도 떨어질 수 없다(맹자, '공손'에 대한 '주자주').

이러한 인(仁)은 '생생의 리(生生之理)'로서 천지의 대덕(大德)이고 인의예지 사덕의 통체(統體)로 보아 오륜의 근본이 된다.

또한 '인'이란 주어진 삶의 사태를 감지하고 결단하는 심미적 감수성이며 그것은 근원적으로 상황적이며 역동적인 것으로 그러한 특성이 공자 인격에 반영(反影)되어 있다(김용옥, 전게서).

공자사상의 중심에는 항상 인(仁)이 있다. 인으로부터 시작하여 인으로 끝나고 인으로부터 흘러나와 다시 그에 돌아간다. 유가 수신(修身)의 목표인 '극기복례(克己復禮)'에서 예는 인의 객관적 표현이며 또한 인은 수양(修養)이라는 점에서 보면 개인의 도덕이지만 그 실천(實踐)의 측면에서는 사회의 윤리와 정치적 원칙이다

이러한 인의 정치적 계기는 천하위공(天下爲公) 즉 세상은 사(私)가 아닌 공정 하여야 한다는 데 있다. 인은 자신을 규율하는 공공심의 근원으로, 타인에 대한 성실함이며 동시에 선악을 식별하여 존경하고 배척하는 정의(正義)이며 회개(悔改)하는 양심이기도 하다. 그리고 공자가 그리는 군자는 사상가가 아니고 인(仁)을 행하는 사람으로 인격에 육화

36) 논어 공야장(公冶長)에서 자공(子貢)은 '선생님께서 문장(文章)에 관하여 말씀하시는 것은 들을 수 있으나, 성(性)과 천도(天道)에 관하여 말씀하시는 것은 얻어 들을 수가 없다(夫子之文章 可得而聞也. 夫子之言性與天道 不可得而聞也)'고 하였다. 이는 공자가 추상적 개념을 다루는 형이상학적 문제에 관심이 없었다는 뜻과 동시에 당시 학계에 이미 그러한 담론(談論)이 이루어지고 있었음을 의미하기도 한다.

(肉化)된 이념을 정치적으로 그 효능이 나타나도록 행동하는 인간이다.

이러한 인격적 차원의 공자의 인(仁)을, 자사자(子思子)는 『중용』에서 '성(誠)에 이르려고 노력한다는 것은 선(善)을 택하여 굳게 잡고 실천하는 것이다(擇善而固執)'라 하여 우주적 보편성인 선(善)과 일치시킨다.

③ 자유의지와 통치규범

공자는 의(意)·필(必)·고(固)·아(我) 네 가지를 끊었다(子罕)고 하였는데 이는 그의 자유인으로서의 성품을 단적으로 말해주는 것이다. 이로서 그는 도가나 불가의 영향 이전에 이미 무의·무필로서 '무위자연(無爲自然)'의 의미를, 무고, 무아로서 불가의 '공(空)'의 경지를 설파하였다(무아는 원시불교에서 그리고 공은 대승불교에서 사용한 용어상의 차이일 뿐이다).

따라서 그의 실천철학에서는 인간의 실존문제를 최상에 두어 어떠한 선험적 규범이나 가치 설정도 배제하였다. 공자는 '스스로가 규정한 법칙을 준수하는 것이 자유이다'라는 의미에서는 자유주의자다. 이때 자유의지는 외부적 힘에 의해서만이 아니라 자신의 욕구로부터도 영향을 받지 않는 그런 것이다.

사실 『중용(中庸)』의 전제는 천명을 내 몸에 구현하여 인간 실존에 대한 일체의 외재적 해결방안을 모색하지 않는다는 것으로 이는 인간은 인간만이 스스로 구원할 수 있을 뿐이라는 믿음이며 그 실천 행위가 곧 '수도(修道)'이다. 그리고 이는 도덕적 명제이다(김용옥, 전게서).

칸트 역시 자유의지와 도덕법칙에 있는 의지는 동일하며, 자유롭고 이성적 의지가 필요로 하는 원리는 이성 스스로가 선택한다고 하였다.

여기 '자유의지와 도덕법칙에 있는 의지는 동일하다'는 신유학의 '성즉리'에서도 유추(類推)될 수 있는 그런 내용으로 보인다. 그러나 칸트가 말하는 '필요로 하는 원리'는 후천적인 자유의지가 선택한 경험적 법칙·원리로서의 리(理)이다. 그러나 성즉리의 리는 천리(天理)이며, 인간의 의지의 선택으로서의 리가 아니라, 천명으로 본성에 주어진 선험적 리이며, 그 개현(開顯)은 필연의 법칙에 따르고, 천리이다.

따라서 다음에 칸트가 '이성(理性)은 아무런 전제적인 권위도 갖고 있지 않다. 오히려 이성의 발언은 자유로운 시민들의 도의(道義) 이외에 어떤 것도 아니다'(실천철학비판)라 한 것과는 전혀 다른 의미로 들어난다.

자유인(自由人)으로서의 공자에게 사회적 규범의 의미는 강압적으로 제약되어서는 안 되는 그런 것이다. 그 내용이 자연스러운 인간의 성향에 부합되어야 할 뿐 아니라 그 실천 역시 강요되어서는 안 된다. 인간의 가치 지향적 행위는 '자율적인 의지의 결단을 거친 자유로운 행위'에 의해 완성된다. 규범이 타율적인 강제력으로 행위를 제약할 경우, 이는 도덕적 행위로부터 생명력을 빼앗는 것이 된다. '강제(强制)'는 생명력이 결여된 사고체계의 산물일 뿐이다.

사실 공자에 의해 제시된 오륜[37]의 내용은 인간 본성에 따른 가장 자연스러운 그러면서도 사회질서를 보장하는 것이다. 그것은 천명 또는 어떤 절대적 권위로부터 정당성을 부여받은 것이 아니며 다만 인간의 도덕적 감성에 근거한 것이다.

그가 말하는 '종심소욕(從心所欲)하나 불유구(不踰矩)'의 경지는 대자유(大自由)의 거칠 바 없는 인간 승리에 대한 선언이다.

3) 정치의 현실

① 통치의 원리

공자의 정치적 이념은 가치를 존엄시(尊嚴視)하고 그 가치는 인도(仁道)를 행하는데 있다.

---

37) 『중용』에서 처음으로 등장하는 오륜은 '천하 사람들이 달성해야하는 다섯 가지 길(道)이 있고 또 그 길을 행하게 만드는 인간 내면의 덕성은 셋이 있다. 다섯이란 임금과 신하의 길이요, 아버지와 아들 사이의, 남편과 부인, 형과 동생, 붕우간의 길이다. 이 다섯 가지야 말로 천하 사람들 모두의 달도이다. 그리고 '지'와 '인'과 '용'이 세 가지가 달덕이다. 그리고 이 세 가지 달덕은 하나로 수렴된다(天下之達道五, 所以行之者三. 曰君臣也, 父子也, 夫婦也, 昆弟也, 朋友之交也, 五者天下之達道也, 知·仁·勇三者 天下之達德也 所以行之者一也)(20장).' 그리고 이때 하나란 성(誠)이다.
오달도(五達道)는 군신, 부자, 부부, 형제 그리고 붕우 관계는 인간이 존재하기 위하여 갖는 인간관계에 대한 통칭일 뿐 그 윤리적 색채는 희박하였다.

이러한 이념을 근거로 그가 정치선(政治善)을 실현시키려는 통치원리는 정명주의와 군자사상이 양익(兩翼)을 이룬다. 달리 말해 공자의 통치원리(統治原理)에는 정명주의(正名主義)가 그 중심에 있고 이때 통치자에 요구되는 성품은 군자사상을 바탕으로 하는 공명정대한 마음이다.

i) 정명사상

'정명(正名)'의 목표는 내적으로는 백성을 덕으로 이끌어 예를 확립하는데 있고, 그 외재적 효능은 정치권위의 생명인 명분을 세우는데 있다. 이로서 통치자는 군자사상에 근거한 인도주의·덕치(德治)를 목표로, 정명(正名)으로 천하위공(天下爲公)을 이루게 된다.

정명이 요구되는 이유는 '명분이 바르지 못하면 말이 이치에 맞지 않고 말이 이치에 맞지 않으면 일이 안되고 일이 안되면 예악이 궤도에 오르지 못하고 예악이 궤도에 오르지 못하면 형벌이 먹혀들지 않고 형벌이 먹혀들지 않으면 백성들이 손발을 둘 데가 없어진다'(『논어』 자로)에 요약되어 있다.

이 원리는 정치에서 명분이 바로 서지 않으면 정치활동은 규범이 없게 되어 정책을 시행할 수 없게 된다는 요구에서 비롯된 것이다.

공자는 국가의 운용은 정치의 권위가 진정한 가치에 바탕을 두고 그를 실현시킬 것이라는 믿음에서 유지된다 믿었고, 이때 '진정한 가치'란 곧 예치를 의미하였다. 그러나 예(禮)는 국가의 기율(紀律)의 면에서는 귀천(貴賤)과 그에 따른 종속(從屬)관계가 형성되는 서열주의(序列主義)에 의한 질서를 의미한다. 따라서 정의(正義)의 실현은 각기(各其)의 서열과 지위에 상응하는 가치가 제자리에 매김하는 상태이다.

사실 그가 지도원리(指導原理)로서 정명(正名)사상을 밝힌 이유는 통치자와 피치자가 서로 다른 정치적 입장에 있음을 고려하여 양자의 관계에서 요구되는 정의·가치를 실천측면에서 그 효능토록 기대한 것이다.

다시 말해 공자의 정명주의(正名主義)는 국가사회가 고유한 가치서

열로 질서가 잡혀야 한다는 것이다. 그는 천하에 도(道)가 있으면 보통사람이 정치를 논의하지 않는다 하며, 예, 악, 정벌(禮, 樂, 征罰)이 천자, 제후, 대부, 배신(陪臣)[38]의 순으로 떨어지며 논의되는 당시의 사태를 슬퍼하였다.[39]

이러한 정명의 요체(要諦)인 명분론은 '임금은 임금다워야 하고 신하는 신하다워야 하고 아비는 아비다워야 하고 아들은 아들다워야 한다(君君 臣臣 父父 子子)'라는 각자의 명(名)에 합당한 도덕적으로 정당한 행위실천을 전제로 하는 인간관계로부터 연역한 쌍방적인 것이다.

정명은 그 뒤 춘추대의, 대의명분 등으로 표현이 바뀌어 송대에는 군신간의 의(義)를 강조하여 군주의 절대성을 보증하는 논리로 정착되었다.

당대의 정치실정에 제약된 면이 있다 하더라도 그의 정명주의가 갖는 정치사상으로서의 논리는 정당한 것이다. 거기에는 일종의 민주적 이념이 내포되어 있음이 분명하다.

ii) 군자사상

공자가 생각하는 통치자의 근본이념은 군자사상에 근거한 인도주의에 따른 덕치를 목표로 하고 있다.

---

38) 배신(陪臣)이란 제후의 신하를 말한다.

39) 고대 중국에서 우주의 상(像)은 극단적이며 정밀하게 질서지어 진 것으로 엄밀하게 유지 보좌(保佐)되어있다. 한(漢)의 동중서(董仲舒)에 의하면 그 사이에 하나의 머리카락조차 낄 틈이 없을 것이라고 하였다.
공간은 그 전체를 동·서·남·북과 중앙으로 나누었고 시간은 개개의 계절과 그 하위 개념으로 되어 있다 그것들은 [대응(對應)의 표(表)]에 의해 연결되었다(조셉 니담, 『중국의 과학과 문명』). 동(東)은 봄과 나무 그리고 백색(白色)으로 남(南)은 여름과 불과 그리고 붉은 색으로 맺어져 있다. 어느 현상도 이러한 범주적 구분에서 벗어나 있지 않다.
예(禮)에 따른 의식(儀式)은 인간이 우주의 운행에 참여하는 보편적인 패턴의 하나이다. 천자는 계절에 맞는 색조(色調-각 계절은 각기 고유한 색이 있고 그것이 법도이다)의 의관을 정제(整齊)하고 법도에 맞는 방향을 향하여 계절에 맞는 음악을 연주하며 모든 의식적 행위를 수행하였다.
예악은 그것 자체가 우주질서의 한 부분으로서 예악 정벌은 천자만이 장악하고 행사하여야 할 명분이고 권위의 상징인 것이다. 따라서 그 신하들이 이를 농단하는 것은 질서 즉 정명(正名)의 붕괴를 의미한다.

이러한 군자에게 도움이 되는 세 벗(益者三友)이 있는데 그 하나는 정직한 사람(直), 둘째가 의리가 굳은 사람(諒) 그리고 박학한 사람(多聞)의 셋이다. 또한 군자는 천명(天命)과 대인(大人)(당대의 어진 사람) 그리고 성인(聖人)(선대의 성인)의 말씀 이 셋을 경외한다(三畏)(계씨). 군자는 이 삼우를 가까이 하고 삼외를 항상 품고 있어, 자신의 본성을 온전히 함으로서 정치의 근본을 잃지 않을 수 있다.

공자는 이 삼외가 통치자의 권능과 위신(威信)의 조리(條理)에 있어 북극성(北極星)이 다른 뭇 별들에 대한 관계와 같은 지위를 갖는다고 하였다.

동양 정치에서 정치의 본질은 연원적으로 이러한 지도권위가 공동사회에서 자연스럽게 형성하는 지배와 복종관계로 부터 시원될 뿐 아니라 항상 그에게서 올바른 통치의 행위기준을 찾는다.

② 통치의 실제

공자는 '무릇 천하(천하), 국(國), 가(家)를 다스리는 데는 아홉 가지 벼리가 있다'고 하였다.

그 첫째는 군주가 자기 몸을 닦는 것이요, 둘째는 현인(賢人)을 존중하는 것이요, 셋째는 가까운 혈연을 친하게 하는 것이요, 넷째는 대신들을 공경하는 것이요, 다섯째는 신하들을 내 몸같이 여기는 것이요, 여섯째는 뭇 백성들을 내 아들같이 여기는 것이요, 일곱째는 다양한 기술자들이 꼬이게 만드는 것이요, 여덟째는 먼 지방 사람들까지도 화목하게 만드는 것이요, 아홉째는 제후들을 회유하는 것이다(『중용』 20장).

그리고 이들을 실천하는데 요구되는 근본은 하나 즉 '모든 일은 사전에 미리 성실한 바탕위에서 단속하면 확고하게 서고, 미리 단속함이 없이 무방비 상태로 임하면 낭패를 본다'는 것이다.

ⅰ) 화합, 부(富)와 신뢰

공자는 국가의 절대적 조건을 유지하는데 인도주의 정치가 가장 필요하고, 그를 바탕으로 한 통치자와 피치자가 한마음으로 화합하는 것이 국가 생명의 기초가 된다고 믿었다.

그는 '복종하지 않는 먼 곳 사람을 따르게 하지도 않고 뿔뿔이 분열되어 있는 나라를 통합하지도 못하고 있다. 게다가 나라 안에서는 전쟁을 일으키려고 획책하고 있으니 계손 씨의 우환은 유(나라 이름)에 있는 것이 아니라 울타리 안에 있음을 나는 염려한다'(夫如是故遠人不服 則修文德以來之, 旣來之 則安之 遠人不服 而不能來也, 邦分崩離析 而不能守也, 而謨動干戈於邦內 吾恐季孫之憂 不在유 臾而 在籬牆之內也)(계씨)고 하여 화합을 강조하였다.

그의 통치기준은 '인구를 번성케 한 다음에는 이들을 풍족하게 하고 그런 연후에 가르쳐야 한다'(자로)는 것이다. 그는 국가의 기초가 경제(足食)와 국방력(足兵)에 의존하는 면을 시인하였으나 인민의 신뢰(足信)가 그 기본이 된다고 믿었다. 그리고 인민의 신뢰를 확보하기 위해서는 부득이한 경우에 첫째로 군(軍)을 줄이고 둘째 국가재정을 긴축해야 한다.

또한 역으로 경제적 부(富)가 인민의 신뢰를 얻게 하고 예절에도 효능이 있다고 믿었다는 언표(言表) 역시 여러 곳에서 볼 수 있다. 애공(哀公)이 기근이 든 해를 예로 들어 묻자 공자는 모두 충족될 수 없다면 군왕은 정부재정이 부족함이 있더라도 정전제의 세율을 감면해야 한다. '백성이 풍족하면 누가 임금의 부족을 그냥 두겠습니까?'(안연)고 반문하였다.

그는 제자가 '만일 은혜를 널리 백성에게 베풀 수가 있고 환난(患難)으로부터 민중을 건질 수 있다면 인이라고 하여도 되겠습니까?'라는 질문에 '어찌 인(仁)에 그치겠느냐 그야말로 성(聖)일 것이다'라고 답하여 경제의 중요성을 강조하였다.

ii) 통치자의 의무

공자는 통치 권력자의 인민에 대한 의무를 준엄하게 요청하였다. 그가 말하였다. '통치자는 인민보다 앞서 걱정하고 인민에게 봉사하여 노고함으로서 인민의 복리를 증진하는데 게으르지 않아야 한다. 현명한 재목을 등용하고 인민에게 관용을 베풀어 예악 형벌은 추호도 가차 없이 집행하며 그 명분을 엄정하게 해야 한다. 그러나 통치자 자신의 행동이 공명정대하지 못하고 어찌 인민이 바르기를 기대할 수 있겠는가?'

그는 '지도자로서 자격이 없는 통치자의 비행은 규탄하여야 한다. 제후인 계씨가 주공보다 부유하게 된 까닭은 그의 재상 염유가 부당한 과세를 하여 착복한 때문'이라고 하여 그 자(염유)는 내 제자가 아니다. '너희는 큰 북을 울려 공격하는 것이 옳다'(非吾徒也 小子 鳴鼓而攻之可也)(선진)라고 선언하였다.

또한 정공(定公)이 한마디로 나라를 흥왕(興旺)하게 할 방법을 묻자 그는 단정적으로 말할 수 없으나 소위 '군왕 노릇하기가 어렵고 신하 노릇도 쉽지 않다(爲君難 爲臣不易)'는 뜻을 새기어 실천할 것을 권고하였다. 군왕은 매사에 전전긍긍하며 조심하고 인민의 소리인 충성스러운 간언을 들을 준비가 되어 있고 선(善)을 어기지 않아야 한다고 대답하였다.

이어 한마디로 나라를 망치는 일은 무엇이냐는 질문에는 그것도 단정적으로 말할 수는 없으나 사람들이 말하는 바 '군왕이 되어 기쁠 것도 없다'는 뜻을 어기지 말라고 하며 인민의 소리인 충언을 막고 군왕이 날로 교만해지고 신하가 아첨하게 되면 나라를 망하게 하는 바 더할 나위 없다고 하였다. 그 선(善)함에 거스르는 자가 없다면 그런대로 좋습니다마는 옳지 못함에 거스르는 자가 없다면 한마디로 나라를 잃는 일에 가깝지 않습니까?(자로)

iii) 균 평

공자는 국가가 태평하고 인민이 평안하려면 경제적으로 균평해야 한다.

그는 정치정의가 경제적 균평(均平)을 도모하는데 있다고 하며 '구(공자)는 듣기를 나라 또는 집안을 가진 자는 적음을 걱정하지 않고 고르지 못함을 걱정하며 가난함을 걱정하지 않고 불안함을 걱정한다

하니 생각하건데 균평하면 가난이 없고 화합하면 적음이 없다. 평안하면 기울어지지 않는 것이다.'(계씨)

이 이념은 특히 정치사태와 결부된 경제정책면에 투철하게 표명되었다. '폭동은 용기를 좋아하지만 가난을 참지 못하는 인민에게서 나타난다. 일반적으로 부유하고 교만하지 않기는 쉬우나 가난하였을 때 원망하는 마음이 없기는 어려운 것이다.'(태백)

그러나 도(道)를 세우기 위해 무모함을 형벌하는 방법을 취할 필요는 없다고 하였다(안민). 이는 '법제로서 이끌고 형벌로서 조인다면 형벌을 면하는 것을 수치로 여기지 않게 되고 덕으로 이끌고 예로서 조인다면 수치로 여기는 마음을 잃지 않고 따라 온다.'(道之以政 齊之以刑 民免而無恥 道之以德 齊之以禮 有恥且格)(위정)

이처럼 공자의 입장은 선덕후형(先德 後刑)을 취한 것이다.

③ 통치의 이상

공자의 정치사상은 인의 정신에 바탕을 둔 덕화주의로 대동세계를 이루는 것이 목표였다.

『예기 예문편』에서 그는 '대동(大同)의 세계'를 설명하여 정치 이상의 모습을 그려냈다.

'큰 도(大道)가 행해진 세계에서는 천하가 온 사람의 것이 되어 있어 어진 사람과 능력이 있는 자를 가려서 제왕의 지위를 정하고 신의와 친목을 두텁게 하였다.

그러므로 사람들은 홀로 자기의 어버이만을 어버이로 여기지 않았고 홀로 자기의 자식만을 자식으로 여기지 않았다. 그리하여 노인으로 하여금 인생을 편안히 마치게 하였으며 젊은이의 능력을 충분히 활용하였고 어린이는 잘 자랄 수 있게 하였으며 홀아비와 과부 그리고 고아와 자식 없는 늙은이와 병들어 몸이 못 쓰게 된 사람들을 가엾게 여겨 모두 그 살길을 마련해 주었고 성년남자에게는 직분을 주고 여자에게는 돌아가 의지할 남편을 갖게 하였다.

재물은 헛되이 낭비되는 것을 미워하였지만 반드시 자기를 위해 감춰두지 않았으며 힘은 몸에서 나오지 못함을 싫어하지만 반드시 자기 자신의 이로움만을 위해 쓰지 않았다.

이러한 까닭에 간사한 꾀가 막혀서 일어나지 않았고 도둑들이 세상을 어지럽게 하는 일이 일어나지 않았다. 그래서 바깥문은 열어 둔 채 닫지 않으니 이것을 일러 대동의 세상이라고 하는 것이다.

그리고 이어서 대동세계가 현실적으로 불가능하다는 생각에서 약간 편안한 상태인 소강(小康)을 설명하여 그것이 우리들 인간세계 현실에서의 목표임을 암시하였다.

'지금 시대엔 대도는 없어지고 사람들은 천하를 각자의 집안으로 나누었다. 그래서 각기 그 어버이만을 어버이로 여기고 그 자식만을 자식으로 여기며 재물과 힘을 자기를 위하여 감추고 사용한다. 천자와 제후 같은 대인은 세습하는 것을 예사로 하고 성곽을 짓고 성곽 주위의 도랑을 파 스스로 굳게 지킨다. 예의를 기강으로 삼아 군주와 신하의 분수를 바로잡으며 아버지와 아들 사이를 돈독하게 하며 형제간을 화목하게 하며 남편과 아내 사이를 화합하게 하고 제도를 만들며 농경지와 주택을 세우며 용맹함과 지혜로움을 존중하여 자기를 위하여 공을 세운다. 그러므로 간사한 꾀가 여기 생겨나 쓰이고 전쟁도 이것으로 말미암아 일어나게 된다. 우, 탕, 문, 무, 성왕과 주공이 예도(禮道)를 써서 뛰어난 업적을 이루었다. 이를 소강이라고 한다.'

여기 즉 대동세계(大同世界)에서의 인간의 행위 동기나 지향은 '위공(爲公)'인 반면에 소강에서는 '위기(爲己)'로서, 이로부터 개인 능력의 차이에서 신분 계층이 나타난다. 따라서 예로서 조절하고 양보하여 소강을 유지하여야 한다.

공자의 가르침과 실행에 함축된 의미는 그 적응하는 범위가 한없이 광범위하다.

인륜, 도덕, 정치가 한데 녹아 있고 자기, 타인, 가정, 국가가 한 꾸러미로 뭉뚱그려져 있다.

이를 두고 유택화(劉澤華)는 공자가 정치사상으로서뿐 아니라 행위하는 인격과 실천하는 삶으로 사태에 상응하여 예측하기 어려운 융통성과 탄력을 가지고 살아 움직이는 세계를 펼쳐 보인 것이라고 하였다.

그의 영향력은 동방세계는 물론 유럽의 18세기 인도주의 계몽사상을 자극하여 정치사상과 세계 역사에 큰 의미로서 기억되고 있다.

3. 맹자와 순자

1) 맹자(B.C. 372-289)

① 개 요

맹자는 추나라 사람으로 이름은 가(軻)이고 자는 자거(子車) 또는 자여(子輿)라고 한다.

공자의 손자인 자사자(子思子)에게 수학한 맹자는 왕도정치를 선양(宣揚)하여 스스로가 공자학의 계승자라고 생각하였다. 그가 활약한 전국시대(戰國時代)는 제자백가(諸子百家)들이 기세를 올리고 있어, 그는 '인심을 바로 잡고 사악한 학설을 그치게 하며 그릇된 행위를 못하게 하는'(등문공) 것이 그의 임무라고 믿었다. 이러한 제자백가들에 대한 그의 생각은 소크라테스가 소피스트들에 가졌던 사명감과 같은 것이었다.

중국정치사상에서 맹자는 성선(性善)의 입장을 대표한다.

그의 사상의 근저에는 중용의 이념이 깔려있다. 자사자(子思子)가 지은 『중용』의 세계에서는 성(誠)은 우주의 힘이며 맹자는 그에 상응하는 표현으로 호연지기(浩然之氣)를 말하였다. 그에 따르면 천지를 가득 메우는 지극히 크고 지극히 굳건(剛)한 정기(精氣)가 있으며 이 정기는 인간이 성선에 근거한 성(誠)을 다함으로서 움직일 수 있다. 그리고 성인(聖人)은 그렇게 성(誠)을 다함으로서 도에 이르는 것이다.

그러나 그가 비록 중용의 중화 정신을 이어 받기는 하였으나, 정치사상가로서는 그 이념 실천에 매우 치열한 성품을 지녀 플라톤과 같은 이상주의(理想主義)의 성격에 가까웠다. 그러나 맹자의 이상주의는 플라톤이 이데아 관념에 근거하여 정치에서 철인(哲人)군주라는 가치위주의 지향에 머무른 것과는 달리 인간본위의 입장에서 '인정(仁政)이 사해를 넉넉하게 감싸는 은덕을 베풀 것'(공손)을 주장한다. 이처럼 같은 이상주의임에도 맹자는 중국 전통사상인 인도주의에 따라 인민본위의 사실성을 갖게 된 것이다.

② 인의의 정치

그는 공리주의와 힘을 가지고 인(仁)을 가장하는 것을 패도(覇道)라 하여 맹렬히 비판 배척하고 덕으로서 인을 행하는 왕도(王道)정치를 지시하였다. 그리고 그는 왕도에서의 군왕과 백성의 관계를 공자에 대한 72제자의 예를 들어[40](공손) 인민이 스스로 복종하게 하는 정치를 목표로 했다.

맹자는 공자의 인(仁)을 더욱 발전시켜 그의 가장 중요한 정치사상의 근본으로 삼았다.

맹자의 인은 공자의 그것보다 사회적 의미를 확충시켜 의(義)와 짝을 이루었다. 그에 따르면 인(仁)은 '다른 이에게 차마 어질지 못하게 할 수 없는' 불인인(不忍仁)으로 측은(惻隱)한 마음에서 발단하는 것이다.

그가 살던 시대는 '백성들이 포악한 학정에 시달리는 것이 이때보다 심한 적은 없었다'(공손축 상)고 한다. 맹자는 당대 사태를 표현하여 '땅을 다투는 싸움으로 들판에 시체가 그득하고 성을 두고 다투는 싸움으로 성 안에는 시체가 그득하다'(爭地以戰 殺人盈野 爭城以戰 殺人盈城)고 하였다.

이러한 급박한 시대상황에서 까지도 그는 양혜왕에게 '군왕은 인의(仁義)가 있는데, 하필 이(利)를 말 합니까'라고 항의하였고, 이는 그의 왕도를 지향하는 이상주의 정치사상을 단적으로 표현한 것이다. 그는

---

40) 무력으로 사람을 복종시키면 사람들이 진심으로 복종하지 않고 단지 자신의 힘이 부족하기 때문에 억지로 복종한다. 덕으로 사람을 복종시키면 진심으로 기뻐하며 진정으로 복종하니 70명의 제자들이 공자에게 복종한 것이 그 예이다(공손추 상).

공리주의를 극력 배척하고 인의 정신에 의거한 정치도의(政治道義)로 인민이 스스로 심복하게 할 것을 주장하였고 자주 요순(堯舜)의 덕치를 표방하였다.

i) 항산(恒産)·항심(恒心)

그러나 맹자가 인의(仁義)만을 주장한 것은 아니었다.

그는 정치를 주로 민생문제로 생각하여 경제정책에 대한 주의 깊은 관심과 면밀한 계획을 제시하였다. 그는 노년의 생활을 돌볼 수 있게 하는 경제생활의 방법을 설명하고 민생복리의 균등주의를 주장하는 동시에 이웃이 서로 돕는 체제도 구상하였다. 또한 정전(井田)을 새롭게 구획 정리하여 균등하게 나누어야 한다고도 했다. 궁극적으로 그는 정책의 운영을 공정하게 하여 사회가 화목하게 되어야 하는 점을 강조하였다.

그는 '일정한 생활근거(恒産) 없이는 일정한 마음(恒心)이 있을 수 없고 일정한 바른 마음이 없으면 방탕, 편벽, 사악, 사치 등 못하는 것이 없게 된다'는 전제에서 '현명한 임금은 백성들의 생활근거를 마련해 주어 위로 부모를 넉넉히 섬기고 아래로 처자를 먹여 살릴 수 있게 하고, 풍년에는 내내 배불리 먹고 흉년에는 죽음을 면하게 해주고, 그런 후에 그들을 선한 길로 가게 해야 한다. 그래야 백성이 그것을 따라가기 수월하다. 지금 생활근거를 마련한다는 게 위로는 부모 섬기기에 부족하고 아래로 처자 먹이기 부족하니 풍년에도 내내 고생하고 흉년에는 죽음을 면치 못한다. 다른 사람이 죽는 것을 구해 주어야 함에도 이를 쳐다보기 두려운데 무슨 여가에 예의를 닦겠는가'(문공 양혜왕 상)라고 하여 양(養)을 교(敎) 앞에 세웠다.

ii) 사 회

그는 군자와 평민을 구별하여 각기 맡은 바 직종을 다르게 하여야 한다고 하여 플라톤과 유사한 입장이었다. 대인과 소인은 심덕과 체력에서 분별된다. 그리고 각기 상응하는 직업이 나뉘고 통치자와 이들을 봉양하는 직무가 달라야 한다는 것이다.

즉 '군자가 없으면 백성들을 다스리지 못하고 백성이 없으면 군자를 먹여 살리지 못한다'(無君子莫治 野人 無野人莫養君子)(『등문공상』)고 하여 직분의 구별을 정당화하였다. 또한 그는 한 사람의 생활을 유지하기 위하여 필요한 여러 가지 용품을 백 명의 공인이 생산해야 하는 점을 들어 분업의 필요성도 강조하였다.

iii) 왕 권

맹자는 공자와는 달리 당시 시대적 요청인 정치적 통일에 대한 염원으로 새로운 군왕이 세워지는 것을 용인한 면모가 보인다. 그는 당시의 세태를 '세상이 어지럽고 올바른 도가 미약해졌다. 삿된 말들과 폭행이 일어나 신하로서 자기의 임금을 죽이는 자가 있고 자식이 그 아비를 죽이는 자가 생겨났다(世衰道微 邪說暴行有作 臣弑其君者有之 子殺其父者有之,)'(『등문공하』) 개탄하고 새로운 통일된 정치를 바랐다.

따라서 그는 일차적으로 강력한 군주권과 함께, 그에 상응하는 군왕의 도덕적 자질과 덕행을 강조하였다. 당시 유가 스승으로서의 맹자의 위세(威勢)는 대단하였다고 한다. 따라서 그는 양혜왕에게 대하여는 '짐승을 끌어다가 사람을 잡아먹게 한다'(率獸食人)[41]라 하고 추목공(鄒穆公)에게는 '윗사람이 교만하여 아랫사람을 잔학하게 다룬다'(上漫殘下)고 하였다. 그는 전쟁을 좋아하는 자들을 '극형에 처할 것'(服上刑)과 나라의 부강만을 성취하려는 무리를 '백성의 도적'(民敵)이라고 말할 수 있었다.

이러한 강력한 군주권에 대한 요구와 함께 인의(仁義)를 존중하고 왕패를 명확히 구분하는 정치적 성격은 신유가로 전해진다.

iv) 폭군 방벌론

맹자는 정치를 논할 때는 인민의 관점에 서 있었지만 군왕의 절대 권력을 부정하지는 않았다. 그러면서도 정치현실에서 폭군방벌을 합리

41) 지금 왕의 주방에는 살찐 고기가 있고 마구간에는 살찐 말이 있는데 백성들은 굶주린 기색이고 들에는 굶어 죽은 시체가 있으니 이것은 짐승을 몰아서 사람을 먹게 하는 것과 같습니다.

화하였다.

그는 천명이라는 명분으로 왕권신수(王權神受)와 폭군방벌(放伐)을 함께 인정하였다. 왕권신수와 폭군방벌의 모순된 명제를 양립 가능하게 하는 근거는 '하늘이 보는 것은 우리 백성을 통해서 보고 하늘이 듣는 것은 우리 백성을 통해서 듣는다'(만장)에서 보듯이 천명(天命)이 곧 인민의 뜻이기도 한 때문이다.

그는 '인(仁)을 해친 자를 적(賊)이라고 하고 의(義)를 해친 자를 잔(殘)이라고 하는 바, 이 잔적을 저지른 자는 일개 범부의 인격일 수밖에 없다. 따라서 범부밖에 안 되는 주(紂)를 죽였다는 말은 들었으나 군왕을 살해하였다는 말은 듣지 못하였다'(양혜왕)고 군주를 면전에 두고 직언하였다.

그러나 '방벌'을 현실에서 적용하는 실행과정에서는 실제와 논리상의 큰 차이가 있게 된다. 폭군이라 하여 직접적으로 방벌할 것은 아니고 반드시 하늘의 뜻을 기다려 처벌하여야 한다(공손하)는 것이다. 같은 이유로 즉 군왕의 지위는 천명에 의한 것으로 군왕이 사사로이 그 지위를 선양(禪讓)하는 것은(요순우탕) 옳지 않다고 보고 군왕의 의사가 아닌 천명을 기다려야 한다고 하였다.

맹자는 치란(治難) 즉 잘 다스려진 시대와 어지러운 시대의 순환을 '오백 년을 한 주기(週期)로 믿었다. 그는 요순이래의 역사과정에서 이를 설명하면서 당시 난세가 칠백 년을 넘어 통일된 정치를 이룰 시기가 이미 지났다'고 초조해 하였다(공손축하).

맹자는 주역 내지 중용의 세계관을 배경으로 일종의 자연적 사관(史觀)을 가졌다.

그의 천명사상이나 치란(治亂)의 오백년 주기는 그의 이상주의에 따른 것으로 합리적 성격을 넘어선 것이다, 그리고 그의 후학인 순자는 이러한 신비적 요소를 강하게 비판하였다. 사실 공자가 그 이상적 모범을 현실적으로 가까운 주(周) 왕조에서 찾은데 비해 맹자는 요순을 들어 말하여 그 이상주의적 성격을 엿볼 수 있게 한다.

그러나 맹자의 이상주의 철학은 비단 정치면에서뿐 아니라 보편적 인간의 평등을 주장하여 인간의 지위를 향상시키는데 기여하였다. 그는 인민과 성인(聖人)이 동류(同流)이며 신하와 군주도 역시 동류로 보았다. 그리고 이들을 같이 묶는 통일적 전제가 바로 성선(性善)이다. 이로서 삼자 즉 인민, 성인과 군주 사이의 간격을 훨씬 좁혀 인민의 지위 상승을 그들 의식에 심어 주었다.

맹자에 대한 순자의 관계는 그 추구하는 바에서 이상성과 현실성이라는 플라톤과 아리스토텔레스의 차이처럼 그 대비되는 바가 매우 유사하였다.

2) 순자(筍子)(B.C. 298-238)

① 시대와 정치사상의 기본성격

순자는 조(趙) 나라 사람이며 이름은 경(卿)으로 제(齊) 나라에 유학하였다.

그곳에서 그는 직하(稷下) 학파[42]의 제주(祭酒)[43] 직책을 수행한 일이 있었다. 그러나 제 나라 사람에게 모함을 받아 초(楚) 나라로 갔고 그곳에서 춘신군(春申君)의 신임을 받아 난능령(蘭陵令)에 부임하였다.

순자는 유가가 맹자에 의하여 한껏 기세를 올린 후인 맹자의 말년에 태어났고 자신보다 한 두 세대 앞선 명가(名家)의 혜시와 그보다 조금 뒤진 공손룡이 활동하던 시기가 막 경과하던 때부터 그의 학문의 세계를 펼치기 시작하였다.

전국시대의 맹자와 순자는 유가 정치사상을 적극적으로 국제사회적인 범주로 발전시켰다.

---

42) 직하학파는 제(齊)나라 수도 임치(臨淄)에 있는 학자단지(學者團地)를 근거지로 하는 최고의 권위를 가진 학파로 맹자도 이에 속하였다. 그러나 유가 뿐 아니라 음양가인 추연 도가인 신도, 전병 등도 이곳에서 수학한 당시 학문의 총본산 구실을 하였다. 제 나라 임치는 폭 4km 전장 20km에 달하는 큰 성이었으며 모두 13개의 성문이 있었고 서문(西門)을 직문이라고 하였는데 그곳에 학자 단지를 세워 붙여진 이름이다. 잘 알려진 『관자(管子)』도 이 직하 학파의 선집(選集)이라고 한다.

43) 향연(饗宴)을 할 때 먼저 존경하는 어른을 뽑아 술잔을 들어 땅에 경배한 데서 유래하였고 존경받는 최고의 어른을 뜻한다.

정치사상의 유력한 적수들인 노, 장과 묵가들이 이미 그러한 입장의 이념으로 경쟁하고 있었다. 천하의 인심을 자기에 흡수하려는 사상전쟁의 대상인 당시 즉 전국시대(戰國時代)의 현실사회는 모든 시대적 불안요소가 동시에 촉발되어 혼돈이 극심해지는 사태였다.

정치 사회적으로는 자유경쟁으로 힘이 지배하는 경향으로 내달았고, 경제적으로는 상공업의 발달로 농업경제가 유린되면서 이익추구의 사회가 되어가고 국제교류가 전쟁과 함께 서로 얽히었다.

그는 현실주의 입장에서 당대에 유행하는 음양설(陰陽說)과 명가(名家)파를 궤변자로 보고 이들을 증오하였다. 또한 그는 법가의 거장이며 진시황의 재상이 된 이사(李斯)의 스승이 되었고 그의 예치 이념은 법가 전통의 뿌리가 되었다. 유가와 법가의 사상의 근본적 차이는 귀민(貴民)과 존군(尊君)이라는 점에 있고, 유가로서의 순자는 이 두 의미를 연결시키려 하였다.

그러나 그는 공자를 숭상하면서도 맹자에게는 비판적이었다. 즉 맹자의 논리설명이 잡학박식하고 신비적이라 하며 그것이 자사자(子思子)에서 시초된 것이라고 기탄하였다. 그는 정치를 주(周) 왕조를 본떠야 하며 선왕 즉 요순의 도를 말하는 것은 환상이라고 이를 반대하였다.

이러한 면모는 그가 맹자와는 비교할 수 없을 만큼 공자의 현실을 중요시하는 뜻을 따른 것이다. 공자 역시 요순을 찬양하였으나 그는 너무 고원(高遠)한 이상에 급급하지 않고 주 왕조의 문물을 회고하여 실제에는 정명주의로 나갔다.

순자에 의하면 사람들은 동일한 본성으로 태어나며 살아가는 도리 역시 동일하여 고금(古今)에도 큰 차이가 없다고 생각하였다. 따라서 역사 역시 동일한 원리를 따르는 것이라 믿고 현실의 참된 의의를 인정하였다.

그는 단순한 이상가(理想家)가 아닌 현실주의자란 면에서 아리스토텔레스와 상통하는 면모를 가졌다. 그러나 순자는 정치가적인 실제정신으로 학자(學者)인 아리스토텔레스와는 구별되는 인성관(人性觀)과 논리를 피력하였다.

그는 인간이 성악(性惡)하다고 믿고 선(善)은 의식적 행위로 본성과는 다른 것이라고 보았다. 사람의 본성은 태어나면서부터 이익을 좋아하는 마음이 있는데 이것을 따르기 때문에 다투고 빼앗는 마음이 생겨나고 사양하는 마음이 없어진다. 태어나서부터 시샘하고 미워하는 마음이 있는데 이것을 따름으로 잔악해지고 해치는 마음이 일어나 충신(忠信)이 없어진다.

인간은 태어나면서부터 눈과 귀에 욕망이 있어서 음탕하고 혼란스러운 것이 일어나고 예의나 문리－문(文)은 근본을 귀하게 여기는 것이고 리(理)는 몸소 겪게 하는 것－가 없어지는 것이다.

이렇게 사람의 본성은 방종함으로 사람의 정(情)에 따르면 반드시 다투고 빼앗는 일이 나오고 분수를 범하므로 이치를 문란케 하여 폭력에 돌아가기 쉽다. 그러므로 반드시 스승을 본받는 교화(敎化)나 예의로서 이끈 연후에야 사양하는 마음이 나오고 문리(文理)에 합치되며 다스려질 수 있는 것이다(성악편).

이는 마치 근대 서양의 홉스(Hobbes)와 같은 인성관(人性觀)과 군주정치주의로 아리스토텔레스같이 민주지향일 수 없는 것이었다. 즉 '천(天)에는 때가 있고 땅에는 재물이 있듯이 인간에게는 정치가 있어 이로서 천(天)의 도리에 참여 할 수 있다(능참(能參))'라고 말하는 그의 정치주의(政治主義)는 아리스토텔레스와 같은 낙관적인 조화로운 세계관이 될 수 없는 입장에서 전통적인 천(天)사상을 계승한 것이다.

② 예치(禮治)

순자는 현실주의자이고 그가 내세운 통치이론은 '예치(禮治)'를 근간으로 하였다. 그의 예치에서의 도리(道理)는 민생을 본위로 하는 인도정신과 평등이라는 정의(正義) 둘(二)이다.

그의 예치의 이념은 공자의 정명사상의 영향을 받은 것이다. 공자는 정치실천의 이론으로 행인(行仁)과 정명(正名)의 두 원칙을 세웠는데 행인은 맹자에 의하여 그리고 정명은 예(禮)를 앞세운 순자에 의하여 더욱 완벽하여졌다.

그는 '이름이 정해진 후에 실상이 분별되고' 도가 행하여져 민중을 하나 되게 한다, 제멋대로 이름을 만들어 바른 이름을 어지럽히면 의혹으로 앞을 가리게 한다. 그는 '사람들이 분별과 논쟁을 많이 하게 되는 것을 크게 간사(大姦)하다'라 하였다(정명).

그러나 그의 현실적 객관주의는 엄격하여 덕치주의보다는 예치를 주장하여 일종의 법치를 지향하였다. 이리하여 그는 유가의 사상을 법가에 연결시키는 사상적 지위에 있다

성악설에서 예의 필요성에 대한 논의는 필연적이다. 즉 인간이 성악하다는 전제에서는 교화를 통한 예에 의거하지 않으면 난을 면치 못하기 때문이다. 그는 예로서 사물의 정의가 질서 있게 자리매김하도록 하는 것이 정치라고 믿었다.

그는 예에는 세 가지 근본이 있는데 '천지는 생명의 근본이며 선조(先祖)는 인류의 근본이며 임금과 스승은 다스림의 근본'이라 하여 이를 삼본(三本)이라 하였다. 그러므로 예는 위로 하늘을 섬기고 아래로 땅을 섬기며 선조를 존중하고 임금과 스승을 받든다.

그의 예는 평등의 이념을 바탕으로 하고 있다.

예의 요(要)는 보살펴 키움(養)에 있으며 '예는 여유 있는 데서 덜어 부족한 데에 보충하여 서로 사랑하고 공경하는 도리에 이르도록 하여 정의의 아름다움을 넉넉하게 보일 수 있게 하는' 것이다(『예론편』). 이는 모든 사회적 행위가 서로 공평하고 균형을 유지할 수 있게 하여야 한다는 윤리적 요청인 것이다.

그의 예에 대한 견해는 공, 맹의 예가 도덕적 개인적 의미임에 비하여 순자의 예는 사회규범적 성격으로 바뀌어 곧 예가 법으로 이어지는 길을 열어 놓았다.

이에 순자는 예치를 하기위한 적극적 정책을 제시하였다.

왕은 차등 있게 세금을 부과하고 백성의 일을 바르게 하여 모든 사물을 제재(制裁)하는데 이는 모든 백성을 양생하기 위한 것이다. 전야(田野)에서는 10분 1을 세금으로 거두고 관문(關門)이나 시장(市場)에서

는 관찰하되 세금을 받지 않으며 산림이나 연못에 대하여는 역시 과세하지 않는다. 땅을 살펴서 세금의 차등을 두고 거리의 멀고 가까움에 맞추어 곡물을 바치게 한다는 것이다.

순자의 예사상의 기원과 본질에 대한 논술은 누구도 따를 수 없는 웅혼(雄渾)하고 깊은 사색의 세계로부터 이끌어내진 것이다.

③ 천사상과 인본주의

순자의 예치이념에는 자연법으로 이해되는 규범의식이 천(天)사상과 결부되어 있다.

순자의 특징은 맹자의 경우와는 반대로 천(天)과 인(人)을 분리하는 합리적이고 근대적이랄 수 있는 사상적 태도였다. 그에게 천은 인간사에 대하여 어떤 특별한 관계에 있는 것이 아니었다.

하늘의 움직임(天行)은 그 자체가 인간의 화목(和睦)에는 무관하여 '요임금을 위한 것도 걸임금의 멸망을 위한 것도 아니다' 즉 '천행은 일상적이어 해, 달, 별과 사계절의 순환에서 음양이 바뀌고 비, 바람을 내리는 바 그 화합하는 힘으로 낳고 그 보살핌으로 자란다.'

따라서 인간은 이러한 천행에 대하여서는 스스로의 몫을 부지런히 하여 그 공(功)에 따른 결과를 따르도록 하면 되는 것이다. 그는 '하늘에는 때가 있고 땅에는 재물이 있듯이 인간은 정치가 있어서 이로서 하늘의 도리에 참여할 수 있다,'고 하여 천·지·인 각기의 독립성과 인간의 무한한 가능성과 함께 또한 그에 따른 무한한 책임성을 피력하였다. 그는 '천과 인간을 밝게 구별할 줄 아는 자가 참으로 아는 사람이다'라고 하였다.

이처럼 순자는 천을 물리적(物理的)으로 이해하였고 이점이 정통 본래 유가의 도덕적·종교적인 천 그리고 인격적인 천과 구별되는 중요한 갈림목이다. 이러한 생각이 후기 유학자들이 정통의 유가에서 순자를 제외시킨 이유였다. 그러나 동시에 법가에 가장 강한 영향력을 행사하게 된 원인이기도 하였다.

그러나 순자의 예치 이념은 천행(天行)이라는 자연법 원리에 기초한 것이다.

다만 천에 대한 낙관적인 심경을 준열하게 거부하여 자연법의 진실을 인간사회에 효능할 수 있는 여부는 정치의 책임이며 이는 완전히 인간 자신의 문제로 돌렸다. 따라서 그는 '그 참여의 기회를 버리고 참여하여 얻는 효과만을 원하는 것은 미혹(迷惑)이다'라고 단언하였다.

이러한 정신은 동시에 모든 길흉이 인간 스스로에 원인이 있다는 확고한 인간본위의 실사구시(實事求是)로 연결된다.

그는 '인간의 노력은 하늘을 웃도니 하늘의 뜻은 우려할 필요가 없다. 인간 스스로 만반의 준비태세를 완전히 하면 가난, 질병과 재난을 막을 수 있고 추위와 더위도 이겨낼 수 있다, 참으로 아는 자는 인간 스스로의 책임을 천에서 명백하게 구별할 수 있는 자를 말하며 오직 성인만이 천을 알기를 구하지 않는다.'(천륜)[44] 이는 천의 지위와 자연법의 원리를 인정하면서도 그 효능은 인간 자신의 책임에서 결정된다는 것이다.

이렇게 철저한 인간본위는 정치사상사에서 그 유례를 찾기 어려운 것이다.

순자에게 천은 결코 낙천적인 인간의 자기 기만적인 희망의 우상일 수 없었다. 보다는 인간사회를 규율하고 그 결과로서의 화(禍)와 복(福)을 주재하는 존엄한 존재라고 생각한 것이다.

i) 정명과 군자사상

춘추전국의 난세에 통치 권위가 불신되고 반비례하여 인민의 비중이 증대하였음에도 불구하고 정치의 기틀인 군주제는 바뀌지 않았다.

---

44) 여기에는 두 가지 해석이 가능한데,
첫째는 인간과 하늘을 구별하여 하늘을 안다는 것은 하늘의 무한함을 인정하는 것이다.
따라서 성인은 천(天)의 법칙을 모두 알 수 없기 때문에 그 이상을 구하지 않는 것으로 동양 철학의 '여백(餘白)'의 의미가 된다. 범부만이 무리하게 지혜를 좇는다.
둘째 해석은 성인은 이미 천의 도리를 알고 천과 하나여서 따로 천을 알기를 구하지 않는다. 성인(聖人)의 성품은 성(誠)으로 곧 하늘의 도에 통하는 것이다.

다만 정치의 효과가 민주 본뜻에 해당하는 것인가 만이 문제시되었고 따라서 통치자의 인품이 점점 더 핵심적인 것이 되었다. 요컨대 공자의 군자정치도(君子 政治道)에 되돌아온 것이다.

순자가 '선(善)을 쌓는데 온 정성을 다하는 사람을 성인'(積善而全盡謂之 聖人)이라고 할 때 이는 군자의 인도(仁道)를 말하는 것이고 '예의를 쌓는데 힘을 다하는 사람을 군자'(積禮義而謂君子)라고 하여 보다 정치적 의미로서 군자 지위를 지적한 것이다.

공자 역시 군자의 덕과 아울러 현실 규범적 의미를 지닌 예의의 실천조건이 정치적 성격임을 말하였다. 공자는 군자에게는 덕이 본질적인 것이며 덕은 반드시 통치자의 권능을 가져야 한다고 하였다. '덕은 필히 지위가 걸맞아야 하고 지위는 봉록(俸祿)이 걸맞아야 하며 봉록은 필히 그 쓰임에 걸맞아야 한다'(德必稱位 位必稱祿 祿必稱用) 이것이 순자가 공자에 따른 정명주의의 실상이다.

순자는 통치자가 정치의 주도적 위치에서 '조정에 놀고먹는 신하가 없어야 하고 백성들이 요행으로 사는 자가 없도록 하여야 한다'(朝無幸位 民無幸生)(부국편)라고 하였다.

ii) 법치에 대한 요구

순자는 '세상을 어지럽히는 군주는 있으나 세상을 어지럽히는 나라는 없다. 세상을 안장되게 다스리는 사람은 있으나 세상을 그렇도록 다스리는 법은 없다(有亂君 無亂國 有治人 無治法)'고 하였다. 여기 '유치인 무치법'에서는 원칙에 있어 그가 인간 중심의 유가임을 보여준다.

그런데 '사람은 나면서부터 욕망이 있고 욕망이 있는데 얻지 못하면 구하게 되고 구하는데 따라서 갈라놓은 경계가 없으면 다투게 되고 다투면 어지러워지고(亂) 어지러워지면 궁핍하게 된다. 선왕은 이 난을 싫어하여 예의를 제정하여 경계를 세워 사람의 욕망을 잘 살펴 그 구하는 바를 주었다' 그러므로 예치는 인민을 평등하게 양육하는 조화의 정의(正義)를 규율하는 것이다.

그는 규율의 필요를 '먹줄은 나무가 곧지 않으므로 나타난 것이고'

'인생이 불능무군(不能無群)－무리를 이루지 않으면 아무것도 할 수 없다－일진대 정치의 필요한 방법은 법일 수밖에 없다'고 설명하였다.

그는 공동사회가 다함께 따라야하는 옳고 그름에 대하여 이를 명시할 것을 요청하여 법률공개주의를 주장하였다. '위엄(威嚴) 있게 법문을 제정하여 천하에 공시하면 포학한 나라도 자연히 안돈하게 된다'(중니) '재난을 일으키는 범법자는 참수한다'(중니)라고 엄격하게 말하였다. 그는 '성(誠)은 인간의 윤리를 다한 것이고 왕은 제도를 만들어 할 바를 다 한다. 이 둘을 다한 것이 천하에 최고의 완전한 일이다'(해폐) 즉 정치의 지극(至極)한 도(道)는 인의 정신에 기초한 법치에 있음은 갈파(喝破)하였다.

ii) 공리성의 지향

그는 맹자같이 인민의 생업(生業)의 중대성과 민의(民意)의 향배(向拜)가 나라의 흥망에 직결된다고 믿었다.

'우왕과 탕왕은 도를 닦고 의를 행하여(修基道 行基義) 인민의 이익을 자신의 이익으로 알고 인민의 해악을 자신의 해악으로 알아 그 이익을 흥하게 하고 그 해를 배제하였고 이에 인민이 따르도록 하여 군왕의 자격 있음을 증명한 것이다. 탕, 무가 걸, 주의 천하를 찬탈(簒奪)한 것이 아니고 걸, 주가 천하를 보유하고 있었던 것도 아니다. 인민이 천하이며 그 향배에 따라 천하의 귀추가 그러하였을 뿐이다.'(정론) 이러한 면은 맹자와 비할 바 아닐 정도로 국가가 민주적이어야 함을 그러나 맹자와는 달리 그 근거를 인민의 이익(生民)에 두었음을 의미한다.

그는 국가사회가 목적과 기능에 있어 '인민의 일'이라는 키케로의 증언(證言)을 순자는 유가정신에서 그에 한 세기 반 전(前)에 밝혔다.

④ 이상세계－지평(至平)

그는 맹자에 비하여 현실을 그대로 보는 만큼 오히려 매우 진보적인 시야로 민생과 자유를 향한 세계주의적인 이상(理想)을 제안하였다.

그는 '재물이나 곡식을 유통시켜 한 곳에 쌓여 있지 않게 하고 서로 옮겨 순환시킨다. 온 천하는 한 집안같이 만들기 때문에 가까운 자는 그 능력을 숨기지 않고 멀리 있는 자는 그 수고를 괴로워하지 않으며 길이 막혀 있거나 아주 벽지인 나라가 없고 추종하지 않는 나라가 없으니 편안하고 즐겁다. 이것이 왕자의 법도인 것이다.'(왕제)

이 간결한 표현에는 유가 왕도정치가 지향하는 국제경제의 자유주의 입장이 함축되어 있고 이는 공자의 대동이념(大同理念)이 현실세계에서 개방되어 합리화 된 것이다.

그는 군왕의 법도를 말하여 '군왕은 현명한 인재를 등용하여 능히 백성을 구제하고 강대한 사회를 이루어 약자에게 관대하고 전쟁을 하면 반드시 적을 위태롭게 한다'(효니)고 하였다. 이는 군왕의 인도주의 정신과 함께 강권(强權)주의를 주장한 것으로 그의 이상적 경지인 지평(至平)을 목표로 한 것이다.

어진 사람이 상위에 있으면서 농·상·공업에 걸쳐 각기 최고의 기능을 발휘하게 한다. 이리하여 사대부에서 공후(公候)에 이르기까지 크게 어질고 지혜롭고 능력이 있어 맡은 바 관직 책임을 다하게 될 것이다. 순자는 이를 지극한 평등 '지평(至平)'이라고 하였다.

그는 '지평'에 대하여 '혹 천하를 녹봉으로 가진다 하여도 스스로 많다고 하지 않으며 대궐 문지기나 여관 관문문지기나 순라꾼들도 스스로 적다고 하지 않는다. 그러므로 차등이 있지만 고르고 거스름이 있는 것 같으나 따르고 똑같지 않지만 한결 같으니 이를 인륜(人倫)이라고 한다.'(영욕) 이로서 정치상의 모든 문제가 스스로 해결되는 이 지평의 의미는 그에게 있어 정치이념의 상징인 것이다.

순자의 정치사상은 반드시 일률적(一律的)인 방법론에 기초하고 있는 것은 아니다.

한비자가 법가를 기치로 제자백가를 집대성 한 것이라 할 수 있다면 순자는 유가를 기치로 제자백가를 참구하여 그 일을 이룬 것이다. 이렇게 순자가 당시의 활발하고 다양한 사회적 변화에 대응할 수 있었던 것은 그가 맹자와는 달리 공자의 성품인 군자의 자유로운 인격에 현저하게 닮은 사상적 성격임을 증명한다.

그는 비록 성악설을 주장하였지만 아리스토텔레스같이 체관(諦觀)에 따른 절충적 태도는 아니었다. 민주이념을 선포하면서도 정치의 권위주의를 포기한 것도 아니다. 인간을 본위로 하고 정치의의(政治意義)와 가치에 충실한 현실론적 입장을 지킨 것이다. 그의 성악설은 인간의 동류(同流)의식을 바탕으로 '인간은 노력하여 본성을 변화시키면 성인이 될 수 있다'는 밝고 큰 길을 열어 놓고 있다.

이처럼 그는 '길거리의 사람이 모두 우(禹)임금이 될 수 있다'(『성악편』)는 인류희망의 메시지를 보내고 있다.

제 3 절 신유학

1. 성립배경

1) 시대적 배경

① 개 요

역사적으로 모든 정치사상에는 항상 이상주의와 현실주의의 두 경향이 있어 왔고 또한 그러한 현상은 극히 자연스러운 것이다. 유가의 정치사상에서 맹자와 순자는 이 양면을 상대적으로 대표하는 지위에서 후세 정치사상의 모범적인 틀을 원리 또는 이념적인 면에서 제시하고 있다.

맹자가 양혜왕에게 '군왕은 인의(仁義)가 있는데, 하필 이(利)를 말합니까'라고 항의한 것은 그의 정치사상을 단적으로 표현한 것이다. 그는 공리주의를 극력 배척하고 인의 정신에 의거한 정치도의(政治道義)로 인민이 스스로 심복하게 할 것을 주장하였고 자주 요순(堯舜)의 덕치를 표방하였다.

반면에 순자는 '인간은 육신(肉身)의 감성과 욕망을 벗어날 수 없으므로 이를 인정하고 따르되 각기 적당하게 충족 할 수 있도록 보살펴져야 하고 그러기 위하여 절도를 규정하여 인민이 그에 따르도록 하여야 한다'는 것이었다. 그리고 현실 정치에서는 구실(求實) 즉 공리(功利)를 추구한다.

송대(宋代) 구실주의자(求實主義者)인 진량(陳亮)[45]은 '공(功)이 이루어

45) 진량(陳亮 1143-1194)은 절강성 영강(永康)사람으로 '영강학파'의 대표이다. 옛 성현에 대한 맹목적인 숭배의 태도를 거부하고 역사상 실사(實事)와 실공(實功)을 도모한 영웅이 공허한 도덕만 논한 성현보다 낫다고 여겼고, 훈고(訓詁)의 말단적 주석이 어찌 성인의 뜻이겠는가?고 반문하여 육(六) 경전의 신비화를 반대했다. 윤리관에서 리와 욕의 분리를 반대하고 천리와 인욕을 병행할 수 있다고 보았고 희로애락은 자연스런 본성이며 인의예지로 억압할 수 없다고 여겼다. 그 학설은 당시 리학자

지는 곳에 덕이 있고, 일들이 성취된 곳에 리(理)가 있다(功到成處 便是有德 事到濟處 便是有理)'고 하였다.

현실주의라 해서 인의(仁義)를 도외시한 것도 아니지만 신유학에서는 의리(義理)와 명분을 내세운 이상주의에 항상 밀리었다. 사실 어떤 논쟁의 장(場)에서도 이상적인 것, 당위에 대한 주장은 현실적인 입장보다 항상 우위를 차지하게 되는데, 그것이 '논쟁'의 특성이며 한계이다.

당(唐)의 한유로부터 유래한 도통론에서 이 현실주의자들은 항상 제외되었고 사문난적(斯文亂賊)으로 몰리거나 무시되기도 하였다.

맹자의 인의(仁義) 중심의 사상은 한대(漢代)에 들어서면서 동중서에 의해 '그 옳은 바를 바르게 행하되 이익을 도모하지 말고, 그 도리를 밝히되 결과를 계산하지 말라(正其誼不謀其利 明其道而不計其功)는 정언명법으로 표현되었고, 이는 유가의 도통을 표방하는 남송의 도학자들에게 그대로 계승되어, 행위자의 내면적 도덕성을 중시하는 이른바 의리지학(義理之學)으로 성립 발전하였다.

② 태동(胎動)-고문운동의 영향-

신유가(新儒家)들은 서구에서 그리스 사상에 접근·회복하려는 르네상스 운동이 고조되었을 때와 같은 시기에 활약하였다.

서구에서 기독교 교리가 아리스토텔레스의 영향 아래 스콜라 철학으로 거듭나기 위한 연구 작업이 진전되기 조금 앞서 11, 12세기에 중국에서는 신유가들이 유·도·불의 세 요소를 성리학으로 결집시키는 노력을 하였다.

당시의 유가는 맹자, 순자, 동중서와 같은 인물들에 의해 사회적 지도이념으로서의 역할을 수행한 이래 그 생명력을 잃은 지 오래되었다. 유교는 도교와 불교가 전횡하던 400년간의 남북조 시대에는 물론이고, 당나라에서는 비록 622년 과거제도의 실시로 유가의 오경(五經)이 기본 교재가 되고 경전이 관방판본(官房板本)으로 정리되기는 하였으나,

---

들에게 이단설로 간주되었으나 명대에 이지의 찬양을 받았고 그 후 황종희와 전조망 등에게 영향을 끼쳤다.

오히려 이로 인하여 유가 본래의 이념이 경색(梗塞)되어 그 본면목을 보여주지 못하였다.

당나라 말기에 한유·이고(李翶) 등은 이러한 시대상황에 대처하기 위하여서는 논어, 맹자, 중용 특히 주역에 대한 새로운 해석과 해명이 필요함을 절실하게 느꼈고, 이고(李翶)는 『부성론(復性論)』에서 그러한 뜻을 표명하고 시도하였다(한유, 『원도론』). 그리고 한유와 유종원에 의한 고문운동(古文運動)[46]이 이 흐름을 주도하였다.

고전 문헌의 재해석의 필요를 인식하고 추구하면서, 한편으로는 유가 본래의 사상적 진면목이 경세치용(經世致用-학문은 실사회에 이바지되는 것이어야 한다)에 있다고 믿게 되었고, 이 흐름은 섭적(葉適)의 영가학파(永嘉學派)와 진량 등의 영강학파(永康學派)에서 활발하게 논의되었다.

그러나 다른 편에서는 경전(經典)에 포함된 요소, 특히 『주역』을 궁구(窮究)하여 유가 자신의 형이상학적 체계를 세울 수 있는 방향을 찾아 나갔다.

유가의 철학에서 가장 취약한 부분은 형이상학 부면이었고 그 중에도 우주론의 부재(不在)는 항상 불교 교의(敎義)에 밀리는 약점이 되어, 철학적 사유에 관심을 가진 많은 유능한 젊은이들이 불교에 심취하여 유학을 경시하는 경향을 가져온 이유이기도 하였다. 따라서 유가에서의 고전문헌의 재해석은 이 형이상학 부분에 집중되었다.

이고(李翶)는 그의 『부성서(復性書)』에서 다음과 같이 말하였다.

'본성(本性)과 천명(天命)에 관한 서적은 아직까지도 남아있지만, 어느 학자도 그것을 이해하고 있지는 않다. 그러한 까닭에 그들은 모두 도교 내지 불교에 몰두하고 있다. 무지한 사람들은 스승(공자)의 후계

46) 한유 유종원 등은 육조(六朝) 이후 산문의 내용이 공허하고 화려한 글귀만을 선택하는 허공에 뜬 기풍을 비판하였다. 화려한 문장에 그치는 것에 반대 반성하여 진·한 이전의 고문으로 돌아가 유가적 정신을 바탕으로 실질적인 기풍을 진작하고 글에 있어서는 간결하고 뜻의 전달을 우선으로 하는 운동을 전개하였는데 이를 고문운동이라고 한다. 여기서 [뜻의 전달을 우선으로 한다]는 의미는 곧 전달하고자 하는 뜻의 내용을 함께 생각하는 과정을 필연으로 동반하게 된다. 따라서 이 운동에는 문장의 진솔함을 되찾는데 그치지 않고 유가 본래의 정신을 되살리려는 뜻이 함축되어 있다. 이 운동은 송 대의 팔대가들에 이어졌다.

자들에게서는 본성과 천명에 관한 가르침을 탐구할 수 없다고 말하고, 또한 많은 사람이 그들의 말을 믿는다'

이것은 당대에 유가가 도가를 능가하기 위한 우주론과 불교와 논쟁을 벌이기 위한 형이상학이 부족함을 절실히 느끼기 시작하였다는 것을 강력하게 시사(示唆)하고 있다.

이러한 때에 도교 측에서는 그들의 음양이론(陰陽理論)을 유가에 제공하여 신유가의 우주론을 형성할 수 있게 하였다. 외래 종교인 불교의 도전에 직면하여 한민족(漢民族)의 통일적 세계관을 만들어 내기 위해 도교와 유교는 이제 연합세력으로 되어갔다.

당시 즉 송대 유학자들에게 불교사상은 현실의 물질성을 제거하고 사회제도 그 자체의 존립을 부정하는 지극히 반사회적이고 반윤리적인 사상으로 이해되고 있었다. 사실 해탈(解脫)이라는 관념은 그 자체가 일종의 초윤리적이고 탈사회적인 의식으로 정치적으로는 해체주의의 성격을 갖는 것이다(신영복, 『강의』).

그리고 통일국가를 재건하고 사회질서를 확립하기 위해 강력한 정치력이 요구되는 남송의 정치상황에서 이러한 관념은 특히 배척되어야 할 대상이었다.

2) 학문적 배경

한유(韓愈)는 최초의 위대한 신유가주의자였다고 볼 수 있다.

그는 『맹자(孟子)』 그리고 『예기(禮記)』에서 뽑은 『대학(大學)』을 재발견하였고, 후에 정이(鄭頤)는 『예기』의 또 다른 장(章)이었던 『중용』과 『논어』를 더하여 사서(四書)를 확정하는데 공헌하였다.

이러한 사서편성 자체가 한대(漢代) 이래로 오경(五經-시경(詩經), 서경(書經), 주역, 예기(禮記), 춘추)이 기본 경전으로 전해 오던 풍토로부터 벗어나려는 시도로 사서(四書)는 그 뒤 유교의 중심 문헌이 되고 중국 전통교육의 핵심적 교본(敎本)이 되었다.

그러나 본격적인 신유학의 성립은 송대에 시작되었다.

송(宋)왕조는 북동(北東)의 여진족의 금(金)에게 수도인 개본(開封)을 잃고 남으로 쫓겨 1127년 양자강 이남(以南)에서 왕조를 재수립하는 일대파국을 겪는 정치적 상황에 직면하여 국가의 강력한 권력집중이 요구되었다.

따라서 신유학에서 가장 중요한 과제는 유가철학이 담임하고 있는 정치철학의 원리성 확보이었다. 그리고 마침내 그들은 종래의 인간관계에서 형성된 유가적 덕목(德目)이나 가치들을 천리로 규정하는 방대하고 엄격한 논리체계를 세우는데 성공함으로서, 유학의 정치철학으로서의 권위를 확립하였다.

이러한 성리학은 우주론과 함께 리기론(理氣論)·인성설(人性說)을 형이상학의 형태로 체계화함으로서 한당(漢唐) 이래의 선진 유학에 미비했던 우주관·인간관을 확고히 세우게 되었다. 이제 유교는 불교를 비롯한 타 종교와 공존(共存)을 모색하지 않더라도 자연법칙과 사회질서를 일관되게 이해·설득할 수 있게 되어, 국가를 완벽하게 규율하며 국가권력의 기반을 확고히 할 수 있게 되었다.

신유학은 주돈이, 소옹, 장재, 이정(二程)의 노력으로 발전했고, 주희에 이르러 이들 선유(先儒)의 사상은 포괄적 체계로 종합되었다.[47]

신유학 형성의 직접적인 공헌은 '태극(太極)이론'을 정립한 주돈이(周敦頤)[48]와 『주역』을 새롭게 해석한 소옹[49] 그리고 기(氣) 사상을 주

---

47) 이정(二程)의 부친은 주돈이의 친구였으며, 장횡거의 사촌(四寸)이었다. 그러므로 그들 형제는 어렸을 때 주돈이로부터 가르침을 받았으며, 후에 장횡거와 항상 토론을 일삼았다. 더구나 그들은 소옹과도 그리 멀지 않은 곳에 살았으니 이 다섯 철학자가 밀접하게 접촉을 가질 수 있었던 것은 사실은 중국철학사에서 여간 다행스러운 일이 아니었다. 그리고 주희는 정이가 죽은 지 20여 년 후에 태어났지만 그의 계승자들과 사상적으로 연결되어있다. 즉 이정의 제자였던 양시가 바로 주희의 스승이었던 이통을 가르친 나종원의 스승이었다(펑유란, 전게서).

48) 중국 송 나라 유학자. 자는 무숙(茂叔). 호는 염계(濂溪) 1017-1073. 호남성 출신. 지방관으로서 공적을 세운 후 만년에는 염계서당에 은퇴하였다.
도가 사상의 영향을 받고 새로운 유교이론을 창시하였다. 즉 우주의 근원인 태극(太極-無極)으로부터 만물이 생성하는 과정을 도해(圖解)하는 『태극도설』을 썼고 정명도, 정이천 형제를 가르쳐 도학(송대의 신유교)의 개조라 칭해진다. 그는 중정(中正)·인의(仁義)의 도를 지키고 마음을 성실하게 하여 성인이 되어야 한다고 가르치며 우주생성의 원리와 인간의 도덕원리는 본래 하나라는 이론을 제시하였다.

49) 송 대의 학자, 시인. 시호는 강절(康節). 하남 출신. 1011-1077.
주염계와 동시대 사람으로 도서, 천문, 역수(易數)를 배워 인종 때 벼슬을 추대 받았

희에게 물려준 장재[50]에게 돌아간다. 장재(張載-횡거(橫渠))의 기일원론적(氣一元論的)인 세계관은 성리철학의 배경이 되었다고 본다.

소옹(邵雍, 1011-1077), 강절(康節)은 자연을 수리적으로 이해하는 '역위설(易緯說)'을 주장하였다. 그의 『황두경세(皇極經世)』라는 책의 우주와 인생의 흐름의 관계를 설명하는 운도론(運度論)에서 황, 제, 왕, 패(皇, 帝, 王, 覇)가 서로 바꾸어가며 융성하는 도수(度數), 즉 우주의 연대기를 『주역』의 괘(卦)와 효(爻)들의 배정으로 설명하였다. 여기에서 도가와 유가의 공통 기반을 볼 수 있다.

그리고 신유학인 도학(道學)의 태두(泰斗)는 정호(程顥-명도(明道))[51]와 정이(程頤-이천(伊川))[52] 형제라 할 수 있다.

그러나 공교롭게도 이 형제는 후세에 각기 다른 학파를 형성하게

으나 사양하고 일생을 낙양에서 숨어 살았다. 사마광 등 구법당과 친교하면서 학자로서 평생을 마쳤다. 주자는 주염계, 정명도, 정이천과 함께 강절을 도학의 중심인물로 간주하였다.

강절은 도가 사상과 유교의 역(易)철학을 발전시켜 특이한 수리철학을 만들어 내었다. 그는 『황극경세서(皇極經世書)』에서 천지간의 모든 현상을 수리로서 해석하였다. 역의 음양 이원 대신 음양강유의 사원(四元)을 근본으로 삼고 독일의 라이프니츠에게 많은 영향을 주었다.

50) 북송 중기의 학자. 자는 자후(子厚). 횡거(橫渠) 선생이라고 불리 운다. 장안 사람. 송대 최초로 기일원론(氣一元論)의 철학 사상을 전개하여 우주의 만유는 기의 집산에 의거 생멸 변화하는 것이라고 하며 이 기의 본체는 태허(太虛)로서 태허가 곧 기라고 설파하였다.

그는 『중용』을 읽도록 종용받았으나 만족하지 못하고 다시 불교와 노장에서 깊은 뜻을 찾고자하였다. 정명도, 정이천과 역경을 논하게 되면서 그들의 학문의 깊이에 감복하였다. 그는 『역경』과 『중용』을 기본으로 송나라 유학의 기초를 세웠다.

51) 중국 북송 중기의 유학자. 자는 백순(伯淳), 호는 명도(明道). 하남성 낙양 출신(1032-1085). 동생 정이천와 함께 이정자(二程子)로 알려져 있다. 이 두 형제는 주돈이에게서 배웠다.

신종의 부름을 받고 [저작좌랑]이 되었으나 왕안석과 뜻이 맞지 않아 자청하여 지방관이 되었다. 그는 제자 노장 불교도 공부하였으나 결국 유학으로 복귀하여 자신의 학설을 확립하였다. 그는 우주의 근본 원리를 리(理)라하고 리기일원론을 주창하여 육왕학파의 영향을 주었다.

52) 북송 중기의 유학자 자는 정숙(正叔) 호는 이천(伊川). 1033-1107.

철종 초에 사마광의 추천으로 국자감 교수가 되었다. 그는 왕안석·소식 등과 뜻이 맞지 않았고 당화(黨禍)를 입어 사천성으로 귀양을 가기도하였다.

학자로서는 『역경』에 대한 연구가 특히 깊었고 리기이원론(理氣二元論)의 철학을 수립하여 주자에 계승되었다. 학문의 방법에서 형 명도는 오직 정좌(靜坐)를 주장하였으나 그는 경(敬)을 중시하여 거경궁리(居敬窮理)에 힘썼다.

되었는데 즉 동생인 정이의 사상은 주희에게 이어져 성리학을 일으켰고, 형인 정호의 철학은 육구연(陸九淵, 1138-1191)이 받아들여 왕수인(王守仁, 1473-1529)이 완성한 육왕학파 즉 양명학으로 발전하였다.

이러한 신유학의 발전은 주대(周代)나 한대(漢代)에 있었던 유가적 관념의 단순한 연장은 아니었다. 그것은 부분적으로는 극적인 재발견이었으며 창조적인 새로운 운동이었다.

2. 사상적 체계

1) 개 관

성리학에서 정치의 기본은 인도주의에 있고 인류의 도덕생활을 실현하는 것이다.

천지 만물에 리(理)가 있다면 통치에도 역시 리가 있어야 하며, 리학(理學)에서의 통치의 리는 곧 성현들이 정치에서 실현하고자 하였던 가르침이다. 그리고 그 가르침은 실천되었건 아니건 간에 관계치 않고 영원히 존재하는 객관적 원리로서, 이는 인간들에 의하여 훼손당하고 허물어지곤 했지만 그렇다고 소멸되는 것은 아니다.

한유 이래 신유학에서 도통론(道統論)[53]을 가장 중시한 경향에는 성

53) 도통에 관한 논의는 한유(韓愈)가 시작하였고, 이는 불교의 종파. 사도(師徒) 상전(相傳)의 법통을 본뜬 것으로 주자는 이에 경적(經籍)과 선유의 말을 수습, 하나의 이론으로 체계화하였다. 주자에 따르면 도통이란 유가 학문의 요지인 '인심유위 도심유미 유정유일 윤집궐중(人心惟危 道心惟微 惟精惟一 允執厥中) 16자의 내용을 전수해간 내력으로 요·순·우·탕·문·무의 제왕과 주공(周公)에 이어진 뒤 공자가 이것을 안자·증자를 거쳐 자사·맹자에게 전했다고 한다.
주자가 맹자의 학문이 '성인지도(聖人之道)'의 종지(宗旨)를 얻고 있었다는 것은 한유의 주장과 다를 바가 없다. 그러나 주자는 한 걸음 더 나아가 도통의 계승에 이정자(二程子)가 맹자 이후 1400년 동안 유가의 도가 민멸(泯滅)되었다가 환연복명(煥然復明)되었다고 하였다. 그리고 정이천(程伊川)의 다음 자리에 주자를 넣어 도통을 삼은 것은 그의 문인이었던 황간(黃幹-주자의 사위)이었다(김준석, 전게서).
유가에서 성인(聖人)을 만나 비로소 도가 밝혀진다는 것은 그는 추상적인 원리를 현세에 구체화시키는 따라서 도나 리가 있어도 성인이 없으면 현상세계에서는 그 모습을 볼 수 없다는 의미이다. 곧 성인의 행위는 '유일한 객관적 표준이고 원리'라는 의미이며, 따라서 우주자연의 원리인 리를 밝히고 지속시키는 일은 다름 아닌 도통의 확인이며 계승이기도 했다.

현들의 가르침이 곧 객관적 원리인 도(道)이다. 그러나 그 도의 의미는 은밀하고 오묘하여 도를 체득·육화한 성현의 가르침을 잇는 것(師承)이 도의 온전한 계승·보존이라는 배경이 있었다.

성리학은 태극과 리(理)와 기(氣)의 개념을 구사하여 형이상학을 세워 우주의 생성과 구조, 인간 심성의 구조, 사회에서의 인간의 자세 등에 관하여 깊이 궁구(窮究)하였다.

이러한 형이상학 체계의 형성으로 종래 한(漢)과 당(唐) 초기의 훈고학(訓詁學)이 다루지 못하였던 천명(天命)과 성명(性命)에 대해 논구함으로서 새로운 유학사상을 수립하였다.

라이샤워의 서구식 표현을 인용하면 '성리학이 구상한 우주론은 물질은 에너지(기, 氣)로 만들어졌으며 보편적인 조직 원리(리(理))에 의하여 통일되고 어떠한 인격신이 창조한 것이 아니며 그 지배를 받는 것도 아니다. 완전히 리얼(real)한 우주이며 모든 점에서 인간 최고의 가치(사랑, 정의, 희생)를 실현하기에 족할 정도로 높은 통합적 수준을 갖는 존재자(성현)가 나타날 때 그들 여러 가치(價値)는 명백히 들어내는 특성을 가지며 진실로 과학과 합치하는 세계관이다. 리(理)는 우주에 있어서 일종의 4차원적인 유형으로 생각되었다. 그것에 의해 사물은 잠재에서 현실로 이동하는 것이다'(라이샤워 외, 『동양 문화사』 상권)라고 극히 간명하게 그 핵심을 지적하였다.

신유학의 집성자인 주자는 도통론을 견지(堅持)하는 입장에서 이상주의 경향의 맹자의 인의의 정치를 따랐고, 왕도와 패도를 구분하고 공리를 배척하는 명분론을 내세워 당시 구실주의의 진량과 논쟁을 벌였다.

신유학은 맹자의 인의를 공리에 우선시 하는 정신을 이었다는 면에서 이상주의일 뿐 아니라 그들의 학문체계가 형이상학이라는 점에서 역시 이상주의 철학이다. 사실 그의 이상주의적 성격은 도통론에서 맹자 이래 천여 년의 현실적 유가전통을 부정하였다는 데서도 여실히 들어난다.[54]

그러나 성리학파의 도통론에 대해 이지(李贄)는 '그들이 맹자가 죽은 뒤 그 '도(道)의 맥'이 끊어졌다고 하는 것은 참으로 잘못되었다. 오직 이 말이 나온 뒤 송나라 학자들은 곧 바로 주돈이, 장제, 정이, 주희 등이 끊어진 맹자의 도를 이었다고 한다. 그러면 진(秦)으로부터 한을 거쳐 당에 이르는 중간에 진(晉) 아래 오대(五代)에 이르는 천수백 년 동안은 땅이 다하고 샘이 없어서 사람은 말라 죽은 지 오래 된 셈이 되는 것이다'라고 강하게 비판하였다.

성리학은 구체적으로는 1. 리기설을 중심으로한 존재론, 2. 성즉리설을 중심으로한 윤리학 내지 인간학, 3. 거경궁리설을 중심으로 한 수양방법론 등을 내용으로 하고 있다.

2) 태극론

① 태극과 리

주염계는 중국 전통의 음양오행설에 따라 그의 우주론을 펼쳤다.

그의 『태극도설(太極圖說)』에 의하면 '무극(無極)이면서 태극(太極)이다. 태극이 동(動)하여 양(陽)을 낳고, 동함이 극(極)에 이르면 정(靜)하니 정하여 음(陰)을 낳고, 정이 극에 이르면 다시 동하니, 일동일정이 서로 그 근본이 된다. 음과 양으로 나누어져 양의(兩儀)를 이룬다. 양이 변하고 음이 합하여 수·화·목·금·토를 낳으니 오기(五氣)가 순포(順布)하여 사시(四時)가 행하여진다'하여 우주생성을 종적(縱的)으로 설명하였다.

그리고 그 이하에서 '…무극의 진(眞)과 이오(二五-음양오행)의 정(精)이 묘합(妙合)하여 응결해서 건도(乾道)는 남(男)을 이루고 곤도(坤道)는 여(女)를 이룬다. 두 개의 기(氣)가 교감하여 만물을 화생(化生)하니, 만물

---

54) 주자는 이민족인 금나라 뿐 아니라 송대 이전 한·당대의 역사도 긍정적인 것으로 여기지 않았다. 그는 공자 이래로, 도란 없을 때가 없이 상존하는 것이지만, 사람들이 1500년간 도를 파괴하고 인멸(湮滅)시켜 하루도 도가 행해진 때가 없었다고 하였다. 이는 그의 이상주의 성격의 다른 일면이다.

이 생(生)하고 또 생하니 변화가 무궁하다'라 하여 천지만물의 순환변화하는 이치를 횡적으로 설명하고 있다(김충열, 『송대 태극론의 제문제』).

주염계의 태극론에는 태극 자체인 우주 본연의 최고 원리와 우주 생성론의 시원으로서의 물질적 측면을 아우르고 있다. 그러나 아직 주염계에게서는 리(理)란 글자를 찾아 볼 수 없으며, 다시 말해 태극이 곧 리라고는 결코 말하지 않았다, 소강절(邵康節) 역시 태극을 '무위지본(無爲之本) 또는 도지극(道之極)'으로 말하였을 뿐이다. 이 리라는 개념은 이후의 정주(程朱)에서 극(極)을 리(理)로 해석·변용함으로서 가능하였다.

주자는 '태극이란 곧 천지만물의 리'라 선언한다. 그는 '태극도설' 중 '무극의 진은 리(理)에 해당하고 이오(음양 오행)의 정은 기(氣)에 해당(眞者理也 精者氣也 理與氣合 故能成形)(성리대전)한다고 하여 성리학의 핵심 개념인 리기론의 전제로 삼았다.

주염계에게서 '태극은 최고 훌륭하고 지극히 선(善)한 도리이다. … 그가 말하는 태극은 천·지·인, 만물의 온갖 선 가운데 지극히 훌륭한 것의 별명이다' 태극은 형체가 없으나 즉 공허하고 고요하여 아무 조짐이 없지만 동정, 음양의 리가 모두 다 구비되어 있다. 이와 같이 '태극에는 음양오행의 리가 다 들어 있으니 텅 빈 것이 아니다. 만약 텅 비었다고 한다면 불교의 성(性)에 대한 논의와 비슷해진다.'(어류)

이러한 태극은 천지만물의 리의 총화이자 최고기준이다.

이때 리는 사물의 극[55], 즉 사물의 궁극적인 표준이다. 한 사물의 리는 그 사물의 가장 완벽한 형상이자 최고 기준이니 이른바 극이다. 그리고 모든 사물은 저마다 극이 있다.[56]

---

55) 극(極)이라는 글자는 본래 건물 지붕의 맨 꼭대기에 있는 마룻대의 이름으로서 신유학에서 이를 사물의 최고의 이상적 모범을 뜻하는데 사용하였다.

56) 중국 철학의 근원이 자연주의 철학이고 도가나 태극이 모두 자연주의의 소산인 점에서 그 성격은 기일원론적이라 할 수 있다. 도가(道家)의 자연주의나 『주역(周易)』은 물질중심의 사고이다. 다만 도가에서의 도는 우주의 만물이 유래되는 단일한 원초의 그 무엇이며 반대로 주역의 도는 우주 하나하나의 사물을 지배하는 여러 개의 원형들이라고 한 점에서 차이를 갖는다.

태극은 리로서 소이연과 소당연의 원리로 군왕의 인(仁), 신하의 공경(恭敬) 같은 도리의 정점(頂點)을 지칭한다. 또한 리는 항구불변하는 부동의 존재로 생물의 본(本)이요, 음양은 기로서 리를 실현하는 질료이며 능동의 존재로 생물의 구(具)이다(배종호, 『동양 본체론서설』).

② 무극이태극(無極而太極)

『주역』 '계사'에 나오는 '태극'을 주염계는 '무극이태극(無極而太極)'이라 하였고, 이 무극에 대한 해석이 곧 태극을 이해하는 중요한 단서가 된다. '무극'에 대해서는 여러 학자들이 저마다의 해석을 내리고 있다.

주희는 '주자(周子-염계)'가 무극이라고 말한 까닭은 그것이 방향과 장소도 없고, 몸체와 모습도 없으나 사물이 생기기 전에도 존재하고 사물이 생긴 후에도 존재하며 음양 바깥에 있으나 음양 안에서 늘 작용하고 전체를 관통하며 모든 곳에 존재하며 애초부터 소리, 냄새, 그림자, 반향을 언급할 수 없는 것이기 때문이다(『답유자성서』 중에 주희집).

그러나 육구연은 주자와는 다른 해석을 한다.

그는 첫째, 『태극도설』의 연원을 도가에서 왔다고 주장한다. 주염계의 '태극도'는 노자의 학문을 배운 진희이(陳希夷)에게서 비롯되어 목백장(穆伯長)을 통해 주돈이에게 전해졌고, 둘째, 무극은 『도덕경』 28장에 나오는 글자이며 유가의 성인이 남긴 글에는 '무극'이라는 표현이 없다. 셋째, '무극이태극'은 『도덕경』 첫 장에 '이름 없음은 천지의 시작이고, 이름 있음은 만물의 어머니이다(無名天地之始, 有名萬物之母)'와 같은 의미로, 무극을 인정한다면 이는 '무극으로부터 태극이 된다(自無極而太極)'고 해석해야 하며, 이는 송사(宋史) 중 『염계전』에도 그렇게 써 있다고 한다. 그리고 이러한 해석은 도가의 우주론이 그러하듯 우주생성론이 되며 본체론은 아니다(『논쟁으로 보는 중국철학』).

이 개개물물을 지배하는 원형들이 존재한다는 생각이 정이천과 주희의 리의 성격 즉 만물 각기에 태극이 존재한다(總體一太極 萬物有太極)을 결정지은 것이다(평유란, 전게서).

그러나 중국문화에서 우주의 '생성론'과 '본체론'은 관점의 차이일 뿐 크게 다르지 않다. 중국의 우주생성론에서의 '생성'이라는 개념은, 선험적 관념인 '시간'의 틀에서의 '선후(先後)관계'로 성립된다. 그러나 중국철학의 근본적 시간형식인 순환론은 하나의 원(圓)을 그리며 운행하기 때문에 시작도 없고 끝도 없어 시간에서의 선후가 갖는 의미를 무력화시킨다. 따라서 생성론의 틀인 시간에서의 선후를 무시하고, 생성되는 과정을 단면(斷面)으로 끊어내어 보면 본체론이나 생성론은 같은 모습이다. 따라서 육구연의 반론은 태극자체가 아니라 태극론의 연원에 대한 이론(異論)으로서의 의미가 있을 뿐이다.

또한 목은(牧隱)은 '무극을 우주에 있어서 천지가 나뉘어지기 이전의 혼란한 상태, 사람에 있어서는 사물에 접하기 이전의 고요한 상태라 인식하였다.

그러나 이러한 무극에 대한 해석들에는 철학적 논리적 명석함이 부족하다.

이에 대해 현대의 중국 철학자인 펑유란은 '각 유(類)의 사물마다 그 유의 규정성(規定性)이 있는데 그것이 그 유(類)의 '극' 즉 기준이다. 우주 존재인 '유(有)'는 무소불포(無所不包-어느 것도 포괄하고 있지 않음이 없음)하여 어떤 규정성도 있을 수 없음으로 그 규정성은 '규정성이 없음' 즉 무극(無極)이다. 따라서 각 사물마다의 '극(極)'보다 한 등급 더 높은 극 즉 '유(有)'의 세계인 천지만물을 총괄하는 극을 상정(想定)하여 이를 태극(太極)이라 하였다. 그러므로 무극은 동시에 태극인 것이다(無極而太極)'라 설명한다.

3) 리기론

① 리기

주자는 정이천의 리기설과 주염계의 태극도설을 종합하여 그의 철학체계를 세웠다.

그는 태극을 리로, 음양을 기(氣)로 하는 이원론을 설정하며, '천지의 사이에 리도 있고 기도 있다. 리란 형이상의 도(道)로서 물(物)을 생하는 근본(본성)이요, 기란 형이하의 기(器)로서 물을 생하는 자구(資具-형질·재료)이다. 이로서 인(人)과 물이 생함에 반드시 리를 타고나 성으로 삼고, 반드시 기를 받은 연후에 몸체(形)를 갖춘다.

그리고 그 각기의 성격에 대해 '대개 기는 능히 응결조작하나(氣卽能凝結造作), 리는 도리어 정의(情意)도 없고, 계도(計度)도 없고 조작도 없다. 다만 기가 응결한 곳에 리는 그 안에 있다'라고 한다.

그는 이 양자의 관계에 대해 '그 리가 있어야 비로소 그 기가 있으며, 그 기가 있어야 그 리는 의지처가 있게 된다. 크게는 하늘과 땅, 작게는 땅강아지와 개미에 이르기까지 모든 생성은 다 그러하다. … 요컨대 리라는 것은 유무(有無)의 범주로 논할 수 없다. 아직 천지가 생기기 전에도 그와 같았다.'(주희집 '답양지인')

그러나 그 성(리·도)과 그 형(기)이 비록 일신을 떠나지 않는다 해도 그 도와 기 사이에는 분제(分際)가 매우 명료함으로 혼란해서는 안 된다고 하여 리기이원론을 주장한다(『주자대전』).

이에 대해 그는 '이른바 리와 기는 결코 이물(二物)이다 다만 물에서 보면 이 둘이 혼륜(渾淪)하여 분개할 수 없이 각각이 한 곳에 있다. 그러나 이물이 각기 일물 됨을 방해하지 않는다. 리(理)에서 보면 비록 아직 물이 있지 않을 지라도 이미 그 물의 리(理)는 있다. 그러나 또한 다만 그 리만 있을 뿐으로 아직 일찍이 실제로 이 물(物)이 있지는 아니하다(『주자대전』).

이와 같이 성리학에서의 이원론은 사물 각각에도 적용되지만, 서양 형이상학에서의 이원론은 이상세계와 현실세계, 당위와 현상 등 보편적 개념 즉 관념의 세계에 한정된다. 이러한 면이 같은 형이상학이라도 서양 형이상학과 성리학 간의 가장 큰 차이이다.

i) 리

성리학에 따르면 존재하는 모든 사물은 천연의 것이든 인위의 것이든 형이상의 리가 선재(先在)되어 있다. 그리고 이러한 리가 구성하는 리의 세계는 이미 지극히 완전한 세계이다.

그러나 성리학에서의 리는 다양한 의미로 사용되고 있다.

먼저 윤리적 관점에서 보면 리에는 천지 운행의 원리(천리)와 함께 도덕적 원리(천륜)가 존재한다. 그리고 성즉리(性卽理)이므로 성(性)안에는 태극의 전체와 함께 도덕적 원리로서의 인의예지가 본구(本具)되어 있다. 그리고 '천이 물(物)에 명하는 것이 하나의 리'라 하여 리가 천명으로 간주되면서 인간의 본성인 인의예지에 절대적이고 궁극적인 성격이 부여되었다.

한편 일반적 관점에 리는 최고의 절대가치이며 모든 리의 총화인 태극(太極)과 하나이고, 다른 한편으로는 음양오행이 뒤얽혀 있어도 조리(條理)를 잃지 않는, 즉 기안에서 발견되는 구체적 사물 내의 질서와 조리로서의 리이다.

이는 서구 철학의 체계와 비교하였을 때 리는 자연법사상의 두 상이한 경향인 '우주를 통괄하는 도덕적 실체'로서의 의미(意味)(관념론)와 단순한 사물간의 조리(條理)로서의 의미(경험철학)를 함께 아우른다.

뿐만 아니라 평유란은 리를 아리스토텔레스의 '물질구성의 요소인 형상인'으로 해석하고 있다. 즉 리와 기는 아리스토텔레스가 말한 한 사물의 요소인 형식인과 목적인이 리에, 질료인과 운동인은 기에 각각 해당한다고 한다. 이때 리는 단순한 사물의 속성일 뿐이다.

ii) 기

태극론에 따르면 태극 안에 동정의 리가 있고, 그 리에 따라 기의 운동(動)은 유행하여 양기(陽氣)가 되고, 정(靜)은 응집하여 음기(陰氣)가 된다. 양이 변하고 음이 부합하여 수·화·목·금·토가 생긴다고 한다. 이처럼 기 즉 음양은 오행을 낳고, 음양오행의 일곱 가지는 서로 뒤

섞이어 사물을 생성하는 재료가 된다. 이때 음양 두 기가 서로 마찰하여 생긴 '앙금(鴦衾)' 가운데 가장 조잡한 부분이 '질(質)'이다.

그러나 성리학에서 기는 리에 대립하는 단순한 물질적 존재가 아니다.

기에는 정의(情意)와 계도(知)의 작용(理却無情意無計圖無作用)이 있을 뿐 아니라, 음양으로는 귀신이며, 인간에 있어 심적 존재이기도 하다. 이러한 기는 물심(物心)의 근원적 재료로서 그 속성이 취산(聚散) 굴신(屈伸) 생멸하는 만큼 그로 말미암아 천변만화하여 현실적으로 천지의 모든 화(化)는 기화일 뿐이다. 이처럼 기는 서양철학에서의 물(物)과는 전혀 다르며 따라서 서구식 유물론은 성립할 수 없다.

또한 인간에게 품부(稟賦)된 기(氣)는 다른 어떤 것의 기보다 빼어나 만물의 영장이 되었으나, 기의 속성이 천변만화한 까닭에 인간들 역시 모두 균일하지 않다. 즉 성인과 어리석은 자, 인간과 사물에 차이가 있는 것은 기(氣) 때문이며 원형이정 즉 사물의 근본되는 도리가 본래 그러한 것은 아니다.

다시 말해 리(理)는 만물에 각기 동일하게 품수되어 있는 것인데 대해서, 기(氣)는 그 동정과 순수 정도에 따라서 천태만상, 즉 위로는 천지, 인물로부터 아래로는 금수와 무생물에 이르기까지 저마다의 차별성을 나타낸다(배종호, 『이기론에 대한 고찰』).

② 리의 동정(動靜)

주염계는 태극론에서 '태극이 동(動)하여 양(陽)을 낳고, 동함이 극(極)에 이르면 정(靜)하니 정하여 음(陰)을 낳고, 정이 극에 이르면 다시 동하니, 일동일정이 서로 그 근본이 된다'고 하여 태극의 동정을 분명하게 말하고 있다. 이는 기일원론(氣一元論)에서의 태극은 기(氣)의 존재형식인 동시에 운행의 최고원리임으로 당연한 것이다.

그러나 주자의 리기이원론(理氣二元論)의 체계내에서 리는 기(氣)와 대위(代位)관계에 있으면서, 동정, 정의(情意) 등과는 논리적으로 구별될 수밖에 없다. 다시 말해 리로서의 태극은 불변부동(不變不動)의 관념적 존재이고, 기(氣)로서의 음양은 동정하는 자체(自體) 즉 가변유동정(可變有動靜)의 질료이다.

따라서 주자는 '동정은 태극이 아니고, 동정하는 소이(所以)가 곧 태극이다. 그러므로 동정밖에 따로 태극이 있는 것이 아니라 하면 옳으나, 동정이 곧 태극의 도(道)라 하면 옳지 않다'고 한다. 즉 동정하는 실체는 음양의 기(氣)이며, 동정하는 소이(所以)는 태극이라는 것이다. 결국 그는 '운동의 리가 있기 때문에 기가 운동하여 양기(陽氣)가 되고, 고요의 리가 있기 때문에 고요하여 음기(陰氣)가 된다'고 하였다.

이러한 관점에서 펑유란은 주염계의 태극론은 주자의 체계와 맞지 않는다고 보았다.

기일원론(氣一元論)을 기본으로 하는 염계의 태극은 주자의 체계에서 보면 형이하(形而下)의 존재이다. 주자가 염계의 설(說)을 채용하기는 했으나 염계에 대한 그의 해석이 꼭 염계의 뜻이었다고는 할 수 없다'고 하였다(펑유란, 『중국 철학사』).

후학들, 특히 퇴계가 리의 해석에 있어 일으키는 혼란과 모순 즉 리 자체가 동정하는 것으로 이해하게 된 것은 여기에 기인한다. 사실 주자대전(朱子大全)에는 '이유동정(理有動靜)' 또는 '태극유동정(太極有動靜)'이란 문구가 산재해 있다(배종호, 『동양 본체론 서설』). 그리고 조선 성리학에서 있었던 사단칠정에 대한 논쟁의 초점 역시 리발(理發)의 문제였다.

따라서 김준석 교수는 '주희가 리에 동정(動靜)이 있다고 한 것은 다만 리가 움직일 수는 없지만(형상인(形象因)) 음양이라는 기를 통해서 자신의 움직임을 실현한다고 하였다. 그러나 여기에서도 '움직임의 실현'이라기보다는 형상인(形象因)으로서 자신의 모습을 현현(顯現) 한다고 해야 한다. 즉 주희가 말한 동정이란 '동정의 원리'를 뜻한다'고 하였다.

그러나 염계의 태극 동정론 즉 '태극이 양의(兩儀-음양)를 낳는다'는 체계적 이론에 따른 우주 생성론을 포기했을 때 리의 동정 문제와 함께 리(理)와 대위(代位)에 있는 형이하의 존재인 음양 즉 기(氣)의 기원(起源)에 대한 문제가 대두된다.

이에 대해 주자는 '동정(動靜)은 단초가 없고 음양(陰陽)은 시작이 있다고 말할 수 없다. 그것의 시작이 있기 전에도 필경 무엇인가가 있었다. 그 스스로 천지(우주)는 만들어 졌다가 파괴된 다음에 다시 그렇게 만들어 지니 무슨 끝이 있겠는가?(어류)'라고 하여 전통적 순환론에 따라 생성(生成)과 파괴(破壞)가 순환하여 무궁히 계속된다는 입장이었다.

③ 리기의 선후

주자에 의하면 천지가 개벽되기 전에 사물은 아직 존재하지 않았으나, 그 리는 이미 모두 존재했다. 리에 있는 것들은 존재할 수 있고 리에 없는 것들은 존재할 수 없다(어록).

리는 사람과 사물이 하늘로부터 다 같이 부여받은 것으로, 감정이 없는 사물의 경우에도 리는 있다. 예컨대 배는 물위에서만, 수레는 뭍에서만 운행할 수 있다는 것 따위가 그것이다.

이처럼 천하의 사물은 천연의 것이든 인위의 것이든 모두 그것이 그러한 까닭으로서의 리(所以然之理)가 있으며 그 리는 사물에 앞서서 존재한다.

이 리기의 선후(先後) 문제를 논리의 측면에서 보면 형이상의 존재인 리(理)는 시공을 초월하여 불변하는 것이고 기는 시공속에서 변하는 것이기 때문에 리선(理先)이 옳다. 이에 대해 주자는 '그것은 본래 선후를 논할 수 있는 것은 아니다. 그러나 반드시 그 기원(所從來)을 추론해 보자면 먼저 리가 있다고 할 수밖에 없다.'고 하였다.

그러나 리와 기의 존재의 선후는 두 측면에서 보아야 하는데, 인간의 일상적인 지각(知覺)·인지(認知)라는 관점에서 보면 기(氣) 즉 현존하는 사물은 먼저 존재하며 리는 나중의 것이다. 다시 말해 우리들에 의해 본격적으로 인식되고, 사유되고, 고찰(考察)되는 시간적 순서, 그 관점에서는 리는 나중의 것이다.

그러나 리는 본질상 우리가 그것을 어떻게 파악하고 지각하느냐에 따라서 규정되어서는 안 되며, 리 자신의 관점에서 이해되어야 한다. 그러한 리는 시원적(始原的)으로 자신으로부터 피어나면서 본질적으로 자신을 개현하는 것으로 한 사물이 그러한 사물일 수 있게 하는 본성이며 근거로 사물 자체에 앞선다.

일반적 용어로 말하자면 우리가 사물을 인식하는 순서에 따르면 기를 통해야만 리를 알 수 있으니 기가 먼저 있고, 사물이 그 사물로 되어지는 원리, 근본에서 보면 리가 선행일 수밖에 없다.

그러나 실제로는 리기는 불가분이며, 따라서 선후개념 자체가 있을 수 없다.

④ 리일분수(理一分殊)

펑유란은 도가(道家)의 도는 우주만물이 유래되는 통일된 원초의(原初) 그 무엇이며, 주역(周易)의 도는 반대로 우주 하나하나의 사물을 지배하는 여러 개의 원리들이라 한다. 그리고 이 두 가지의 서로 다른, 하나는 연역적(演繹的)이고 다른 하나는 귀납적(歸納的)인, 도에 대한 결정(結晶)이 신유학에서 태극이념에 통합되어 '우주는 태극 즉 모든 리의 전체를 구비하고 있을 뿐 아니라, 각 사물에는 그 사물의 그러한 까닭으로서의 리가 구비되어 있다(總體一太極 萬物各具一太極)'는 데에 이른다.

그리고 이러한 무한하고 무궁하며 유일한 태극이 각 사물에서 존재하는 방식에 대해서, 신유학에서는 태극은 사물 안에 존재하지만 '조각조각 분할되어 있는 것이 아니라 마치 불가(佛家)에서 말하는 월인천강(月印千江) 즉 달빛이 모든 강에 드리우는 듯 존재한다'고 한다.

이를 정이(鄭頤 伊川)는 리일분수(理一分殊)라 하여 하나의 리는 하나의 근본이지만 흐트러지면 만물을 이룬다하였고, 주희(朱熹)는 '총체적으로는 하나의 태극이지만, 모든 물체 또한 각기 하나의 태극을 갖추었다'고 하였다(『주자어류』).

이 리일분수론에 따라 리는 '우주를 통괄하는 도덕적 실체·원리'로서의 의미와 '단순한 사물의 조리'의 뜻을 함께 갖게 된다.

그리고 인성(人性)을 리일분수설의 관점에서 보면 본연지성은 리일(理一)을 말한 것으로 순선(純善)이요, 기질지성은 리분수(理分殊)로 유악선(有惡善)이다. 그리고 전 인류를 리일(理一)로 보면 각인(各人)은 리분수로 결국 기질지성이다.

4) 심성론

① 심성론

주자는 하늘이 음양과 오행으로 만물을 변화 생성함에 있어, 기로 형상을 이루고 또한 리를 부여하였는데, 사람과 사물이 그 부여된 리로 말미암아 오상의 덕으로 삼은 것이 성(性)이며, 그 성이 자연을 좇아 사물 사이에 각각 마땅히 행할 것을 도(道)라고 하였다(『中庸章句』).

주자는 우주 본체론과 인성론을 표리일체로 보아, 리와 기를 각각 성과 정에 배당함으로서 이 둘을 동시에 설명하였다. 동중서가 말한 대로 인간의 생존방법인 인도(人道)가 궁극적으로 자연의 천리인 천도를 본받아 설정된 것(道之大原出於天)이라면 우주론의 해명은 곧 인성론에 적용될 수 있으며, 사실 우주론을 궁구하는 목적이 인간이 세운 윤리적 목표에 절대적 의의(意義)를 부여하기 위한 것으로 볼 수도 있다(배종호, 전게서).

주자의 사상체계에서 성과 심은 다르다. 심은 리와 기의 결합체로서 심은 구체적인데 성은 추상적이며, 심은 생각하고 느끼는 활동을 하지만 성은 그렇지 못하다. 따라서 심을 통하지 않고는 성을 알 수 없다.

마음을 물(水)에 비유하면 성(性)은 물의 리이다. 성은 물의 고요함에 해당하고 정(情)은 물의 동요에 해당되고, 욕망은 물이 흘러서 범람하는 경우이다. 재(才)는 물의 기력으로서 흐를 수 있게 하는 힘이다. 그래서 흐름이 급하고 느리게 되는 현상은 재의 차이이다. 성은 하늘에서 태어나고 재는 기에서 태어난다. 성은 일정하나 정과 마음과 재는 합하여 기가 된다(어류).

이러한 심(心)이란 허령불매(虛靈不昧)한 지각(知覺) 작용을 가진 주체이며 기(氣)와 리(理)가 통합된 현실태로서 우리를 주관하는 포괄적 존재이다. 즉 '성이란 심의 리이고 정이란 성의 동이고 심이란 성과 정의 주이다(性者 心之理 情者 性之動 心者 性情之主).'

그리고 심에서 기의 측면이 정(情)이고 리의 측면이 성(性)이다. 따라서 심에는 선악의 가능성이 공존하지만 성은 악의 가능성이 없는 순수지선(純粹至善)이며 리(理)가 그러하듯 공간성을 갖지 않는다. 다시 말해 성은 가능성의 형식으로만 존재하고 심이라는 현실태를 통해서 자신을 표현한다.

다시 말해 '성은 정에 대하여 말하는 것이고, 심은 성과 정에 대하여 말하는 것이다. 이와 같이 되어야 한다고 하는 당위가 성이고 그 당위가 움직이는 곳이 정이고 그것을 주재하는 것은 심이다(性對情言 心對性情言 合如此是性 動處是情 主宰是心).'

이를 체(體)의 관점에서 보면 심과 성의 관계는 둘이면서도 하나요, 하나이면서도 둘인 관계다(大抵心與性 似一而二 似二而一 此處最當體認). 그리고 용(用)의 관점에서 보면 심은 성을 능동적으로 지배할 수 있지만 성은 심을 능동적으로 검속할 능력이 없다(心能盡性 性不能知檢其心)(『주자어류』).

이러한 성과 정의 관계는 중화에 비교된다.

'그 정(靜)함을 당해서는 사물이 아직 이르지 않아 사려(思慮)가 아직 싹트지 않음으로 하나의 성(性)이 혼연하여 도의(道義)가 전구(全具)하니 이른바 '중(中)'이요, 이는 곧 심의 체(體)되는 바로서 숙연부동(肅然不動)한 것이다. 그 동(動)함에 미쳐서 사물이 서로 이르러 사려가 싹트면 칠정(七情)이 서로 발용하여 각각 주(主)되는 바 있으니 그 이른바 화(和)인데, 이는 곧 심의 용(用)되는 바로서 감이수통(感而遂通)한 것이다(『주자전집』).

그러나 양명학의 태두인 정명도는 건원일기(乾元一氣)의 입장에서 성즉기 기즉성(性卽氣 氣卽性)라 하여 심을 리와 기로 분간하지 않았다(『이정전서』). 율곡 역시 심즉기라 하였다.

② 본연지성과 기질지성

장횡거는 비록 그가 리(理)자를 사용한 바 있지만 그는 기일원론자이다. 그러나 그의 심통성정(心統性情)에 대한 정의(定義)와 천지지성과 기질지성의 분석은 주자에 영향을 주었다.

정이천은 심을 체용으로 나누어 심체를 성, 심용을 정이라 하였다. 또한 성상근에 대하여도 성은 하나뿐인데 어찌 상근이라 말할까? 이는 다만 기질지성을 말한 것이라 하였다.

그러나 주자는 천지지성도 있고 기질지성도 있다. 천지지성은 태극본연의 묘로서 만수(萬殊)의 일본(一本)이요, 기질지성은 음양리기가 교운(交運)하여 생한 것으로 일본의 만수이다. 즉 본연지성은 리일(理一)을 말한 것으로 순선이요 기질지성은 리분수(理分殊)로 유악선(有惡善)이다.

그리고 본연의 성은 성인에게도 범인에게도 똑같이 구비되어 있고, 단지 혼탁한 기품이 이것을 가리고 있어 악이 생한다. 가리고 있는 것을 제거하면 원래 존재하고 있는 성선이 현현(顯現)된다. 그러나 성은 기를 품수하여 기질의 성이 되고 이때 성이 품수한 기의 청탁여하에 따라 성현(聖賢)과 암우(暗愚)의 차별이 생긴다.

그리고 본연의 성은 미발(未發)의 상태에 있는 한 '순수무악'하나 일단 외계와 접촉하여 기발(旣發)이 되었을 때는 정으로 나타나며, 기발인 정은 중정을 잃으면 악으로 흘러버리게 된다. 즉 악이란 정의 과불급이다.

배종호 선생은 이에 대해 '인간이란 형이상(形而上)의 리(도)를 '계지(繼之)함으로서 선(善)으로 성지(成之)한 성(性)(본연지성)이 기(氣)로서 응취(凝聚)된 형질(形質)안에 내재한 존재이므로 리여기잡(理與氣雜)의 기질지성만이 실존하는 것이고, 본연지성은 인간 존재 안에 있어 순수기(純粹氣)와 묘합(妙合)한 리(理)를 추상화하여 말한 것이다'라 하고 있다.

5) 수양론(修養論)

– 형기지사(形氣之邪)를 절제하고 성명지정(性命之正)을 회복하여 본연지성(本然之性)이 발휘되도록 한다. –

수양은 유가의 목표인 인격완성을 위한 가장 우선적으로 요구되는 실천과정이다.

인간의 성은 천리이니 이른바 도심이다. 그러나 사람은 기(氣)로부터 타고난 육신에서 일어나는 정(情)이 있는데 그 정이 흘러서 범람하는 경우가 생기며, 이것이 인욕이고 이른바 인심이다. 그리고 여기서 천리가 인욕에 의해 가려졌음을 아는 앎이 바로 은폐되지 않은 천리의 모습이다. 그리고 수양이란 마음공부를 통해 이 앎, 천리를 깨달아 나가는 것이다.

공자는 '사심을 극복하고 예로 돌아가라(克己復禮)'고 했고, 『중용』은 '중화를 이룩하고 덕성을 높이고 학문을 추구하라(致中和 尊德性 道問學)'고 했고 『대학』은 '밝은 덕을 밝히라(明明德)'고 했고 『서경(書經)』은 '인심은 위태롭고 도심은 미미하니 오작 정진하고 전일하여 진실로 중도를 견지하라(人心惟危 道心惟微 惟精惟一 允執厥中)'고 했거니와 성인의 천만마디는 다만 사람들에게 '천리를 보존하고 인욕을 소멸할 것(存天理 滅人慾)을 가르치려는 것이다(『주자어류』).

유학에서 가장 중시하는 마음공부는 『중용』의 존덕성 도문학의 길이다. 그리고 신유학에서 말하는 거경(居敬)과 궁리(窮理)는 각각 '존덕성'과 '도문학'에 해당한다고 하겠다.

주자는 '학자의 공부는 오직 거경(居敬)과 궁리(窮理)의 둘이 있다. 이들은 서로 발(發)하니 능히 궁리하면 거경공부가 날로 더욱 나아가고, 능히 거경하면 궁리공부가 날로 더욱 상밀(詳密)해지니 그 실(實)은 하나일 뿐이다'라 하였다(『주자어류』).

그는 거경에 대하여 '사람이 경(敬)하면 심기가 정정(貞靜)하여 혼탁한 기가 사라져 물욕의 잡념이 없어진다. 사람이 이 마음을 가지면서

도 혹 불인(不仁)하면 이 마음의 묘를 드러냄이 없다. 사람이 비록 인을 바랄지라도 혹 불경(不敬)하면 구인(求仁)의 공을 이룰 수 없다'고 하였다(『주자대전』). 즉 불경함으로서 구인을 못하니 불인하며, 불인하니 이 심의 묘를 들어내지 못한다는 것이다.

또한 궁리에 대하여서는 격물치지론을 말하였다. 이는 물리(物理)를 궁구함으로서 마음의 전체대용이 명료해지는 중용의 '명즉성(明則誠)'의 경계에 도달할 수 있다는 것이다(배종호, 전게서). 그가 말하는 격물치지(格物致知)는 귀납적 방법 즉 '즉물궁리(卽物窮理-사물에 나아가 그 이치를 궁구한다)'하는 것으로 이러한 노력을 오래하면 활연관통(豁然貫通)하게 되고 이때 온갖 사물의 표리정조(表裏精粗-표면과 심층 및 심오함과 피상적 측면) 등 전부가 파악되고 내 마음이 전체대용(全體大用-온전한 본체와 광대한 작용)도 전부 밝아진다는 것이다(『대학장구』).

이는 리가 만물에 산재(散在)해 있고, 마음속에도 온갖 리가 구비되어있다(心具衆理)는 관점에서 내 마음의 리와 외물의 리가 대응하여 인식(認識-知)이 이루어진다는(致)것이다.

그러나 '즉물궁리'가 '전체대용을 밝히는 길'이라는 데는 이견(異見)이 있을 수밖에 없다.

즉물궁리는 위학(爲學)인 반면, 전체대용을 밝히는 것은 위도(爲道)이며, 그 공부하는 길에서 보자면 위학은 '쌓아가는 것'이고, 위도는 '덜어가는 것'이라는 점에서 서로 어긋난다.

제 4 절 맺는 말

1. 형이상학으로서의 신유학

선진유학은 중국의 전통적인 기일원론(氣一元論) 바탕한 현실주의인 반면 신유학은 리기이원론(理氣二元論)을 기본으로 하는 형이상학에 근거한 이상주의 철학이다.

또한 선진유학은 체계적 학문이 아니라 공자의 가르침을 중심으로 중국 철학에 산재(散在)한 지혜와 유가적 입장에서의 행위지침에 대한 단편적(斷片的)인 지식들의 집합임에 비해 신유학은 주희에 의해 집대성된 거의 완벽한 이론적 체계를 갖추고 있다.

신유학의 형이상학적 체계는 형이상자인 도(道)와 형이하자인 기(器)를 이분법의 기초로 하여, 『주역』에 의거한 태극도설(太極圖說)로서 우주론의 근본을 삼고, 『중용』에 근거한 천명도설(天命圖說)로서 천·인 사이의 밀접한 상호관계와 천명으로서의 성(性)을 설명한다.

그리고 정주에 이르면 리기이원론(理氣二元論)이라는 형이상학을 수립하여, 태극·도를 흡수한 리가 선험적, 절대적 성격을 갖게 되었고, 이를 선진유가의 정치사회 철학과 결부시켰다.

이러한 신유학에서는 인간을 선진유학과는 본질적으로 다르게 해석하는데, 그 차이는 성상근(性相近)과 성즉리(性卽理) 하나로 요약될 수 있다.

공자가 말하는 성상근의 근원에는 인간이 어떤 강제성도 영향하지 않는 개방된 시공간에서, 자신의 삶을 스스로의 의지로 선택하며 만들어 나간다는 뜻을 함축하고 있다.

그러나 성즉리는 인간의 본성을 리 즉 인의예지로 규정함으로서 원론상 인간은 절대적으로 순선무악한 존재라는 것이다. 그러므로 도덕적으로 완벽한 존재가 되는 것은, 배가 물에 뜨도록 만들어졌기 때문에 물에 떠가는 것과 같이 소당연(所當然)이며 소이연(所以然)이다. 따라서 삼강오상으로부터의 일탈(逸脫)은 본성과 천리에 어긋나는 패륜이며, 제재(制裁)되어야 할 대상이 된다.

또한 이러한 윤리적 행위의 원천인 인간의 본성은 천명으로 부여받았고, 그에 따른 행위의 정당성은 보편적 최고 가치인 리 곧 '천리'로서 보증된다.

그러나 선진유학에서는 인간의 도덕적 행위는 자신의 사유와 의지에 따른 자율적 선택으로 유가의 덕목과 강령의 정당성은 그 사회가 요구하는 적합성(適合性)에 따라 결정된다.

반면 신유학에서는 행위의 정당성이 초월적, 선험적인 형이상학적 천리(天理-전통적 의미 즉 기일원론에서의 천(天), 상제와는 다르다)로 대체되면서, 인간의 도덕적 삶의 정당성이 생활 감성과 유리(遊離)·무관한 것이 되면서 공소해지고, 오히려 권위적(權威的)이고 생경(生梗)한 모습으로 변모한다.

또한 현실정치에서 리의 초월적 성격은 단순히 학문상의 문제에 그치지 않고, 이 권위가 사회적으로 리를 담임하고 있는 개인 혹은 계층에게 전이(轉移)되어 호랑이의 위엄을 빌리는 여우와 같은 일이 일어났고, 이는 사회전반을 권위적 체제로 경직(硬直)시켰다.

2. 인간과 윤리

인간에 있어 가치의 원천은 선의지(善意志)에 틀림없고, 그 의지는 인간 자신의 선(善)한 그리고 이성적(理性的) 본성에 따른 것이다.

그러나 인간의 또 다른 중요한 그리고 결정적인 특성은 '완전하지 못하다'는 것이다. 따라서 인간은 실천행위에 있어 완벽할 수 없으며, 오류를 범하는 것은 오히려 필연적이라 할 수밖에 없다. 그러나 인간이 오류를 범하는 것은 자유의 다른 반증(反證)이라 할 수 있으며, 그것 자체가 무언가를 할 수 있다는 가능성(可能性)의 증거이기도 하다.

인간본성이나 능력을 이러한 현실적 관점에서 이해하고 이를 승인한다면, 윤리나 규범의 시행과정에는 관용이 절대적으로 요구된다. 아무리 훌륭한 규범이라도 그것을 시행하는데 지나치게 엄격하고, 관용이 허용되지 않는다면, 그 실천을 위해서는 정신적, 물리적 강제력이 동원될 것이며, 그것은 인간의 자유를 훼손시킴으로서 오히려 규범이 가지고 있는 정신적 가치와 그 정당성을 잃게 할 것이다.

윤리란 시대정신이 관념적으로 구체화되면서 '집단의식(集團意識)의 형식'으로 형성되어 온 사유(思惟)·이성(理性)의 산물이다. 모든 사회를 이끌고 나가는 윤리에는 보편적 원리가 내재하고 당위(當爲)로서의 목표가 요구되지만, 그러나 그것은 선험적인 것, 천리가 아니라 경험세계의 소산(所産)이어야 한다.

바꾸어 말해 인문세계의 윤리적 덕목의 성립은 시원(始原)이 인간사유의 사회적 총화(總和)에 근거한 것으로, 이때 '사회적 총화'가 내포(內包)하고 있는 기본적 의미는, 철학에서의 '보편성(普遍性)'과 같은 수준의 사물이나 사태의 정당성을 보증하는 것이다.

칸트는 '이성은 아무런 전제적인 권위도 갖고 있지 않다. 오히려 이성의 발언은 자유로운 시민들의 도의(道義) 이외에 어떤 것도 아니다.' 이러한 이성(理性)은 주어진 상황에서 우리가 마땅히 믿어야 할 원리를 제공한다. 그것이 실천이성이다(실천철학비판)라 하여 이를 확인해 준다.

사회윤리로서의 당위의 내용은 인간관계라는 사회적 관계망(關係網)에서 경험의 축적과정을 거치면서 형성되며, 따라서 문화권(文化圈)에 따라 다양할 수 있다.

여기서 우리는 윤리의 목표가 인성을 고양시키는 데 있고, 인간의 품성은 인간관계를 통해 도야(陶冶)되고, 발현된다는 점을 상기(想起)해야 될 것이다. 다시 말해 인성(人性)이란 다른 사람과의 관계에서 이루어지는 것으로 여러 개인이 더불어 만들어 내는 장(場)의 개념이다. 그것은 공자의 말대로 자기를 키우는 것이 아니라 자기가 아닌 것을 키워 그것이 곧 자기를 키우는 것이 된다(신영복, 『강의』). 따라서 공자가 말하고 있는 화이부동(和而不同)은 사회적 삶의 우선적 지침이다.

3. 현실정치와 신유학

성리학의 철학체계는 리기이원론으로 이분법적(二分法的-Dichotomy) 사유형식을 전제로 한다. 이분법은 단 하나의 명확한 기준으로 흑백, 적과 동지를 나누어 제 삼의 존재, 정당성을 인정하지 않으려는 경향이 있다.

성리학에서는 사물이나 인간관계에는 하나의 리(理)가 선재(先在)하며 그 리에 합당한 것과 그렇지 못한, 두 개로만 구분이 가능하다. 따라서 한 사물에 대한 여러 관점이나 해석이 있을 수 없다. 바꿔 말해 하나만의 의견 곧 동(同)이 허용될 뿐이어서, 화이부동(和而不同)이 지향하는 포용과 조화의 정신을 잃게 된다. 그리고 이는 자기 의사와 다른 것을 허용하지 않고 지배하려는 의지(意志)와 결합되기 쉬우며, 이때 자기란 곧 지배계급인 사대부들이다.

성리학 이분법에서의 구분 기준은 선악(善惡)이며 정치적으로는 왕·패(王覇)로, 사회적으로는 군자·소인이며, 도덕적으로는 천리와 인욕으로, 이러한 구분의 목표는 유가적 덕목을 실현하는데 있다.

1) 정치적 차별-왕패(王覇)의 구별

맹자는 덕으로서 인을 행하는 왕도(王道)정치를 지시하면서, 힘을 가지고 인(仁)을 가장(假裝)하는 것을 패도(覇道)라 하여 맹렬히 비판 배척하였고 이는 신유학에 그대로 이어졌다.

왕패의 철학적 윤리적 구분은 정치적 행위의 준거(準據)하는 바가 강상(綱常)이냐 권변(權變)이냐에 있고 왕도는 강상으로 만고불변의 원리이고 지침이다.

그리고 신유학은 이상주의 철학으로 천리 즉 강상을 현실세계에서 실현시키는 것을 최우선으로 왕도의 실천을 정치의 지상 목표로 하였고, 그만큼 강하게 패도를 반대, 권변을 경시하게 됨으로서 현실정치에서 유연성을 잃고 정체(停滯)되었다.

2) 사회적 차별-군자와 소인

공자 역시 '군자의 행위는 중용을 지킨다. 그러나 소인의 행위는 중용에서 어긋난다. 군자가 중용을 행함은 군자답게 때에 맞추어 중(中)을 실현한다. 그러나 소인이 중을 행함은 소인답게 기탄(忌憚)함이 없다(仲尼曰 君子中庸 小人反中庸 君子之中庸也 君子而時中, 小人之中庸也 小人而無忌憚也)라 하여 군자와 소인을 구별하였다.

그러나 이러한 공자의 군자와 소인의 구별은 이원적으로 대비되는 상대적 개념이 아니라 가변적인 통합개념이다. 이에 비해 신유학에서는 이 둘을 대립적 관계로 설정, 철저하게 변별하여 소위 '소인배'를 제거하여 정치사회를 정화(淨化)시키려 하였다. 특히 조선 성리학에서는 정쟁에서 상대를 제거하는데 군자와 소인에 대한 구분·개념을 이용하였고, 모든 인간의 평가에 이 기준을 세웠다.

3) 도덕적 차별-천리와 인욕-

신유학에서 인간 수양의 목표는 우주인으로서의 삶 즉 천리를 따르고 인욕을 멀리하는 것이다. 이러한 천리와 인욕의 구별은 윤리적 측면만이 아니라 모든 사회생활에서의 옳고 그름을 변별하는 기준이다. 주자는 성인의 천만마디는 다만 사람들에게 '천리를 보존하고 인욕을 소멸할 것(存天理 滅人慾)을 가르치려는 것이다'라 하였다(『주자어류』).

신유학의 도덕적 판단은 동기주의(動機主義)에 의거하여, 인간의 욕구 자체를 악으로 보는 경향이 강하였다. 그러나 인간의 욕구는 사회활력에 근원이며, 욕구 자체는, 율곡이 말한 대로 도심이 인심이 될 수도 또한 그 역(逆)도 가능한 것으로, 이는 조절되어야 할 문제이지 그 발생 동기에서부터 죄악시되는 것은 부당하다.

동양사회에서 '천리와 인욕'의 지나친 구별·강조는 인간의 정(情)이나 욕구를 억제하도록 하였고, 이는 사회 발전의 동력을 상실, 사회가 정체(停滯)된 가장 큰 원인이 여기 있었다.

4) 민본사상의 후퇴

『맹자』는 '한 나라에서 가장 귀한 것은 백성이다. 그 다음이 사직이며 임금은 가벼운 존재이다. 그러므로 많은 사람들의 마음을 얻게 되면 천자가 되고 … 그리고 좋은 제물(祭物)로 정해진 시기에 제사를 올렸는데도 한발(旱魃)이나 홍수의 재해가 발생한다면 사직단(社稷壇)과 담을 헐어버리고 다시 세운다'는 철저한 인간 능력에 의한, 그리고 인간이 주도(主導)하는 세상을 강조하였다(『孟子』 盡心下).

그러나 신유학에서는 이러한 천에 제사하는 '사직단을 헐어버릴 수 있는' 인간 능력에 대한 기개(氣槪) 대신에, 인간의 도덕률의 절대성과 정당성을 천리, 천명에 의존함로서, 인간의 자유로운 이성판단, 능력을 억제·폄하시켰다.

신유학에서는 군주에 대한 저항권(抵抗權) 논의가 원천적으로 봉쇄되었다. 선험적, 초월적으로 존재하는 천리는 민심과는 전혀 무관(無關)하거나 민심 위에 군림하여, 맹자에 있어 폭군방벌론의 근거이었던 '천심으로서의 민심'의 의미가 무력화(無力化)됨에 따라 방벌론 역시 자취를 감추게 되었다.

동양적 민주사상은 정권의 정통성은 천명이라는 형식으로 부여되지만, 천(天)이 직접 정치의 잘잘못을 판단하는 것이 아니라, 이른바 '천은 백성의 눈을 통해 정치현상을 살피고, 백성의의 귀를 통해 정치내용을 듣는다.' 바꿔 말하면 그 정치를 직접 경험하는 민에 의해 그것이 판단되어야 한다는 것이라 할 수 있겠다. 그러나 천심과 민심이 무관해지면서 동양 민주사상의 유일한 통로(通路) 역시 막혔다.

성리학은 세계관으로서 그 교리는 정치·경제·문화·교육 등 현실사회의 모든 방면에서, 또 각 개인들의 의식과 행동에서도 한결같이 관철되는 기본원리였으며, 이상적인 사회, 바람직한 인간상의 모범이 바로 이 안에 있다. 따라서 성리학의 사회를 장악하는 영향력은 견고하고 철저하였다.

이러한 성리학에서의 인간은 자유의지에 의해서가 아니라 유가의 체계 안에서 주어진 가치질서를 추종하는 소극적 존재이다. 그리고 이것이 동양사회를 안정시켰던 만큼, 깊은 침체의 늪으로 빠져 들어간 원인이었다.

성리학 가치 질서를 선도(先導)·유지하는 사대부 계급 특히 조선 사대부 계급인 성리학자들은 일반 백성은 물론 국왕까지도 자신들의 교화 대상으로 폄하시키며 자신들의 우월성과 특권의식을 당연시하였다.

이들과 서구 중세 기독교에서의 사제(司祭)계급은 사회구성상의 수적(數的) 비중에서 크게 차이가 나기 때문에 그 역할과 특권을 바로 비견하기는 어려워도, 영적, 도덕적 삶의 길잡이라는 정신적 우월에 근거하여 사회적 특권을 누렸다는 점에서는 유사하였다. 또한 조선에서는 기독교 사제들이 독점한 라틴어와 성리학자들의 한문(漢文)은 이들을 일반인들과 구별지우는 면에서 같은 역할을 하였다.

삼강오륜은 사람의 관계와 지위에 따른 도리와 분수를 규정하며, 인간을 상하관계로 질서지우는 차등을 전제로 한 윤리 도덕률(道德律)이다. 인간사회의 상하 계층이라는 구분은 사회구성의 필연적 소산으로, 공상적이고 이상적인 공산사회라는 유토피아를 현실로 받아들이지 않는 한, 그러한 차등을 직시하는 것은 오히려 사회에 대한 올바른 현실적 이해이다.

이러한 사회적 차등(差等)의 문제는 그 차등 자체가 아니라 그것의 성격 즉 차등 구성의 시원성(始原性)과 유연성(柔軟性)과 소통(疏通)의 확보여부에 있다.

그러나 주자는 '천하의 물(物)은 반드시 소이연의 원인과 소당연의 의칙(儀則)이 있으니 이른바 리'라 하였고, 이때 '천하의 물'에는 사회적 관계를 포함하고 있다. 이처럼 신유학에서는 계층질서의 정당성의 근거를 천리라 규정함으로서 소통의 가능성을 어렵게 하였다.

그리고 그 결과로서 동양 사회에서 봉건 계급사회는 강력한 성리학에 의해 20세기 초까지도 유지될 수 있었다.

제2장 | 명(明)과 조선전기(朝鮮前期)

제1절 명과 조선의 정치제도와 운영상의 비교

1. 명

1) 개 관

명(明)제국(1368-1644)을 개국한 주원장은 초기에는 원(元)의 정치제도를 그대로 답습하였다. 그러나 1380년에 일어난 재상 호유용(胡惟庸)의 역모사건을 계기로 전면적인 개혁에 착수하여 국무를 총괄하는 재상직(宰相職)을 없애고 황제의 자문기관으로 내각대학사(內閣大學士)를 설치했다. 그리고 국가 행정의 최고기관인 중서성(中書省)을 폐지하고 그 하부기관인 이·호·예·병·형·공 육부를 각기 독립시켜 황제의 직속으로 하였다.

한편 명대의 사회구조는 명 황실을 중심으로 한 귀족, 관료계층, 향신계층, 농·공·상의 양민과 그 아래에 노비로 구성되어 있었다. 이들 중 관료계층을 배출한 것은 부농과 지주층으로 구성된 향신계층으로, 향신 중에는 전·현직 관료, 과거시험에 합격하였으나 벼슬하지 않았던 수재(手才), 거인(擧人) 등이 포함되었다. 이들은 지역사회의 교육·교화를 담당하고 여론을 형성하는 유교적 지식인층이었다.

명 초기에 정부는 전국 농민들을 새로운 이갑제(里甲制)를 통해 조직화하였다. 이갑제는 자급자족이 가능하고 부역(賦役)의무를 가진 110호를 하나의 이(里)로 편성하여 그 중 정(丁)과 양(養)이 넉넉한 10호를 선정하여 이장호(里長戶)라 하고 나머지 100호를 갑수호(甲首戶)라 하였다. 그리고 전체를 다시 10갑으로 나누고 1갑을 11호로 편성하였다. 각 갑에 갑수 1명, 각 이(里)에 이장 1명을 두었고 이들은 10년에 한 번씩 교체되면서 일갑일리(一甲一里)를 관리하였다. 이들에게는 조세 징수와 부역부과 등의 책임을 부여하고, 권농, 교화, 재판의 기능을 자치적으로 담당하게 하였다.

태조 주원장은 호유용과 남옥(藍玉)의 역모와 모반을 제압하는 과정에서 2만 여명을 처형할 만큼 잔인무도하였으나 군주 독재체제의 완성, 철저한 군권 장악, 그리고 개국공신과 장수들에 대한 숙청을 단행하여 자신의 사후(死後)에 발생할지 모를 황실에 대한 찬탈의 위협을 완전히 제거하여 이후 정치안정의 기틀을 마련하였다(이춘식, 『중국사서설』).

그리하여 그는 명조에서 황제권력의 성격을 '강력한 절대군주'라 할 수 있는 전통을 확립하였다. 비록 왕조 후기에 왕권의 실추가 있었다 해도 그것은 황제 개인의 자질에서 비롯된 결과였다.

2) 영락제(永樂帝)

태조는 건국 3년에 자신의 아들 26면 중 황태자를 제외한 25명 전부를 전국의 주요 요충지에 제왕(諸王)으로 분봉(分封) 배치하였다. 그리고 그 중 가장 영민한 연왕(燕王) 주체(朱棣)는 조카인 건문제(建文帝)가 지방 권력을 약화하려는 데에 맞서 황실을 구한다는 명목으로 정난의변(靖難之變)을 일으켜 성공, 영락제로 등극하였다.

명조(明朝)와 조선조(朝鮮朝) 각각의 제3대 국왕으로 등극하는 명의 영락제(1402-1424)와 조선의 태종(1400-1418)은 건국 왕의 아들들로서 이들을 왕위에 오르게 한 '정난(靖難)'과 '왕자(王子)의 난'은 같은 시기, 1, 2년 차이를 두고 일어났다.

그런데 1402년 정난 때 궁정의 환관(宦官)들은 연왕의 군대와 내통해 쿠테타 성공에 공을 세웠고 이것이 명의 정치제도 특징의 하나가 된 환관의 정치세력화를 가져왔다.

환관(宦官)들은 황궁내에서의 역할이라는 한계를 벗어나, 황제의 특명을 받아 군대를 감시하고 관료들의 비행을 살피고 지주들을 통제하기도 하였다. 특히 환관 정화(鄭和)는 1405년부터 1433년까지 대규모의 함대(艦隊)를 이끌고 7차례나 항해하였는데, 이때 그는 페르시아 만(灣)과 홍해뿐 아니라 아프리카 동해안을 따라 항해하면서 최소한 37개국을 방문하였다.

서양에서는 이보다 반세기 후에 콜럼부스의 신대륙 발견을 위시하여 여러 모험적 항해를 통해 서양문명의 새로운 지평을 열었으나, 이에 비해 정화의 함대는 그보다 발달한 기술력에 기반하여 훨씬 대규모의 항해를 수행하였으나 중국 정치사회에는 아무런 영향도 주지 못한 채 재정소비로 끝났다. 그러나 이러한 역사적 사실이 반증(反證)하는 것은 당시의 중국은 경제, 문화, 기술 등 모든 면에서 다른 문명권보다 월등히 발전하였고, 또한 풍요한 생활권을 형성하는데 아무런 부족함이 없는 자족적인 사회이었다는 것이다.

영락제는 문화면에서도 유가의 주요 경전(經典)과 주석서(註釋書)인『오경대전(五經大全)』,『사서대전(四書大全)』,『성리대전(性理大全)』 등을 편찬케 하여 성리학에 의한 학문과 사상 통일을 추진하고, 이를 과거시험의 지침서로 삼아 국가이념으로 정립하였다.

명의 통치 시기는 1. 홍무제(洪武帝)의 건국후의 정치사회 통합(統合), 그리고 영락제(永樂帝)와 그 후계자들에 의한 확장(擴張)의 시기, 2. 제국(帝國)의 힘이 쇠퇴(衰退)하면서 이에 수반(隨伴)되는 혼란의 시기, 3. 17세기 초까지 재난이 격화되어 붕괴(崩壞)된 시기로 나눌 수 있다.

명의 중기에 해당하는 16세기에 들어서면서 학문상으로는 왕수인(王守仁, 1472-1528)의 양명학이 세력을 확장해 갔다. 왕양명의 심학(心學)의 발흥(勃興)은 당대의 민중의식과 밀접한 관계를 가지고, 이들의 생활의식을 선도(先導) 내지 부응(副應)하는 형세(形勢)로 이어졌다. 그리하여 심학은 사회 경제적 발전과 맞물려, 리학(理學)인 성리학의 권력 집중적이고 권위적인 정치권력에 대해 해체주의적(解體主義的) 성격으로 대응함으로서 사회는 좀 더 자유로운 상태로 진전될 수 있었다.

경제적 측면에서 보면 송대(宋代) 이후 농업기술의 발전은 강남을 중심으로 지속적인 생산력 증대를 가져와 기층사회(基層社會)를 기아(飢餓)로부터 상당히 해방시켰다. 특히 명대의 농업은 개국 초부터 정부의 농업진흥정책에 따라 품종개량, 시비법(施肥法)의 발달, 면화 재배의 확대 등 품목이 다양해지고 생산량도 송·원대에 비해 30% 이상 증가하였다(이춘식, 전게서). 이 시기에는 철제(鐵製)농기구의 비약적인 발전과 보급의 확대가 이루어져 노동생산성의 상승과 함께 논농사의 범위를 넘어서 상품(商品)가치가 있는 밭농사로의 전망(前望)을 가능케 하였다.

사회적으로는 당에서 송·원에 이르기까지 진행되어 온 도시(都市)의 경제적 기능이 점차 증대되어 명 중엽 이후에는 자본주의 맹아(萌芽)의 성격을 띤 경제형태가 출현되었다.

수공업은 상업자본과 결합하면서 이들의 자본(資本)이 시설확대, 원료구입, 제품판매 등의 분야에 투자되어 눈부시게 발전하였고 그 여파(餘波)로 전통적인 경제체제에도 동요(動搖)와 와해(瓦解) 현상이 일어났다.

이러한 경향은 농업 공동체의 봉건적 폐쇄성(閉鎖性)을 서서히 파괴하면서 전국적으로 소도시들이 출현하는 계기가 되었다. 17세기에 이르러 양자강 삼각주 지역은 면직물과 견직물 생산의 중심지가 되었고 또한 저렴(低廉)하게 수상운송을 이용할 수 있는 이점을 살려 환금작물(換金作物)을 재배함에 따라 지역별 특화(特化)가 진행되었다.

명 초기에는 사회 지배층을 구성하고 있던 몽골세력의 패퇴로 생긴 토지와 기타 재산 소유의 공백 내지는 여유(餘裕)가 신흥 지배층에 돌아감으로서 하층 농민에 대한 수탈은 심하지 않았다. 그러나 명 중엽부터는 다시 고위 관리나 황제의 친인척들에 의한 토지 겸병(兼倂)이 시작되고 명 말기에는 그 상황이 극심하였다.

3) 사회의식(社會意識)의 각성(覺醒)

명대 중엽의 사회적 특징의 하나는 농민층의 사회의식이 각성(覺醒)되기 시작하였다는 점이다. 당, 송·원대의 농민반란은 그 동기가 생활고(生活苦)였으나 명대에 이르면 백성들은 가난이 우연(偶然)이 아니라 사회의 구조적 모순에 의한 것임을 점차 의식하게 되었다.

명초에는 서원(書院)이 그리 번성하지 못하였으나 중엽 이후로 경제적인 발전과 함께 서원에서뿐 아니라 촌락에서 개별적으로 강학(講學)하는 일이 유행하여 그 기풍(氣風)은 아래로 나무꾼이나 그릇장이에까지 미쳤다고 한다(『명유학안』).

선교사 마테오 리치는 '이곳에서 유통되는 엄청나게 많은 책들과 터무니없이 싼 가격'에 대하여 언급하였고, '점점 더 많은 책들이 더욱 낮은 계층을 상대로 출판되었다'고 하였다(캠브리지, 『중국사』).

또한 명대에는 당·송대와 비교하여 시(詩), 사(詞)를 중심으로 하는 정통문학이 별로 발달하지 못한데 비해, 일반대중을 위한 『수호지』, 『삼국지연의』, 『서유기』 등 많은 장편소설들이 널리 읽혀 문명의 대중화가 진행되었다.

이들 많은 책들이 구어체(口語體) 즉 일상에서 사용하는 문법과 어휘를 사용해서 쓰였기 때문에 최소한의 기초교육을 받은 사람이면 누구나 읽기가 가능하였고, 따라서 소설과 희곡의 잠재적인 독자층은 상인, 상점의 점원 등에 이르기까지 다양한 서민층이 될 수 있었다.

이러한 몇 개의 요인이 어우러져 명 중엽 이후의 백성의 자각(自覺)이나 의식 수준은 공자(孔子)가 민가사유지 불가사지지(民可使由之, 不可使知之, 『논어』 '태백')라 하여 정치의 단순한 수혜자로 여겨 온 이전까지의 백성들과는 정치에 대한 의식(意識)과 시각(視角)에서 차이가 있었다. 명 중엽 이후의 많은 민란(民亂)의 간접적인 원인 역시 민중의 자각과 무관하지 않았다.

16, 7세기 이후의 명대 사회는 조세(租稅)에 대한 반항, 반관(反官)운

동, 노복(奴僕)들의 변란 등으로 점철되었는데 이는 각종 산업과 상업 발달에 의해 급속히 변화하고 있는 사회와 함께 성장한 각계각층의 실력행사로, 이는 백성의 의식 계발(啓發)의 결과인 것이다.

4) 당쟁과 동림학파(東林學派)

① 세력 형성

당·송 이래로 유가(儒家)의 사대부(士大夫)들은 하나의 계층으로 권력의 중심에 있어 왔다. 그러나 그 세력은 중앙정부를 위요(圍繞)한 상층부에 모여 있었다. 그러나 명대 중기 이후, 사대부 계층의 정치적 성격의 변화는 향촌에 세력의 기반을 갖게 되었다는 점이다.

그것은 중앙집권적 행정체제인 군현제(郡縣制)에서 지방행정을 뒷받침하고 있던 이갑제(里甲制)가 인구의 유동화로 붕괴된 데도 원인이 있었다.

당시 향촌에서 인구 유동화(流動化)의 원인은 크게는 유적(流賊)들에 의한 난(亂)과 이로 인한 백성들 생활 터전의 상실에 있었고, 그와 함께 사회경제적 변혁기의 수공업(手工業)의 발달로 인하여 농민들이 도시로 유리(遊離)해 가는 경향에 따른 것이었다.

동림당을 주도한 향신(鄕紳)계급은 당시로서는 유일하게 연대의식(連帶意識)을 가지고 단체를 형성할 수 있는 계층이었으며, 또한 이들은 지방의 중소지주(中小地主) 계급과 상공업(商工業)에 기반(基盤)을 가지고 있어 이갑제의 공백(空白)을 메울 수 있는 유일한 대체세력이기도 하였다.

동림당이 명말(明末)에 지방세력(地方勢力)을 규합하여 이를 정치세력화한 것은 중국 역사상 유래(由來)없는 일로서 정치역학상의 근대성(近代性)의 표현으로 볼 수 있다.

향신(鄕紳) 또는 신사(紳士)는 재야의 지식인이며 동시에 향촌의 세력가(勢力家)라는 양면을 가지고 있었다. 이들 세력의 궁극적 목표는 그들이 주도하는 민중의 여론을 내세워 자신들의 정치적 지위 향상을 이루려는데 있었다.

명 중엽 이후의 민중의 의식(意識) 수준은 당·송대에 비해 월등하게 개명(開明)된 상태였고 그 중에도 강남지역은 일찍이 상공업이 발달하여 민중들도 어느 정도 정치적 식견(識見)을 가지고 있었다.

그리고 동림당은 강남(吳)지방의 이러한 사회적 배경으로, 이곳을 중심으로 여론을 주도해 나가며 향촌 세력으로 성장하였다.

② 당쟁의 성격

송(宋) 나라 때도 당쟁은 있었으나 동림당과 반동림당 간의 투쟁과는 그 성격이 판이하였다. 한 나라의 국가정책을 두고 이를 담임하고 있는 정치인들 간에 의견의 차이를 보이는 것은 당연하고, 그 논쟁이 합리적일 경우에 그것은 오히려 장려할만한 현상이기도 하다.

송대(宋代)의 왕안석으로 대표되는 신법당과 사마광의 구법당간의 당쟁은 대의(大義)를 앞세운 사대부(士大夫)들 사이에서, 유가(儒家)의 사상적 근본을 해석하는 입장의 차이, 즉 공리(功利)의 중요성을 강조하는 구실(求實)주의와 인의(仁義)를 존중하는 명분론의 충돌(衝突)이었다.

이들은 다 같이 국가 정치의 운영을 담당하는 사대부들로 동류의식(同類意識)을 공유하고 있었으며 대립에서 공적(公的)관계의 한계를 벗어나지 않았다. 따라서 정치적 승리가 상대에 대한 보복으로 이어지지는 않았다.

그러나 동림당의 주역(主役)들이나 환관들은 정치적 정통성(正統性)을 가진 집단이 아니었다. 이는 장거정(張居定)이라는 걸출한 정치인의 죽음 이후의 공백을 이용하여 권력을 차지한 환관들과 지방 세력을 기반으로 하는 동림학파 사이의 황제의 후계자 책봉이 가져올 정치권력의 향방을 두고 벌인 권력투쟁의 일환이었다. 이들 간에는 정치적 대의(大義)를 함께한다는 어떠한 동류의식도 없었고 다만 일소(一掃)시켜야 할 적(敵)으로, 국가의 존망(存亡)조차도 안중에 없었다.

물론 정쟁(政爭)의 사안(事案)이 있었지만 보다는 '정의로운 동림당'

과 '혐오스러운 환관무리'간의 투쟁이라는 의식이 앞서 온 것 역시 사실이다.

결론적으로 동림운동은 협의로는 환관과 집권내각에 반대하는 파벌적 정치행위였지만, 광의(廣義)로는 이갑제(里甲制)에 기반을 둔 정치체제의 붕괴과정에서 황제 일원적인 전제지배를 반대하고 정치분권(政治分權)을 주장하는 체제비판의 의미가 있었다.

또한 경제적으로는 황제 일가를 포함한 권력 상층을 형성하는 중앙의 대지주들과 지방의 중소지주들 연합세력간의 정치권력을 위요한 투쟁이기도 하였다.

i) 명의 멸망

명(明) 멸망의 원인은 무능(無能)하고 암약(暗弱)한 황제들의 정치가 만력제(萬曆帝, 1573-1619)인 신종(神宗) 이래 의종(毅宗, 1628-1644)에 이르기 까지 4대에 걸쳐 이어져 왔고, 여기에 외적 요인의 하나로 조선(朝鮮)전쟁 등이 겹치면서 재정상태가 극도로 악화된대 다가 끊임없는 당쟁(黨爭)으로 남은 힘마저 결집시킬 수 없었다는 데 있었다. 이러한 사회현상은 민심과 함께 군심(軍心)의 이반(離反)으로 이어져 국경수비대는 다투어 군문(軍門)을 이탈하였다.

이러한 정치상항에서 이자성(李自成)이 이끈 농민군(農民軍)은 정부의 모든 병력(兵力)이 변방에 투입되어 만주족과 대결하고 있는 틈을 이용하여 북경(北京)을 점령하였고, 명대(明代)의 마지막 황제인 의종이 자살함으로서 사실상의 명조(明朝)는 막을 내렸다.

2. 조선 전반기

1) 조선조(1392-1897)의 성격[1]

고려조는 12세기 중엽부터 전시과(田柴科)의 체제가 점차적으로 붕괴되어감에 따라 통치기구가 크게 동요되어 14세기 말에 이르러서는 수

1) 1897년 고종이 대한제국을 선포함으로서 조선이라는 국호는 더 이상 사용하지 않았다.

조권분급제(收租權分給制-田主佃客制)를 기반으로 지방의 지배력을 장악하고 있는 귀족세력에 반대하여 신흥 유신단(儒臣團)이 주도하는 전제개혁운동이 야기되었고, 결국 이들 세력에 의해 조선조가 건립되었다.

라이샤워는 『동양문화사』에서 '고려조의 전복원인은 농지제도의 붕괴로 농경지가 계속해서 귀족의 사유지로 흘러들어가 정부의 조세기반을 끊임없이 침탈하고, 귀족 가문들끼리 조정의 권력을 놓고 다툰데에 기인(起因)하였다. 이들의 농민들에 대한 극심한 수탈은 재생산(再生産)이 불가능할 정도가 되고 평민들이 호족들의 노비(奴婢)나 농노(農奴)로 추락하는 사태가 빈번하였다. 이러한 토지의 관료적·사적 지배에 따른 병폐가 토지국유에 그 물질적 토대를 둔 정부기구를 마비상태로 빠트려 결국 멸망에 이르렀다'고 간략하게 쓰고 있다.

고려조에서 조선조로의 이행을 사회 사상사적 관점에서 보면 조선의 건국은 고려 사회의 유·불의 병행이라는 상이한 두 가지 사조(思潮)에 따른 다원적 가치가 공존하는 사회로부터 주자학 일변도의 획일적 사회로의 전환을 의미한다. 또한 관점을 바꾸어 보면 소비적 경향이 큰 불교의례를 위주로 하는 귀족 취향의 개방문화가 생산활동과 근검절약을 중시하는 사대부 주도의 폐쇄적인 통제문화로의 이행이 이루어진 시기이기도 하다.

① 정치 지도이념

조선조의 정치적 이데올로기[2)]는 성리학에 의해 제공되었다.

이데올로기의 기능은 사회가치의 구체화 즉 사회의 성원이 도덕적인 것 내지 바람직한 것에 대하여 좋은 사회란 어떤 것인가에 관해

2) 이데올로기(관념의 학)는 18세기 말 프랑스의 데스튜트 드 트라시라는 계몽주의 철학자에 의해 만들어 졌다. 이는 객관적인 진리와 올바른 사상을 달성시키기 위해 사상의 사유형태를 감각적 지각(知覺)으로 환원함으로서 관념을 정화(精華)하는 작업을 의미했다. 이는 진정한 사상은 정서적 형태로 내면에 갈무리되어 있음을 의미하며, 이데올로기는 곧 사상을 행동으로 옮기는 근본적 동기로 작동한다(다니엘 벨, 『이데올로기의 종언』).

잠재적 내지 현재적(顯在的)으로 내리는 규범판단을 구체적으로 표시하는 것이다.

따라서 이데올로기는 정통적 사상을 사회의 일반적 가치와 행동의 한계를 설정하는 정치기능과 연결하는 역할을 하며, 그러한 규제적 양식(樣式)이 요구하는 권위를 제공한다(다니엘 벨, 『이데올로기의 종언』).

조선조는 이러한 성리학적 이데올로기의 확고한 정착을 위해 건국 초기부터 정부의 정책으로서 집권적(集權的) 관료기구 및 지방 행정조직 그리고 공민확보와 신분질서를 정비하고 전국 규모의 근농(勤農)정책과 함께 사상교화(思想教化) 정책 등을 추진하였다(김준석, 『한국 중세 유교 정치사상사론』). 이러한 시책들은 직접적으로는 봉건국가인 조선조 자체의 집권체제의 강력화이고, 이로써 지배층에 대한 국가의 간접지원도 가능케 하려는 것이었다.

조선의 정치문화를 장악한 성리학 이념의 정치적 배경에는 송(宋)왕조의 국가권력의 강화라는 목표가 내포되어있었지만 이것이 곧 군주권력의 강화를 의미하는 것은 아니었다.

본래 주자학은 사대부 본위의 정치사회이론으로 성립한 것이었다. 결코 왕에게 유리한 정치권력 이론이 아니었던 것이다. 더구나 조선왕조는 이러한 주자학을 국정 이념으로 하는 유교·주자학의 나라였다. 이런 이유 때문에 외형상 막강한 전제권을 가진 국왕이었지만 실제로는 신하들의 항변이나 견제에 압도 되어 약체·무능의 왕권에 머무르는 현상이 일어났던 것이다(김준석, 전게서).

조선건국의 일등공신인 정도전은 이러한 성리학적 사대부 본위의 정치체제를 염두에 두고 1394년 태조에게 찬진(撰進)하는 형식으로 『조선경국전(朝鮮經國典)』, 『경제문감(經濟文鑑)』, 등을 펴내어 국가 경영의 표준과 경제의 대강을 세워 조선조 문물제도의 기초를 제공하여 지배체제를 구축하였다. 그리고 『조선경국전』은 그 후 성종(1470-1494)에 이르기까지 약 80년에 걸쳐 수행된 조선의 법전편찬사업의 범형(範形)

이 되었다.

② 정치제도

조선왕조의 정치체제는 형식에 있어서는 전제질서(專制秩序)이지만 그 권력구조에 있어서는 완전한 절대군주가 아닌 사대부 관료에 의한 지배체제라 할 수 있다.

『조선경국전』으로 조선조 기틀을 마련한 정도전이 기도한 것은 절대군주제가 아니었다. 오히려 그는 군주권을 지배질서의 항상적(恒常的) 유지를 위한 통일권력의 표상으로 상정하였을 뿐 실질적인 권력을 장악하는 정치운영의 구심체로서는 재상(宰相)을 설정하였다.

그는 최상의 군주를 현실에서 기대하기는 어려울 것으로 보고 다만 중재지주(中材之主) 정도면, 그러한 군주가 현능한 재상을 발탁하여 그에게 정사를 일임(一任)하면, 그것으로써 군주의 할 일을 다 한 셈이라고 생각하였다. 그리하여 그는 현명한 재상을 얻으면 좋은 정치가, 아니면 어지러운 정치가 된다(相得其人則治 不得其人則亂)라고 단언하였다.

따라서 그는 군주의 전단(專斷)을 견제할 대간(臺諫), 경연(經筵)[3] 등 제도적 장치를 제안하였고, 이것이 이후 조선왕조의 정치운영에서 그 주도권이 군주에게 집중되지 못하고 사대부 중심의 정치가 되는 원인과 근거가 되었다.

조선조에서는 정부운영의 근간(根幹)을 조직된 관료제에 두었고, 이에 필요한 관료들을 배출하는 주축(主軸) 계층이 농지 소유와 서원(書院)을 근거로 하는 향신계급이라는 면에서는 명(明)과 다를 바 없었다.

이에 비하면 고려조는 정치적 측면에서 보면 왕족, 외척(外戚)을 중심으로 하는 미숙하고 기생적(寄生的)인 관인(官人)정치체제였을 뿐이었다.

3) 경연에서는 왕은 신하를 스승으로 삼아, 성학을 배워야 하였고, 여기서는 왕 개인의 언행 기거동작조차도 검토. 비판의 대상이 되었다. 그러나 성학 역시 '수기치인'의 학으로 신하들의 학문과 다를 바 없었다. 조선의 군주권은 절대적인 권위를 잃고 보편적 진리로 생각된 천리, 도리 또는 옛 성인의 말씀과 같은 윤리규범에 대하여 이차적 권위에 불과하였다.

조선조의 권력구조는 국왕의 재결권과 신료집단의 비판·견제 기능으로 나뉘어 있고 이들 상호간의 견제와 균형을 유지하려는 의도가 삼사(三司)라는 조선 특유의 언론·감찰제도로 성립되었다.

조선조에서는 성종 때인 1485년 법전의 최종 형태가 갖추어져 국가 최고회의인 의정부(議政府)와 국가 비서실인 승정원(承政院) 그리고 전통적인 행정 기관인 육조(六曹)가 설치·완비되었다. 특히 잘 발달된 두 개의 감찰기관인, 정책과 관료들의 행동을 면밀히 조사하여 비판하는 사헌부(司憲府)와 왕의 행동에 대하여 간쟁(諫爭)하는 사간원(司諫院)이 있었다.

그리고 세종의 집현전으로부터 유래된 홍문관(弘文館)은 세 번째 감찰기관이 되었다. 감찰기관들은 중국에서 볼 수 없는 저돌성(猪突性)으로 왕과 그 관료들을 혹독하게 비판하여 때로 감찰기관을 주요한 정책결정체로 만들기도 하였다.

국왕의 권력행사에는 이렇게 정비된 법전에 따른 여러 견제제도가 있어 전횡과 독재가 불가능하였다.

예를 들어 '삼정승(三政丞)의 합의제라든가, 삼사(三司)에 의한 왕권의 독주 및 의정부(議政府)에 대한 견제가 가능하였고, 당하관(堂下官)을 임명한 후에 대간(臺諫)에게 묻는 서경(署經)제도가 있었으며 특히 관(官)이나 재야(在野)를 불문하는 상소제(上疏制)가 언로(言路)의 대표적 형식이 되어 그 막강한 위력을 발휘하고 있었다(정태현 『율곡의 정치사상』 '조선조 정치사상 연구' 중에서). 그러나 이러한 상호 견제하는 제도의 정립은 오히려 이로 인해 정부내에서의 분란 가능성을 안게 되었다.

또한 이는 왕권의 약화로 이어져 왕은 조선조 중기 이후의 당쟁을 제어(制御)할 힘을 갖을 수 없었다.

③ 토지제도

중세 조선의 사회·경제 구조를 집약적으로 표현해 주는 토지제도는 토지의 사적 소유권 위에서 성립하는 지주전호제(地主佃戶制) 그리고 국가 소유의 원칙에서 그 수조권(收租權) 분급 방식인 전주전객제(田主佃客制)－전호나 전객은 같은 소작인이라는 뜻이다－의 두 가지가 있었고 이것은 사회신분제를 바탕으로 운용되었다.

조선 초기 사회의 농업생산력의 발전은 그 전결수(田結數)가 앞 시기에 비해 거의 배증(倍增)함으로서 농민층은 토지 소유의지가 높아졌고, 사회에서의 구실증대 또한 요구하게 되었다. 그리고 이 요구를 인정·부응하여 구(舊)귀족의 타도·전제(田制)와 조세제도의 일정한 개혁이 단행되고 정치체제의 재정비가 이루어졌다(박극채, 『조선봉건사회의 토지문제』).

조선조 토지제도는 과전법(科田法)을 주축으로 시행되었다.

과전법은 국가적 규모에서 집결된 귀족들을 신분별로 분류하여 18과로 구별, 급전(給田)의 다과로서 그 조직의 상하관계를 분별한 제도이다. 이는 물질적 토대위에 봉건신분제를 영속화 시키려는 목적에서 이루어진 것이다.

과전법 시행의 전제(前提)는 토지 사유가 인정되어서는 안 되며 국가재정의 가장 중요한 수입원(收入源)인 공전(公田)이 확보되어야 한다는데 있다. 또한 그 원활한 시행을 위해서는 국가와 경작자 사이에서 중간착취가 없게 하고 10분의 1의 공조율(公租率)이 유지되어야 한다.

그러나 원칙적으로 일대한(一代限)의 과전제는 봉건제 사회에서 그 신분(身分)이 대대로 전승된다는 본질과는 서로 모순된 제도이었다. 그럼으로 조선조에서는 관료들이 당대에 최대한의 부를 축적하기 위하여 과전에서의 소작인들에 대한 착취, 그리고 서로 경쟁적으로 농민소유지를 수탈함으로서, 관료의 봉급으로서의 '과전 일대한의 원칙'을 사실상 무력화시키는 경향이 나타난다. 또한 이와 함께 과전을 세습적 형태인 공훈전으로의 전환시키기도 하였다. 이렇게 하여 토지사유가 사실상 확립되면서 과전법 시행의 전제(前提) 자체가 무너지기 시작하였다.

한편 정부는 때때로 국유화 강화정책을 시행하며 전제(田制)의 재편성을 통해 귀족층을 보호함으로서 봉건질서를 유지·확대시켜 나갔다. 이를 다른 관점에서 보면 토지 사유화는 어떤 한계를 넘을 경우 공권력에 의한 제약은 불가피하며, 따라서 이들 귀족층은 관료기구에서 이탈할 수 없었다. 역으로 수탈은 국가권력을 빌려서만 가능하고, 또 그렇게 하여 그 정당성을 확보하였다(박규채, 전게서).

조선조 당쟁의 근본원인 중의 하나 역시 토지의 국유원칙에서 이를 사유화하는 과정에서의 상호견제, 상호분리, 갈등하는 데서 비롯되었다. 그러나 사대부들은 내적으로는 견제·갈등하는 관계였지만, 그들의 수탈대상을 놓고서는 오히려 연대화(連帶化)를 가져오는 특성을 보였다.

④ 세종 시대(1418-1450)

14세기 말엽, 같은 시기에 건국한 명과 조선 두 나라는 법제의 확립과 문화사업에 크게 성공하였다. 조선 건국 초기 100년은 지정학적 요인에 의해 비록 명과 같은 대외적인 정치적 세력의 확장은 없었지만, 세종대에는 내적으로는 제도적 질서와 경제적 안정을, 외적으로는 명과의 외교를 강화하고 북방의 여진족 남방의 왜구의 노략질에 적극 대처하였다.

세종은 명(明)에 대해서는 사대외교(事大外交)를 하였으나, 근본적으로 그는 자주의식(自主意識)에 투철(透徹)하여 집현전 학사들을 포함한 주위 유신(儒臣)들의 반대에도 불구하고 왕가(王家)가 중심이 되어 한글을 제정하여 훈민정음(訓民正音)을 반포(頒布)하였다.

뿐만 아니라 『팔도지리지(八道地理誌)』를 작성하고, 고려와 조선을 민족사(民族史)의 연속성 속에서 객관적으로 재평가하기 위해 『고려사(高麗史)』를 개수(改修)하였다. 그의 현실주의적 정치이해는 과학기술의 존중으로 나타났고, 농업생산의 향상을 위해 우리 현실에 맞는 역법(曆法)을 만들기 위한 관측기구의 개발 등 괄목할 발전을 이루었다.

세종은 또한 육전수찬색(六典修撰色)이라는 기구를 설치하여 법전을 편찬하였다.

그리고 이때 편찬의 원칙으로 영구적인 법인 '전(典)'과 시대에 따라 변화 가능한 법인 '녹(錄)'을 구별하고, 전(典)을 '원육전'과 '속육전'으로, 그리고 녹(錄)을 '육전등록(六典謄錄)'으로 나누었다. 이렇게 그는 변법 가능한 영역을 녹(錄)으로 설정함으로서 정치의 경색(梗塞)을 방지하려 하였다.

이러한 편찬 정신의 철학적 근거는 윤리적 측면에서 보아 전(典)은 강상적(綱常的) 원리에, 그리고 녹(錄)은 경세적 필요에 따르는 권변(權變)의 논리에 해당시킨 것이다.

조선 건국의 이념적 정통성은 분명 성리학의 교리(敎理)수호에 있었지만 고려조 이래의 유불병행(儒彿竝行)의 사상적 풍토는 조선조에 들어서도, 특히 왕실을 중심으로 이어져 왔다.

세종은 유신들의 격렬한 반대 속에서도 양종승과(兩宗僧科)를 세우고 호불(好佛)태도를 견지하였는데 이는 불교의 현실적 세력을 인정할 수밖에 없다는 판단에서였다. 즉 '세상의 모든 일은 취(取)할 것이냐 버릴 것이냐에 불과할 뿐이다. 도태되어 남김이 없게 된다면 버리는 것이 옳겠지만, 도태시킬 수 없다면 취하는 것이 옳다(『세종실록』)'는 철저한 현실적 판단에 따른 선택이었다.

건국 백년을 지나면서 주자학은 국가운영과 개인 일상에 점차 정착하면서 불교나 민간신앙에 연결된 잡다한 사회적 정치적 유제(遺制)를 청산하여 나갔으나 아직 조선조 중기 이후에 볼 수 있는 왕조의 정통이념으로써의 완전한 모습은 아니었다.

이러한 정치적 분위기는 학문상에도 그대로 반영되어 상호 영향을 주고받았다.

세종과 성종대의 치세(治世)는 오래지 않아 연산군에 의한 난세(亂世)로 이어졌고, 무오사화(1498) 이후 조광조에 이르기까지 약 50년간은 이른바 사대사화(四大士禍)로 유교적 이념은 물론 민생과 직결되는 정치행위마저 마비되어 국가의 근본이 흔들리었다.

2) 성리학의 전개

① 사학(私學)의 발달

대체로 15세기에는 사대부 관료들이 주자학의 이름 아래 중앙정부가 주도하는 유교화 정책을 추진함으로서 국가의 공적 법제적 기능과 목표를 분명히 하려 하였다면, 16세기는 주자학에 대한 실제적인 이해와 연구가 한층 심화되는 가운데 재지사림(在地士林)이 정치적 운영의 주도권을 장악함과 함께 사적(私的-지방 문중) 의례적(儀禮的) 지향이 강화되는 것으로 볼 수 있다. 말하자면 주자학은 국가적 치원에서 외형적 제도적으로 표방하는 경향으로부터 지방적 개인적 차원에서 내면적 학문적으로 천착(穿鑿)해 가는 흐름이었다(김준석, 『전게서』).

그리고 이러한 과정에서의 서원(書院)의 역할은 절대적이었다.

세조(1455-1468)로부터 중종(1506-1544)에 이르기까지 성균관을 필두로 하는 관학(官學)은 쇠퇴(衰退)해 갔으나, 이는 오히려 사학(私學)을 발전시키는 계기로 작용하였다. 15세기 이래로 관학인 향교(鄕校)는 율곡이 개탄한 대로 스승의 자리가 청탁에 따라 주어진 데다 실업인(失業人) 학자의 호구지책으로 전락하여 유능한 유학 선생을 확보하기 어렵고, 재정적 부족현상으로 충실한 교육효과를 얻지 못하였다.

또한 향교의 주목적이 지방의 교화기관으로의 역할에 있었으므로, 이는 양반층이 필요로 하는 과거(科擧)를 준비하기에는 미흡하여 양반자제의 이탈 현상이 일어났다. 향교를 이탈한 이들은 문중이나 농장 중심의 사숙(私塾)을 열었고 이것이 지방의 '서원(書院)의 성립'으로 연결되었다.

그리고 양반자제의 이탈로 인한 향교의 공백(空白)은 교생(敎生)신분의 획득으로 당장 국가부역과 세금징수가 면제되는 혜택, 또 멀리는 역관(譯官)이나 서리(胥吏)가 될 수 있다는 목적에서 서민층 자제가 참여하게 되었다.

조선의 정치사회에서는 사학(私學) 즉 서원(書院)의 확산·발전으로, 명·선 양조((명종, 1546-1567) 선조(1568-1608))에 이르면 기호(畿湖)와 영남(嶺南)의 이대(二大) 학파가 대두하였고, 이로 인해 관료제 안에 학벌이 형성되어 정치적 당파의 근거지가 되었다. 이로부터 서원은 관료 집단의 공급원으로서 조선조 말기에 이르기까지 그 역할이 이어졌다.

② 사화(士禍) - 사대부의 등장

세조의 왕위찬탈과 연산군의 패정(悖政)은 군신(君臣)의 의(義)와 군주의 도덕적 자질에 관계된 것으로, 조선 정치사회에서 통치자의 수신(修身)의 문제가 주요 이슈가 될 수밖에 없었다. 이는 유자(孺子)들, 특히 절의(節義)와 수신을 중히 여기는 김종직 계열의 사림들에게는 명분론을 내세워 정치중심에 등장할 계기와 조건으로 작용하였다.

역사적으로 사화(士禍)라는 정치적 투쟁에 있어 사림(士林)의 상대인 훈구세력은 건국 그리고 왕조의 기초를 다지는 창업기에 몇 차례 정변(政變)을 거치며 배출된 공신(功臣)들이었다. 그리고 이들의 귀족화 현상이 뚜렷해지는 15세기 말인 성종(成宗)대부터 이들에 대한 비판세력으로 사림이 등장하였던 것이다.

사림의 정치계 등장은 기본적으로 훈구파와의 대립, 권력투쟁을 야기하였고, 이들 간의 투쟁은 무오사화(戊午士禍-1498)로부터 갑자(甲子, 1504), 을묘(乙卯, 1519)를 거쳐 을사사화(乙巳士禍-1545)까지의 정치적 참화(慘禍)로 이어졌다.

정치사회적으로는 을사사화를 고비로 사림파가 정계와 학계를 거의 장악하였다.

그러나 그것은 사림파에 대해 반대하는 훈구세력에 대한 승리라기보다는 양반 계층 모두가 사림화 된 결과로 이는 성리학이 조선조 정치사회와 학문을 평정·독점하였다는 의미이기도 하였다.

이는 사림뿐 아니라 훈구를 포함한 모든 상류계층 사람들이 성리학에 대한 학문적 열의와, 사대부가 되지 않으면 자신들 특권을 유지하기 어렵다는 자각에서 스스로 선택한 길이다.

결과적으로 정치사회에서는 훈구와 사림, 기성층과 신진층, 보수와 진보의 대응관계가 사라졌고, 이제 더 이상 훈구와의 대립 형태인 사화(士禍)는 사라지고 대신 사림 내부의 분쟁 형태인 당쟁의 시대가 열린다.

그러나 이처럼 사대부층의 권력 독점의 시대가 열렸지만 정책면에서 보면 그들이 공격했던 훈구의 정책이나 정치·사회의 현안에 대해 변경 또는 개혁한 것은 거의 없었다.

그것은 기본적으로 사화의 원인이 정책대결과는 무관(無關)한 상태에서, 오직 도덕적 청렴성이라는 극히 주관적인 판단에 따라 상대를 도덕적으로 부정(不淨)한 세력으로 지목·제거하려는, 그리고 인맥·지연을 근거로 한 권력투쟁이었기 때문이었다.

연산군 이후 왕권은 급격히 쇄미해졌고 조선조에서 더 이상 절대권력자로서의 왕의 권위는 회복되지 못하였다. 사실 연산이나 광해를 전복시킨 쿠테타는 귀족세력이 왕권을 능가했음을 보여주는 실례들이었다.

③ 사림에 의한 정치

1506년의 연산군이 퇴위한 다음부터 조선에는 진정한 강력한 군주가 없었고 강력한 중앙행정기구조차 없었다. 사대부라는 특권계급의 일원이라면 그 관직이 보잘 것 없더라도 왕권이나 고급관료를 그다지 두려워하지 않고 명분론을 내세우며 저돌적으로 자신의 의사를 주장·관철시키려 하였다.

그리고 이들 사림의 저돌성(猪突性)이 갖는 배타적 대인관계가 조선정치에 있어 주요한 특징적 현상을 야기하였다. 이 저돌성은 비합리적이고 극단적인 대립·참사(慘死)로 이어지는 사화(士禍)의 원인이고 결과였으며 이는 또한 이후의 당쟁에서도 같은 양상을 보였다.

특히 감찰기구(삼사)와 경연(經筵)은 사대부들 간의 논쟁과 개인적 공격을 위해 이상적인 연단을 만들어 주었다. 또한 상소(上疏)제도는 이를 통해 조야(朝野)의 차별없이 개인의 정견이나 정치적 요구를 제기하고, 이것이 정치운용에 일정한 반향을 불러일으킬 수도 있었다. 이러한 현상은 결과적으로 관직과 재야의 구별이 별로 중요하지 않게 생각되도록 하였다.

조선조에서 보여주는 많은 사대부들에 대한 계속적인 관직 '수여(授與)와 고사(固辭)'의 반복은 이러한 정치 분위기의 한 단면이라 할 수 있다. 그러나 다른 측면에서 보면 관직의 고사는 예(禮)의 단초인 겸양, 그리고 고매한 인격으로 이해됨으로서 다음의 보다 높은 지위를 기대할 수 있었고, 종국에는 산림(山林)의 세도정치로까지 진행되었다.

조선조에서 사대부 중심의 공론(空論)정치의 특징은 사회현실 문제를 윤리적 관점에서 이해하는 도덕주의에 있었고, 그 해결방안 역시 도덕심 회복을 통한 인륜질서의 확립에 귀착시켰다는데 있다. 그리고 자신들이 초래한 당면한 정치사회 문제의 근원을 일차적으로 군주의 덕망에 있다고 지목함으로서 그 책임을 군주에게 전가(轉嫁)시켰다.

그럼으로 그들은 최우선으로 성학(聖學-군주학)을 강조하여 경연(經筵)에서 강의하였고, 결과적으로 선비가 군왕의 스승이라는 생각은 왕권의 존엄성을 경시하는 경향을 초래하였다.

훈구의 소멸로 사론(士論)의 비대화가 가속되면서 사림상호간의 대립이 격화되어 곧장 동인과 서인사이의 분당과 항쟁으로 이어졌다. 그리고 그로 인해 집권(集權)체제는 당파의 문지(門地)·학연을 매개로 한 사대부 지배층의 이익균점 보장을 위한 기구에 지나지 않게 되었다(김준석, 전게서).

1575년 동서분당 이래 당파[4]는 사분오열되었고, 1683년의 노소분단

4) 1575년 동서분당 이래 동인은 주로 영남학파가, 서인은 주로 기호학파가 각각 다수를 이루게 됨으로서 사상적 대립이 정계에서 당파로 연결되었다. 동인은 다시 1589년에 남인과 북인으로, 서인은 1623년에 공서(功西)와 청서(淸西)로, 그리고 청서가

을 계기로 노론은, 일시적으로는 소론이 대립세력이 되기는 하였으나, 조선 말기에 이르기까지 거의 정치권력과 성리학의 교의(敎義)를 장악하고 있었다.

당쟁이 그 많은 폐해를 저지르면서도 계속될 수 있었던 근원적 힘은 어느 누구도 부정할 수 없는 성리학적 가치, 인의와 인륜(人倫)을 옹호한다는 대의명분에 있었다. 그러나 17세기 말엽, 실학이 대두될 수 있었던 시대정신(時代精神)은 당시의 대의명분론에 필연적으로 내재하는 현실과의 괴리(乖離) 그리고 비효율성이 현실화됨으로서 그 힘을 부정할 수 있었다.

당시의 대표적 대의명분인 숭명배청(崇明背淸)과 그로 인한 두 번의 호란(胡亂)은 백성들을 참화(慘禍)로 몰아넣었고, 이러한 쓰라린 민족적 경험에 대한 반성은 그 이후 만주족이 지배하는 청제국의 괄목할만한 정치문화적 성공을 목도(目睹)하게 되면서, 그것을 계기로 명분론은 그 존재의의(存在意義)를 상실하여 갔다.

다시 말해 18세기 후반에 들어 조선 정치에서의 명분론은 그 허구성이 적나라하게 들어나면서 정치에서의 역할쇠퇴를 가져왔고, 이것이 정권 내에서는 탕평책, 외척에 의한 세도정치가, 재야에서는 실학이 등장하는 근본적 이유이었다.

3. 맺음말

조선 역사 전반기는 인진왜란과 함께 끝났다.

율곡은 정확한 현실파악에 요구되는 탁월한 역사의식을 가지고 있었다. 그는 국가의 역사적 추이(推移)는 창업(創業), 수성(守成), 그리고 경장(更張)의 세 과정을 거친다고 보았고, 당시를 경장이 절대적으로 요구되는 상황으로 인식하여, 간곡하고 절실하게 정책들을 제안하였으나 어느 것 하나 받아들여지지 않았다.

다시 노론과 소론으로 분열한다.

그는 당시의 정치적 상황을 '우리나라가 건국한지 거의 200년이 되었으니 이는 바로 중쇠기(中衰期)가 된 것이다. 권간(權奸)들의 탁란(濁亂)의 화(禍)가 많아 오늘에 와서는 마치 노인의 원기가 거의 떨어져 다시 일어 날 수 없게 된 것과 같다'고 보았다(『율곡전서』). 그리고 이러한 정치적 판단은 현실에서 그대로 적중하여 위기에 처하게 되었다.

학문적으로 16세기는 퇴계와 율곡에 의해 절정을 이루었고, 그것이 오히려 그들을 능가하는 후학을 얻지 못함으로서 교조주의로 흐르게 되면서 후기 조선사회를 질식시켰다.

그리고 조선 역사 후반기는 그러한 지적 학문적으로 경색(梗塞)된 사대부들의 오도(誤導)된 외교노선이 자초(自招)한 병자호란으로 막을 열었다.

제 2 절 명의 학문-성리학에 대한 비판

1. 심학(心學)의 성립 배경

조선조에서 주자학이 도입되고 근 100년이 지나 이제 본격적으로 연구, 만개(滿開)가 시작된 시기인 16세기 초에, 반대로 중국 명조에서는 이를 비판하는 학문 즉 양명학이 세력을 떨치기 시작하였다.

주자학에서는 성즉리(性卽理)라는 명제에 따라 인간의 본성을 인의예지를 갖춘 순수선(純粹善)으로 모두가 동일하나, 기질의 영향에 따라 선과 악, 그리고 여러 차등(差等)한 형태가 존재하게 된다고 이해한다. 그리고 지배와 복종이 요구되는 정치사회에서의 계급적 상하관계를 타고난 기질의 차이에 따른 것이라는, 자연법칙에 준(準)하는 것으로 설정하고 있다.

또한 이 차별의 근거를 '천리'에 둠으로 해서, 국가는 이 계급적 관계를 적극적으로 긍정하고, 주자학은 이를 정치적 지배권력을 강화하는 이론으로 진전시켜, 정치세계를 통제하여 왔다.

원(元)의 과거제도에서 성리학이 시험교재로 채택된 이래 명(明)에 이르면 주자학(理學)은 유가(儒家)의 정통으로 인정받았으나, 이후 새로운 학문적 내용이나 해석상의 변혁 없이 의미체계가 굳어지는 상태에 있었다.

이는 당(唐)나라 초기에 유가의 오경(五經)이 정부에 의해 공식적으로 편찬(編纂), 관방판본(官方板本)이 나오고 과거시험에 주된 과제(課題)가 되면서 그 활력을 잃고 고식(姑息)되는 과정과 흡사하였다. 이는 관학화(官學化)와 그에 따른 절대화(絕對化)가 당연히 맞게 되는 자기 정체화(停滯化) 현상으로, 이에 대한 강열한 반발력이 새로운 학문에의 가능성을 개방하였다.

이처럼 중국 정치사상의 발전과정에서 심학은 일차적으로는 정주리학(程朱理學)에 대한 반동(反動)의 성격을 갖는다. 왕양명의 심학은 절대화된 리학(理學)의 속박으로부터 벗어나려 하였고, 그러한 노력의 일환으로 사상 해방의 문을 열었다.

명대 초기의 유자들은 다들 주자의 제자들의 지기(知己)나 후예들이어서 사승(師承)의 유래가 있었고 질서가 정연했다. 이러한 상황에서 심학이라는 학술의 분화는 진헌장, 왕수인 등으로부터 시작했다.

왕수인을[5] 종주로 받든 학파가 요강지학파(姚江之學-양명은 여요(餘姚)출신)인데 따로 종지(宗旨)를 수립하여 뚜렷이 주자와 대립했고, 제자들은 천하 각지에서 수백 년이 넘게 유전시켰는데 그 가르침이 크게 행해질수록 그 폐단도 점점 심해졌다(『명사(明史)』 '유림전').

이 두 학문이 주도한 시대를 보면 송대와 원대는 리학의 전성기라 할 수 있고 명대는 심학의 그것이다

2. 왕수인(王守仁, 1472-1528)

1) 학문의 배경

명사(明史) '왕수인전(王守仁傳)'에 의하면 그는 '이정(二程)의 학문을 두루 읽었으나 수년간 아무런 소득이 없었으며' 그 후 관직에서 좌천되어 '황폐하여 아무 책도 없어서 날마다 이전에 들었던 것을 연구하며 명상(冥想)을 통하여' 격물치지(格物致知)의 도리와 지행합일(知行合

---

5) 왕수인의 자(字)는 백안(伯安)이고 호(號)는 양명(陽明)이며 절강성(浙江省) 사람으로 명대 후기의 중국과 일본에 가장 큰 영향을 미친 사상가이다. 그는 성공한 고급 관료로 농민반란을 진압하였고 사후(死後)에는 문성공(文成公)이라는 시호(諡號)를 얻었다. 또한 그는 남감순무(南감巡撫)로 재직 중인 1518년에 강서 남부에서 명대 최초로 향약을 실시하였다.
양명학은 그 유심론적 입장에도 불구하고 행위의 중요성과 사회참여를 강조한다.
왕양명 역시 여러 차례 농민반란의 진압에 참여 하였고 '신호의 난'을 평정하는 탁월한 군사적 능력도 겸비하였다. 명사(明史)는 '수인(守仁)이 없었다면 동남쪽의 일이 거의 위태롭게 되었을 정도이다'라 쓰고 있다.
그는 그의 나이 56세 때 광동, 광서의 묘족(苗族)의 반란을 진압하고 돌아오는 길에 과로와 고열(苦熱)로 죽었다.

一)을 이해하게 됨으로서 '양지(良知)'[6]의 의미를 깨우칠 수 있었다고 한다.

양명학은 자성적(自省的) 명상(冥想)을 통한 정신적 계발(啓發), 그리고 그 결과로서의 양지에 따른 사회 안에서의 자기 판단과 적극적인 윤리적 행동을 함께 주장함으로서 주자학의 정통적 이론에 맞섰다.

성리학에서는 리기이원론에 따라 리는 이념적 존재(Idea)로서 초월적 성격을 갖는다. 리의 세계는 물질이 존재하기 이전에 이미 갖추어져 기를 타고난 인간의 마음(心)과는 독립된 초월적 존재이다.

성리학에서의 사물에 대한 인식(認識)은 리(理)가 만물에 산재(散在)해 있고, 마음속에도 온갖 리(理)가 구비되어 있다(心具衆理)는 즉 주빈(主賓) 모두에 있다는 관점에서, 내 마음의 리와 외물의 리가 대응하여 이루어지는 것(致)이다.

그러나 양명학에서는 내 마음과 우주는 하나라는 유심론의 입장에서, 마음은 그 자체로 명철(明徹)하고 영명(靈明)한 존재로 리는 이미 마음에 본구되어 있다(심즉리). 따라서 인식(認識)은 자성적(自省的) 명상(冥想)을 통해서 이루어진다고 한다.

주자학의 리는 정치세계에서는 국가권력의 구심력(求心力)으로 작용하지만, 심즉리의 양명에게는 리는 마음의 내적 작용이며, 이는 정치를 포함한 외부세계의 과제들이 다만 개인판단의 문제가 되어 국가사회적 관점에서 보면 이는 해체주의로 간다.

이 두 학문은 즉물궁리(卽物窮理)의 방법에서 서로 맞섰다. 즉 육구연은 '오늘 한 사물을 궁구하고 내일 한 사물을 궁구한다'는 주희의 설은 지리(支離)하다고 한 반면 리학에서는 '오늘 하나 궁구하고 …에서 시작하지 않고 먼저 그 대체를 확립한다고 하는 것은 공허한 말이니 크

6) 인간의 마음속 심저에 있는 선천적인 판단력, 논리적인 감수성, 행위의 자율적인 규범 등을 일컫는다. 이러한 마음의 양지는 곧 우주의 그것과 하나이다. 양지에서의 '양'은 천연(天然)의 것으로, 걸우지 않아도 비옥한 땅은 양전(良田), 채찍질하지 않아도 달리는 말은 양마(良馬)라 하는 예에서 그 의미를 볼 수 있다.

다면 크겠으나 속빈 강정일 뿐이니 공소(空疎)하다고 했다. 이 지리와 공소는 서로를 비판하는 두 중요한 형용사였다(펑유란, 『중국 철학사』).

2) 심학(心學)의 연원(淵源)

북송과 남송 시대의 도학(道學)은 리학(理學)과 심학(心學)으로 분류된다.

이 두 학파는 사실상 정씨(程氏) 형제에 따른 것으로 형(兄) 정호(程顥, 명도(明道), 1032-1085)는 '일체의 인륜과 사리(事理)는 모두 나의 마음 속에 있다'는 맹자(孟子)의 말을 해석하며 '인(仁)이라는 것은 만물(萬物)과 혼연일체이고, 천지의 용(用)은 모두 나의 용(用)이다'라 하였다(『유서』, 권2).[7)]

정호(程顥)의 인(仁)과 만물(萬物)이 하나라는 사상은 남송의 육구연(陸九淵, 1138-1191)에 의해 계승 발전되었으며 명에 이르러 왕수인에 의해 집대성되어 육왕심학(陸王心學)을 이루었다.

호(號)가 상산(象山)인 육구연은 주희와 동시대인으로 서로는 논적(論敵)관계이었다.

그가 죽은 후에 모아진 저작집 『상산 전집(象山全集)』에는 '시공(時空)은 나의 마음(속)에 있다. 또 시공(을 생기게 하는 것)은 나의 마음이다(宇宙便是吾心, 吾心卽是宇宙)'[8)]라는 말과 함께 '만물은 조그만 공간에 응집되어 마음을 가득 채운다. 그러나 그곳으로부터 발산되면 만물은 시공 전체를 가득 채운다(萬物森然於方寸之間, 滿心, 而發, 充塞宇宙)'라고도 하여 주관적 유심론(唯心論)을 펼쳤다.

이러한 '우주는 나의 마음이다(吾心卽是宇宙)'의 어구(語句)를 들어 중국학(中國學)을 전공한 포르케(Forke)는 '육상산은 칸트의 시공(時空)의

7) 여기서 인과 만물이 혼연일체라는 말은 곧 인간을 포함한 천지만물에 놓여 있는 근원적 존재가 인(仁)이며, 천지의 용, 나의 용의 '용'은 곧 마음 씀을 뜻한다.

8) 중국 철학에서는 사방(四方)과 상하는 우(宇)요 고금(古今)은 주(宙)로 해석되어 왔다. 그럼으로 시공(時空)과 우주는 같은 의미를 갖는다. 칸트는 그의 『순수이성비판』에서 시공을 선험적인 순수한 주관적 직관(直觀)이라 하여 육구연과 같은 인식을 가졌음을 보여 준다.

주관성(主觀性)에 대한 주장을 6세기나 앞질렀다'고 말하였고, 라이샤워도 그에 동의하였다(라이샤워 외, 『동양문화사』).

주희의 철학체계에서 심(心)은 리(理)가 기(氣)에서 구체화된 것으로 간주된다.

주자가 본 실재에는 두 세계가 있는데, 하나 즉 리(理)의 세계는 시공 안에 존재하지 않고, 다른 하나 즉 기(氣)로서의 세계(현실)는 시공 안에 존재한다. 그러나 상산이 본 실재는 단지 하나의 세계 즉 시공 안에 존재한다. 그 세계는 마음과 일체 이므로 '우주는 곧 내 마음이고 내 마음은 곧 우주이다.

상산에게 '하늘에 속한 성(性)과 사람에게 속한 심은 동일한 세계내에 존재'하기 때문에, 그는 주자학에서 그토록 강조하는 이른바 천리와 인욕의 구분을 두려워하지 않았다.

주자에 따르면 심은 리와 기가 합하여 생긴 구체적인 사물이니 절대로 추상적인 리(理) 자체와는 같지 않다. 따라서 주희의 성리학에서는 성즉리(性卽理)라고 말할 수 있을 뿐, 심즉리(心卽理)라 할 수는 없었다.

그러나 육상산은 심 자체는 성(性)이고 성과 심은 문자(文字)상의 구분에 불과한 것으로 생각하였다. 이는 마음(정신)과 천지만물에는 하나의 기(氣)가 서로 유통하고 있다는 것을 전제로 하는 일원론이다. 이러한 사유(思惟)의 갈림의 근저에는 주희가 리기이원론(理氣二元論)에서 출발한데 비해 육상산은 세계는 하나의 마음뿐이라는 유심론(唯心論)에 서있었다는 차이가 있었다.

3) 양명학(陽明學)

육구연의 사상을 이은 왕양명은 '신체(身體)의 주인은 마음이고 마음이 표출된 것이 사유(思惟)이다. 사유의 실체는 안다는 것이고 사유가 존재하는 곳은 물(物)이다(身之主宰便是心, 心之所發便是意, 意之本體便是知, 意之所在便是物)이라 하였다(『양명선생집요』). 즉 인간의 신(身), 심

(心), 의(意)가 앎(知)을 매개로 물(物)과 닿아 하나가 되는 유심론(唯心論)을 말하고 있다.

심학의 핵심은 심즉리(心卽理)라는 관점에서의 우주근원에 대한 이해, 즉 유심론과 이를 바탕으로 한 치양지(致良知), 그리고 지행합일(知行合一)의 세 관념(觀念)이 서로 상관관계를 유지하며 전개되는 데 있다.

① 심즉리

왕양명의 사상적 전제(前提)는 '심즉리(心卽理)'라는 명제(命題)에 있다.

그는 그 예증(例證)으로 '효친(孝親)의 마음이 있으면 효(孝)의 리(理)도 있고, 효친의 마음이 없으면 효의 리도 없다. 리(理)가 어찌 나의 마음 밖에 있겠는가?'라고 한다.

심이 없으면 리(理)도 없고 따라서 심은 우주의 주재자(主宰者)이며, 리(理)의 주재자이다.

이는 주희의 철학에서 '효의 리가 있음으로 해서 효친의 마음이 있고 그 반대일 수는 없다. 즉 리(理)는 심(心)이 있건 없건 관계없이 영원한 것이다'라는 주장과 대립된다.

② 양지(良知)

왕양명의 양지(良知)는 맹자(孟子)가 말 한바 생각하지 않아도 알고, 배우지 않아도 할 줄 아는 인간의 성선설(性善說)의 정신을 이어 받은 것이다. 맹자가 말하는 측은지심, 시비지심 등 사단(四端)은 인간 본성의 발현이자 양지이다.

그의 주장은 '지(知)는 마음의 본체이고 마음은 자연히 알게 되어 있다. 예를 들면 아버지를 보면 효를 알게 되고, 형제를 보면 공경을 알게 되고, 어린애가 우물에 빠지려고 하면 측은함을 알게 되는데, 이것이 양지이며 이것은 밖에서 구할 필요가 없다'는 것이다(『전습록』 중에서).

그리고 더 나아가 그는 '내 마음의 양지가 이른바 천리(天理)이고 이를 사사물물(事事物物)에 발현하면 사사물물은 그 리(理)를 획득하게 된다'고 하였다.

시인(詩人)이기도 하였던 왕양명은 다음과 같은 시구(詩句)로서 '양지(良知)'의 뜻을 밝혔다.

사람은 누구나 그 마음속에 공자가 있는데 (箇箇人心有仲尼)
때로는 나타나고 때로는 감춰진다. (自將聞見苦遮迷)
말을 하지 않고도 그것이 무엇인지 지적해 낼 수 있으리라. (而今指眞頭面)
의심의 여지도 없이 타고난 그대로의 양지라는 것을. (只是良知更莫疑)
『왕문성공전서』

이는 윤리적 입장에서 보면 도덕적 직관에 대한 확신의 표현이다. 또한 공자(孔子)를 자신의 내면세계에서 만나 같은 인간임을 확인함으로서 성현(聖賢)들에 대한 우상화(偶像化)를 근원에서부터 거부하고 있다. 거기에는 주자의 상고주의적(尙古主義的) 사유나 도통론(道統論)이 성립할 근거 자체가 부정된다.

다시 말해 그는 '인간이 지닌 양지는 성인이나 어리석은 자나, 옛날이나 지금이나 같다'는 생각에서 인간의 평등과 사상(思想)의 해방을 천명하였다.

그는 '도(道)란 천하 사람들이 함께 실행하는 것이며, 학문이란 천하 사람들이 함께 배우는 것이므로 주자가 독점해서도, 공자가 독점해서도 안 된다'(『전습록』 중)라고도 하여 공자나 주자의 말이 시비를 판단하는 기준이 아니라 하였다. 이는 당시 주자학이 배타적으로 사상계를 지배하던 사회에 대한 비판의 의미를 담고 있다.

도학(道學)은 인간의 도리(道理)를 다하기 위해 선악을 분별하고 도덕적 판단을 하는 학문이다. 그리고 양명에 의하면 이때 마음이 그 기준이고 판단자이니 그것이 곧 각자의 양지이고, 양지를 발휘·행동하는 것이 곧 치양지(致良知)이다.

그의 철학에서 양지를 발휘하는 치양지(致良知)는 인간의 완전한 삶이라는 목표에 대한 착수처(着手處)이며, 사회적으로는 윤리적 도리(道理)를 다하는 것을 귀착점으로 하고 있다. 심학에서는 '지(知)의 진정한 독실처(篤實處)가 곧 행(行)이요, 행함의 명각정찰처(明覺精察處)가 곧

지이니 지와 행의 공부는 분리할 수 없다'(『전습록』)고 한다. 그것이 지행합일의 세계이고 중국의 개화기에 지사(志士)들의 마음을 독려한 명제이다.[9]

그의 가르침에 따르면 '세상의 군자들이 양지를 추구하면 스스로 시비가 공정해 지고, 좋고 나쁜 것이 같아지고, 남을 자신처럼 여기고, 국가를 자신의 집처럼 여기며 천지만물을 일체로 보게 된다'(『양명선생집요3종』)는 것이다.

③ 지행합일(知行合一)

주자학에서는 사람은 마땅히 먼저 알고 난 후에 행(行)해야 한다고 주장하는데 비해 양명은 지식과 행동의 일치(知行合一)를 강조하였다. 그의 주장은 지식(知識)은 행동의 시작이며, 행동(行動)은 지식의 완성(完成)이라는 것이다.

심학에서는 '지(知)의 과정은 행하는 가운데 있고, 진정한 지는 행하는 것이며 행하지 않는 것은 지라고 할 수 없다'(『전습록』) 그는 '양지는 지(知)이고 치양지는 행(行)이다. 양지를 발휘하는 행위 즉 치양지에 이르러 양지의 지(知)는 완성된다'라고 하여 리학의 지행분립에 강하게 반발하였다.

4) 정치사회관

심학은 주자학의 천(天)과 인(人)의 관계를 명확히 구분하고, 나아가서는 천리(天理)와 인욕(人慾)을 분명하게 구별하는 이원론(二元論)체계를 부정하였으며 이 양자를 하나의 영역에 포함시킴으로서 불교에 보다 가깝게 접근하였다.

---

9) 왕양명의 사상은 중국의 신해혁명 전후의 혁명가들에게는 일반적으로 혁명적 덕성(德性)의 건전한 기반으로 생각되었다. 늘 따라다니는 신체적 위협에 맞서야 했을 뿐 아니라 사회적으로 받는 압력을 견디어내기 위해서도 용기가 필요한 이들에게 '사람의 행동은 그의 직관적인 지식 또는 양심과 일치되어야 한다는 가르침은 필요에 합당한 것이니 그들의 성공은 그의 신념의 정도와 맞먹었던 것이다(체스타 한, 민두기 옮김, 『중국현대정치사상사』).

그러나 심학이 명상(冥想)의 기술을 불교로부터 받아들였음은 사실이나 이들은 계속해서 속세에 있어서의 인간의 의무(義務)들을 긍정하였고, 불교의 입장을 '도피(逃避)'라고 부정해 나갔다.

유교에서의 자기 수양(修養)이란 불교에서처럼 모든 욕망의 소멸(消滅)을 기대하는 것이 아니라 오직 이기적인 욕망만을 제거함으로서 사람과의 관계뿐 아니라 우주만물과의 조화를 충실하게 성취할 것을 목적으로 한다.

왕양명은 대학(大學)의 삼강령(三綱領-명명덕(明明德), 친민(親民), 지어선(至於善))을 심학의 입장에서 해석하였다. 그는 명명덕과 친민에 대해 '명덕(明德)은 대인(大人)이 천하만물(天下萬物)을 하나로 보는 마음으로 이는 체(體)를 수립하는 것이고, 친민(親民)은 그 용(用)을 행하는 것'이라 하였다. 이때 명덕의 본체가 양지(良知)이고 명명덕(明明德)과 친민은 모두 치양지(致良知)이자 치지(致知)이다. 그리고 치지는 격물(格物)에 있고 이때 격(格)이란 바로 잡는다(正)는, 바르게 되돌림 즉 악(惡)을 제거하는 선(善)의 실행을 의미한다(평유란, 전게서).

그리고 지어선(至於善)은 이들의 최고의 준칙(準則)이다.

지선(至善)의 발현은 옳은 것은 옳다고, 그른 것은 그르다고 판단하는 것을 전제로 한다. 그리고 그 대상의 경중(輕重), 후박(厚薄)에 따라 감응하고 부응하게 되어 그 변동이 일정하지 않지만 항상 자연의 중도(中道)안에 머문다. 그리고 중도를 아는 것이 양지이다.

이때 중도의 의미는 조작하거나 증감하면 안 된다는 것으로, 조작이나 증감은 사적(私的)인 의도이고 작은 지혜이니 지선(至善)이 아니다. 그는 지선의 전제로서의 올바른 사물판단을 공자의 사무(四無) 사상에 의거해 설명한다. 즉 속셈(意)이 일어나고 아집(我)이 확립되면 맹목성(必)과 완고함(固)으로 방해되고 치우쳐져 이를 상실하게 된다는 것이다.

특히 그는 친민(親民)에는 교(敎)와 양(養)의 두 가지 뜻이 겸해있다고 보고 주자학에서 신민(新民)으로 읽어 '백성을 새롭게 한다'는 뜻으로 새기는 것에 대해 이는 교(敎)에 치우쳐 양(養)을 잃는 잘못된 해석 정신이라고 하였다.

그의 사민평등관(四民平等觀)은 이러한 친민(親民)에 대한 이해(理解)에 근거한 것이다.

'옛날에는 사민(四民)이 업(業)을 달리하더라도 도(道)는 같이 하였다. 그 마음을 다 하는 것은 한가지인 것이다. 치(治)는 닦고, 농(農)은 기르는데(養) 이바지하고, 공(工)은 기(器)를 이(利)하고, 상(商)은 화(貨)를 통(通)한다. 각기 그 자질(資質)의 가까운 바, 힘이 미치는 바에 따라 그것을 업(業)으로 하여 그 마음을 다 하기를 구하니 그의 돌아갈 바가 생인(生人)의 도(道)에 유익한 데 있기는 모두 같다. 때문에 사민은 업을 달리하나 도를 같이 한다.'(『양명전서』)

따라서 양명의 생각은 도(道)가 같으니 당연히 학(學)도 같아야 한다는 것이다.

이런 생각에서 그는 성리학에서 사(士)계층의 전유물로 여겨온 유학(儒學)의 벽(壁)을 허물어 사민(四民)에 공개함으로서 사민동도(四民同道)의 길을 열어 대동적 이상사회를 지향하였다.

다른 하나, 왕양명은 양지(良知)를 시원적(始原的)으로 혈연관계에서의 사랑(孝悌)을 아는 능력으로 파악하였다. 따라서 그는 혈연적 상하관계를 기초로 그 연장선에서 사회내용(社會內容)을 이해하고 마침내 천지만물은 하나의 집안과 같다는 결론에 이른다.

그는 '대인(大人)은 천지만물로서 일체인 것으로 한다. 천하를 보는 것 또한 한 집과 같고 중국(中國) 또한 한 사람과 같다. 만약 그 형해(形骸)로 나누어서 너와 나를 가르는 자는 소인이다'라 하였다.

이처럼 양명학에서 부자형제(父子兄弟)는 단순히 가족안의 윤리에 머무르지 않고 일체의 사회내용 또는 만물의 기축(基軸)을 이루는 것이다. '이 때문에 내 아버지를 따르며, 이로써 다른 사람의 아버지에 미치며, 이로써 천하 사람의 아버지에 이른다' '순수한 심(心)을 발해서 어버이를 섬기면 이것이 곧 효(孝)이고, 군을 섬기면 충이니…'

주자학이 그 기본시각을 사회적 상하관계(忠)에 맞춘데 비해 양명학은 혈연적 관계(孝)를 기초로 하고 있다. 그러나 다 같이 봉건체계를 뒷받침하는 윤리를 제공하고 있다는 점에는 그 차이가 크지 않다.

그는 기본적인 도덕적 자각에 따른 의식에서 봉건적 윤리체계를 다음과 같이 설명했다.

'경(經)이란 항상 존재하는 도(道)를 말한다. 그것이 하늘에 있는 것을 명(命), 인간에게 부여된 것을 성(性), 인간의 몸을 주재하는 것을 심(心)이라 한다. 마음과 성과 명은 일체이다. 인간과 사물에 통하고 사해에 뻗쳐있으며 천지에 꽉 차있고, 고금(古今)에 존재하며 구비하지 않은 것이 없고, 같지 않은 것이 없고, 변함이 없는 것이 상도(常道)이다. 그것이 마음에 감응하면 측은지심(惻隱之心), 수오지심(羞惡之心), 사양지심(辭讓之心), 시비지심(是非之心)이 된다. 그것이 사람간의 관계에서는 부자유친, 군신유의, 부부유별, 장유유서, 붕우유신으로 나타난다. 측은, 수오, 사양, 시비, 친(親), 의(義), 서(序), 별(別), 신(信) 등은 모두 일체이다.'(『양명선생집요』)

그의 생각에 인류사회는 마음에 근원하는 인륜(人倫)을 바탕으로 세워진 것으로 이는 본능적인 것이다. 다시 말해 윤리는 외재적(外在的)이고 초월적인 규범이 아니라 인간내면의 세계에 이미 존재하는 양지에 근거하는 것으로 인간은 먼저 천리(天理)를 따로 배우지 않더라도 실천할 수 있는 것이다.

왕양명의 학문은 주자학이 교조화(教條化)하여 이미 활력을 상실한 시대에 강남지역을 풍미(風靡)하며 명대 후반기 사상의 주류가 되어 유학계에 신선한 활력을 불어 넣었다.

명 중엽 서민층의 긍정적이고 가치있는 삶을 받혀줄 철학적 근거를 위해서는 먼저 리학자들이 독점하고 있는 '도(道)의 전유(專有)'를 깨트려야 했고 왕양명은 이를 인간이 공통적으로 본유하고 있는 '양지(良知)'라는 사상적 개념으로 이루어 냈다.

리학(理學)은 신성하고 초월할 수 없는 외재적인 리(理)를 따르고 지키는 것을 중시했으나 심학(心學)에서는 인격완성을 위한 몸과 성품의 수양(修養)은 내재된 마음(心) 속에서 주체적으로 실현되어야 한다고 믿었다. 따라서 있는 그대로의 세속생활 안에서 자아(自我)를 파악하는 일을 우선시하였다.

양명은 지극히 높고 존귀(尊貴)한 천리(天理)를 세상 사람 모두 다 인식할 수 있는 마음속의 양지(良知)로 변환(變換)시킴으로서 줄곧 사대부들이 독점하여 온 리학이라는 신성(神聖)한 외피(外皮)에 싸여있던 천리 그리고 유학(儒學) 자체를 세속적 색채를 띤 모습으로 바꾸려 하였다.

사실 리학에서 천리(天理)와 인욕(人慾)을 구분하였을 때, 이 논리의 현실 사회적 의미에는 천리는 도학자의 몫이고 인욕은 서민의 일상생활을 지배하는 원리라는 계층구분(階層區分)의 성격이 짙었다. 양명학에서는 이 둘을 마음의 작용 하나로 이해함으로서 서민들의 삶이 도학자들과 다르지 않다는 그 시대의 민중의 요구에 부응한 것이다.

오동잎이 떨어지는 것은 다만 가을을 알리는 것이 아니라 이미 가을이 왔기 때문이다.

명대 중엽에 이르면 이미 민중(民衆)의 의식은 서구적 의미의 개인자유주의에는 훨씬 못 미친다 하더라도, 나름대로 통치권력에 대한 비판능력과 함께 삶의 존귀(尊貴)한 가치를 추구함에 있어 자신들의 성품이 정치적 내지 정신적 지배층과 다르지 않다는 통념이 형성되어 가고 있었다.

어느 사회, 어느 시기에나 이러한 의식을 선도(先導)하는 이념은 진보적 지식인들에 의해 선창(先唱)되어 왔으며 왕양명은 그 역할을 하였다. 그러나 그러한 이념이 받아들여졌다는 것은 민중의 의식이 준비되어 있었음을 의미하며 더 나아가 그들의 요구(要求)가 지식인들을 촉발(促發)시켰다 할 수 있다.

그러나 양명학은 명 후기의 혼란한 사회상(社會相)을 부추긴 원인 중의 하나라는 부정적인 평가(評價)를 받기도 한다.

황종희는 '도(道) 즉 리(理)라는 것은 내가 본래 갖고 있는 것이지만 깊은 연구를 하지 않으면 대략 그 겉모습을 살피고 완미(玩味)했다고 착각하게 된다'고 하여 만물의 리(理)는 깊은 연구가 아니면 얻을 수 없다고 했다. 즉 진리(眞理)가 진리로서의 모습을 다시 들어 낼 수 있는 길은 결코 진리 자체의 지위(地位)에 있지 않고 오히려 진리를 진지(眞摯)하게 추구하는, 그리고 진리를 추구하기 위한 활동방식과 과정에 달려있다는 것이다(쉬 딩 바오, 『황종희평전』).

특히 심학(心學)은 그 종지(宗旨)에 주관적(主觀的)인 성격이 강하여 다른 학파에서 보다도 진지성(眞摯性) 여부(與否)가 절대적으로 중요한 의미를 갖는다.

사실 황종희가 지적한대로 후대 사람들 중에는 양명학을 '겉모습만 살피고' 그 진의(眞意)에 벗어나 '오직 마음(心)' 뿐이라는 말을 사사(私私)로운 이욕(利慾)을 마음껏 추구해도 된다는 의미로 받아들이는 경향이 있었다.

이렇게 왜곡(歪曲)된 양명학에서는 '천리(天理)'의 기능이 소홀(疏忽)해져 사회기강(社會紀綱)을 잡아주는 공(公)으로서의 중추적(中樞的) 역할을 할 수 없었고, 그것이 사회혼란의 원인을 제공한 결과로 나타난 것이다.

양명학은 리(理)의 객관적 실재성을 부인(否認)하며 개인의 양지(良知)에 직접 호소하는 체계로 대중화(大衆化)에는 성공하였으나, 정치에 있어서 그 해체주의적(解體主義的) 성격은 정치질서에 대하여 원심력(遠心力)으로 작용하여, 따라서 명말의 혼란에 일말의 책임이 있는 것 역시 사실이다.

5) 양명학의 분파(分派)

양명학은 그의 생존시에 이미 분파작용(分派作用)이 일기 시작하였다. 그 발단(發端)은 양명학의 요지(要旨)를 밝힌 사구교(四句敎)의 해석(解析)에 따른 것이었다.

선도 없고 악도 없는 것은 마음의 본체요 (無善無惡心之體)
선이 있고 악이 있는 것은 의욕의 움직임이요 (有善有惡意之動)
선을 알고 악을 아는 것은 양지요 (知善知惡是良知)
선을 하고 악을 버리는 것은 격물이다 (爲善去惡是格物)

이 가르침을 두고 전서산(錢緖山, 1496-1574)과 왕기(王畿, 龍溪, 1498-1583) 사이의 해결 없는 논쟁이 벌어지면서 명교(名敎)의 시각(視角)에서 우파(右派)와 좌파(左派)로 나뉘게 되었다.

우파(右派)인 서산은 사유설(四有說)을 주장하여 마음의 본체는 선하지도, 악하지도 않지만 후천적으로 오염된 마음은 공부에 의해 떨쳐버려야 한다고 한 반면에 좌파(左派)인 왕기(王畿)는 사무설(四無說)의 입장에서 선천적인 마음을 깨치는 것이 중요하지 후천적인 의념(意念)을 문제 삼을 것이 못된다고 주장했다. 그는 공부의 중요성을 인정하지만 이는 어디까지나 방편(方便)에 지나지 않는다는 생각이었다. 이처럼 왕기는 불가의 선(禪)에 가까웠다.

이에 대해 양명은 어느 한 쪽만을 고집하지 말고 서로 절충 보완하도록 당부하였으나 두 사람은 양명 사후 30년을 더 살면서도 견해를 좁히지는 못하였다.

심학 좌파인 왕간(王艮, 心齊, 1483-1540)이나 이지(李摯) 등은 같은 좌파인 왕기(용계)가 선(禪)에 편향(偏向)하며 사회문제에 대하여 대단히 소극적인 것에 비해, 그들은 유학의 세속화와 더불어 계몽적 특성을 보였다.

왕간은 양명의 제자로서 왕기와 함께 좌파를 연 쌍벽(雙璧)으로 태주학파(學派)의 태두(泰斗)이다. 그는 염정(鹽丁-소금장이) 출신으로 당연히 그 학문은 명대 후기 사회의 성장(成長)한 시민적 기풍을 반영하고 있다. 그의 문하에는 나뭇꾼, 그릇장이, 농사꾼 등 다양한 서민 학자가 배출되었다.

그는 '백성이 날마다 사용하는 것이 바로 도(道)'이며 따라서 사람들의 세속적 욕망에 대한 합리적인 추구는 천리에 부합하는 것이라는 생각을 일깨웠다. 그는 '옷 입고 밥 먹는 것이 곧 인륜의 물리(物理-사물의 이치)'라고 하였다.

그의 논설은 치밀하지는 않지만 간결하고 실천성이 강하였다.

그의 격물론(格物論)은 '몸이 곧 천하(天下)·국(國)·가(家)의 본(本)임을 알면 천지만물로서 내 몸에 의지할 것'(『왕심제전집』)이라 하여 몸을 천하만물의 근본으로 보았다. 또 하나 그의 대장부론(大丈夫論)에서 그는 대장부가 나아가 제왕의 스승이 되지 못하거나 물러나 천하인의 스승이 되지 못한다면 이는 아낙네의 도(道)로 전락할 뿐이라 하여 사대부(士大夫)의 기개를 떨쳤고, 이는 황종희에 영향을 주었다.

3. 이지(李贄, 탁오(卓吾), 1527-1602)

1) 사상의 성격

이지의[10] 반골적(叛骨的) 기질(氣質)은 '인간이 지니는 양지(良知)는 성인이나 어리석은 이나, 고금(古今)을 막론하고 같은 것'이라는 왕양명의 학문을 만나 성현(聖賢)들의 권위(權威)를 부정하고 인간 평등(平等)을 주장하는 사상적 근거를 갖게 되었다.

그러나 그의 사상은 부분적이기는 하지만 봉건윤리를 반대하고 그 도덕을 부정(否定)하는 점에서 왕양명을 벗어났다.

---

10) 이지의 원래 이름은 재지(載贄)이고 호는 탁오(卓吾)로 복건성 천주(泉州) 사람이다. 천주는 오랜 동안 해외의 각국과 통상하는 최대 항구로 문화 교류의 중심지였고 그가 출생한 시대는 자본주의가 싹트고 발전하던 시기였다. 그의 조상(祖上) 역시 배를 타고 상업에 종사하였으며 부친(父親)은 학문을 가르쳐 생을 영위했다. 이러한 여건들이 그로 하여금 외래사상을 받아들이게 했고 개성(個性)을 존중하는 그의 정치사상 성격은 서구 개인주의적 색채(色彩)를 보인다.
그는 29세부터 25년 동안의 관직생활을 하고, 54세에 은퇴하면서부터 본격적인 저술활동을 시작하였다. 그때부터 그는 학문을 가르치고 저술활동을 통해 도학가(道學家)들과 예교(禮教)를 강하게 비판하였다. 그의 일생은 획일화된 성리학의 사상적 억압에 대해 철저한 반골(反骨) 정신으로 투쟁하였으며 그리고 그에 따른 탄압으로 결국 그는 옥중(獄中)에서 자살로서 76세의 생을 마감하였다.

이지가 이어받은 양명학은 전제정치에 이용되는 정통의 학술을 타파하기에 족했다.

왕양명은 이 길을 열었고 이지는 그 정신과 이론을 전개시켜 나갔다. 그리하여 명(明) 말기(末期)에 이르러 황종희, 고염무, 왕부지 등이 천년(千年) 전통사상을 전면적으로 변화시켜 나아가는데 중대한 영향을 주었다.

그의 언행(言行)에는 훗날 담사동이 말하는 이른 바 '충결망라(衝決網羅-모든 연줄을 끊어 버리는 것)'의 경향이 있었다. 예를 들어 그는 관직을 버리고 삭발을 했는데 이는 군신, 부자, 부부, 형제의 윤리를 끊은 것이나 마찬가지였다. 또한 남녀의 평등을 인정하고 부녀자의 학업을 허락하고, 혼인의 자주(自主)를 제창했다(소공권, 『중국정치사상사』).

그의 개성을 중시하는 자유주의적 성격은 필연적으로 자신이 살고 있던 봉건사회의 가치 기준인 유가의 천리를 내세운 강압적이고 계서적(階序的)인 윤리에 부합될 수 없었고, 따라서 통치세력으로부터 심한 박해를 받을 수밖에 없었다.

이지는 인간의 본성을 동심(童心)에서 보았다. 이는 '양지'와 유사한 개념이었고 다만 양지가 보다 사변적이었다면 동심은 원초적이고 자연주의(自然主義)에 친근한 것이었다.

그는 그의 저서 『분서(焚書)』에서 '동심'이라는 것은 참된 마음이다. 이는 맨 처음에 가졌던 본심을 말한다. 만약 동심을 잃으면 참된 마음을 잃게 되고, 참된 마음을 잃으면 참된 인간의 모습을 잃게 된다'(『분서』 권3, 동심설)라고 하여 그의 사상의 근원에 있는 순수성을 표현하고 있다.

동심은 그의 중요한 사상적 개념으로 인간의 진심(眞心)을 자연상태에 처해 있는 천진하고 순박함에 두고 있다. 이는 불가에서의 '선(禪)이나 도가가 말하는 박(朴)'에 매우 가깝고 서구 18세기 루소의 '자연으로 돌아가라'는 뜻과도 통하는 바가 있다. 그리고 이들의 공통적 사상적 경향은 인간성의 해방을 지향하는 것이다.

이지의 사상은 왕양명과 비교해 볼 때 '개인의 자각의식(自覺意識)'을 더욱 중시하는 점에서 차이가 있었다. 그의 이러한 의식에서는 개성을 존중하는 근세 서구의 개인주의와 유사한 성격을 볼 수 있다.

그의 사(私)라는 개념에는 개인 주체성 즉 개성, 그리고 인간의 선천적 욕구(人慾)의 긍정이라는 두 면을 아우르고 있다.

그의 개인의식은 공리(功利)를 말할 때도 당·송 시대의 구실(求實)을 추구하는 정치주의적 의미보다는 인간의 품성에서 그 근거와 정당성을 확인하려 하였다. 이러한 의미에서 서구 벤담의 공리주의의 색채가 보인다.

일반적으로 도학가(道學家)들은 '사(私)를 버리고 공(公)을 세우라'는 도덕원칙을 내세우고 있는데 반하여 그는 '사라는 것은 사람의 마음이다. 사람은 반드시 사가 있은 연후에야 그 마음이 나타나는 것이다 만약 사가 없다면 마음도 없다'고 주장한다.

이는 육구연 이래 왕양명의 주관적 유심론에서 유추(類推)되는 논리로 사물에 대한 이해와 관계에서 개인의 주관에 초점을 맞춘 것이다. 또한 인간의 의식은 그 본질에서 자의식(自意識)일 수밖에 없다는 서구 근세철학의 이해와 같은 사유궤도에 서있다고도 볼 수 있다.

이지의 정치철학은 개성을 말살하려는 전제정치에 대한 저항과 개인의 합리적 욕구를 추구하는 공리주의의 양면을 갖는다. 따라서 그의 정치철학이 반전제(反專制)사상, 그리고 그를 뒷받침하는 주자학에 대한 반대일 수밖에 없었다.

2) 성현과 경전에 대한 비판

이지는 공자와 맹자 같은 전통 유가(儒家)의 성현에 대해 기탄(忌憚) 없이 비판을 가했다.

성현들에 대한 맹목적인 숭배는 한편으로 성인은 유가 이념의 참뜻이 육화(肉化)되어 있어, 그의 말씀이 곧 경전의 뜻이라는 생각에 근원하지만 다른 한편으로는 전제군주의 통치에 필요에서 비롯된 것이었다. 따라서 성현들에 대한 숭배의 거부는 곧 전제정치에 대한 공격을 의미하는 것이기도 하였다.

그는 먼저 개인의 독립된 천부적(天賦的) 인격과 사상의 자유를 주장하며 '하늘이 공자(孔子)를 낳지 않았더라면 만고(萬古)는 밤처럼 어두울 것이다'라는 도학가들의 말을 공박하여 '하늘이 사람을 낳은 후에 그에게 모든 능력이나 자질을 주었으며, 공자에게서 얻어 준 것이 아니다. 만약 공자에게서 얻어 준 것이라면 공자가 없었던 옛날에는 사람이 될 수 없지 않았겠는가?(『답취주응』)'라 하여 성현들에 대한 포문(砲門)을 열었다.

그는 유가에서 절대적 권위를 부여하고 있는 육경(六經)과 『논어(論語)』, 『맹자(孟子)』에 대하여서도 '이들은 사관(史官)들이 지나치게 떠받들고 높여준 말들이 아니면, 그 신하들이 극히 찬미(讚美)한 말에 지나지 않는다. 또 그렇지 않다면 핵심을 파악하지 못하고 빗나간 제자들이나 멍텅구리 제자들이 스승의 학설을 기억하되 머리는 있고 꼬리를 잃어 버렸으며, 뒤는 없고 앞을 빠트려, 제 견해대로 그저 책에 써 놓았을 뿐이다. 그런데 뒤에 이를 배운 사람들은 이를 제대로 살피지 못하고 그저 모두 성인(聖人)의 입에서 나왔으리라 여겨 그것을 경전(經典)의 내용으로 결정지어 버린 것이다. 더구나 성인은 어떤 쓰임이 있을 때, 병(病)에 따라 약(藥)을 쓴 것이고, 때에 따라 처방(處方)한 것인데 제자들은 이를 가지고 모두를 구하려 했을 뿐이다. 약과 의사는 병에 따라 처방을 해야 하는 것이지 한 가지를 고집하여 어찌 만세에 변할 수 없는 지당(至當)한 이론으로 삼을 수 있겠는가'라 하였다.

이는 한(漢), 당(唐), 송(宋) 이래 천여 년 동안 시비(是非)의 기준이었던 경전(經典)에 대한 비판으로, 경전이 다만 어리석은 제자들을 고치기 위한 것이라면 그 경우에 한해서만 옳을 수 있을지는 몰라도 만세불변(萬世不變)의 진리일 수는 없다고 한계 지으려는 것이다.

그는 성현과 경전을 맹목적으로 숭배하는데 대해 『도고록(道古錄)』에서 '너희들은 덕성(德性)이 높은 사람을 별다른 사람으로 보지 말아

라. … 민중들이 할 수 있는 것을 그들도 할 뿐이다. 요(堯)·순(舜)과 같은 성인과 길가는 사람들은 모두 같으니, 결국 성인과 범인들이 모두 같은 것이다'라고 하여 소박한 평등사상을 주장하고 있다.

이 중 '덕성이 높은 사람을 별다른 등등'은 공자의 '사무사상'과 같은 맥락에서의 생각이고 '만세불변의 진리 등등'은 현실의 유동성에 대한 자각으로 이해될 수 있다. 사실 양명학은 그 유심론적 성격을 제외한다면 일원론적 사유(思惟)로 선진유학과 같은 형태를 보인다.

3) 도통론(道統論)

당(唐)의 한유에 의해 제시된 도통론은 송대에 적극적으로 수용되어 유가의 권위주의 성격을 강화하였고 그러한 사유방식은 군주의 전제 권력을 옹호하는 이론과 쉽게 야합(野合)할 수 있었다.

도통론은 인간 고유의 이성(理性)에 의한 사리판단에 앞서 성현을 우상화시킴으로서 사상적으로 다양성과 창조성을 차단(遮斷)하고, 정치적으로는 그 행위의 정당성을 고대 성현들의 권위를 강조함으로서 그들의 후광(後光)에 의지하려 하였다.

성리학파의 도통론에 대해 이지(李贄)는 '그들이 맹자가 죽은 뒤 그 도(道)의 맥(脈)이 끊어졌다고 하는 것은 참으로 잘못되었다. 오직 이 말이 나온 뒤 송나라 학자들은 곧 바로 주돈이, 장제, 정이, 주희 등이 끊어진 맹자의 도(道)를 이었다고 한다. 그러면 진(秦)으로부터 한을 거쳐 당에 이르는 중간에 진(晉) 아래 오대(五代)에 이르는 천수백 년 동안은 땅이 다하고 샘이 없어서 사람은 말라 죽은 지 오래 된 셈이 되는 것이다. 만약 사람이 다하고 도가 없었다고 한다면 사람의 도는 없어졌을 것이지, 어찌 오랫동안 계속되어 올 수 있었을 것인가? 마침내 다 없어져 볼 수 없었고 혼돈(混沌)으로 듣지를 못했으니, 곧 바로 송을 기다려서 개벽(開闢)이 된 뒤에야 가능했을 것이다'라고 그 불합리성을 공박하였다.

더 나아가 그는 이어서 '그런데도 송 왕실은 전혀 떨치지 못하고,

마치 숨이 끊어지는 사람처럼 위기에 처해 있었으니, 이는 오히려 도가 끊어진 시기가 이때보다 더 낫지 않았는가?'라고 하여 단순히 도통의 문제를 넘어 도학(道學)의 정치적 의미·효용으로까지 그 비난의 수위(水位)를 높이고 있다.

그의 전통에 대한 공격은 특히 성리학과 그 추종자들에 대해 매우 격렬하였다.

'지금의 주돈이, 정이, 장재, 주희를 강의(講義)하는 자들은 죽여도 마땅합니다. 그들은 주돈이, 정이, 장재와 주희를 내세우며, 모두 입으로는 도덕을 떠들면서도 마음은 높은 관직에 있고, 뜻은 큰 부자(富者)가 되는데 있습니다. 그런데 그들은 이미 높은 관직과 큰 부자가 되었기 때문에 인의(仁義)를 강의하면서 태연자약할 뿐입니다. 또 그들은 큰소리로 사람들에게 '나는 세상의 풍속을 엄하게 하려고 한다'고 떠들어 댑니다. 그럼으로 그들이 떠드는 세상의 풍속을 망가트리고 상(傷)하게 하는 자로서 주돈이, 정이, 장재와 주희보다 심한 사람이 없으니, 이런 까닭으로 그들을 더욱 신뢰하지 않습니다.'

그는 도학(道學)의 해독과 피해를 강조하며 이를 위학(僞學)이라고 단언하였다.

그는 다스림에서는 적당한 때를 귀히 여기고, 배움에서는 반드시 경세치용(經世致用)에 중점을 두어야 한다고 하면서, 도학이 매도(罵倒)하는 패도(覇道)와 법가 등의 정치적 업적을 긍정적으로 평가하였다.

그러나 이러한 말을 할 수 있었을 만큼 중국에서의 사상적 자유는 물론 극심한 반대를 받기는 하였으나, 관용되었다. 이는 획일적인 조선조의 사상풍토와 극명하게 대비되는 현상이다.

4) 공리주의 사상

당(唐) 후기에는 고문(古文) 운동을 통하여 유가(儒家)를 재해석하려는 움직임이 있었다.

그들 중 한편은 유가 본래의 진면목(眞面目)에는 '공리(功利)는 응당

유학에 내포되어야 할 의(義)'라 하여 경세치용에 그 뜻이 있음을 확인 하였고 다른 한편은 유가 자신의 형이상학(形而上學)의 체계를 세워 우주론을 확립하려 하였다.

이는 송(宋)대에 경제적 실리를 추구하는(求實) 신당파(新黨派)의 왕안석(王安石)과 이에 맞선 사마광을 중심으로 주로 리학을 추구하는 구당파(舊黨派)간의 대립으로 나타났고, 그 투쟁은 격렬하였다.

이지는 당·송 이래의 공리주의를 계승 발전시켜 '인(仁)을 실행하는 사람은 이(利)를 도모하지 않는다'는 도학가들을 비판하였다.

그는 공리를 추구하는 것은 인간의 공통된 욕망이며 공리를 추구하지 않으면서 '의(義)를 바로하고 도(道)를 밝히는 것'은 아무런 의미가 없다고 생각했다. 또한 성명(性命)이나 현학적(衒學的)인 것만을 논하고 백성들의 고통을 고려하지 않는 리학가(理學家)들의 의리관(義理觀)에 대해 '이재(理財)를 주장하지 않는 자는 절대로 천하를 다스릴 수 없다'고 말했다.

그리고 이러한 리학(理學)은 '무용(無用)한 유신(儒臣)과 위선(僞善)의 군자(君子)'만을 만들어 낸다고 공박하였다.

그는 '이 땅에 태어나면 반드시 살아가야 하는데 그러기 위해서는 식(食)이 필요하다. 또 반드시 자기를 지켜야 하는데 그러기 위해서는 병(兵)이 필요하다'고 하며 '농사에 힘쓰고 군비(軍備)를 강화하는 것을 결코 등한시해서는 안 된다'는 정치적 요구를 밝혔다.

그러나 그의 공리주의는 그 접근 계기(契機)에 있어 이전의 사유(思惟)와는 크게 달랐다.

당·송 이래의 공리주의는 민생(民生)문제에 초점을 맞추는 정치·경제적 의미와, 명분론을 배척(排斥)하고 대의(大義)에 따른 공적(公的) 당위로서 주장되어 왔었다.

그러나 그는 그러한 면 이외에 인간이 욕구를 추구하는 행위는 정당하다는 신념을 근거로 삼았고 그 욕구추구의 당연한 결과로서 공(功)과 이(利)를 내세운 것이다.

그는 '세상에 어찌 공과 이를 추구하지 않는 사람이 있단 말인가? 만약 무엇이 진정으로 자신에게 이득이 되어 자신의 공을 이룰 수 있다는 것을 알지 못한다면 의(義)를 바로하고 도(道)를 밝힐 필요가 어디에 있는가?'라고 하였다.

그가 공리주의를 주장하면서 당시의 도학자들을 비난하는 입장 역시 개인욕구에 근거하고 있다. 그는 '세상에 도학을 추구하지 않아도 영화와 부귀를 이루는 사람이 적지 않은데, 그렇다면 도학을 추구한 후에 부귀를 이루는 이유가 어디에 있는가? … 단지 학문과 재능이 없는 사람들은 만약 도학을 추구하지 않으면 평생 가나하고 비천하게 살게 된다. 부끄럽도다! 이것이 바로 반드시 도학을 추구해야 부귀를 이룰 수 있는 이유이다.'(『속분서』)

이지는 천리(天理)와 이욕(利慾)을 구분하지 않고 인간 생활에 필요한 욕구로서 의식(衣食)이 바로 인간 사회의 도리(道理)라 하였다. 그는 이러한 인간 본성 내지 본능에 대한 강한 긍정을 바탕으로 개성(個性)의 해방과 사상의 자유를 주장하는 개인주의 입장에 서있었다.

5) 무위(無爲)에 의한 정치

이지는 통치 원칙으로서 무위를 내세웠다. 그는 '최고의 도는 무위이고, 최고의 통치는 소리가 없으며, 최고의 가르침은 말이 없다'(『送大姚序』)고 말했다. 그는 유(儒)·불(佛)·도(道) 삼교에 두루 능통한, 학문에 매우 열성적인 인물로 무위(無爲)를 정치의 전면에 들어내었다.

그의 무위는 전통적으로 선진(先秦)시대나 진·한시대의 황노사상(黃老思想) 사상이 주장한 무위와는 그 성격이 다르다. 선진(先秦) 때 도가(道家)는 무위를 '성지(聖智)와 인의(仁義)를 버리고, 그리고 지식으로 나라를 다스리지 않는 것'을, 그리고 진한 시대에는 '백성들을 쉬게 하고, 부역(負役)과 형벌(刑罰)을 가볍게 해주는 정치'라 하였다.

이지의 무위는 원칙적으로 '인위적(人爲的)이 아닌 행위'를 의미한다.

심학에서는 원론적(原論的)으로 생래적, 자연적 성격인 양지(良知)에 따른 행위 즉 모든 것에 속셈을 두지 않고 비교계산이나 안배할 의도를 개입시키지 않으면, 그런 유위(有爲)는 무위와 같은 의미를 갖는다.

이러한 근거에서 그는 무위를 일차적으로 자연과 인간 본성에 어긋나지 않는 행위(行爲), 그리고 '사회적 요구에 부합하고 민생을 돕는 데 성과가 있는 행위'는 무위의 원칙에 맞는 것으로 보았다.

이는 그의 공리적 사고(思考)의 결과로, 행위의 근거를 '필요'라는 측면에서 이해하여 인간의 욕구를 적극적으로 긍정한 것이다

이지는 자신의 무위에 대한 설명으로 정치의 기원(起源)을 말하고 있다.

'인간이 처음 태어났을 때는 금수(禽獸)와 다를 바 없었다. … 백성들이 살기 위해서 먹고 또 자신을 보호할 필요가 있었으므로 군주는 아무 일도 하지 않을 수 없었다. 먹는 것을 해결해야 했으므로 정전제(井田制)를 만들었고, 자신들을 지키고 보호하기 위해 무기를 만들고 병사를 모집하게 되었다. 이러한 정치적 행위는 생존에 필요한 자연적 욕구와 모순되지 않는, 무위의 원칙에 부합한 것이다'

이 '자연적 욕구'는 극히 단순하여 누구에게나 분명한 것이다.

도가의 주장은 언제나 유가가 나타나 '제대로 살도록' 백성들을 교화시키기 위하여 인의예지(仁義禮智)를 내세우고, 복잡한 제도를 만들게 되어 이 '단순함'이 깨어져 혼란을 자초했다는 것이다.

유가의 인륜은 인간 도덕규범의 원리로서 인간관계 즉 사회성을 우선시한다.

이러한 인륜의 개념은 '도덕원리'의 이름으로 백성을 묶는, 정치적으로 전제정치의 가능성을 열어 놓고 있는 것이다.

이지의 무위는 일을 성사시키고 공을 세우려는 목적(功利主義), 그리고 통치권이나 사회윤리로부터 자유롭기를 희망한 것이다.

즉 무위정치의 원칙과 목적은 통치자가 일정하게 계획된 정치 즉 인위적인 행위로 백성들의 생활을 규제해서는 안 된다는 데 있다. 그

는 백성들이 자연에 따라 살게 놓아둔다면 그들은 서로 다르지만, 서로 방해하지 않으면서 자기들의 생활방식대로 잘 살아 갈 것이라 믿었다(無爲自然 和而不同).

결국 이지의 무위는 백성의 본성에 따른 욕구를 성사시키고 공(功)을 성취하는데 방해가 되는 정치적 행위나 인위적 규범들에 반대함을 의미하는 것으로, 자연과 본성에 따라 사상의 자유를 누리면서, 자신의 정당한 욕구를 성취시키며 살게 하는 것이 곧 무위정치의 이상(理想)이다.

제 3 절 조선 전기의 학문

1. 여말선초

1) 성리학의 도입

고려시대에는 전반적으로 불교와 유교가 적어도 정치적 차원에서는 경합관계를 유지하였다. 그리고 이 관계가 무너진 것은 성리학이 본격적으로 도입된 이후이다.

고려조에서의 성리학의 초두(初頭)는 주자학 이전의 북송 성리학으로 출발하였다.

최충(崔沖, 성제(惺齋), 984-1068)이 세운 최초의 사(私)학당인 구제학당(九齊學堂)의 '구제'라는 명칭은 『중용』, 『대학』, 『역경』에 나오는 용어들로 이미 이들 경서를 중히 여겼다는 증거이기도 하다.

그러나 본격적인 성리학의 도입은 충렬왕 때(13세기 후반)부터 안향(安珦)이 자신의 호(號)를 주희에 대한 존경의 뜻으로 회헌(晦軒, 주희는 회암(晦庵))이라 하며 성리학에 대한 주의를 환기하고, 백이정(白頤正)이 충선왕(忠宣王)을 따라 원도(元都)에 10여 년간 머물다 돌아오는 길에 성리학 관계 서적을 많이 구해오고, 권부(權溥) 등이 주희의 『사서집주』 등을 전파함은 물론, 과거(科擧)에서까지 그것을 채택케 됨으로, 성리학의 본격적인 도입이 활기를 띠게 되었다(윤사순, 『동양사상과 한국사상』).

안향의 문하생은 수백에 이르지만 그 중 성리학의 연구는 백이정이 손꼽히며, 백이정의 문인으로 그의 주자학을 전수받은 학자로는 이제현(李齊賢, 익제(益齊), 1287-1367). 박충좌(朴忠佐, 치암(耻庵), 1287-1349)가 가장 대표적이다.

이제현은 불교나 노장사상이 출세간이나 은둔의 성격을 갖고 있으며, 사장(詞章)은 한낱 외화적(外華的) 허식의 성격을 갖는데 비해 주자학은 오륜 내지 예(禮)사상에 의해 사회생활을 합리적으로 도모하는 성격을 가졌다는 점에서 실제적인 학문 즉 실학으로 이름하였다.

그의 학문적 자세는 특히 정이, 주자 등이 중요시하던 『역경(易經)』의 '경(敬)으로서 내심을 바르게 한다(敬以治內)'는 즉 경(敬)에 의한 수덕(修德)을 강조한다(『益齋亂藁』).

고려 말(末)인 이 시기에 정주학이 크게 흥성하게 된 것은 대학의 부흥책으로 성균관에서의 강의와 교수를 확충하였고 이에 따라 이색, 정몽주, 이숭인 등의 학자들이 정주의 성리학에 입각한 강의에 충실하고자한 노력의 결과이다.[11] 이때 이색과 정몽주 등이 성균관에서 주자의 『사서집주(四書集註)』를 처음으로 강의하였다.

2) 이색(李穡, 목은(牧隱), 1328-1396)

목은 이색은 여말(麗末)의 성리학계를 이끈 유학을 대표하는 학자로서 정몽주, 이숭인, 권근, 정도전 등 대부분의 유학자들이 그의 제자 또는 종유(從遊) 관계에 있었다. 특히 그는 '재상으로 성균관을 영도하면서 성리의 학설을 창명(倡明)하였고 부화(浮華)한 습속을 척결하였다.'(『포은집』)

그는 경학에 대한 이해를 통해 종래 문사(文辭)에 집착하던 사장학을 비판하고 유교이념의 개인적 사회적 실천을 강조하는 실천철학으로서의 유학을 모색하였다. 그는 기본적으로 정주학적 관점에서 경전을 대하였으나, 특히 『중용』과 『주역』에 더욱 관심을 집중하였고 따라서 그의 철학에서는 선진유학의 요소를 함께 볼 수 있다.

그는 우주 본체론에 대하여서는 기일원론(氣一元論)의 입장이었다. 사실 이것이 중국 전통철학의 기본적 사유형식이다. 따라서 그는 기

11) 공민왕은 개혁을 추진하는 과정에서 신진사류를 중용하였는데 특히 성균관을 중영(重營)하여 이들의 활동을 촉진하였다.

일원론자인 주염계의 『태극도설』에 따라 생성의 세계를 음양오행의 기론으로 해석하는 우주론을 펼친다.

그에 의하면 '천지는 본래 하나의 기이며, 산하와 초목도 본래 하나의 기이다.'(『목은문고』)

그는 천지만물을 형성하는 근원으로서 구체적 존재인 기(氣)를, 형체가 없이 단지 법칙에 불과한 리(理)보다 더욱 적극적으로 주목하였다. 따라서 그는 형체를 기능하게 하고 작동할 수 있는 것은 오직 기라하여 원기설(元氣說)에 입각한 기일원론을 제시한다.

'호연(浩然)한 기운은 천지의 시초이니 천지가 그것으로 자리를 잡으며, 만물의 근원이 되니 만물이 그것으로 발육된다. 이 기운은 함축(含蓄)하면 체(體)가 되고 발산하면 용(用)이 된다. 이 기운은 끝도 없고 틈도 없으며 후박(厚薄) 청탁(淸濁)과 이적(夷狄) 중화(中華)의 구별이 없다'라 하여 맹자의 호연지기(浩然之氣)를 이어 받았다.

더 나아가 그는 기를 만물의 생성뿐 아니라 인간의 윤리와 제도, 세상의 치란(治亂) 등을 결정짓는 보편적 존재로 보았다. 즉 '도가 태허에 있을 때는 본래 형체가 없으며, 형체가 되게 할 수 있는 것은 오직 기가 그렇게 하기 때문이다. … 질서정연하게 군신. 부자의 윤리가 되고, 찬연히 예악형정(禮樂刑政)의 기구가 된다'라 하였다.

그러나 그는 리(理)에 대해서는 주자의 이론을 수용한 면이 있다.

'리는 형체가 없으나 만물에 깃들어 있으니 만물의 형상이 곧 리의 나타남이다'라 하거나 '하나의 리(一理)가 있으면 법칙이 있으니, 한 가지 일이라도 인(仁)이 아닌 것이 없다'라 하여 리를 만물 만사에 내재하는 보편적 법칙으로 이해하고 있다.

또한 '천은 리(理)이다. … 사람과 사물을 가리켜 사람·사물이라 이름하는 것은 자취이다. 그 근거(所以然)를 찾아 가려 살펴보면 사람에 있는 것은 성(性)이요 사물에 있는 것도 성이다. 동일한 성이니 동일한 천이다'라 하여 만물과 인간의 근원으로서, 그리고 천과 동일한 의미로서의 리(理)를 주장한다.

그는 '하늘과 사람은 간격이 없어서 감응(感應)이 어그러지지 않는다. 그러므로 윤리가 펼쳐지고 정교(政敎)가 밝으면 해와 달이 궤도에 순행하고 바람과 비가 때에 맞으며 … 세상이 잘 다스려지고 어지러움의 형상은 바람과 달에서 찾아보면 충분할 것이다'라 하였다.

이렇게 하여 그는 신유가에서 천리(天理)가 객관적으로 존재하여 인간이 그에 따라야 한다는 일방성과는 달리 천인관계의 쌍방성을 강하게 나타내고 있다.

그에게는 선진유학와 신유학이 혼재하고 있다. 뿐만 아니라 그는 마음을 중시하여 불가(佛家)와의 친근성을 다음과 같은 글에서 표명하고 있다. '우리 유가가 격물·치지·성의·정심으로써 제가·치국·평천하를 이룩하는 것과, 불교에서 마음을 맑게 하고 고요히 살핌으로서 본원의 자성(自性)의 천진함을 보아서 사람을 생사의 거친 파도 속에서 건져 적멸(寂滅)로 돌아가게 하는 것이 무엇이 다르겠는가?' 사실 그는 『대학』의 정(靜), 정(定) 및 『중용』의 계(戒), 구(懼)를 불교에서 말하는 적(寂)의 개념과 같은 것으로 이해하였고, 동시에 적(寂)을 근본으로, 경(敬)을 수양의 방법으로 파악하는 특징을 보인다.

그는 '천하의 큼은 성인의 교화와 더불어 무궁한 것이지만 이는 오히려 외형일 뿐이요, 한 몸의 작음이 천하의 큼과 더불어 같다는 것은 내면을 말한다. … 내면으로부터 보면 힘줄과 뼈는 묶였고 정(情)과 성(性)은 미미하지만, 마음은 그 가운데 있어서 우주를 포괄하고 사물을 수작(酬酌)하여, 이는 위력으로도 빼앗을 수 없고 지혜로도 막을 수 없다'라 하였다.

이는 마음의 영명성에 대한 자각을 통해 인간 존재의 위대함을 깨닫고, 이를 바탕으로 도(道)를 얻고 만물과 하나가 될 수 있다는 믿음의 표현이다(금장태, 『조선 전기의 유학사상』). 다시 말해 마음의 영명성(靈明性)을 근거로 하나의 인간을 우주와 맞먹는 가치를 갖는 위대한 존재로 인식한 것으로 주자의 성즉리(性則理)와는 견해차를 보인다.

오히려 그는 '만물과 내가 둘이 아니다. … 지극한 리(理)가 그 사이에 있는 것은 마음일 뿐이다. 마음은 지극한 도가 있는 곳이다'라 하였고 이는 심즉리(心則理)를 주장한 왕양명의 뜻은 그대로 표현한 것이다.

목은의 성리학은 기본적으로 정주에 따르면서도 리기론(理氣論)에서는 기일원론적 경향과 심성론(心性論)에서의 심의 주재성과 영명성(靈明性)을 강조하여 심을 리보다 중시하는 등 자신의 자유로운 해석도 전개하였다.

이처럼 그는 고려조(高麗朝)의 유·불(儒·佛)이 공존하는 문화의 다양성, 그리고 양명학을 인정하는 개방성을 유지하는 모습을 보였다. 그러나 목은은 성리학자로서 유교이념의 사회적 실현을 위해 강상(綱常)의 확립과 백성의 교화라는 두 핵심적 이념을 위해 이론적으로는 명분론(名分論)을, 그리고 실천면에서는 예의(禮儀)와 제도, 양 측면에 대한 정비를 시급한 문제로 생각하였다. 다시 말하면 명분론으로 사회적 관계 속에서 행동규범을 규정하는 예(禮)를 세우고, 그 구현을 위해 제도론을 제시하였다.

그는 예(禮)의 꾸밈으로의 문(文)과 바탕인 질(質)이라는 두 요건 중 '질박(質朴)함의 도(道)는 천하의 근본이다. 예의 삼백과 위의(威儀) 삼천의 아름답고 큼도 모두가 여기서 비롯된 것이다'(『목은문고(牧隱文藁』)라 하여 질을 보다 중히 여겼다. 이때 그가 생각하는 예의 양면 중 질박함 즉 근본정신은 경(敬)이며 이는 도를 배우는 사람에 성의(誠意), 정심(正心)의 근원이고 치국·평천하의 마음도 여기서 비롯된다.

권근에 의하면 정몽주가 종유(從遊)한 이색이 당시 유종(儒宗)의 위치에 있었고, 더 위로는 이제현(1287-1367)이 그 자리에 있었다고 하여 그의 위상을 높게 평가하였다.

3) 정몽주(鄭夢周, 포은(圃隱), 1337-1392)와 정도전(鄭道傳, 삼봉(三峰), 1342-1398)

① 정치적 상황과 평가

태종 방원은 조선의 건국을 위해서는 정몽주를 척살했고, 자신의 왕권을 위해서는 정도전을 제거하였다. 그리고 이 두 걸출한 인물들의 죽음은 후세에 극명하게 그 명암이 갈리었다.

포은이 조선 성리학의 조종(祖宗)으로 최고의 영예를 누리게 된 반면 삼봉은 기피(忌避)의 대상으로 조선조 말까지 잊히어진 상태로 남아 있었다.[12] 그러나 이러한 결과는 그 두 인물 자신들에 원인이 있었다기보다는 조선 정치, 학문사회의 성격이 만들어 낸 결과로 조선사회의 특성 자체이다. 역사는 역사자체가 아니라 역사해석이고, 역사해석은 그 해석자 자신의 본질을 들어내는 행위인 것이다.

당시의 현실적 정치경제 상황에 대한 객관적 판단은 고려조의 명맥은 누대(累代)에 거친 실정(失政)으로 이미 다시 붙들어 일으킬 수 없을 정도로 악화되어 새로운 왕조의 창립이라는 근본적 처방이 아니고는 사회의 구조적 모순을 척결할 수 없었다. 따라서 새 왕조의 창업은 공의(公義)라 할 수 있다.

맹자는 폭군방벌을 주장하였고, 주자 역시 찬탈에 대해 아랫사람이 탕무(湯武)와 같은 인의를 지니고 있고, 윗사람이 걸주와 같이 포악할 때 방벌(放伐)을 인정(맹자, 『주자주』)하여 사회적 공리(公利)를 이루고자 하였다. 이들의 관점은 한 군왕의 실정(失政)에 대한 개인적 도의적 책임에 두고 있지만, 고려조의 경우는 한 군왕이 아니라 누대(累代)에 걸친 실정(失政)이었으며, 이렇게 누적된 정치사회의 전반적인 문제들 특

---

12) 정도전은 1865년(고종 2년)에 대원군에 의해 한양을 설계한 공로를 인정받아 복권되었다. 조선 사대부들에 의해 철저하게 무시되어 온 삼봉의 복권에는 대원군의 통치철학, 사대부들의 공소(空疎)한 명분론에 대한 혐오, 그리고 이항로 등 유림의 모화사상에 대한 거부감 등이 복합되어 있었다고 해석할 수 있다.

히 민생의 파탄(破綻)은 이미 회복하기 어려운 상황에 이르렀었다.

사실 군왕 개인의 도의적 문제보다는, 누대에 걸쳐 쌓인 민생의 위기를 도탄(塗炭)으로부터 구출하려는 창업(創業)이 현실적으로 보다 중요하고 정당한 정치행위로 공자는 가난을 면케 하는 일은 인(仁)을 넘어 성(聖)이라고까지 하였다.

민생을 위한 공의의 실천을 두고 강상의리론(綱常義理論)과 사공권변론(事功權變論)으로 분별하여 포은의 의리사상을 종본(從本) 즉 치도(治道)의 근본, 삼봉의 창업을 종사(從事) 즉 권변으로 해석한 것은 명분론으로 일관하며, 일체의 정치개혁을 거부해 온 조선 성리학자들의 편견이라 할 수 있다.

정도전에 대한 기피·외면이 조선조를 일관하였다는 것은 곧 조선의 정치사회가 시종 명분론에 따른 이상주의를 위해 현실 정치적 과제를 경시(輕視)한 것과 같은 맥락에 따른 것이었다.

② 초기 성리학

려말 선초의 성리학을 수용, 성장하는 과정에서는 성리학의 교리(敎理) 측면을 우선시하는 입장과 수양론을 기초로, 도덕적 행위를 존중하려는 방법론상의 차이를 볼 수 있다. 정도전, 권근이 전자라 한다면 정몽주 길재 등은 후자로서 이들이 조광조까지 이어진 소위 정통사림이다.

조선 초기 성리학이 발전되어 학문적으로 완성되는 단계에 이르면 이 두 경향은 그 장점들이 취합되어 수양론에 기초한 인격의 계발(啓發)과 확보 위에 성리학의 교리를 탐구하였다. 바꿔 말해 조광조 계열의 명분인 절의(節義)를 우선적인 전제로 인정하며 그들의 학문적 취약점을 보완하는 형식으로 성리학이 완성되어갔다.

이 과정에서 조선 성리학은 인성론을 중심으로 하는 특색을 보이면서 도덕적 결함이 있다고 지적되어 온 정도전은 정치실제에서 실각된 이후 학문상으로도 도태되었다.

조선조에 있어서 선초(鮮初)의 정몽주－길재－김숙자－김종직－김굉필－조광조로 이어지는 성리학의 학통이 뚜렷이 제기된 시기는 조광조의 학덕을 기리는 과정에서 이었다.

도통론은 절의 강상을 표준으로 명분론을 내세우는 사림(士林)들이, 훈공 실리를 추구하는 현실주의자들인 훈구파(勳舊派)에 대항하여 자신들의 입지를 강화하려는 목적에서 이루어졌다. 이 과정 그리고 이후, 포은의 학문은 조종(祖宗)에 대한 존숭의 념(念)에서 '실로 동방의 시조'라고 추앙되었다.

반대로 그의 정적(政敵)이었던 정도전은 정몽주의 가장 먼저 꼽히는 적대적 관계에 서있어 사대부들에게는 끝내 외면당하였다. 그의 복권 역시 사대부가 아닌 대원군에 의해 시행되었다.

퇴계는 강상정신을 존숭함으로서 포은의 위상을 확고히 하려 하였고, 우암은 '선생은 하늘이 우리나라를 위해 태어나시게 한 분'이라 하였다. 그러나 실제에는 그의 문하에서 훈구파의 학맥이 폭 넓게 이루어졌으며 사림파의 학맥은 길재로 이어지는 학통에서만 성립되었다(금장태, 전게서).

또한 정몽주 자신의 충절에 대하여도 조식(曹植, 南冥, 1501-1572)은 포은의 출처(出處)에 대해 '우왕과 창왕이 왕(王)씨 인지는 변설을 필요로 하지 않는 것이지만, 그때로 말하면 신돈(辛旽)이 조정을 더럽히고 어지럽히며 최영이 상국을 침범하는 등, 군자라면 벼슬살이를 하지 않을 때인데도 도리어 떠나지 아니하였으니, 이는 매우 의심스러운 것이다(『南冥別集』)'고 하였다.

인조 때의 장유(張維, 谿谷, 1587-1638)는 포은에 대해 '우왕과 창왕이 폐위 또는 죽음을 당할 때는 능히 절의를 수립하지 못하고 구공신(九功臣)의 대열에 끼기까지 하였으니 이것이 첫째로 의심스러운 것이다'라 하였다(『계곡집』).

또한 한강(寒岡) 정구(鄭구)는 퇴계에게 '신우(辛禑) 부자를 섬겼으니 그들을 왕씨 출생으로 본 것인데 훗날 추방하는데 참예한 것은 무슨 이유입니까? 왕씨에게 출생한 것이 아니라면 이미 나라가 망한 것과 같으며 그런데도 그는 아무렇지도 않게 종사하며 그 녹을 먹었습니다. 이와 같이 하다가 뒤에는 다른 임금을 위하여 죽었으니, 저로서는 깊이 깨닫지 못하는 바가 있읍니다'(『퇴계전서』)라 물었고, 이에 대해 퇴계는 다만 '의론(議論)을 좋아하고 헐뜯기로 매양 귀를 막고…'라 일축하였다.

③ 정몽주

포은 정몽주는 려말 고려 사회의 새로운 틀을 교육에 두고 안으로는 오부학당(五部學堂)을 세우고 밖으로는 향교를 세워서 유술(儒術)을 일으켰다(『고려사』). 또한 주자의 '문공가례(文公家禮)'를 도입하여 재래의 불교적 관호제(官呼制)를 유교식으로 개혁함으로서 주자가례를 제도적으로 정착시키는 전기(轉機)를 마련하는데 공헌하였다.

이러한 포은은 죽음으로 불사이군(不事二君)의 절의(節義)를 지켜 성리학이 지향하는 의리실천의 정신을 구현함으로서 조선에 성리학을 착근(着根)시켰다.

정몽주는 공민왕 때 서장관(書狀官)으로 명나라에 다녀 온 것을 비롯하여 우왕 때에도 한 차례 일본을 다녀 온 것을 포함하여 여섯 차례나 중국과 일본에 외교관으로 활약하여 국제 정세에 밝았다. 그가 친원파(親元派)에 의해 유배를 당하면서도 친명에 적극적이었던 것도 이러한 외교적 경륜(經綸)에 의한 상황판단에 근거한 것이었다.

그의 불사이군(不事二君)의 의리(義理)를 목숨 바쳐 지켰던 실천정신은 조선조에서 의리실천의 두드러진 법형(範形)이 되었고, 이 정신이 후학들에 의해 출생 시기에 있어서나 학문상으로 그보다 앞선 이제현(李齊賢, 1287-1367)이나 이색(李穡, 1328-1396)을 제외하고 그를 성리학의 제1조(祖)로 삼은 이유가 되었다.

정몽주에게는 학문적 업적이 별로 없다. 저술로 보면 그는 정도전이나 권근에 비교가 안 될 정도이다. 율곡은 이런 정몽주에 대해 '정

포은은 리학의 조(朝)라고 부르지만 내가 보기에는 사직을 안전케 하려는 신하요 진유(眞儒)는 아니라고 생각된다'(『율곡전서』)고 평하였다.

이색이 정몽주를 가리켜 '동방이학지조(東方理學之祖)'라고 한 것은 단지 '정몽주가 성균관에서 행하던 『사서집주』의 강의가 중국 호병문(胡炳文)의 『사서통』의 내용과 일치한다'는 점에서 일 뿐이다(정몽주, 『고려사 열전』).[13]

이을호 교수는 '포은은 성리학자라기 보다는 정치도의의 구현자요 실천윤리의 궁행자로 보아야 한다. 고려시대의 성리학 발전은 삼봉과 양촌에 의해 이루어졌다고 보았다.

포은 역시 배불(排佛)을 주장했으나 목은이 주로 당시 불교계가 빚던 현실적 폐단에서 배불(排佛)의 논거를 두었다면 그는 불교사상 자체가 가지고 있던 비현실적인 면에서 그 근거를 찾았다.

그는 '인간사 크고 작은 만(万)갈래로 갈라져도 모두 나름의 찬연한 이치가 있어 처하는 곳마다 극진히 하면 종국에는 물아(物我)의 구별이 없어지게 되는 것이 유가의 진리인데, 불교는 이와 달리 공(空)을 걸어 놓고 묘지(妙旨)를 이야기하며 일체를 환망(幻妄)으로 돌려 군신과 부자의 인륜이 사라져 버렸다'(『포은집』)고 비판하였다.

1389년(공양왕 2년) 왕방(王昉)·조반(趙胖) 등이 명(明)에 다녀오면서, 이초(李初)·윤이(尹彝) 등이 공양왕의 왕통을 부인하고 이성계의 강권을 규탄하는 글을 명황제에 상서한 사실을 알림으로서 이와 관련된 이색, 우현보(禹玄寶) 등이 축출당하였다.

그리고 이색을 대신해서 정사를 담당하게 된 포은은 급진적인 혁명세력을 억제하면서 다양한 문화개혁을 통해 고려조를 유지하려 하였다.

---

13) 정몽주는 그의 총체적 성리설이 거의 전하지 않기 때문에 성리학의 인식수준이 본격적 수준에 오른 16세기에 오면 동방 리학의 시조를 퇴계는 이언적으로 보고 율곡은 조광조로 보는 변화가 나타나고 있다(금장태, 『조선 전기의 유학사상』).

④ 정도전(鄭道傳, 삼봉(三峰), 1337-1398)

- 정도전의 사상은 그 횡적인 측면에서의 넓이와 질적인 면에서의 깊이에 있어서 그리고 그 사상이 당시 사회에 미친 영향력에 있어서 당시 사상계의 일인자라고 하기에 부족함이 없었다(한영우). -

i) 성리론

정도전에 따르면 '인간과 사물이 생겨나고 생겨나되 무궁한 것은 곧 천지의 변화가 운행을 그치지 않기 때문이다. 원래 태극에는 동정이 있어 음양이 생겨나고, 음양에는 변합이 있어 오행이 갖추어 진다'고 하여 주염계의 '태극도설'을 받아 들였다.

그는 리기에 대하여 '대개 성이라는 것은 인간이 하늘에서 얻어 태어난 리이고, 작용이라는 것은 기이다. 기가 응취한 것은 형질이 되고 신기(神氣)가 되니 마음이 정상(精爽)함이나 이목(耳目)의 총명함이나 손의 잡음과 발의 달림 같은 지각이나 운동은 모두가 기이다. 그러므로 형(形)이 이미 생기면 신(神)이 지(知)를 발한다. 사람에게 이미 형기가 있으면 리가 그 형기 가운데 갖추어 진다. 마음에 있어서는 인의예지의 성(性)과 측은, 수오, 사양, 시비의 정(情)이 되고, … 무릇 당연한 법칙이 되어 바꿀 수 없는 것이니 이것이 바로 리이다.'(『삼봉집』)

또한 '심은 사람이 하늘에서 얻어서 태어나는 기(氣)요 성(性)은 사람이 하늘에서 얻어서 태어나는 리'라 규정하여 성리-심기설의 입장에 서있다.

그는 리의 우월성 내지 근원성을 심·기(心氣)의 관계와 함께 다음과 같이 풀이한다.

'심이란 리기의 합으로서 일신 신명의 합이다. 주자가 말한 허령불매(虛靈不昧)로서, 중리(衆理)를 갖추어 만사에 응하는 것이다. 내 생각으로는 허하기 때문에 중리를 갖추고, 령하기 때문에 만사에 응한다.'

또한 기란 천의 경우 음양오행으로서 만물을 화생케 하고, 인간의 경우에는 그것을 얻어 생(生)하게 되는 것이다. 그러나 기는 형이하(形

而下)이니 반드시 형이상의 리가 있은 뒤에야 있게 되는 것이다.

이러한 리란 심이 품득한 덕이며, 기가 있게 되는 바(所由生) 그것이다(『심기리편』). 그는 기는 소장(消長), 변화의 성질을 가졌으므로 그 기에 의한 현상은 일시적이고, 리만이 그 상도(常道)를 얻고 지킬 수 있다는 것이다.

그러나 삼봉은 리의 능동성을 부인하고, 기의 능동을 현실적으로 인정하고 있다 즉 기는 유지유위(有知有爲)하고 리는 무지무위하기 때문에 기로서 순수지선한 리를 들어 낼 수 있지만 리는 기가 하는 바를 검속할 수 없다는 생각이다.

정도전의 철학에서는 주자학에 따라 불교를 철저히 배격하고 비판하였으나 마음의 수양에 관한 이론은 찾기 어렵다(이상호, 『논쟁으로 보는 학국철학』, 이하 『논쟁』). 그것은 행동을 통한 실천을 앞세우는 혁명가로서는 당연한 것이기도 하다.

ii) 정치철학

정도전은 조선왕조를 수립하는 혁명의 중심에서 병권을 장악하고 제도개혁을 지휘하여 신왕조의 안정 기반을 확보하였다. 그는 국가의 기틀을 마련한 『조선경국전』의 총론에 해당하는 '정보위(正寶位)'에서 그가 생각하는 국가 최고의 경세철학을 들어내고 있다.

그의 정치철학은 '주례(周禮)'[14]의 첫 머리에 나오는 다음 구절에 크게 영향 받았다.

'대저 왕이 나라를 세움에, 그 방향을 변별하고 모든 위치를 바르게 해야 한다. 그 나라의 국토를 체계화하여 성내와 교외의 경역을 잘 분획해야 한다. 그리고 관료를 설치하고 그 직책을 효율적으로 분담시켜 민극(民極)을 확립해야 한다. 이에 천관총재(天官冢宰)를 세워 모

14) 본명은 주관(周官)으로 한나라(前漢)이 멸망하던 해 (A.D. 8)에 주례로 개명. 주관은 주나라의 관료제도를 의미하지만 실제로는 이상적 국가 관료체제를 가리킨다. 신왕조를 개창한 왕망(王莽 B.C. 45-A.D. 23)이 시작하여 그의 국사(國師) 유흠에 의해 완성되었다(김용옥, 『정도전의 건국철학』).

든 관료를 그에게 속하게 하여 통솔케 하고, 그 나라의 다스림을 관장케 한다. 그리하여 왕을 보좌케 하고 나라를 균등하게 한다.'

그는 이러한 '주례'의 지침에 따라 한양(漢陽)에 도성을 만들고, 관직을 설정하고 민의 합리적 질서(民極)을 확립하였다. 그러나 그의 정치제도론은 나라를 실제로 장악하여 다스리는 것은 왕이 아니라 재상의 몫이라는 생각에서 왕권을 제약하는 재상제도를 확립하려 하였다.

정도전의 정치목표는 인정론(仁政論)에 있었고, 그 근거를 『주역』의 '천지의 큰 덕은 생(生)이고 성인의 큰 보배는 위(位)다. 무엇으로 그 위를 지킬 것인가? 인(仁)이다. 무엇으로 백성을 모을 것인가 재(財)이다(天地之大德曰生 聖人之大寶曰位 何以守位曰仁 何以聚人曰財)'라는 네 구절에 두고 있다.

그는 '정보위(正寶位)'의 첫머리에서 윗글의 '성인'과 '천지'의 위치를 바꾸고 '취인(聚人)' 부분을 생략한 채 그대로 인용하여 '성인(군왕)의 큰 보배인 위(位), 천지의 덕인 생생(生生), 그리고 백성에 대해 베풀어야 할 인(仁)'을 정치의 기본 틀로 선언하고 있다. 여기서 그가 '취인'을 생략한 것은 나라를 새로 세우는 것이 아니라 고려조를 인수하기 때문이었다.

임금은 오로지 천지(天地)의 자연과 사물을 낳고 키우는 마음(生物爲心)과 같은 자연스러운 마음으로 정치를 행하여 천하 사경(四境)의 사람들을 모두 기쁘게 해야 하며, 그렇게 할 수 있는 궁극적 근거가 곧 인(仁)이라는 것이다. 그렇게 하여 임금은 그 보위(寶位)를 지킬 수 있을 뿐 아니라 편안한 부유함과 고귀한 번영의 즐거움을 오래 누리게 될 것이라 하였다

공자는 인(仁)을 도덕의 본(本)으로 하고 정명(正名)사상으로 위(位)의 중요성을 강조한바 있다. 사실 유가 정치란 치자(治者)의 위(位)와 피치자에 대한 인(仁)을 조화시키는 인본주의에 다름 아니다.

그리고 정치적 상황의 외연(外延)을 구성하는 천지의 덕(德)에 대해

'대개 일원의 기(氣)가 끊임없이 주류(周流)함에 만물의 생성은 모두 이 기를 받은 것이니 크거나 작거나 높거나 낮아서 저마다의 형태와 본성을 지니게 된 것이라' 설명하고 있다(김용옥, 『정도전의 건국철학』).

주자는 천지의 대덕을 천지이생물위심(天地以生物爲心)이라 하여 '생물위심'이 곧 이 덕이라 하였다. 유학의 근원에는 천지의 생물위심(生物爲心)에 대한 신뢰·믿음이 있었고, 이 큰 마음을 본받은 인간의 덕이 삼재(三才)사상과 결합하여 인문주의로 나갈 토대를 마련한 것이다.

삼봉이 생각한 민본사상은 '국가, 군주, 인민간의 관계를 임금은 나라에 의존하고 나라는 백성에 의존하므로 백성은 곧 나라의 근본이며 임금의 하늘이다'라는 이해와 또한 『서경(書經)』의 '백성은 나라의 근본이다. 근본이 튼튼해야 나라가 편안하다'에 근거하였으며 따라서 먼저 백성을 보호하는 일을 급선무로 삼아야 한다고 생각하였다.

삼봉이 백성을 바라보는 관점은 '인군의 지위는 한없이 높고 귀하지만, 천하는 넓고 만백성은 많기 그지없다. 단 한번이라도 그 백성의 마음을 잃는다면 크게 걱정할 일이 생기게 된다. 아래 뭇 백성은 지극히 약해 보이지만 힘으로 겁줄 수 없고, 지극히 어리석어 보이지만 어떤 지혜로도 속일 수도 없다. 그들의 마음을 얻으면 복종하지만 아니면 곧 이반(離叛)해 버린다. 그 떠나고 모이는 데는 터럭만큼의 머뭇거림(관용)도 없다'고 생각하였다. 여기서 인민의 마음을 얻는 유일한 길은 인정(仁政)에 있을 뿐이다.

즉 백성이 결코 약하지도 어리석지도 않다는 그들에 대한 경외심(敬畏心)을 들어 군왕이 인정을 베풀어야 할 필요 내지 타당성을 설명하였다. 이는 맹자의 '백성이 가장 귀하고, 사직이 그 다음이고, 군주는 가장 가벼운 것이다(民爲貴 社稷次之 君爲輕)'라는 말과 다르지 않다.

iii) 정치제도

정도전의 관심은 고려조에서는 제도개혁에, 그리고 새로운 왕조에서는 제도창설에 있었다.

그는 『조선경국전(朝鮮經國典)』, 『경제문감(經濟文鑑)』 등을 펴내어 국가 경영의 표준과 경제의 대강을 세워 조선조 문물제도의 기초를 제공하여 지배체제를 구축하였다.

정도전 이후 조선 역사에서 제도 개혁은 집권자에 의해 형식적으로 이루어지기는 했으나 생산력의 발전을 통해 민생을 안정시키겠다는 차원이 아니라 자신들의 기득권을 지속하려는 수준이었다. 사실상 율곡의 개혁론은 채택되지 못하였고, 그 뒤를 이은 유형원이나 이익 등의 의견 역시 묵살되었다.

그는 군주권을 지배질서의 항상적(恒常的) 유지를 위한 통일권력의 표상으로 상정하였을 뿐 실질적인 권력을 장악하는 정치운영의 구심체로서는 '재상(宰相)'을 설정하였다. 그리하여 그는 '현명한 재상을 얻으면 좋은 정치가, 아니면 어지러운 정치가 된다(相得其人則治 不得其人則亂)'라고 단언하였다(김준성, 전게서).

그는 군주제라는 정치체제를 군·신·민으로 구성되는 건축물과 같은 것으로 비유하였다.

그는 '집의 지붕은 비유하면 군주요, 들보와 마룻대는 재상이요, 주춧돌은 백성이다. 주춧돌은 마땅히 견고하고 두터워야 하며, 들보와 마룻대는 마땅히 안정되고 높아야 한다. 그런 뒤라야 지붕이 튼튼하게 될 것이다. 들보와 마룻대는 위로 지붕을 받들고 아래로 주춧돌에 의지하니 이는 마치 재상이 군을 받들고 백성을 다스리는 것과 같다(『삼봉집』)'고 하였다.

또한 대개 군주는 머리요, 재상은 군주를 위하여 가부를 결정하니 군주의 배와 마음이며, 대간(臺諫)과 감사(監司)는 군주를 위하여 규찰하니 군주의 귀와 눈이다.

결국 그는 군주의 전단(專斷)을 견제할 대간(臺諫), 경연(經筵) 등 제도적 장치를 제안하였고, 이것이 조선정치에서 주도권이 군주 한 사람에 집중되지 못하고 사대부들과 공유하게 되는 원인과 근거가 되었다.

그러나 삼봉은 법의 창제 못지않게 현실정치에서 변법의 중요성을 강조했다.

의제(儀制)는 등위를 밝히고 상하를 분별하기 위한 것이기 때문에 예의 대절(大節)이다. 그러나 인혁(因革-沿革 변천하여온 내력)과 손익은 또한 반드시 시대에 따라서 변함이 있는 것이다(『삼봉집』). 사회제도로서의 법제는 지속성을 요구하지만, 또한 변법을 통해야 지속할 수 있다는 것 역시 현실적 요구이다.

그리고 법제의 운용에 있어 그는 기본적으로는 덕치를 추구하지만 법령과 형벌에 더 비중을 두고 이를 엄격히 하고자 하였다. 그는 반드시 영(令)을 엄격히 하여 위엄을 보이고 형(刑)을 밝혀 이를 징계한 연후에야 민이 두려워 하는 데가 있어 화난(禍難)이 그칠 것이다. 물론 이는 비록 덕과 예로 다스리는 효과에 미치지 못하지만 성인도 역시 부득이 방비하기 위하여 하는 것이다(『삼봉집』).

iv) 경제문제

유가에서의 경제원리는 한 마디로 도덕경제이다. 경제사회적 관점에서 보면 경제활동이 가족관계 중심이고, 사회제도 역시 윤리적 제약에 매인 상태에서 국가가 해야 할 일이란 내면적, 윤리적 차원에 머물러 부(富)에 대한 지나친 추구를 견제하고 균평(均平)을 유지하는 정도이다. 이러한 국가의 경제행위는 일차적으로 국왕을 위시한 정부 자체의 존립을 위한 목적에 한(限)한다.

조선 초기 국가경비는 전세(田稅)와 공부(貢賦)로 충당되었으며 따라서 국가의 경제행위의 중심은 전세와 부(賦)에 있었다. 이 중 그 재원의 원천은 6할이 공부로, 부(賦)란 군국(君國)의 수요를 총칭하는 말로 나라에서 쓸 때는 이를 전곡(錢穀)이라 하고 백성으로부터 수취하는 것을 말한다.

고려조에서 위화도 회군 이후 실시한 과전법은 수조지(受租地)의 재경리(再經理), 재분배라는 점에서는 지배층의 세력을 재편하는 커다란 개혁이었지만, 수조권(受租權)에 의한 토지의 점유 및 그 관계의 부정은 아니었다. 따라서 수조권(收租權-세금을 받을 권리) 그 자체나 수조권에 기반한 경제적 사회관계의 존속이라는 점에서 근본적인 개혁은 아니었다고 할 수 있다(최상용,『정치가 정도전』).

그 문제에 대해 정도전은 '옛날에는 토지를 관(官)에서 소유하여 백성에게 주었으니, 백성이 경작하는 토지는 모두 관에서 준 것이다. 천하의 백성으로서 토지를 받지 않거나, 경작하지 않은 사람이 없었다. 그러므로 백성은 빈부나 강약의 차이가 그다지 심하지 않았으며, 토지에서의 소출이 모두 국가에 들어갔음으로 나라도 역시 부유하였다'고 하여 삼대의 정전제를 희망하였다.

정도전의 토지정책에 대한 원론적 구상은 '대개 경내의 토지를 모두 몰수하여 국가에 귀속시키고, 사람의 수(數)를 헤아려 토지를 나눠준다(蓋欲盡取境內之田 屬之公家 計民授田)'는 것이었다.

그가 사전(私田)을 모두 국가에 속하게 하려는 의도는 그렇게 함으로서 '국용(國用)을 후하게 하고 병식(兵食)을 족하게 하며 사대부들에게 녹(祿)을 주고 군역(軍役)에 공급함으로서 상하로 하여금 궤핍(匱乏)의 근심이 없게 하려는 것'이었다. 그러나 그것은 다수의 공신을 포함한 관인층(官人層)이라는 기득권을 보유한 세력의 지지를 얻기는 어려웠다. 사실 그의 구상은 개혁파 내부에서 조차 동의를 얻는데 실패한 것 같다.

v) 벽불론(闢佛論)

고려 말 이후의 불교에 대한 비판은 성리학의 태생적(胎生的) 성격과 시대상황의 요구가 맞물리어 성리학자이면 누구나 이에 동조, 선도하였으나 그 비판관점에서는 차이가 있었다.

목은이 불교교단의 타락을 비판한데서 시작하여 포은은 유교적 진리관에 근거하여 불교 교리의 근본개념을 비판하는 단계로 심화시켰으며 나아가 그를 종유(從遊)하던 정도전은 체계적이고 적극적인 비판을 하였다(금장태, 전게서).

정도전은 『불씨잡변(佛氏雜辯)』을 엮어 주자학의 입장에서 본격적인 배불론(排佛論)을 전개하여 불교 및 도교를 억압하고 주자학으로써 문교(文敎)를 통일하고자 하였다. 이리하여 그는 '벽불론'으로서 조선왕조의 건국이념의 하나인 숭유배불정책의 사상적 근거를 마련하였다.

그의 불교에 대한 비판은 우주론, 심성론, 윤리성, 비합리적 신앙인 기복(祈福)문제 등 다양한 관점에서 이루어졌다.

그는 『불씨잡변』 첫머리를 불교의 기본교리인 윤회설과 인과론에 대한 비판으로 시작하였다. 그는 불교의 윤회설에 대해서는 '인간이나 사물의 개체가 생성·소멸하는 것은 기의 취산(聚散)이라 공박하였으며, '인과응보(因果應報)'에 대해서는 '보(報)'는 도덕적 주체인 인간의 기질이나 사회현실에서의 객관적 조건에 의한 결과라고 비판하였다.

그는 '불교의 해독이 윤리를 허물어 버려서 반드시 짐승을 몰아다 인류를 소멸하는데 이르게 할 것이다'(권근, 『불씨잡변서』)라 하였고, 그것은 근원적으로는 불교의 유심론에 따른 현상세계에 대한 해석을 거부하는 것이었다.

권근은 정도전의 『심기리편(心氣理篇)』의 주지(主旨)를 '유(儒)는 리에 주(主)하여 심과 기를 다스린다. 그 하나에 근본하여 둘을 기른다. 그러나 노(老)는 기에 주하여 양생(養生)으로 도를 삼고, 석(釋)은 심에 주하여 부동(不動)으로 종(宗)을 삼으니 각기 그 하나를 지키기는 하지만 둘을 버린다'고 하여 유학의 우월성을 주장하였다고 본다.

그의 벽불론은 인간관계의 일상성과 현실성을 중요시하는 실천철학의 입장에서 성리설을 동원하여 유교의 도덕규범을 강조하고, 불교사상을 불필요한 것으로 간주·증명하는데 목적이 있었다. 왜냐하면 그의 배불의 가장 큰 이유는 정치가의 관점에서 불교의 교리가 멸륜해국(滅倫害國)의 성격을 갖고 있다고 판단하였기 때문이었다.

한편 그는 정치적으로는 척불운동을 통해서 개혁세력 내부의 주도권을 장악하고 조준에 비해 우위를 점함으로서 조선 건국과 건국 후 국가체제의 정비에서 핵심적인 역할을 담당하게 되었다.

불교는 현실적으로 고려 말에 행해진 전제개혁에 의해 사원(寺院)이 큰 타격을 받은데 이어 건국 초에는 출가(出家)를 제한하는 도첩제(度牒制)의 실시를 포함한 불교의 억압정책이 연이어 시행되었다.

vi) 정도전의 실각

조선조 초기 대명외교에서의 '표전문제(表箋問題)'는 태조 2년(1393) 조선 사신이 가져간 문서에 사소한 내용과 표현을 문제 삼아 명(明)이 압박을 가해와 조선의 당국자를 곤혹스럽게 했던 사건이었고 그 압박의 대상이 정도전이었다. 이 문제에 대해 정도전을 중심으로 한 세력은 명을 상대로 요동공벌을 결의·준비하였다.

그리고 이러한 대응과정에서 병권의 집중이 요구되었고, 이것이 고려의 무신(武臣)의 난(亂) 이래 기정사실화된 사병을 혁파(私兵革罷)하는 문제와 연계되면서 건국 초기의 정국(政局)을 동요시켰다.

결국 태조 7년(1398) 8월, 왕조 교체로부터 만 6년이 지나, 새로운 왕조의 기반이 굳어져 갈 시점에 이방원은 정변(政變)을 일으켜 세자와 정도전 등을 제거하였고, 그 후 1400년 11월에 3대 태종으로 즉위하였다.

방원에 의한 '왕자의 난'을 계기로 정도전 세력에 대한 대규모 숙청이 있었고, 이는 종래 고려조에서 전제개혁 문제와 왕조교체를 위요한 강온(强穩)양론 중의 왕조 건립을 반대한 온건 개량론자들을 사면복권하는 조치로 이어졌다.[15] 그리고 이것이 조선 사회의 정치와 학문의 전도(前途), 방향에 끼친 영향은 심대한 것이었다.

결국 그의 현실주의 노선은 그에 대한 정치적 사면(赦免)이 조선조 말(末)에나, 그것도 사대부가 아닌 대원군에 의해 실현 가능하였을 만

---

15) 1401년 포은 사후 9년에 권근은 포은은 추증(追贈)하고 길재(吉再)는 마땅히 예로서 다시 불러 작명(爵名)을 더하여, 나라에서 절의를 포상함을 드러나게 해야 한다고 태종에게 건의, 포은을 '영의정부사(領議政府使)'에 추증하며, 문충(文忠)이라 증시(贈諡)하여 그 충절을 높이 선양하였다. 그러나 이러한 태종의 포은에 대한 추증은 정도전 일파와의 정쟁에서 승리한 후 '적의 적은 동지'라는 의식이 그 배려에 작용하였다고 볼 수 있다.

큼 조선유학을 주도한 학통으로부터 철저하게 배제되었던 것이다.

4) 권근(權近, 양촌(陽村), 1352-1409)

려말(麗末) 대학자인 삼은(三隱, 포은, 목은 야은)은 조선건국에 있어 서로 다른 입장을 보였다. 목은 이색은 조선조의 건국에 방관적이었고, 야은 길재(吉再)는 은둔하였으니 고려를 위한 충절의 면에서는 포은을 따를 수 없었다.

개국 초기 정치권력으로부터 소외되었던 세력이 정도전의 실각(失脚) 이후 사면·복권되면서 분열했던 려말의 신진 사대부층 내부의 정치적 타협이 성립되었고, 이색의 제자였던 권근은 이들이 다시 하나의 지배세력으로 재결집될 때 정가에 복귀하였다.

권근에 의해 주도된, 정몽주의 절의(節義)에 동조하는 이들은 려말(麗末)에 이미 사회경제적 현실에서는 온건개량과 보수의 노선으로 기울어 있었다. 사실 조선 초 보수적인 훈구파의 학맥은 포은의 문하에서 폭넓게 이루어 졌다고 한다. 따라서 사면에 의해 복귀한 이들은 정치로선에 있어서는 정도전이 주도하였던 진보·개혁을 주장하는 현실주의적인 세력과 제도운영과 윤리면에서 절충하였다.

학문상으로는 권근은 『입학도설(入學圖說)』을 펴내 조선 주자학의 사상적, 학문적 기초를 제공함으로서 주자학의 정착에 원류(原流)로서 역할하였다. 후에 이황의 '사단칠정론' 역시 그 근원은 이 책에 따른 것이다.

그는 『입학도설(入學圖說)』에서 '천(天)이란 일대(一大)이다. 일(一)이란 이치(理)로 말하면 대(對)가 없음이고 행으로 말하면 그침(息)이 없음이다. 그리고 대(大)란 체(體)로 말하면 밖(外)이 없음이고 화(化)로 말하면 다함(窮)이 없음이다. 이처럼 천이란 만화(萬化)의 근원이며 만수(萬殊)의 근본이다'라 하였다.

권근은 심(心)을 리기묘합(理氣妙合)으로 보았는데 이는 정도전의 심즉기(心卽氣)와 대조를 보인다. 그리고 이 차이는 곧 퇴계의 심합리기설과 율곡의 심즉기설로 다시 나타난다.

정도전과 율곡은 심을 지각과 행위가 있으나 성(性)은 그렇지 않으며, '기는 유위하나 리는 무위하다(氣有爲理無爲)'는 철학적 관점에서 동질성을 보여준다.

권근은 학자로서 뿐 아니라 경세(經世)의 치인(治人)으로서 남긴 업적이 크다. 그는 공맹 이래의 인정(仁政)·왕도정치의 요체(要諦)를 군왕의 정(正)과 선(善)에 의한 신민의 인도·감화로 보았다. 그는 군왕에게 정(正)은 곧 의(義), 선은 공(公)이고 구체적으로는 위민(爲民)임을 지적하며, '군신 등 지배층은 국민을 위하려는 목적에서 있게 된 것 이외의 것이 아니며 이 점을 항상 마음에 새겨두고 통치에 임해야 한다'고 주장했다.

2. 조선 초기 학자들 – 현실주의자들

1) 개 요

역사적 관점에서 보면 어느 왕조나 그 초기에는 강력한 정치적 추진력으로 활력이 팽창·확산되는 생동의 시기이며, 따라서 정적(靜的)인 관조(觀照)나 사변에 따르기보다 실천적인 행동규범이 지배적 행위지침인 현실주의를 나타낸다. 그리고 조선 초기 유교 역시 학문적 탐구보다는 실용적인 성격이 강하였다.

조선조 초기의 정도전이나 권근에 있어서는 성리학의 제 범주가 개별적인 이해에 머물러 이를 기조로 하는 세계관이 확립되지는 못하였다. 그러나 그들은 당시의 정치제도의 확고한 기반 확립이라는 시대적 요청에 따라 위계질서를 확립하고, 실천윤리로서의 통치규범에 대한 논의에 있어서는 보다 활발하였다.

성리학에서의 기본은 수기와 치인의 양면에 있다.

조선 초기 개국공신이 된 성리학자들이 정치의 중심세력으로 등장하여 건국의 기초를 정립하면서 당연히 이들의 주된 관심의 대상은 치인(治人)이었다. 그러나 그 이후 몇 차례의 정변에서 승리하여 정치를 주도하게 된 공신(功臣)들에 의해 수행된 '치인'에는 민생의 의미가 퇴색·경색(梗塞)되어 이들은 훈구파(勳舊派)라는 이름에 갇히게 되었다.

한편 수기(修己) 중심의 학풍은 당시 정치현실로부터 소외되어 있던 야인(野人)들 즉 불사이군(不事二君)의 절의를 고수하면서 영남 선산에서 은둔생활을 하고 있던 길재(吉再, 야은(冶隱) 1353-1419)의 학통을 이어 받은 김종직(金宗直, 1431-1492) 등에 의해 수행되었다. 그들의 학문적 태도는 내면적 성찰에 의한 인의(仁義)와 소학(小學)과 근사록(近思錄) 중심의 예의범절(禮節)에 집중되었고 정치에서는 명분론(名分論)이 그 종지가 되었다.

2) **변계량**(卞季良, **춘형**(春亨), 1369-1430)

세종 초에 변계량은 대학자로 홍문관 대제학(大提學)과 성균관 대사성(大司成)을 겸임, 또 집현전(集賢殿) 학사를 지낸 그 시대의 대표적 학자였다.

그는 조선이 중국에 예속된 나라가 아님을 역설하며 우리나라는 단군이 시조요, 하늘로 부터 하강하셨으니 (중국의)천자가 분봉(分封)한 것이 아니다(변계량, 『춘형집(椿亨集)』). 그는 단군은 요(堯)임금과 같은 해에 출현하였으니 시원에서는 중국과 조선이 평등한 관계였다는 것이다.

한편 그는 정도전의 재상 중심의 정치에 반대하여 군주가 권력·재리(財利)를 직접 장악할 것을 요구하는 군권강화론(君權强化論)을 주장하였다.

그는 현실주의자로 '치도(治道)는 심(心)에 근본하고, 치법은 시(時)에 원인한다. 도가 심에 근본하지 않으면 출치(出治)의 원인이 될 수 없고, 법이 시에 원천하지 않으면 치치(致治)의 도구가 될 수 없다. 존엄(尊嚴)하여 치도가 나오고 순시(順時)하여 치법이 세워지니, 그 요령은 집중(執中)에 있고 집중의 요령은 정일(精一)에 있다(『춘형집』)고 하였다.

이러한 그의 정치사상은 변법(變法)의 가능성 이상의 필요성을 강조한 정치적 현실주의의 모습이다. 그는 도의 보편성과 법치(法治)의 가변성을 정확하게 분별하고 있었다. 그리고 법 적용에 있어 '순시(順時)' 즉 적당한 때(時)의 중요성에 대한 그의 강조는 현실이 항상 유동적이라는 사실을 충분히 이해한 결과로 현실주의의 특징적 관점이다. 시중지도(時中之道)는 율곡을 비롯한 모든 현실주의자들이 내세우는 요구로 후에 반계에게서도 그대로 재현되었다.

이상주의자(理想主義者)의 도(道)는 선험적이고 초월적이어서 시간과는 무관하지만 현실주의자들에게 도(道)는 항상 유동(流動)하는 현재 즉 시간과 공간이 만나는 지금, 이곳에 존재하고 또 찾아 져야 할 그 무엇이다. 이를 주자는 '도란 일용사물당행지리(道者 日用事物當行之理)(『중용』 제1장 '주희주')'라 하였다.

오늘은 옳지만 내일은 그를 수도, 이곳에서는 옳으나 저곳에서는 그를 수 있는 유동적인 현실에서 가장 중요한 것은 시중(時中)이다.

3) 김시습(金時習, 매월당(梅月堂), 1435-1493)과 서경덕(徐敬德, 화담(花潭), 1489-1546)

① 김시습

매월당(梅月堂) 김시습(金時習)은 조선 건국기 후반에 해당하는 15세기 말, 김종직과 같은 연배(年輩)로서, 그는 우주를 기의 이합집산에 따른 변화현상 즉 '만수지일본(万殊之一本)이요 일본지만수(一本之万殊)'으로 이해하였다.

그는 우주 만물의 본질과 현상에 대한 체계적 설명을 시도한 최초의 철학자로 볼 수 있고, 그의 기철학은 서화담과 근세 최한기로 이어지는 맥을 형성하였다.

그는 기철학을 바탕으로 한 중민론(重民論)을 펼쳤는데 이때 그 연결고리가 된 핵심개념은 『주역』의 '생생(生生)'으로 이는 생물에 대한 보호 그리고 사회사상으로는 민생(民生) 즉 일반 백성의 안정된 삶을 위한 애민·인정(仁政)으로 이어지는 의미를 갖고 있어 근본적으로 민본주의 입장이었다.

그는 근본사상을 유교에 두고 불교적 사색을 병행함으로서 주자학자들의 공통적 인식인 차별윤리(差別倫理)에 부정적이었으며 백성의 입장으로 식화(殖貨-재화를 늘리는 일)와 생재(生財) 및 절용(節用)의 개혁을 강조하였고, 진보적 변통관(變通觀)을 지녀 서경덕 및 율곡이 누구보다 존숭했던 인물이다(김만규, 『조선조 전기의 사화 반정과 정치사상의 수정』).

김시습은 주자학적 정치론에 회의하는 재야학자들이 등장하는 출발점이 되었다.

② 서경덕

조선 성리학 논의의 지평을 연 선구자는 화담 서경덕과 회재(晦齋) 이언적(李彦迪)으로 이들은 본격적으로 우주론적인 형이상학을 탐구, 이들의 리기론에 대한 주장은 각각 율곡과 퇴계에게 많은 영향을 주었다.

화담은 자연주의적 입장에서 장횡거의 기일원론(氣一元論)을 수용, 주기리수(主氣理隨)를 주장하였으며, 그는 '기(氣) 밖에 리(理)란 없고, 리란 기가 주재하는 것이다. 이때 주재(主宰)란 것은 밖에서 와서 이것을 주재하는 것이 아니고 기의 작용을 가리킨다'(『화담문집(花潭文集)』)고 하였다.

다시 말해 그는 인간을 포함한 천지만물은 담일청허(湛一淸虛)한 태허(太虛)의 작용에 의해 생성된다고 보았고 이때 음양(陰陽)의 움직임(動)은 그 자체의 기틀(機)에 의해 자연적으로 즉 태허의 자발적 전개에 따른다. 여기 '그 자체의 기틀(機)'이 곧 리이다.

그의 리기론에서의 리(理)는 그것을 단순히 기에 내재한 법칙으로 보아, 리를 기(氣)작용의 조리성(條理性) 내지 정합성(整合性)을 잃지 않게 해주는 것으로 한정한다. 따라서 그는 리의 능동성을 철저히 부정한다.

그는 원기(元氣)의 생생불식(生生不息)을 주장하는 주역에 따라 '사람이 죽는 것은 육체와 영혼이 흩어지는 것이다. 그러나 담일청허하게 모이는 것은 끝내 흩어지지 않는다. 태허담일 가운데로 흩어지니 동일한 것이다(『화담집』)'하여 죽음이란 개물(個物)에 해당하며 기(氣)의 본체는 소멸하지 않는다고 보아 그 영원성을 주장하였다.

그러나 그의 청허지기(淸虛之氣)는 불가(佛家)에 가까운 개념으로, 그 자체로 이미 우주적 가치를 품고 있어, 일반은 체득하기 어려운 경지라고 스스로 말한다.

이는 서양철학의 관점에서는 실재론(實在論)[16]의 입장이라 하겠으나 이 실재는 감각적 경험으로는 파악할 수 없는, 그렇다고 합리주의적 실재와 같이 관념적 보편자로서의 실재도 아니다(유승국, 『율곡철학의 근본정신』). 이러한 '실재(實在)'에 대한 이해는 불가(佛家)에 따른 것으로 율곡은 언어문자로 배울 수 없는 경지라고 평하였다.

화담 역시 정치적으로는 사회경제적 현상에 깊은 관심을 가지고 백성의 의식주 문제에 큰 비중을 두었다. 그의 영향을 받은 학자들에는 토정(土亭) 이지함(李芝函)과 동강(東岡) 남언경(南彦經) 등이 있고, 사문난적(斯文亂賊)의 낙인을 받은 윤휴(尹鑴)도 화담의 학통을 이은 민순(閔純)의 제자 윤효전(尹孝全)의 아들이었다.

3. 조선 초기 학자들 – 사림(士林)의 등장, 도학자들

– 도학은 유학의 학통(學統)의식인 도통관(道統觀)을 근간으로 올바른 도리를 탐구하여 익히고 실천하는 정신을 강조하는 성리학의 다른 이름이다. –

1) 김종직(金宗直, 점필제(佔畢齋), 1431–1492)

건국으로부터 근 100년이 지난 성종조에 사림들은 신진 관인(官人)으로 중앙정계에 등장하여 사림파(士林派)로 불리었다. 사실 이 '지난

16) 유명론(唯名論)이 실재하는 것은 물(개체)이며 보편은 이름에 불가하다는 입장과는 정반대로 실재론(實在論)은 인식의 대상(對象)은 인식작용의 의식이나 주관에서 독립하여 존재한다고 한다. 즉 보편적 존재에 대해 긍정적이다.

100년'이라는 시간은 역사상 거의 모든 왕조에 나타나는 '건국 초기 정치경제적 안정과 번영에 주력하는 시기'에 해당한다. 그리고 이제 성리학도 실용적 단계를 벗어나 본격적으로 학문본연의 진리를 궁구하는 전환이 이루어지는 시기로 접어들게 되었다.

성종(成宗, 1470-1494)은 이제까지 정계에서 소외되었던 도덕적 수양이 갖추어진 지식인들을 왕에게 간언(諫言)하는 일과 사관(史官), 경연(經筵) 등의 업무에 등용하여 문치주의(文治主義)를 열었다.

이때 등장하는 인물이 정몽주와 길재, 등으로 이어지는 조선 성리학의 정통을 계승했다고 자부하는 김종직이었으며 그는 성종의 총애를 받아 자기의 문인들을 중앙 정계에 진출시켰고, 이들이 사림파(士林派)로 성장하는 계기가 되었다. 또한 그는 학문상으로는 많은 제자를 양성하여 이른바 영남학파(嶺南學派)를 형성, 그 종조(宗祖)가 되었다.

이들 사림은 자신들의 학문 실력을 배경으로 주로 삼사(三司)와 언론 관계에 종사하며 특히 격군론(格君論)으로 임금에 대한 스승역을 강조하였다.

조선 초기 사림학파 형성을 주도한 김종직과 그 문하에서는 절의나 수신에 경도되어 학문상으로는 아직 큰 업적을 남기지 못하였다. 다만 김굉필이 소학(小學)의 중요성을 강조하여 이를 수신의 첫 걸음으로 삼은 것은 후세에 모범이 되었다.

그러나 이들 성리학자들이 조선 정치의 중심에서 주도세력이 되기까지는 세조의 왕위 찬탈, 연산군의 비도덕적 행태에 대한 도덕적 비판 즉 군주의 도덕성에 대한 요구가 절대적 명분(名分)으로서의 지위를 확보하면서, 그리고 현실정치에서는 여러 차례의 어려운 사화를 겪은 이후에야 가능하였다.

2) 김굉필(金宏弼, 寒暄堂, 1454-1504)과 소학(小學)

『소학(小學)』[17]은 김종직의 제자인 김숙자(金叔滋, 1389-1455, 江湖)가

17) 소학에는 통상 세 가지 의미가 있다 1. 이른바 '삼대지학' 즉 학교제도로서의 '소학', 2. 문자의 형상·훈고·음운 등을 연구하는 '문학지학', 3. 주자기 삼대의 서학에

그 중요성을 강조하였고, 그의 제자인 김굉필에 의해 조광조에 전수됨으로서 조선 도학의 기본경전이 되었다.

소학이란 주희의 문인인 유청지(劉淸之)가 지은 책으로 입교(立敎), 명륜(明倫), 경신(敬身), 계고(稽古)의 네 편으로 구성되어 마음가짐과 몸가짐을 비롯하여 오륜의 실천을 구체적으로 담고 있다. 이는 수기적(修己的) 의리(義理)의 실천에 모범을 보이는 선비의 모습이다(윤사순, 전게서). 이때 마음가짐은 경(敬)과 성(誠)을 근본으로 하며, 인의예지와 효제충신의 실천을 목표로 하였다.

주희의 『소학』 서문에는 '옛날 소학교에서 사람을 가르치기를 물뿌리고 쓸며 사람에 대응하고 나아가고 물러나는 예절(灑掃應對進退之節)과 어버이를 사랑하고 어른을 공경하며 스승을 높이고 벗을 친애하는 도리(愛親敬長隆師親友之道)로서 함은, 그 모든 것이 수신제가치국평천하(修身齊家治國平天下)의 근본이 되는 까닭이요, 그리고 반드시 어릴 때에 그것을 강하게 익히게 하는 것은 그 익힘이 지혜와 함께 자라며, 그 교화(敎化)가 마음과 함께 이루어져서 감당하지 못하는 근심을 없게 하고자 함이다(『소학집주』)'라 하였다.

『소학』에서는 효의 마음자세인 공순(恭順-공경하고 순종)의 근거를 경신론(敬身論)과 은혜론(恩惠論)으로 설명하는데 이는 공리적(公利的) 관점에서 보면 자식의 몸은 부모의 소유라는 전제(前提)에서, 낳아주고 길러준 은혜에 대한 보답이라고 본 것이다.

조선에서 『소학』이 도학의 핵심 교재로 인식되고 그 가르침대로 실행하게 된 직접적인 동기는 평생 『소학』을 중시한 김굉필에 의해 서였다. 그는 30세가 되도록 『소학』에만 전념, 그 이후에야 다른 책을 읽었던 것으로 알려졌고, 스스로도 '소학동자'라 자칭하였다고 한다.

그의 『소학』에는 이미 선진유학의 수행관을 넘어선 성리학적 수신관이 깃들어 있다. 그는 소학의 율신적(律身的) 수기의 궁행(躬行)이 의

서 가르치던 교과 내용을 복원하려는 의도 즉 성인의 가르침에 따라 양재(良材)와 선속(善俗)의 사회를 이루려 한 목적에서 저술한 교본으로서의 '소학'이 그것이다(『대한화사전』). 소학은 사(事)를 대학은 그 도(道)를 가르친다.

리실천을 필수적 전제조건으로 하는 도학의 기초임을 깨닫고 있었다. 그리고 소학적 실천을 철저히 함으로서 당시 이론에만 치우치기 쉬운 성리학의 풍토를 '위기지학(爲己之學)'의 차원으로 선도한 결과를 가져왔다(윤사순, 전게서).

이에 대해 기대승(奇大升)이 지은 그의 행상(行狀)에는 '소학, 대학을 써 규모를 삼아 성(誠)과 경(敬)에 전력(專力)하여 존양과 성찰로써 체를 삼고 수신, 제가, 치국을 써 용을 삼아서 성인의 경지에 이르기를 목적하여 닭이 처음 울면 반드시 일어나 소세(梳洗)하고, 의관을 단정히 하고, 꿇어앉았으며 제자들에게 마음 닦는 요령을 강론하기를 게을리 하지 아니 하였다' 하였고, 또한 조식(曺植)은 '선생이 몸으로서 도학의 창도(倡導)를 맡아서 근세의 유종(儒宗)이 되었다'(南冥集)고 평(評)하였다.

김종직으로부터 연유한 이 사제(師弟)들 간의 특성은 널리 알기보다는 절의(節義)를 최상의 가치로 하여 확실하게 행동, 실천하려는, 따라서 사변적(思辨的) 학문(學問)에서의 성취보다는 정치 현실에서의 올바름을 귀하게 여겼다. 사실 절의에는 강직한 실천행위가 요구되는 것이지, 널리 아는 것은 별로 중요한 덕목은 아니다. 이것이 이들이 성리학의 형이상학적 측면에 관심을 덜 두게 된 연유이었다.

그는 학문적인 업적을 남기지는 않았으나 입언수훈(立言垂訓)한 교육자로서 조선시대 도학의 시원(始原)을 연 인물이었다. 특히 그는 『소학』의 실천적 가르침에 더하여 오륜의 강상(綱常)을 밝히고 심술(心術), 위의(威儀), 의복, 음식 등 일상생활에서의 실천적 법도를 제시하여 예학(禮學)의 단서를 열었다.

그러나 학문적으로도 육경(六經) 연구에 정진하여 성리학에 통달하여 그의 문하(門下)에서 조광조, 김안국(金安國), 이장곤(李長坤) 등의 학자들이 배출 되었다.

그리고 도학자들로 분류될 수 있는 경향의 학통(學統)은 조광조에 이르러 그 절정을 이룬다.

3) 이언적(李彦迪, 회재(晦齋), 1491-1553)-성리학자

이언적은 김종직의 학손(學孫)인 조광조와 거의 같은 시대를 살았으나 그와는 다른 학문의 길인 형이상학으로서의 정통 성리학의 길을 앞서 갔다.

퇴계는 '나의 선생 이회재는 학문을 받은바 없이도 스스로 분발하여 은연중에 날로 빛났고, 덕이 행동과 부합하여 밝게 그 사상이 문필에 드러나 말씀을 후세에 드리운 것(立言垂後)을 동방(조선)에서 찾아볼 때 그와 같은 분이 없었다(『이회재선생행장』)'고 하여 그의 성리학이 김종직 계열과 구별되는 것임을 암시하였다.

그는 대체로 송대 성리학자의 견해를 답습하였으나 학문의 방향이 내면적 성향에 기울어 조선 성리학의 특성이 심성론으로 발전하는데 기여하였다. 즉 그는 태극을 리(理)로 규정한 정이와 주자의 해석에 따랐으나 리에 능동적이며 창조적인 도덕성을 부여하였고, 이는 퇴계가 리(理)를 우위에 둔 심성론을 주축으로 삼아 도덕적 가치를 적극 추구하는데 절대적 영향을 주었다(조남호, 『논쟁』).

그는 학문하는 도는 쇄소응대(灑掃-물 뿌리고 비로 쓸음. 詩經, 應對)에서 시작해서 궁리진성(窮理盡性)에서 마친다(『회제전서(晦齊全書)』)고 하여 그의 학문 역시 『소학』으로부터 출발하였고, 그의 영향으로 향교에서 서민에게도 『소학』을 가르칠 계기가 되었으나, 보다 궁극적으로는 궁리진성이라는 학문적 목표를 세우고 이를 추구하였다.

그리고 그러한 학문의 결실이 퇴계로 이어지면서 절의(節義)와 소학 중심에서 벗어나, 리기론·심성론 등 성리학의 교리를 진지하게 탐구하는 학문계통을 세울 수 있었다.

정치현실에 있어서는 임금을 백성의 도덕적 삶에 대한 주관자로 설정, 격군론(格君論-임금의 마음을 바로 잡아야 한다)을 펼쳤고, 임금의 선정(善政)에 따른 결실이 민생에 수혜(受惠)가 되어 백성에 돌아갈 것을 기대하는 민본론을 상정하였다.

그는 훈구·기성세력에 대항하는 사림의 입장에서 국왕 명종에게 올리는 군주학문론을 전개하였다. 그리고 후학인 퇴계와 율곡이 선조에게 건의하는 성학론(聖學論)을 마련하는 계기로 영향하였다. 이들의 성학론은 사림에 의한 정치지배가 형성되고 그에 따른 사림의 단합과 정치쇄신이 요구되는 상황에서 군주의 현명한 처사(處事)를 기대하며 올린 글들이었다.

제 4 절 장거정(張居定, 1525-1582)과 조광조(趙光祖, 1482-1519)

1. 서 론

조선의 조광조와 명의 장거정은 당대를 풍미한 정치가로서 한 시대를 이끌었다.

그러나 이들의 정치철학은 같은 성리학에 기초한 것이었으나 그들이 추구한 정치적 목표는 전혀 달랐다. 달리 표현하면 성리학의 두 기둥인 수기와 치인 중 조광조는 수기의 목표인 윤리적 가치에, 장거정은 치인에 전념하며 정치 경제적 안정과 실효를 목표하였다.

이들의 정치철학은 획일적이고 타협을 거부하는 독단적이고 강성(强性)이었다는 면에서는 같았으나 조광조는 지치(至治)라는 삼대정치의 도덕적 가치의 실현을 최우선으로 하는 이상주의에 몰두한 반면 장거정은 오히려 학문이나 사상을 정치적 실효에 방해되지 않는 한에서 허용하는, 정치우위의 그리고 정치력에 의한 사상통제를 강력하게 시행한 현실주의자였다.

또한 조광조는 조선의 도학전통을 창시하고 실제 몸 바쳐 지킨 도학자인 반면 장거정은 학자라기보다는 행정가였다. 다른 관점에서 보면 조광조는 명분론을 내세우며 격군론(格君論)으로 왕권을 약화시키며 사대부 중심의 정치를 지향한 반면 장거정은 황제일원적인 철권전제정치를 시행하였다.

특히 조선이나 명 두 나라에서 당파(黨派)의 형성에는 이들의 직·간접적인 영향이 있었다.

조선의 당파는 조광조의 사후(死後), 사림파(士林派)가 정국(政局)을 독점하면서 영남, 기호학파로 나뉘고 정계 역시 이들을 따라 양분되면서 동·서로 분당되었고, 명에서는 장거정이라는 걸출한 정치가의 사후, 그 공백을 중앙정계의 환관들과 이에 맞서는 지방중심의 동림당이 형성되면서 당쟁이 격화되었다.[18)]

조선의 사림이나 명의 동림당은 다 같이 향촌에 기반을 둔 재지세력이었으나, 조선의 사림은 다만 그들의 문중이나 서원이라는 생활기반이 지방에 있었다는 의미에 그치지만, 동림당은 지방중심의 정치세력을 형성하며, 중앙정권에 대한 지방분권적 요소를 갖는 민주적 효과를 함께하였다. 현실적으로 조선 같이 작은 나라에서 지방을 중심으로 하는 정치세력이란 존재할 수 없었다.

이 두 정치가이며 정치사상가의 사상과 행적은 곧 조선과 명의 차이를 극명하게 드러내고 있다.

2. 장거정(1525-1582)

1) 생애와 정치 업적

장거정의 자는 숙대(叔大)이고 호는 태악(太岳)으로 호북성(湖北省) 사람이다.

그는 태자의 스승이었으며 1572년부터 1582년까지 10여 년 동안 내각수보(內閣首輔)를 맡아 실권을 장악하여 정치개혁을 주장하고 진보적인 조치를 단행하였다.

장거정이 처한 정치적 상황(狀況)은 통치계급은 날로 부패해 가고 관료들은 사리사욕에 물들고, 탐관오리(貪官汚吏)의 횡포는 더욱 극심하게 백성들을 탄압하였다. 또한 밖으로는 북(北)에서는 변방의 이적(夷狄)들이 침략하고 남(南)에서는 왜구(倭寇)들의 약탈이 성행하였다.

그는 당시의 정치적 병폐를 다음과 같이 진단하였다.

---

18) 당 후기 당쟁의 주축(主軸)으로 지방분권을 주장하는 향신계급인 동림파(東林派)의 초기(初期) 지도자들, 즉 고헌성, 조남성, 추원표등은 반장거정 운동을 통하여 동지적(同志的) 결속(結束)을 이루어 나갔던 것이다. 이들 반내각파의 관료들이 정치분쟁에서 쫓겨나 동림서원(東林書院)을 개설하고 강학(講學)을 시작하면서 비로소 동림당이라는 명칭이 나타나게 되었다.

'통치자들은 뇌물을 주고받고 관리들은 백성들의 기름을 짜서 권세(權勢)있는 사람에게 아부(阿附)했으며, 나라를 계승(繼承)한 자는 눈앞의 안일만 추구하고 빚을 진자가 수없이 늘어나며, 또 토지겸병(土地兼倂)이 늘어만 갔다. 사가(私家)는 갈수록 부유해지나 궁실(宮室)은 점점 빈곤해 지고 국가재정은 바닥이 나고 백성들은 가난에 허덕이니 이것이 바로 병(病)이다.'(답응천순무송양산논균량족민)

이러한 시기에 처하여 그가 생각하는 정치의 목표는 국가와 사회의 안정이었다.

그는 백성은 국가의 근본이며 나라를 잘 다스리기 위하여서는 반드시 백성들을 안정시키고 고통을 덜어주고 능히 살아 갈수 있도록 하여야 한다는 생각이었다.

백성들이 튼튼하면 비록 오랑캐나 도적들이 쳐들어온다 해도 나라는 안정될 수 있다.

내우(內憂)가 없으면 외한(外患)을 걱정할 필요가 없으며, 반대로 백성들이 도탄(塗炭)에 빠져 살아 갈수 없게 되면 반드시 도적이 봉기하게 된다.

장거정은 행정가(行政家)이지 정치사상가는 아니었다. 따라서 그의 주장은 독창적인 면은 별로 없으나 경세치용(經世致用)을 추구하는 능력에서는 뛰어났다. 그는 정책을 실행함에 있어 그 과정에서의 보고(報告) 내용을 엄밀하게 심사하고, 결과의 점검을 거쳐 평가함으로서 결과의 확실성과 관리들 사기(士氣)를 진작(振作)시키는 행정의 근대성을 확보하였다(체스타 한, 『현대중국정치사상사』).

장거정의 정치업적 중에서 가장 두드러진 것은 건전한 재정(財政)확보와 토지제도의 개혁(改革)이었다.

그는 황실(皇室) 재정에 대한 지출을 억제하고 몽골의 알탄 칸과의 평화협정을 마무리하며, 북방(北方)과 요동지역(遼東地域)의 군사적 긴장을 해소시킴으로서 변경 군대를 줄일 수 있어 군사비(軍事費) 삭감(削減)에 성공하였다.

다른 한편으로 그는 행정관리비의 감축을 목적으로 관리의 역참(驛站)이용을 제한하고, 지방재정의 확충을 위해 생원(生員)의 수(數)를 줄이면서 이들에게 부여되었던 면세특권(免稅特權)을 박탈하였다.

또한 균형 있는 세징수(稅徵收)를 위한 기초 작업으로 전국의 토지를 측량하였고, 대토지 소유에 따른 은전(隱田-감추어진 농토)을 가려내고, 과세대상을 공평하게 바로잡는 동시에 이에 근거하여 전국적으로 일조편법(一條鞭法)[19]을 시행하였다.

그리하여 그의 통치 만년(晩年)에는 '태창(太倉)의 곡식은 10년을 먹을 수 있고 국고에 남는 금(金)이 4백여 만 냥에 달한다'라고 할 정도로 국가재정이 충실하게 되었다.

2) 학문과 사상의 통제

장거정은 비록 사상가는 아니지만 송(宋) 이래의 학문에 대해서 그 나름의 견해를 가지고 있었다. 그는 한편으로는 전통적 이학(理學)의 고수(固守)라는 보수적(保守的) 시각(視角)에서 '성명(性命)을 연구하지 않는 학문(學問)은 학문이 아니라 하였고, 다른 한편 경세치용(經世致用)을 중시하는 행정가로서 경제를 포함하지 않은 도(道)는 사람의 생활에 쓸모가 없는 것(한림원독서설)'이라고 하여 송대의 리학(理學)과 공리사상(功利思想)을 다 같이 긍정하였다.

그러나 그는 심학(心學)의 영향을 받아 '몸을 닦고 마음을 바로 잡는 진실한 학문이 사라지고 구절(句節)과 훈고(訓詁-경서의 고증, 해명, 주석)만을 중시하는 학풍이 성행하게 되었다. … 간혹 올바른 길을 가는 선비가 있으면 세상 사람들의 비웃음을 받았다. 오호! 학문이 마음에 근본을 두지 않고 밖에서 근본(根本)을 구해 스스로의 이익을 추구하니 갈수록 폐단(弊端)이 심해지는 것이다'라고 하였다.

---

19) 일조편법 근본 취지는 종래의 전부(田賦)와 요역(徭役)을 한 가지로 통합하고 전부의 기준에 의해 납세자 본인이 직접 주현에 은(銀)으로 납부하는 것이었다. 또한 과세의 기준이 애매했던 호등(戶等)에서 소유하고 있는 전지(田地)의 크기와 인정(人丁)의 수로 바뀜으로 과세의 기준이 정확해 졌다.

그러나 장거정은 학문(學問)을 중시하는 학자가 아니고 정치가, 아니 오히려 행정가로서, 철저하게 실무적(實務的)인 인물이었다. 따라서 그는 학문이 정치를 어지럽히는 일을 엄중하게 차단(遮斷)하였다.

그가 내세운 학문에 대한 원칙(原則)은 '기록(記錄)에 의하면 학문을 함에 있어, 관리(官吏)는 업무(業務)를 우선시하고 선비(士)는 뜻을 우선시한다. 선비나 군자(君子)가 때를 만나지 못했을 경우 자신을 수양(修養)하여 남을 다스리는 도리(道理)를 배워 후일의 필요에 대비한다. 그리고 관리에 임명되면 업무를 중시하여 조심스럽게 직책을 다하여 잘못이 없도록 하고 또 윗사람의 명령을 완수(完遂)해야 하기 때문에 그 근본인 업무를 버리고 따로 문과(文科)를 세워 학문을 해서는 안 된다'는 것이다.

그는 이러한 원칙에서 벗어나는 학풍(學風)을 근절(根絕)하기 위해서는 철권(鐵拳)정치도 마다하지 않았다.

그는 '만약 공자(孔子)가 지금 태어난다 해도 반드시 본 왕조의 선조들이 세운 기준으로서 제자들을 가쳐야 하며, 이로서 신하들을 교육시킬 때는 반드시 황제가 내린 칙유(勅諭)에 따라야 한다'고 하였다. 이는 군주의 전통(君統)이 도의 전통(道統)보다 높다고 까지 주장하여 전제정치의 극단적인 모습을 보였다.

장거정은 내각에 입각(入閣)하여 '진육사소(陳六事疏)'를 올렸다.

'신(臣)이 보건데 근년 이래 조정에 의론이 너무 많아 한 가지 일을 가지고도 갑론을박(甲論乙駁)하며 아침부터 저녁까지 떠들기도 하며, 혹 앞뒤가 서로 배치되는 것도 모르고, 혹 비방과 칭찬이 서로 모순되면 시비가 가려지지 않고, 감정에 따라 좌우되며 정치는 거듭 어지러이 바뀜을 일삼고 일에 기강이 없다'고 하여 우선은 업무처리상의 기강과 능률을 문제 삼아 공허한 논의를 제한하려 하였다.

장거정의 사상통제의 문제는 모든 사학(私學)과 이설(異說)을 금지하는 사상과 학문의 획일화(劃一化)를 시행한데 있었다.

'나라에서 관리를 뽑을 때 책은 송나라 유가들이 주석(註釋)한 것을 중심으로 하며, 문장은 참되고 순진하고 올바른 것을 높이 평가하며, 금후 『사서오경』, 『성리대전』, 『자치통감강목』, 『대학연의』, 『역대명신진의』, 『문장정종』 그리고 당대의 법률전서 등을 참고로 하고, 생원들은 이를 두루 익혀 고금을 능통하여 나라에 쓰이도록 하여야 한다. 이단(異端)이나 사설(邪說)을 표절(剽竊)하거나, 이상한 주장을 하는 자들은 비록 학문이 뛰어나다 해도 관리로 뽑지 않는다(청신구장식학정이진흥인재소).

이는 정주(程朱)의 리학 외에는 모두 이설(異說)로 단정하여 관리에 등용하지 않을 뿐 아니라 실제로 모든 학문과 사회적 행위를 정치권력(政治權力) 아래 통일시켜 전제정치 실행의 걸림돌을 사전(事前)에 제거하려는 것이다.

물론 이는 그가 정주이학에 특별하게 심취되어 있다거나 이를 진흥시키려는 목적이 아님은 분명하다. 오히려 그의 통치행태는 유가의 학문을 본체로 하지만 그 시행 목표나 정신(精神)은 법가에 가까운 것이었다.

그의 생각은 전제군주 정치에 헌신하고 충성을 다하는 학문 외에 다른 학문이 존재할 필요가 없으며 '원컨대 금일의 학자는 착실하게 공을 세우는데 힘쓰고, 기존의 법규를 잘 준수하고 윗사람에게 충성을 다 바쳐야 한다'는 것이다.

3) 향신계층(鄕紳階層)에 대한 통제

특히 장거정은 선비들의 정사(政事)에 대한 간섭을 극력(極力) 반대하였다.

그는 이러한 자신의 정책의 정당성을 주장하며 '태조께서 천하(天下)에 잘못이 있을 때는 여러 사람들로 하여금 직언(直言)을 하도록 허락했으나 오직 생원(生員)들만 이를 허락하지 않았다'는 역사적 사실을 내세웠다.

당시 생원이라는 향신계급은 향촌(鄕村)의 모든 질서를 자율적으로 유지해 나가는 지도층 인사들로서 그 순기능(順機能)과 함께 많은 병폐(病弊) 역시 자행되고 있었다.

당시의 생원의 학위(學位)는 지식(知識)의 의미보다는 학위수여자의 사회특권계급으로서의 성격이 강하였다. 그들은 아문(衙門)을 출입할 수 있는 특권을 이용해 자신들과 자신들 가문(家門)의 문제뿐 아니라 온갖 이권(利權)에 개입하여 관리들을 압박하고 자신들의 뜻이 관철되지 않으면 무리를 지어 지방의 행정수령을 욕하거나 상급기관에 고소(告訴)하는 일이 빈번하였다.

당시의 지방 관리들의 생계(生計)는 상급정부가 보장하기보다 스스로 해결해야 하는 부분이 더 컸기 때문에 관리의 부정행위는 꼭 범법(犯法)이라기보다 오히려 일상적인 생활문제로 인정되었으나 생원들에게 이는 자신들 이익을 관철시키는데 좋은 협박 자료로 이용되었다.

다른 하나는 생원들에게는 면세(免稅)라는 특혜가 주어졌기 때문에 그 몫이 일반 백성의 과중한 세부담(稅負擔)으로 전가되었다. 이들은 수적(數的)으로는 소수에 불과했지만 이들 대부분이 향촌의 부유층으로 그들이 소유하고 있는 토지는 막대하여 국가로서 세수(稅收) 손실은 물론 그들의 세부담을 백성들이 떠맡음으로써 생활을 어렵게 하는 원인이 되기도 하였다. 뿐만 아니라 이런 면세특혜를 이용해 일반인들의 토지를 위장등재(僞裝登載)함으로서 이익을 취하기까지 하였다.

사실 이들 지식인(知識人)들만이 국론(國論)을 분열시켜 국정을 방해할 지위와 능력이 있었기에 장거정은 생원들에게 정치의 득실, 관리의 자질 등을 논하거나 무리를 지어 소요를 일으키는 것을 허용하지 않았으며 이를 위반할 시에는 생원자격을 취소시켰다.

장거정의 명조 전통의 황제 일원적(一元的)인 전제정치를 위한 획일적인 관(官)중심의 사상 통제는 이미 그러한 통제가 필요할 만큼 민중의 학문과 정치에 대한 의식(意識)이 깨어있었고, 이를 바탕으로 향촌의 지식인들인 신사(紳士)계급에 의하여 공론화(公論化)되어 가고 있었음을 반증(反證)하는 것이기도 하다.

사실 명조의 당쟁(黨爭)은 장거정의 전권정치(專權政治)에 대한 반대에서부터 기원(起源)하였고 그로 인한 정치사회의 분열(分裂)이 왕조(王朝)의 붕괴(崩壞)로 이어졌던 것이다.

3. 조광조(趙光祖, 靜菴(1482-1519)

1) 도학자로서의 정암

조선조 사림의 역사는 조광조에 의해 사림파의 존재의미가 드러나면서 부각되었고, 그들이 주장하는 명분 즉 왕도정치의 이상과 사림정신이 천명되는 결정적 계기 역시 그로부터 형성되었다. 특히 율곡은 그를 우리나라 도학의 시조로 보고 있다.

도학은 '송대로부터 시작되었으며, 본래 인간 윤리성의 내면을 밝히는데 그 본질이 있으므로 인간의 도리를 극진히 하는 것이다'(『율곡전서』). 다시 말해 도학(道學)은 인간의 도리(道理)를 다하기 위해 선악을 분별하고 도덕적 판단을 하는 학문으로 한대(漢代)의 훈고학과 수당(隨唐) 이래로 성행한 사장학(詞章學)과 대비(對比)하여 유교 본래의 인격완성이라는 근본문제를 도(道) 중심으로 탐구한다는 기본적 성격이 그 중심에 자리한다.

정암의 생각에 도의 본질은 도의 보편적 원리에 따른 순수성과 일관성이라는 성격에 있고, 그 순수성에의 의지는 도에 어긋나는 존재를 거부·배척하고 이를 일관하려는 악과 불의에 대한 저항이었다. 정암은 '인심은 항상 위태롭고 도심은 은미(隱微)하여 드러나기 어렵다(人心惟危, 道心惟微)'는 선인의 가르침을 늘 잊지 않고 또 그것을 걱정하였다.

그는 '대저 사람은 천지의 중(中)을 받아서 태어남으로 인의예지의 덕을 갖게 되는 것이니, 천리에 어찌 악함이 있으리오. 다만 기품에 얽매이는 바가 있어서 사람마다 차이가 있게 되는 것입니다. … 리(理)

는 오직 미미한데 기는 쉽게 이김으로 선인(善人)은 항상 적고 불선인은 항상 많게 되는 법입니다(『정암집』)'라 하여 도의 퇴락(頹落)의 원인을 기품에 얽매여 이욕을 추구하는데서 찾았다.

따라서 그는 도의 현저(顯著)함을 위해서는 수신을 그 절대적인 요구로 받아들였고, 수신의 기초와 근원을 다지고 함양하는 '소학(小學)'을 가장 중요하게 여겼다.

정암의 일생과 학문에 가장 큰 영향을 미친 책은 『소학(小學)』과 『근사록(近思錄)』[20]으로 정암 도학의 이념적 기반이자 근원처로 조선 도학의 특징을 찾아 볼 수 있게 하는 책들이다. '근사(近思)'란 『논어』에서 널리 배우고 뜻을 돈독하게 하며, 절실하게 묻고 가까운 것에서 생각하면 인(仁)이 그 가운데 있으리라(博學而篤志 切問而近思)에서 취한 것이다.

정암이 『근사록』을 중하게 여긴 것은 손에 닿을 만큼 가까운 일상적인 것들에 대한 성찰을 중시하는 자세로, 정암에게서 퇴계와 같은 고원하고 관념적인 사유(思惟)는 전혀 보이지 않는다. 따라서 정암은 도학자라 하지 성리학자라고 하지는 않는다. 다만 그의 정치적 입장을 굳이 형이상학의 관점에서 보면 율곡의 도기론(道器論)이라 할 수 있다.

정암은 경연에서 중종에게 어진 정치를 펼치려면 『성리대전』을 중히 여겨야 한다면서 소개하기를 '성리대전은 체와 용, 본과 말이 다 갖추어져있는 책입니다. 천문, 지리, 예악, 법제, 성명(性命), 도덕의 이치와 역대 군신의 현부(賢否)가 다 갖추어지지 않은 것이 없으니, 진실로 이것에 밝으면 나라를 다스리는 방법은 이미 다른 것을 기다릴 필요가 없고, 국가의 원기(元氣)도 비로소 서게 될 것 입니다'라 하였다.

그러나 이는 유학 전반에 대한 소개일 수는 있어도 소위 '성리학'에

20) 『근사록』은 12세기 말경 주자가 친구인 여동래(呂東萊)와 함께 주염계, 정씨 형제, 장횡거 등 북송(北宋) 대현들의 저서·문집·어록 등에서 뜻이 깊고 중요한 문장을 가려 뽑고 주제별로 분류하여 편찬한 책이다. 근사록에에 따르면 사대부의 소명의식은 천지를 위해서 마음을 세우고, 생민(生民)을 위해 도를 세우고, 옛 성인을 위해 끊어진 학문을 잇고, 만세를 위해 태평성세를 여는데 있다(『근사록』 권2 위학).

대한 것으로는 극히 미치지 못하는 것으로, 성리학의 핵심 이론인 태극, 리기(理氣), 심성이나 수양에 대한 조그만 실마리 조차 보이지 않는다. 그것은 정암의 관심이 이론이나 사변(思辨)에 있지 않은데서 연유한 것으로 그를 성리학자가 아니라 절의(節義)와 실천을 중시하는 도학자로 부르는 근거이다.

이러한 정암에 대해 율곡은 '참된 자기를 원하는 위기(爲己)의 학문으로 세상에 이름난 이는 조정암으로부터 발단하였다. 정암선생은 독행자득(篤行自得)하여 그 몸가짐이 경건하였으며 반드시 성인을 따르고자 하였고, 조정에 나아가서는 반드시 도를 행하고자 하였으며 그 간절하게 원하는 바는 군주의 마음을 바로잡아 왕도 정치를 펴는 것이었으며, 의(義)로운 길을 열어놓고 이욕(利慾)의 마음을 막고자 힘썼다'고 하였다.

2) 정암의 학문

조광조는 『정암집(靜庵集)』에서 그의 도(道)에 대한 기본적인 생각을 밝히고 있다.

그는 '무릇 도는 천에 근본하면서 인간에 의존한다(夫道也者 本乎天而依之於人). 더 나아가 말하면 도는 심이 아니면 의존하여 설 수가 없고(道非心 無所依而立), 심은 성(誠)이 아니면 의지하여 행할 수가 없다(心非誠 亦無所賴而行)'라고 요약 하였다. 그에게 도는 일과 행위 속에서 실천되는 것이며 나라를 다스리는 방법이 된다.

즉 만유(萬有)의 궁극적인 원리로서의 도는 인간에 의해 그 본래의 의미가 실현된다.

따라서 도의 실현은 곧 인간 실천행위의 문제이고 인간의 모든 행위는 마음에 근거하고 또 마음을 통해서 들어날 수밖에 없는 것이다.

그는 '일심의 묘함을 기강과 법도의 근본으로 삼아서 이 심의 체(體)로 하여금 광명정대하게 하고 주유통달(周遊通達)하게 하여 천지와 더불어 그 체를 같게 하고 그 용을 크게 하면 일용 정사(政事)의 즈음에

도가 쓰이게 되어서 기강과 법도가 세우려고 하지 않아도 저절로 세워지게 될 것입니다'라 하였다. 그리고 여기서 심의 체란 곧 기(氣)이다.

그리고 이때, 도를 세울 수 있는(立) 마음은 성실(誠實)하여야 할 뿐 아니라 스스로가 성(誠)을 확보, 유지하는 존재이어야 한다.

사실 정암의 이러한 표현은 중용의 '성은 천도이고, 성을 행하는 것은 인도이다(誠者 天之道也 誠之者 人之道也)'를 마음(心)에 초점을 맞추어 풀어 쓴 것 외에 다른 것이 아니다.

그는 '마음이 성실하지 않으면 도가 마음에 의존하여 실행될 수 없다(心非誠 亦無所賴而行)'고 하여 성심(誠心)을 강조한다. 성(誠)은 경험에 의하지 않고 사유만을 통하여 인식에 도달하는 사변(思辨)이 아니라 실천을 통하여 사물을 성취시키는 근원적 존재이며, 정암 철학의 성격을 표현하는 핵심인 것이다.

또한 이를 『논어』에서 '도는 기본적으로 인간의 능동적인 주체적 행위를 통해 실현되며 도가 인간을 구원하고 인간되게 하는 것은 아니다(人能弘道 非道弘人)'라는 것과 비교하였을 때 이 둘은 도의 실현이 인간의 주체적 행위에 의존한다는 점에서 완전히 일치한다.

그러나 그가 '도의 근본이 천에 있다'고 하였을 때 천의 성격은 자사(子思)시대의 천처럼 정서적 강조에 그치는 것만은 아닌 것 같다. 그렇다고 하여 신유학의 형이상학적 리(理)에 대한 해석에 따라 '초월성과 보편성으로 인해 인간의 의지나 의사에 구애되지 않는' 관념적 추상적 이해로 보기에는 정암의 철학은 사변적(思辨的)이라기보다는 실제적이었다.

사실 정암의 이상세계는 주자나 퇴계의 '리의 세계'와는 다른 역사적 실제에 근거한 '삼대(三代)' '지치(至治)의 세계'이었고, 따라서 그의 도의 성격은 기본적으로 "중용"에 근거하지만 그의 '지치'를 실현하려는 이상주의(理想主義)는 결과적으로 천을 보다 권위적인 지위에, 그리고 당위적인 측면을 강조하고 있다.

이러한 정암의 철학에는 선진유학의 기일원론의 성격 특히 성(誠)의 의미를 그 중심에 담고 있다. 사실 그는 '성(誠)이 있은 연후에 마음의 도(道)가 정고(貞固)하게 서게 되어 마침내 완성을 보게 될 것입니다. 자사(子思)가 성이 아니면 물(物)이 없다고 하였으니 성이란 기강법도가 서서 부실함이 없게 되는 것입니다'라 하고 있다.

한편 정암은 유학의 근본인 인(仁)을 태극개념과 결부시켜 '하늘에 있어서는 봄(春)이요, 사람에 있어서는 인이다. 이 두 가지가 모두 태극에 근본하니 서로 다르면서도 같은 것이다(在天兮春 在人兮仁 皆本太極 異而同兮)'라 하였다.

태극의 운행 법칙인 원형이정(元亨利貞)에서 원(元)은 자연세계에 있어 사계(四季)의 시작인 봄에 해당하고, 인문세계에서 도(道) 즉 성(誠)을 실행하는 데에는 집선(執善-仁)을 으뜸으로 한다는 의미에서 이 둘은 하나이다. 이는 천도인 성과 인도인 '성을 행하는 것'의 관계를 태극의 이름을 빌어 말한 것이다.

다시 말해 그는 태극을 그 안에서 인간이 천도(天道)와 인사(人事)를 인(仁)을 매개로 체현하거나 실현시키는 일원적으로 이해한다(이상성, 『정암 조광조의 도학사상』).

3) 지치(至治)와 격군론

① 지 치

주자가 지향했던 이상적인 세계는 현실을 초월한 형이상학상의 이념의 세계로서, 불변하는 절대적인 '천리(天理)'의 세계이다. 서양의 예로는 플라톤의 '이데아(Idea)의 세계'이다. 그런데 그러한 당위로서의 세계의 실현 가능성을 주자는 천명(天命)인 인성(人性)에서 찾았고 수기(修己)는 그 가능성을 현실화하는 방도(方途)이다.

그러나 사림파의 정신적 영수인 조광조가 '지치(至治)'를 내세워 실현코자 한 내용은 형이상학적 이념의 세계가 아니라 당우(唐虞) 삼대의 위민(爲民) 민본(民本)을 지향하는 선진유학의 이상정치 즉 인정(仁

政), 왕도정치를 의미하였다. 정암이 '도가 인간에 의존한다'고 했을 때 그가 추구하는 이상정치는 선험적 천리(天理)가 주도하는 것이 아니라 인간의 자유의지가 주체가 되는 세계이다.

그가 추구한 이상주의 정치인 지치(至治)의 성격이나 목표는, 같은 이상주의라도 퇴계 일파가 주장하는 사변적(思辨的), 선험적이고, 형이상학적 관념의 형태가 아니라 요순(堯舜) 삼대의 정치였다.

정암의 지치는 요순이라는 역사적(경험적) 시대를 이상으로 삼고 그에 대한 열정이나 고집인 반면 퇴계의 이상세계는 성리학의 이분법적 초월적 선험적 사유의 결과로서의 이상(理想-이데아)이며 따라서 이 둘은 근본적으로 그 성격이 다르다.

이러한 정암의 도학정치론은 삼대의 왕도정치를 표준으로 내세워, 당시 현실정치에서 공의(公義)가 사리(私利)에 밀리는 현상을 비판하며, 국왕인 중종(中宗)과 훈구대신을 향한 치자(治者)로서의 책무(責務)와 도덕의식을 회복하도록 촉구한 것이다.

② 격군론(格君論)

정암은 맹자의 '백성이 귀하고, 사직은 그 다음이며 임금은 가볍다. (民爲貴, 社稷之次, 君爲輕), 맹자 진심)'을 넘어 '임금과 신하란 백성을 위해 설치된 것'이라 하여 민본사상의 근본정신을 구체적으로 밝혔다.

정암은 자기가 신하로서 복무하는 군주를 꼭 요순같은 군왕으로 만들어 이 나라를 인(仁)의 나라로 만들겠다는 신념으로 온 마음과 정성을 쏟았다.

정암은 '배우는 사람들이 성현이 될 것을 목표로 한다고 반드시 성현의 경자애 이르는 것은 아니며, 군주된 사람이 당우(唐虞) 삼대를 목표로 한다고 꼭 삼대의 정치사회를 이룰 수 있는 것은 아니다. 그러나 뜻을 이와 같이 세우고 격물치지와 정심성의(正心誠意)에 전념한다면 점점 성현의 경지와 요순의 정치가 이루어지겠지만 만약 헛되이 뜻을 고원(高遠)한데 두고 실질적인 공부를 착수하지 않으면 날로 허망한 곳으로 흘러 갈 것이다(『정암집』 계문(啓文))라고 하였다.

따라서 '군주께서 먼저 그 덕을 배양하고 이를 실천에 옮기면 백성들이 진실로 감복하여 덕화시키고자 아니하여도 스스로 교화될 것이며 만약에 덕을 닦지 않고 방심하며 수식만을 일삼는다면 무슨 이익이 있겠습니까?'라 하고 이어서 '우리나라는 지역이 좁고 작아서 군주께서 한 말씀 하면 팔도의 백성들이 하루 아침에 듣고 다 알게 됩니다'라 하였다.

그에 따르면 '군주는 의(義)와 리(利), 공(公)과 사(私)가 분별되어야 한다. 의리공사가 밝혀지고 분별되면 미혹(迷惑)하지 아니하여 내외가 닦아지고 심지가 맑아져서 시비호오(是非好惡)가 모두 그 정당성을 얻을 것'이라고 하였고, 군주의 덕에 대해 '군주의 덕은 경(敬)보다 더 큰 것이 없으며, 이를 속으로 실천함이 있어야 아랫사람들이 보고 느껴서 분발하게 될 것입니다. 일을 처리하고 사물에 대응함에는 투명하고 평형을 이루도록 모범을 삼아야 합니다. 군주께서 용모와 성색(聲色)을 단정히 하고 엄숙히 한다면 환관이나 궁첩들이 함부로 접근하지 못할 것입니다'라고 하였다.

또한 '임금이 정치를 함에 있어서 지엽적인 제도에 얽매여 이를 기강과 법도로 삼고, 군주로서의 마음과 지성(至誠)의 길을 게을리 하여 각성하지 않는다면, 산에 가서 물을 구하고 물에 가서 나무를 구하는 것이 될 것이다(『정암문집(靜菴文集)』)'라 하여 왕의 정치태도의 반성을 요구하였다.

그는 정치에서의 현실 문제를 도덕적 관점 하나에 맞추어 보고, 특히 군주의 덕에 귀일시키고 있다. 그러면서도 실제 정치에서의 주체적 역할은 사대부들의 몫으로 하는 모순된 태도를 보인다. 이러한 사대부들의 권력은 자신들이 행사하면서도 그 책임은 명의자(名義者)인 군주에게 미루는 행태는 도덕주의의 이름으로 조선조를 일관하였다.

4) 정치 현실

① 재상 중심의 정치

정암은 '법도가 대강이나마 정해지는 것과 기강이 대강이나마 서는 것은 일찍이 대신을 공경해서 그 정사를 맡기는 데에 있지 않음이 없었습니다. 임금이 독치(獨治)를 하지 않고 반드시 대신에게 맡긴 뒤라야 치도(治道)가 서는 것입니다. 임금은 하늘과 같고, 신하는 사시(四時)와 같습니다. 하늘에서 하늘만 행하고 사시의 운행이 없으면 만물이 이루어지지 않고, 임금만이 말고 대신의 도움이 없으면 만화(萬化)가 일어나지 않는 법이니 … 임금의 도(道)마저 잃어버리게 될 것입니다'라고 하였다.

그리고 정치에서는 경장의 필요를 강조하여 '명군(明君)과 양상(良相)이 서로 만나서 치구(治具)가 이미 결정되었다면 한갓 조종(祖宗)의 구법(舊法)에 얽매여서는 안 될 것입니다'라 하였다.

그는 조종(祖宗)의 법은 절대로 변경시킬 수 없다는 훈구파의 보수적 견해를 비판하면서 어떠한 법도 시대의 변화에 따라서 변해야 한다는 입장으로 '선대 임금의 옛법이라 할지라도 그것이 지금 형편에 부합되지 않는다면 변통을 가하는 것이 마땅하다'(『정암집』)고 하였다.

② 군자와 소인의 분변(分辨)

정암은 인간만사를 포함한 천지의 유행과 만화의 법칙을 음양론에 따라 이해하였다.

그는 양은 선(善)이며 순기능(順機能)으로, 음은 악(惡)이며 역기능(逆機能)으로 규정하고 음이 양을 능가·멸시·침범하는 것에서 정사(正邪)와 시비(是非)와 선악(善惡)이 갈리게 된다는 믿음에서 이를 강조하고 중시하였다.

따라서 그는 음양의 이치를 빌어 '한 나라의 정치와 만(萬)가지 기미(幾微)의 복잡함을 낱낱이 설명할 수는 없지만, 옛 사람이 음이 성

(盛)하고 양이 미약한 징조를 가리켜 첩부(妾婦)가 남편을 능가하고, 소인이 군자를 멸시하며, 이적(夷狄)이 중국을 침범하는 것이다'라 하였으니 '궁중의 첩부와 조정의 소인과 변방의 이적에 대하여 미리 대비해야 하옵니다'라는 말로 정치를 원만하게 하기 위하여 소인배들을 배척하고, 궁중의 도리를 지키는 일과 변방 이적에 대비하는 일의 중요성을 강조하였다.

정암은 당대를 인심이 도를 떠나 정치의 근본이 완전히 상실한 상태로 이해하였고 그 원인을 사리사욕(私利私慾)에 쏠려있는 소인배(小人輩)(훈구파)들의 득세와 그로 인한 기강이 무너진데 있다고 판단하였다. 더 나아가 그는 '현명한 사람과 어리석은 사람을 섞이지 않게 하여야만 훌륭한 정치를 볼 수 있다'(상게서)고 생각하였다.

③ 비 판

정암은 인의예지라는 선한 덕(德)들이 기품에 구속되어, 즉 인(仁)은 고식(姑息)과 나약함에 의해, 의(義)는 포악하고 모짐, 예(禮)는 아첨과 과공(過恭) 그리고 지(智)는 간사하고 거짓됨에 의해 방해되어 차질이 생기게 되니, 덕을 온전히 실현하고자 하면(明明德) 중요한 것은 마음을 굳세게 하는데 있다. '옛 사람이 이르기를 안자(顔子)를 바라는 이는 또한 안자가 될 수 있다'고 하였으니, 마음이 진실로 굳세면 선을 행하기는 어렵지 않는 것이다.

사실 정암의 성격상 특성은 이 '마음을 굳세게'라는 데 있다. 중종 13년(1518) 어전회의에서 북쪽 변경을 소란케 하는 야인 속고내(速古乃)를 유포(誘捕)하기 위해 군대를 밀파시키도록 결정되었고, 이에 따라 방어사(防禦使)가 출정하는 자리에서 조광조는 '왕자(王者)로서 오랑캐에 죄가 있으면 광명정대하게 문죄하는 군사를 일으킬 수는 있으나 도둑처럼 몰래 숨었다가 습격하는 기만적 술법을 써서는 안 된다'고 반대하여 출정을 막았었다(『중종실록』).

그러나 일개 백면서생(白面書生)이 군사의 기밀(機密)에까지 도학의 의론(義論)을 펼쳐 출정을 막은 것은 공론(空論)으로써 실제를 방해한 것이다.

도의 존재형식인 중화(中和)의 중은 도의 들어나지 않은 상태로 도의 내면·내용·의미로 성리학에서의 리(理)와 같을 수 있다. 그러나 이 중(中)은 화(和)가 절도에 맞을 때라야 도로서 자리한다. 따라서 도의 실현에는 그 자리, 그 상황이 항상 중요하여 나갈 때와 머물 때를 아는 것 즉 시중(時中)은 절대적 요건이다. 그러나 '굳세다'는 것은 리의 변별에 근거하여 이를 끝까지 관철시킨다는 의미로 화(和)가 자리할 수 없다.

속고내 사건에서 정암은 과연 옳았는가? 임금을 포함한 중신들을 모두 '도둑같은 인물'로 만들고, 공적기관의 절차를 거친 결정을 무시하고 자신의 옳음만을 내세워 고집한다면 어느 누가 더불어 함께 정치할 수 있었겠는가?

15세기 중엽 사림(士林)의 중앙정계 진출은 조선정치에 있어 가장 중요한 정치변화의 하나로서 이들은 왕의 신임 아래 언론권을 강화, 공론화(公論化)하여 이를 통해 훈구세력의 이욕과 비리(非理)를 비판하면서 이들과의 차별화를 시도했다.

이들의 활동은 민본·위민에 역행하는 권벌(權閥)·훈구의 전횡과 외척의 발호를 견제하며 그 시대의 유교적 이상정치(지치)에의 의지를 강조하였다. 그러나 이러한 사림의 공격적 자세는 훈구파의 위기의식을 증폭시켜 사화(士禍)의 계기가 되었다.

사림을 대표하는 조광조가 38세의 젊은 나이로 목숨을 잃은 기묘사화는 곧 의리구현이라는 이상(理想)의 상실을 가져 왔다는 것이 후학들의 평가이다. 율곡은 '개인의 화(禍)가 아니라 국가의 정맥(正脈)을 끊은 것인즉 이것은 인귀(人鬼)가 다 같이 용서할 수 없으며 삼척동자도 또한 타매(唾罵) … 영화냐 모욕이냐 하는 것으로 평론 할 수 없는 것이요 오직 후세 사람들에게 무엇이 옳고 무엇이 그른가 하는 권선할 것과 징계할 소이(所以)를 알게 하는 것이다'라 하였다(『율곡전집』).

율곡은 조광조가 주장한 요지는 도학을 숭상하고(崇道學) 인심을 바르게 하며(正人心) 성현을 따라(法聖賢) 좋은 정치를 실현·흥왕케 하는 것(興至治)이라 하였다(『율곡전서』).

또한 우암은 '정암 선생께서는 학문으로써 도를 하고(學以爲道), 도로써 정치를 해서(道以爲治), 체와 용이 한 근원으로 되고(體用一源), 천리와 사물이 서로 상응해서(理事相須), 도와 덕으로 하여금 천하에서 분열되지 않게 하셨다(道德不裂)'고 평하였다(『정암선생문집서』).

도학에서는 리기론이나 심성론이라는 사변이 아니라, 도의 실현이 중심과제이고, 따라서 현실, 인륜성을 벗어나서는 도학이라 할 수 없다. 이에 비해 다음 세대의 조선 성리학의 경우 리기설이나 심성론 자체에 깊이 천착(穿鑿)한 것이 특징이 되었다.

－ 요　약 －

조선에서는 주자학을 국가적 차원에서 외형적·제도적으로 표방하는 경향으로부터 점차 개인적 차원에서 내면적 학문으로 정착해 가는 경향으로 전환이 이루어 졌다.

이 과정에서 보수적 훈구파는 군주권 중심의 정치를 옹호하는 입장이었고, 집권세력으로서 외교관계 문서에 필요한 사장학(詞章學)을 선호하였다. 반면에 혁신적인 사림파는 주자학의 정통성을 강조하고, 정치적으로는 신권(臣權) 즉 사대부를 중심으로 하는 왕도정치의 구현을 실천하고자 하였다.

결국 이들의 정치 주도권을 위요한 대립과 알력(軋轢)은 불가피한 것이었으며 사실 이는 조선정치 분란의 시작을 알리는 초기 현상이었다.

세조(1455-1468)의 왕위찬탈사건과 연산군의 폐정(弊政)에서 비롯된 일련의 사화(士禍－무오 1498, 갑자 1504, 기묘 1519, 을사 1545)는 통치계층 내부에 군신의 의(義)와 통치자의 수신이 당면의 정치과제가 되게 하였고, 이로 인해 정치적으로는 왕권의 약화(弱化), 학문상으로는 수신론이 힘을 받게 되었다.

정치 권한(權限)의 면에서는 정암은 '법도가 대강이나마 정해지는 것과 기강이 대강이나마 서는 것은 일찍이 대신을 공경해서 그 정사를 맡기는 데에 있지 않음이 없었습니다. 임금이 독치(獨治)를 하지 않고 반드시 대신에게 맡긴 뒤라야 치도(治道)가 서는 것입니다'라 하여 군주권을 견제하였고, 학문상으로는 군신은 통치자가 되기 위해서는 우선 통치자로서의 덕을 구비해야 한다는 수신론에 지나치게 경도되었다.

조선초의 건국과정이 지난 후, 성리학의 전개과정은 세종 때의 변계량 등 현실주의들이 주도한 시기를 지나, 김종직 등의 도덕주의로 일관한 저돌적인 도학자들이 있었고, 그리고 본격적인 학문탐구는 서화담과 이언적의 영향 아래 율곡과 퇴계에 의해 완성되었다.

이러한 경위를 거치며 주자학은 16세기 후반에 들어서면서 학리·학설의 이해와 연구가 절정에 이르는 한편 학파가 나뉘며 이념의 분화가 일어났다. 이로써 조선적인 특색이 뚜렷이 드러나게 되었으며 정치세력 사이의 정쟁이 치열해지는 사정과 추이(推移)를 함께 하였다(김준석, 전게서).

제3장 | 퇴계(退溪)와 율곡(栗谷)

제1절 이상주의와 현실주의

1. 개괄적 이해

– 이상주의는 이념적인 것에서 존재의 본질이 구해진다고 믿는다. –

주자나 퇴계와 같이 리기이원론과 리선기후설(理先氣後說)을 근간으로 하는 철학체계에는 두 개의 세계가 존재한다. 하나는 시공(時空)밖에 존재하는 완벽한 리의 세계이고 다른 하나는 시공 안에 존재하는 현상으로서의 세계이다.

퇴계에 의하면 사물의 리는 사물이 존재하기 이전에 선재(先在)한다(未有事物之時 此理已具). 이는 곧 시공 안에 존재하는 구체적 현실세계 이전에 이미 완벽한 리의 세계가 있다는 의미이기도 하다. 플라톤식으로 말하면 이데아(Idea)의 세계이다.

그리고 이러한 이상(理想)·리의 세계는 성리학의 기본 명제인 '성즉리(性卽理)'의 관점에서 보면 자연본성이 순수하게 보존되어진, 따라서 본질적인 세계이고, 현존재(現存在)에서의 악(惡)에 의한 오염은 비본질적(非本質的)인 상태이다.

퇴계의 관심은 이상적인 것, 유가의 리(인의예지)의 세계 즉 도덕적으로 완벽한 세계의 실현에 있고 국가경영 역시 일차적으로 인간의 본성인 인의예지를 깨우쳐 예(禮)를 세우는 수기가 본(本)이며 제도론은 그 이후 말(末)의 문제이다. 그러나 리기일원론자인 율곡에게는 도(道)가 기(器)이고 기 이외에 도는 없다. 이러한 도기론(道器論)에서는 도(道)는 현존을 벗어나 이루어져야 할 당위에서가 아니라 지금, 현존에 내재하며 진실을 추구하는 데에서 실현되는 것이다. 율곡은 현실을 떠나 따로 삶의 의미가 존재한다고는 보지 않는다. 따라서 그에게 중요한 것은 역사적 현실이다.

퇴계 사상을 선험적 가치의 존재를 인정하고 그에 합일하려하는 이상주의라면 율곡의 철학은 현실에서 삶의 의미를 추구하는(도기론) 현실주의라 할 수 있다.

퇴계와 율곡의 사상적 두 경향 즉 이상주의와 현실주의는 정치사상사에 항상 병존(恒存)하여 왔으며 그것은 인간마다의 다양한 성품에 따른 당연하고 자연스러운 사회적 현상이다.

이상(理想)이 없는 현실주의에서는 미래로 이어지는 방향 설정에서 길을 잃거나 독선에 빠질 우려가 있고 반면에 현실을 경시하는 이상주의에서는 내용을 상실한 형식주의나 공허에 빠질 위험이 있다(윤사순, 『동양사상과 한국사상』). 역사발전은 이 둘이 균형을 유지하는데서 점진적으로 이루어진다. 이때 균형은 공존상태에서의 균형일 수도 있지만, 또한 역사의 흐름 안에서 서로 주도권을 주고받는 형식 즉 시간적 균형일 수도 있다.

율곡은 이상주의 경향이 강한 성리학의 사유체계 안에서, 그리고 유가의 궁극적 목적과 이념을 수용하는 선(線)에서 현실성을 추구하였다. 그것은 그가 밝게 보기 어렵고 말하기 어려운 리기의 묘처(妙處)를 능히 보고 말할 수 있는 안목을 지녔기에 가능한 길이었다.

그는 현실과 당위로서의 원리를 함께 조명(照明)함으로서 현실에 대한 통찰과 미래를 투시(透視)하여 올바른 현실주의를 정립하였다. 그의 그러한 철학적 입장은 도기론으로서, 이로부터 반계, 성호 등에 의한 실학(實學)이 나올 수 있었다.

율곡의 현실 지향적인 사상적 성격의 영향으로 율곡학파(기호학파)는 정치적 상황 파악에 있어 퇴계 학파보다는 앞서, 그 학문적 계보는 표면적으로는 현실정치를 주도하여 나갔다. 그러나 조선시대의 정신세계를 확고하게 장악한 사상은 퇴계의 강경한 도덕주의였고 현실정치는 그 절대적 영향력으로부터 벗어나지 못하였다.

퇴계의 사상은 조선 성리학에서 종교적 신념에 가까운 순수한 도덕주의의 전통을 세웠다. 그러나 이러한 '강경한 도덕주의'가 송시열에 이르면 주자의 학설 이외에 어떠한 이설(異說)도 허용하지 않는 교조주의로 일관하며 시대사상을 경색(梗塞)시켰고 이들이 반대 내지 수정주의에 내리는 사문난적(斯文亂賊)의 효과는 중세 서양세계에서의 종교적 파문(破門)을 방불케 하는 것이었다.

조선에서 주자학은 16세기 후반에 들어서면서 학리. 학설의 이해와 연구가 절정에 이르고 학파가 나뉘며 이념의 분화가 일어났다. 이런 과정에서 조선적인 특색인 인성론에의 천착(穿鑿)이 뚜렷이 드러나게 되었으며 또한 정치세력 사이의 정쟁이 치열해지는 사정과 추이(推移)를 한께 하였다(김준석, 전게서).

그리고 이 시기에 퇴계와 율곡은 두 학파를 대표하였다.

16세기 중엽 인성론의 문제 특히 사단칠정의 해석에 대한 논쟁의 핵심은 본성으로서의 리(性則理)가 자발(自發)한다(四端理之發)고 볼 수 있는가의 문제였다. 이 둘, 퇴계와 율곡은 리발(理發) 즉 리의 작용설에 대한 찬반으로 대립각을 세웠다.

사실 논리적 측면에서 리발을 주장하는 데에는 문제도, 반대도 많았으나, 그럼에도 불구하고 퇴계가 리발을 주장하는 저변에는 지고(至高)한 도덕적 가치인 리의 독자적 능력을 옹호하여 기의 영향으로부터 자유롭기를 바라는, 그리하여 리의 초월적 절대적 지위를 확보하려는 윤리적 동기가 강하였다.

퇴계는 리를 실재시(實在視)하여 그 자발을 주장한다. 그리고 그러한 리의 작용에 대해서는 주자도 그의 『어류』에서 '사단은 리의 발이고 칠정은 기의 발이다'라고 밝힌 바 있다고 하여 리발의 근거로 들었다. 그러나 율곡학파의 주장은 그 글에서 말한 주자의 개념 규정은 『주자어류』에 단 한번 보이며 이 말은 기록자의 착오이거나 한 순간의 견해일 뿐이라는 것이다. 이는 후에 송시열에서 시작하여 한원진이 완성한 『주자언론동이고(朱子言論同異攷)』의 저술 동기이고 그 결론이다.

그러나 율곡은 '발하는 것은 기이고 발하게 하는 것은 리이니, 기 아니면 발할 수 없고 리 아니면 발할 근거가 없다(發之者 氣也 所以發者 理也 非氣則不能發 非理則無所發)라 하면서 성인이 다시 일어나더라도 이 말은 바꿀 수 없다(聖人復起 不易斯言)'고 까지 하여 그 주장에 대한 확신을 강하게 표현하였다.

이 논쟁에서 퇴계에 의해 '주리주기(主理主氣)'라는 개념이 제시되었다. 그는 리가 발하여 기가 따르는 경우가 있는 것은 리를 주로(主於理)해서 말한 것이며, 사단이 이것이다. 기가 발하여 리가 타는 경우가 있는 것은 기를 주로(主於氣) 해서 말한 것이며 칠정(七情)이 이것이다'라 하였다(『퇴계전서』).

이 주리주기 개념은 퇴계의 제자들이 율곡학파를 공격하기 위해 이용되었다. 그러나 율곡학파에서는 자신들을 주기, 상대를 주리로 규정하지도 않았을 뿐 아니라 그런 용어 자체를 기피하였다. 조선 성리학은 정몽주를 교조로 세워 강직한 의리(義理)를 중심으로 한 도덕주의를 지향하였고, 이러한 학문적 분위기에서 주기학파(主氣學派)로 단정되는 것은, 그것만으로도 이미 도덕적으로 결함(缺陷)이 있는 학설로 간주되는 상황이었다.

사실 태극 즉 리(理)의 등식(等式)이 정주(程朱)에 의해 정의(定意)된 이래, 성리학에서 태극의 보편성과 초월성을 이어 받은 리(理)는 의(義)와 함께 도덕상의 절대적 지위에 있었고, 이에 비해 기는 이욕(利慾)으로 간주되었다.

리발(理發), 리의 작용설은 단순히 리의 관념적 상태에서의 원리성을 옹호하는데 그치는 것이 아니다. 그 논리의 전개는 초월적인 절대적 가치를 구비한 리가 자신의 가치이념을 스스로 실현시킬 수 있는 능력마저 갖게 되면서, 종교에서의 신(神)에 버금가는 권위적 존재로 자리하여 조선 주자학에서의 종교화의 경향을 가능하게 하였다.

사실 그는 '천즉리(天卽理)'[1]임을 강조하면서, 천이 지녔던 상제(上帝)의 의미를 제거하고 그 자리에 대신 리법(理法)의 의미를 부여한다(윤사순, 『퇴계의 자연관』).

조선 역사 전반에 걸쳐 퇴계와 율곡은 가장 존경받는 인물이다. 비단 성리학을 완성시켜 그 절정을 이루었다는 학문분야에서뿐 아니라 그 인품에 있어서도 그러하였다.

그러나 퇴계 때는 대윤(大尹)·소윤(小尹)의 정권 쟁탈전으로 인해 정국이 혼란에 빠져 있었고, 율곡 때는 동서 분당으로 인해 유신(儒臣)들의 총명이 흐려져 있어 두 거유(巨儒)의 진언이 묵살된 채 마침내 국운을 그르치고 말았다.

훗날 정약용은 퇴계와 율곡의 리기론에서의 리기 개념의 차이에 대해 '퇴계는 오로지 인간의 성정(性情)에 나아가 말한 것이요, 율곡은 천지만물을 총괄하여 이론을 수립한 것'이라 파악하고, 퇴계에게 '리'는 도심으로, 천리, 성령(性靈) 쪽이요, '기'는 인심으로 인욕, 혈기 쪽인데 비하여, 율곡에게 '리'는 무형(無形)한, 그러나 사물의 근거(所以然)요, '기'는 유형(有形)한 사물의 체질(體質)이라고 대비시키고 있다(『西巖講學記』).

이들 사상을 성리학의 실천윤리 측면에서 보면 퇴계는 주정적(主靜的)이며 동시에 내성적인 경향이었으며, 율곡은 정치사회현상을 역사적 그리고 현실주의적 관점에 따라 이해(理解)하여 제도 개혁론을 주장하였다.

---

1) 천즉리는 중용의 '천명지위성'과 '성즉리'가 복합된 개념이다. 천명은 상제의 령(令)으로 일반적으로 운명으로, 또는 종교적인 소명(召命) 내지 생존의 의의를 의미하는 경향이 강하였다. 이는 서경(書經)에서 보이듯이 천자라는 제왕의 통치권 부여로 쓰였고, 맹자(孟子)에서 '천은 무언(無言)이므로 실질적인 천명은 민심'으로 이해되어 동양적 민주성의 길을 열어 주었다.

2. 성학(聖學)과 수기론

1) 성 학

성학은 이언적이 훈구·기성세력에 대항하는 사림의 입장에서 국왕 명종에게 올리는 군주학문론을 전개하며 출발하였다. 그리고 퇴계와 율곡은 사림 지배가 형성된 다음, 사림의 단합과 정치쇄신을 기대하는 상황에서 선조에게 건의하는 성학론을 마련하였다.

퇴계의 『성학십도(聖學十圖)』는 유학사상을 체계화하여 이것을 정치실용에 도움이 되게 하려는 의도로 이루어진 것이다. 그는 도의 올바른 인식과 실천을 위해 가장 중요하다고 생각되는 도학의 문헌들을 그림으로 일목요연하게 나타냈다.

그는 그의 성학십도(聖學十圖)에서 성학이란 '천도에 근본하여 인륜을 밝히고 덕업에 힘쓰면서 아울러 심성에 근원하여 일상생활에서 경외(敬畏)의 태도를 높이는 방법'이라 하였다. 그것은 군주가 성왕(聖王) 즉 플라톤의 철인군주가 되게 하는 학문이다.

이에 비해 율곡의 『성학집요(聖學輯要)』는 퇴계가 『성학십도』에 주자학 전체를 성학의 범위에 넣고 그 이론체계와 학문과정에 관련된 주요 주제를 도표와 해설을 한 것과는 달리 『대학』체계 하나만을 확대하되 여기에 찰리(察理)·천이(踐履)의 실천 덕목에 유익한 선유(先儒)들의 논설을 채록·설명하고 있다(김준석, 전게서).

다시 말해 율곡의 『성학집요』는 『대학』의 수신, 제가, 치국에 해당하는 '수기(修己), 정가(正家)와 위정(爲政)'을 구체적으로 세분하여 군왕이 군왕이기 이전에 이상적인 성인이 되어 성왕(聖王)의 경지에 이를 수 있도록 수기치인(修己治人)과 내성외왕(內聖外王)의 길을 제시하고 있다.

그러나 정치·역사적으로는 군주성학은 신권(臣權)중심의 정치운영을 실현해가기 위한 군주권 제약의 방편으로 기능하였다. 또한 경제적으로는 군주성학은 군주권의 신성불가침을 부정하는 인식논리가 되어 천명의 대행자로서의 왕권 그리고 왕토(王土)사상을 부인하는데 이르고, 따라서 왕토 즉 토지국유에 대항하는 토지의 사적 소유를 규제할 수 있는 논리적 근거를 잃게 되었다.

2) 수기론

퇴계는 '도(道)는 넓고 넓은데 배우는 사람이 그 문을 열고 들어가기가 어렵다. 정·주가 나와서 거경과 궁리의 두 말로서 만세를 위하여 커다란 가르침을 세웠다'고 하였다(『퇴계전서』).

그의 수기론은 거경(居敬)과 궁리(窮理)를 병칭(竝稱)하지만 그 중심은 거경에 있었고, 이때 수기의 핵심은 인욕을 막고(遏人欲) 천리를 보존하는 것(存天理)으로, 리를 투철하게 살피지 못하고(察理未透) 마음을 다스리는 방도에 어두어(操心昧方) 생긴 심기(心氣)의 병을 치료하는 방법으로 경(敬)을 강조하였다(강희복, 『퇴·율의 수양론에 관한 천견』).

이에 비해 율곡은 수기(修己)에 대하여 '수기의 공(功)은 거경·궁리·역행(力行) 세 가지에 지나지 않으며 거경으로서 그 근본을 세우고, 궁리로서 명선(明善)하고, 역행으로서 실천하는 것 세 가지는 일생의 사업이다'라 하여(『성학집요』), 퇴계가 거경에 중심을 둔 것과는 달리 자신의 철학적 기조인 실천중심의 입장에서 역행을 강조하는 차이를 보였다.

이때 거경이란 경의 상태를 취하는 것, 즉 주일무적(主一無適)으로 풀이되는 의식의 집중·통일에 의하여 진지하고 경건한 마음의 자세를 갖추는 것이다. 궁리란 여러 가지 도리에 대한 궁구·인식으로써 넓은 의미의 학문을 뜻한다. 역행이란 경과 선한 도리 내지 예(禮)를 몸소 힘써 실천함을 뜻한다(윤사순, 『율곡의 도학적 인간관』).

율곡은 퇴계가 원론·원리적 면에서 수기의 핵심을 인욕을 막고(遏人欲) 천리를 보존하는 것(存天理)이라는 개인의 윤리적 목표 실현을 강조한 것과 달리, 실천철학 측면에서 '수기는 기질을 변화시킴보다 더 절실한 것이 없다'고 하여 편벽되고 악한 성품을 원만하고 선량한 품성으로 바꾸는 것을 일차적 목표로 하였다.

그의 철학적 경향은 비록 리가 이념적 주재성을 갖지만 현실적 주도권은 기에 있다는 입장 즉 현실(기) 중심이다. 그리고 리는 기의 편정·통색·청탁·수박(粹駁)에 따라 자신을 온전히 발휘할 수도, 아닐 수도 있음으로, 그는 탁기를 청기(淸氣)로 바꾸는 기질의 변화와 그에 따른 실천행위에 보다 관심을 가졌다.

성리학 심성론의 대전제인 성즉리(性卽理)를 부정하지 않는다면, 인간이 윤리적 삶을 위해 해야 할 과제는 이러한 수기에 의한 기질의 변화와 함께 성(性)이 발현과정에서 왜곡되지 않도록 세(勢) 즉 현실여건을 마련하는 것이 되어야 한다. 왜냐하면 리인 성은 기질과 세의 방해만 없다면 리로서의 본연을 들어 낼 것이기 때문이다.

따라서 수기에 의한 기질의 변화를 추구함과 함께 '도만 제자리에…'가 아니라 '현실 여건만 갖추어 진다면…'이 되어야 할 것이고, 따라서 현실 중심의 생존여건의 향상이 우선되어야 한다(先養後敎). 그것은 현실주의자들이 도의 실현을 위해 추구하는 길이며, 또 다른 의미의 항산·항심(恒産·恒心)이라 하겠다.

3) 경(敬)과 성(誠)

① 일반적 이해

목은(牧隱)은 성리학에서의 거경궁리에 대해 '불교에서 마음을 맑게 하고 고요히 살핌으로서 본원의 자성(自性)의 천진함을 보아서 사람을 생사의 거친 파도 속에서 건져 적멸(寂滅)로 돌아가게 하는 것과 무엇이 다르겠는가?'라 하였다.

그러나 불가의 수행인 정좌(靜坐)에서는 사념(思念)을 떨치는데 반하여 지경(持敬)에서는 '사학(思學)을 겸하고 동정을 꿰뚫는' 점에서 차이가 난다.

본래 성리학의 경은 불가(佛家)의 정(靜)과 선진유학에서의 성(誠)을 의식한 개념이다.

그러나 정과 성이 도(道)의 본질적 성격을 들어내는 우주적 개념임에 비해 경은 인간의 내면적 행위 개념이라 할 수 있어 주관적 성격이 강하며, 수기(修己)에 초점이 맞추어져 있다.

유가의 정치철학에서 수직적 하이라키(hierarchy)를 유지하는 데는 정치적 사회적 권력이라는 외적 힘에 의한 객관적 윤리규범(삼강오륜)의 실천요구와 더불어 내면적 성찰에 의한 자발적이고 적극적인 사회적 동의(同意)가 전제된다.

그리고 삼강오륜은 인간 본성인 리 즉 인의예지신의 외적 표현·형식에 다름 아니며, 따라서 이에 대한 내면적 성찰이란 인간의 본성 즉 리에 대한 자각을 의미한다. 이때 경(敬)은 리에 대한 자각 그리고 그 상태를 유지·보존하기 위한 자기제어를 할 수 있는 행위적 개념이다.

물론 거경(居敬)에는 궁리(窮理)와 함께 객관적 진리에 대한 깨달음이라는 목표가 있지만, 그러나 또한 천에 대한 외경(畏敬), 군왕에 대한 신하의 경(敬)에서처럼 상대성을 갖는 주관적 개념으로 자기제어(制御) 내지는 추종의 의미를 갖고 있다. 그것은 유가적 가치의 정당성을 천명(天命)이나 천리(天理)의 이름에 의지하는 성리학의 기본성격에서 비롯된 것이다.

② 퇴계와 율곡의 성과 경

퇴계는 경이란 마음이 순수하고 전일(全一)하게 된 상태로, 외적으로는 몸가짐을 단정하고 엄숙하게 하고(整齊嚴肅) 한 가지 일에 마음을 집중하여 흩으러 지지 않게 하여야 한다(主一無適). 그리고 마음이 항상 깨어있어야 하고(常惺惺) 마음을 거두어 들여 잡스러운 생각이 나지 않도록 하는(其心收斂不容一物) 등의 네 가지 방법을 제시하였다.

인간의 마음(心)은 몸을 주재하고, 경은 마음의 주재할 수 있는 능력을 기르는 방법 혹은 그러한 상태를 가리킨다. 이러한 경(敬)은 수기의 중핵(中核)·필수적 선행요건이며 동시에 경을 이루면 성(誠)은 자연히 이루어진다고 보았다.

이처럼 경은 수기의 시작뿐 아니라 유종의 미까지 거둘 요건으로 이해하여, 불가의 정(靜)이나 선진유학의 성(誠)과 스스로를 일치시킬 수 있는 개념으로 자리한다.

퇴계는 '생각컨대 경이란 위아래로 통하지 않는 것이 없으니, 진실로 지경(持敬)의 방법을 알 수 있으면 이치가 밝아지고 마음이 안정되어(理明心定), 이로써 격물하면 사물이 나의 살펴봄에서 벗어 날 수 없고, 이로써 응사(應事)하면 일이 마음에 걸림이 되지 못할 것이니, 격물(格物)을 하는데 무슨 어려움이 있으며 마음에 하나의 일(흔적)도 두지 않는다는 것에 대해 무슨 의문이 있겠는가(동서)'라 하였다.

그러나 율곡은 '뜻은 진실(誠)되지 않으면 서지 못하고, 이치는 진실되지 않으면 궁구되지 못하며, 기질은 진실되지 않으면 변화될 수 없다'(如志無誠則不立, 理無誠則不格, 氣質無誠則不能變化)(동서)고 하여 '성의(誠意)'를 수기치인의 근본이라 하였다(誠意爲修己治人之本也).

그는 '성(誠)은 경의 근원이며, 성(性)으로 돌아가는 공부'이다. 성(誠)은 하늘의 실리(實理)이고 마음의 본체인데, 사람이 그 본심을 회복할 수 없는 것은 사사(私邪)가 가리우기 때문이다. 그리고 경을 주로 하여 사사를 모두 없애면 본체가 곧 온전하게 된다. 결국 경은 공들이는 요건(用功之要)인데 비해 성(誠)은 공을 거두는 바탕(收功之地)인 것이다. 다시 말해 성(誠)은 곧 도(道)이며 근본적인 목표자체임에 비해 경은 그 과정에서의 쓰임(用)으로 이해하였다.

③ 비 교

퇴계와 율곡의 사상적 정치적 관점의 근본적인 차이는 퇴계가 보다 관념적, 사변적이며 진리를 추구하는데 전념한 반면, 율곡은 현실에서의 진리를 실천적인 대상으로 인식하고 그 목표를 수행하는데 주목(注目)하였다.

이를 도의 관점에서 비교하면 유가에서의 도(道)는 우주의 궁극적·보편적 '본연(本然)'(천도)인 동시에, 우주 본연에 이르는 삶을 추구하는 '행위(行爲)'(인도)의 의미를 함께하고 있으며, 퇴계가 주로 '천도'를 지향하였다면 율곡은 '인도'를 추구하였다고도 볼 수 있겠다.

퇴계는 주경명리(主敬明理)의 공부를 지속적으로 해나감으로서 심정리명(心定理明)이 가능해지며, 이럴 때 이치(理)에 대한 진지묘해(眞知妙解)와 마음이 리와 하나가 되는 경지도 가능해지고 진락(眞樂)을 체험할 수 있다는 것이다.

여기서 마음이 리와 하나가 되는 경지는 곧 내 의식이 존재의 근원과 만났다는 즉 도의 깨달음과 다르지 않다. 퇴계는 이러한 경지에서의 느낌인 진락(眞樂)에 대해 '자기도 모르게 손과 발이 춤을 추게 되는(不知手之舞之足之蹈之)' 열락(悅樂)의 경지라 하였는데, 사실 이와 유사한 표현은 불가에서 득도일화(得道逸話)에 항상 나오는 이야기이기도 하다.

이는 퇴계의 수기의 극진함이 공자가 말하는 문도(聞道)의 경지에 근접하였다는 것을 보여주는 표현으로 그가 조선 성리학에서 최고의 인물로 추앙받는 참뜻, 진면목이다. 일찍이 그는 '덕행이 윤리에서 벗어나지 않아 천과 인이 합일되는 교묘한 경지가 가능하다'고 한 바 있다(『성학십도』).

그러나 율곡은 현실주의자로서 확실한 정치적 실행에의 의지를 갖고 있었고 또 강조하였다. 따라서 실천을 최우선에 두어 수기 즉 거경·궁리·역행(力行)에 앞서 '스스로 뜻을 공고(鞏固)'히 할 것을 우선적으로 요구하며 입지(立志)를 강조하였다. 그의 생각에 입지는 행위의 지반(地盤)으로 모든 일이나 학문의 성취는 이를 절대적 요건으로 하며, 입지가 약화되면 사상누각(砂上樓閣)을 면치 못하기 때문이다. 그리고 이러한 뜻을 세우지 못하는 원인을 믿음, 지혜와 용기가 부족(不信, 不智, 不勇)한 것에 두었다.

그의 입지에 대한 생각은 공자(孔子)가 '산을 만드는데 한 삼태기가 모자라 이루지 못하고 그만두는 자를 나는 도와주지 않는다. 또한 비유하건데 땅을 평평하게 고르는 일에 이제 한 삼태기를 부었을 뿐이라도 나아가는 자에게는 나는 함께 가 준다(譬如爲山 未成一簣 止吾止也 譬如地平 雖覆一簣進 吾往也)'라고 한 바와 같은 의미다(『논어』 자한).

제 2 절 이황(李滉, 退溪, 1501-1570)

1. 생 애

퇴계의 생애는 그의 행적과 그 사상에 나타난 변화를 기준으로 다음과 같은 세 시기로 구분할 수 있다.

첫째, 그의 출생으로부터 34세에 급제하여 출신하기 전까지의 수학시기, 둘째, 그 이후 49세에 풍기 군수로서 경상감사에게 사직을 제출하여 해관(解官)을 청한 때까지의 출사(出仕)시기, 그리고 셋째로 다음해인 1550년 50세에 감사의 허락이 없자 스스로 임소(任所)를 떠나 은거(隱居)한 이후부터 70세에 종명(終命)할 때까지이다.

그는 27세에 경상도 향시(鄕試)의 진사시에 응하여 수석으로, 그리고 34세 때에 대과(大科)에 급제하여 이로부터 벼슬길에 나서게 되었다. 그리하여 국왕에게 유학 경전과 사서(史書) 등을 강의하고 고금(古今)의 인물과 시정(施政)에 대한 논평을 가하는 경연(經筵) 검토관이 되었다.

그러나 퇴계는 만년에 이르러 주자학 연구에 몰두하여 정치에 대한 관심보다 학문적 성취에 온 정성을 쏟으며 수기(修己)에 전념하였다. 그는 '도산서당(陶山書堂)'을 설립하여 문장(文章)과 과거(科擧) 이록(利祿)에 물들은 인심과 세상을 피하여 산림에 숨어 학문을 강론하고 도를 밝힘으로써 자기완성과 타자(他者)의 성취를 기하였다.

퇴계문집에 따르면 그는 은퇴 이후 백 여명의 문인(門人), 사우(師友) 등과 천 여통의 서신을 교환하며 학술, 예속(禮俗), 처신에 관한 문제들에 대해 생각을 주고받았다. 즉 그가 은퇴생활을 하였다는 의미가 곧 은둔(隱遁)을 의미하는 것은 아니었다. 그러한 예로 그는 '예안향약(禮安鄕約)'의 규약에 이웃의 환란에 대해서 도울 수 있는 데도 불구하고 이를 좌시하고 구해주지 않는 자에 대한 처벌조항을 두었을 만큼 함께 사는 삶을 귀하게 여겼다.

퇴계는 공자의 '배움을 싫어하지 않고 가르침에 게으르지 않은(學而不厭 誨人不倦) 삶을 살았다'고 하는 것이 보다 그를 가깝게 표현하는 것이라 하겠다. 그는 근면(勤勉)한 생활을 강조하였는데 학문에 있어서도 양명학은 심즉리(心卽理) 즉 리가 내 마음과 하나라는 믿음에서 격물치지의 노력을 등한히 하고, 또한 지행(知行)의 즉일적(卽一的) 성격을 비판하였다.

퇴계는 남명(南冥)에 보낸 답장에서 '학자가 이름을 훔쳐서 세상을 속인다'는 말은 옳지만 이 말로 누구나 꾸짖으려 든다면 선한 의도마저 꺾을 위험이 있음을 경계하였다. 후일에 다산(茶山)은 이를 퇴계가 학문하는 자를 모두 받아들여 품어주는 온화한 포용력을 지녔다는 의미로 받아들이고, 감동하였다.

퇴계는 도학자(道學者)일 뿐 아니라 시인(詩人)이었고, 보다는 선인(仙人)이었다.

그의 성리학은 종교적 성향이 강하여 리를 천명과 결부시켜 선(善), 절대가치로, 그러나 기를 악(惡), 인욕으로, 기피하여야 하는 대상으로 취급하려는 경향이 주자보다도 심하였다.

퇴계는 사단칠정 논쟁에 있어, 사단(四端)을 성리학에서 마련하는 도덕적 가치체계의 상징적(象徵的) 존재로 보아, 이를 천상(天上)의 가치로 보존하고, 땅에 속하는 것들과 섞이게 하고 싶지 않다는 심정적(心情的) 차원에서, 비록 논리에 무리가 있었지만 리발(理發)에 대한 주장을 결코 놓지 않았다.

그러나 그의 가치관의 본지(本旨)는 인간이 본성을 자각하여 타락하지 않음으로서 본연의 인간성을 회복하여 인간의 정당한 가치와 권위를 전 우주의 입장에서 확립하려는 일종의 휴머니즘의 지향에 있다(윤사순, 전게서).

2. 우주론

성리학의 우주론은 주염계의 '태극도설(太極圖說)'에 의지한다. 정주는 주염계의 태극도설(太極圖說)에서의 태극을 리로 규정하여 우주 자연을 리기론으로 구성하였다.

퇴계 역시 그에 따라 우주 자연은 모두 리(理)와 기(氣)로 이루어졌으며, 그 근원은 궁극의 리(理)인 태극이고, 그 최초의 생성은 태극의 동정(動靜)으로 해서 음양(陰陽)이 생기는 것이며, 이어 음양의 변합(變合)으로 오행(五行-金木水火土)이 생기고 그 오행의 응취(凝聚)로 인간과 만물이 생겨났다고 한다(『聖學十圖』).

이처럼 퇴계의 우주론은 본체론과 생성론을 아우르고 있다. 그는 우주 생성과 변화의 원인에 대해 '태극 스스로의 동정이며, 천명 스스로의 유행이다. 어찌 다른 무엇이 있겠는가'라 하였다(『퇴계전서』). 또한 태극은 음으로도 양으로도 변화를 일으키는 생성원리(所一陰一陽之道)인 동시에 지극히 좋고 선한 표준(極好至善之表德)이라는 주돈이의 주장을 수용한다.

그리고 태극을 리로 규정한 상태에서 태극에 부여한 성격과 가치는 곧 리(理)의 것이 된다.

퇴계의 리기론에서 리는 물체의 존립·생성을 가능케 하는 원리인 동시에 원인(所以然之故)으로서 기(氣)에 선행하는 실재로 간주되며, 기는 음양오행으로 물체의 생성을 이루는 재료와 힘(力)을 의미한다. 이러한 기는 취산(聚散)·굴신(屈伸)·왕래(往來) 등의 운동을 할 뿐 아니라 생멸(生滅)의 특성을 지닌다(『퇴계전서』).

이러한 우주의 근본적 성격은 생생(生生)한 것이다.

『역경』에서는 '우주(천지)의 특성(德)은 곧 생(生)이다'(『주역』 계사)라 하였고, 퇴계 역시 우주를 유기체로 보았다. 다시 말해 그의 우주관은 『주역』의 '자연의 변화는 기의 끊임없는 생성(生生之謂易)'과 '천지의 덕은 곧 생명을 키우는 일(天地之德曰生)'이라는 명제에 따라 우주를 하나의 생명체로 인식한 것이다(윤사순, 전게서).

그는 자연의 생성·변화를 일으키는 실체는 기이지만 그 기의 생성 원인은 리이다. 그것은 역학적(易學的) 우주관으로 우주·자연의 생성변화는 기(氣)인 음양오행이 원형이정 즉 원(元)은 만물이 시작되는 원리이고 형(亨)은 형통, 이(利)는 수행(遂行), 정(貞)은 이룩하는, 이 네 원리·법칙에 따라 이루어지는 현상이라는 정주의 견해를 따른 것이다.

3. 리기론

(퇴계는 대체로 주자의 학설을 수용하였고, 따라서 그의 리기론에 대한 설명은 제1장에서의 성리학을 소개하는 글과 여러 곳에서 중복된다).

퇴계는 리야 말로 본래 대비될 것이 없을 정도로 존귀하며, 사물에 명령만 내리지 사물로부터 명령을 받는 것이 아니다. 또한 우주자연은 리의 자기원리에 의해 운행하는, 따라서 필연적인 생성·변화를 한다.

이러한 리는 지극히 빈듯하면서 지극히 차 있고, 없는 듯 하나 있으며, 움직이면서 움직임이 없고, 그리하여 그 리는 능히 음양오행, 만사만물의 근본이 되어 음양오행, 만사만물의 가운데에 있으면서도 그에 구애되지 아니하므로 기와 섞이어 한 몸이 된다거나 일물로 간주될 수 없는 것이다. 그러한 리는 기와 관계없이 있을 수 있는 절대적, 초월적 존재이다.

그의 철학의 근간은 선악의 근거를 리와 기로 나누어 귀속시키는데 있다.

그는 '리는 귀하고 기는 천하다. 그러나 리는 무위하나 기는 유욕(有欲)하다' 그리고 '기에 리승(理乘)이 없다면 이욕에 빠져 금수가 된다'라 하였다. 이처럼 그는 '기라는 유욕'에 대해 '도덕적 가치인 리'를 대립시키고 있다.

그는 선악에 대하여 '리발이 성취되지 못하고 기에 가려진 다음에는 불선(不善)으로 흐른다. 만약 기의 발함이 중절(中節)하지 못하여 그리를 소멸시키면 악이 된다'는 것이다. 여기에는 리에 의해 기가 제어되어야 한다는 도덕적 명제가 함축되어 있다.

그러나 그 역시 '리 없는 기가 없고 기 없는 리가 없다'고 하여 기와 함께 있어야 할 리를 말하고 있다. 그는 '만약 리기가 본래 일물이라고 말한다면, 태극은 곧 양의(兩儀-음양)이니 어찌 능히 생하는 것이 있겠는가? 진(眞)이라 말하고 정(精)이라고 말한 것은 이물(二物)이므로 묘합해서 엉긴다고 말한 것이다. 만약 그것이 일물이라면 어찌 묘합해서 엉긴다는 것이 있겠는가?'라 하여 리기이원론에 투철하였다.

1) 리의 동정

퇴계는 주자가 태극을 리(理)와 동일한 것으로 말한 것에 따라 리, 태극, 천명을 같은 의미로 사용한다. 뿐만 아니라 주렴계의 태극론을 그대로 수용하여 음양을 낳는 태극의 동정을 리의 동정으로 환치시킨다.

그는 리의 동정을 논증하기 위해 태극의 '본체'와 음양을 낳는 오묘한 '작용'이라는 양면성을 차용(借用)하여, 이를 논리적 근거로서 리의 체용설을 세웠다.

주자는 한편으로는 '리에 동정이 있다(理有動靜) 또는 태극유동정(太極有動靜)'이라 하고 다른 한편 '리는 감정도 없고 만들어 내는 활동도 없다(理無情意造作)'라고 하여 두 명제간의 모순(矛盾)을 드러내었다.

그러나 퇴계는 이를 해명하며 '후자는 리의 본래적인 본체를 가리키는 것이고, 전자인 발(發)하고 생(生)한다는 것은 리의 지극히 오묘한 작용을 가리키는 것'(蓋無情意云云, 本然之體, 能發能生 至妙之用也)이라 설명하고 있다. 이처럼 그는 체용설로서 리를 체와 용으로 나누고, 이를 근거로 리발기승(理發氣乘)의 이론으로 진전시켰다(『퇴계집』).

그러나 펑유란은 주자학에서 주렴계의 태극론을 그대로 수용하는 것은 무리이며, 주희가 리의 동정을 주장하지 않았다고 한다. 퇴계는 이점에서는 주희를 따르지 않았고 따라서 이러한 펑유란의 코멘트(Comment)는 퇴계철학에 대한 비판적 견해라 할 수 있다.[2)]

결국 주자주의자임에도 불구하고 퇴계는 주희의 '리란 형체를 초월한 형이상자로서, 의지나 목표가 있는 것은 아니다'라는 정의(定意)를 과감히 벗어 버리고 도덕적 실체로서의 리가 스스로 움직인다(發)고 주장한다. 그리고 퇴계가 주장하듯 절대가치인 리가 스스로 자신을 실현시킬 수 있는 힘까지도 구비하였다면 그것은 이미 단순한 철학적 관념이 아니라 종교에서의 신의 권능(權能)에 이른 것이다.

퇴계는 그의 일차적, 근본적 논거로서 정주의 '리는 태극과 하나'라는 명제를 따랐으나 여기 '태극이 곧 리'라는 데에는 몇 가지 문제점이 있다.

주염계가 의존한 『주역』에서의 태극은 자연주의에 따른 물질적 존재론에 바탕을 두고 있다. 그의 태극론은 우주 생성론으로 이때 태극은 우주의 본체와 함께 음양, 기의 생성 즉 동·작용의 뜻을 가지고 있다. 이는 기일원론으로 주자의 리기이원론과는 당연히 맞지 않는다.

평유란은 주염계가 '태극도설'에서 '태극이 운동하여 양을 낳고 운동이 극에 달하면 고요에 이르고 고요함으로서 음을 낳는다고 했는데 이 말은 주자의 체계와 맞지 않는다. 주자의 체계 내에서는 태극에 운동의 리가 있기 때문에 기가 운동하여 양기가 되고, 태극에 고요한 리가 있기 때문에 기가 고요하여 음기가 된다고만 할 수 있기 때문이다. 주자의 체계에서 보면 염계의 태극은 형이하의 존재이다'라고 하고 있다.

사실 주자가 리와 태극이 같다고 하였으나, 이렇다고 하여 리가 태극에 내포되어 있는 모든 의미를 그대로 다 가지고 있는 것은 아니다.

성리학의 리(理)가 갖는 가장 기본적인 의미는 '천리'로서 인간이 마땅히 해야 할 도리(道理)이고 다른 하나는 태극론에서의 '극(極)'으로

2) 형이상학에서는 다만 논리의 법칙에 어긋나는 오류(誤謬)만 있을 뿐 옳고 그른 것은 없다. 그것은 옳고 그르고를 판단할 객관적 사실이 존재하지 않기 때문이며 따라서 어떠한 주장도 논리에 합당하면 인정할 수밖에 없다. 거기에는 경향 성향이 있을 뿐이다. 따라서 퇴계와 주희 어느 쪽이 옳고 그르다는 판단은 있을 수 없다.

'한 사물의 절대적 기준'을 뜻한다. 이는 플라톤의 이데아(Idea)와 매우 근사(近似)한 개념이다.[3)]

2) 리기의 선후

주자는 주렴계(周濂溪)의 '무극이태극(無極而太極)'을 해석하여 '만물을 초월하면서 동시에 만물의 근원이 된다'라 하였는데, 퇴계는 이 견해에 의거 '이미 사물이 있기 이전에 이 리는 구비되어 있다(未有事物之時 此理已具-이선기후설)'고 한다.

그러나 리와 기의 선후 문제는 두 측면에서 접근이 가능한데, 사실의 측면에서는 율곡은 '동정(動靜)은 단초(端初)가 없고 음양은 시작이 없다'하였고, 이에 따르면 기 이전에 리는 없으며 따라서 기선(氣先)이다. 그러나 논리적 측면에서 보면 리는 시공을 초월하여 불변하는 것인 반면 기는 시공 속에서 변하는 것이기 때문에 리가 먼저 있다고 할 수 있다.

또한 리기의 관계를 일상적인 지각(知覺)과 인지의 관점에서 보면 기 즉 현존하는 사물이 먼저 존재하고, 리는 나중의 것이다. 다시 말해 인간이 사물을 본격적으로 인식, 사유, 고찰하는 시간적 순서에서는 리는 나중의 것이다.

그러나 리는 본질상 인간이 그것을 어떻게 파악하고 지각하느냐에 따라서 규정되어서는 안 되며, 리는 리 자신의 관점에서 이해되어야 할 것이다. 성즉리의 관점에서 보면 리는 시원적(始原的)으로 자신으로부터 피어나면서 본질적으로 자신을 개현하는 것으로 한 사물이 그러한 사물일 수 있게 하는 본성이며 근거로서 사물 자체에 앞선다.

일반적으로 말하면 인간이 사물을 인식하는 순서에 따르면 기를 통해야만 리를 알 수 있으니 기가 먼저이고, 사물이 그 사물로 되어지는 원리 근본에서 보면 리가 선재일 수박에 없다. 한 건축물이 존재

---

3) 이를 성즉리의 관점에서 보면 성(性)에는 양의성이 있다. 하나는 천명(천즉리)이라는 뜻으로부터 오는 지극(至極)함, 완전함이고 다른 하나는 가능성인데, 이 중 지극함 완전함이 리가 갖는 이데아로서의 성격인 각 존재자들의 원형, 완전한 모습이다.

하려면 그에 대한 설계도가 있어야 기능한 것이다.

3) 리의 종교적 성격

퇴계는 주희가 '리에 동정이 있음으로 기에도 동정이 있다(理有動靜故氣有動靜)라 한 말과 자신의 주장인 리가 동하면 기가 따라 생긴다(理動 則氣隨而生)를 우주론에 적용하여, 무(無)의 상태에서 우주의 근원인 태극이 단독적으로 선재(先在)하였고 그 동정으로 말미암아 처음 음양이 생성되었다'는 의미로 이해하였다(윤사순, 『퇴율 비교』).

그는 염계가 '태극이 동하여 양을 생한다'를 리기론의 관점에서 '리가 동함에 기가 생한다'로 이해하고, 리가 동하여 발생하게 되는 최초의 기를 특별히 일원지기(一元之氣)라고 부르며 만물 형성의 시초로 삼는다. 그리고 이렇게 처음 생겨난 기의 생출은 무궁(無窮)하게 계속된다는 것이다. 이는 서화담의 기(氣) 이론과 별다를 바 없으나 퇴계는 화담과는 달리 만물 형성의 기초를 리로 인한 현상으로 이해한 것이다. 그리고 이는 명백한 '리일원론'이다.

환언하면 퇴계는 주돈이의 기일원론에 근거한 태극론을 리 중심의 리일원론의 입장에서 그대로 수용한 것이다.

이런 논리에 따르면 퇴계의 주장은 주리적(主理的) 일원론으로 주자의 '리기는 결단코 이물(理氣決是二物)'이라는 견해 그리고 '리에서 보면 아직 사물이 있기 이전에 이미 사물의 리가 있으니 다만 그 리가 있을 뿐이요 일찍이 실제로 사물이 있었던 것은 아니다'라는 리선기후설(理先氣後說)에 위배된다(윤사순, 전게서).

여기서 퇴계가 말하는 일원지기의 '무궁한 생출'은 우주론적 관점에서 보면 '결코 무(無)로 되지 않는 리'라는 리의 절대적 존재성과 논리적으로 일치한다. 그리고 이러한 리가 주관하는 무궁한 우주자연에 귀속, 합일하려는 의도는 곧 인간 개체의 유한한 생명을 무한으로 확대 연장코자하는 즉 영존에의 희망이다.

칸트는 인간의 종교적 성향에 대해 '이 세계에서 인간의 현존은 자연 존재외에도 순수 지성계의 현존이기도 하며, 궁극적으로 현존의 무한성을 의욕한다'고 하였다.

퇴계의 예(禮)나 의리지행은 리의 무궁성(無窮性)을 구현하는 것이라는 뜻에서 절대선의 실현이라 할 수 있고, 리는 도덕의 영구불변성을 의미한다고 볼 수 있다. 즉 유한존재로서의 인간이 가지게 되는 영생의 욕구를 도덕적 가치의 실현으로 충족시킴으로서 이루어 영생영존의 길로 통한다(윤사순, 전게서).

4) 소이연과 소당연

정이천은 맹자 리의(理義)에 대한 주(註)에서 '물(物) 중심으로 보면 리(理)요 인(人) 중심으로는 의(義-당위)(在物謂理 處物謂義 體用之謂也)이며, 자연의 리(理)와 도덕적 의(義)는 같은 것'이라 하였다.

주자는 '천하의 물(物)은 반드시 소이연의 원인과 그 소당연의 의칙(儀則)이 있으니 이른바 리(理)이다. 소당연의 의칙이란 군(君)의 인(仁), 신(臣)의 경(敬)과 같은 것이요, 소이연의 원인이란 군은 어째서 인해야하며, 신은 경해야 하는가라는 것과 같은 것인데, 모두 천리(天理)가 그렇게 시킨다(『大學或問』 제1장).

군주가 마땅히 인(仁)해야 하고 신하가 마땅히 경(恭敬)해야 하는 식의 것은 이와 같아야 도리가 합당한 것이다. 이와 같지 않으면 옳지 않다. 그렇기 때문에 소당연이라 한다. 그렇지만 인이나 경(敬) 등은 사람이 억지로 하는 것이 아니다. 태어날 때 이 리를 품득하는 것이다. 이것이 곧 하늘이 준 것이다. 그런 까닭에 소이연이라 한다. 소당연을 아는 것은 성(性)을 아는 것이니, 그 리의 유래를 아는 것을 말한다(전서).

주자는 더 나아가 '심신성정(心身性情)의 덕(德)과 인륜일용의 일상으로부터 천지귀신의 변화와 조수초목(鳥獸草木)의 마땅함(宜)에 이르기까지 스스로 소당연으로서 기사(己私)를 용납하지 않는 것과 소이연으로서 변역(變易)할 수 없는 것은 없다'고 하였다(大學補亡章).

이는 리를 자연세계와 도덕세계를 모두 포괄하는 소이연과 소당연으로 설명한 것이다. 그리고 퇴계 역시 원래 리의 의미를 규정할 때 소이연지고(所以然之故)뿐 아니라 소당연지칙(所當然之則)을 다 포괄한다고 하였다(동서).

이러한 리에 대한 이해의 근저에는, 바꿔 말해 이들이 공통적으로 가지고 있는 우주자연관은 앞서 말한 대로 우주를 유기체로서 이해하고, 자연의 생성변화를 일종의 자기 목적적인 자율의 현상으로 이해한다는 것이다. 유기체의 모든 변화는 필연적으로 이루어지지만, 동시에 그 전체를 위한 의미로서는 목적이 있는 변화라는 것이다.

우주·자연에 대해 '자기 목적적'이라던가 또는 '전체의 의미·목적' 같은 뜻을 부여하는 것은 이미 선험적, 초월적 가치나 의지(意志)의 존재를 상정(想定)한 것으로 곧 리의 세계, 선험적 존재로서의 리의 세계에 대한 긍정과 통한다. 그리고 이때 우주·자연의 목적이 있는 변화는 당연히 보편적 규칙에 따르며 그 규칙은 천지의 운행과 인간 내면에 함께 적용되는 것이다.

그것은 현존재와 당위로서 이상(理想)이 본질적으로 동일하다는 즉 당위인 리의 세계를 현존, 현실세계와 동일시 한다는 의미이다. 헤겔식으로 말하면 이성적인 것은 현실적이고, 현실적인 것은 이성적이다.

그러한 리의 세계의 관점에서 보면 인간이 악을 행하는 것은 기질의 부중절로 인해 본성이 왜곡(歪曲)되었거나 외부의 세(勢)에 의해 본성에 따르지 못하게 되는 상태에서이며 이는 비본질적·불완전한 일시적 상태이다. 그것은 헤겔이나 마르크스의 이론에 따르면 '현실'이 아닌 '일시적 현상'에 해당하는 것이다.

퇴계 역시 본능적 동기의 형기지소위(形器之所爲)를 '행동'으로, 의리지행(義理之行)을 '행위'로 구별하였고, 그의 이상 세계, 도덕적 관점에서 볼 때 '행위'만이 존재의미가 있는 따라서 현실적인 것으로 인정하였다. 이처럼 퇴계에게 있어서도 불완전한 현상은 비본질적 상태이다. 이는 이상주의의 공통적인 현상 논리이다.

퇴계는 또한 이를 개체와 전체의 차이로 설명한다. 즉 '만약 한 사물로만 말한다면 리의 치우치는 경우가 확실히 있다. 그러나 만일 모든 사물에 리가 다 있다는 점으로 말한다면 리가 그 전체적인 혼륜(渾淪-분리(分離)하지 않는 모양)의 상태로 있음을 볼 수 있다. 어째서인가? 리의 본체 됨(性)이 기에 구애받거나 물체에 제약되지 않기 때문이다. 그런 까닭에 한 사물에서의 작은 치우침을 가지고 그 혼륜자의 대전(大全)을 훼손시킬 수는 없다'(전서)는 것이다. 그리고 이는 '작은 치우침'이라는 현상을 현실로서 받아들이지 않겠다는 논리이다. 사실 '인류'라는 '전체'는 '보편', '관념'이며, 이는 구체적 현실인 '개체' '실체'와는 이미 논리상의 범주가 다르다.

다시 말해 퇴계가 상정하는 세계는 완전한 도덕적 조화를 이룬 세계 즉 리의 세계이다. 거기에는 현상세계에 있을 수 있는 '세(勢)에 의한 편리(偏理)'가 없다.

그리고 기의 부중절(不中節)이라는 일시적이고 비본질적 상태로부터 악의 세(勢)를 제어하여 본연의 상태로 회복하려는 노력이 수기(修己), 그리고 리의 기능이다. 사실 인간만이 이성적 명령에 따라 행위 할 수 있는 존재이다.

리의 기능은 분명 이상·당위와 현상 간에 존재하는 간극(間隙)을 메우려는 인간의 의지적 행위를 의미하며 이는 소당연에 대한 추구이다. 그러나 성리학에서 그러한 행위는 이미 본성에 갖추어진 리 즉 인의예지에 따르는 소이연이기도 하다.

성리학에서의 소당연은 자기현현(顯現)이라는 의미에서의 당위이다.

일반적으로 당위는 목적·이상과 현존재사이의 간극(間隙)을 전제로 인간의 의지적(意志的) 행위가 요구되는 개념이다. 그러나 성리학에서는 인간의 본성은 이미 리 즉 인의예지를 본구하고 있어, 본성에 따른 행위가 도덕적 목표인 의리지행(義理之行)과 합치된다.

그것은 물에 뜨게 만들어져 있어 배가 물위를 가는 것은 소이연이며, 동시에 소당연이라는 논리와 같다.

4. 심성론

1) 심통성정(心統性情)

성리학에서는 '태극은 리(理)요, 동정은 기이지만 동정의 근거(소이)는 리'라는 정의에 따라 태극·음양동정의 문제가 리·기 문제로 전환하고 다시 심성정(心性情)의 문제로 연결되어 한 물결로 연결되어 있다(금장태, 전게서).

① 성과 리

모든 사물은 음양오행의 기를 받아서 형체를 이루고 거기에 원·형·이·정의 리를 간직하고 있다. 사람은 그 리로써 본성을 삼으니 본성은 곧 인·의·예·지·신이다.

퇴계는 천이란 곧 리인데 그 리에는 네 가지가 있다. 원·형·이·정이 곧 그것이다. 그리하여 음양오행의 기가 유행할 때, 이 넷이 언제나 그 가운데 있으면서 사물을 이루는 본원이 된다. 이런 까닭에 음양오행의 기를 받아 신체를 이루는 모든 사물은 어느 것이나 원·형·이·정의 리를 가지고 성을 이루지 않는 것이 없다. 그런데 그 성(性)의 조목에는 다섯이 있으니, 인의예지신이 그것이다. 그러므로 사덕(四德-원형이정)과 오상(五常-인의예지신)이 상하의 일리(一理)로서 천과 인(人)의 나뉨에 차이가 있었던 적이 없다(『퇴계전서』 천명도설). 그러므로 원·형·이·정의 사덕(四德)과 인의예지신 오상(五常)은 상하를 관통하는 같은 리이다.

이로서 성리학의 핵심 개념인 성즉리(性卽理)가 성립되며, 또한 학문상 특징인 자연과학과 도덕철학을 같은 범주로 묶는 근거가 형성된다. 이는 물론 중국 전통사상 일반의 성격인 통합적 일원적 사유 형식인 천지인 삼재사상에 근원을 두고 있다.

② 심과 성정

퇴계는 심을 '리와 기가 합한 것' 또는 '리와 기의 집'이라고 표현하였다. 그는 말하기를 '하늘이 사람에게 리법을 내릴 때 기가 아니면 리가 발붙일 수 없고, 심이 아니면 리와 기가 깃들일 곳이 없다. 그러므로 우리의 심은 허(虛-리)하고 영(靈-기)하여 리기의 집이 된다'고 하였다.

그는 인간의 심성의 기본 구조를 심·성·정·의(意) 넷으로 나누었다.

주자는 '심(心)은 성과 정을 통섭(統攝)한 것으로 인·의·예·지는 성이며 현실에서 측은·수오·사양·시비는 정이다'라 하였고(『주자문집』) 이때 '정(情)은 성(性)에 근거하고 성이 발하면 정이 된다. 희·노·애·락은 정이고 그것이 아직 발동하지 않은 것은 성이다'라 하였다(『중용장구』).

그리고 퇴계는 주자의 해석에 의(意)를 더하여, '의는 마음에서 생겨나는 작용으로, 이로서 선악의 기틀이 생겨난다'고 하였다.

그는 심(心)이 발동하기 이전은 마치 태극이 동정의 리를 간직하고 있으면서 아직 음양으로 갈라지기 이전의 상태와 같다. 이때 심 안에 온전하게 자리한 성(性)은 순수하고 선하여 악이란 있을 수 없다. 그러다가 이 성이 발동하게 되면, 그것은 마치 태극이 작용을 시작하여 움직여 양이 되고, 고요하여 음이 되는 것과 같은 상태가 된다. 이 때 기가 비로소 작용하게 됨으로써 정(情)의 발용에는 선악의 구별이 일어나게 마련이다. 그 선악의 단서는 대단히 미묘한 것인데 이 때 의(意)가 작용한다. 의는 심의 작용이기는 하나, 정과도 관계되어 이렇게도 될 수 있고 저렇게도 될 수 있다. 즉 천리의 공평함에도 따를 수 있고 인욕의 사사로움에도 따를 수 있으니, 여기에서 선악의 구별이 생겨나게 된다.

그는 이러한 심성론에 근거하여 성인과 그 밖의 사람들을 구별한다. 그는 '태극에는 동정(動靜)의 묘가 있으며 그 동함은 정(靜)에 근본한다. 성인(聖人)은 동정의 덕을 온전히 하니 그 동함에 정을 주장으로 삼는다. 중인(衆人)은 동정의 리를 갖추고 있으나 정(靜)의 리는 항상

동(動)함에 빠져있다'고 한다(『퇴계집』).

이를 인간의 심성론에서 보면 천리와 인욕에 대한 분별적 인지(認知)는 오직 '정일(精一)한 상태' 즉 정(靜)에서 이루어지고 성인은 그런 바탕에서 행동한다는 것이다.

2) 인간의 차별성

퇴계는 인간·금수·초목이 다르게 태어났는데 오행의 응취에서 생기는 오성(五性)은 초목의 경우에는 전색불통(全塞不通)이고, 금수는 편색혹통(偏塞惑通)이고 인간의 경우에는 방통구유(旁通具有)한다고 한다(『퇴계전서』).

그리고 그 원인에 대해 그는 '천지 사이에 리는 하나이나 기는 천만 가지로 다른 것이다. 그러므로 그 리를 따져 들어가면 만물이 하나의 성에로 귀일될 수 있다. 어째서인가? 리는 그 본체가 허한 것이다. 허하기 때문에 대립함이 없다. 대립함이 없기 때문에 사람에 있어서나 만물에 있어 덜(損)것도 없고 더할(加)것도 없이 하나의 리일 따름이다. 그러나 기에 있어서는 음양대립의 모습이 생겨나고 그것에 근거하여 음 가운데 양이 있게 되고 그 변화가 천만 가지로 대립을 낳게 된다. 그러므로 모든 사물은 리와 기를 타고나는데 그 성에는 차별이 있을 수 없으나 그 기에는 편(偏)·정(正)의 구별이 있게 마련이다(동서).

그리고 그는 인간 역시 상지(上智)·중인(中人)·하우(下愚)의 세 등급으로 나누고 그 이유를 설명한다.

'하늘로부터 받는 기(氣)에는 맑은 기와 탁한 기가 있고, 땅에서 받는 질(質)에는 순수한(粹) 것과 잡박(駁)한 것이 있다. 이 가운데 맑은 기와 순수한 질을 타고 난 사람은 상지(上智)가 되는데, 이들은 천리에 대하여 분명히 알고 또 이를 철저하게 실천하여 하늘과 완전히 합치하는 사람이다. 다음으로 맑은 기를 타고났으나 질을 잡박하게 타고났거나, 기를 탁하게 타고났으나 질을 순수하게 타고난 사람은 중인(中人)이 되는데, 중인은 천리에 대하여 앎은 충분하지만 실천이 부족할 수 있거나, 앎은 부족하지만 실천을 잘할 수 있어서 천리와 합치하기도 하고 어긋나기도 하는 사람이다. 그리고 탁한 기와 잡박한 질을 타고난 사람은 하우(下愚)가 되는데 하우는 천리에 대하여 알지도 못하고 실천하지도 못하여 천리에 아주 어그러지는 사람이다. 이것이 퇴계가 본 인간상이다.

이러한 논의에 따르면 인간의 리기는 천부되는 것인데, 바로 그 리기가 곧 선악의 기준임으로 한 인간의 선악 역시 생래적인 것으로 인정될 수밖에 없다. 그리고 그것이 천명이다.

그는 인간에 대한 이러한 분류가 고정불변의 차별성을 말하는 것은 아니며 '리는 지혜로운 사람이라 해서 더 풍부하게 부여된 것은 아니다'라고 한다. 이는 리일분수(理一分殊) 이론에서의 '리일'의 의미이다. 그러나 '분수'의 관점에서는 기는 인간에게 똑같이 부여되지 않는다. 그리고 그것 역시 천명이며 현실이다.

퇴계는 '학문의 길은 기질을 잘 타고 났거나 잘못 타고났느냐와 관계없이, 오직 천리를 분명히 아느냐와 실천할 수 있느냐에 있을 따름이다'라고 하여 학문의 목적이 도덕의 실현에 있다고 한다. 그렇게 하여 인간은 앞서의 차별과는 무관하게 누구나 유가의 덕목에 따라 생활하여야 한다는 도덕적 인간관을 펼친다.

그러나 하우(下愚)로 태어난 사람은 천리를 알 수 없고 따라서 실천도 불가능하다. 전체적으로 이 논의(論意)의 저변에는 사대부가 된 사람들은 천명으로 좋은 기질을 타고났기 때문에 도덕적으로도 우월하고 따라서 그들의 특권은 바뀔 수 없는 것이라는 의지가 깔려있다.

5. 사단칠정론

퇴계는 사단칠정 논쟁에 있어 '사단(四端)'을 유학에서 마련하는 도덕적 가치체계의 상징적(象徵的) 존재로 보아, 그는 이를 절대적 가치인 리(理) 즉 천상(天上)의 것으로, 기(氣) 즉 '칠정(七情)'과 섞이게 하고 싶지 않다는 심정적(心情的) 차원에서 사단과 칠정을 구별하였고, 비록 논리에 무리가 있었지만 이를 결코 놓지 않았다. 이는 마치 중세 기독교 사회에서 영권(靈權)에 의한 정신적 정화(淨化)를 주장하기 위해 영권과 속권을 엄격하게 구별한 것을 연상시킨다.

사단칠정 논쟁에 중심 중 하나는 리기호발설이고, 다른 하나는 칠정 중의 악도 순선무악하다는 성(性)에서 비롯되었는가이다. 이는 리동(理動)·리발의 문제와 본연지성과 기질지성의 문제라 할 수 있다.

논쟁의 발단은 추만(秋巒) 정지운(鄭之雲)이 '사단은 리에서 발한 것이고 칠정은 기에서 발한 것이다(四端發於理 七情發於氣)'라 한데 대해 퇴계가 이를 '사단은 리가 발한 것이고 칠정은 기가 발한 것이다(四端理之發 七情氣之發)'로 고치도록 한 데 있었다.

퇴계는 정이와 장재가 리기론의 관점에서 성(性)을 리와 기로 나누어 이를 각각 본연지성과 기질지성으로 구분하여 설명한 것에 근거하여 정(情) 역시 '리와 기' 나눌 수 있다고 주장한 것이다.

그는 사단과 칠정에 대해 '사단은 인의예지로 순선무악(純善無惡)하지만(이는 '사단은 인의예지라는 성이 발현한 정으로 순선무악하지만'이라고 해야 완전한 표현이 된다) 칠정에 대해서는 발동하여 중절(中節)한 경우는 선이고 그렇지 못한 경우는 악이 라는 두 경우를 구별한다.

퇴계는 리기호발설의 정당성을 다음과 같이 증언한다.

'대개 인간의 일신은 리와 기의 합으로 생긴다. 그러므로 두 가지는 서로 발용(發用)이 있고, 그 발은 서로 상대를 필요로 한다. 서로 발하므로 각각 주로 하는 바(所主)가 있고, 서로 상대를 필요로 하므로 서로 상대 속에 들어 있음을 알 수 있다. 서로 상대 속에 들어 있음으로 섞어 말하는 것도 있고, 각각 주로 하는 바가 있음으로 분별해서 말하는 것도 불가하지 않다'는 것이다.

또한 '사단과 칠정 두 가지는 리기를 벗어나는 것이 아니라 하겠지만, 그 연원(所從來)에 근거하여 각각 그 주로 하는 바(所主)와 중요하게 여기는 바(所重)를 가리켜 말한다면 어느 것이 리이고 어느 것이 기라는 말을 왜 못하겠는가?라 하여, 사단의 리발, 칠정의 기발이라는 호발설을 강변(强辯)한다. 그리고 율곡은 이러한 리기호발설에 따른 '리동(理動)'에 대해 반대하였다.

그리고 여기에 부언(附言)하면 퇴계의 리기호발론에서의 리는 소이연에 따르는 우주화생의 원리를 말하는 것이 아니고, 소당연의 칙(則) 즉 도덕적 정당성을 의미하는 것이다. 그리고 도덕적으로 마땅히 해야 할 바는 리이고, 그렇게 하지 않는 것은 비리이다. 따라서 리의 발(理發)은 도덕적으로 정당한 것 즉 사단을 실현하는 것, 당연히 유선악(有善惡)인 칠정은 제외될 수밖에 없다.

반면에 퇴계의 기(氣)에 대한 이해는 그 타락가능성에 초점이 맞추어 있고 기는 그 자체가 악이 아니라 하더라도 일체의 악이 발생할 수 있어 칠정은 기발이 될 수밖에 없다.

그는 이러한 논리로 사단은 리발, 칠정은 기발이라 구별함으로서 악, 도덕적 타락의 가능성을 그 발(發) 즉 발생 근거에서부터 구별·차단하려는 의지를 보인다.

다음에 이 논쟁 초점의 다른 하나는 칠정 중의 악도 순선무악하다는 성(性)에서 비롯되었는가에 있었다. 이에 대해 정자(程子)는 '악 또한 성이라 하지 않을 수 없다'고 하였고(『이정유서(二程遺書)』), 주희도 '사단에도 부중절(不中節)이 있다' 하여(『주자어류(朱子語類)』), 이 두 성리학의 창시자들 스스로가 성 또는 사단의 순선무악(順善無惡)을 부정하는 논리적으로 일관되지 못한 면이 있었다.

이러한 정자의 생각은 '정(情)은 성(性)에 근거하고 성이 발하면 정이 된다. 따라서 정(情)은 성의 결과이며 정 스스로가 결정짓는 것은 아니다. 그러므로 악 역시 그 근원은 성에서 찾아야 한다'는 것이다.

만약 같은 논리로 말한다면 주자의 '사단(정)에도 부중절이 있다' 역시 '사단을 발하게 하는 성에 부중절의 원인이 있다'고 해야 할 것이다. 그러나 윤리적으로 사단은 인의예지라는 본성으로부터 발동한 정(情)으로, 인의예지가 절대적이고 완전한 리이므로 거기에 부중절이나 악이란 있을 수 없는 순선(純善)하다.

그렇다면 결국 윗글에서 '악 또한 성이다'라던가 '사단에도 부중절이 있다'는 것은 성격상 불완전한 기질지성을 염두에 둔 것으로 이해해야 할 것이다.

그러나 성을 본연지성과 기질지성으로 나누는 이론 자체가 논리적으로 적합한 것이 아니다.

이 이론에 따르면 먼저 성의 근원이 하나인 것을 부정하는 것이 된다.

또한 성즉리(性卽理)의 관점에서 보면 성은 절대적 선(善)으로 악이 개재(介在)될 수 없다. 이것이 본연지성이다. 이러한 '본연지성은 성인이나 범인에게 똑같이 구비되어 있고 단지 기품(氣稟)이 이것을 가리우고 있으니 악이 생한다. 가리고 있는 것을 제거하기만 하면 원래 존재하고 있는 성선이 현현(顯現)된다(마루야마(丸山眞男), 『일본정치사상사연구』).

결국 기질지성은 본연지성이 발(發)하는 과정에서 기질에 의해 변질. 왜곡된 비본질적(非本質的)인 상태를 말하는 것이다. 이러한 기질지성을 본연지성과 대립관계로 세우는 즉 동격화 하는 것은 논리상 옳지 않다.

다시 강조하자면, 본연지성은 리(理)가 관장하는, 즉 성즉리에 따라 절대적으로 순선무악한 것이다. 그리고 기질지성에서의 성은 성의 왜곡된 상태이지 성의 본연의 모습은 아니다.

헤겔의 '이성적(理性的)인 것이 현실적(現實的)인 것이고, 현실적인 것이 이성적이다'라는 명제에는 두 개 층의 '현실'이 있는데, 하나는 현실에 내재(內在)한 본질적이고 이성적인 면이고, 다른 하나는 불완전하고 병든 일상(日常)의 의미이다. 그리고 '불완전하고 병든 일상'은 비본질적인 것으로 헤겔은 이를 변증법의 한 단계로서의 '현실적인 것'에 포함하지 않는다.

마르크스 역시 현실을 두 개의 층으로 나누어 보았는데 하나는 외부적인, 눈으로 볼 수 있는 그러나 환영적(幻影的)인 현실이며, 다른 하나는 내부적인－외부적 요인에 의해 음폐(陰蔽)되어 있는－진실한 실제적(實際的)인 현실이다.[4] 그 역시 환영적인 현실은 말 그대로 환영적이며 실재하지 않는, 즉 현실성을 부인한다.

퇴계 역시 본능적, 감성에 따른 형기지소위(形器之所爲)를 '행동'이라 하고, 인의리지행인 '행위'와 구별, '행위'로 간주하지 않는다. 사실 퇴계의 도덕적 관점에서 현상의 세계는 비본질적 상태이다. 사실 서양 관념론(觀念論)에서는 '사물이 실은 가상 내지 현상에 지나지 않는다는 점에 사물의 참된 모습'이 있다고 규정한다.

이러한 이분법적 사유는 플라톤 이래로 서양 철학의 형이상학적 궤도(軌道)에 따른 것으로, 이분법적 사유 형식을 따른 주자에서도 이상과 현실은 두 세계로 구분된다. 그러나 주자학에서는 그렇게 간단하게 현실을 비본질적이라거나 환영(幻影)이라고 단정할 수는 없었다. 유학의 본질은 일상생활 즉 현실에 바탕한 실천철학이기 때문이다.

따라서 성리학에서는 이상세계에 속하는 도심, 본연지성이라는 개념과는 별도로 현실사회를 설명하는 데는 인심, 기질지성이라는 개념을 마련하여 마치 두 종류의 심(心)이나 성(性)이 존재하는 듯 한 혼란을 가져온다. 이는 리기이원론에 따르면 리의 세계와 기의 세계라는 두 개의 세계가 존재하기 때문이다.

관점을 바꾸어 보면 본연지성은 관념적 실재일 뿐 현존하지 않는다. 주자학에서 성은 리가 기속에 타재(墮在)할 때만 성립되는 개념으로 기질지성만이 현실적 존재이다. 주자의 두 세계 중 본연지성은 리의 세계, 기질지성은 현상세계에 속하는 개념이다.

결국 천즉리(天卽理), 성즉리(性卽理)의 의미가 현실세계에서 그대로 수용되려면, 현실에서 있게 되는 '인심'이나 '기질지성'은 그 존재가 부차적(副次的)인 것으로 해석되어야 할 것이다. 달리 말해 '리 일원론'의 관념체계가 되어야 한다.

---

4) 마르크스에 의하면 이념(理念)은 현실사물의 영상(映像)에 불과하며 의식(意識)은 사물의 영상을 반영하는 거울이다. 자본주의 이데올로기란 자본주의 사회의 자기모순(自己矛盾)을 나타내는 현실의 불합리한 구조가 현실 속에 투영된 결과이다. 그리고 이제 그 환영적(幻影的)인 현실을 반영한 자본주의 이데올로기가 역(逆)으로 현실을 지배하며 이끌어나가는 이중(二重)의 모순을 보인다고 하였다.

그러나 퇴계의 성리학은 리기이원론을 근본으로 하면서도, 거기에 주염계의 기일원론인 태극론을 적극 수용하였고, 그는 이를 전용(轉用)하여 때로 리일원론을 펼치기도 하였다. 그의 철학에서의 관념체계는 일관성을 유지할 수 없었고, 이로 인해 기대승은 '사칠 논쟁'을 통해 그의 논리 체계상의 문제점을 지적한 바 있다.

그러나 실천철학인 유학에서는 논리(論理) 자체가 결정적인 중요성을 갖는 것은 아니다.

중국과 같은 광대한 지역사회가 갖는 필연적인 뿌리 깊은 현실주의와 기일원론의 전통을 기반으로 하는 문화에서, 사변적(思辨的)·관념적인 명(名)과 실(實), 리(理)와 기(氣)를 나누는 이원론적 사유형식은 순자가 명가(名家)를 궤변(詭辯)이라 경멸한데서도 일 수 있듯이 정서적(情緒的)으로 받아들이기 어려운 것이다.

그러한 이유에서 명대(明代)에서 주자학은 정치철학으로는 그 정통성이 조금도 훼손(毁損)되지 않았음에도 불구하고 철학사상에서 대중적 호응을 얻고 세(勢)를 떨친 것은 오히려 일원론인 양명학이었다.

제 3 절 이이(李珥, 栗谷, 1536-1584)

– 율곡은 길지 않은 생애를 통해 성학(聖學)을 발명하고, 성리학을 명증하고, 지치(至治)를 창달하는 학문적 업적을 남겼으며, 그의 시대에 상응하는 경세제민의 방책도 거듭해 제시하고 있다(최근덕, 『한국유학사상』). –

1. 생 애

율곡은 16세에 모친상을 당한 후 3년 상(喪)을 마치고 19세에 금강산에 들어가 불교를 공부하고 거의 1년 후에 하산하였다. 율곡은 당시 산인(山人)들이 그를 '생불출세(生佛出世)'라 할 만큼 불교에 대한 이해가 깊었던 것으로 보인다.

또한 도가에 대해서도 노자(老子)의 『도덕경』 중에서 순정(醇精)하고 유도(儒道)와 가까운 것을 뽑아 주해(註解)한 『순언(醇言)』을 쓸 만큼 조예(造詣)가 있었다.

그는 노장의 자연철학이나 서화담의 기철학을 요해하고 있어 화담(花潭)을 창견처(創見處)가 있다고 하며 '리기(理氣)가 불상리(不相離)한 묘처를 요연하게 체득하였으니 일반 유자들의 형식적 리기관(理氣觀)과는 다르다'고 평(評)할 수 있었다(『율곡전서』).

율곡은 『도덕경』의 '이신관신(以身觀身) 이가관가(以家觀家) … 이천하관천하(以天下觀天下)'라는 이물관물(以物觀物-사물의 입장에서 사물을 본다)의 경지를 터득하여 당위론에 따른 편견이나 개인 욕망의 입장에서 벗어날 수 있었다. 따라서 그는 머문 마음이 없이 백성의 마음으로 자신의 마음을 삼는다(無常心, 以百姓心爲心-『순언(醇言)』 29장)는 자세로 나라의 정치적 위기를 직시할 수 있었다. 이 '머문 마음이 없이'

는 공자의 사무(四無)의 경지와 비견된다.

그는 산인 보응(普應)에게 준 시(詩)에서 '도를 배움은 곧 집착이 없는 것이니 인연을 따라 어디든지 놀 수 있다'고 하여 그의 개방적인 철학적 자세를 보여 준다. 이러한 개방성은 중용(中庸)의 정신을 이은 것으로, 그는 양명학에 대하여도 이를 무조건 반대하기 보다는, 그 공(功)을 취하고 과(過)를 약(略)하는 것이 올바른 도(道)라 하였다.

그는 '진실로 주자학을 알아서 능히 실천에 옮기면 모르거니와 오로지 이욕(利慾)에만 힘쓰면서 주자나 육상산의 학(學)을 양폐(兩廢)한다면, 그렇게 하고 어찌 그 우열을 말할 것인가'라 하였다.

그러나 율곡은 수기(修己)의 방법에 대한 상산의 입장에는 반대하였다. '상산은 주자와 같은 시대에 태어나 격물치지의 방법은 지리(支離)하다고 배척하고 오로지 본심을 밝힐 것을 말하였다. 이것은 함양(涵養)공부에서는 도움이 된다고 하겠으나 배우는 이는 지행(知行)이 병진해야 하므로 도리를 알지 못하고 시비를 분별하지 못하면 이른바 존심(尊心)은 또한 어디에 근거해야 하는가? 또한 만약 정좌(靜坐)해서 만리(萬理)가 자명하게 된다고 하면 공자가 무슨 까닭으로 박학어문(博學於文)이라 하였으며 자사(子思)가 하필 도문학(道問學)을 말씀했겠는가?'라 하였다.

그러나 율곡이 지적한 상산에 대한 비판의 초점은 존덕성과 도문학 간의 균형을 잃었다는 것으로 이는 그의 중용정신에 근거한 편벽성(偏僻性)에 대한 거부라 할 수 있다.

그는 사상의 내용 자체보다 그 궁행 실천하는 학행(學行)과 덕망을 중요시하였다.

그리하여 그는 '성리학을 연구하고서 실제로는 본받을 수 없는 행동을 한다는 것은, 마치 물을 구하는 자가 그 근원을 찾는 것은 물을 뜨기 위한 것인데 도리어 그 물을 버리고 뜨지 않는다면 무슨 의미가 있으며, 열매를 먹으려는 자가 반드시 그 뿌리를 배양하는데 그 나무를 키워서 열매를 먹을 지경에 이르러 도리어 그 열매를 버리고 먹지 않는다면 무슨 까닭인가? 마찬가지로 행동을 바르게 하고자 하는 자는 반드시 성리를 정밀하게 연구해야 하며 성리를 정밀하게 연구하는 것은 행동을 바르게 하기 위함인데 도리어 행동을 불문에 붙여 놓는다면 무엇 때문에 성리학을 공부하는 것인가?'라 하였다(『율곡전서』).

율곡의 학문은 그 기초가 선진유학에 뿌리를 두고 있어 그의 자연인관(自然人觀)은 원초적으로 전통적인 삼재사상(三才思想)으로 일원론에 따른 것이다.

물론 율곡은 도학자인 만큼 삼재적 인간관을 리기론으로 각색(脚色), 특히 주염계와 주희의 리기론적 우주 생성 이론에 입각한 인간관을 계승한다. 따라서 그는 인간은 음양오행인 기(氣)의 응취 결과로 생겨났으며 또 그러한 기의 응취는 태극의 리(理)로 말미암았다고 믿는다(윤사순, 『이이의 도학적 인간관』).

그러나 그의 '도학관(道學觀)'은 퇴계의 '사변적 관념의 산물인 천리'라는 지고(至高)한 선험적 가치 추구와는 다르다.

근본적으로 '리가 곧 태극'이라는 관점에서는 태극·도·리는 하나이다. 그러나 주희나 퇴계의 리기이물(理氣二物)이라는 관점에서의 리는 근본적으로 이념(理念-Idea)로서의 성격이 두드러져, 포괄적인 실체로서의 도(道)·성(誠)과는 그 성격이 다르다.

율곡의 리기일원론에서만 도학과 성리학은 함께 할 수 있다.

2. 우주론·리기론

1) 우주론

율곡은 태극을 우주의 근원인 리로는 인정하지만 음양 이전의 선행적 독존(獨存)(리의 선재성)이나 실제적 동정(리의 동정)은 수긍하지 않는다. 비록 태극과 하나인 '리'라도 '기의 작용을 주재' 하지만 '기(氣)' 자체를 생성하는 것은 아니라는 것이다.

율곡은 태극론의 역유태극(易有太極) 시생양의(是生兩儀)의 의미를 '성현이 궁극의 본원을 말한 것은 태극이 음양의 근본이 된다는 것에 불과하다'고 이해하였다. 그는 리기의 유행이 모두 이미 그런 것일 뿐이니 어찌 현상으로 일어나지 아니한 미연(未然)의 때가 있겠는가?라고 한다. 다시 말해 음양이 생기기 전에 태극이 독립한 때란 없는 것에 불과하다. 원래 음양은 시초도 종말도, 그 밖(外)도 없는 것이다.

또한 주염계의 태극이 동하여 양을 낳고 정하여 음을 낳는다(太極動而生陽, 靜而生陰)는 말을 '음양은 본래 없는데 태극이 음양보다 먼저 있었다. 태극이 동한 후에 양을 낳고, 정한 후에 음을 낳는다'로 해석한다면 이는 주염계의 본의를 잃은 일대 오해이다'라 말한다.

그는 성현의 설(說)도 과연 미진한데가 있으니 다만 태극이 양의를 낳았다고만 말하고 음양이 본래부터 있는 것이요, 어느 때에 처음으로 생(生)한 것이 아니라는 것을 미쳐 말하지 아니하였다. 그러므로 문자(文字)만 보고 해석하는 자는 기(氣)가 생하기 전에는 다만 리가 있었을 뿐이라고 하니 이것은 틀림없이 하나의 병통이다(聖賢之說, 果有未盡處, 而端言太極生兩儀, 而不言陰陽本有 … 乃曰氣之未生也 只有理而已, 此固一病也)(『율곡전서』).

율곡은 '대저 음양양단이 순환하여 마지않을 뿐 본래 처음이라는 것이 없다. 음이 다하면 양이 생하고 양이 다하면 음이 생하여'라 하여 퇴계의 '리로 부터 최초의 원기(元氣)가 생성'되었다는 생각을 부정하였다.

그는 만화(萬化)가 생겨나는 등 그러한 현상자체(其然者)는 기(氣)이고, 그렇게 되는 까닭(所以然者)은 리(理)이다. 이것을 누가 주관(主張)하는지는 모르겠다. 다만 자연으로 그렇다고 할 뿐이다(『율곡전서』).

율곡은 근본적으로 선험적 초월적 실체를 부정한다. 존재하는 것은 오직 리기지묘(理氣之妙)에 의해 전개되고 있는, 그대로의 사실의 세계뿐이라고 본다.

2) 리기론

리기에 대한 율곡의 기본적인 생각은 리기일원론의 입장에서, 원(元)이나 본(本)을 들어, 리기는 본래 합해있는 것이지 비로소 합한 때가 있는 것이 아니며, 따라서 선후가 있을 수 없다. 그러한 우주자연과 사물, 그리고 인간들 모두의 존재 양식(樣式)은 기발리승(氣發理乘)으로 이는 리기지묘의 다른 표현일 뿐이라는 것이다.

① 리

율곡은 무형무위하면서 유형유위한 것의 주(主)가 되는 것은 리이고, 유형유위하면서 무형무위한 것의 기(器)가 되는 것을 기(氣)라 한다. 이것이 리기를 궁구하는데 있어 대단이다(無形無爲而爲有形有爲之主者理也 有形有爲而爲無形無爲之器者氣也 此是窮理氣之大端也)라고 한다(전서).

그에게 리는 하나의 존재의 이치·원리로서 그러한 존재자일 수 있는 본질이고 본래성이다. 또한 기와의 관계에서는 기에 대한 주재기능을 갖는 기의 추뉴근저(樞紐根柢)[5]로 '형상이 없고 작위가 없으면서' 기를 주재한다.

그러나 무위하다고 전제된 리의 주재란 결코 주장(主張)이나 부림(使之)을 뜻하는 것은 아니다. 왜냐하면 '부림'에 따르는 작위나 발(發)은 공간과 시간적 변화를 의미하기 때문이다. 리가 주재한다는 의미는 다만 논리적인 것이며, 그는 '나는 누가 그것을 주장하는지 알지 못한다. 저절로 그러해서 그럴 따름이라고 말할 수밖에 없다'고 하였다.

다시 말해 리는 '형상이 없는 것'으로 시간적 공간적 제약으로부터 벗어난 존재이며 보편성과 원융성을 함께 갖추고 있다. 이러한 리의 존재 양상은 무위(無爲)이며, 따라서 리의 작위성 내지 발용성은 부정될 수밖에 없다. 그는 리는 변함이 없고 소장(消長-사라짐과 자라남)이 없는 것으로 스스로 작위하거나 발용하는 것이 아니다.

---

5) 추뉴란 문의 지도리로 그 자신은 움직이지 않으면서 그 열고 닫음을 좌우하고, 근저는 나무뿌리로 땅 속에 잠재해 있으면서 나무를 있게 한다.

율곡은 개체 중심의 입장에서 태극의 의미를 재정립하였고, 주자의 절대관이 아니라 상대관에서 개체간의 관계도 기능적으로 파악했다.

그는 주자가 말한 '태극은 단지 음양 속에 있다. 음양 위에 따로 하나의 무형무위의 것이 있다고 한다면 이는 태극이 아니다'를 수용함으로서 리를 사물간의 관계에서의 조리(條理)로서 이해하였다. 이러한 관점에서 율곡은 '기(器)도 도(道)이고 도 역시 기이다(器亦道 道亦器)라 하였다(『율곡전서』).

그러나 율곡은 리의 도덕적 원리성과 리가 기의 기능과 역할을 주재한다는 성격규정을 수용하였고, 이는 성리학 일반의 전제로 화담이나 기일원론자와 구별되는 근거이다

나흠순(羅欽順, 整庵, 1465-1547)은 '리는 다만 기의 리이다. 기의 움직임 속에서 그것을 보아야 한다. 갔다가 오고 왔다가 가는 것이 기의 움직임이다. 갔다왔다 그렇게 하지 않을 수 없는데, 그 까닭을 알 수 없다. 하나의 사물이 있어 주재하는 것이 있다면, 그것이 리라는 이름이 붙게 된 까닭이다. … 리는 반드시 기에서 보아야 하지만, 그렇다고 기를 리로 보는 것은 틀린 일이다'라고 한다(『곤지기』).

율곡은 리기불리(理氣不離)의 원칙에는 동의한다. 그러나 성리학자인 그는 주자의 존재의 근거 내지 유가 도덕체계의 원리로서의 리를 인정하여 화담이나 라정암과 차별성을 들어내고 있다. 즉 같은 일원론이라도 화담의 기일원이나 심즉리(心卽理)의 관점에서 리의 독립성을 부인하는 양명학의 일원론과는 다른 입장 즉 리기일원론(理氣一元論)을 펼친다.

율곡의 리기일원론(理氣一元論)은 퇴계의 리기이원론(理氣二元論)이나 화담의 기일원론(氣一元論)과 분명한 차별성을 가진다. 그는 리기를 상함관계(相涵關係)로 받아들이는 리통기국설(理通氣局說)을 펼침으로 그의 현실에 대한 인식에서 이상과 현실의 조화를 추구하였다.

② 기

율곡은 기의 본연은 담일청허(湛一淸虛)하고, 호연지기와 같은 것으

로 리와 다를 바 없는 선한 것으로, 그러나 그 유형유위(有形有爲)한 속성 때문에 유행과정에서 본연을 잃지 않는 것도, 잃는 것도 있어 편색(偏塞)함이 생긴다고 본다(황의동, 『율곡철학 연구』). 그리고 이때 요구되는 것이 인간의 의지적 행위인 수기(修己)를 통한 기의 본연에로의 복귀 내지 기질의 교정인 것이다

율곡의 기는 리의 의착처(依着處)며, 타는(乘) 바이고, 리를 담는 그릇이다. 리가 존재의 본질로서 원리성 본래성의 의미를 갖는다면, 기는 그것이 구체화되고 실현되어지는 현실적 실체이다. 이러한 현실성은 곧 리와는 달리 기에는 공간적 본말과 시간적 선후가 있으며 따라서 국한성(局限性)을 갖는다.

그는 리·기와 성과 정의 관계에 대해 정을 '무위의 천리'인 성이 기의 기틀을 타고서 움직인 것이라 하였다. 예를 들어 인의예지(仁義禮智)로서의 성을 무위(無爲)로, 측은(惻隱), 수오(羞惡), 사양(辭讓), 시비(是非) 사단을 유위(有爲)한 정으로 본 것이다.

율곡에게 리와 기는 존재·사물에 있어 동등한 관계에 있다.

③ 일이이(一而二) 이이일(二而一)

율곡은 '리는 형이상자요 기는 형이하자이니, 둘이 서로 떠날 수 없다. 이미 서로 떠날 수 없어 그 발용(發用)은 하나이며, 따라서 서로(각각) 발용함이 있다고 말할 수 없다'는 생각이다.

그는 음양을 우주의 본유적(本有的)인 것으로 이해함으로서 주자를 거쳐 퇴계에 의해 관철된 리의 선재와 초월성을 함께 부정하였다. 그는 기가 있기 이전에 이미 리가 존재한다는 것을 하나의 병통(病痛)으로 간주하였다.

그 이유에 대하여 그는 '리(理)는 기의 주재자이고 리가 없으면 기가 존재할 근거를 갖지 못하지만, 리 역시 그 존재가 기에 의지하고 기에 얹힘으로서(乘) 들어나고 작용하기 때문에 기의 존재 이전에 기와 분리된 상태에서 스스로 존재할 수는 없는 것이다(夫理者 氣之主宰

也 氣者 理之所乘也, 非理則氣無所根抵, 非氣則理無所依著) 즉 이물도 아니고 일물도 아니다(卽非二物, 又非一物).

'대저 일물(一物)이 아니라는 것은 왜인가? 리와 기가 비록 분리될 수 없으나(不相離) 묘하게 합한 가운데서도, 리는 스스로 리이고 기는 스스로 기이어서 서로 섞이지 않음으로(不相雜) 일물이 아니다. 이물(二物)이 아니란 것은 비록 리는 스스로 리이고 기는 스스로 기하다고는 하나 혼륜(渾淪)하여 틈이 없고 선후(先後)도 없으며 이합(離合)도 없어서 이물(二物)됨을 볼 수 없음으로 이물이 아니다(『율곡전서』).

그는 이처럼 리와 기는 묘합(妙合)하면서도 동시에 독자성을 가지고 협잡(狹雜)하지 않기 때문에 '비일비이(非一非二)' 또는 '일이이(一而二) 이이일(二而一)'로 표현한다. 그러나 율곡은 불상리에 더 무게를 두었다.

④ 리통기국(理通氣局)

율곡의 리통기국설은 리기 간의 '불상리(不相離) 불상잡(不相雜)'의 원칙으로부터 나온 것으로 그는 이를 '일이이(一而二) 이이일(二而一)'로 풀이 하였다.

다시 말해 리통기국은 리의 무형무위, 기의 유형유위한 특성에 기초하여 리기의 불상잡·불상리한 구성관계를 이일분수(理一分殊)의 체계로 설명하고자 한 것이다(김형찬, 『율곡과 매를로 뽕띠의 비교연구』).

율곡은 '리통기국은 본체위에서 말해야 하며, 또한 본체를 떠나서는 따로 유행을 구할 수도 없다. 사람의 성이 사물의 성이 아님은 기의 국(局)이요, 사람의 리가 사물의 리임은 리의 통이다. 기의 일본(一本)이란 리의 통 때문이요, 리의 만수(萬殊)란 기의 국 때문이다. 본체 가운데 유행이 갖추어져 있고, 유행 가운데 본체가 있다. 또한 그러므로 천지에 있어서는 천지의 리가 되고, 만물에 있어서는 만물의 리가 되며, 사람에 있어서는 사람의 리가 된다. 그러나 이렇게 여러 가지 다양한 특이성을 나타내는 것은 기의 작용이다. 그러므로 비록 리는 하나이지만 사람의 성이 사물의 성은 아니며, 개(犬)의 성이 소(牛)의 성은 아니다'라고 한다. 그리고 이때 리는 초월적 성격이 아니다.

그는 '리통이란 무엇인가? 리(理)는 본말이 없고 선후가 없다. 본말이 없고 선후가 없으므로 아직 감응(感應)하지 않았다 해서 앞선(先) 것이 아니고, 이미 감응했다 해서 뒤(後)가 아니다. 그러므로 기를 타고 유행하는 것이 일정하지 않지만 그 본연지묘는 어디에도 있지 않음이 없다. 기가 치우치면 리 또한 치우치지만, 치우친 것은 리가 아니고 기이며, 기가 온전하면 리 또한 온전하지만, 온전한 것은 리가 아니고 기이다. 청탁(淸濁), 수박(粹駁-순수하거나 섞이거나)과 찌꺼기, 재, 거름, 오물 가운데도 리가 있지 않은 곳이 없어 각각 그 본성이 되지만, 그 본연의 묘리(妙理)는 손상되지 않고 그대로이다. 이것을 리통이라고 한다.

즉 리(理)는 기의 어떠한 국면이나 상태에서도 손상됨이 없이 두루 존재한다는 의미이다.

기국이란 무엇인가? 기는 이미 형태와 자취에(形迹)에 관계되기 때문에 본말이 있고 선후가 있다. 기의 본체는 담일청허할 뿐이니 어찌 찌꺼기, 재, 거름, 오물 등의 기가 있으리요 만은, 오직 그것이 움직여(昇降肥壤) 조금도 쉬지 않으므로 일정하지 않아 여러 가지 변화가 생긴다. 이에 기가 유행할 때에 그 본연을 잃지 않는 것도 있고, 잃어버리는 것도 있다. 이미 그 본연을 잃어버리면 기의 본연은 있는 데가 없다. 치우친 기는 치우친 기요 온전한 가가 아니며, 밝은 것은 맑은 기요 탁한 기가 아니며, 찌꺼기와 재는 찌꺼기와 재의 기요 담일청허의 기가 아니다. 이는 리(理)가 만물 가운데서 그 본연의 묘리가 어디에나 그대로 있지 않음이 없는 것과 같지 않으니, 이것을 기국이라 한다.

즉 기의 본연은 담일청허 하지만 여러 변화에 따라 그 본연을 잃을 수 있어 기국이라 한다.

결국 리(理)는 항존(恒存) 편재(遍在)하는 존재로서 기(氣)의 본연성과 관계없이 스스로를 유지하며 작용한다. 대저 본연한 것은 리일(理一)이고, 유행하는 것은 분수(分殊) 달리 말하면 '유행의 리'이다.

여기서 율곡은 리의 보편성은 기와의 관계에서 개별성과 동시에 국한성을 갖게 되며, 이를 '유행(流行)의 리'라 하였다. 그는 '유행의 리(理)를 버리고 별도로 본연의 리를 구한다면 절대 안 된다. 또 만약 유행의 리에 선악이 있다는 것을 가지고 리의 본연으로 본다면 그것 또한 안 된다'고 강조한다.

그는 '본연의 리'와 '유행의 리'의 관계가 불가분(不可分)임을 강조함으로서 한편으로 도기론을 재천명함과 동시에 그 원리성인 리 본연의 윤리적 성격 역시 강조한다. 이는 그의 논리 중심에 '리기지묘(理氣之妙)'가 있어 성립이 가능한 논의이다.

율곡 정치사상의 가장 중심적이고 특출한 명제가 바로 '유행의 리' 외에 따로 본연의 리가 없다는 것으로 이는 현실주의자로서의 선언이다.

펑유란은 이러한 율곡의 리통기국이론이나 주자나 퇴계의 리일분수론의 철학적 근거에 대해서 도가(道家)의 도는 우주만물이 유래되는 통일된 원초(原初)의 그 무엇이며, 주역(周易)의 도는 반대로 우주 하나하나의 사물을 지배하는 여러 개의 원리들이라 한다. 그리고 이 두 가지의 서로 다른, 하나는 연역적(演繹的)이고 다른 하나는 귀납적(歸納的)인, 도에 대한 접근방법의 결정(結晶)은 신유학에서는 태극이념에 통합되어 '우주는 태극 즉 모든 리의 전체를 구비하고 있을 뿐 아니라, 각 사물에는 그 사물의 그러한 까닭으로서의 리가 구비되어 있다(總體一太極　萬物各具一太極)는 데에 이른다'[6]고 밝히고 있다.

그러나 퇴계의 리일분수론과 율곡의 리통기국론에는 차이가 있다.

리일분수론은 리로 말미암아 우주자연이 생성되었다는 태극의 발생론적 사유를 리의 시각에서 일(一)과 다(多)의 형식으로 표현한 것으로

---

6) 태극리일분수론(太極理一分殊論)은 『주역』과 도가철학에서 비롯된 이론이다. 즉 주역은 각각의 사물에 대한 반복적 경험의 누적에서 이끌어 낸 귀납적 지혜(知慧)로서 따라서 물물각유일태극(物物各有一太極)이라고 한다. 그러나 이에 그치지 않고 그 귀납적 진리로부터 도출되는 객관적 세계의 변화에 대한 이해(理解)를 법칙화(法則化)하여 자체의 진리(眞理)로 삼고 이를 준거(準據)로 사물을 판단하는 연역적 체계를 세웠으니 이것이 즉 총체일태극(總體一太極)이다. 이러한 사물에 대한 태극의 양의성(兩意性)에서 리일분수론이 가능한 것이다.

여기서 리는 사실적으로나 가치상으로 상대가 없는 지극히 존귀한 존재이다.

그러나 리통기국에서의 리는 리기의 불리(不離) 상태에서 그 형국이 온전한가 아닌가(偏全)일 뿐이며, 이때 리는 명목상의 주재로 기와 대위(對位)관계에 있는 상대적 리이다. 다시 말해 리일분수의 리가 기를 배제한 절대적 리인데 비하여 리통기국의 리는 기를 동반한 상대적 리인 점에서 큰 차이가 있다.

사실 율곡에 있어 리통기국, 인심도심의 종시(終始), 기발리승일도(氣發理乘一途)는 결국 리기지묘(理氣之妙)의 다양한 모습으로 같은 뜻으로 이해된다.

여기서 '리기지묘'란 일체 존재의 내면 구조인 리기의 '일이이(一而二) 이이일(二而一)'라는 오묘한 관계, 그리고 그 관계로부터 발생하는 동정. 작용을 의미한다. 태극론으로는, '음양이 변역하는 가운데 태극의 이치가 있다'라든가, '음양이 동정함에 따라 태극이 거기에 탄다(陰陽動靜而太極乘之)' 하는 말들이 그것이다.

다시 말해 '리기지묘'는 천지만물이 변화하지만 그럼에도 그 원리성을 잃지 않고 균형·조화를 유지하고 있다는 데서 그 의미가 확인된다.

모든 사(事)와 물(物)은 리기의 합으로 존재하며, 리기지묘로부터 자유로운 천지 만물과 현상은 없다. 결국 '묘(妙)로서 들어내고자 한 뜻은 고정(固定)된 논리나 법칙성에 따라 해석되지만은 않는 사(事)와 물(物)의 개방성과 유동성이고, 또한 만사의 변화를 리기라는 사물내의 현상으로 이해함으로서 초월적 권위에 대한 거부의 측면도 있다.

이러한 리기지묘를 율곡 자신의 성품에 대해 말하면, 그는 밝게 보기 어렵고 말하기 어려운 리기의 묘처를 능히 보고 말할 수 있는 안목을 지녔기에 현실과 원리를 함께 조명(照明)함으로서 성리학의 지극한 윤리적 목표를 잃지 않으면서도 현실세계에서의 실리·효용을 강조할 수 있었다. 또한 그의 이러한 성품과 능력에 따라 현실에 대한 통찰과 미래를 투시(透視)하여 올바른 현실주의를 정립함으로서 그의 후학들에 의해 실학이 나올 수 있었다.

3) 심성론(心性論)

① 개 요

율곡은 퇴계가 '심을 리기의 합'이라고 하는 것과는 달리 심은 '성(性)과 기를 합하여 한 몸을 주재하게 된 것'(『율곡전서』), 더 나아가 기(氣)라고 주장한다(心是氣)하며, 이때 심의 기가 곧 지각작용을 일으키는 '능각자(能覺者)'라는 것이다.

사실 성즉리의 원칙을 받아들인다면 리나 성은 같은 의미이지만, 주자는 '성은 곧 리이다. 심에 있어서는 성이라 부르고, 사(事)에 있어서는 리라 부른다'하였고(『주자어류』), 이에 따르면 심과의 관계에서는 리보다는 성이 더 적합한 표현이라 할 수 있다.

율곡은 심에 대하여 '천리가 사람에 부여된 것을 성이라 하고, 성이 기와 합하여 사람 한 몸을 주재하는 것을 심이라 하고, 심이 사물에 응하여 외부에 발한 것이 정이니 … 심은 기이다. 혹원혹생(惑原惑生-혹은 형기의 사사로움, 혹은 성명의 바름(性命之正)으로부터 생하는 것)이 심의 발이 아닌 것이 없으니, 어찌 기의 발 아닌 것이 있겠는가. 심(心)중의 리가 곧 성이니 심의 발함이 없으면 성 역시 리(理)를 발하지 못한다(天理之賦於人者, 謂之性, 合性與氣而爲主宰於一身者, 謂之心, 心應事物而發於外者, 謂之情 ... 心是氣也, 或原或生而無非心之發, 則豈非氣發耶, 心中所有之理乃性也, 未有心發而性不發之理)고 하여 심즉기(心卽氣)의 입장에서 기의 절대적 역할을 주장한다.

그는 '심(心)의 성(性), 정(情), 의(意)가 단지 한 길임을 반드시 알아야 한다. 그리고 각 경계가 또한 있음도 알아야 한다. 그러나 그것도 차이가 있는 것은 아니다. 어떻게 한 길이냐? 심의 미발(未發)은 성이고 이발(已發)은 정이며, 발한 후에 몫을 재는 것은 의이니, 이것이 모두 한 길이다. 어떻게 각 경계가 있느냐? 심의 적연부동(寂然不動), 이것이 성의 경계요, 심이 감이수통(感而遂通)한 것 이것이 정의 경계요,

느낌으로 인하여 자세히 상량(商量)하는 것, 이것이 의의 경계이다. 그래서 모두가 일심이지만 또 각각 고유한 경계가 있다(동서).[7]

여기서 의(意)는 념(念)·려(慮)·사(思)로 구성되는데 념은 현재의 특정한 일에 정신을 집중함이고, 려는 도모하는 바가 있는 생각함, 사는 념을 깊고 정밀하게 밀고 나가 통하길 바라는 의의 특수한 양상이고, 지(志)는 이 과정들을 거쳐 결단이 내려진 단계이다(김낙진, 『논쟁』).

일반적으로 주자학에서는 '성(性)은 심(心)의 체(體)이며 정(情)은 심의 용(用)으로 이해하고, 성을 미발(未發), 정을 이발(已發)의 상태로 설명한다. 그리고 율곡이 심에 의(意)를 추가하는 의미는 수기(修己)에서의 입지(立志)에 대한 강조와 함께 그의 행동·실천 의지의 표현으로 보아야 할 것이다.

② 인심과 도심

율곡과 성혼 간의 인심도심 논쟁은 선조 5년(1572)부터 아홉 차례에 걸친 서신왕래로 행해졌다. 성혼은 이황과 주희의 『중용장구서』에 입각하여 자신의 논지를 편 반면에 이이는 노수신의 인심도심설과 나흠순의 『곤지기(困知記)』의 이론을 참고로 하여 논의를 펴 나갔다(권인호, 『논쟁』).

인심도심이라는 용어는 『서경(書經)』 '대우모(大禹謨)'에 '인심은 위태하고 도심은 미미하니 오직 정성스럽게 하나로 하여야 진실로 그 중(中)을 잡을 수 있다. … 가히 사랑해야 되는 사람은 임금이 아니겠으며, 가히 두려워해야 할 사람은 백성이 아니겠는가?'라는 데 연원한다.

주희는 『중용장구서(中庸章句序)』에서 '윗말은 순인금이 우임금에게 준 말이다. 심의 허령(虛靈)과 지각(知覺)(일정한 목표에 구애됨이 없이 모든 것을 포용하는 심령과 그에 따라 행하는 것)은 한가지이지만 인심과 도

7) 이를 현대의 심리학으로 풀이하면 성과 정과 의는 동일한 심리의 다른 현상의 관점이며, 인간의 심리가 아직 현상화(現狀化)되지 못한 의식(意識)을 성품이라 하고, 이미 현상화된 의식을 감정이라 하고, 현상으로 표면화 된 다음에 사량(思量)하는 의식을 의념이라 한다(김형효, 『율곡과 매를로 뽕띠의 비교연구』).

심은 다름이 있다. 심은 어떤 경우에는 형기(形氣)의 사사(私事)로움에서 나오기도 하고, 또는 원래 타고날 때 받은 천성의 올바름(性命之正)에서 근원하기도 하여서 그것을 알아서 깨달음이 같지 않은 것이다. 그러므로 인심은 위태하여 불안하고 도심은 미묘해서 보기가 어렵다'는 것이다.

율곡은 도심과 인심을 변별하는 기준을 심정의 발동에 두어 도의를 위한 것인지 아니면 육체적 욕구에 따른 것인지에 두고 전자를 도심 후자를 인심으로 보는 데는 동의하였다. 그러나 그는 인심과 도심을 상대적으로 파악하여, 처음에 인심이었던 것이 도심으로 될 수도 있고, 도심으로 시작하였더라도 인심으로 끝날 수 있다고 본다. 형기의 사사로움이냐 성정 즉 천성의 올바름에서이냐는 다만 출발에서의 차이이며, 끝에서 같아 질 수 있다.

그는 둘의 근원은 오직 '한 마음'일 뿐이며, 따라서 리기로 나눌 수 있는 고정적 불가변의 특성은 아니라는 것이다. 그에게 인심은 퇴계처럼 곧 인욕은 아니다. 인심도 도리나 인의를 위하는 방향으로 바뀌면 도심이 된다는 것이다.

성혼이 '리기의 발동이 처음에는 선하지 않은 것이 없지만 기가 절도에 맞지 않게 된 뒤에야 마침내 악으로 흐르는 것일 따름이다'라 한데 대해 율곡의 제 1차 답변은 먼저 '성현의 말씀도 혹 횡설수설이 있고 그 본뜻을 잃어버리기도 한다'는 전제에서 다음과 같이 답한다.

'마음은 하나지만 도심이다 인심이다 일컫는 것은 성명과 형기의 구별이 있기 때문이다. 정도 하나이지만 혹은 사단이다 혹은 칠정이다 하는 것은 오직 리를 말할 때와 기를 겸하여 말할 때가 같지 않기 때문이다. 그러므로 인심과 도심은 능히 서로 겸할 수는 없어도 서로 시작과 끝이 될 수는 있으며, 칠정은 사단을 겸할 수 있으나 사단은 칠정을 겸할 수 없다'

그에게 이 둘의 변별은 사단과 칠정의 관계와는 다르다(單指, 兼指).

4) 인식론

율곡의 철학은 그 소이연(所以然)을 추구하여 현실세계의 본원성을 체계적으로 드러내는데 있어 선험성이나 논리적 비약을 배제하고 현실적 구체적 사실에 근거한, 실제성을 함께 갖춘 경험주의 철학이다. 그의 도기론은 이러한 경험주의 철학의 한 표현이다.

율곡은 인간의 한 마음은 온갖 이치를 온전히 갖추었다고 하였다. 그러나 이는 본유관념(本有觀念)을 인정하는 것이 아니며, 마음이 모든 이치를 알 수 있는 능력을 가지고 있다는 의미로, 인간의 마음은 허령(虛靈)하여 텅 비었지만 또한 신령하고 영명(靈明)하여 그러한 능력을 갖는 것이다.

율곡의 인식론은 리가 성리학 일반의 도덕적 원리성 외에 사물간 더 나아가 사회적 제 관계에서는 그 관계가 갖는 조리(條理)로서의 의미를 갖는다는 데서 출발한다. 또한 그 전제는 인간 존재를 심신(心身) 일체로 이해하여, 지각 역시 심신의 상호 관계 속에서 이루어진다는 것이다. 이때 신기(身氣)는 감각작용을, 심기(心氣)는 사려(思慮) 기능을 갖는다.

율곡은 '눈·귀와 같은 감각기관의 작용이 있은 후에 라야 지각(知覺)이 있게 된다. 그러나 이 지각은 마음의 작용, 즉 심기(心氣)에 의한 것으로, 만일 그러하지 않으면, 아픈 것이나 가려운 것도 알 바가 없게 되어 모래나 돌이 사물을 보는 것과 같다. 그리고 이미 지각이 없으면 비록 천당과 지옥이 있다하더라도 어찌 그 고통과 쾌락을 알겠는가?'라 하였다(『율곡전서』).

사실 율곡은 『순언』에서 '오색, 오음, 오미는 본래 사람을 기르는 것이지 사람을 해치는 것이 아니다. 그러나 사람들은 대개 욕망을 따라서 절도를 알지 못하게 되어 색을 기뻐하는 것이 도리어 그 올바르게 보는 것을 잃게 하고, 음(音)을 즐겨하는 것이 도리어 그 올바르게 듣는 것을 잃게 하고, 맛을 즐기는 것이 도리어 그 올바르게 맛보는 것을 잃게 만든다'하여 인간의 감각기능을 인정하고 다만 그 절도를 통해 올바른 길을 가기를 요구한다.

더 나아가 그는 '마땅히 먹어야 할 때 먹고, 입어야 할 때 입으려 하는 것은 성현도 벗어날 수 없으니, 이것이 천리이다'라고 까지 말하였다.

그러나 율곡에 있어 그것은 단순히 인식론의 문제에 그치는 것이 아니라 지각의 전제(前提)로서의 인간의 감각적 감수기능에 대한 긍정적 자각(自覺)으로 볼 수 있다. 이로 인해 그는 욕구주체로서의 인간의 생활을 긍정하며 삶에 있어 이성과 감성, 관념과 경험, 도덕과 인욕간의 균형을 가져 올 수 있었다.

5) 사단과 칠정

퇴계가 사단을 본연(本然)의 성(性), 칠정을 기질(氣質)의 성으로 나누고 본연의 성을 리발(理發)로 기질의 성을 기의 발동에 의한 것으로 나눈 것에 대해 그는 사단(四端) 역시 기가 발(發)하고 리가 승(乘)하여 나타난다고 한다. 그는 리가 기 없이 홀로 먼저 발동한다는 것을 인정할 수 없는 것이다. 사실 퇴계의 주장인 리발(理發)은 송시열이 주자의 본뜻이 아니라 '후세인들에 의한 오기(誤記)'라고 할 만큼 그 논리적 적합성을 상실한 것이다.

그는 본연의 성과 기질의 성은 다른 두 개의 성이 아니다. 가령 기질과의 관계에서 보자면, 단지 그 리만을 취하면 본연의 성, 리와 기질을 합하여 말하면 기질의 성이라 한다. 본연의 성은 기질을 겸하지 않은 것에 대해 하는 말이며 기질의 성은 오히려 본연의 성을 겸한 것이다(臣按本然之性, 氣質之性, 非二性也, 就氣質上單其理日本然之性,合理與氣質而命之日氣質之性' '本然之性則不兼氣質而爲言也, 氣質之性則却兼本然之性).

율곡은 기발리승(氣發理乘)을 설명하면서 '기가 발하여 리가 탄다'는 것이 옳다. 비단 칠정만이 그런 것이 아니라 사단 또한 같다. 어린아이가 우물에 빠지는 것을 본 연후에 측은지심이 발현된다. 이때 보고 측은히 여기는 것은 기이니 이것이 소위 기발이고, 측은의 본체는 인(仁)이니 이것이 소위 리승이다. 사람 마음만 그런 것이 아니라 천지의 변화 또한 기화리승(氣化理乘)이 아닌 것이 없다'는 것이다.

율곡은 사단에 대해 '사단이란 단지 선정(善情)의 다른 이름으로, 말하자면 칠정(七情)은 사단이 그 중에 있는 것이며 … 만약 칠정에 이미 사단이 포함되어 있다면, 사단이 칠정이 아니라거나 칠정이 사단이 아니라하는 것은 옳지 않으니, 어찌 양변으로 나누는 것이 가능하겠는가?(四端, 只足善情之別名, 言七情則四端在其中矣 ... 若七情則四端在其中, 不可謂四端非七情, 七情非四端也, 烏可分兩邊乎)'(『율곡전서』)

칠정은 『예기』 '예운'편에서 인간의 감정을 통칭하여 희노애락애오욕(喜怒哀懼愛惡欲)으로 지칭한데서 비롯된 것이다. 따라서 칠정은 곧 정(情)의 범주 전체를 아우르는 개념이다. 다시 강조하면 정(情)의 범주 전체를 아우르는 단어인 '칠정' 이외에 다른 '정'은 없다.

사실 율곡은 인심과 도심을 선악문제와 연결시켜 칠정(七情)은 인심 도심의 선악을 합하여 말한 것이고(상위 류개념), 사단(四端)은 도심과 인심 가운데 선한 부분만을 말한 것(하위 종개념)이라고 명확하게 구분하였다.

이러한 논리적 관점에서 보면 '사단칠정'이라는 논쟁은 그 전제가 성립되지 않는 근본적 오류를 안고 있다. 칠정이 인간 감정을 통칭하는 류(類) 개념이라면 사단은 그 중 선한 부문만을 따로 나눈 종(種) 개념이다. 류와 종 즉 상위 개념과 그에 하속(下屬)한 하위 개념을 대립적인 것으로 설정한 것 자체가 모순이다.

대체로 이러한 오류는 퇴계가 논리를 초극(超克)하고라도 도덕적 절대순수를 지향·추구하려는 데서 비롯된 것이다. 사실 퇴계도 고봉과의 서신에서 자신의 호발론(四七各有所從來)에 대해 미진한 점을 인정한 바 있다.

사칠 논쟁은 논리 전개 이전에 이미 시비의 판정은 나있다고 보아야 할 것이며 율곡은 이를 정확하게 이해하고 있었다. 따라서 그는 리동(理動)에 대해 '성인이 다시 나와 말하더라도'라는 강경한 태도를 보일 수 있었던 것이다.

제 4 절 경세철학

경세론에 있어 퇴계는 대체로 정치원론을 강조하였을 뿐인데 비해 율곡은 제반 실용적인 정책의 입안과 그 실행을 역설하는 현실주의자로서의 진면목을 보이었다.

1. 정치 원리

1) 기본 이념

성리학의 경세철학 대원칙은 '백성이 없으면 나라도 없고(無民則無國) 따라서 군왕도 있을 수 없다'는 위민(爲民) 민본(民本)사상을 전제로 인의(仁義)에 입각한 왕도(王道)정치를 표준으로 하고 있다. 그리고 이를 구현하기 위한 정치행태는 덕치(德治)이고, 덕치의 요건은 군왕의 마음가짐(一心)으로 그것이 온갖 정사(政事)의 근원이라는 것이다.

율곡의 기본적 정치관은 '양민(養民) 이후에 교화(敎化)'이며, 통치는 통치자의 수신의 자연적 결과가 아니라, 인간·정치인이 수행(遂行)하여야 할 구체적인 정치적 실천임을 주장하였다.

그리고 정치실행에서는 현재(賢才)를 찾아 중용하는 것을 최우선으로 하였다. '제왕의 급선무로서 득인(得人)보다 더 급한 것이 없는데, 득인의 방법은 수신에 있다. 수신이 되어 있지 않으면 마음이 바르지 못하고, 지혜가 밝지 못하게 되고, 충(忠)과 사(邪)를 분별할 수 없으니 어찌 득인할 수 있겠는가? 이 때문에 공자는 위정(爲政)은 사람에게 달려있으므로 수신으로서 득인하고 도(道)로서 수신하라' 하였다.

그러나 율곡은 수신(修身)은 치국을 위한 필수조건이기는 하지만 수신이 지극한 경지에 이를 때를 기다려서야 정치를 할 수 있다고는 생각하지 않았다.

그는 수신과 치국의 병행론의 입장에서 '주인을 얻고 취하고 버림을 식별하고 좋고 그름에 성심으로 대하고 정치의 뜻을 필히 분발하고 현자의 신임을 구할 수 있다면, 즉 덕이 비록 미성이라도 치도를 시작할 수 있다(但得人主, 識取捨誠好惡, 奮必治之志, 而求賢信任, 則德雖未成 治道可始也)'고 하였다.

위에서 말한 정치의 원칙은 퇴계나 율곡이 함께 따르는 성리학에서의 일반적 경세철학이다.

특히 율곡은 형이상학적 사변철학에만 치중했던 퇴계와는 달리 정치·경제·사회·교육 등 실사실용의 경국제세(經國濟世)를 중시하여 당시 여러 폐단의 개혁을 주장했던 철학자이고 정치가였다.

2) 항산(恒產)과 항심(恒心)

조선조 500년은 의리정신의 제고나 도학의 존중을 지나치게 강조한 결과, 경제성장의 필요성, 소득의 조화로운 분배, 기본재산의 합리적 확보 등 현실적 생활에 등한하였다.

맹자는 말하기를 '항산이 없으면 항심을 가지지 못한다. 이로부터 죄를 지은 후에 뒤따라 처벌한다면 이는 백성들을 그물을 처서 잡는 것과 같다'고 하였다. 또한 백성은 식(食)에 의존하고 국가는 백성에 의존하는 것이어서, 식이 없으면 백성도 없고 백성이 없으면 나라도 없는 법이다. 이것은 필연의 이치이다.

율곡은 '기한(飢寒)이 몸에 절박하면 예의도 다 잃어버리게 된다. 임금보기를 이리나 호랑이 그리고 원수같이 할 것이고, 임금도 또한 백성을 업신여겨 누구도 감히 어쩌지 못하리라 생각할 것이다. 화(禍)의 씨앗이 알지 못하는 사이에 잠복해 있어도 경계할 줄 모르다가 하루 아침에 변이 일어나고 뜻밖에 환(患)이 발생해서 가볍게 생각했던 필부필부(匹夫匹婦)가 모두 강력한 적이 된 뒤에는 비록 후회를 한들 이미 때는 늦는다'라고 하였다.

그는 '지극히 어리석은 듯하면서도 지극히 신명(神明)한 백성들을 어찌말로만 속일 수 있겠느냐?(斯民也至愚而神 豈得以口說相欺乎)'라 하여 백성들에 대한 경외(敬畏)를 표현하고 있다.

율곡은 백성들의 생활고를 들어 교화를 목적으로 하는 향약의 실시를 늦추자 하였다. 그는 왕에게 아뢰기를 '근일에 여러 신하들이 급히 향약을 실시하도록 청원함으로 상명(上命)으로 시행하고 있습니다. 신은 향약을 시행하는 것은 너무 빠르다고 여깁니다. 백성 기르는 것이 먼저 할 일이고, 백성 가르치는 것은 뒤에 할 일인데, 민생들의 초췌(憔悴)한 모습이 오늘보다 더한 때는 없을 것입니다. 급급하게 모든 폐단을 광구(匡救-잘못된 것을 바로잡음)하여, 백성들의 거꾸로 매 달린 것 같은 곤란을 먼저 해결해 준 후에 향약을 시행하는 것이 옳을 것입니다'라고 하였다.

그는 '도를 다듬는데도 본말과 완급이 있는 줄을 모르고 이내 향약으로 말속(末俗)을 만회하여 대유(大猷, 猷는 可(옳음), 道)에 오르도록 하려만 하니 역시 잘못이 아니겠는가?(不知治道有本末緩急 乃欲以鄕約 挽回末俗以升大猷 不亦謬哉)'라고 하였다.

3) 실천의 강조

율곡은 '도는 고원한 데 있지 않고 다만 일용간에 있다(道非高遠 只在日用)'라 하여 도기론을 지향하였다.

율곡은 '도(道)에서 병행될 수 없는 것은 시(是)와 비(非)이고, 사(事)에서 함께 할 수 없는 것은 이(利)와 해(害)이다. 한갓 이해로 급(急)함을 삼고, 시비의 소재를 생각하지 않는다면 판사(判事)의 의(義)에 어긋나게 되고, 한갓 시비에만 뜻을 두어 이해의 소재를 생각하지 않는다면 응변(應辯)의 권(權)에 어긋나게 된다. 그런데 권에는 일정한 표준이 없고 중(中)을 파악하는 것이 중요하며, 의에는 불변의 제도가 있는 것이 아니라 의(宜)에 합당하게 하는 것이 중요하다. 중을 파악하고 의(宜)에 합당하면 시(是)와 이(利)는 그 안에 있는 것이다. 진실로 나라에 편할 수 있고 백성에 이로울 수 있다면 모두 할 만한 일이고…'

라 하여 백성의 생활이익을 최우선으로 권변(權變)에 따른 임기응변하는 현실성, 유연성을 강조하였다(『율곡전서』).

그가 '중을 파악하고 의(宜)에 합당하다'고 한 것은 현실정치에서 변혁을 당위로서 인식하였다는 의미이다.

율곡의 학문의 목적은 일차적으로 일용처사(日用處事)에서의 이치를 구하는 데 있다.

'학문은 올연(兀然)하게 단좌(端坐)하여 종일토록 독서만 하는 것이 아닙니다. 학문은 다만 일용처사(日用處事)에 있어서 하나하나 이치에 합하는 것을 이르는 것입니다. 다만 합리인지 아닌지를 능히 스스로 알지 못하므로 독서하여 그 이치를 구하는 것입니다. 이제 만약 독서로 학문하여 일용처사에 당리(當理)를 구하지 않는다면 어찌 이른바 학문이라 하겠습니까? 이제 전하께서 일용간에 일일이 깊이 당리를 구한다면 하나하나의 정령(政令)에 이르러 모두 바른 것을 얻어서 조금도 착하지 않은 것이 없을 것이니 이것이 곧 학문입니다'(상동)

그는 인간 사회에 있어서 윤리적 가치만을 강조한 것이 아니라 객관적 사리를 밝히며 매사의 처리가 합리적이어야 한다는 합리주의 사상을 고취하였다.

그는 성현의 학은 수기와 치인이며 '독서만하고 실천이 없으면 앵무새가 말하는 것과 무엇이 다르겠는가? 진유(眞儒)란 벼슬에 나가면 세상에 도를 행하여 백성으로 하여금 태평의 즐거움을 누리게 하고 벼슬에서 물러나면 만세에 교화를 드리워 학자들로 하여금 대오각성하게 하는 것인데, 벼슬에 나아가서도 도를 행하지 못하고, 벼슬에서 물러나서도 교화를 드리울 수 없다면 그가 아무리 진유라 해도 나는 믿지 않겠다'(상동)고 하여 당시의 현실도피 경향과 실용에서 벗어난 공리공담의 경향을 비판하였다.

그는 이를 정치실천의 문제와 결부시켜 다음과 같이 말하였다.

'천하의 일는 나아가지 않으면 물러서고, 국가의 형세는 다스려지지 않으면 어지러워진다. 진보와 쇠퇴, 평화와 혼란은 진실로 그 운수가 있고, 그것들이 초래되는 실상은 인간에 연유한다. 그러므로 인군은 마땅히 다스려지고 어지러워지는 기미(機微)를 살펴서 평화가 이룩되게끔 힘쓰고, 혼란이 오지 않게끔 그 원인을 제거해서 반드시 치세를 기약하도록 해야 할 것이며, 작은 성과(小成)에 만족하거나 상규(常規)에 국한하거나 어정어정해서 성패에만 맡겨 둬서는 안 된다'(동서)

그는 실천, 그것도 철저한 실천을 요구하고 있다.

4) 변법과 경장

율곡은 당시 '신하가 된 자들은 사림을 논하면 왕안석의 화가 있을 것을 두려워하고, 자신을 청청하게 가지면 을묘(乙卯)의 화가 있을 것을 두려워하여' 감히 자신들의 정치적 견해를 주장하지 못하는 상황에서, 자신의 안위를 초월하여, 16세기 조선사회의 부패와 모순을 개혁하기 위하여 변법과 경장을 역설하였다.

율곡의 개혁 정신은 원론적 측면으로는 진리를 숭상하며 기강을 확립하고 사회의 정기(精氣)를 수립하려는데 있었다. 그리고 사회를 바로잡는 순서를 먼저 조정을 화(和)하게 하고, 인재를 등용하여 사직과 백성을 위하여 완급에 따라 제도를 마련하고, 정책을 개선하여 점진적으로 혁폐(革弊)할 것을 말하였다.

그는 '국가가 고질에 빠진지 어언 20년이나 되어 상하가 인습에 젖어 털끝만큼도 개혁함이 없다. 오늘날 백성의 힘이 이미 고갈되었고 나라의 저축은 비었다. 그러므로 이제 경장을 하지 않는다면 나라가 나라꼴이 되지 못할 것이다. 입조(立朝)한 사람들이 마치 장막(帳幕)의 제비와 무엇이 다르리오 자다가도 생각이 이에 미치면 자신도 모르는 사이에 놀라 일어나 앉게 된다'고 하였다.

율곡은 당시의 정치적 상황을 '우리나라가 건국한지 거의 200년이 되었으니 이는 바로 중쇠기(中衰期)가 된 것이다. 권간(權奸)들의 탁란(濁亂)의 화(禍)가 많아 오늘에 와서는 마치 노인의 원기가 거의 떨어져 다시 일어 날 수 없게 된 것과 같다'고 보았다(『율곡전서』).

그는 현실을 정확하게 파악하는데 요구되는 역사의식을 갖추고 있었으며, 그러한 관점에서 조선의 역사적 현실을 창업(創業), 수성(守成), 그리고 경장(更張)의 세 관점에서 보았다.

그는 '시무(時務)란 동일한 것이 아니고 각각 마땅한 바가 있는 것이니. 그 대요(大要)를 요약하면 창업(創業), 수성(守成) 그리고 경장인 이 세 가지가 있을 뿐입니다. 수성할 때를 당하여 경장에 힘쓴다면 이것은 병도 없고 약도 없는데 약을 먹는 것과 같아, 도리어 병이 생길 것이고, 경장해야 할 때를 당하여 준수(遵守)에 힘을 쓴다면 이는 병에 걸리고서도 약을 물리치고 누워서 죽음을 기다리는 것과 같습니다'라고 하였다.

그는 경장에 대해 '무릇 혁구경신(革舊更新)은 다만 그 옳고 그름과 이롭고 해로움을 가늠해야 하는 것인데 그 요의는 백성을 편하게 하는데 있을 뿐이다'라 하였다(우계에 보낸 글). 이러한 개혁정신이나 목적이 이상주의자들의 '도덕정신의 함양'과 다른 점이다.

이에 대처하는 방법으로 변법과 경장(更張)을 주장하는 '만언봉사(萬言封事)'를 선조(宣祖)에 올렸으나 그가 '조종(祖宗)의 법을 고치는 것을 어렵다고 하자 신이 경장하기를 좋아해서가 아니라 백성들의 피해를 구제하고자 하는 것입니다. 예부터 성현은 때에 따라 변통하였습니다. 천운(天運)으로 말하더라도 세월이 오래 되면 역수(曆數)에 반드시 시차가 생기는 것이니 만약 때에 따라 고치지 않는다면 천상(天象)이 어려워지고 사시(四時)도 순서가 바뀔 것입니다. 비록 성왕(聖王)이 입법했다 하더라도 현손(賢孫)의 변통이 없다면 마침내 폐단이 생기게 되었다'고 하여 변통의 필요성과 그것이 치국안민의 요체임을 역설하였다(동서).

그는 개인의 윤리와 정치에서의 도리(道理)를 구분하여 '불변하는 것은 천지의 상경(常經-사람이 마땅히 지켜야 할 도리)이며, 변통(變通)이란 고금의 통의(通誼)라 지적하고 '법은 시대에 인(因)하여 제정하는 것이니 시대가 바뀌면 법도 같지 않아야 한다'고 하였다.

역사적으로도 세종은 이미 영구적인 법(法)으로서의 전(典)과 시대에 따라 변화 가능한 법인 '녹(錄)'을 구별하고, 전(典)을 '원육전'과 '속육전'으로, 그리고 시대에 따라 변화 가능한 법인 '녹(錄)'을 '육전등록(六典謄錄)'으로 나눈 바 있다. 이는 정치의 경색(梗塞)을 방지하려는 의도였다.

변통이란 주역에 나오는 말로 그 기저에는 수시변역(隨時變易)이라는 역사적 사고 방법이 있다. 바꾸어 말하면 거기에는 정치·사회현상이란 시대에 따라 변역한다는 시대의 개별성의 논리가 내재해 있다(박충석, 『한국 정치사상사』).

그는 개혁의 필요성과 이에 반대하는 자(者)들에 대해 '비교하자면 마치 오래된 집에 재목이 썩어 곧 무너지려하는데 기둥 하나 서까래 하나 바꾸지 않고 가만히 앉아서 집이 무너지기를 기다리는 것과 같습니다'라고 하였다.

그리고 변혁의 요체인 시의(時宜)에 대해 '정치는 시세(時勢)를 아는 것이 귀하고 일에는 그 실(實)을 힘쓰는 것이 긴요한 것이니 정치를 하는데 있어 시의(時宜)를 알지 못하고 일을 당하여 실효를 힘쓰지 않는다면 비록 성현이 서로 만난다 할지라도 치효(治效)를 거둘 수 없다(『선조수정실록』).

율곡은 이른바 시의라는 것은 때에 따라 변통하고 법을 제정해서 백성을 구하는 것을 이른다. 정자(程子)는 역(易)에 대해, 때를 알고 형세를 아는 것이 역을 배우는 중요한 비결이라 했고, 때에 따라 변역(變易)하는 것이 상도(常道)라 했다. 대개 법은 때로 인해 제정되는 것이니 때가 변하면 법도 같지 않게 되는 것이다. 사회의 변화에 따라 법이 오래되면 폐단이 생기는 것은 필연의 세(勢)라 모두들 책(策)을 세워 폐단을 바로잡아야 한다(法久弊生 必然之勢 設策矯弊)는 것이다.

5) 개혁과 기강(紀綱)

율곡은 주자의 말을 인용하여 '무엇을 기강이라 하는가 하면 어질고 어질지 못한 이를 분별하여 상하의 구분을 정하고 공(功)과 죄를 밝혀서 상벌의 시행을 공정히 하는 것'이라 하여 '기강은 국가의 명맥이므로 기강이 진숙(振肅-두려워서 떨며 삼감)하면 만사가 스스로 잘 다스려 지고 기강이 문란(紊亂)해 지면 백도(百度)가 모두 허물어져 부패로 이어진다'고 보았다.

그는 당시의 시대상을 사회기강이 해이(解弛) 할대로 해이해져 간사스러운 권신(權臣)이 사리사욕에 사로잡혀 국정을 어지럽힌 상태로 이해하였다.

그는 당시 사류(士類)들은 몇 번의 사화를 겪으면서 사기가 위축되어 출사(出仕)를 포기하고, 이미 출사한 사람도 벼슬을 그만두고 초야에 은거하며 현실에서 도피하려는 경향이었으므로 작록(爵祿)과 영화만을 탐하는 간사한 무리들이 때를 만나 함부로 날뛰면서 저에게 이로운 것이면 옛 법이라 하여 준수하고 저에게 해로운 것이면 신법이라 하여 혁파하였다 그 혁파하려는 목적은 오직 백성을 해(害)쳐서 자신을 살찌우려는 것일 뿐이다.

율곡은 정치에 있어 기강의 중요성을 역설하였다. '훌륭한 의원은 사람이 살찌고 마른 것을 보지 않고 맥(脈)에 병이 있는가의 여부를 살피며, 훌륭한 정치인은 천하의 안위(安危)를 보지 않고 먼저 기강의 치난(治亂)을 살핀다'고 하였다.

그의 생각에 경세문제의 중심에 있는 사회적 병폐에는 항상 관리들의 부패가 있었고, 그 형태는 내부적으로는 관직의 승진과 모든 재판은 뇌물에 의해 결정되고, 하급관리들은 기회만 닿으면 백성들을 수탈하여 이익을 챙기기에 바빴다(『율곡전서』).

결국 백성들이 견디지 못하고 파산하여 도망가는 경우가 많았는데, 납세의 대상자기 도망가고 없으면 그 친척에게, 그 친척마저 도망가고 없으면 그 이웃에게 부과함으로서 이른바 '일족절린(一族切隣)의 폐단'이 생겨났으며 급기야 한 마을의 황폐화를 초래하게 되었던 것이다. 이에 율곡은 '일족절린의 폐단'으로 발생한 유리민(遊離民)은 도적으로 되기 쉽고, 극에 달하면 민란의 가능성까지 있음을 경고하였다(동서).

그러나 기강이 서는 것은 위세(威勢)로서 위협하고 법령(法令)으로 몰아세우는 데 달려있는 것이 아니다. 관리의 임면(任免)을 합당하게 하고 상벌을 반드시 신실(信實)하게 하는데, 또한 조정이 공정(公正)을 얻어 사정(私情)이 행해지지 않는데 달려있다

2. 정치 현실

1) 개 관

율곡은 선조에게 지금 정치의 효과가 나타나지 않는 것은 실공(實功)이 없는데서 연유되는 것이라 하여 정치실행에서의 성실성을 강조한다. 그가 말하는 '실공(實功)'이란 '일을 함에 성(誠)이 있고 헛된 말을 일삼지 않는 것'으로, 이는 당시 정계·학계의 공소공론(空疎空論)을 일차적 원인으로 지목한 것이다.

그는 걱정할만한 정치양상 일곱 가지를 들어, 첫째는 위와 아래가 서로 믿는 성실성이 없는 것이고, 둘째는 측근들이 일에 책임을 지는 성실성이 없고, 셋째는 경연(經筵)에서 성취하려는 성실성이 없고, 넷째는 어진 이를 천거해도 적극적으로 등용하려는 성실성이 없고, 다섯째는 재해(災害)를 만나 자연에 대응하는 성실성이 없고, 여섯째는 많은 사람이 지모(智謀)를 내어도 백성을 구하려는 성실성이 없고, 일곱 번째는 사람들이 선(善)을 지향하려는 성실성이 보이지 않는 것입니다.

그가 강조한 것은 성(誠) 한글자로 결국 율곡 역시 성리학자로서 사회병폐의 원인을 인간의 도덕적 문제로 이해하고 있다. 그러나 율곡은 '도가 밝아지면 사물은 스스로 회복된다(道明則器自復爾)'는 생각에 머무르지 않았다. 오히려 그는 제도개혁 즉 경장(更張)이라는 적극적 정치행위에 의해 이 문제를 해결하고자 하였다.

이에 그는 경제사(經濟司)의 신설을 왕에게 건의한다. 그는 경제사를 대신이 주관해서 사류(士類)중 시문에 밝고 국사(國事)에 특별한 경륜이 있는 자들로 충원하여 국책에 관한 모든 건의(建議)를 수습해서 충

분히 상의한 후에 개혁을 주도하는 기관으로 생각하였다. 그러나 선조는 이를 받아들이지 않았다.

율곡은 당시 경세(經世)의 기본적인 문제들 중 시정해야할 시폐(時弊)로 네 가지 항목을 들었다. 그 네 항목으로 일족절린(一族切隣)의 폐(弊), 공물방납(貢物防納)의 폐, 역사불균(役事不均)의 폐, 그리고 서리주구(胥吏誅求)의 폐를 들었다.

2) 일족절린(一族切隣)의 폐(弊)

이는 군역과 납세의 의무자가 자신의 의무를 기피하고 도망하였을 때 일족이나 이웃이 연대책임을 지게 함으로서 발생하는 폐해이다. 율곡은 그로 인해 전에 1백호가 살던 마을에 지금은 10호도 살지 않게 되었다고 하였다.

그는 백성들이 떠나 이름만 남거나 세(勢)가 작아진 고을들은 병합하여 불필요한 관원의 수를 줄이면서 백성들의 공물 및 요역(徭役)의 부담도 줄일 것을 제안하고, 감사의 임기를 늘려 업무파악을 확실히 하도록 하여 백성들과 직접 대하는 수령(守令)에 대한 감독을 철저히 하고 군정을 올바로 수행하도록 할 것을 건의한다.

3) 공물방납(貢物防納)의 폐

당시 조선에는 공안이란 제도가 있어 정부재정을 담당하는 토지에 대한 부세(賦稅) 이외에 지방에서 내수사를 통해 왕과 그 궁중의 재원을 위해 현물로 거둬들이고 있었다.

이러한 공안의 내용은 어선(御膳-왕에게 드리는 선물)에 사용하는 진상(進上)과 궁중의 재원을 조달하기 위해 각 지방의 특산물을 바치는 공물(貢物)로 나눌 수 있는데 이 과정에서 부호와 관리들이 특산물을 독과점하고, 백성들 대신 상납 후에 그 몇 배를 받아내는 이른바 '공물방납(貢物防納)의 폐단'이 생겨나 극성을 부렸다(『율곡전서』).

진상으로 인한 폐단은 반드시 적합하지 않은 것, 자질구레한 것까지도 헌상케 하는 데서 왔고, 공물의 경우 특산물의 생산량을 항상 일정한 것으로 간주하여 무리한 할당량(割當量)을 부과, 심지어 그 지방의 특산물이 아닌 것까지도 요구하는 폐단이 있었다.

율곡은 진상·공물로 인한 폐단을 없애기 위해서는 근본적으로 궁중예산을 줄일 것과 궁중의 재정을 관장하는 내탕(內帑)과 내수사(內需司)를 폐지를 하고 그 업무를 호조(戶曹)가 담당함으로서 궁중예산과 국가예산의 일원화라는 합리적, 근대적 행정개혁을 제안하였다.

또한 공물의 종류가 다양한데서 오는 폐단을 없애기 위해 특산물 대신 쌀을 수납할 것 등 공안의 개정을 주장하였다. 그리고 이 제안은 김육(金堉)에 의해 시도되는 대동법(大同法)의 효시가 되었다.

4) 역사불균(役事不均)의 폐 - 군정의 개혁

군정 역시 그 시행과정에서의 관리들의 부정과 여러 가지 횡포로, 군역(軍役)의 의무를 지고 있는 당사자들은 심신이 고달프고, 이를 군포(軍布)로 대체할 경우 그 경제적 부담이 생계를 크게 압박하였다.

율곡은 군정의 문란과 하급관리들의 부패는 기본적으로 그들에게 고정급(固定給)이 없음에 기인한다고 이해했고, 따라서 그들의 가본급여 책정과 그 이후의 부정행위에 대한 엄벌을 함께 촉구하였다.

결론적으로 율곡은 경연(經筵)에서 이에 대한 구체적 개선방안으로, 공안을 개정하고, 관리의 인원을 줄이는 것과 감사의 임기를 길게 하자는 이 세 가지를 가장 중요한 것으로 꼽았다.

그는 부세(賦稅)를 징수함에 있어서는 적의(適宜)함을 참작하고, 수입을 헤아려 지출함으로서 매양 남은 비축이 있게 하고, 또한 급하지 않은 관직과 이익이 없는 경비는 모두 혁파하며, 전수관(典守官)이 재정관리법을 엄히 밝혀서 도둑을 당하지 않게 한다면 재정이 고갈되는 지경에 이르지 않아 국가의 재용은 점차 넉넉해지고 백성의 노고도 덜어지게 될 것이라 하였다.

이 모든 율곡의 정책은 당시 조정에서 받아들여지지 않았다.

5) 국 방

율곡은 원칙적으로 농병일치를 주장하며 '양병은 양민을 근본으로 삼기 때문에 양민하지 않고 능히 양병했다는 것은 고금을 통하여 들어 본 적이 없다'는 전제와 함께 '백성들 중에 선발하여 군사를 만들어 군사를 생업에 종사케 하였다가 식량이 넉넉해지면 군대로 나가게 하고 또 번갈아 휴식하게 한다면 나라에는 낭비가 없고 군사 또한 혼자서만 고생한다는 한탄이 없게 된다'고 설명하고 있다.

율곡 사상의 개방성은 학문 뿐 아니라 실제 정책면에서도 그대로 나타난다. 그는 사회의 소외계층인 서얼(庶孽)과 공사천(公私賤)을 국방·군역과 연계시켜 이 두 국가·사회적 문제를 동시에 해결코자 하였다.

그는 백성들의 유리(遊離)로 인한 군역(軍役)을 충당하기 위해 이들 중에서 무예에 재주가 있는 자들을 군인으로 선발하여 일정 기간 군역에 복무시키되, 복무자에게는 서얼의 경우 벼슬길을 열어주고 노비의 경우에는 속량(贖良)하도록 제안하였다.

이 제안이 계층사회를 무력화하거나 노예해방 같은 문제의식에서 나온 것이 아님은 분명하지만, 그러나 개방된 사회를 지향하는, 동시에 국방이라는 현실적 문제를 고민한 결과라는 데 의미가 있다.

그는 당시의 상황을 '백성들이 흩어지고 병졸들이 무너졌으며, 국고가 비었으며, 상하의 신의가 땅에 떨어져, 불의(不意)의 외침(外侵)을 당하게 되면 가히 막아 낼 군대가 없고, 가히 먹여야 할 곡식이 없고, 신의가 땅에 떨어져 가히 유지할 수 없게 되리니'라 하며, '이것을 모른다고 하면 전하는 장차 무엇으로 여기에 대응하겠나이까?'라고 차탄(嗟歎)하였다(『율곡전서』).

율곡은 국방에 대한 장계지계(長計之計)로서 십만양병설을 선조와의 경연에서 품의하였다. 그는 '국가의 형세가 떨치지 못한 것이 극도에 달했습니다. 10년이 못가서 흙이 무너지는 것과 같은 화가 있을 것입니다. 원하옵건대 미리 10만의 군사를 길러서 도성(都城)에 2만 명을 배치하고 각도에 1만 명씩을 배치하여, 그들의 조세를 덜어주고 무예를 훈련시켜 6개월로 나누어 교대로 도성을 지키게 했다가, 변난이 있을 경우에는 10만 명을 합쳐서 파수하게 하여 위급할 때의 방비를 삼으십시오. 이와 같이 하지 않으면 하루 아침에 갑자기 변이 일어날 경우 백성을 몰아 절하게 됨을 면치 못하여, 결국 큰 일이 끝나고 말 것입니다'라고 하였다.

이러한 그의 건의는 임진왜란을 예감한 율곡의 원모사려(遠謀思慮)로서 그만의 가능한 탁견이었다. 그러나 이에 대해 서애(西厓) 유성룡(柳成龍)은 '양병을 양화(養禍)'라 반대·불가하다고 말하고 경연에 참석한 신하들이 모두 율곡의 말을 지나친 우려라고 하여 끝내 시행하지 못했다.

그러나 임난 후에 서애는 자신의 짧은 식견을 후회하며, '이문정(李文靖)은 진성인(眞聖人)'이라고 탄복하였다고 한다.

6) 공론(公論)

율곡은 공론을 '사람들이 마음으로 다 같이 그렇다고 하는 것(人心之所同然者)라 하고 이 공론이 모아 진 것이 국시(國是)라 하며 국시를 정하는 것은 말로 다투어서 되는 것이 아니라 한 나라 사람들이 꾀하지(謀) 않고도 다 같이 옳다고 하는 것이다. 이익으로 달래지 않고 위협으로 겁을 주지 않아도 삼척동자까지 옳다고 하는 것, 그것이 국시이다(『솔성위도』).

그는 '공론이라는 것은 나라의 원기(元氣)이다. 공론이 조정에 있으면 그 나라는 다스려지고, 공론이 여항(閭巷)에 있으면 그 나라는 어지러워진다. 만약에 상하가 다 같이 공론이 없으면 그 나라는 망해 버린다. 왜 그런가 하면 위에 있는 자가 공론을 주관하지 못하고 공론이 아래에 있는 것을 미워하기 때문이다. 입을 막고 그 죄를 다스린다면 그 나라는 망하지 않을 수 없다'는 것이다.

이러한 그의 공론은 단순한 다수에 의한 여론(輿論)을 의미한 것이 아니라, 양명의 양지(良知)처럼 꾀(謨)하지 않은 데서 오는 공평무사한 것 즉 천심으로서의 민심의 발로(發露)를 생각한 것이다.

3. 맺는 말

원래 주자학에 있어서 수신과 치인(治人)은 긴밀하게 결부되어있다.

이에 대하여 퇴계는 '존심(存心)이 제1의(第一義)적인 것으로 파악하고, 이에 조응하여 통치론에 있어서도 한결 같이 수신론이 주된 과제가 되었다. 수신과 치인의 연속성을 논하면서도 오히려 수신쪽에 중점을 두어 치인에 대하여는 구체적인 정치적 실천을 제시하지 않고 도를 밝힘으로써 사람의 마음을 바르게 하고, 마음을 바르게 함으로서, 올바르게 다스려 쉽게 화목하게 된다. 그러나 마음이 바르지 못하면 정치가 올바른 다스림이 되지 못하여 교화 역시 어려워진다(明道術以正人心 ... 故人心得正而治化易洽也 ... 人心不正, 治之而不治, 化之而難化也)'라 하여 매우 윤리적인 성격을 띠고 있는 것에 불과하였다(박충석, 전게서).

퇴계에 있어 통치란 첫째가 통치자의 '수신'이며 이를 기초로 하는 교화정치로 제도개혁과 같은 것은 '말(末)'로서 취급하였다. 그는 개인수양을 통한 도덕적 완성을 목표함으로서 관념에 치우쳐 사회적 모순들에 대한 현실적 대안(代案)을 소홀(疎忽)히 하였다. 즉 정치문제를 사회의 구조적 토대를 무시한 채 마음의 사사로운 욕심을 제거하기 위한 도덕주의에 일관하였다.

따라서 그의 만년 68에 선조의 요청으로 올린 정책건의인 '퇴계의 육조소(六條疎)' 역시 수기에 치우쳐 있다.

첫째 왕통을 중히 여기게 하고 인효를 온전히 할 일, 둘째 이간질을 막고 두 어버이를 잘 섬기도록 하는 일, 셋째 유교적 제왕학을 돈독히 하여 정치의 대본을 세우는 일, 넷째 봉건적 도술(道術)을 밝혀 인심을 바로 잡는 일, 다섯째 모든 일을 나라의 복심(腹心)인 대신에게 맡기고 나라의 이목(耳目)인 대간(臺諫)으로 하여금 사리를 밝히도록 하는 일, 여섯째 유학적 규범으로 수양과 반성을 돈독히 하여 하늘이 부여한 제왕권적 권위를 계승하는 일 등이다(『퇴계문고』).

이에 비해 율곡이 병사(病死)하기 전 해(1583년 48세) 선조에 건의한 율곡의 '육조계(六條啓)'는 정책건의서로서 구체적이고 현실적 방안들을 제시하고 있다.

첫째 어질고 유능한 인재를 임용할 것, 둘째 군사와 백성을 잘 보양할 것, 셋째 국가의 재정을 풍족하게 할 것, 넷째 변경의 방비를 튼튼히 할 것, 다섯째 전마(戰馬)를 충분히 갖출 것, 여섯째 교화(敎化)를 밝게 할 것 등 긴급한 민생 안정과 국방책을 제안하였다.

이 두 거인(巨人)은 조선조 역사에서 성리학의 윤리적 가치의 최고성 내지 원리성을 공유하면서도 정치철학상의 이상주의와 현실주의를 각기 나누어 갖는 모습을 보여준다. 그러나 이들에게서는 대립적 양상보다는 오히려 상호보완의 가능성을 기대할 수 있는 근원적인 넉넉함이 있다.

제4장 | 청 초기와 조선 후기 첫 100년 (1608-1724, 광해군-숙종)

제1절 청 초기와 양란 후의 조선

조선조(朝鮮朝)는 중국의 명·청 이대(二代)에 걸친 왕조와 수명을 같이 하였다. 사실 국가 수명(壽命)이라는 관점에서 보면 역사적으로 중국의 한 왕조는 300년을 넘지 못하는 것이 상례(常例)였다.

명의 멸망 역시 그 수명이나 이적(夷狄)에 의한 왕조교체라는 관점에서 보아도 특별한 경우는 아니었고, 오히려 청의 등장으로 젊은 피를 수혈(輸血)받음으로서 중국은 정치적 세력의 비약적 확장과 함께 실학(實學)정신을 바탕으로 학문을 포함한 문화·사회 전반에 걸쳐 눈부신 발전을 성취하였다.

이에 비해 조선은 명·청이 교체되는 정치·역사적 격동(激動)의 와중에서 오도(誤導)된 외교노선(外交路線)으로 무모한 전쟁을 초래하여 정치경제 사회에서의 파국(破局)을, 그리고 당쟁이라는 내분(內紛)으로 직하일로(直下一路) 쇠락(衰落)과 고립의 길을 걸었다. 이러한 조선의 정치적 상황은 같은 시기 청(淸)의 번영과 날카롭게 대비되는 현상이었다.

그리고 이러한 결과를 초래한 가장 큰 원인은 임진왜란 이후 성리학적 정치사상의 현실적 기반이 위험해졌고, 이를 극복하기 위해 성리학이 더욱 교조화되어 갔다는 데서 찾아야 할 것이다.

임진왜란을 기점으로 조선조를 전후기로 나누었을 때, 조선 전기의 대명관계는 비록 사대형식의 조공외교를 따르기는 했으나 정치적 독립국으로서의 의식(意識)이나 지위(地位)는 확고하였다. 그러나 조선 후기에 들면 주자학의 교조화로 인해 창의적이고 자주적인 영적(靈的)능력을 상실하게 되면서 모화사상(慕華思想)이 심화되었고, 이는 현실 정치에서 사대부들이 스스로를 명에 예속된 일개 번국(蕃國)으로 자처하는 결과를 초래하였다.

1. 청의 건국과 평화기

1) 개 관

청대(淸代)는 중국의 역사상 절정(絕頂)과 바닥을 함께 겪었다.

18세기 중국의 인구와 영토(領土)는 티벧과 신장을 포함한 사상 최대의 것이었으며, 이를 운용하는 행정상의 기교와 안정성은 높은 수준이었다. 그러나 19세기에는 엄청난 재앙(災殃)과 직면하게 된다.

청제국의 초기에 전국 여러 곳에서 한족(漢族) 지배층과 평민들은 만주족 지배에 대해 결의에 찬 저항을 감행하였으나, 한 세대(世代)가 지나지 않아 이들은 새로운 군주들에게 협조하였다(페트리샤 버클리 에브리, 『케임브리지 중국사』).

청제국은 비록 미개한 만주족이 지배하였으나 초기 영민한 황제들이 선왕의 예전(禮典)을 준거로 하여 국가를 운영하며 그 신민을 장악하였다. 역사적으로도 문무(文武)를 겸한 치적(治積)에 의해 청의 통치기간 300년 중 130년 이상의 성세(盛世-세조 순치제(順治帝)로부터 강희제(康熙帝), 옹정제(雍正帝), 건륭제(乾隆帝)의 134년))를 누리는 놀라운 통치력을 보였다.

분명 명(明) 왕조의 멸망은 한족에게 치욕이었으나 천하(天下)라는 관점에서는 중국은 만주족의 야성(野性)을 수혈(輸血)받아 다시 그 활기를 찾고 영광스러운 역사를 회복하였다.

강희제 이래 세 명의 만인(滿人) 군주들은 군사 지도자인 동시에 중국 문화유산의 보호자라는 모습을 보여 주었다. 이들은 통치술을 열심히 익히고 권력행사에 있어 독단성을 조절하면서, 징세, 관리들에 대한 통제, 평화유지 등의 일상적인 문제 해결을 위해 관례적이고 제도화 된 방식을 개발하는데 자신들의 정력을 집중하였던 탁월한 행정가들이었다.

현재 한족(漢族)에 의해 통제되는 다민족 영토인 대중국의 영토가 확정된 것 역시 이들 세 황제 때 일로, 이때 대만, 중앙아시아, 몽골, 티베트 등이 모두 중국 본토에 부속되는 단일 정치체제를 형성하였다.

뿐만 아니라 강희제에 의한 문화사업은 중국 역대를 통해 전례를 찾기 어려운 방대한 것으로 이는 물론 빼어난 학문적 자질을 갖춘 본인의 성향에 근본하였지만, 그 업적은 한족(漢族)을 포용하고 융화하려는 의지(意志)의 소산이기도 하였다.

그가 명사관(明史館)을 설립하여 추진한 『명사(明史)』의 편찬사업에는 역사를 중히 여기는 한족들의 자진 참여가 이루어졌는데, 이는 명말 국가를 패망으로 이끈 지도층인 사대부들에게는 후세에 남게 될 자신들의 기록에 큰 관심을 가질 수밖에 없었기 때문이기도 하였다.

그러나 이러한 문화 사업을 통한 포용과 융화정책과 병행하여, 그는 1645년에는 직위와 서열에 관계없이 모든 사람들이 변발(辮髮)할 것을 강요하는 치발령(薙髮令)을 포고하고, 한족들은 두발(頭髮)을 통해 복종심 여부(與否)를 보여야 하였다

2) 정치제도

청제국의 정치제도는 황제 직속의 정무를 총괄하는 내각과 그 아래에 정책을 수행하는 육부(六府)를 두고 내각은 만(滿)·한(漢) 각각 2명씩으로 구성되었다. 또한 중앙뿐 아니라 지방정부의 주요 관료임용에 한·만 동수(同數)를 채용함으로서 학식과 경험을 갖춘 우수한 한족 인재를 정치에 참여시킬 수 있었다.[1)]

---

1) 원(元) 정권에서 진사(進士)에 합격자의 총수는 1139명이었는데 그 중에 한인(漢人)은 불과 278명에 불과하였다.

그러나 군사나 외교 등 주요한 안건은 만주족 출신의 황족과 귀족, 고급관료로 구성된 의정대신회의(議政大臣會議)에서 토의 결정되었다. 그리고 이러한 이원적(二元的) 제도는 옹정(擁正)시대에 군무(軍務)와 정무(政務)를 모두 장악하는 군기처(軍機處)로 통합되어 이를 통해 황제 권력이 강화되었다.

청 황제의 정치행위에서의 특징은 군기처의 수립과 더불어 '친전서(親展書)'라는 형식을 통해 지방의 총독 또는 순무(巡撫)와 사적(私的) 소통관계를 가지면서 비공식적 유대를 유지하였다는 것과 다른 하나는 정치의 파당을 막고 안정을 위해 황제가 황태자를 생전에 세우지 않고 이름을 적은 쪽지를 상자에 넣어 보관하였다가 황제 사후에 대신들의 입회하에 개봉하여 황제를 옹립하는 '태자밀건법(太子密建法)'을 전통화하였다는 점이다.

3) 정치사상

정치사회 분야에서는 주자학이 여전히 정치사상을 석권(席卷)하고 있었지만 학문·사회적으로는 명대에는 양명학이, 그리고 청대에 이르러서는, 이학(理學)이나 심학(心學)의 논리를 공리공소(空理空疎)한 것이라 하여, 이를 거부하고 실증과 고증을 중시하는 고증학[2]이 발달하였다.

명말 고학부흥(古學復興)의 학술활동을 내세운 복사(復社)운동은 청조(淸朝)의 정치적 탄압으로 그들 학문에서 경세적(經世的) 성격이 탈각(脫殼)되면서 청대의 학풍인 고증학(考證學)의 진원지(震源地)가 되었다. 사실 청대(淸代) 고증학(考證學)의 개척자는 명말 삼대 유신(儒臣)인 황종희, 고염무, 왕부지 등이었고, 그 중 고염무가 주도하였으며, 청대의 학문은 이들의 영향력에 의해 학파를 이루며 발전하였다.

---

2) 그것은 '일 설(說)을 세울 때에는 반드시 증거에 빙(憑)하여, 증거로 말미암아 그 설을 산출하되 어떤 설로 말미암아 증거를 찾는 것이 아닌' 귀납법 위에 서서 복수(複數)의 증거가 구비되지 않은 것이면 설을 확정하지 아니하고, 반증이 없으면 우선 고존(姑存-아직 놔두고)해 두고, 속증(續證)을 얻으면 점신(漸信)하고, 유력한 반증을 만나면 (기왕의 설을)버리되, 증거를 은익하거나 곡해하는 것을 큰 부덕(不德)으로 인(認)한다(천관우, 『한국 실학사상사』).

황종희는 동림당의 일원이었던 스승 유종주(劉宗周)의 뒤를 이어 절동학파(浙東學派[3])를 확립하였으며 고염무는 절서학파(浙西學派[4])를 창시하였다.

황종희는 동림당에 연루되어 순직(殉職)한 부친의 영향으로 복사의 정치운동에 가담하였다. 따라서 그의 정치사상은 동림당의 정치적 입장을 대변하는 반중앙집권의 봉건제적 경향과 그에 따른 방진제(方鎭制)를 주장하였고, 특히 학교에 대한 그의 정치적 제안 등은 동림의 정신을 이은 것이다. 그는 사학(史學), 즉 역사적 사실을 확인하고 비교하는 연구를 통하여, 비판적 입장에서 정치개혁과 제도쇄신 과제들을 분석함으로서 그 나름의 학풍(學風)을 일으켰고, 그의 학풍은 만사동(萬斯同), 장학성(章學誠) 등에게 전승(傳承)되었다.

고염무는 그의 스승이 반동림당이었고 그 역시 신사계층에 대한 강한 불신감을 들어내었지만 그러나 그 역시 한때 복사운동에 참여하여 활동한 바가 있다. 그는 추상적인 사색과 관념적 주관(主觀)을 배격하고 역사적 문헌의 전거(典據)를 위주로 한 실사구시(實事求是)의 연구를 진행하였다. 그의 실증적 학풍을 이어받은 제자들은 염약거(閻若璩), 호위(胡渭) 등이었다.

이 절동, 절서 양파는 청초(淸初) 학문의 쌍벽을 이루었으나 청정부가 현직관료 이외에는 정치에 대한 발언을 금지하여 이들의 제자들은 더 이상 정치적 입장을 개진하지는 못하였다. 그러나 이들 학문의 목적은 경세치용에 있었고 현실사회의 개혁과 구제를 전제로 얼마간 진

3) 이 학파의 특징은 양명학을 위주로 하고 사학(史學)을 중시하는 것이었다. 이들은 성명의리(性命義理)를 이해하기 위해서는 반드시 역사에서 그 의미를 찾지 않으면 안 된다고 주장하면서 공리공담(空理空談)을 배척하였다. 이들은 '육경(六經)이 모두 역사이다'라는 명제를 제기하였으며 사학(史學) 중시와 경세치용(經世致用)을 목적으로 하는 학문적 태도를 유지하였다.

4) 이 학파의 특징은 송대의 성리학보다는 한대(漢代)의 경학(經學)을 존숭하고, 훈고음운(訓詁音韻)을 중심으로 경서(經書)를 연구하는데 있다. 그에 따라 고문(古文)을 참조하여 확증을 구하려 하였으며, 광범위한 인용과 자세한 고찰을 학문방법으로 하여, 금석(金石), 지지(地誌), 산수(算數) 및 삼례(三禮-예기, 주례, 의례)의 연구에 학문적 업적을 이루었다.

행되었고, 드디어 혜동(惠棟, 1697-1758)과 대진(대震, 1723-1777)에 의해 전성기를 이루었다.

고증학(考證學)은 경학(經學-유교 경전을 연구하는 학문)을 중심으로 발달하였으나, 역사학, 지리학, 금석학, 음운학 등 여러 분야에 파급되었고, 후에 금문(今文)학파[5]에 계승되어 중국 근대에 이르러서는 서구문화 수용의 이론으로 연결되고 양무(洋務)·변법(變法)사상의 기반이 되었다.

2. 조선 후기 첫 100년 – 양난의 후유증(後遺症)

1) 개 관

고려 말 소위 중원(中原)에서의 원·명 왕조 교체시기에 이에 대처하는 조선의 외교로선 선택에는 그다지 큰 어려움이 없었다. 친명파는 양자 간의 선택에 있어 현실적 판단근거인 군사적 우세뿐 아니라, 명분에 있어서도 중국 정통왕조의 복귀라는 주장을 할 수 있었던 반면 친원(親元)은 이 둘 모두에서 열세였으며 원(元)과의 특별한 이해관계가 있는 일부 귀족세력에 의해 지지되었을 뿐이었다.

이에 비해 임난 후의 명·청이 교체되는 시기의 조선의 외교적 선택에 주어진 상황은 그 실세와 명분이 서로 엇갈리는 모순을 안고 있어 어려움이 있었다. 이러한 국제적 격동기에 조선 같은 작은 나라에서의 외교적 선택은 국가의 운명을 결정지을 수 있는 행위이다.

---

5) 진시황의 분서갱유 이후 경서(經書)의 수집과정에서 금문학파와 고문학파로 나뉘게 되었다. 서한(西漢)시대에 성행한 금문학파는 한초(漢初)까지 살아남은 일부 유생(儒生)의 구슬(口述)에 의거해 당시의 문자인 예서체(隸書體)로 정리된 경전을 기반으로 하였다. 그리고 동한(東漢)시대에 성행한 고문학파는 공자(孔子)의 집에서 발견되었다는 춘추전국시대의 문자로 쓰여 진 경전을 기반으로 하여 그 연구 및 해석을 하였다. 그리고 금문학파는 공자(孔子)를 교육자, 정치사상가로 생각, 그의 육경(六經)을 정치를 지도하는 학문으로 여겼기 때문에 탁고개제(託古改制)의 자료로 이용하였고, 또한 경전 자구(字句)의 해석보다는 그 미언대의(微言大義)를 중시하였다.
금문학파는 경험적 지식을 바탕으로 실증적으로 진리를 추구, 왕충은 그의 저서『논형(論衡)』에서 모든 존재는 기(氣)로 이루어지며 기(氣)의 전개에 따라 자연현상, 사회현상, 인간의 운명이 결정된다는 견해를 펼쳤다.

이러한 결정적 상황에서 군주를 비롯한 집권계층이 올바른 외교적 선택에는 국가의 존재이유·목적이라는 근원적(根源的)인 관점에서 현실과 미래를 함께 투시(透視)할 수 있는 통찰력이 요구된다.

성리학에 따르면 모든 사물에는 그 자신의 리(理)가 있으며, '국가의 리(理)' 즉 존재이유는 '양(養)과 교(敎)를 정치내용으로, 사직(社稷)과 백성·민족의 보위(保衛)'에 있고, 그리고 이 세 기능이 유기적 관계 속에서 균형을 유지하며, 위험에 빠지지 않도록 하는 것이 정치의 현실적 과제이고 집권자의 책임이라 하겠다. 사실 역사상 조선조 창업 이래 군왕의 역할은 '위로는 사직을 받들고, 아래로는 백성을 편안하게 하는 것'이었다.

그러나 조선의 성리학은 수기(修己)와 인의(仁義)를 내세운 명분론에 치우쳐, 정치 역시 '도가 밝아지면 사물은 스스로 회복된다(道明則器自復爾)'는 생각에서, 치국을 수기의 연장 내지 그 효과로서 이해하는 경향이 강하였고, 그 결과로서 인의라는 덕목이 현실적 정치적 논리를 압도하게 되었다.

여기에 효를 근원으로 하는 유가(儒家)에서는, 공적 업무 수행과정에서도 효를 우선시하는 경향이 있어, 수기와 치인을 명확하게 구분하는데 장애로 작용하였다.[6]

수기(修己) 중심의 개인적 차원 즉 윤리적 관점에서 보면 인의(仁義)는 강상(綱常)[7]으로, 원론상 시대상황의 제약(制約)을 초월하는 덕목이지만, 그러나 한 국가·민족이 자신들을 보위(保衛)·존립하려는 의지는 강상권변(綱常權變) 논의 이전의 현실적 절대적 요구이다. 그리고 그 요구에 부응(符應)하는 것이 '국가의 리(理)'에 합당한 행위이라 하겠다.

---

6) 공의식과 사의식의 갈등이나 혼란이었다. 공인(公人)이라도 그의 사적인 사유(事由)가 공적인 책무보다 우선해도 이를 당연시하는 경우가 많았다. 충과 효는 각각 공과 사를 상징하는 실천윤리의 최고 범주였다. 그러나 효는 백행의 근원이며, 부자는 천합(天合)이고 군신은 의합(義合)이라는 차이가 인정되는 유가 논리에서 당연히 효가 우선이었다. 현실 정치에서도 '관인이 부모상을 당하면 3년 복(服)을 마친 후에 복직'하는 것을 원칙으로 하였다.

7) 강상(綱常)이란 삼강과 오상의 합성어로 일반적인 도덕률을 뜻하며, 인간은 문화와 문명의 본질인 이 도덕률의 지시에 따라 자기 본능을 계발(啓發)시켜야 한다.

다시 말해 국제정치에서 국가의 안위가 직결된 상황선택에서는 강상이 아니라 현실적 판단에 따르는 권변(權變)이 '위로는 사직을 받들고, 아래로는 백성을 편안하게 하는'[8] 올바른 선택이라 하겠다.

일상적인 정치에서도 올바른 선택은 현실과 원리를 함께 조명(照明)하는 지혜가 있어야 가능하다. 그리고 그러한 지혜는 선택하는 자의 사유(思惟)에 있어 개방성 유연성을 전제로 하지만 불행하게도 당시 조선사회는 주자학이 교조화되며, 지적·사상적으로 완전히 경색(梗塞)된 상태였다.

주자학의 교조화는 곧 정신적 창의성이 결핍·상실된 상태로, 사실 교조화와 창의성은 동전의 양면관계에 있다. 창의성은 정신적 문화적 주체성을 유지하는 절대적 요건으로, 당시 주자학의 교조화는 이를 억압함으로서 학문에서의 주체성 상실을 가져왔다. 더구나 조선에서의 주자학의 지위는 단순한 학문이 아니라 국가 자체를 완벽하게 장악하는 지도이념이었고, 따라서 그 교조화는 국가의 주체의식에 영향을 줄 수밖에 없었다.[9]

이와 함께 당시 조선 사대부들의 의식세계의 근원에는 국제관계를 예의 형식으로 규범화한 "춘추"의 존주(尊周)·대일통 사상에 대한 존숭의 념(念)이 강하게 자리하고 있었고, 이 의식이 독립국가로서 민족보위를 절대시해야 하는 정치논리를 무력화(無力化)시켰다. 사실 이들이 목숨처럼 여긴 대의명분(大義名分)은, 공자의 정명사상(正名思想)에

---

8) 강상은 만세지상(萬世之常)인데 반하여 권변은 일시지용이다. 그러나 강상의 도를 온전히 체득하지 못하면 권변 역시 제대로 행사하기 어렵다. 그러나 권변에 따른 용(用)이 아니면 강상은 한갓 공허(空虛)에 그치고 만다. 결국 이 둘은 대립관계가 아니고 기능적으로 보완관계에 있다. 그리고 시중지도(時中之道)는 그 성공적 융합이 이루어졌음을 의미한다.

9) 의암 유인식은 '한 나라가 남의 나라를 빼앗을 때 먼저 사람의 마음을 빼앗으며, 마음을 빼앗으면 땅을 빼앗는 것은 어렵지 않다'고 하였다(『의암집』). 또한 양계초는 '문명(文明)에는 형질(形質)이 있는 것과 정신(精神)이 있는 것이 있다. 형질의 문명을 구(求)하기는 쉬우나 정신의 문명을 구하고자 하면 어렵다. 정신이 갖추어 지면 형질은 저절로 생긴다. 정신이 존재하지 않으면 형질은 의부(依附)할 곳이 없다. 그러니 진짜 문명이라 할 것은 정신만 있으면 된다'고 하였다(『국민십대원기론』).

시원(始原)을 두고 있으며 공자는 『춘추』에서 이를 주(周)의 대일통을 회복·달성하고 유지하는 행위지침으로 제시한 것이었다.

결국 명·청 교체시기에 조선 사대부 계층은 현실상황을 무시하고, 대일통사상에 따른 명에 대한 예·의리와 화이(華夷)의 구분이라는 명분론에 따라 친명반청을 택하였다. 이 선택은 두 차례의 호란(胡亂)을 자초(自招)하였다고 문책(問責)당하여도 변명하기 어려운 무책임한 행위였다. 이로 인해 왕은 성(城) 밖에서 무릎을 꿇는 치욕을 겪어야 했고 백성들은 참담한 전쟁의 화마(火魔)속으로 몰아내졌다.

반세기 후에 성호는 척화(斥和)를 비판하며, 맹자는 '소로서 대를 섬김은 천을 경외(敬畏)함이다(以小事大 畏天者也)'라 하였다. 애써서 이적(夷狄)을 섬기는 것은 세력으로 보아 부득이해서 그런 것인데, 그런데도 '외천(畏天)'이라 한 것은 무엇 때문인가? 천은 바로 리(理)이고 외천은 순리(順理)를 뜻한다. 만약에 강약을 헤아리지 않고 거센 적과 함부로 부닥쳐서 백성이 도탄에 빠지고 국가가 멸망하기에 이른다면 그것이 어찌 리(理)라고 할 수 있겠는가?라고 질책하였다(『성호사설』).

2) 조선 사대부 유학자들에 있어 명은 무엇이었나?

– 우리나라는 실로 신종황제[10]의 은혜를 입었으니, 임진의 변에 종사(宗社)가 이미 빈 터가 되었다가 다시 존속하게 되고, 생민(生民)이 거의 진멸(盡滅)하였다가 다시 소생하게 되었다. 우리나라의 풀 한 포기, 나무 한 그루, 백성의 모발(毛髮) 하나하나까지도 (명황제의) 황은(皇恩)이 미친 바가 아닌 것이 없다(『송자대전』). –

10) 신종은 주색에 빠져 20여 년간 한 번도 조신(朝臣)을 부르지 않았다. 중요한 상주문(上奏文)을 방치하고, 결원이 생겨도 관직을 장기간 보충하지 않아 수도에 도착한 군비(軍費)를 아무도 수령하지 않아 변방에 군량미를 보낼 수 없는 지경에 이르렀다. 단명(短命)한 광종(光宗)을 대신한 천계제(天啓帝, 1621-1627) 희종(熹宗)는 목공(木工)일에만 흥미를 가져 그의 유모(乳母)가 환관(宦官) 위충현과 결탁하고 모든 권력을 차지하여 동림당에 대한 박해(迫害) 등과 같은 악행으로 조정(朝廷)의 관리체계를 깡그리 파괴하였다. 숭정제(崇禎帝, 1628-1644) 의종(毅宗)은 신하들의 의견을 듣지 않고, 시기심도 강하여 조정의 실세(實勢)들을 자주 교체하였고 그 틈에 간신배들이 풍파를 일으켜 청렴하고 유능한 사람들은 배척당하여 정치는 빠르게 암흑과 부패의 심연으로 빠져 들었다(쉬딩 바오, 『황종희평전』).

– 권력층과 정규군이 무너지는 위험에 처했을 때 나라를 지킨 것은 권력에서 소외된 민중이었다. 조선왕조에 멸시를 받아 오던 승려들과 관직에서 몰려나와 초야에 묻혀있던 유학자들이 민중의 힘을 모아 의병을 조직하여 항쟁하며 온갖 고난을 감수하였다. 이때 명의 원군은 일본군에 압력을 가하는 역할을 하였다. –

① 조선조 초기의 대명(對明)관계

한 국가의 자율성이란 곧 민족 주체성을 의미하며 그것은 역사의식과 깊은 관계를 갖는다. 조선사회의 주체성에 대한 이해를 역사적 관점에서 보면 유교에 입각한 사관(史觀)보다는 불교에 입각한 사관이 더 주체적이었고, 불교에 입각한 사관보다는 도교에 입각한 사관이 더 민족본위의 독자성과 진취성을 함유하였다.

김부식의 『삼국사기』 승려 일연의 『삼국유사』 그리고 도교에 입각한 북애(北崖)의 『규원사화(揆園史話)』가 그 좋은 예이다. 단군신화를 예로 보면 『삼국사기』에서는 탈락하였으나 『삼국유사』에는 실려 있고, 『규원사화』에서는 그것이 실사(實事)로서 서술되고 있다(윤사순, 『동양사상과 한국사상』).

'조선(朝鮮)'이라는 국호를 설정하는데도 우리 고대국가의 명칭이 '조선'이었음을 의식한 것이다. 이는 고구려 계승 의식에서 '고려'라는 국호가 선택되었던 것과 비교될 수 있는 근원성의 확보를 의도한 것이다. 또한 조선조 초기에는 단군과 기자와 위만이 수립한 고대의 왕조가 있었음을 인식하고 있었다고 한다. 특히 단군은 고려 후기 몽골에 대항하는 항전시기에 민족의식의 표상으로 끌어 올리어졌고 그 전통이 조선 초기에로 이어지고 있음을 본다.

조선 초에는 고려시대의 전통을 이어 교(郊) 내지 원구단(圜丘壇)에서 황천상제(皇天上帝) 또는 동방청제(東方青帝)에 제사하는 제천(祭天) 의례를 지냈다. 그러나 이 제례는 유신(儒臣)들이 중국의 천자만이 하늘에 제사지낼 수 있다는 봉건질서의 예법을 내세워 이에 반대하여 결국 폐지되었다(금장태, 『전계서』).

고려와 신라에서는 유교와 주례(周禮)로부터 원용하면서도 그런 사실을 크게 의식하거나 강조하지 않았고 따라서 전통문화와 유교문화가 자연스럽게 조화되었음에 견주어 조선조에서는 성리학이 정치·학문을 독점함으로서 비교적 자유로운 전통적 풍류문화, 사회의 개방성과 유연성 등이 억제되는 원인이 되었다.

명과 조선 양국의 외교관계는 대국과 소국간의 조공(朝貢)과 책봉(冊封)으로 맺어지는 사대(事大)의 예(禮)로 규범화하고 있지만 이념적으로는 천(天)은 동이(東夷-조선)와 직접 무매개적(無媒介的)으로 접하고 있는 독립적 지위라는 의식이 조선에서뿐 아니라 명에서도 함께 하는 정상적인 통념이었다.

조선이 중국과 사대관계를 맺으면 조공국(朝貢國)으로서 수공국(受貢國)에 조공을 하고, 책봉(冊封)을 받으며 또는 수공국의 연호(年號)를 사용할 의무를 지며, 그 반대급부로 군사적 침략을 받지 않는다. 그리고 조공, 책봉, 연호 이외의 어떠한 의무도 지지 않으며 내정과 외교에 자율성을 갖는다. 사실 이들이 조선의 의무라고는 하지만 임란 이전까지만 해도 실제에 있어서 그 의무는 명분화·형해화(形骸化)된 상태이었다.

이와 같이 사대관념의 기저(基底)는 타력 의존적이 아니라 자기의 생존권을 유지·강화하기 위한 자율적 가치판단에 의한 것으로, 이때 사직(社稷)과 사대(事大)는 목적과 수단의 관계로 상호 유기적인 관계를 이루고 있다(유근호, 『조선조 대외사상의 흐름』).

② 성리학의 영향

조선조에서 민족주체성을 상실하게 된 가장 큰 원인은 '국경을 초월한 천하'라는 중화적 세계 질서관을 적극적으로 수용(收容)함에 있었고, 그 철학적 배경은 주자학이었다.

중화주의(中華主義)는 한족(漢族)의 문화적 우월성을 근거로 사위(四圍) 이만융적(夷蠻戎狄)에 문화의 은혜를 입혀 이들을 예적(禮的) 질서

속에 편입, 국경을 초월한 천하(天下)를 이룬다는 그들로서는 개방적인 세계주의이고, 이때 그들의 우주론인 천원지방설(天圓地方說)은 한족과 주위 이적들과의 종속관계를 정당화시켜 주었다.

성리학은 조선조의 대내적인 통치원리로서뿐 아니라 이러한 중화주의를 적극 반영한 세계상을 제공함으로서 조선조의 대외적 관계를 결정지우는 요인을 내재적으로 준비하고 있었다.

조선이 성리학을 국가 기틀의 원리로 받아들이고, 그 학문을 탐구한지 150여 년이 지난 16세기 후반, 성리학은 퇴계와 율곡에 의해 이미 난숙한 경지에 올랐다. 그리하여 조선사회는 성리학의 교리인 수기(修己)에 따른 내적 심화와 함께, 인륜이라는 보편적 윤리규범을 추구함에 있어 높은 문화수준을 이룰 수 있었다.

성리학의 학문상 완성은 곧 문화·도덕 세계에서의 영적(靈的) 성취를 뜻하는 것으로 이제 조선은 더 이상 이적(夷狄)이 아니며, 따라서 중화라는 세계질서에서의 동이(東夷)라는 위상(位相)은 재고되어야만 하였다.

조선이 더 이상 동이가 아니라는 자긍심은 율곡에 의해서도 천명(闡明), 명(明)과 조선의 관계를 춘추시대의 주(周)황실에 대한 제후국의 관계로 볼 수 있다는 생각을 하였다. 그러나 율곡의 생각은 정치 현실적 관계가 아닌, 사상적 학문적 견해에 따른 문화적이고 관념적인 것이었다.

그것은 조선이 이제 중화에 버금가는 문화적 성취를 이루었다는 의미였고, 따라서 율곡은 기자조선(箕子朝鮮)에 대해 관심을 갖고 윤두수(尹斗壽, 1533-1601)가 편찬한 『기자지(箕子志)』를 그 내용을 간추리고 누락된 사실을 보충하여 보다 정리되고 체계적인 『기자실기』를 완성하였다.

특히 그는 기자가 우임금이 정한 정치·도덕의 아홉 원칙인 '홍법구주(弘範九疇)'[11]로서 이륜(彛倫-인륜)을 밝혀다'는데 주목하여, 기자를

11) 홍범은 하은주 삼대 사상의 총괄로서 주의 무왕(武王)이 천하를 통일한 후 은의 현공자(賢公子)였던 기자(箕子)에게 도를 물음에 그는 대우(大禹)로부터 전해 내려온 홍범구주로서 대답했다고 한다. 구주(九疇)란 천도, 지도 인도의 삼재의 도를 9개의

단순히 교화의 군주가 아니라 공맹에 비견되는 '동방의 성현'의 차원으로 높임으로서 조선의 독립성을 강조하였다.

③ 관계의 변질

– 국가 간의 관계에 있어 명분에 그칠 수 있는 형식적인 사대(事大)관계를 사실적 정치적 종속관계로 변질시켜 자율성을 해치게 되는 원인은 사대라는 형식자체가 아니라 반대로 자율성을 상실하게 됨으로서 독립성을 상실한 실제적 관계가 된다. –

조선 왕조가 존중하는 이념·목표의 하나는 존주(尊周) 대일통사상과 화이(華夷)의 변별(辨別)로 화(華)의 문명을 앞장서 실현하여 조선을 유교의 이상국가로 만들어 스스로를 중국적인 지위에 세우는 것이었다. 이는 문화적 측면에서의 '중국적 지위'를 희망한 것이다.

그러나 조선 후기, 송시열을 중심으로 하는 사대부들은 현실적으로도 명과의 관계를 두 독립국간의 사대교린이 아니라, 현실 정치에 있어 마치 주(周)황실과 제후국, 종실(宗室)과 번방(藩邦) 관계로 착각·혼동하고 있었다.

명과 조선간의 조공외교에서의 '칭신(稱臣)'은 외교관례에 따른 형식적 의미에 그칠 뿐이지만, 이에 비해 봉건체제국가에서 황제에 대한 번방 군주가 드리는 '칭신'은 종주국 황제가 자신의 신하인 제후에게 봉토(封土)를 하사하여 자신을 대신하여 다스리게 하였다는 역사적 사실관계 즉 그 봉토가 황제의 소유라는 데서 오는 실제적인 것이다.

즉 외교관례상의 조공 내지 책봉관계는 정치적 군사적 요소로 인하여 조성되는 양국간의 긴장관계를 완화 내지 억지하는 외교수단으로서의 성격이 강하였으며, 그러한 관계에 들어감으로서 성립된 규범적인 계서관계는 다만 명분론적인 의미에 그친 것이다.

범주로 요약한 것이며, 그 중에는 오행으로서 수화목금토의 다섯을 말한 것이 있다.

국가외교에서의 사대(事大)는 크고 작은 두 독립국가간의 관계에서의 명분이지만, 봉건체제 국가에서는 주권(主權)자체가 종주국에 있으며 제후국은 그로부터 일정 통치권을 분양(分讓)받아 주권을 인정받았으나, 이는 명목상 종주국의 주권을 능가하는 것은 아니며 따라서 백성의 충성심도 종주국 우선이고 그것이 강상의 도리이다.

조선 성리학의 태두인 정몽주는 그의 시(詩) '동야독춘추(冬夜讀春秋)'에서 '일찍이 내 몸은 중국에로 나아갔는데, 주위의 사람은 이를 모르고 이적(夷狄)의 땅에 산다고 말하는구나'라 하여 그 괴리(乖離)에 대해 한탄하였다.

그리고 이제 그 학손(學孫)들은 조선의 지위를 명의 한 번방(藩邦)에 둠으로서, 정몽주의 꿈을 현실화시켰다. 그들은 조선이 종주국과 제후국(번방)의 관계로 구성된 봉건제 국가에서의 제후국의 일원이기를 바랐고 그러한 관계를 현실정치에서 받아들이고 있었다.

다음에 다시 말하겠지만 당시 사대부들은 '산해관 밖이 다 후금에 함락되었을 지라도 번국(藩國-제후의 나라)이 중국을 섬기는 도리는 상황에 따라 달라질 수 없다고 못 박았다.'(『광해군 일기』) 또한 외교협상을 위해 후금에 간 정충신(鄭忠信, 1575-1636) 자신도 만일 명(明) 몰래 후금에 들어가는 임무였다면 죽는 한이 있더라도 차관으로 가는 명령을 따르지 않았을 것이라 당당하게 말하였다.

심지어 그들은 조선왕조의 건국과정에 발생한 '위화도 회군'의 의의를 왕조의 새로운 탄생보다 이적인 원(元)을 섬긴 고려를 무너뜨리고 명과 군신지의(君臣之義)를 맺음으로서 존주대의를 밝힌 일로 해석하였다.

사실 호란(胡亂)을 전후한 시기의 조선 사대부들에게 명은 종주국, 조선은 제후국으로 그들의 충성심은 당연히 명을 향한 것이었다.

조선 사대부들의 숭명반청으로 인한 병자호란을 자초한 행위는 종주국인 명에 대한 충성과 의리에 따른 것으로 이는 정몽주의 고려조에 대한 불사이군(不事二君)의 절의(絕義)와 같은 정치적 환경·맥락에서 주장된 것이었다.

그러나 정몽주는 자신의 목숨을 걸었고 또 잃었지만, 조선 사대부들은 대신 백성들의 생명을 담보(擔保)로 내놓고 또 희생시켰으면서도 자신들은 의리를 지키는 자로서의 명예를 취하였다.

3) 비판-춘추 대일통 사상과 모화사상

① 춘추 대일통 사상

공자가 활약한 시대는 춘추시대 중기를 조금 넘은 시기로 그 후대 사상가인 맹자나 순자의 전국시대(戰國時代)에 비하면 아직 선대 문물의 회복으로 정치선(政治善)을 실현시킬 수 있을 것이라는 희망을 가질 수 있었던 시기였다.

공자는 그 정치선의 범형을 주(周)에서 보았고, 주의 문물과 제도가 회복되기를 강렬하게 희망하였다.[12] 그는 자신의 사상은 오직 주로부터 배운 것이며 새로 지은 것이 아니라고(述而不作)하였다. 그리고 『춘추』는 주의 봉건제도의 회복을 기원하는 뜻에서 쓰여진 것이다.

유학에서는 『춘추』를 '위로는 삼왕의 도를 밝히고 아래로는 인사의 벼리(紀綱·人倫)를 변별(辨別)(夫春秋上明三王之道 下辨人事之紀)'한 예의(禮義)의 대종(大宗)이라 하였다(『춘추』 左傳). 이 『춘추』의 존주(尊周)·대일통(大一統)이라는 근본사상은 도덕정치와 예의 질서로 유지되는 왕도를 추구하는 것으로 조선 사대부들은 이에 심취·몰두하였다.

그러나 이러한 『춘추』의 존주·대일통사상은 두 가지 측면에서 볼 수 있는데 그 하나는 정치원리로서의 예치(禮治)이고 다른 하나는 중앙집권제에 대비되는 봉건제후국이라는 정치제도에 대한 것이다.

---

12) 공자는 『춘추』에서 진문공(晉文公)이 초(楚)나라를 격파하고 주(周)의 양왕으로부터 패자(覇者)의 칭호를 받고 이를 제후들로부터 인정받기 위해 '천토(踐土)의 회맹(會盟)'을 소집하였는데 이를 '천자가 하양(河陽)으로 수렵나갔다'로 완곡(婉曲)하게 표현할 만큼 존주(尊周)에 대한 의식이 강하였다. 여기서 '존주'는 단순한 주에 대한 존중이 아니라 정치적으로 모든 제후국들이 그에 복속하는 정신적 자세, 마음가짐으로, '존주'에 대한 요구는 주나라에 의한 대통일을 이루어야 한다는 완곡한 표현이다.

'예치(禮治)'는 왕도를 추구하는 가장 모범적인 정치원리라는 점에서 강상(綱常)이다. 그러나 정치제도 면에서의 봉건제후국이라는 통치제도는 권변(權變)의 대상이다. 이 두 측면은 『춘추』를 이해·수용함에 있어 분명하게 구별되어야 한다.

먼저 예치의 근본은 힘에 의한 패도(覇道)가 아닌 오직 예에 따른 왕도(王道)로서 다스려야 한다는데 있다. 예와 인(仁)은 내재적으로는 하나이다. 이러한 예는 인의 외재적 표현임과 함께 인간의 행위상의 지표로서의 의(義)를 객관화 한 즉 정치사회에서 인의의 실천을 내용으로 하는 인정(仁政)의 근본정신이며 정도(正道)이다.

이러한 예(禮)는 아래로는 정치사회 질서의 기준이고, 위로는 천과 소통(疏通)하는 형식으로 그 집행은 오직 지상의 모든 것을 대표하는 천하통일국가 즉 종주국의 천자(황제)에 의해 이루어져야 하는, 천자만의 임무이다. 이에 공자는 항상 주(周)의 이러한 질서가 무너진 것을 개탄(慨歎)하였다.

그러나 이러한 정치원리는 꼭 봉건체제 국가에만 해당하는 것은 아니며, 통일천하라는 점에서 보면 중앙집권제에서도 예치는 요구되는 강상(綱常)이다. 그러나 조선 후기의 사대부들은 『춘추』로부터 예치라는 근본정신과 함께 봉건제후국이라는 정치제도를 하나의 묶음으로 받아들였다.

중국 정치에서 봉건제후국으로부터 진(秦)의 천하통일 이후에 채택된 중앙집권제로의 이행은 그 시대가 요구하는 '마땅히 있어야 할 제도'로서 그 생명은 오늘 날에도 유지되고 있다.

진나라 이후의 중국정치에서 '봉건 제후국' 중에 봉건은 다만 '중앙집권제하의 지방분권'이라는 행정상의 의미로 사용되었을 뿐이고, '제후국'은 그 본래의 모습이 남아있지 않았다. 그것은 오직 대외관계에서 한족(漢族)의 군사적, 문화적 우월성을 근거로 한 중화주의(中華主義)입장에서 주변 약소국과의 외교관례로서 '종주국와 번국의 관계', 그에 따른 칭신(稱臣)을 요구하는 형식으로만 존재하였다.

현실적으로 공자가 희망한 종주국과 제후국의 관계로 성립하는 봉건국가(封建國家)의 형태는 주(周)가 멸망한 이후, 당시로서도 2천년이 넘도록 역사상 현실국가의 정치제도로서 있어 본적이 없는 공자의 이상(理想)일 뿐, 비현실적인 것이었다. 그러나 조선의 사대부들은 그것을 현실로 받아들였다.

그러나 명(明) 예부가 고려(高麗)에 보낸 자문(咨文)에서도 '고려는 본래부터 타국이라 중국이 통치할 것도 아니요, 민중을 교화하는 것은 그들의 성교(聲敎) 자유'라 분명히 밝히고 있다(『태조실록』). 이러한 뜻은 려말부터 조선조 전기(前期)까지 이어졌다.[13)]

고려조 말에는 최영(崔瑩)[14)] 그리고 조선조 초기에 정도전은 명에 대항하는 요동정벌을 계획하기도 하였고, 세종시대의 변계량은 조선이 중국에 예속된 나라가 아님을 역설하며 우리나라는 단군이 시조요, 하늘로 부터 하강하셨으니 (중국의) 천자가 분봉(分封)한 것이 아니다(변계량, 『춘형집(椿亨集)』). 그는 단군은 요(堯)임금과 같은 해에 출현하였으니 시원에서는 중국과 조선이 평등한 관계였다는 것이다.

다시 말하지만 종주국과 제후국이라는 관계가 설정되려면 종주국 황제가 자신의 신하인 제후에게 봉토(封土)를 하사하여 자신을 대신하여 다스리게 한다는 정치행위가 사실로서 선행되어야 한다. 그 경우 제후는 물론 그의 신하인 배신(陪臣) 역시 종주국 황제에 충성해야하는 것이 종주국과 제후국 간의 기본적 관계이다.

그러한 점에서 명과 조선의 관계는 이와는 전혀 무관한 다만 외교 형식상의 사대(事大)였을 뿐이며, 조선은 역사적으로도 항상 독립적 지위에 있었다.

---

13) 명의 홍무제(太祖, 1368-1398)가 고려의 공민왕(1351-1374)에 보낸 친유(親諭)에는 명과 고려는 명백히 타국으로 '사대의 예'에 의하여 항상 양국관계가 유지되었다(自古天下有中國有外國, 高麗是海外之國, 自來與中國相通, 不失事大之禮...)고 명백하게 조선의 독립국임을 친서로서 확인하고 있다.

14) 우왕(禑王) 때인 1388년 명나라는 원나라 때 일시 지배를 받던 철령 이북을 명에 환속하도록 한다는 이른바 철령위(鐵嶺衛) 문제를 제기하였고, 이에 최영(崔瑩)은 우왕과 의논하여 요동정벌을 확정하였다.

② 모화사상(慕華思想)

조선 사대부들의 이러한 행위의 동기는 모화사상(慕華思想)에서 비롯되었다. 그리고 숭명(崇明)에는 중화 지향적 문화이념과 재조(再造)의 은혜에 대한 의리관념이 복합적으로 깔려있었다.

현상윤 박사는 유학을 존숭하는 마음이 중국 문화를 얼마간 사모하는 것은 당연한 현상이지만 그 정도가 심취·중독되기까지의 계기에 대해서는 정몽주의 절원귀명(絕元歸明)의 의(義)와 현실적으로 임진왜란에 명나라의 파병(派兵)(이른바 재조의공(再造之功)), 그리고 조선조 유학자들이 주자학에의 몰입을 들었다.

모화사상(慕華思想)은 화하정도(華夏正道)에 대한 존숭에 근거하며, 그 존숭은 중화(中華)라는 문화적 실체에 대한 예(禮)이다. 그러나 명(明)은 중화문화의 담지자이기는 하였지만, 한 왕조(王朝), 일개 사직(社稷)이라는 한시적(恨時的) 정치적 존재로 중화문화라는 '정신적 실체'와는 다른 개념이다. 중화문화는 여러 왕조를 담고 있는 그릇으로 왕조와의 바뀜까지도 수용하는 천하(天下)와 하나이다.

그 중화에는 이적(夷狄)이 지배한 왕조 역시 포함되며, 중국의 전통적 역사해석에 따르더라도 그들은 중국의 정사(正史)로 다루어지고 있다. 춘추전국 시대 역시 당시 국가들이 모두 한족(漢族)의 국가는 아니었으며, 이처럼 중국의 역사와 문화는 이적(夷狄)과 함께 써온 오랜 그리고 긴 경험을 갖고 있었다.

청은 초기 성공적 정치로 이런 사실을 증명하였고, 조선에서의 북학(北學)은 그런 현실을 대하면서 스스로의 허구성을 깨닫는데서 시작되었다.

황종희 등이 말한 대로 한 왕조가 끝난 것은 천하가 망한 것이 아니다. 고염무 역시 '성(姓)이나 국호가 바뀌면 국가가 망한 것이고, 천하가 망한다는 것은 인의(仁義)가 사라지고 백성을 도탄(塗炭)에 빠트려 그들로 하여금 서로 해치게 하는 것이다'라고 하였다(『일지록』).

사대(事大)는 국가 간의 세력차이를 근거로 하는 외교관계일 뿐이고, 모화(慕華)는 화하정도(華夏正道)라는 문화에 대한 예(禮)·존경심이며, 중화(中華)는 한 왕조가 아니라 천하라는 포괄적 추상적 실체이다.

화하정도(華夏正道)는 왕조라는 정치체를 초월하며 수호·전승되어 온 문화적인 가치로써, 조선의 지나친 숭명사상은 중화문화와 일개 사직(社稷)을, 즉 문화와 정치를 구별하지 못한데서 온 결과이었다.

청과의 전쟁을 자초한 것은 결코 올바른 선택이 아니었고,[15] 그로 인한 조선 민족의 역사적, 현실적 피해는 당시의 백성들이 당해야 했던 참담한 고초(苦楚)는 물론이고 근대 조선의 정치적 경제적 낙후에 직접적이고 결정적인 원인이 되었다.

조선 후기 사대부들에 의한 지나친 숭명(崇明)은, 조선 초기까지의 양국간의 독립적이고 대등한 관계를 종주국과 종속국의 관계로의 전락시켰고, 이는 대청(對淸)관계에서도 그대로 이어지면서 개화기 주체성 상실의 직접적 원인이 되었다.

서양 중세의 정치발전에 있어 근대화의 계기는 속권(俗權)의 영권(靈權)으로부터의 독립, 즉 정치권이 기독교로부터 분리 독립에 있었다. 그런 의미에서 당시 조선정치는 성리학의 도의관념에 완전히 예속된 상태로 정치의 후진성을 표출하고 있다.

꼭 마키아벨리가 아니더라도 도의(道義)는 철학적 관념문제로 정치적 결정에 영향을 줄 수는 있어도, 보다 포괄적이고 복합적 의미를 함축하고 있는 정치는 정치사회 자체의 목적에 충실하여야 한다.

4) 정치 현실에서의 전개

광해군은 임진왜란 때 분조(分朝)를 이끌고 전국을 다녀 전란(戰亂)

---

15) 당시 정치적으로 우세한 척화(斥和)에 반대한다는 것은 도덕주의 사회에서 '의리없는 자'로 낙인찍히는 행위로, 이는 사대부 사회로부터의 도태를, 그것도 자신뿐 아니라 가문(家門)·후손에게까지 영향을 받게 된다는, 두려움이 깔려있었다. 그들 생각에 국가는 망해도 그것은 사대부들 모두와 함께 당하는 일이며 결국 사회에서의 자신의 지위는 유지될 수 있다는 믿음 같은 것이 있었다고 볼 수 있다.

의 참화(慘禍)를 뼈저리게 체험하며 백성들에 대한 책임을 느낀 바 있어, 군주로서 전쟁을 피하려는 그의 노력은 진지하고 치열하였다.

그는 임란이 끝난 직후부터 복구사업에 힘쓰는 한편 명과 후금(後金)이 대립하고 있는 상태에서 전쟁의 소용돌이에 말려드는 것을 우려하여 두 나라 사이에서 양면 외교정책을 구사하며, 중립적 태도로 일관하였다. 그러면서 한편 그는 우수한 장수와 충분한 병력을 확보하는데도 노력하였다.

그는 임난 중에 의병장으로 용맹을 떨쳤던 곽재우(郭再祐)를 발탁하여 북병사로 올려 보내고, 변방 수령의 대부분을 무인으로 임명하였다. 그리고 내수사에 소속된 노비들을 정식 군인으로 선발하였으며, 승병을 정비하는가 하면 수시로 무과를 실시하여 합격자를 변방으로 나아가도록 하였다(한명기, 『17세기 은의 유통과 그 영향』).

17세기 전반 명·청 교체기를 맞아 외교노선을 둘러싼 조선 조정에서의 논쟁은 1618년부터 1637년까지 20년간 전개되었다(계승범, 『광해군대 말엽 외교노선논쟁의 실제와 그 성격』).

그 중에도 후금의 명에 대한 본격적 침공이 시작된 1618년부터 인조반정이 일어난 1623년까지 5년간의 논쟁이 결정적이었다. 이는 극소수 인물을 제외한 친명을 주장하는 사대부들의 일치된 저항으로부터, 명과 후금 사이에서 중립을 유지함으로서 사태의 추이를 관망할 시간을 벌며, 전쟁에 휘말리지 않으려는 광해군의 외로운 투쟁이었다.

광해군과 신료들 간에 일차적으로는 명의 청병(請兵) 요구에 대한 대응에서의 대립이 있었으나 일단 정홍립에게 군사 일만 명을 주어 파병하는 것으로 결말이 났다. 그 파병으로 조선은 임난시 구원병 파견에 대해 보답함으로서 명에 대한 의리와 예의를 다했다.

다음에는 1619년 조·명(朝·明) 연합군의 패배 이후 후금이 여러 차례 국서를 보내 명과 후금사이의 분명한 선택을 하도록 재촉하는 데 대한 대응문제였다.

당시의 사대부들의 주장은 산해관 밖이 다 후금에 함락되었을 지라도 번국(藩國-제후의 나라)이 중국을 섬기는 도리는 상황에 따라 달라질 수 없다고 못 박았다(광해군 일기).[16]

반면에 광해군은 명 황제의 군사를 더 보내라는 청병(請兵)칙사가 서울에 머물면서 제시하는 청병칙서(勅書)의 접수를 미루는 한편 신료들에게는 후금에 우호적인 국서를 보내라고 독촉하였다. 그것은 그가 명과 후금사이의 전쟁의 추이에 대한 정보를 수집하여 내린 판단에 따른 결정이었다.

광해군은 후금에 보낼 답서를 차일피일 미루고 있는 비변사(備邊司) 신료(臣僚)들에 대해 '우리나라 병력이 과연 요양(遼陽-후금)의 병력만 하겠는가? (적을) 결코 당해내지 못할 것을 분명히 알면서도 그저 한 때의 사의(邪議-배금론)를 두려워하여(답서 작성에 나서지 않고 있으니), 종묘사직을 어찌 하려는가? 이는 그저 자기 자신만 사랑하고 나라의 위망(危亡)은 돌아보지 않는(작태)다. 아울러 왕으로 하여금 기미책(羈縻策-말의 얼굴에 씌우는 굴레와 소의 고삐 중국이 흉노 등 주변 오랑캐를 다루는 방식)을 고집하도록 하는 것은 곧 훗날 죄를 왕에게 돌리려는 의도다. 이제 만일 나라의 관문을 닫고 (후금과의) 사신의 왕래를 끊겠다면 그러한 준론(峻論)을 펴는 자들을 (후금 침공시에) 먼저 국경으로 보내 적을 막게 하는 것이 마땅하다'고 질책하였다(『광해군 일기』).

이 글에서 광해군은 현실문제로서 군사력의 열세를 분명히 하였고, 그로 인한 종묘사직 즉 국가 안전의 위험성을 경고하고 있다. 또한 사대부들이 후금의 침략을 피할 수 있는 길을 두고, 명분론 뒤에 숨어 혹 자신의 이름이 더럽혀지지 않을까 만을 걱정하는 태도를 비난하면서, 전쟁이 나도 병역의 의무가 없어 자신들은 일차적으로 안전하다고 생각하는 이들에게 광해군은 '먼저 국경으로 보내 운운'한 것이다.

16) 조선의 사대부들이 명을 종주국으로 떠받들게 되는 배경에는 조선의 군주권이 절대적인 권위를 잃은 데에도 원인이 있다. 조선의 군주권은 도덕적 차원에서는 성리학의 윤리규범에 의해, 그리고 정치적 측면에서는 강력한 신권(臣權)의 견제를 당하는 상대적 권위에 불과하였다. 정말로 강력한 군주가 그 절대권을 행사하고 있었다면, 자신들이 세운 왕조를 일개 번국으로 종속시키면서, 사직(社稷)을 위태롭게 하는 신료들을 결코 용납하지 않았을 것이다.

후금은 현실적 필요에서 조선과의 우호관계를 원하였으나, 청(淸) 수립 이후에도 조선 영토에 대한 야심은 없었다.[17] 따라서 조선이 그들로부터 국가의 안위를 위협받아야 할 직접적인 근거는 없었으며, 따라서 전쟁의 위험도 충분히 피해 갈 수 있었다.

조선과 후금 사이의 외교노선(外交路線) 논쟁이 치열하였던 1618년부터 1622년 말까지 근 5년 동안 후금은 조선에 서신(書信)을 십여 차례나 보냈다. 그러나 1622년 누루하치가 광해군의 국서를 받았고, 또한 모문룡을 가도로 이주시킨 것을 고비로 긴장이 크게 완화, 1626년 정묘호란까지 단 한 통의 서신도 보내지 않았다(계승범, 전게서).

그것이 의미하는 바는 후금과의 적대적 관계를 해소시키려는 광해군의 외교노선이 성공하였고, 조선 중기 이후의 정치경제 사회를 최악의 상태를 몰아넣은 두 차례의 호난(胡亂)은 충분히 피할 수 있었다는 증표이다.

그러나 후금과의 긴장이 완화되어 침공의 가능성이 많이 낮아진 바로 그때(1623) 쿠데타로 광해군은 실각하였다. 사실 조선왕의 정통성은 명 황제와의 군신관계 유지와 양반 신료들의 지지로서 확보되어 왔다. 그리고 이 둘을 모두 충족시키지 못한 광해군에 대한 쿠데타는 어쩌면 필연적인 것이었다.

결국 후금에 보낼 답서에 대한 논쟁은 대화 창구를 닫고 명과의 동맹을 더욱 굳건히 하고자 하는 사대부들의 사보타지 그리고 인조반정이라는 쿠데타로 이어지며 끝났다. 그 후유증으로 정묘호란(1627)이 있

---

17) 청은 그 건국 초기부터 북으로는 내몽골, 남에는 대만, 서(西)로는 신간과 티벳을 자신의 영토로 편입시키며 영토를 거의 두 배 이상 확장하였으나 오직 동쪽의 조선에게는 외교적 칭신(稱臣)관계를 요구하는 것으로 끝냈다. 이러한 청의 대외정책상의 특례(?)를 단순히 조선에 대해서는 영토상의 관심이 없었다는 말로 설명하기에는 부족한 점이 있다.
이에 대해 조선은 중화문화의 담지자라는 소중화(小中華) 사상을 내세워 정복왕조인 청에 대한 정신적 우월감을 근거로, 이들에게 완강하게 저항하였고, 이는 이들의 영토확장 의지에 영향을 주었다는 설명도 가능하다고 보겠다.
한 일본 학자에 의하면 병자호란을 끝내는 협상과정에서 청은 조선에 변발을 요구하였다가 스스로 철회한 사실이 있다고 하여, 이를 간접적으로 시시하고 있다.

었지만 '형제지국의 맹약'을 맺으며 큰 피해 없이 자나갔다.

인조반정 이후에는 사실상 친명외교에는 이견(異見)이 있을 수 없었고, 다만 정묘 특히 병자호란(1636. 12)으로 삼전도에서 인조가 항복하기까지의 전후(前後)에 있었던 척화(斥和) 여부의 논의는 광해군 때와는 전혀 다른 성격이었다.

사실 이미 사대부 신료들은 외교노선 문제에 관한 한 당색을 초월하여 공동전선을 구축하여, 예를 들면 광해군 말기 후금과의 대화가 필요하다는 상소는 논쟁 5년 동안 단 한 통도 올라오지 않았다(계승범, 전게서).

이들의 의중(意中)에는 명(明)은 춘추시대 주(周)황실에 해당하는 종주국으로 제후국인 조선이 황실의 뜻을 거역하는 것은 반역(叛逆)으로, 자신들이 오히려 충의(忠義)를 따르는 것이라는 생각이 있었다.

예를 들어, 조선 왕에 대한 대항으로 광해군 재위 마지막 1년 동안 조선의 행정은 사대부 신료들의 사보타지라는 군주국에서는 있을 수 없는 단체행위로 인해, 수시로 마비되곤 하였다.

또한 외교협상을 위해 후금에 간 정충신(鄭忠信, 1575-1636) 자신도 만일 명 몰래 후금에 들어가는 임무였다면 죽는 한이 있더라도 차관으로 가는 명령을 따르지 않았을 것이라고 당당하게 말하였다. 그들의 충성 대상은 조선의 왕이 아니라 명 황제였던 것이다.

이것은 이미 명과 청 사이의 선택이라는 단순한 정책적 문제가 아니라, 명과 조선의 관계를 종국과 번국으로 상정하는 데서 오는, 종주국 명과 제후국 조선 사이에서 신하로서의 충성심의 귀속문제로 변질되었고, 조선 사대부들의 충성심 대상은 명(明)이었다.

결국 인조반정 이후 병자호란까지의 역사는 이미 정해진 숭명(崇明) 정신에 따른 필연적 과정이었다. 후금이 만주를 석권한 1632년에 이미 명은 완전히 기운 상태였고, 청(淸)을 선포한 1636년부터 명이 멸망한 1644년까지의 8년은 단순한 뒷마무리 단계로 조선으로서는 청의 무리한 요구가 있었다 하더라도[18] 외교력으로 이를 지연시키며 관망하는 것이 당연한 수순이었다.

그러나 숭명배청에 따른 척화파들의 태도는 오히려 청(淸) 외교사절의 접견까지도 거부하는 날카로운 반대로 이들을 자극하여 결과적으로 병자호란을 자초하는 결과가 되었다.

병자호란의 직접적인 원인이었던 청의 사대(事大) 요구는 사실상 중국의 통일을 앞둔 청으로서는 요구해볼만한 것이었고, 조선으로서는 그것으로 전쟁을 막고 국가의 안전을 보장받는다면 그것이야 말로 사대 조공외교의 본질(本質)이고 목표인 '양국 간의 긴장 해소책(解消策)'으로 당연히 수용할만한 것이었다. 다만 상황이 종결될 때까지 외교력으로 이를 관망할 시간을 가질 수 있도록 사태를 지연시키는 것이 국가외교의 정도(正道)이다.

이러한 가정(假定)의 올바름은 그 이후의 역사가 증명하는 사실로서 아무런 현실적 대책도 없이 전쟁을 자초, 백성들을 화마의 제물로 바치면서 저항한 청(淸)이었지만 19세기에 들면 청에 대한 조선의 이해·자세는 이미 명과 다를 바 없게 되었다.

훗날 성호는 '인국(隣國)에서는 소약이 대강(大强)에 적이 되어서는 안된다(隣國之道 小弱不可敵對强). 인국의 길은 두 가지가 있을 뿐이다. 화호(和好)해야 할 때 화호하고, 절호(絕好)해야 할 때 절호해야 한다. … 나의 힘을 헤아려 막을 수 있으면 막고, 혹시 세가 불리해서 막을 수 없으면 비록 잔패(殘敗), 멸망하더라도 후회하지 말아야 한다. … 약한 처지에서는 강해지기를 기대하는 것 밖에 없다. 막을 수도 없고, 잔패·멸망도 싫어하면서, 안으로는 겁을 먹고 있으면서도 겉으로는 업신여기다가 호되게 얻어맞은 뒤에야 화호(和好)와 항복을 애걸하는 것은 무모한 일이다'라 하였다.

아마도 병자호란을 전후한 사대부층의 대청(對淸) 자세에 대한 비판을 이토록 신랄(辛辣)하게 한 예(例)는 찾기 어려울 것이다. 그리고 그

18) 후금은 1932년 북경을 공격하면서 조선에 군신지의(君臣之義)를 요구하며, 황금·백금 1만 냥, 전마(戰馬) 3천 필 등 세폐(歲幣)와 정병(精兵) 3만을 요구하여 왔다.

것은 지난 과거의 역사에 대해서가 아니라 '대보단'을 지어 명 황제 대한 제사를 지내는 정치적 현실 속에서 이루어진 비판이었다.

3. 조선의 정치 경제적 현실

1) 토지제도

양란후의 전후수습과 지배체제의 재건 방략을 놓고 제기된 국가재조론(國家再造論)에는 두 경향이 대립되었다. 그 하나는 토지문제에 있어 사적 토지소유에 바탕을 둔 지주전호제(地主佃戶制)를 유지하는 선에서 부세(賦稅)·재정 등으로 문제의 타개책을 모색하는 입장이었고, 다른 한편은 토지 공유제, 경작자 유전(有田)의 원리에 근거한 자영 소농경영을 실현하고 이 기반 위에서 체제의 정상화를 기대하는 입장이다.

전자를 보수·개량적인 지주 옹호제라면, 후자는 진보·개혁적인 농민적 농업론이라 할 수 있다. 이 후자는 이미 주자학의 테두리를 벗어난 것이다(김용섭, 『주자의 토지론과 조선 후기 유자』).

조선의 토지제도는 지나친 공신전(功臣田)으로[19] 이미 15세기 중엽에 이르러 공공연하게 수조지(收租地)의 사유화가 심화되면서 조세제가 문란해져 무너지기 시작하였다.

본래 과전법은 토지의 상속뿐 아니라 매매도 금하는 것이었지만 이 역시 1424년(세종 6년)에 철회되고 토지 매매가 공인되기에 이르렀다. 그리고 토지의 사유가 공인된다는 것은 필연적으로 토지소유의 집중과 이에 따른 무전지민(無田之民)이 증가를 초래한다는 것을 의미한다.

토지제도 문란의 다른 이유는 결부제(結負制)에 있었다. 결부제는 경작지에 대한 세금의 부과를 일정한 면적이 아니라 수확량을 기준으로 하는 제도이다. 그러나 수확량은 토지의 비옥도(肥沃度)에 따라 차이가

19) 개국공신 이래 중종반정공신까지 9회에 걸쳐 지급된 공신전 누계가 14,520결(結)에 이른 것으로 나타났다. 그리고 건국초인 태종 2년의 경기도 총 경작지가 149,300결이었는데 그 중 과전(科田) 84,100결, 공신전 21,240결, 사사전(寺社田)4680결 등 사전(私田)내지 준사전이 경기도 실전(實田)의 3/4이상을 차지하게 되었다(이상백, 『한국사』).

나기 때문에 실제의 토지면적과 토지대장의 기록과는 직접적인 관계가 없었고 이에 따라 관리들의 부정(不正)과 협잡이 가능하였다.

여기에 임진왜란을 계기로 토지대장이 소실(燒失)되고, 농민이 징발되거나 사망 또는 유민화(流民化)되어 더욱 혼란에 빠졌다. 이러한 때 지배층은 이농민(離農民)의 토지와 산림 황무지를 사유화하고, 경작지마저 진전(陳田)이라 하여 탈취, 관료층이 지주(地主)로 성장하는 한편, 농민은 소작농으로 전락하게 되었다.

결과적으로 임난으로 국가재정의 절대적 영향을 주는 경작지의 전결수(田結數)가 선조24년(1591)에는 151만여 결(結)이 임난을 겪은 10년 후인 1601년에는 5분의 1 정도인 30여만 결로 줄었다(『한국 근세사 개론』). 그러나 임난 후의 재정파탄을 극복하기 위한 방책으로 1604년부터 실시한 양전(量田)사업은 광해군 3년(1611)까지 시행되어 전결수는 54만여 결로 늘어났다.

임난 후 광해군이 추진한 개혁의 중심은 조세제도와 토지문제에 있었다. 그는 즉위하며 바로 선혜청(宣惠廳)을 설치하고 우선 경기도 일원에 대동법을 실시하였다. 그리고 국부를 축적코자 상공업을 진흥시키기 위해 은광(銀鑛)을 개발하였다.

대동법(大同法)은 선조 이후 공물(貢物 : 특산물)을 미곡(쌀)으로 통일하여 납부토록 하는 제도이다. 공물(貢物)제도는 부담이 불공평하고 수송과 저장에 불편뿐 아니라 방납(防納 : 대납), 생산되지 않은 공물의 배정, 공안(貢案)의 증가 등 관리들의 모리행위로 그 폐단은 농민 부담을 가중시켰고 반대로 국가수입을 감소시켰다. 이에 대한 시정을 위해 선조 2년(1569) 율곡은 그의 저서 『동호문답(東湖問答)』에서 대공수미법(貸貢收米法)을 건의하였으나 실시를 보지 못했다.

대동법이 실시된 후에 선혜청의 보고에 의하면 가난한 양반과 소농민들의 부담이 전반적으로 감소하였고, 부세(賦稅)의 균등, 차사(差使)의 침학(侵虐)의 감소 등이 이루어졌다고 하였다. 반면 방납인(防納人), 향리, 수령, 각사의 하인, 대토지 소유주들은 손해를 보고 반대에 나섰고, 이후 그 시행의 전국 확대에는 신중을 기하였다.

1649년 효종(孝宗)이 즉위하며 우의정 김육(金堉)이 인조 때 부진하였던 대동법의 시행을 서둘렀으나 당시 격화된 당쟁과 집권층의 일당화로 이어지면서, 정치기강이 문란해져 대동법의 정상적인 운영을 저해시켰다.

2) 당 쟁

조선조 전반기의 정치 권력투쟁을 '사화(士禍)'라 한 반면 후반기에는 '당쟁(黨爭)'이라 하지만 그 주역은 같은 사대부들이었다. 사화는 훈구(勳舊)[20]라는 자신들과 구별되는 세력을 상대로 지치(至治)라는 명분을 내세운 사림(士林)의 정치 주도권 쟁취를 위한 투쟁이었다. 그리고 이미 이때부터 조선조의 사대부들의 정치는 '명분정치(名分政治)'라 할 만큼 명분을 중시하였다.

그러나 16세기에는 사회문화적으로 이미 양반(兩班) 계층은 모두 성리학에 몰입하여 사대부(士大夫) 계급이 되면서 정치권에서 사림과 비사림을 구별할 수 없게 되었다. 따라서 성리학자들의 권력투쟁은 자신들 내에서의 세력다툼이 되었고, 이것이 당쟁(黨爭)의 형태로 등장하였다.

성리학자들의 분파의 기준이 처음에는 학파의 성격을 띠었으나 차츰 지역 중심으로, 보다는 정치권력의 추이(推移)를 따라 이합집산(離合集散)하는 양상을 보여, 이들을 학문 사상의 차이로 구분하기는 어려워졌다.

16세기 말 1575년 율곡계의 기호학파(畿湖學派)가 주로 서인(西人), 퇴계를 계승한 영남학파(嶺南學派)를 중심으로 동인(東人)이 형성되었고, 1599년 동인은 서인과의 관계정립에서의 입장 차이로 이황계의 남인(南人), 조식(曹植, 南冥, 15-?)계와 화담계가 연합한 북인(北人)으로 분파되었다.

---

20) 15세기 조선 왕조의 기초를 다지는 창업기를 통해 7차에 걸쳐 배출된 공신들은 3세대 1세기를 경과하면서 훈구 공신세력을 형성하였다. 이 기성 정치세력의 귀족화 현상이 뚜렷해지는 15세기 말 성종 때부터 사림이 등장하게 된다.

한편 서인은 1623년 공서(功西)와 청서(淸西)로, 그리고 청서는 1683년 다시 노론과 소론으로 분열한다. 노론파의 주된 학통은 이율곡-김장생(金長生, 사계(沙溪), 1548-1631)-송시열(우암(尤庵), 1607-1689)-권상하(수암(遂庵), 1641-1721)-한원진(남당(南塘), 1682-1751) 등으로 이어졌다. 그리고 노론파는 조선조 말기까지 거의 정권을 장악하고 있었다.

이러한 당쟁은 선조 때 동서분당 이래로 점차로 고조되어 숙종 년간에 예송(禮訟)을 비롯한 몇 차례 환국(換局)으로 절정에 달하였다.

조선에서는 중국과는 달리 당파가 세습적으로 형성되어 당쟁이 오래 계속되었다. 그리고 당파의 근거가 지방에 자리하고, 문중과 서원(書院)을 중심으로 주변세력을 결집시킬 수 있어 100개 이상의 서원이 주로 남방에서 건립되었다.

조선 사대부들은 아무런 거리낌 없이 무리짓는 행동을 하였는데 그러한 행위는 주자의 다음 말에 의해 뒷받침되었다.

주자는 '군자는 당을 만드는 것을 미워하지 않을 뿐 아니라, 자기 자신이 당을 만드는 것을 꺼려하지 않으며 … 장차 임금까지도 끌어들여 당을 만드는 것도 꺼려하지 않습니다'라고 하며 '… 과연 현(賢)하고 충(忠)하면 끌어올릴 것이니, 오직 그러한 당이 많지 않아 더불어 천하의 일을 도모하지 못할 것을 염려해야 할 것이요 과연 간(姦)하고 사(邪)하다면 내치실 것이니…'라 하여 현충간사를 분별하는 것이 중요할 뿐 붕당 자체는 문제가 아니라 하였다(『주자대전』).

그러나 이 말에 전제로 요구되는 것은 첫째가 중국에서처럼 신료들을 제압할 수 있는 권력을 갖고 있는 강하고 현명한 군주가 현·충·간·사를 판단·선택할 수 있어야 하며, 다른 하나는 군자는 선한 존재로 선을 행하기를 좋아하며, 그것은 여러 사람이 모여 함께 함으로 더욱 좋은 결과를 이룰 수 있다는 것이다.

그러나 첫째 조선조에서는 군주의 권위가 당쟁을 제어할 수 있을 만큼 강력하지 못하였다. 그것은 이미 정도전이 기도(企圖)한 『경국대전』의 정신·제도 창설의 취지이었고, 또한 사대부 계층이 대의명분을 내세워 왕권을 견제한 결과이기도 하였다.

군주 성학(聖學)에 대한 강조와 경연(經筵)제도는 군주의 권위를 유가적 윤리규범 아래에 묶어 놓음으로서 왕권을 약화시키는데 중요한 역할을 하였다. 왕권의 약화로 인한 통제력의 이완(弛緩)은 당쟁이 격화되고, 공론(士論)이 균형을 상실하는 현상을 초래하여도 이를 제어할 수 없었다.

다음 당은 선한 군자들의 모임을 전제하였고 그럼으로 군자의 당인지 소인의 당인지를 분별하는 것이 가장 중요하였다. 따라서 조선 유학자들 간의 당쟁의 초점은 언제나 군·소의 구별로 상대가 소인배임을 증거하는 것이다.

그러나 군자와 소인의 차이는 내면적 심성에 근거하며, 이처럼 인격전체를 놓고 구분하는 군자와 소인의 변별에는 객관성이 결여될 수 밖에 없었다. 따라서 상대를 인격적으로 모욕하는 양상이 되어 감정적 대립이 있을 뿐 합리적 관용이 자리할 여지가 없었다.

1598년(선조 31년) 사간원의 계(啓)를 보면 '풍원 부원군 유성룡(柳成龍)은 간사한 자질에다 간교한 지혜로 명성과 벼슬을 도둑질하여, 사람을 해쳐도 사람들이 알지 못하고 세상을 속여도 세상이 깨닫지 못하였으니 이것이 그 평생의 심술입니다. … 정철(鄭澈)이 악한 짓을 멋대로 할 때에 우성전(禹性傳)과 이성중(李誠中)은 유성룡의 심복으로서 간사한 정철에게 붙어서 사대부들에게 피해를 끼쳤으니, 지금까지 화(禍)가 계속되는 것은 모두 그가 남 몰래 사주한 것입니다'라 하고 있다.

이 짧은 글에서 조선의 당쟁의 성격과 품격, 그리고 주자가 의도한 '당만들기'로부터 얼마나 멀어져 있는 가를 볼 수 있다.

사실 당쟁의 격화로 인해 학문의 연구에도 공평·정직한 것이 없고, 사물의 비판에도 광명정대한 것이 없으며 모든 것을 당파적 감정과 선인의 주견으로 보며 생각하게 되었다. 성호는 '시(是)중에 비(非)가 있고, 비중에서도 시가 있으며, … 그러나 단지 자기가 옳고 남이 그른 것만을 보니 편당(偏黨)이 이루어지게 된다'고 보았다(『성호쇄설』).

훗날 영조는 당쟁에 대해 '피차가 한번 당파라는 절구 속에 들어간 뒤에는 비록 요순과 공·맹이 다시 살아나서 타이른다 하더라도 필연코 들을 이치가 없으니 어찌할 수 없다'고 하였다.

당쟁을 사회적 현실관계 측면에서 보면 생업에 종사하지 않고 유일한 입신출세의 길인 관직을 목표로 삼는 사대부 사회에서 거의 고정·제한된 자리를 두고 자신들의 활로를 찾는 관리 후보자들의 과잉(過剩)은 상호쟁투를 하지 않을 수 없었다.

이를 두고 성호는 '무릇 이(利)가 하나인데 사람이 둘이면 바로 이당(二黨)이 되고 이(利)가 하나인데 사람이 넷이면 사당(四黨)이 되는 것이니, 이에는 변함이 없는데 사람만 더욱 많아지면 십붕팔당(十朋八黨)으로 더욱더 분열되는 것은 어찌할 수 없는 일이다'라고 지적하였다(전서).

제 2 절 청초의 학문과 학자들

1. 황종희(黃宗羲, 1610-1695)

1) 생애와 사상적 배경[21]

황종희의 자는 태충(太沖)이고 호는 남뢰(南雷) 또는 이주(梨州)라 하며 당시 사람들은 그를 이주선생이라 불렀다. 그는 절강(浙江) 여요(餘姚) 사람으로 관료지주계급 출신이며 그의 부친은 한때 어사사(御使史)였으나 환관(宦官)들의 음모에 의해 희생되었다.

그는 청년시절 통치계급 내부의 부패한 엄당(閹黨-내시 엄)과의 투쟁에 참여했다.

명(明)의 멸망 후에는 병사를 일으켜 청(淸)에 항거하였으나 결국 실패하고 만년에는 고향에 돌아가 저술활동에 전념하였다. 그의 주요 저서는 『명이대방록(明夷待訪錄)』, 『맹자사설(孟子師說)』, 『송원학안(宋元

---

21) 황종희는 심학(心學)은 세계를 주체적 자아(自我)인 '마음'이 주재하는 것이라고 생각한 반면, 리학(理學)은 세계를 자아를 초월한 객관적인 리(理)가 주재하는 것이라고 생각했다. 따라서 리학이 강조한 것이 외재적 천리(天理)에 대한 복종이라면 심학은 내재적인 심성(心性)에 대한 자각(自覺)이었다. 이는 서구에서 자연법(自然法)과 자연권(自然權)의 관계에 비유할 수 있는 것이다. 그러나 황종희는 『변옥오군묘지명(辯玉吳君墓地銘)』이란 글에서 '유학이란 천지를 규명하고 경영하기 위한 학문이다. 그러나 후에 사람들은 마침내 어록(語錄)만을 중시하고, 이(伊)·락(洛)의 문하에서 단지 한 두마디 문답을 들어 유가의 대열에 끼어 그 이름을 빌어 세상 사람들을 속인다. … 일단 나라에 급박한 사태가 발생하면 입으로만 말 할뿐이다. 이렇게 하여 세상의 도가 계속 타락해 갔으며 그 결과 공을 세우고 업적을 넣는 것은 유학자가 할 일이 아니라고 여기게 되었다'라고 하였다.
그는 정주학 이후부터 학자들이 내용 없는 의리(義理)만을 말하며 지행(知行)을 분리시켜 유가의 본면목(本面目)을 잃게 하였다고 본 것이다. 그는 '기질에 악(惡)이 있다고 함은 원·형·이·정의 리는 천도이나 기는 천도가 아니라는 말이다. 아! 천하에 리 없는 기가 있겠으며, 기 없는 리가 있겠으며, … 기는 리의 기, 리는 기의 리일진데, 어찌 리는 순수한 선이고 기질은 치우쳐 악이 있다고 할 수 있겠는가? 눈에 비유하건데 광포정(眶皰睛-눈자위와 눈꺼풀과 눈동자)이 기질이면 그 안의 시력(視力)은 사물을 보는 능력으로서 성(性)이다. 그런데 시력의 리는 오직 정색(正色)만 보고 광포정은 사색(邪色)을 본단 말인가?'라고 하였다(존성편).

學案)』과 『명유학안(明儒學案)』[22] 등이 있다. 그리고 청나라 정부가 여러 차례 그를 초빙하였으나 모두 거절하였다.

황종희 정치사상의 핵심은 반전제(反專制) 사상에 있으며 경세치용(經世致用)의 학문을 성행케 한 사람이다. 그는 양명학의 영향을 비교적 많이 받았으나 주자학과의 차이를 없애고 이 둘을 합일하려는 노력을 추구하였다. 천지간에는 오직 하나의 기(氣)가 충만하여 두루 펴져있다. 기가 인간을 태어나게 하고, 만물을 생성시키며 또 인간은 기를 받아 살아간다. 기(氣)가 규칙을 잃지 않고 상하좌우로 움직이는 것이 리(理)이다.

이를 다시 설명하여 오히려 리와 기의 명칭은 사람들이 만들어낸 것임을 알아야 한다. 사물이 떠오르고 가라앉으며 올라갔다 내려가는 측면에서 말할 때는 기(氣)라 부르는 것이고, 이 과정에서 규칙을 잃지 않는 점에서 말할 때는 리라 부르는 것이다. 대체로 하나의 사물에 두 가지 이름이 있는 것이지, 두 가지 사물이 하나의 몸이 된 것이 아니다. 그리고 사람은 리를 얻어 마음(心)이 생겨나므로 그 역시 기(氣)이다(『明儒學案』).

이렇게 그는 기(氣)를 들어 심(心)과 리(理)의 관계를 정합(整合)함으로서 마음에만 치우치는 양명학을 보충하려 하였다.

심학(心學)은 세계를 주체적 자아(自我)인 '마음'이 주재하는 것이라고 생각한 반면, 리학(理學)은 세계를 자아를 초월한 객관적인 리(理)가 주재하는 것이라고 생각했다. 따라서 리학이 강조한 것이 외재적 천리(天理)에 대한 복종이라면 심학은 내재적인 심성(心性)에 대한 자각(自覺)이었다.

성리학(性理學)은 천명(天命)의 보편성과 리의 법칙성을 근간으로, 천명을 따르는 것이 도(道)이고, 도(道)에 이르기 위해 해야 할 일이 교

---

22) 명유학안(明儒學案)은 중국이라는 봉건사회에서 처음으로 완성된 철학사(哲學史) 전문 저작일 뿐 아니라 완전히 새로운 역사서술 방식인 '학안체(學案體)'로 이루어졌다. 학안체는 학안 앞부분의 서언, 학안 부분에 포함된 학자 개인의 평전(評傳), 평전 주인공의 어록을 뽑아 놓은 절록(節錄), 선집(選集)의 세 부분으로 이루어져 있다.

(敎)이며, 성인(聖人)은 사람과 사물(事物)이 따라야 할 바를 기준(基準)으로 세워 천하의 질서를 만들어 나가도록 하였다. 그리고 그 내용이 예악형정(禮樂刑政)이라는 정치질서로 나타난다.

이는 곧 천명(天命)의 사회적 표현으로 정치주체에 절대적 권위를 부여하며, 정치질서에 구심력(求心力)을 제공한다.

유가에서 성인(聖人)은 추상적 원리를 현세에 구체화시키는 사람으로 도(道)나 리가 있어도 성인이 없으면 현상계에서는 그 모습을 볼 수 없다. 따라서 성인을 기다려 도의 실현을 기대한다. 이러한 도와 성인과의 관계는 어느 면에서는 기독교의 성령(聖靈)과 예수의 관계에 비교될 수 있다.

이에 비해 양명학은 리(理)의 객관적 실재성을 부인(否認)하며[23] 개인의 양지(良知)에 직접 호소하는 체계로 대중화(大衆化)에는 성공하였으나, 이미 말한 대로 정치에 있어서 그 해체주의적(解體主義的) 성격은 정치질서에 원심력(遠心力)으로, 따라서 명말의 혼란의 일말의 책임이 있는 것이다.

2) 반군주론

황종희의 반군주론과 민본사상은 고대 민본사상이나 군주 무용론(無用論)과는 차이가 있다.

고대 유가에서의 민본(民本)의 예(例)로 '군주(君主)는 배이고 백성은 물과 같아서 배를 띄우기도 하고 전복시키기도 한다'라 하였지만 이는 군주가 군권(君權)을 무한대(無限大)로 확대시켜서는 안 된다는 경고(警告)의 의미가 더 컸다. 또한 같은 맥락에서 맹자는 '백성이 소중하고(民貴) 군주는 하찮다(君輕)'라는 뜻 역시 인정(仁政)을 주창한 것으로 민본의 의미는 소극적이었다.

23) 주자가 격물치지설에서 리를 산재만물(散在萬物)로, 또 심구중리(心具衆理)라 함으로서 리의 소재를 주빈 양쪽에 다 있는 것으로 보고, 내 마음의 리와 만물의 리의 대응으로서 인식(知)이 이루어지는 것(致)라 하여 내 마음과 리를 이분(二分)하고 있으나, 이에 대해 양명학에서는 심내에 리가 있다(심즉리).

이는 봉건 정치체제의 입장에서 보면 '천명(天命)에 보탬이 되는 좋은 약재(藥材)'였다. 즉 천명을 거슬리려는 군주의 병통(病痛)에 대한 약재(藥材)로서 천명의 시행에 보탬이 된다는 것이다. 그러나 황종희는 '천하에서 가장 해(害)로운 것은 군주뿐이다'라 하여 당시의 시대정신을 극단적으로 표현했다(非君論, 군주비판론). 그는 또한 '천하(天下)가 주인이고 군주(君主)는 손님이다'라는 삼대(三代)의 정치적 이해(理解)를 내세워 당시의 전제정치를 비판하였다.

그는 군주정치의 기원과 군주의 책임을 다음과 같이 설명하였다.

'처음 났을 때는 사람은 모두 이기적(利己的)이었다. 천하 사람이 함께 누릴 수 있는 이익(利益)을 낳을 수가 없었고, 함께 당하는 해(害)를 제거할 수가 없었다. 그때 어떤 사람이 나타나 자기의 이익을 추구하지 않고, 오직 천하의 이익을 추구했다. … 그 사람은 천하 사람들보다 천 배나 만 배나 노력하면서도 이득을 누리지 못하니 천하 사람들 누구도 그렇게 하려 하지 않았다. 그러므로 옛날에는 군주의 자리에 오르려하지 않았으니 … 그것을 버린 자가 요(堯)와 순(舜)이다.'

이처럼 최초의 군주는 권리(權利)가 아니라 의무(義務)이었으나 후세에 와서 군주가 사리사욕을 취하면서 공복(公僕)의 지위(地位)에서 권력의 소유자로 변한 것이다. 그래서 공(公)천하가 사(私)천하 혹은 가(家)천하로 바뀌면서 천하위공(天下爲公)의 원칙이 무너진 것이다.

그 이후 군주가 주인(主人)이 되고 천하는 객(客)이 되어 천하 백성이 편안하게 지낼 수 없게 되었으니 그렇게 된 원인은 군주 때문이다. 진·한 이래 2천년 동안 군주는 왕권을 오래 유지하기 위하여 법을 만드니 이것은 군왕 한 가족의 가법(家法)에 불과한 것으로 이 가법이 천하의 공법(公法)을 대체하였으니 실제로 중국사회는 법도(法度)가 없는 사회로 볼 수밖에 없다는 것이다.

황종희는 '이러한 법들에 어찌 조금이라도 천하를 위한 마음이 있었겠는가? 이것을 법이라 할 수 있는가?'(原法)라고 통렬히 비판하였다.[24)]

---

24) 이러한 황종희의 가법(家法)과 공법(公法) 관계로 정치적 현실을 설명한 부분은 헤

그는 군주제도를 명확히 부인하지는 않았지만 그 제도 안의 전제적 요소를 통렬하게 비판하고 역사적으로도 삼대(三代)시기 이후에는 전제정치가 아닌 적이 없었다고 하여 사실상 봉건시대의 군주제를 전복(顚覆)할 수도 있는 여론(輿論)과 사상을 준비했다고 볼 수 있다.

이는 전통적 민본사상(民本思想)인 '하늘이 백성을 낳고 군주를 세웠다'보다는 한발 앞서는 민주계몽의식(民主啓蒙意識)의 전초(前哨)로서의 모습이었다.

3) 전제권력의 견제(牽制)-분권(分權)과 방진

① 분 권

황종희는 군주 정치의 정상적인 운영을 위해서는 먼저 군주와 신하의 관계를 올바르게 정립하는 것이 중요하다고 생각하여 이를 우선시하였다. 그는 역대 통치자와 동중서 이후의 정통 유가들이 주장하는 극단적인 존군(尊君) 사상인 '군위신강(君爲臣綱)'을 지극히 비정상적인 군신관계(君臣關係)라 여겼다. 군주와 신하는 그 명분(名分)이 다를 뿐이며 천하를 위하고 만민을 위해 일한다는 점에서 그 목적은 일치하는 것이다. 따라서 그는 군신관계는 무조건 복종하는 관계가 아니라고 보았다.

'천하를 다스리는 일은 마치 큰 나무를 옮기는 것과 같아서, 앞 사람이 "영차"라고 소리를 내면 뒷사람도 "영차"라고 화답한다. 군주와 신하 역시 이들과 같다. 나무를 끌어야 할 사람이 앞자리에서 그저 웃으며 놀기나 하는데, 뒷자리에서 따르며 나무를 밀어야 하는 사람들이 그것을 옳다고 생각한다면, 나무를 끄는 일은 망치게 될 것이다'라고 하였다.

나무를 옮기는 것과 같은 군신관계에서는 군주는 높고 신하는 낮은 것으로 볼 수 없다.

겔이 당시 독일의 정치적 현상에 대해, 사법(私法)과 공법(公法)관계의 관점에서 공법(公法)의 부재(不在)를 독일이 근대국가가 되지 못한 가장 근본적 원인으로 이해한 것과 같았다.

군주가 죽음을 강요하고 또 신하는 죽을 수밖에 없다는 것, 자신을 희생하여 군주를 섬긴다는 것은 환관(宦官)이나 궁녀(宮女)의 마음일 뿐이다. 신하는 군주의 직책을 분담하는 사람으로서 신하가 된 자는 천하를 위해야지 군주 한 사람을 위해서는 안 된다.

그는 '옛날에는 군주가 신하를 대할 때, 신하가 절하면 군주도 반드시 답절을 했다. 그런데 진·한 이후에는 이런 제도가 폐지되었다'고 하였다.

천하는 광대하여 한 사람이 능히 다스릴 수 없으므로 여러 사람이 나누어 다스려야 한다.

'원래 군주를 세운 것은 천하를 다스리기 위해서였다. 천하를 한 사람이 다스릴 수 없으므로 관직(官職)을 설치하여 다스리게 했다. 그러므로 관리는 군주의 분신(分身)이다.'(『명이대망록』)

그는 '명(明代)에 좋은 정치가 없었던 것은 고황제(高皇帝-주원장)께서 승상제(丞相制)를 폐지한 것에서 비롯되었다'고 하여 분권(分權)의 필요성을 주장하였다. 재상제도가 폐지되고 나자 천자의 아들이 혹시라도 현명하지 못하면 더 이상 그를 보완하며 상대할 현자(賢者)가 없어지게 되었다.

고황제는 군주의 권력 장악을 위해 금의위(錦衣衛)라는 특무기구를 설립하여 황권에 방해가 되는 사상과 행위에 무서운 압제를 가했다. 그러나 당대에는 성공했을지는 몰라도, 신하들이 존중되지 않는 이러한 전제정치의 결과는 명 말기에 이르러 외적의 침략을 막아야 할 때에 즐비하게 늘어선 군영(軍營)에서는 화살 한 개의 구원(救援)도 받지 못하는 사태를 맞아야 했다.

신하들의 도움을 받지 못하는 군주의 개인 독재는 나라는 물론 그 왕조(王朝)에도 해로운 것으로 그는 한 사람의 능력은 천하를 얻으려는 여러 사람보다 못하기 때문에 길게는 몇 세대 후에 짧게는 자신의 세대에 천하를 남에게 빼앗기게 된다(原君).

그는 '천하의 안정과 혼란(治難)의 기준은 한 성(姓)의 흥망에 있지 않고 백성의 안락이나 근심에 있다(原臣)'고 하여 사직(社稷)의 지위를 격하(格下)시키는 민주적 역사 해석의 새로운 시각을 제시하였다.

그러나 결론적으로 말하여 '황종희가 반대하고 질책한 것은 군주제도내의 전제적인 형태 및 군주권력의 남용과 집중이었지, 결코 군권자체의 합리성을 부인하지는 않았다. 그는 군주제도에서 군권이 운용되는 정상적인 질서를 수립하려고 노력하였다.

이를 위해 주권이 백성에게 있다는 민본사상, 정치체제의 감독에 대한 필요성, 공업과 상업이 모두 근본이라는 의식 등 근대 민주계몽의 색채를 띤 일련의 정치적 주장을 제기했다(쉬딩 바오, 『황종희평전』).

② 방진(方鎭)

황종희는 명 정치제도의 병폐(病弊)가 지나친 중앙집권에 있다고 보고 이를 시정하기 위해 봉건제 정신의 부활의 필요성을 주장하였다. 그러나 전면적인 부활을 요구한 것은 아니고 군현제와 절충하는 형태였고 특히 명말(明末)의 군사적 취약성을 보고 이를 시정하기 위한 방책으로 방진을 둘 것을 역설하였다.

그는 '이제 봉건은 머나 먼 옛일이 되어 버렸다. 따라서 봉건제의 방향으로 개혁하려면 시의(時宜)와 대세의 추이를 감안하여야 하므로 방진을 부활시키는 것이 좋으리라. 봉건제의 폐단은 강한 제후와 약한 제후사이에 병탄(併呑)이 일어나 천자의 정무(政務)가 제후들 사이에 잘 시행되지 않는 수가 있다는 것이다.

반면에 군현제의 폐단은 국경지대의 피해가 계속 끊이지 않는 것이다(『명이대방록』 방진편). 사실 군현제 하에서 국방(國防)이 중앙정부 단독의 책임으로 되면서 먼 변경의 방위에 어려움이 많았다.

당대(唐代)의 안록산(安祿山, ?-757)의 난(難) 등은 절도사 출신의 무장(武將)들이 방진의 군사력을 업고 반기(叛旗)를 들었던 것이다. 따라서 당조(唐朝)는 그 규모를 축소함으로서 위험을 예방하려하였다. 그러나 황종희는 '…당이 방진 때문에 망한 이래 어리석은 위인(爲人)들은 이에 현혹되어 방진을 좋지 않은 길로 접어드는 첫걸음으로 여기게 되었다. 안록산 등이 모두 방진의 힘을 믿고 난을 일으켰으나 이를 제압한 자들 역시 방진의 힘에 의지하여 성공하였다. … 당이 망한 까닭은 방진이 약함에서 말미암은 것이요.…'라 하였다.

황종희는 북경(北京)의 지리적 조건이 변경과 너무 가까워 국방(國防)에 대한 책임이 중앙정부만의 것인 상태에서는 북쪽 이적들이 침범할 적마다 곧 바로 영향을 받아 국정 전반이 마비되는 현상을 초래한다고 보았고 따라서 수도(首都)는 남경(南京)이 적합하다는 생각을 가지고 있었다.

그가 방진 설치를 주장하는 이유는 첫 째가 지휘관의 독립성을 보장하여 군의 기강과 효율성을 확고히 하려는 것이다. 당시에는 대규모의 군사 활동이 필요한 때면 조정(朝廷)에서는 의례히 총독(總督)이나 순무(巡撫)를 파견하여 지휘관을 간섭 견제하여 유능한자는 견제에 걸리고 무능한자는 이들에게 책임전가를 시키는 폐단이 비일비재하였다.

다른 하나는 군량이나 장비의 보급선(補給線)이 길어 시간적으로나 경비면(經費面)에서 손실이 막대하다는 점이었다. 원래 명조(明朝)는 둔전제(屯田制)로서 군비를 충당하는 것이 태조 이래의 법이었으나 명 중엽부터 이 제도가 폐지되어 정부에서 모든 물자를 공급하게 되었다.

따라서 그는 방진에 대하여 거의 완전 독립에 가까울 정도로 많은 권한을 허용할 것을 제안하였다. 반드시 그 전량(錢糧)과 병마(兵馬)는 안으로는 자립하기에 충분하고 밖으로는 환난을 막기에 충분하도록 하여야 한다. 이를 위해 전부(田賦)와 상세(商稅)의 징수를 허용하여 그 비용에 충당케 한다.

더 나아가 정사(政事), 주민(住民)의 교화(敎化) 및 형벌의 시행에 있어 중앙의 간섭 없이 독립성을 유지해야 한다. 특히 인사권에 대하여 관원들도 방진에서 자체적으로 선발하고 사후에 보고케 하였다. 그에 비해 방진의 의무(義務)는 매년 공물(貢物)을 바치고 3년에 한 번 입조(入朝)하는 극히 간략한 것이었다.

황종희가 거의 독립적인 방진의 설치를 주장하는 또 다른 배경에는 은연중에 중앙정부 내부에서의 불온(不穩)한 자들의 횡포를 견제할 능력 있는 세력을 둠으로서 정국(政局)의 안정에 도움이되리라 믿은 것이다.

4) 경세치용(經世致用)

황종희의 경세치용의 논의(論議)는 그가 경전(經典)과 역사서(歷史書)를 모두 중시하는 역사학자로서 역사에 포폄(褒貶-칭찬과 나무람)을 더하는 기준(基準)으로서 세워진 것이다.

그의 역사 연구의 목적은 정치적으로는 반전제 사상 그리고 사회적으로는 경세치용, 권선징악과 실사구시(實事求是)의 세 목표를 실현하는데 있었다.

정주(程朱)를 대표로 하는 리학(理學)은 공리(功利)를 경시하는 경향이 있었다. 그러나 황종희는 『변옥오군묘지명(辯玉吳君墓地銘)』이란 글에서 '유학이란 천지를 규명하고 경영하기 위한 학문이다. 그러나 후에 사람들은 마침내 어록(語錄)만을 중시하고, 이(伊)·락(洛)의 문하에서 단지 한 두마디 문답을 들어 유가의 대열에 끼어 그 이름을 빌어 세상 사람들을 속인다. … 일단 나라에 급박한 사태가 발생하면 입으로만 말 할뿐이다. 이렇게 하여 세상의 도가 계속 타락해 갔으며 그 결과 공을 세우고 업적을 넣는 것은 유학자가 할 일이 아니라고 여기게 되었다'라고 썼다.

그는 정주학 이후부터 학자들이 내용 없는 의리(義理)만을 말하며 지행(知行)을 분리시켜 유가의 본면목(本面目)을 잃게 하였다고 본 것이다.

그는 지식의 목적은 치용(致用)에 있으며, 그것의 주요 내용은 치국과 평천하이다. 또한 역(逆)으로 진정한 지식(知識)은 단지 실천을 통해서만 얻을 수 있다고 여겨 경험주의 철학의 한 면모를 보인다.

그는 '내 마음속의 지식은 자와 콤파스와 같으며, 제가(齊家), 치국, 평천하는 이로써 그린 사각형이나 원(圓)과 같다'고 하여 인간의 지식과 그 쓰임의 목적, 이 둘 간의 관계를 설명함으로서 리학(理學)과 공리(功利)가 합일하는 모습을 제시하였다.

그는 경세치용을 말하면서 '인간은 태어나면서부터 각기 자사(自私)와 자리(自利)가 있다. … 편안함을 좋아하고 수고로운 것을 싫어하는 것 또한 인지상정이다'라고 하여 공리주의 입장을 이해하였다.

특히 그는 그 시대의 산업의식을 반영하여 '공업과 상업이 모두 근본(工商皆本)'임을 주장하였다. 이는 공업과 상업을 주요 직업으로 삼은 도시 시민계층이 급격히 늘어나면서 이들이 사회 재부(財富)의 원천으로 인식되었고, 이러한 변화는 필연적으로 이들의 지위와 역할을 새롭게 평가하게 된 것이다.

당시의 신흥 시민계층이 정치적 물질적 소망을 갖고 이를 추구한 점은 프랑스 혁명의 주체인 부르주아들을 연상하게 하지만 물론 아직 그와는 의식적(意識的)이 면에서나 경제적, 사회적 비중에서 훨씬 못 미치는 것이었다.

5) 명(明) 정치제도의 결함

황종희는 진·한 이후의 법통(法統)은 진정한 법 즉 공법(公法)의 의미를 상실한 사법(私法) 내지 가족법으로, 이를 본받거나 계승할 가치가 없다는 생각이었으며 이는 전제군주에 그 문제점이 있다고 보았다. 이러한 법의식(法意識)의 관점과 더불어 천하는 광대하여 군주 홀로 다스릴 수 없다는 두 가지 이유에서 그는 재상(宰相)제도의 부활을 주장하였다.

그는 재상의 중요성에 대하여 '옛날에는 천자(天子)가 나라를 자식에게 물려주지 않고 현인(賢人)에게 물려주었고, 그 후 천자는 자식들에게 나라를 물려주고 재상직은 현인에게 물려주게 되었으며, 황제의 지위를 계승한 천자가 모두 현명할 수는 없으므로 현인에게 물려 준 재상제도가 현명하지 못한 천자를 도울 수 있었다'고 하였다.

천자나 재상은 국가를 경영한다는 입장에서는 같은 임무를 수행하는 대등한 것으로 공적인 상하 관계이며 결코 사적인 주종(主從) 관계와는 다른 것이다.

재상제도를 폐지한 명(明)의 군주는 방대한 국가업무를 수행하는데 있어 어차피 기탁(寄託)할 곳이 있어야 했으며 내각(內閣)제도와 환관이 그 공백을 차지하였다. 이 중 내각이 공적 기관으로 그 수반(首班)이 재상의 업무를 대신했다고는 하지만 이는 내각 생래(生來)의 성격이 군주의 비서(秘書)라는 점에서 이들 관계는 이미 주종의 범주를 벗어 날 수 없었다.

사실 더욱 큰 문제는 환관에게 있었다. 황제들은 궁중에서 성장하였기 때문에 어린 시절의 동반자이자 자신들을 교훈(敎訓)하였던 환관들에게 의탁하는 경우가 흔했다. 1420년에는 환관을 위한 학교가 세워졌고 그 수도 수 천 명으로 증가하였다. 이들은 심지어 군대 지휘관이나 지방 행정의 감독관이 되기도 하였다.

재상이 없는 명나라는 육부아문(六府衙門)이 황제에게 직접 책임을 지도록 규정했으나 환관의 권력 증대로 때로는 육부가 환관의 뜻에 따라 움직여 정치가 이들에 의해 행해졌다.

명대(明代)는 중국 정치사에서 가장 심한 전제정치의 권력행태를 들어냈고 또한 가장 심한 환관(宦官)들의 횡포가 정치 전면(前面)에서 행해진 역사적으로 그 같은 예가 없는 시대였다.

이 시대는 '절대 권력에 있어 부패는 필연적이고 그 강도역시 그만큼 절대적이라'는 역사적 예증(例證)이 되었다.

6) 학 교

황종희는 전제정치의 제한을 위한 조정(朝廷)밖의 감독기관으로서 학교를 생각하였다. 그는 학교는 사(士)를 양성하기 위한 곳이다. 그러나 고대의 성왕(聖王)은 학교의 의의(意義)를 이것에만 두지는 않았다. 그들은 천하를 다스리는 모든 방법이 학교에서 나오게 한 후에야 학교를 개설한 의의가 비로소 갖추어진 것이라고 확신했다. 그는 여론을 조성하고 정치의 시비를 판단하는 중심에 학교의 역할을 두었다.

삼대에는 '천자가 옳다고 하는 것이 반드시 옳은 것은 아니며, 천자가 옳지 않다고 하는 것도 반드시 옳지 않은 것은 아니므로 천자가 감히 스스로를 옳고 그름을 결정하지 않고 학교에서 공정하게 옳고 그름을 공론화(公論化)했다'고 하여 여론을 주도(主導)하고 감시하는 측면에서 학교는 군주권력을 제약할 수 있는 유효한 기구가 된다고 믿었다.

그는 학교가 존재했기 때문에 조정의 상하 관리나 백성들이 점점 영향을 받아 시(詩)나 서(書)에 있는 관대함을 배울 수 있었다(『명이대방전』 학교편).

학교를 설립함에 있어 그는 태학(太學)의 제주(祭酒)는 당대 최고의 유학자를 추천하여 선발하되, 그 비중은 재상(宰相)과 동급이며, 재상이 퇴임할 경우 이 직책을 맡길 수도 있다. 매달 초하루에는 천자가 태학에 행차하며, 재상과 육경(六卿) 등이 천자를 수행한다. 제주(祭酒)는 남쪽을 향하여 앉은 채로[25] 강학하며, 천자 역시 제자의 자리에 앉는다. 정치에 혹시 잘못된 점이 있으면 제주는 기탄없이 직언한다(상동). 이렇게 하여 학교는 군주를 포함한 권력기구를 대표하는 관리들을 감찰할 수 있게 된다.

그는 지방에 있는 각 군학(郡學), 현학(縣學)에도 이 방식을 따라야 한다고 생각했다. 특히 군현 정치에 잘못이 있으면 작은 것은 고치게 하고 큰 것은 북을 울려 사람들을 모아 그들에게 밝힌다. 이처럼 그는 유학(儒學)의 위상을 한껏 높이면서 그에 그치지 않고 유학 중심의 유일(唯一)사상을 이루려 하였다.

그는 '학궁(學宮) 이외의 성(城)이나 성(城)밖에 있는 모든 불사(佛舍), 도관(道觀-도교사원), 암자, 신당(神堂) 등은 큰 것은 개조하여 서원(書院)을 만들어 경사(經師)가 관할하고, 작은 것은 개조하여 … 이들의 재산은 학교에 귀속시켜 여러 생도 중에 가난한 사람을 돕는다. 승려

---

25) 군주는 오행설에 따른 예법(禮法)에 따라 반드시 중앙에 앉아 남면(南面)하여 신하(臣下)들과 대하며, '남면한다'는 일반적으로는 정치한다는 뜻으로 쓰인다. 따라서 이는 최고의 권위(權威)를 상징한다.

와 도사(道師)는 심사하여 그 가운데 학행(學行)이 있는 자는 학관에 소속시키고 나머지는 본래의 생업에 복귀시킨다'하였다(동서. 학교편).

또한 그는 시문(時文), 소설 등을 건전치 못한 서적(書籍)으로 지목하여 이미 조판(組版)이 된 것은 그 판본을 찾아내어 불태워야 한다고까지 하였다.

이러한 주장들은 사상통제라는 면에서 볼 때 장거정과 다를 바 없는 극단적인 것이었으나 장거정은 자신의 주장을 시행할 권력이 있어 그대로 시행한 반면에 황종희에게는 이미 지나간 명조(明朝)에 대한 회한(悔恨)에서 자신의 연구(研究)를 피력한 것으로 현실성을 무시한 내용으로 볼 수 있다.

2. 고염무(顧炎武, 1613-1682)

1) 생애와 사상

고염무의 원래 이름은 강(絳)이고 자는 영인(寧人)이며 강소(江蘇) 사람이다. 청나라 군사가 남경을 격파하자 이를 수복하려는 뜻을 세워 이름을 염무로 바꾸었다.

그는 대지주(大地主) 집안에서 태어났으나 한때 호족(豪族)들에게 능멸을 당한 적이 있으며 일찍이 정치적 학술단체인 복사(復社)에 가입하여 정치를 논하고 환관들의 횡포에 반대하였다.

그는 청(淸)에 저항하는 투쟁에 참여하였고, 실패한 후에 강남으로 도피했으며 만년에는 섬서성에 머물면서 학문에 힘썼다. 그의 주요 저서는 『일지록(日知錄)』과 『천하군국이병서(天下郡國利病書)』 등이 있다.

고염무 정치사상의 요체(要諦)는 '군자는 학문으로 도를 밝혀 세상을 구하는 것'이라는 경세치용(經世致用)에 있다. 그는 자신의 정치철학의 근거를 고대(古代) 유가정신(儒家精神)의 부활(復活)에서 찾았다.

그는 유가사상(儒家思想)은 본질적으로 자신을 수양(修養)하여 남을 다스리는 실천적인 학문으로 헛되이 성명(性命)이나 천도(天道)를 논하는 학문이 아니라고 하여 송대 신유가의 형이상학(形而上學)을 무용(無用)한 것으로 치부하였다.

따라서 황종희가 심학을 숭상하고 주로 정주의 리학(理學)을 비판하였음에 비해 고염무는 송·명 이후의 심학과 리학 모두에 대해 날카로운 비판적인 입장을 취했다. 그는 전통 유가사상과 송·명의 리학을 대조시켜 리학은 사실상 전통 유가사상을 벗어났다고 주장했다. 그리고 그는 리학가(理學家)들의 청담사상(淸談思想)이 나라를 망치게 했다고 주장하였다.

그는 유연과 석륵이 중국을 침략하게 된 것은 청담사상이 야기(惹起)한 화(禍)임을 사람들은 모두 안다. 하지만 지금의 청담사상은 과거보다 더욱 심한 줄 누가 알겠는가? 과거의 청담은 노자와 공자를 논했으며, '지금의 청담사상은 공자와 맹자를 논하나, 그 정수(精髓)는 알지 못하고 껍질만 남아 있으며, 그 근본을 알지 못하고 말단(末端)만 말하고 있으며, 육례(六禮)를 배우지 않고, 선왕들의 제도를 살피지 않고, 현재의 급선무를 중시(重視)하지 않고, 오직 공자(孔子)가 말한 일관(一貫)된 도(道)를 추구한답시고, 심성(心性)에 관한 쓸데없는 말만하면서 자신을 수양하여 남을 다스리는 실질적인 학문을 저버린 결과, 신하(臣下)들은 나태(懶怠)에 빠지고 군비(軍備)가 엉망이 되어 주변의 오랑캐들이 쳐들어 와서 중국이 망하고 사직(社稷)이 무너지게 되었다(『일지록』).

그가 생각하기에 리학(理學)의 해로운 영향은 불교나 도교보다 오히려 컸다. 왜냐하면 리학은 고대 유교와 겉으로 같아 보이는 점에서 오히려 쉽게 혹세무민(惑世誣民)할 수 있기 때문이라는 것이다.

2) 반전제(反專制)

후세의 군주(君主)들이 정치를 제대로 시행하지 못하는 까닭은 천하(天下)의 모든 권력을 자신의 손안에 넣고 있기 때문이다. 정치란 모든 사람과 더불어 의지하고 시행할 일이지, 한 사람에 의해 좌우되는 것은 아니다(『일지록』).

전제군주제의 폐단(弊端)은 군주에게 권력이 과다하게 집중되고, 군현 수령(守領)들의 권한을 빼앗고, 각급관리들로 하여금 서로 견제하게 하는데 있다. 지방관리들은 자치권(自治權)이 없어 어떤 업적도 쌓기 어렵다.

반작(班爵)이란 천자와 공후백자남(公侯伯子男)이 한결같다는 뜻으로서 특별히 귀한 존재가 없다는 말이다. 그런 까닭에 천자라는 지위의 의미를 알게 되면 인민 위에서 감히 스스로를 존귀(尊貴)하다고 하지 못할 것이며, 인민들이 밭을 경작함으로서 자신의 녹(祿)을 받는다는 사실을 알게 되면 감히 인민을 착취하지 못할 것이다(상동). 그러나 고염무의 이 주장은 군주와 백성이 평등(平等)하다는 것은 결코 아니다.

3) 봉건제(封建制)

고염무는 군현제(郡縣制)에 내재하는 모순이나 약점을 보완하기 위해 그 외형을 유지하며 새로운 요소를 추가하거나 변경하여야 할 필요를 역설하였다. 이를 그는 '봉건제를 군현제 안에 둔다'고 말했는데 그에 의하면 '봉건제의 폐단(弊端)은 아랫사람이 권력을 독점하는 것이고, 군현제는 윗사람이 권력을 독점하는 것'으로 이들의 조화를 모색한 것이다.

그는 먼저 '오늘 날 왕은 사해지내(四海之內)를 모두 자신의 군현으로 만들고도 부족하여 사람마다 의심하고 규제를 한다. 그리하여 법률 조항과 문서가 나날이 늘어만 간다. 게다가 감사를 두고 그 위에 총독(總督), 순무(巡撫)를 둔다'고 하여 성(省)과 그 예하(隸下)의 업무를 두고 삼중(三重)의 감시체계가 형성되어 있음을 비판하였다.

이러한 체제에서 수령(守領)들은 재량(裁量)을 발휘할 수 없고, 오히려 그들에 영합(迎合)하는 마음이 우선하여, 백성을 위한 정상적인 업무에 절대적인 지장을 준다는 것이 그의 생각이었다.

그가 구상(構想)한 봉건제는 성(省)을 폐지하여 지방 행정의 중심을 현(縣)에 두고, 군현제하에서 인사(人事) 원칙인 관리임명에 있어 연고지(緣故地)를 기피하는 회피제(回避制)를 포기하고 오히려 연고지 중심으로 운영할 뿐 아니라 현령직(縣令職)에 대한 종신(終身), 더 나아가 세습(世習)까지도 허용하는 혈연중심(血緣中心) 사회로의 복귀를 제안했다.

그의 생각에 군현제하의 지방행정 최대의 병폐는 서리(胥吏)들의 농간(弄奸)에 있다고 보았다. 서리는 지방행정의 실무를 맡아 수령을 보필(輔弼)하는 기능을 가졌고 이들은 수령(守領)이 회피제(回避制)에 따라 현지 사정에 어두운 점을 이용하여 사복(私腹)을 채우는데 혈안(血眼)이 된 무리로 이들을 통제하여 폐단을 없애기 위해 그는 현령직(縣領職)의 연고지제(緣故地制)를 주장하였다.

4) 사상의 자유로서의 교화

황종희는 유가(儒家)로서 도가(道家)의 영향을 많이 받은 사람이다. 그는 군주는 통치권을 장악하고 있으면서도 그것을 행사하지 않고 현재(賢才)를 등용하여 이를 행하는 군주를 으뜸으로 쳤고 따라서 그에게 현재(賢才) 즉 관료의 자질은 가장 중요한 관심사이었다.

모든 정치적 책임은 통치자에 귀일(歸一)되는 것으로 이는 곧 정치를 주도하는 학자층에서 배출(排出)된 현재(賢才)의 책임으로 되며 따라서 이들은 정예(精鋭)로서의 강한 에리트 의식 역시 가지고 있어야 한다.

반면에 고염무는 일반 백성이 국운을 좌우하는 가장 중요한 요인(要因)이며, 정치적 성패를 결정하는 것 역시 백성들이 형성하는 풍속(風俗)이라고 하였다. 그는 국운(國運)은 통치자의 덕성에 좌우되는 것이 아니라 백성들의 건전한 풍속을 세우는데 있다고 보았다. 풍속의 문란은 곧 법제의 붕괴를 가져 오게 한다는 점에서 국가의 존망에 직결되며 따라서 그는 '정치(政治)는 곧 백성의 일이다(奇天下之人)'라 하였다.

그는 명교(名敎)를 통하여 인심(人心)을 바르게 하고 풍속(風俗)을 후덕(厚德)하게 해야 한다는 윤리관을 정치의 근간(根幹)으로 생각하였다.

성인(聖人)의 도(道)는 밑에서부터 배워 점점 위의 것을 일깨우는 것이며, 그것의 행위는 효제(孝悌)와 충신(忠信)으로 나타나며, 그것의 기록은 시(詩), 서(書), 예(禮), 주역(周易), 춘추(春秋)에 있으며, 그것의 용(用)은 진퇴(進退), 사수(辭受), 취여(取與)로 나타나며, 그것을 천하에 시행하면 정령(政令), 교화, 형법으로 나타나며, 그것이 말하는 것은 모두 혼란을 바로잡고 안정을 되찾고 풍속을 바로잡아 태평스러운 사회를 만드는 것이다(『與友人論學書』).

고염무는 그가 정치에서 가장 중시한 근본적으로 인심을 바르게 하고 풍속을 후덕하게 정돈(整頓)하는 데는 인륜의 명분을 밝히는 명교(名敎)에 의해 기강(紀綱)을 교화함이 필수불가결하다고 주장하였다. 군신 상하가 자신의 이익만을 생각하며 서로 접촉함으로서 풍속이 그렇게 이루어져 다시 법제를 세우기란 불가능하니 오직 명(名)으로서만이 그것을 가능하게 할 따름이다.

그는 한(漢)나라 사람은 명(名)으로서 정치를 하였던 까닭에 인재가 흥성하였으나 오늘날은 법(法)으로서 정치를 하는 까닭에 인재가 쇠미해졌다(漢人以名爲治 故人材盛, 今人以法爲治 故人材衰)(『일지록』).

그는 법제와 금령(禁令)이 날로 복잡해지고 엄밀해지면 사람들이 마음대로 행동하지 못하게 되며 이러한 상항에서는 사람들이 마음대로 생각하지도 못하게 되므로 인재가 나타나지 않게 되며, 또 이러한 상항에서 어떤 사람과 중요한 일에 대해 이야기하고자 한다면, 그는 손을 흔들면서 거절하고 만다. 호걸들이 마음대로 활동할 수가 없으니 모두 나약(懦弱)한 자가 되고 만다고 하여 사상자유의 필요성을 역설하였다.[26]

또한 고염무는 군주의 독재에는 법치(法治)가 수반된다고 보았다.

그는 법치가 군주 권력 남용에 이용되어 그에게 정당성을 주는 수단으로 전락하는 것을 비판하였고 다른 면에는 당시의 법이 군주 전제와 이익을 위해 제정된 비법(非法)으로 그러한 법에 의한 명목뿐인 법치를 거부한 것이다.

---

26) 이러한 고염무의 자유가 억압 내지 부정되었을 때의 폐해(弊害)는 J. S. 밀의 『자유론』과 특히 토크빌의 사상의 자유에 대한 설명과 내용면에서 상통(相通)한다.

그는 황종희의 말을 보다 자세히 설명하기 위해 국가와 천하를 나누어 생각하였다. 그는 국가는 '한 집안 혹은 한 성(姓)의 왕조(王朝)'를, 그리고 천하는 '만백성의 삶의 터전'을 의미하는 것으로 이 둘을 구분하였다.

그는 성(姓)이나 국호가 바뀌면 국가가 망한 것이고, 천하가 망한다는 것은 인의(仁義)가 사라지고 백성을 도탄(塗炭)에 빠트려 그들로 하여금 서로 해치게 하는 것이다(『일지록』).

고염무는 국가(國家)가 예·의·염·치(禮義廉恥)라는 네 가지 법도(法度)를 발양(發揚)케 함으로서 인심을 바로잡고 풍속을 두텁게 하려는 목표가 이루어진다고 보았다.

예·의는 사람을 다스리는 큰 법도이며 염·치는 사람을 당당하게 행동케 하는 큰 도리(道理)이다. 염(廉)이 없으면 아무것이나 취하고 치(恥)가 없다면 아무 짓이나 하게 된다. 사람이 이렇게 되면 화(禍)를 부르고 혼란을 일으켜 망하게 된다(『일지록』).

혹자는 '그는 비록 군주에 의한 전제(專制)를 반대하였으나 그것은 '천자의 권력은 더욱 존엄하다(天子之權益尊)'는 기본관념의 범위 내에서이었고, 농민의 질고(疾苦)를 동정하면서도 농민봉기를 박해하였다고 평가하지만 그가 원한 것은 안정된 사회였기에 그의 언동(言動)에는 변명의 여지가 있다.

여하튼 그는 도덕 윤리로 사회문제를 해결하려 하였으나 이는 현실과는 부합되지 않는 공상(空想)에 그치고 말았다. 그러나 황종희, 고염무의 제도적 고찰(考察)은 자신들의 왕조(王朝)인 명조(明朝)에 대한 진언(進言)이 아니었다. 따라서 오히려 그들 논리(論理)가 지향(志向)하는 바 목표(目標)는 현실적용의 적합성(適合性)보다는 이상성(理想性)에 가까운 것으로 오히려 순수한 원칙(原則)에 철저할 수 있었다.

고염무에 대한 역사적 평가는 정치사상가로서 보다는 청대(淸代) 주요한 학문의 두 주류중 절서학파의 창시자로서 중요한 역할을 하였다는데 있다.

3. 왕부지(王夫之, 1619-1692)

1) 생애와 사상적 성격[27)]

왕부지의 자는 이농(而農), 호는 강재(薑齋)이며, 호남(湖南) 사람이다. 만년에 형양(衡陽), 석선산(石船山)에 은거했던 까닭에 후세 사람들은 그를 왕선산이라고도 부른다. 그는 관료지주집안 출신으로 정치적으로는 지주계급 내의 혁신파에 속했으므로 왕족과 봉건귀족 계급인 대지주(大地主)의 특권에 반대하였다.

청나라 군사에 저항하여 한때 의병(義兵)을 모집하여 투쟁하였으나 실패 후에 남명(南明) 계왕(桂王)에 몸을 의탁하였고, 후일 석선산에 은거하면서 저술활동을 하였다. 그는 많은 저서를 남겼는데 그 중에서 중요한 것은 『주역외전(周易外傳)』, 『상서인의(尙書引義)』, 『독사서대전설(讀四書大全說)』과 『시광전(詩廣傳)』 등이 있다.

왕부지의 사상은 유심주의(唯心主義), 즉 주관적 관념론(觀念論)에 반대하는 비판정신이 투철한 유물론자(唯物論者)였으며, 회의론자(懷疑論者)였다. 따라서 그는 '육구연의 심학이 나타나자 송(宋)나라가 망했다고 하며(張子定蒙注), 특히 육·왕의 심학을 공격했다.

그는 전반적으로 신유학(新儒學)을 고수하였지만 우주생성론적(宇宙生成論的) 사변(思辨)은 관찰하거나 유용(有用)하게 논의할 수 있는 범위

---

27) 왕부지는 학문의 광범성과 체계의 방대함에 있어 후기 도학의 주장(主將)이라 할 수있는데 전기 도학의 주희와 어깨를 나란히 한다. 왕부지는 옛 시대를 총결했다면 황종희는 새 시대를 선구(先驅)한 것이 각각의 공헌(貢獻)이었다. 왕부지의 철학은 사승(師承)이 없으나 그 견해는 황종희 안원 등과 부합했다. 즉 당시의 리기 문제는 모두 그 한 방향으로 해결되는 추세였다(펑유란, 전게서).
왕부지의 리기에 대한 견해는 주희와 정 반대였다. 한 종류의 당연지도(當然之道)는 반드시 그 종류의 구체적 사물에 깃들어 있고 이를 벗어나서 독립적으로 존재 할 수 없다. 그리고 '형이상'과 '형이하'의 구별은 반드시 '형태(形)'으로부터 개시되므로 만약 형태가 없다면 이 구별도 존재하지 않는다.
그는 천하에는 오직 기(器-구체적 사물)만 있다. 도는 기의 도이나, 기는 도의 기라 말할 수 없다. 활과 화살이 없었을 때는 사도(射道)가 없었고 수레와 말이 없었을 때는 어도(御道)가 없었다.

밖에 있는 것으로서 그의 주요관심사는 아니었다. 그러나 그는 신유학자로서 그 사유(思惟)의 체계는 신유학의 기본개념인 리(理)와 기(氣)를 중심으로 이루어져있다.

평유란은 왕부지의 리(理)는 선험적(先驗的) 이념으로 자연과 인간을 초월적으로 규정하는 우주론·본체론적 개념이지만, 이러한 불변성에 시간성을 내포시키는 역사적 개념이기도 하다라고 하였다.[28] 그의 도기론(道器論)은 기(氣)를 우선으로 하는 리기일원론(理氣一元論)으로 '천하는 오직 기일 뿐이니 도(道)는 기의 도이며, 그러나 기는 도의 기라할 수 없다'고 하여 기(氣) 우선의 유물론의 입장에 서있다.

양명학파와 왕부지는 다 같이 일원론(一元論)을 주장하였으나 그 입장은 정반대였다. 주자의 체계에 따르면 기(器)와 도는 동일한 세계내에 있지 않다. 그러나 양명학의 유심론이나 왕부지의 유물론은 세계(우주)는 하나의 체계로 기가 도를 벗어나 존재하지 않는다.

육구연은 천지만물의 정립(位)과 양육(育)은 중화가 발현한(致中和)(중용)의 결과이니 결코 '태극'을 상정할 것을 요구하지 않는다고 여겼다.

한편 왕부지는 천지만물의 생성은 기(氣)에서 비롯된다. 즉 기의 변화와 운행에 의해 인간과 만물이 생겨난다. 그리고 리(理)는 기에 의존하여 존재하는 것으로 '고립적으로 존재하는 리(理)'는 없다. 즉 만화(萬化)하는 중에 구체적으로 존재하는 실재(實在) 그것이 바로 도(道)이지 그 실재 밖에 따로 하나의 도가 존재하는 것이 아니다. 그는 실례(實例)를 들어 '활과 화살이 없었을 때는 사도(射道)가 없었고, 수레와 말이 없었을 때는 어도(御道)가 없었다'고 하였다.

그의 유물론(唯物論)에 따르면 세상은 불꽃이나 생물같이 끊임없는 변화과정에 있는 것으로, 만물은 '불변하는 정해진 물질적 성질'이 있는 것이 아니라 존속하는 한 끊임없이 변한다. 그러한 사물은 분산되어 태허(太虛) 즉 자연 생성력의 근원으로 돌아갈 뿐, 절대로 소멸하지

28) 평유란이 '시간성을 내포시키는 역사적 개념'이라 했을 때 이는 역사(歷史)라는 구체적 현실에 대한 이념 즉 '기(器)의 도(道)'로서의 성격을 부각시킨 것이다.

않는다. 이와 같은 유물론적 입장에서 그는 중국 역사상 많은 학자들 중에 오직 왕충(王充)[29]만을 흠모하였다.

왕부지의 도기론과 '우주만물은 끊임없이 생성변화 한다'라는 생각은 그의 사상 전체를 관류(貫流)한다. 그는 사물(事物)의 발전이나 변화(變化)의 법칙(法則)인 리(理)는 구체적이고 객관적인 사물 속에 있다고 하였다.

그는 '세(勢)는 사(事)의 말미암은 바이고 사는 세가 이루는 바이니, 사를 떠나서 리가 없고 리를 떠나서 세가 없다'고 하여 리세(理勢)의 합일, 그리고 '필연의 세(勢)에 따르는 것이 리이고 리의 자연이 천(天)이며 리세의 자연은 각기 그 시(時)에 맞을 뿐'이라 하여 리(理)가 시(時)·세(勢)의 변화에 순응해야 한다고 보았다(왕선산 학보).

위에서 말하는 '세(勢)는 현상계의 흐름을, 사(事)는 세의 흐름에 따라 구성된 독립적(獨立的)인 사물, 사건을 의미한다.

이러한 왕부지의 '리가 변화를 수용할 수 있다'는 이념(理念)은 중국 개혁기에 개혁을 시도(試圖)하는 변법(變法)의 정당성과 서구(西歐) 이념(理念)이나 가치체계를 수용할 수 있는 철학적 근거를 제공하였다.

그의 천인합일(天人合一)에 대한 사유(思惟) 역시 유물론적 자연관에 기초한다. 따라서 그는 '하늘과 인간이 품고 있는 것은 하나의 기(氣)일 따름이다라 하고 있다(속사서대전설).

또한 천하의 형세는 일이일합(一離一合), 일치일난(一治一難)하는데 이로부터 천도(天道)를 알 수 있으며 이를 통해 인치(人治)를 알 수 있다. 다시 말해 천도(天道)의 흐름을 알면 인간의 속성을 알게 되며 이것이 치난(治難)의 관건이다(『속통감론』). 이처럼 천도와 인치는 상위(相違)한 것이 아니다.

그의 자연관에 따르면 '인간의 삶은 하늘과 땅 사이에 있으며, 땅에

---

29) 후한의 사상가 자는 중임(仲任). 절강성 출신(30?-100). 유교의 테두리 안에서 다듬어진 한대(漢代)의 사상을 타파하고 언론의 자유를 내세우는 위 진적(魏晋的) 사조를 만들어 낸 사상적 전환기에 있어서 선구자였다. 그는 철저하게 반속(反俗)정신의 소유자로 독창성 넘치는 자유주의 사상가였다. 그러나 관료로서는 매우 불우하였다. 그가 당시의 정치나 학문을 비판한 『논형(論衡)』이 남아있다.

의지하여 형체를 이루고 하늘에 의지하여 본성을 이룬다. 성(性)은 형체에 의지해서 인·의·예·지(仁義禮智)의 모습으로 나타나며, 인간의 도리를 다하면 반드시 볼 수 있다'라 하여 인간의 본성에 대한 긍정적인 자세를 보여주고 있다(『장자정몽주』).

이와 같은 천인합일의 생각은 당연히 천리(天理)와 인욕(人慾)을 성리학에서처럼 길항(拮抗)관계의 대립적인 개념으로 보지 않고 오히려 시(是)가 있음으로 비(非)가 있고 욕망이 있음으로 천리(天理)가 있다고 하였다.

그는 예(禮)가 비록 천리의 절문(節文)을 따른다고 하지만 반드시 (삶의 현실적 표현인) 인욕 속에서 나타난다고 보았는데 이는 도(道)가 기(器)의 도(道)라는 그의 도기이론에 따른 결과이다.

그는 이를 두고 '인욕(人慾)은 각기 얻은 바의 천리(天理)와 완전히 부합된다'고 하기도 하고(『속도거대전』), '식욕 ·성욕과 같은 욕망은 인간 누구나가 공유하는 것이다'라 하였다(『시광전(詩廣傳)』).

이처럼 그는 인간의 욕망이 충분히 만족을 얻어야 비로소 천리에 부합되는 것임으로 인간 각자가 그들의 욕구를 충족시키는 것이 천리이다(『속사서대전』). 더 나아가 그는 인간의 욕망의 합리성과 보편성을 믿었는데 이는 그것이 '바로 올바른 천리의 반영이기 때문이라'는 것이다(상동).

2) 역사관

주희는 삼대(三代) 이전을 천리가 행해지던 시대로 보아 이를 본받을 것을 주장하였다. 그러나 왕부지는 삼대(三代)가 공맹(孔孟)이나 정주(程朱)가 말한 것처럼 이상국가(理想國家)가 아니라 하였다. '국가는 작고 통치자는 많아 포악한 왕이 날뛰었던 당시는 부락민(部落民)을 잡아먹고, 굶주려 수척하고, 누추하고 다 떨어진 옷을 입고 초목의 열매를 따먹는 지금의 사천(四川)지방의 야만족 우두머리와 별로 다르지 않았다(『속통감론』). 그래도 삼대는 복희(伏희)씨 시대에 비해 상대적으로 많은 진보를 한 상태로 복희씨 이전에는 인간이 짐승과 별로 다르지 않았다(『사문록(思問錄)』).

그는 역사는 부단히 진화(進化)하고 발전하며 역사의 추이(推移)에 따라 인간의 문명수준이 더욱 높아진다, 즉 '시간이 지나면 지날수록 문물은 더욱 구비된다'고 보았다(『속통감론』).

따라서 왕부지는 나라를 다스리는 법은 시대에 따라 다르며, 한 시대의 왕조는 그 시대에 맞는 법을 만들어 나라를 다스린다. 고대 사람들의 법을 흠모하여 그것을 현재에 적용시킨다고 하더라도 지금에 맞는 법이 될 수 없다(상동).

이러한 사유의 근원은 역시 만물이 끊임없이 변하며, 도(道)는 기(器) 즉 그 처해있는 현실에 근거하여야 한다는 유물론에 따른 변화론과 도기론인 것이다. 그렇기 때문에 국가는 '계속 새롭게 변하여 시세에 따라야 하고, 시대의 추이(推移)에 따라 일을 처리하고 법을 바꾸어야 한다'고 한다(상동).

왕부지는 황종희 고염무와 함께 명말청초의 삼대 유가(儒家)로 꼽히고 있다. 그러나 황종희나 고염무가 관념론자였는데 반하여 왕부지는 유물론의 입장에서 그의 철학적 사유(思惟)를 풀어나갔는데 이는 그의 과학정신으로 표현되었다.

유물론자인 왕부지의 과학정신은 전통 유가에서 신성시하는 삼대(三代)를 과감히 야만(野蠻)시대로 격하시킬 수 있었다.

3) 유물론적 자연관과 도기론

왕부지는 비록 성리학을 따랐지만 그는 리학(理學)의 중요한 개념들을 분석한 후 유물론적 자연관과 도기(道器)이론을 기초로 유학의 기본적 관점에 대한 근본적 수정(修訂)을 가하였다.

사실 도기론 자체가 이미 사물을 궁구(窮究)함에 있어 선험적 이념의 제약(制約)을 거부하고 사물 자체를 독립적으로 해명하여 원리를 그 안에서 찾아내고자 하는 점에서 이미 경험주의 철학의 과학정신에 입각했음을 보여주는 것이다.

왕부지는 중용(中庸)을 이해함에 있어 주희의 선험론적 인식론에 따른 해석에 반대하였다.

그는 인식(認識)의 주체(主體)인 인간이 자각적(自覺的)으로 자신 내면의 의식(意識)과 외적 대상을 합일시킬 수 있어야 진정한 지식(知識)이 형성된다고 생각하였다. 따라서 주희가 윤리적(倫理的) 규범을 우주법칙의 자발적인 현현(顯現)이라는 데 반대하여 이를 인간의 자각적(自覺的)인 인식(認識)에 의해 정립된 것으로 보았다.

그는 예(禮)에 대하여 인도(人道)는 천도(天道)에 의해 기본적인 방향이 규정되지만, 이후의 발전을 주도해 나가는 것은 인도의 영역이라 하여 인도(人道)의 독자적인 가치를 부각시켰다.

이러한 논리의 분기점(分岐點)은 주희가 '천지산천은 결코 발생과정을 거쳐 이루어 진 것이 아니라(然天地山川實非由累積而後大)'고 처음부터 완전한 존재라 하여 우주의 생성운동을 부정(否定)한 데 있다. 주희에게는 당연히 예(禮) 역시 이미 완전한 것으로 인간은 이를 단순히 발견할 수 있을 뿐이다.

그러나 왕부지는 천(天)을 '운동(運動)'으로 파악하기 때문에 천도로부터는 예(禮)의 가능성만을 받았을 뿐 그 완전한 실체(實體)는 변화·발전하는 인도의 과정에서 이루어진다는 것이다.

인간은 한편으로는 천명(天命)을 이어 받고 다른 한편으로는 만물(萬物)의 정상(情狀)을 살피어 그것을 지켜나가야 하는 임무를 띠고 있다.

'천지가 만물을 생(生)함에 있어 인간을 가장 수령(秀靈)한 것으로 만들었다. 그리하여 천지묘용(天地妙用)을 나타내게 하는 임무를 인간에게 맡긴 것이다. 따라서 인간은 천지의 중심인 것이다. 그러나 도리(道理)의 원천이 천(天)이기 때문에 인간은 항상 천지의 생물지심(生物之心)을 그대로 받아 모든 사물을 처리해야 하는 것이다. … 그의 묘용(妙用)을 인간을 통해 나타내야 하는 까닭은, 천지는 변화 생성하는 자연(自然)일 뿐이기 때문이며 이로써 문화적인 창조는 인간이 주지(主持)토록 한 것이다(『주역외전』).

그는 한 걸음 더 나아가 인간이 천(天)에 대해 독자적인 가치를 확보하지 못하면 천(天)의 종속물이 되어서 천인(天人)은 서로 이루어주는 관계를 갖지 못하게 되어 결과적으로 모두에게 바람직하지 못하다고 하였다.

자연(自然)의 상태에서는 존재하지 않던 것인데도 인간은 존재하도록 만들 수 있으며, 자연의 상태에서는 혼란스러운 것인데도 인간은 다스려지도록 만들 수 있다. 자연에게 전적으로 맡겨두고 아무것도 하지 않는다면 이것은 진정한 인간이라 할 수 없다(『속춘추좌씨전박의』).

그리하여 왕부지는 그의 저서 『예기장구(禮記章句)』 서문에서 '위대하도다, 예(禮)여! 천도(天道)가 간직되는 곳이며 인도(人道)가 드러난 형태이다'라고 하였다.

4) 군현제(郡縣制)

왕부지는 분봉제(分封制)에서 군현제로의 전환은 역사 발전의 필연(必然)으로 보았다.

'군현제(郡縣制)는 진나라가 중국을 통일하기 이전에 이미 존재했고, 진나라가 비록 칠국(七國)을 멸망시켰으나 삼대(三代)에 실시하던 봉건적 잔재(殘在)를 완전히 없앤 것은 아니다. 봉건제가 군현제로 바뀌어 군주(君主)가 백성들의 위에 군림(君臨)하면서 인재(人才)를 등용하고 백성들을 다스리는 기강(紀綱)을 세우니 이로써 천하가 공평해지지 않았는가? … (봉건제의) 세습(世襲)이 없어지고 추천이나 과거(科擧)에 의해 인재를 선발하게 되니 지방관리(地方官吏)들이 제후(諸侯)의 권한을 대신하게 되고, 자(刺), 사(史), 목(牧), 독(督), 사(司), 원백(元伯)의 직위는 비록 큰 덕과 공이 있다하더라도 능력이 없는 자손들을 비호(庇護)할 수 없으니 이는 시대와 형세에 따라 도리(道理)가 달라지기 때문이며, 내 생각에 이것은 천리(天理)가 아닌가 싶다.'(『속통감록』)

분봉제(分封制)에서 제후(諸侯)와 대부(大夫)는 관직(官職)을 세습하며, 사인(士人)과 농민들 역시 세습이었다. 그러나 하늘이 사람을 낳을 때는 어느 누구에게 특정한 재능을 주지 않았다. 그러므로 제후, 대부,

사인들 자손(子孫) 중에 똑똑하지 못한 자들이 있을 수 있으며, 그런 자들이 권력을 세습하여 정치를 담당하게 되면 현인(賢人)들이 영원히 그들의 통치에 굴복만 할 수는 없기에 분봉제를 폐지하는 것은 합리적이다.

명말 청초의 사상가들, 황종희와 고염무 등은 명(明)의 멸망의 원인 중 하나를 과도한 중앙집권제에 있다고 판단하여 봉건제를 부분적으로 군현제 내에서 실시하자고 주장했으나, 왕부지는 한 왕조(王朝)의 이해득실(利害得失)을 넘어서 역사발전의 관점에서 이 문제를 판단하고, 그 합리성과 우월성을 들어 군현제를 주장하였던 것이다.

5) 민본 사상

① 기본 개념

왕부지의 민본사상은 백성이 국가의 기본이라는 관점에서 출발하였다.

'군주가 정치를 함에 있어서는 백성을 그 기반으로 삼아야 한다. … 민(民)의 뜻을 얻지 못하면 군주는 존립할 수 없다.'(『주역외전』) 군주는 마땅히 인의(仁義)를 실천하여야 한다. 이로부터 그 본체(本體)는 위로 천명(天命)이 되고 군사(君師)의 마음을 이룬다. 군주된 자는 인민의 부모된 입장에서처럼 자신의 도리를 다하고, 스승으로서 자신을 절실히 수양하는 것을 제일의 천직으로 여겨야 한다(『독사서대전설』).

왕부지는 백성과 군주 사이를 자식(子息)과 부모, 제자와 스승의 관계처럼 매우 밀접한 것으로 파악하고, 그러한 마음에서 인민의 생활문제 역시 그들의 고통에 초점을 맞추어 구체적이고 사실적으로 설명한다.

'오늘날 농부들은 질척한 땅에서 농사지으며, 옷감 짜는 여인들은 추운 곳에서 길쌈한다. 어부는 심한 파도를 헤쳐 나가고, 사냥꾼은 맹수를 쫓으며, 상인(商人)은 서리를 밟으며 고향을 그리워하고 슬퍼한다. 그들은 금속을 제련(製鍊)하고, 구슬을 줍고, 그물로 물총새를 잡으며, 산호나 상아를 찾으며 생사를 넘나든다.'(『황서(黃書)』)

왕부지는 다스림에 있어서는 백성에게는 관대(寬待)하고 관리(官吏)에게는 엄격하게 대하라고 가르친다.

'관리(官吏)를 다스리는 방법은 엄격해야 하며, 백성을 양육(養育)하는 방법은 관대해야 한다. … 그럼으로 이 두 가지를 잘 병행한다면 통치효과를 얻을 수 있다.'(『독통감론』) 그리고 이에 앞서 '위정자(爲政者)는 청렴(淸廉)으로서 자신을 깨끗이 하고, 자애(慈愛)로서 백성을 사랑하고 자신의 힘을 다해야 한다'고 하여 통치자들의 자정(自淨)을 요구하였다(상동).

그는 명대(明代)의 폭정(暴政)을 보았기에, 그가 제시하는 관대함의 내용은 하나는 '부역(負役)을 경감하여 백성들을 부유(富裕)하게 하는 것이고' 다른 하나는 교화(敎化)를 중시하고 형벌(刑罰)을 가볍게 하는 것이다.

왕부지의 민본사상은 백성들의 지위를 중시하는 것 외에 군주(왕조-王朝)와 백성의 관계를 공(公)과 사(私)라는 시각에서 구별하였다. 즉 '한 성(姓)의 흥망은 사(私)에 관계되는 일이며 백성들의 생사(生死)는 공(公)에 관계되는 일이다'라 하여 맹자(孟子)의 '귀민(貴民)'을 넘어섰다(『독통감론』).

이는 중국정치의 대원칙인 천하위공(天下爲公)이라는 관념의 공(公)의 범주에서 왕가(王家)를 제외시키고 공(公)이 곧 백성임을 밝혀 정치가 지향할 바를 분명히 한 것이다.

그는 '중국은 스스로 쓸 만큼 물자가 풍부하며 스스로 지킬 만큼 병력이 강하며, 또 수많은 지자(知者)가 있음으로 한 사람이 천하를 넘보아서는 안 되며, 한 사람에게 속해서도 안 된다'라 하여 지고무상(至高無上)한 군주가 그의 권력남용만 하지 않는다면 대단히 희망이 있다고 여겼다(『황서』).

② 토지에 대하여

왕부지는 그의 합리적 사유(思惟)에 따라 역대(歷代) 유가(儒家)들이 칭송하는 삼대의 정전제(井田制)의 복구(復舊)에 대하여도 부정적인 입장이었다. 그가 부정적인 결론에 이른 이유는 판단의 기준(基準)을 정전제 자체의 효능에 관계없이 그 시행 가능성에 대한 사실적 여건(與件)에 두었기 때문이다.

그는 삼대 이전에는 토지의 소유권이 확정되어 있지 않았음으로 국가가 백성들을 위해 그 경계를 정해줄 수 있었으나 진·한 이후에는 천하가 하나의 왕에게 통일된 후에 토지가 사유화(私有化)되어 백성들이 스스로 그 경계를 정했음으로 구태여 토지를 나누어 줄 필요가 없어 졌기 때문이다(『독사서대전설』).

농본경제가 절대적인 주축을 이루는 사회에서 토지문제는 정책의 근간(根幹)으로 가장 중요한 문제이었다.

그는 자신의 저서 『독통감론(讀通鑑論)』에서 '왕은 천하 사람을 자신의 신하로 삼을 수 있으나 천하의 토지를 독점할 수는 없다. … 토지는 원래 천지간에 존재하는 것이다. 한 왕조가 망하고 다른 왕조가 흥해도 산천초목은 여전히 그대로이다. … 왕은 토지를 독점해서는 안 되며 하늘도 마찬가지다. 하늘은 쪼갤 수 없으며, 땅은 분할할 수 없다. 왕은 비록 하늘의 아들(天子)이지만 어찌 천지를 자기 것으로 하며, 어찌 감히 원래 존재하던 천지를 나누어 자기의 것으로 삼을 수 있겠는가?'라 하여 토지의 공공성(公共性)을 주장하였다.

그는 당시의 왕족과 세도가의 과다한 토지겸병(兼併)과 그것이 묵과(默過)되는 원인이 왕이 토지를 자신의 사유물(私有物)로 여겨 가까운 사람들에게 나누어 줄 수 있다는 생각에서 비롯되었다 보고 이를 원칙적인 면에서부터 비판한 것이다.

그는 토지는 백성들 생활에 필수적인 것이며, 노동력이 있는 사람이라면 누구나 경작할 수 있게 하여 백성들이 풍족해 지도록 해야 한다. 그러나 현실은 노동하는 자들이 토지겸병에 의해 그 수확물을 다 빼앗기어 가난을 면치 못하고 있다.

이로서 '재물이 많은 자는 풍족(豊足)하며, 풍족(豊足)은 불평등을 나타낸다. 또한 한 사람이 재물을 모으면 다른 사람은 부족하게 되며,

부족(不足) 역시 불평등을 나타낸다. 그러므로 천하가 평등(平等)하다는 것은 재물이 균등하게 분배되는 것을 말한다.'(『시광전』)

이러한 그의 균등(均等)을 지향하는 생각은 민본사상의 기본틀로서 뿐 아니라 사회안정의 요구에도 필수적인 것이다.

공자(孔子)도 이미 말했듯이 모든 사회 불안의 가장 큰 요인은 재물의 부족에 있는 것 보다는 불평등한 소유(所有)에 그 원인이 있고, 따라서 재화의 균등은 사회 안정에 요건인 것이다.

3) 의(義)와 이(利) 그리고 화이(華夷)에 대하여

왕부지는 인의(仁義)와 공리(功利), 어느 한쪽에 치우치는 것에 반대하였다. 그는 '의(義)를 버리고 이(利)를 추구하면 인간으로서 지켜야 할 도리가 서지 않게 되고, 이(利)를 버리고 의(義)를 추구하면 인간생활에 필요한 것을 생산하지 못하게 된다'(『상서인의(尙書引義)』)고 하였으나 그래도 '천하에 공(功)을 세우고 백성들을 이롭게 하는 것은 인자(仁者)가 중시해야 할 일이다'(『주역외전』)라고 하여 유가(儒家) 최고의 덕목인 인(仁)을 공리의 실현에 두었다.

유물론의 입장에 선 왕부지는 그의 화이론(華夷論)에서도 독특한 견해를 밝힌다.

'천하의 큰 나뉨에는 둘이 있으니 이적(夷狄)·화하(華夏)와 군자·소인이다. 본래부터 다름이 있는 것이 아니라 선왕(先王)이 힘써 나눈 것이다. 이적은 화하와 태어난 곳이 다른 땅이고, 땅이 다르니 그 기(氣)가 다르다. 기가 다르니 습(習)이 다르고 아는 바와 행하는 바가 다르지 않음이 없을 것'이라 하였다(『속통감론』).

이는 종래 화이론의 윤리·문화 중심 일변도에서 사회지리적 종족(種族)의 개념을 첨가하는 뜻이 되어 배만론(排滿論)의 의미를 담고 있었다. 이러한 회이론은 변혁기(變革期)의 민족주의 사상에 영향을 주었다.

제 3 절 조선 후기 학문 - 주자 교조주의자들 -

주자학의 한계는 17세기 초엽에 이미 일부 학자들에 의해 주자에 대한 수정·비판이 이루어지면서 들어나기 시작하였다. 주류(主流)를 이루는 주자주의자들에 대한 이들의 차이는 전후 수습과 체제의 재건 방식을 놓고 '국가재조론(國家再造論)'이 제기되면서 부각되었다.

정치사상면에서는 하나는 당시 정치적 상황을 민심을 수습하고 기강을 바로잡아야 하는 전환기라는 인식에서 주자학의 이념에 입각하여 이단(異端)을 물리치고 사상을 통일함으로서 일사불란함으로 국난을 해결하려는 것이었고, 다른 하나는 이미 주자학이 정교(政教)에 있어 사상체계의 중추적 지위를 상실해가고 있다는 판단에서 현실에 적합한 고경(古經)을 중심으로 새로운 사상체계의 수립이 불가피하다는 수정·비판적 입장이다. 전자를 대표하는 학자가 송시열이고 후자를 대표하는 학자는 허목과 윤휴이었다(최영성, 『한국정치사상사』).

그러나 이들 주자비판자들의 현실 상황에 대한 인식(認識)은 비록 부분적 개혁을 지향하였으나 근본에 있어서는 주류들과 크게 다를 바 없었다. 이들에 비해 거의 같은 시기에 율곡의 도기론(道器論)에 따른 현실주의 정신을 계승한 유형원과 이익 등은 경세치용의 입장에서 전면적인 현실개혁을 제안하였다. 그렇다고 하여도 이들의 학문이 성리학으로부터 크게 벗어난 것은 아니었다.

1. 송시열(宋時烈, 尤庵, 1607-1689)

1) 학문의 성격

주자학의 절대화 경향인 교조화(教條化)는 양난으로 야기된 체제의 위기를 사상·이념의 재무장을 통해 극복하려는 목적에서 정계·학계의 주류(主流)에서 기도(企圖)하였으며, 송시열이 그 중심에 있었다. 그는 주자학의 관학적(官學的) 성격을 강화하고, 철저한 사상통일작업에 의하여 내·외부로부터의 위기를 극복하려 했다.

송시열과 그 문하의 학술활동은 주자의 언설(言說)·문자의 고증연구에 기울었고 그것은 주자 교조주의자로서의 학문적 태도이었다. 따라서 그의 유일한 저서는 『주자대전차의(朱子大全箚疑)』 한 권뿐이고 『주자언론동이고(朱子言論同異攷)』는 그가 시작하여 손제자(孫弟子)인 한원진에 의해 완성되었다.

그러나 교조주의는 우암 본인이나 그 문하생들의 학문적 경향에 그치지 않고 다른 학자들의 주장이 주자의 교시에 한 글자 반 구절이라도 어긋나면 이를 용납하지 않았다. 대표적으로 윤휴가 『중용설』을 지어 주자의 『중용집주』를 고쳐 손질하자 우암은 이를 주자에 대한 모욕이라 생각하여 윤휴를 사문난적(斯文亂賊)이라 선언하고, 이단자로 배척하였다. 그리고 이와 같은 행위는 자유롭고 창의적인 사유를 억압함으로써 조선 성리학을 경색시키는 악폐로 작용하였다.

우암의 학문적 특징은 대의(大義)를 단지 관념적인 것에 머물러 두지 않고, 자신이 지향한 삶에 지표로서 그 실천에 수반되는 '의지적 행위'에 무게를 실었다는데 있다. 사실 그는 선덕(善德)이란 인간의 선천적인 선한 본성에 연유하는 것이지만, 결국 그 성취는 자신의 선의지(善意志)에 의한 것임을 강조하였다.

우암은 학문 공부에서는 퇴계의 '거경궁리'를 따르고, 실천에 옮기는 데는 율곡의 리기지묘(理氣之妙) 즉 리기불상리(不相離)한 경계에서의 체험과 실천을 중시하였다. 그러나 그 실천의 내용에 있어서는 주자주의·도덕주의로 일관하여 율곡의 현실주의와는 전혀 다른, 오히려 퇴계정신의 실현에 가까웠다.

① 리기·심성론

우암의 저술은 대부분 시사(時事)에 관한 것으로 리기론(理氣論)이나 심성론 등에 관한 자신의 체계적 논술은 거의 없고 또한 그것은 주자 절대주의자인 그로서는 당연한 결과이기도 하였다. 그러나 그는 주자 학설의 일언일구를 그대로 완벽하게 학습함으로 나름대로 상당한 학문 수준에 이르렀다.

우암은 율곡학파에 속하지만 이 시기에 이르면 영남사인(嶺南士人)인 위사(韋士) 이근수(李根洙)가 희언(戱言)하기를 '주자란 본래 남인의 주자였는데, 후세에 이르러 노론이 빼앗은 지가 오래이다. 드디어 주자는 영영 노론의 주자가 되고 말았다'고 하였듯이 그에게서는 이미 율곡의 개방적이고 현실주의적인 학문의 경향은 상실되었고 퇴계의 주자주의에 몰입하였다.

그가 비록 기발리승(氣發理乘)의 근거를 주자의 『중용장구』에서 찾아 퇴계의 리발(理發)을 비판하여 율곡의 리기설을 옹호하였으나, '이황은 아동(我東)의 순유(純儒)이다. 그의 학문은 비교할 자가 없으니 비록 일설(一說)의 틀림이 어찌 성덕(盛德)의 누(累)가 되겠는가'라 칭송하였다.

i) 삼건물사설(三件物事說)

그러나 한편으로는 율곡의 리기 일원론·도기론의 관점을 반영한 '삼건물사설'을 세웠고, 이는 실학자인 성호 이익의 리기론에 영향을 주었다.

우암은 퇴계와 사계(沙溪)의 리기설을 비판하며, 현상을 리·기·형(形) 삼자로 분별하여 보는 삼건물사설(三件物事說)의 이론을 체계적으로 검토하였다. 그는 이들이 '형과 도는 둘로 보면서 형과 기는 하나로 보는 것은 공자의 본뜻과 다르다(二先生 則以形與道爲二 而以形與器一 似與孔子本旨不合矣)'고 하였다.

따라서 그는 형(形)을 실재적 관념으로 이해하여 기와 분리하고, 오히려 형을 주로 삼아 도와 기를 형(形)의 상하에 두는 삼건물사설[30] 세웠다. 이때 도와 기(道器) 즉 리와 기의 관계에 대해 리는 스스로 리이고 기는 스스로 기이며 상천하지(上天下地)의 상하관계가 아니라는 것이다. 이는 퇴계의 초월적 리에 대한 거부이다.

삼건물사설은 현상을 리기 둘로 나누어 보는 리기설에 대한 심각한 훼손일 수 있는 이론으로서 현상을 셋으로 나눈다는 것은 다분화(多分化)가 아니라 오히려 일원론으로의 복귀에 다름 아니다. 그는 형을 리기가 결합된 형체로 보아 형체의 소이연은 리이고 물질은 기라고 하였는데 이는 결국 리기를 형에 대한 속성(屬性)으로 이해하여 형에 통합시키는 것으로 이는 선진유학의 일원론으로의 회귀(回歸)이다.

사실 그의 철학 중심에 있는 '직'사상 역시 『논어』의 인지생야직(人之生也直)과 맹자의 호연지기를 근거로 한 일원론적 사고(思考)이다.

ii) 심성론

우암의 심성론은 심·성·정을 총괄하여 일체적인 것으로 하는 심통성정론을 따랐고 대체로 율곡과 별 차이가 없다. 그에 의하면 심의 미발은 성(性)이고 기발은 정(情)이며, 심이 발한 다음에 그에 관해 경영하고 상량하는 것은 의(意)이다. 이때 심은 성과 정을 통합하는 존재로서 허령불매(虛靈不昧)하고 중리(衆理)를 갖추어 만사에 대응하는 지각능력(知覺能力)이 있고, 여기서 허령은 심의 체이고 지각은 그 용의 관계에 있다. 그리고 이러한 심은 기의 정수(精髓)로 이루어져 있다.

또한 인심·도심에 대해서도 이는 두 마음이 아니라 하나의 심일 뿐이며, 식색(食色)을 발한 마음인 인심을 도리(道理)에 합당하게 하는 도심이 헤아려(商量), 심이 중절되어 바름을 얻도록 하는 행위와 그 결과

30) 우암에게 이러한 일면이 있었다는 것은 그에 대한 평가를 재고해야 할 정도로 이 이론은 탈(脫)주자·탈리기이원론의 특성을 보이고 있다. 그리고 성호가 이를 받아들여 자신의 리기론에 전용(轉用)한 사실 역시 주목할 만하다. 여하튼 이 논리는 아마도 그가 주자 교조주의자로 처신한 것이 다만 주자의 권위를 정치적으로 이용한 것이 아닌가 하는 의구심을 갖게 하는 대목이다. 그가 퇴계를 따른 것은 '강직한 도덕성'을 추구했기 때문이다.

를 중시하였다(김문준, 『우암 송시열의 철학사상에 대한 연구』). 그러나 이러한 우암의 인심도심에 대한 이해는 윤휴와 같았다. 사실 이 둘의 반목은 예송 이후의 일이었다.

윤휴는 심 가운데 인의예지의 성은 천으로부터 나온 것으로 도심이며, 성색취미(聲色臭味)의 정은 사람에게 연계된 것으로 인심으로서, 외부의 사물에 대응하여 발한 심의 인식작용(성색취미)이 인의예지의 바름에 합치된 상태는 도심이 그렇게 하는 것이고, 인심이 그 바름을 얻은 것이라고 보았다(『백호전서(白湖全書)』). 즉 그 역시 인심이 발한 후 도심에 의해 중절되는 결과를 중시하였다.

결국 우암이나 윤휴는 율곡학파로서 그의 논지(論旨)를 따른 것이다.

② 춘추 정신

송시열에 이르러 조선조의 도학은 춘추학적 가치론의 형태로 확립되었다.

유학에서는 공자의 저서인 『춘추』를 '위로는 삼왕의 도를 밝히고 아래로는 인사의 벼리(紀綱·人倫)를 변별(辨別)(夫春秋上明三王之道 下辨人事之紀)한 예의(禮義)의 대종(大宗)'이라 하였다(『춘추』 左傳). 이 『춘추』의 존주(尊周)·대일통(大一統)이 갖는 근본사상은 도덕정치와 예의 질서로 유지되는 왕도를 추구하는 것이다.

춘추 공양학의 대가인 동중서는 종법적인 가족과 국가조직에 필요한 윤리규범에 천명(天命)이라는 이념을 부여하여, 군신, 부자, 부부의 마땅한 관계는 모두 음양의 도(道)에서 유래되고, 왕도의 삼강(三綱)[31)]

---

31) 정치사회에 있어 윤리사상의 근간인 삼강은 원래 한 대 동중서부터 이름은 있었으나 내용이 명문화되어 오지 않았다. 반면 오륜은 일찍이 맹자가 내용을 말하였으나 이름이 없었다. 그리고 송대 성리학자들에 의해 삼강은 그 내용을, 그리고 오륜이라는 이름을 명시하였다.
동중서는 오륜 중에서 세 가지를 뽑아 삼강이라 하였는데 강(綱)이란 고기 잡는 그물의 벼리로서 거기에 모든 그물코가 엮어져 있듯이 군주와 신하, 아버지와 아들, 부부의 관계를, 만물은 반드시 짝이 있어 위가 있으면 아래가 있다.
유가에서는 삼강 이외에 오상(五常, 즉 인의예지신)의 다섯 가지 변함없는 덕성을 오륜으로 규범화하였다. 오상은 음양오행을 본 딴 개념으로 개인 덕목들이지만 삼강은 정치사회윤리이다.

은 하늘에서 구할 수 있는 것이라고 이해하였다.

그는 삼강의 윤리규범인 자(子)의 효(孝), 부(婦)의 종(從), 부(父)의 자(慈)는, 바로 민(民)의 순(順), 신(臣)의 충(忠), 군(君)의 인(仁)이라는 국가사회 관계의 원형이며 축소판으로, 가족은 국가조직의 기본단위이면서 그 윤리규범에 있어서는 국가조직과는 동형구조였다. 따라서 국가에 대한 불충은 불효와 마찬가지로 가장 악덕한 것이다.

『춘추』에서 목표로 하는 대일통을 달성·유지하는 방법은 대의명분(大義名分)이고 이는 예치 정신으로 이어진다. 바꾸어 말하면 예를 통해 명분적 대일통 질서를 확립함으로서 인도적 인륜질서를 구현한다는 것이다(김문준, 전게서).

그러나 대일통 질서가 이루어졌다 해도 그것이 궁극적으로 개인과 국가의 생존과 자주성을 보장하지 못한다면 그것은 정의로운 질서라 할 수는 없다. 따라서 『춘추』는 주왕에 대한 맹목적 추종이나 이적(夷狄)에 대한 무분별한 부정(否定)이 아니라 각 집단의 주권을 인정하고 공도(公道)의 입장에서 대일통의 평화로운 문명세계를 이루고자 하는 것이다.

다시 말해 『춘추』의 대일통 사상은 선진유학의 자유로운 정신이 전제된 것으로, 맹목적이고 복종적인 종국. 제후국간의 관계를 요구하는 것은 아니었다.

이러한 『춘추』 존주·대일통은 중국의 자국내 정치제도로서는 이미 사라진지 2천년이 훨씬 넘었고, 다만 주변의 약소국과의 대외관계에서 명분이 되어 사대(事大)라는 외교형식으로 남아 있었을 뿐이었다. 그러나 우암은 이를 현실 정치제도로서 받아들여 명을 종주국, 조선을 번국(蕃國)으로 하는 한 나라 안에서의 관계로, 그것도 일개 동이(東夷)에서 중화의 일원으로의 승격이라는 자부심을 가지고, 적극적으로 주장하였다. 이렇게 하여 단순한 외교관계를 실제적 종속이라는 현실적 관계로 왜곡(歪曲)시켰다.

③ 직(直) 사상

– 천지의 만물을 생한 까닭과 성인의 만사에 응하는 소이는 오직 이 직(直)뿐이니 이것은 공맹 이래로 상전하여 온 것이다(우암이 죽음에 임하여 남긴 유계(遺戒)). –

우암의 '직(直)'은 그가 대의(大義)를 단지 관념에 그치지 않고, 의리를 능동적으로 행하려는 자신의 실천의지와 강직한 기상(氣象)에 근거한 철학적 개념이다.

그는 명분을 내세우는 단순한 도덕주의자가 아니라 실천을 중시하였고 따라서 인의(仁義) 즉 리가 관념적 상태로, 단순히 이해되는 수준이 아니라, 실제로 들어나 사회를 정화(淨化)시키도록 해야 한다는 소명감을 가지고 있었다. 따라서 리를 실현시키는데 요구되는 동력(動力)에 대한 논리가 필요하였다.

그러나 우암은 율곡의 리기론을 충실히 계승하여 '리의 능동적 발동을 부정하고 퇴계의 리발기수설(理發氣隨說)은 크게 잘못되었다'고 비판한 상태였고, 따라서 리를 실천할 동력(動力)의 새로운 철학적 근거로서 직(直)을 제시하였다.

우암은 그의 스승인 사계(沙溪)로부터 배운바 있는 직사상을 보완하여 자신의 철학의 주요 기축(基軸)으로 삼았다. 우암의 직은 선진유학에서의 성(誠), 맹자의 호연지기를 존재론적 측면이 아닌 작용·실천의 관점에서 접근한 독특한 개념으로, 리인 인의예지를 실천할 추진력(推進力)의 근거로 삼았다.

맹자는 호연지기에 대해 '그 기(氣)됨이 지극히 크고 지극히 강(剛)하니 직으로써 길러 해치는 것이 없으며 하늘과 땅 사이에 그득하다(其爲氣也 至大至剛 以直養氣而無害 則塞于天地之間)'고 하였고, 우암은 이중 이직양기(以直養氣)에 초점을 맞추어 그의 직사상을 구성하였다.

그는 '직'을 도의(道義)로 해석하여 이직양(以直養)은 '도의로서 기를 기른다(以道養)'로, 그리고 율곡의 '심즉기'의 관점에 따라 '심과 기는 도의로서 함양해야 한다'는데 이르렀고, 이 직사상을 수기와 행도(行道)의 근본으로 삼았다.

호연지기나 성(誠)은 일원론적 관념으로, 우암이 이를 수용할 수 있었던 것은 그가 리기일원론자인 율곡의 학통을 이었고, 그의 삼건물사설을 근거로 한 것이다. 다시 말하지만 그는 학문 공부에서는 퇴계의 '거경궁리'를 따르고, 실천에 옮기는 데는 율곡의 리기지묘(理氣之妙) 즉 리기불상리(不相離)한 경계에서의 체험과 실천을 중시하였다.

우암은 우주자연의 생성변화 과정인 일음일양(一陰一陽)하는 도, 즉 천도의 속성을 직(直)이라고 생각하였고, 이 직은 인간에게는 마음에서 사욕(私慾)이 깨끗이 없어져 내외, 상하, 원근, 변제(邊際-끝이 되는 곳, 斷崖)의 간격이 없어진 통연히 통달한 (마음의) 상태로 보았다(『송자대전』). '직'은 사사로운 뜻이 없는 솔직한 마음이며 이는 가슴을 탁트이게 하여 세상의 모든 이치가 함께 밝아져 맹자의 호연지기의 경지에 이르는 것이다.

이러한 직은 도의(道義)의 의미로서 개인적 심성의 수양에만 그치지 않고, 정치를 포함한 일체의 실천행위에 있어 '사의(私意)를 없애고 공도(公道)를 넓히는 일'을 본분으로 한다.

19세기 말 위정척사론(衛正斥邪論)의 기수인 화서(華西) 이항로(李恒老, 1819-1891)는 '우암이 직으로서 기를 길러 천지에 가득 채웠기 때문에 천하의 지대한 일을 담당하였으되 동요하지 않고 천하의 지난한 지경에 처하였으나 좌절하지 않았다'고 하였다(『화서집(華西集)』).

우암 철학의 리기론에서 현실세계를 분석할 때 리는 기와 대위관계에 있는 이원론의 한 축이 된다. 특히 그는 대의명분의 실천이라는 입장에서 양단을 명백하게 가르는 데에 엄격하였다. 그는 도덕적으로는 천리와 인욕, 정과 사(邪), 시와 비 등 이분법적(Dichotomy) 가치대립을 설정하였고, 사회적으로는 군자와 소인, 중화와 이적, 정학(正學)과 이단(異端)을 이원론의 관점에서 결단(決斷)하였다.

그리고 그 실천·행동에서는 경으로서 내심을 곧게 하고(敬以直內)하고 직으로서 기를 함양(以直養氣)함으로서 심직(心直), 신직(身直), 솔직(率直)하는 경지를 지향하였다.

그러나 우암의 도의(道義)에 치중한 직(直)은 공자의 뜻에서는 벗어난 것이다.

공자는 직에 대해 '그 아비가 남의 양을 훔친 것을 그 자식이 가서 증언하는 것'이 아니라 '아비는 자식을 위하여 숨기고, 자식은 아비를 위해 숨기니, 곧음(直)이 그 가운데 있다(父爲子隱 子爲父隱 直在其中矣)'고 하여 우암의 직과는 전혀 다른, 훨씬 자유롭고 광대한 세계를 인간에 제시하고 있다.

이 두 '직'은 비단 우암뿐 아니라 주자학 일반과 선진유학의 인간의 올바른 삶에 대한 근본적 시각의 차이를 상징적으로 들어낸 것이다.

2. 정치현실과 우암

17세기 중엽 이후 조선 후기 역사에서 『조선왕조실록(朝鮮王朝實錄)』에 그 이름이 가장 많이 등장하는 이는 우암이다. 그런 만큼 그의 교조주의는 조선 후기 정치 역사를 결정짓는 영향력을 가졌었다.

그가 좌충우돌하며 정계를 뒤흔들던 시기의 대표적 정치 이슈(issue)는 숭명반청에 따른 소중화 사상과 북벌론이었고, 사회적 사건들은 예송(禮訟), 환국(換局), 그리고 회니시비(懷尼是非)가 있었다. 그리고 우암의 생애는 바로 이 시기에 주역으로 그 중심에 있었다.

우암의 학문은 한 마디로 '주자절대주의(朱子絕對主義)'였다. 퇴계의 주자에 대한 경도(傾倒)는 학풍(學風)으로 끝났으나, 우암의 학문적 경향은 자신의 문하 뿐 아니라 학계 더 나아가 정계 전반을 경색(梗塞)시켰고, 시비변별이나 정통성 경쟁이 지나쳐 사회적 호혜관계나 가치의 다양성을 위축시켰다.

1) 소중화와 북벌론

병자호란 이후 혼란스러운 정치상황 속에서 우암은 춘추시대의 '존주(尊周)의 대의(大義)'를 강변(强辯)하며, 문화적으로는 '소중화(小中華)', 그리고 정치적으로는 제후국으로서 종국(宗國) 명(明)에 대한 충성하는 마음에서 '북벌론(北伐論)'을 주장하였다.

이때 소중화와 북벌론의 관계는 소중화 사상을 근거로 그 실천 행위로서 북벌론을 주장하게 되었다고 보아야 할 것이다.

이 소중화와 북벌론은 주자와 깊은 관계성을 갖는다. 주자가 살던 시대의 송은 이적(夷狄)인 금(金)에 대해 '군신의 예'라는 굴욕적 관계로 화의(和議)를 맺었고, 조선은 청과 이와 똑같은 조건으로 항복할 수밖에 없었다는 점에서 송시열의 주자에 대한 연모(戀慕)는 단순한 학문상의 흠모를 넘어 선 것이었다.

주자는 여진족인 금(金)나라에 의해서 비참하게 유린되고 칭신(稱臣)·속국(屬國)을 서약해야만 했던 남송(南宋)에서 북벌대의를 주장하였고 송시열은 자신을 '후주자(後朱子)'로 자임하는 입장에서 주자의 정신을 계승하여 같은 상황에 처한 조선에서 북벌론을 펼쳤다.

금과 청에 의한 침략은 문화적으로는 중화주의에 대한 위협이었고, 따라서 우암은 북벌의 제일의(第一義)를 감정적인 복수심이나 '재조지은'에 대한 보은의 차원을 넘어, 야만으로부터 인의(仁義)의 문화 즉 중화주의를 수호한다는 입장에서 '소중화'를 내세웠다. 그러나 다른 한편 개인적으로는 우암의 '소중화' 사상은 '후주자(後朱子)'로서의 자기 확인·강조로부터 전개되었다.

① 소중화 사상

우암은 '소중화'사상을 펼치면서 중화문명의 담지자로서의 조선의 위치와 역할에 대해 당시 중국에서는 정통 왕조인 명이 멸망하였고 사회적으로는 양명학이 일세를 풍미하고 있음에 비해 조선은 주자학만을 받들고 있으니 이는 '마치 주례(周禮)가 노(魯)나라에 있는 것과 같다'고 하였다.

그는 또한 '후주라'를 자임하는 논리적 전제로 '중화문명은 한족(漢族) 전유가 아니며 화이의 구별은 작흥(作興-정신이나 기운을 일으킴) 여하에 달려 있는 것'이라 하여 '소중화'의 정당성을 설파하였다.

그가 이처럼 조선을 중화문명의 계승주체로 파악하고, 중화문명을 한족(漢族) 전유가 아니라고 주장하는 배후에는, 유가의 전통이 주자·율곡을 거쳐 자신에게 전수된 것으로 만들려는 의도가 있었다. 같은 맥락에서 그는 기자묘(箕子廟)를 공자의 묘와 같은 지위로 끌어 올릴 것을 제안했으나 이는 자신이 이어받았다고 생각하는 도통(道統)의 지위를 확고히 하려는 의도였을 뿐 율곡이 지향한 조선의 자주성과는 무관한 것이었다.

그러나 한편으로 중화문화의 담지자라는 소중화(小中華)의 주장은 정복왕조인 청에 대한 정신적 우월감을 근거로 하여 반청의 정당성을 뒷받침, 그 저항의지를 고취하려는 의도가 있었다고 하겠다.

② 북벌론

주자는 당시 송의 정치인들에 의해 주장되고 있던 금나라와의 강화설(講和說)이 국가회복의 대계(大計)를 저해한다는 생각에서 이에 반대하였다. 그는 강화설이 변경을 방비하는 상규(常規)를 파괴하며, 안으로는 백성들의 충의심(忠義心)을 어그러뜨리고 밖으로는 국가가 회생할 희망을 끊어 놓는 것이며, 구차(苟且)하게 목전의 다급한 근심을 물려서 다른 날의 안일을 양성하는 것으로 결국은 국가에 유익하지 못할 것이다(주자백선)라 하였다.

그러나 현실에서는 오직 '아픔을 참으며 원통함을 머금고 어떻게 할 수 없는(忍痛含寃 迫不得已) 마음을 깊이 간직하되 안일의 유혹에 빠지지 말고'라 하여 신중론을 폈다.

이에 비해 우암은 북벌론을 주장하는 이유를 '소로써 대를 섬김은 천리이나 수치를 참고 원수를 섬김은 인욕이다'라 하여, 화이를 엄격하게 변별하는 질서관을 당위로서 유지시키려 하였던 것이다(『송자대전』). 또한 그 근저에는 국가의 존망은 일시적이요, 의리는 영원불변하다는 성리학적 신념이 자리하고 있었다.

주자가 금과의 강화를 반대하는 입장에는 현실 정치사회의 상황판단이 있었으나 우암에게는 오직 숭명과 화이론이라는 극히 관념적인 근거에서 북벌론을 주장하고 있었다. 그는 우리들이 다투는 것은 오직 대의(大義)일 뿐, 승패존망 따위는 논할 바가 아니다(我等所爭者 惟大義而已 勝敗存亡不須論也)라 하여 허망한 명분론으로 일관하였다(『송자대전』).

사실 이들은 조선이라는 국가의 존립보다도 명에 대한 의리를 우위에 두었고, 그가 말하는 복수설치(復讐雪恥) 역시 먼저 명을 위한 것이며, 조선 스스로 행하는 복수설치는 부차(副次)의 것으로 아들이 아비에 복종하듯 조선은 명조에 종속됨과 동시에 그 후계자가 되어야 한다는 것이었다(김준석, 『한국 중세유교정치사상사론 1』).

이우성 교수는 이 시기의 북벌론에 대해 '당시 사회구조의 모순에서 일어나는 내부문제를 외부조건에 전가 또는 엄폐시킴으로서 자기기만에 가까운, 체제유지에 기여하는 이념으로 기능한 면을 부정하기는 어렵다'고 보았다.

사실 우암의 현실 정치에서의 북벌방안 역시 '소극적 태세로 일관하는 체념론(諦念論), 또는 은인자중하는 점진론 수준에 머물렀다. 그 역시 그 실행정신은 『논어』의 '덕은 덕으로 갚고 원(怨)은 직(直)으로 갚는다' 즉 원을 갚기 위해서는 공평하여 사심(私心)이 없는(直)으로 상대를 대하는데 있다고 하였다.

결국 우암은 자신과 그 일파의 정치적 입지를 견고히 하려는 의도에서 당시의 국제정치 상황에 대처함에 있어 강경론을 펼쳤다고 볼 수 있다.

그러나 이로 인해 조선은 소중화라는 교만심에 사로잡혀 문명은 날로 고루해지고 민생의 파탄은 갈수록 심해졌다. 북벌론(北伐論)은 현실에 대한 통찰력의 결핍뿐 아니라 정치가로서의 민생에 대한 책임의식 역시 실종된 일종의 자기 기만적 행위였다.

2) 예송(禮訟)

명분론을 앞세워 광해군을 축출한 서인들은 병자호란을 겪으며 자신들을 지탱하고 있는 명분의 실현가능성이 극도로 제한된 현실적 상황에 처하게 되었다. 이러한 현실조건에서 그들은 더욱 사변화되어 인물동이론 같은 심성론에 빠지거나 예학에 몰두하였다.

조선의 성리학은 예론(禮論)의 탐구와 그 실현을 위하여 발전되어 온 과정으로 이해될 만큼 예에 몰두하였다. 이는 정몽주의 『주자가례(朱子家禮)』의 실천 및 권근의 『예기천견록(禮記淺見錄)』의 저술로부터 시작하여 정구, 김장생, 박세채 등의 예학에서 그 연구의 절정을 이루었다.

『예기(禮記)』에 따르면 예(禮)는 인간의 행위상의 지표(指標)로서 의(義)를 객관화한 것이다. 이때 의는 일을 결단하고 마름질하는 도리로서 그것은 마치 날카로운 칼로 물건을 마름질하여 그것의 대소와 장단에 각기의 알맞음을 얻어내는 장인의 정신과도 같으며, 어떤 사물 또는 사태의 시비곡절을 엄밀하고 정확하게 판단하는 내재적 도덕율(道德律)이다.

따라서 예를 행하는데 의에 근본을 두지 않으면, 이는 마치 밭을 갈기는 했지만 씨를 뿌리지 않은 것이나 마찬가지이다. 이러한 예와 의(義)의 밀접한 상관관계에서 조선 초기 절의파 유학자들의 예학에 대한 관심은 높을 수밖에 없었다.

예(禮)가 본래 또 원리로서 가지는 의미는 인간이 자신들의 행위를 통해 우주자연과 소통, 합일하는데 요구되는 규범행위이다. 인문세계에서 예는 '천리(天理)의 절문(節文)이며 인사(人事)의 의칙(儀則)'으로서 사회의 객관적 규범으로 기능한다. 그리고 이를 지키기 위해 인륜의 원리를 철학적으로 구명하는 것이 성리학으로, 천리는 예의 실천을 통하여 구현된다고 믿는다. 결국 성리학의 형식주의에 따른 개관화가 곧 예학이라 할 수 있다.

그러나 주자교조주의자들은 『주자가례』에 집착함으로서 자신들의 사회인식의 협소성을 초래하였다. 사실 주자의 예 인식은 선진유학에서의 예악 본래의 천하, 국가적 차원으로부터 멀어지며, 관혼상제(冠婚喪祭)라는 사가례(私家禮)에 천착하였는데 이는 수기를 치인에 앞세운 결과로 볼 수 있다.

조선의 예학은 16세기 이전만 하더라도 예는 주로 법제와 가례·향약의 보급 등 교화적 시책에 중점을 두었다. 그러나 17세기는 예에 의지하지 않으면 아무리 사소한 행위라도 하지 못했을 것 같은, 예가 신앙으로 종교화된 한 시대였다. 그리고 '신앙은 타협의 대상이 아니다'라는 말 그대로 극단적인 대립현상이 계속되었다.

조선조 예의 종교화는 그 근원에는 조선조 초기 유학의 절의(節義)정신에 뿌리 하였고, 이를 배경으로 퇴계의 리의 초월성 내지 신성화 경향, 그리고 후기 주자학의 교조화의 절대적 영향으로 그 토대가 구축되었다. 퇴계가 사단을 리발이라 했을 때 이미 종교화에로의 경향은 들어 났다고 볼 수 있다.

'종교화 된 예'의 교리는 인의예지신 오상을 근원으로 하는 도덕률 즉 삼강오륜의 실천을 그 근본내용으로 하고, 이때 '예의 절차'는 종교에서의 예배의식(禮拜儀式)에 비견되는 행위이다. 복상(服喪)문제가 정치적 쟁점이 되는 이유 역시 기독교에서의 예배의식을 위요한 극단적 갈등과 같은 맥락에서 볼 수 있다.

그러나 조선 후기 예송은 예(禮)를 빌미로 한 정치권력 투쟁으로서의 성격이 강하였다

당시의 예(禮)는 형식주의화 되면서 근본정신의 실천 보다는 정권의 정통성을 확보·유지하는데 필요한 의례(儀禮)가 되었고, 따라서 이때 당쟁은 종통(宗統)의식 위에서 복상문제를 위요한 예송(禮訟)의 형태로 나타났다. 그 열의의 극치는 윤휴(尹鑴)와 송시열 간의 예송(禮訟)이라는 당쟁에서 표출되었다. 사실 송시열이 윤휴를 사문난적으로 배척하기에 이른 것은 이 기해예송 이후의 일이다(금장태, 『다산의 연구』).

17세기 후반에 일어난 당쟁은 예송과 환국의 형태로 진행되었다. 조선조(朝鮮朝) 후기에 들면서 1659년(현종 1년)부터 1694년(숙종 20년) 갑술환국(甲戌換局)까지 불과 40년 사이에 두 번의 예송과 세 번의 환국(換局)으로 당쟁은 극에 달하고 정국(政局)은 요동치며 국가운영 논리가 개인 윤리의 차원으로 격하되었다.

두 차례의 예송(禮訟)은 예론이 정치문제화 된 사건으로 당쟁의 극성기의 폐단을 보여준다. 현종 때 인조의 계비(繼妃)인 조대비(趙大妃)의 복상(服喪)문제를 둘러싸고 남인과 서인이 1659년과 74년 두 차례 대립하여, 1차 때는 남인의 윤선도, 2차 때는 서인의 송시열이 유배되며 당연히 정권도 그에 따라 바뀌었다.

이러한 예송의 정치적 배경은 왕권의 위상(位相)에 관한 것으로 왕가례(王家禮)와 사대부례(士大夫禮)의 선택·적용이 문제였다.

1차 예송에서 서인의 견해 즉 송시열의 기년설(朞年說-기년은 한해 돌)은 효종이 둘째 아들이라서 장자(長子)의 예(禮)를 따라 삼년상을 치룰 수 없다는 주장이다. 이는 왕권도 장·차자를 구별하는 주자가례(朱子家禮)를 적용하여 일반 사대부와 동등하게 취급함으로써 군주의 절대적 존엄성, 효종의 대통계승의 의의를 무시한 논리로, 이는 신권(臣權)의 강화를 꾀하려는 주장이었다.

반면 남인의 입장은 비록 둘째 아들이라도 군왕이므로 장자의 예가 역시 가하다는 주장으로 이는 강한 왕권을 지지함으로서 상대적 우위에 있는 서인을 견제하려는 배경에서 나온 논리였다.

그리고 숙종 때는 몇 차례 정권을 위요한 정치적 국면의 전환(轉換) 즉 환국(換局)－경신환국(1680년), 기사환국(1689년) 그리고 갑술환국(1694년)－으로 정권이 서인(西人)에서 남인(南人)으로 그리고 다시 서인으로 표류(漂流)하며 많은 희생자를 내었다. 이 중 기사환국은 장희빈과 송시열의 대립으로 이 사건으로 우암 역시 죽음을 맞이하였다.

환국이라는 정치적 결정은 외형적으로는 군주의 절대권 행사로 보이지만 그 실상에 있어서는 왕은 대립하고 있는 두 당파 중 하나를 선택하여 그 세력의 지지를 전제로 시행되었다.

3) 회니시비(懷尼是非)

회니시비[32]는 우암의 강력한 영향력과 그에 반발하는 사대부들이 빚어낸 사건으로 이는 노, 소가 갈라지는 계기가 되었다.

조선 주자학계에서의 끊임없이 이어진 당쟁의 원인 중의 하나는 항상 유동적인 현실에서, 한 상황에 대한 이해(理解)가 갈릴 적마다 시비(是非)를 가려 군·소(君·小)로 구별하고, 상대를 소인배로 폄하, 이것이 곧 적대, 분파로 이어졌기 때문이었다.

사실 주자학의 격물치지는 직관이나 융해, 종합적인 인식을 거부하고 분석을 거듭함으로서 객관 사물을 차별과 분등(分等)의 관계로 규정하는 데 특징이 있다.

다시 말해 주자학에서의 '올바름'이란 선진유학에서의 중화(中和)·중용에 근거한 조화(調和)가 아니라, 이성에 의한 엄격한 시비변별을 요체로 하는 이분법적 사유에 따른 흑백논리의 결과물이다.[33] 그러나 인간의 이성(理性)의 작용에는 객관적 시비판단에 자신들 이해(利害)가 개입되기 쉽고 더구나 집단의사란 결코 순수할 수 없다. 그리고 회니시비는 그 대표적 예(例)의 하나라 할 수 있다.

회니시비의 발단은 윤증의 아버지 윤선거(尹宣擧, 1610-1669)의 묘문(墓文)사건이 계기가 되었고, 이로서 윤증은 스승과 결별하고 소론에 동조하게 되었으나, 이는 학문상 경향을 달리하는 것과는 무관하였다. 이 사건으로 당쟁은 격렬함이 극에 달하였고 이후 정국(政局)에서 야기되는 쟁점들도 이 문제에서 직·간접으로 비롯되었다 해도 과언이 아니다(최영성, 전게서).

---

32) 회니시비(懷尼是非)란 1683(숙종 9년) 사생(師生) 간인 송시열과 그의 문인 윤증(尹拯 1629-1714) 사이의 시비를 말하는데 우암이 회덕(懷德)에 살았고 증이 니산(尼山)에 살았던 데서 붙여진 이름이다.

33) 장자 제물론(齊物論)에는 '시비가 뚜렷이 드러나 도가 훼손(是非之彰也 道之所以虧也)'된다고 하였고, 이에 대해 감산스님은 '시비가 뚜렷하여 큰 도가 상실된 상태(自是非一彰 而大道喪矣)'라 풀이 하였다.

그 시비의 배경에는 우암의 주자절대주의라는 철저한 흑백논리가 있었다. 즉 우암은 윤휴가 『중용설』을 지어 주자의 『중용집주』를 고쳐 쓴 것을 주자에 대한 모욕으로 규정하여 그를 사문난적으로 선언하였음에도, 윤선거 등이 그러한 윤휴와 친교를 끊지 않았다는데 대한 보복성 처사가 주된 원인이었다.

그러나 우암 자신은 김익훈(金益勳)이 남인(南人)을 완전히 제거하고자 남인의 전익대를 회유하여 남인들이 모반한다고 고발하는 무고죄를 지었으나, 윤증에게는 대의를 들어 사정(私情)보다 공도를 우선시할 것을 요구하면서도, 김익훈에 대해서는 그가 자기 스승의 손자라 하여 처벌을 제안하기는 커녕, 처벌에 대해 동의조차 하지 않았다. 사실 이는 자신의 '직'사상과는 정면으로 배치되는 행위였다.

그러나 윤증과 박세채는 김익훈에 대한 엄벌을 주장하였다. 이 서로 반대되는 입장을 계기로 서인(西人)은 우암을 지지하는 노론(老論)과 윤증을 지지하는 소론(少論)으로 분열되었다.

그리고 노론은 현실 문제의 윤리·도덕적 해결방법을 지향하여 대청척화론·북벌론을, 소론은 실사·실무 차원에서 현실타개를 지향하여 주화론(主和論)의 전통을 잇고 있었다(김준석, 전게서).

4) 정암, 퇴계, 그리고 우암

조선 역사에서 이 세 인물은 정치적 학문적으로 막강한 비중을 갖으며, 이들의 공통적 특징은 그 강직(剛直)함에 있었다.

정암 조광조는 도학자로 성리학의 형이상학적 사유에는 익숙치 못하여, 철학적 관점에서는 선진유학의 영향, 정치적 성향에서는 포은의 절의 그리고 정치이상(理想)에서는 삼대(三代)를 재현하려는 지치(至治)를 주장하였다.

정암은 '일심의 묘함을 기강과 법도의 근본으로 삼아서 이 심의 체로 하여금 광명정대하게 하고 주유통달(周遊通達)하게 하여 천지와 더불어 그 체를 같게 하고 그 용을 크게 하면 일용 정사(政事)의 즈음에

도가 쓰이게 되어서 기강과 법도가 세우려고 하지 않아도 저절로 세워지게 될 것입니다'라 하였다. 이는 선진유학의 성(誠)이나 호연지기의 성격과 매우 유사한 면이 있다.

이에 비해 퇴계는 심오한 학문탐구와 형이상학적 사유(思惟)로 리의 선험성과 초월성 그리고 리동설을 주장하여 최고 가치인 리를, 스스로 자신의 절대진리를 실현시킬 수 있는, 신적(神的)에 버금가는 지위에 올려놓음으로서 후기 조선 성리학의 성격에 결정적 영향을 주었다.

퇴계는 그가 비록 주자를 추종하였다고는 하지만, 그의 선인(仙人)으로서의 성품은 도덕적 가치문제에서는 초월적 절대성을 지향함으로서, 오히려 주자의 한계를 넘어섰다. 그러나 형이상학적 논의는 논리의 보편성 이외에 그 옳고 그름에 대한 판별은 가능하지 않고 따라서 주자와 퇴계의 관계에서의 옳고 그름을 가리는 것은 무의미한 것이다.

한편 주자절대주의자인 우암은 율곡의 영향으로 리동설을 부인, 퇴계의 이념적 초월성을 따르지는 않았으나, 오히려 주자학을 교조주의화하여 그 윤리성을 강고(强固)하게 실천하였다.

우암은 일생 동안 명천리(明天理), 정인심(正人心), 벽이단(闢異端), 부정학(扶正學)을 외치고 현실정치에서는 존군부(尊君父), 양이적(攘夷狄), 토난신(討亂臣), 주적자(誅賊子-불충, 불효한 사람)를 원칙으로 행동하였다. 그는 평생 양(攘-물리치다), 토(討-치다), 주(誅-베다) 등으로 성리학적 가치를 수호하는데 진력(盡力)하였다. 그러나 관점을 바꾸어 보면 이는 상대를 공격하는데 주력하여 분쟁을 몰고 다녔다고도 볼 수 있다.

사실 우암은 퇴계를 강의준재처(剛毅峻截處)가 부족하다고 비판할 만큼 강직한 성품이었다. 그러나 회니시비(懷尼是非)의 상대인 윤증은 우암의 주장이 태과(太過)하고 자인(自引)이 태고(太高)하고, 실덕이 부족하고 인애를 결여하였다고 평(評)하였다.

퇴계는 학문적으로 리의 형이상학적 가치를, 그리고 철학적 사유(思惟)에서는 퇴계와는 비교되기 어려웠던 정암과 우암은 현실정치에서 자신들의 강직한 성품으로 도덕성을 실천하였다. 다만 정암은 당우(唐

虞) 삼대(三代)를 이상으로 하는 지치(至治), 그리고 우암은 주자의 충실한 추종자로서 그의 논지에 따른 도덕사회의 완성을 실현목표로 하였다는 면에서 차이를 보였다.

3. 한원진(韓元震, 남당(南塘) 1682-1751) 호락(湖洛) 논쟁

1) 개 관

한원진은 우암의 직계인 권상하(權尙夏)의 문하로 우암학파의 선봉(先鋒)이 되어, 그 평생의 학문목표를, 자가설(自家說)을 신창(新創)하거나 저술을 내는 자를 이단사설로 보는, 사문(師門)의 전통을 굳게 지키는 데 두었다.

따라서 그는 우암의 도통의식·세도정치론을 자신의 사회정치 이념으로 수용하여, 조직·실천함으로서 18세기 후반 19세기 전반에 일어난 새로운 정치의식과 그에 따른 질서의 모색을 완강하게 차단하는, 실제 노론의 마지막 이론가가 되었다.

그는 이설(異說)·이단(異端)을 배격하는 우암의 뜻을 지키려 이단을 세 가지 즉 인수무분(人獸無分), 유석무분(儒釋無分) 그리고 화이무분(華夷無分)으로 설정하였다.

인수무분은 이간(李柬)의 인물성구동론(人物性俱同論)에 대한 비판이었고, 유석무분은 유자로서 석씨처럼 심선설(心善說)을 주장하는데 대한 비판으로 양명학을 의식한 것이며, 화이론은 주로 허형(許衡, 1209-1281)[34]이 원에 출사한 사실을 두고 그를 배격함으로서, 원의 정통성을 부인(否認), 청에 대한 반대를 분명히 하려는 의도였다.

---

34) 허형은 문묘에 배형(配享)된 유학자로 15·16세기 조선 유학자들은 그를 주자학의 뛰어난 학자로 인정하고 있었다. 그러나 남당 한원진은 원세조가 비록 유가를 존중할 줄 알았다 해도 그에 출사(出仕)하는 것은 옳지 않다고 보았다. 그는 이적이 인류와 금수 사이에 있으나 끝내 인류로 변화될 수 없다고 하며 창가(唱歌)에서 경서(經書)읽고, 백정(白丁)이 예불(禮佛)한다고 인간성을 회복하는 것은 아니라는 생각이었다. 그러나 당대의 한유(韓愈)는 제후라도 오랑캐의 예를 따르면 오랑캐이고, 중화에 따르면 중국이다(諸侯用夷禮則夷之 進於中國則中國之)라 하였다.

그의 생각은 이적은 인류와 불상용(不相容)의 관계로 오직 철저히 분별하여 응징하여 물리칠(膺之攘之) 대상일 뿐임에도 불구하고 그러한 대응을 위협하는 부류 즉 성호 이익을 비롯한 실학적 성향의 학자들이 유자 내부에 있다는 점을 우려한 것이다.

그는 성리학의 기반인 리기론에서는 율곡의 학통을 이어받아 기발리승일도설(氣發理乘一途說)을 고수하였다.

그가 지은 『주서동이고(朱書同異考)』는 우암이 착수한 것을 50년 만에 완성한 조선 유학사상(儒學史上)의 대작이다. 이는 주자의 저서 중에는 초기와 말년 또 경우에 따라 다르게 말한 내용이 있어 이를 하나하나 확인하여 후학들이 그 해석이나 인용에 있어 오류(誤謬)가 없도록 하려는 주자주의(朱子主義)에 따른 업적이었다.

2) 인물동성론(人物同性論)

양난 이후 집권 사대부들의 이념적 과제는 내적으로는 경상윤리에 기초한 사회질서의 강화 그리고 대외관계로서 청조의 지배에 따른 화이론을 재정립하는데 있었다. 그리고 이때 인물동성론은 인류, 이적, 금수, 초목의 차별성을 다시 정밀하게 밝혀냄으로서 북벌론의 실천적 방안의 정당한 근거를 마련하려는 것이었다.

명분론을 앞세운 이들 정통주자학자들에게 이러한 논의·논쟁은 경세론을 오히려 부차적인 것으로 밀어내는 그들로서는 당연한 것일 수도 있었다.

인물동성론은 예(禮)로 드러나는 본성으로서의 오상(五常)이 인간에게만 있는가 물(物)에도 있는가, 즉 인성(人性)과 물성(物性)이 같은가 다른가를 놓고 수암(遂庵) 권상하(權尙夏)의 문인들 사이, 특히 이간(李柬)과 한원진 사이에서 발단·논변되었다.

기호학파 내에서 일어난 일명 호락논쟁(湖洛論爭) 중 낙론(洛論)은 비교적 영남학파와 가까운 거리에 있어 주리론자(主理論者)와의 관계에서 보면 절충논자의 자리에, 호론(湖論)은 주리론자와 현격히 떨어져 있어 정반대에 서게 되었다. 그리고 이간을 지지했던 사람들은 대체로 서울 부근(낙하)에 사는 노론 계열로 낙론, 권상하, 한원진을 지지했던 사람들은 주로 충청 부근(호서(湖西))에 살아 호론이라 하였다.

이간은 주희가 『중용』 중 천명지위성(天命之謂性)에 대한 주석에서 '명(命)은 령(令)과 같고, 성은 곧 리(理)이다. 천은 음양오행으로서 만물을 화생하게 하지만, 기로써 형태를 이룰 때는 리 역시 부여되니 마치 명령하는 것과 같다. 그러므로 사람과 사물이 생겨 날 때는 각기 부여된 리(理)를 얻어 가지고 건순오상(健順五常－건과 순은 굳셀 때 굳세고 부드러울 때 부드러운, 각각 양과 음의 덕목이며, 오상은 인의예지신이다)의 덕(德)을 삼는 것이니, 이것이 이른바 성이다'라 한 것을 동론(同論)의 근거로 삼았다.

그에 의하면, 인간의 본성은 오상(五常-인의예지신)으로 얘기 되지만, 근본적으로는 우주의 근원인 태극으로서의 리(理)이다. 그리고 모든 사물이 태극으로 말미암아 생겨난 이상 인성과 물성은 같다는 것이다.

반대로 한원진은 주희의 『맹자집주(孟子集註)』에서 '사람과 사물이 생겨남에 성(性)이 없을 수도 없고 기가 없을 수도 없다. 그러나 기로써 말하면 지각(知覺)운동에서는 인간과 사물이 다름이 없는 듯 할 지라도, 리로써 말하면 사물이 어찌 인의예지를 온전하게 받았겠는가? 이것이 인간의 성이 선하며 만물의 영장이 된 까닭이다. 고자(告子)는 성이 리임을 알지 못하고서 이른바 기를 여기에 해당시켰다라 한 것을 이론(異論)의 논거로 삼았다.

한원진은 인과 물이 천지일원(天地一元)의 리를 품부(稟賦)하였으나, 그 리가 기에 타재(墮在)하여 성(性)이 되었을 때, 기의 제약으로 말미암아 그 일원의 리가 혹 엄폐되어 미(微)하거나 혹 현저하게 되어 만물의 다름이 나타났다. 그럼으로 성(性)은 리나 기의 어느 일방적 단일성의 본질이 아니요 리와 기의 이원적 화합물이 분명하다. 인·의·예·지와 같은 성(性)은 기질로 해서 있게 된 것, 즉 리가 기 가운데 있게 된 뒤의 이름으로 이는 인간에게만 있을 뿐 금수에게는 없다는 것이다(『호서』).

한원진은 그 경위를 다음과 같이 조리있게 설명하고 있다.

'리는 본래 하나이다. 그런데 형기를 초월하여(超形氣) 말한 것이 있고, 기질에 인하여(因氣質) 말한 것이 있고, 기질을 섞어서(雜氣質) 말한 세 가지로 나누어 볼 수 있다. 형기를 초월하여 말하면 태극이라는 이름이 이것으로 만물의 리가 동일하다. 기질로 인하여 말하면 건순오상의 이름이 이것으로 사람과 사물의 성이 같지 않다. 기질을 섞어서 말하면 선악의 성이 이것으로 사람과 사람 사이, 사물과 사물 서로의 성이 또한 같지 않다'라 하여 권상하의 '성삼분법'을 발전시킨 성삼층설(性三層說)로서 자신의 주장을 심화시켰다(한원진(韓元震), 『남당집(南塘集)』).

이를 다른 관점에서 보면 성(性)의 해석에서 이를 오행지리(五行之理-물리적 속성)와 수기지리(秀氣之理-도덕적 품성)로 나누고, 인간만 수기지리를 갖추었음을 확인한 것이다.

요약하면 낙론은 성즉리를 주장함에 반하여, 호론은 성(性)과 리를 분리하여 리를 형기(形氣) 이전에 속한 물건, 성을 형기이후의 물건이라 생각하여 성즉기(性則氣)를 주장하였다. 다시 말해 낙론은 인과 물의 성을 주로 리적으로, 호론은 기의 견지에서 설명하려 하였다.

사실 이 문제에 대한 주희의 견해는 그의 제자가 '각 사물마다 하나의 태극을 구비하고 있을 진대, 각 사물의 리는 온전하지 못할 까닭이 없지 않습니까?'라는 물음에 대한 답에 분명하게 표명된 바 있다.

이 질문에 대해 주자는 '태극의 전체가 나타나지 못하는 까닭은 사물이 타고난 기가 그것을 은폐하고 막기 때문이다. 받은 기가 그 정도이기 때문에 그 리도 그 정도만 있다. 예컨대 개와 말은 그 몸의 기(形氣)가 그렇기 때문에 단지 그런 일만 할 수 있는 것이다'라고 하였다. 따라서 온전하다고도 할 수 있고 치우쳤다고도 할 수 있다. 리의 측면에서 보면 온전하지 못함이 없지만, 기의 측면에서 보면 치우침이 없을 수 없다고 하여 마무리 지었던 문제였다.

이 논쟁의 본래 목적은 인(人)과 물(物-禽獸)의 본성의 차이를 명백히 하여 인간의 도덕적 성취 가능성을 제고(提高)하려는데 있었고, 이때 인류와 금수의 관계는 곧 화이관계의 변형으로 이들의 차별상을 보다 극명·정밀하게 들어내고자 하는 것이었다. 그것이 당시 노론이 주도하는 정책의 양 측면 즉 하나는 모든 현실적 정치적 과제를 강상윤리의 성취문제로 환치시키는데서 온 필요성, 그리고 다른 하나는 명과 청 즉 화이의 본말전도 상태를 정상으로 회복시킨다는 의도에서 화이변별의 강조한 것이다.

한원진은 기(기질)에 의한 사물의 개별성·차별성에 분석적 설명을 가하여 질서·법칙의 일원화·절대화를 지향한 반면 이간은 리(본연지성)에 따른 사물의 동일성·동질성에 주목한 것은 세계의 보편화, 다원화를 추구하는 흐름과 관련되어 있다(김준석, 전게서).

이 논쟁 중 한원진의 '성삼층설'로 이로 인해 인간의 심성론을 보다 근원적 차원에서 이해할 수 있게 되었으나 그것은 객관적 정당성을 증명할 수 없는 형이상의 논리일 뿐, 지식(知識)으로서 객관적 사물판단에 보편적인 근거가 될 수는 없었다.

인물동이 같이 구체적이고 객관적인 증거가 제시될 수 없는 관념의 시비에서 조정논리는 대립 당사자들로부터 사이비 협잡으로 매도당하기 십상이었다, 이들 간에는 화해와 관용은 불가능하였고 이를 계기로 노론 안에 다시 낙론과 호론 지지로 분파가 생기었다.

그리고 우암의 뜻에 맞는 차별성을 강조하는 호론은 이 논쟁을 통해 사문 내에서의 우세로 이어져, 정치적으로는 서인·노론·호론이라는 하나의 계보를 형성하며 조선조 말 정권을 일당체제로 이끌어 나갔다.

– 논쟁 자체에 대한 비판 –

인물동이론이라는 논제는 그 출발점에서부터 오류가 있는 문제였다.

논리학에 따르면 포섭(包攝)관계에 있는 두 개념 중 포섭을 하는 개념을 류개념(類槪念-genus), 포섭되는 개념을 종개념(種槪念-species)이라 하고, 동물과 인간관계에 있어서 동물은 류개념이고 인간은 종개념이 된다.

따라서 인물동이(人物同異)는 이미 답이 나와 있는 의미 없는 논제(論題)이다. 즉 사람과 동물은 류개념으로는 같고, 종개념에서는 다른 것으로, 논쟁자체가 성립될 수 없는 것이다. 사실 주희의 답 역시 이와 같은 맥락에 따른 것이다.

이 논쟁 이전에 이미 이들은 '성을 보는 관점의 초점을 본원적인 리 혹은 개별적인 기의 특성에 맞출 수도 있다는 점'을 알고 있었다. 이는 주자가 이미 말한 것으로 주자교조주의자들인 이들이 몰랐을 수는 없고, 더구나 이들은 같은 학통에 속하여 서로를 잘 알고 있었다.

결국 이들의 문제는 논리적인 것이 아니라 도덕적 관점이나 성향의 차이에서 오는 것이기 때문에 시비를 위한 시비는 계속될 수밖에 없었다는데 있었다. 이는 비단 이 논쟁에서뿐 아니라 사·칠 논쟁을 위시한 여러 논쟁에서도 찾아 볼 수 있는 공통적 현상이었다.

현상윤은 '이로부터 학자들은 한 때 학자들이 4.7 리기설을 다루어 논하던 것과 마찬가지로 또한 심성의 변을 말하지 않는 자 없고, 또 반드시 양론 중의 일방에 가담치 않는 자 없었다. 그리하여 양파는 서로 문호(門戶)를 각립하여 가지고 학자 간에 파당을 지어 오래도록 논변을 계속하여 조금도 그 견해를 서로 굽히지 아니하니, 양론이 일종 당색의 감이 있었다'고 하였다.

사실 성리학에서 논쟁동기의 일면에는 '패거리 정치'에서의 '줄서기'의 일환으로, 그 의도는 자신의 존재감을 들어내고자 하는 데 있었다고 할 수 있다.

논쟁사의 관점에서 조선조 논쟁과 그 결과를 관계시켜 보았을 때 '사·칠 논쟁'은 동서분당을, '회니시비'는 노·소론을, 그리고 '인물동이론'은 서인-노론의 계열을 다시 호·낙으로 분파시키는 원인으로 작용하였다. 그렇게 하여 조선조 정권의 실세의 흐름은 서인·노론·호론이라는 하나의 맥을 형성하며 이어졌다.

조선 사대부들에 의해 사·칠 논쟁 이래 수백 년 동안 전개된 리기·인성의 논쟁은 주자학의 교조화에는 기여했을지언정 사회발전의 원리로 작용한 것으로는 보기 어렵다(김준석, 전게서).

이들의 시대는 양란 이후 경제사회적으로 매우 어려운 상황이었다. 그러나 이들은 사회의 어려운 현실적 역사적 과제들을 정면으로 대하기보다는 관념적 문제로 환치·천착하여 실재문제의 압박으로부터 자위(自慰) 또는 도피처로서 삼았거나, 또는 자신들을 일반백성과 다른 정신적으로 고귀한 존재라 자만한 것이 아닌가 하는 의구심을 갖게 한다.

이들에 비해 같은 시대를 살았던 성호 이익은 민생을 위해 노심초사(勞心焦思)하며, 연구를 통해 많은 방안들을 제시하면서도 스스로를 '나의 성품이 글이나 좋아하니 비록 하루 종일 신음하지만 낟알 하나 나의 힘으로 생산하지 못한다. 어찌 이른바 하늘과 땅 사이에 한 마리 좀이 아니겠는가'라 하였다(『성호전서』).

맹자는 '군자가 없으면 백성들을 다스리지 못하고 백성이 없으면 군자를 먹여 살리지 못한다'(無君子莫治 野人 無野人莫養君子)고 하였는데(『등문공상』), 소위 군자를 자칭하는 사대부들이 백성이 지은 곡식으로 살면서, 자신들의 백성들에 대한 현실적 책무를 외면한 채 관념적 논쟁에나 몰두하는 것은 바람직한 현상은 아니었다. 사실상 한원진을 끝으로 정치 일선에서 숭명배청의 명분론은 힘을 잃었다.

이제 내외적 정치 현실과 사상적 추이는 실학이 등장할 수 있을 만큼 변화되어갔고, 인·물의 공통된 본성을 인정하는 낙론의 논리는 이적(夷狄)인 만주족의 청(淸)을 긍정적으로 인정, 더 나아가 그로부터 배워야 한다는 북학(北學)의 단서가 되었다.

제 4 절 조선 후기 학문-초기 실학자들-

1. 실학사상

1) 시대적 배경

17세기 중엽 조선사회는 양난 이후 급속하게 붕괴해 가는 농촌경제와 국가재정의 파탄으로 봉건사회 자체의 존속이 위협받는 상황으로, 학자들로서는 시대정신과 지도이념에 대한 자기성찰이 요구되는 시기였다.

16세기 퇴계 등의 배척으로 세를 펼치지 못했던 양명학이 다시 유학자간에 유포되어 주자학에 회의하는 성찰이 이루어지는 한편 이수광(李睟光, 지봉(芝峯), 1563-1628), 허균(許筠, 교산(蛟山), 1569-1618) 등에 의해 알려지기 시작, 서구세계(地圖)와 그 문물, 특히 과학 기기(器機)와 천주교(서학) 등이 – 정두원(鄭斗源), 소현세자(昭顯世子) 등에 의해 – 더욱 구체적으로 숙지되면서 조선에서 정주성리학의 세계를 동요케 하였다(윤사순, 『한국사상의 시대적 구분』).

그 일단으로 윤휴, 허목 등은 현실 타개에 적합한 유학의 새로운 이해를 위해 '주자의 주(註)'에 의지하는 학문적 태도를 대신하여 공맹의 실제적인 선진유학에 회귀하려는 경향을 보였다.

광해군 정권에서 대중국 관계 외교정책에 참여하였던 소북계(小北系) 출신의 허목(許穆, 1595-1682)은 주자학을 탈피하여 선진유학체제로의 복고적(復古的) 경향을 보이면서 육경(六經) 중심의 고학풍(古學風)을 이루었다.

한편 윤휴는 병거(兵車)를 국방상 절대로 필요한 이기(利器)라 판단하여 그 제조를 강행할 것을 주장하고 뒤이어 오가통법(五家統法)·지패법(紙牌法) 등의 실시를 강력히 주장하여 실시하였다. 그러나 그 역시 청(淸)제국이 초기에 혼란스러운 모습을 보이자 복수설치책(復讐雪恥策)을 진주(陳奏)하기도 하였다.

이들은 실학정신과 모든 면에서 궤(軌)를 같이 하는 것은 아니었으나 관념적인 성리학의 교조화에 대해 저항하면서, 그 독단성으로부터 벗어나 학풍의 다양성을 모색하였다는 면에서 신선한 것이었다.

2) 실학의 성격

실학은 조선 후기 양난 이후 급박한 현실문제 해결책에서 심각한 괴리(乖離)를 보인 주자학의 경학관, 즉 관념적 사변적 리기, 인성설에 대한 회의와 비판을 반영한 것이다.

특히 18세기에 등장하는 박지원, 홍대용 등 후기 실학자들은 리기설에 대해 크게 주목하지는 않았으나 주기설을 선호하고, 의리(義理)대신에 실사실용을 중히 여겼다. 이들의 사상적 입장은 실용적으로, 사변적인 우주론이나 본성론 같은 존재의 근원적 문제에 대하여 관심이 적었다. 따라서 후기 실학에 철학적 근거가 없다는 의견을 말하기도 하지만, 율곡의 도기론(道器論)은 유형원, 이익 등에 이어져 다음 세대인 후기 실학(實學)의 철학적 기초로 자리하고 있다.

다시 말해 실학(實學)의 형이상학적 근간은 율곡에 의해 정립된 형이상자인 도(道)를 형이하자인 기(器)와 분리시키지 않는(理氣不離) 리기일원론(理氣一元論)으로, 현실의 생활에서 도를 실현하려는 도기론(道器論)이라 할 수 있다.

실학(實學)의 학문적 자세인 실사구시(實事求是)에 있어 '실사'는 객관적으로 존재하는 일체의 사물을, '시'는 사물의 이치(理致)를 뜻하며, 이는 관념이 아니라 객관적인 현실세계에서 삶의 이치를 구한다는 뜻에서 도기론(道器論)에 대한 다른 표현이라 보아도 무방하다.

사실 중국에서는 16세기 청초에 이미 실학사상에 근거한 학문이 발전, 고증학을 비롯한 실용적 학풍이 학계를 지배하였다.[35)]

실학은 대체로 현실 비판적인 입장에서 봉건사회의 본질을 해부하고, 노동하지 않는 계급을 비방하고 신분적인 세습을 비판하고 대토지사유를 부인하려는 성향을 보이지만, 그러나 초기 실학의 이상(理想)은 당우(唐虞) 삼대의 정치를 재현하려는 것으로, 그 비판의 관점도 봉건사회의 한계에서 초탈하여 문제들을 부감(俯瞰)할 만큼 질(質)을 달리한 것이 아니었다.

그것은 봉건사회의 제현상에 대한 회의와 반항이기는 하였지만 역시 성리학을 근저로 하는 집권(集權) 봉건사회의 규범 안에서 분비된 산물이었으며 또 사실상의 보수적 행동으로 그에 인종(忍從)하였던 것이다(천관우, 『한국 문화사』 실학사상).

사실 유형원의 균전론(均田論)·이익의 한전론(限田論)·정약용의 여전론(閭田論) 등은 유가의 이상사회인 삼대의 정전제를 이상으로 하되 조선 현실을 반영한 토지개혁론이었다.

그리고 18세기 전반 이익(李瀷, 星湖, 1681-1763)에 이르러 허목의 학풍을 계승하면서 주자학의 관념성과 예학의 의식화(儀式化) 등을 비판하며, 농촌 현실에 기반하여 농지개혁을 연구·주장하는 중농학파(重農學派)가 형성되었다.

---

35) 청대 학술은 대개 삼기(三期)로 나누어,
제1기는 황종희, 고염무, 왕부지 등으로 대표되는 명말청초의 학풍으로 조선의 유형원과 거의 동시대이며 이익보다는 앞서는 시기이다. 이들은 경세치용을 위한 경사(經史)의 학을 특징으로 특히 강열한 민족의식과 민본주의 입장에 섰다. 이들은 박학(博學)이며, 실증적인 학풍을 아울러 지니고 있었다.
제2기는 혜동, 대진 등으로 대표되는 정통적 고증학파로서 강희 옹정, 건륭(1662-1795)에 해당하며 조선에서는 이익 홍대용, 박지원, 박제가 등이 있고, 정약용보다는 다소 앞섰다.
제3기는 19세기 후반부터 위원(魏源), 강유위 등으로 대표되는 공양학파로서 전한(前漢)의 경설(經說)에 기초를 두고 자유로운 신해석, 신사상을 수립하려한 대담한 움직임은 청말의 양무운동, 변법유신운동으로 직결되는 것으로, 유학의 근대화를 위한 시도라 할만하다. 조선으로 보면 위원이 이규경(李圭景), 최한기 등과, 강유위는 박은식(朴殷植), 장지연(張志淵) 등과 비슷한 시기에 해당한다(천관우, 『한국실학사상사』).

2. 유형원(柳馨遠, 磻溪, 1622-1673) - 정치사상 -

1) 시대와 생애

① 시대적 배경

우암 송시열과 반계는 동년배로서 반계는 우암보다 15년 늦게 태어나서 16년 먼저 세상을 떠났다. 이들은 양난 후의 어려움과 혼란으로부터 정치사회를 회복시킬 책임을 지고 있는 사대부로서의 막중한 사명감을 느끼고 있었다.

우암은 『조선실록』에 가장 많은 횟수의 이름을 올릴 만큼 정치권의 핵심에서 평생을 보내면서 정치와 학문 전반에 막강한 영향력을 행사한 반면 반계는 일개 포의(布衣)로서 초야에서 주경야독하는 삶을 살았다. 그러나 '반계 한번 나오매 조선 사회는 비로소 관념의 유희에 탐익하고 인습의 철쇄에 자박(自縛)된 자신의 창이(創痍)를 직시하게 되었다라 할 만큼 그가 이룬 학문상의 업적은 획기적인 것이었다(천관우, 『반계 유형원 연구』).

이 둘의 조선역사에서 차지하는 학문상의 영향력은 그 파장(波長)이 매우 컸다. 그러나 우암은 '도가 밝아지면 사물은 스스로 회복된다(道明則器自復爾)'는 도덕주의 입장에서 정신적 대통합을 이루기 위해 주자학 교조주의를 강하게 추구한 반면, 반계는 이와는 정반대로 '도가 어찌 일찍이 기를 떠나 홀로 행해지겠는가(道何嘗離而獨行哉)'라 하는 도기론에 따른 현실주의 입장에서 사회전반에 걸친 개혁방안을 준비하였다.

반계의 학문적 입장은 '대저 정주(程朱)는 대현으로서 개연히 삼대의 통치에 뜻을 두어 그 논저(論著)에서 도에는 상세하지만 기(器)에 대하여는 완전치 못하고 빠트림이 있으니 무슨 까닭인가? … 대개 그 뜻은 도가 밝아지면 기는 저절로 회복되리라고 생각한 것이니 … 그러나 정주 이후 도가 밝아지지 않았다고 할 수는 없으나 기의 탕연(蕩

然)함은 여전하니, 도가 어찌 기를 떠나 홀로 행하여지겠는가'라는 데서 분명히 들어나고 있다(『반계수록』).

이 글에는 조선사회 역시 퇴계와 율곡에 의해 성리학은 완성 단계에까지 이르렀으나 현실에서 성리학자들은 국가의 위기나 환난에 대한 준비에 등한하여 화(禍)를 키운 것도 같은 까닭이었다는 회한(悔恨)과 자성(自省)의 모습을 볼 수 있다.

② 생 애

유형원은 조부의 뜻에 따라 단 한 번 과거에 나아가 진사(進士)가 되었을 뿐 일개의 포의(布衣)로서 평생을 초야에서 조촐히 보내었다.

반계는 신분적으로는 지배층에 속하면서도 특권세력의 중심에서는 배제되어있던, 양심적인 사족(士族)으로 집안은 가난을 면하지 못하였다. 그는 전남 부안군의 우반동(愚潘洞-반계라는 호는 이로부터 연유)에서 만 20년을 주경야독(晝耕夜讀)하며 저술활동을 하였다.

그는 전형적인 사대부 집안에서 태어나고 가정을 이룬 탓에 철저한 개혁을 꿈꾸며 전통 사회의 압박에 반항하면서도 그의 정신세계는 봉건사회의 제약으로부터 멀리 벗어나지는 못하였다.

그는 현존의 사회구성을 근본적으로 개혁하려는 것이 아니라, 오히려 계급적 신분제를 공고(鞏固)히 유지하고 다만 거기서 일어나는 사회적 긴장과 불안의 발생을 방지하려는 목적을 가지고 있었다. 그것은 그가 살았던 시대적 특성이 가져온 한계였다. 사실 인간의 사유는 역사적 분위기에 대해 피제약성(被制約性)을 갖는다.

우암이나 반계는 성리학이 가장 완벽한 성취를 이룬 퇴. 율로 부터 불과 반세기를 격(隔)하고 있어, 그들에게 성리학이 요구하는 사회규범이나 가치기준은 절대적이었으며 그에 따라 형성된 사회적 감성(感性)은 이들의 삶에 강한 영향력을 유지하고 있었다. 따라서 우암과는 정반대의 길을 걸으며 현실 비판적이었던 있던 반계 역시 명이 멸망했다는 소식을 듣고 눈물 흘리며 슬퍼했다고 한다.

사실 그러한 정서는 당시 조선의 사대부들뿐 아니라 그에 영향받은 일반대중에 이르기까지 모든 계층에 공통적인 것이었다.

2) 학문·방법론

허목(許穆)과 반계는 그들 생애에 두 차례 만났다. 그들의 강론도리(講論道理) 상확고금(商確古今)하는 진지한 토론은 며칠씩이나 계속되는 것이었다. 그들은 현실 인식 태도나 학문방법에서 크게 공감했던 것이다. 허목은 그를 왕좌지재(王佐之材)로 평하고 있어(김준석, 전게서). 그의 초야에 묻인 삶을 차탄(嗟歎)하였다. 반계는 천재(天才)를 타고났으나 사회 전반의 구조적 불합리를 보고, 당세(當世)에 정치사회에 참여하려는 의지를 접고 은거(隱居)하여 저술로서 자신의 개혁의지를 펼쳤다.

그가 제안한 토지제도 개혁방책은 점진적 방안이 아니었다. 그는 왕도정치와 공전제(왕토사상에 근거한)의 일치라는 대원칙의 입장에서 왕권에 의하여 일거(一擧)에 토지를 국유화하여 재분배하는 거의 혁명적 따라서 실현 불가능한 방책이었다. 반계의 실학적인 개혁설은 당시 체제유지를 고려(考慮)에 넣지 않음으로서, 체제유지의 범위를 넘어 그 해체까지도 주저하지 않으면서 구상된 것이다(천관우, 『반계 유형원』).

그의 개혁안이 갖는 현실적 조건들을 크게 고려하지 않은 이상적(理想的) 성격은 한편으로는 실학이라는 학문의 범형(範形)을 제시하였다는 면에서 큰 뜻이 있다, 이상적 관점을 취할 경우, 이는 현실조건으로부터 자유로울 수 있어, 초탈(超脫)한 조감적(鳥瞰的) 위치에서 전체·근본을 볼 수 있는 장점을 갖는다.

따라서 반계의 실학사상은 율곡의 개별적 상황에 대처하는 개혁과는 다른 면모를 보이며, 그 이상적 범형으로서의 전체성이 그를 실학의 비조(鼻祖)로 인정하게 된 근거가 되었다.

사실 율곡뿐 아니라 허목이나 윤휴 등의 학문은 비록 현실적 개혁정책을 제시하여 반계에 영향을 주기는 했어도 학문의 전환점으로 평가될 수 있는 수준은 아니었다.

그러나 반계 역시 이 방책이 실현되지 못할 것을 잘 알아 '오호, 이 역시 얻는 바가 없겠구나(嗚呼, 玆亦有所不得已焉爾)'라 개탄하였고, 결국 이 경세의 글은 오래 묻혀 있다가 그의 사후 근 백년이 지난 1769년(영조 45)에 그의 사상과 정신세계가 빛을 보았다.

반계의 학문과 사상은 조선조에서의 체계적 사회사상(社會思想)의 효시(嚆矢)였다.

그의 구세(救世)를 지향한 개혁 목표는 사회적 여건을 간과한 이상적인 것이었으나, 그 학문적 방법은 당시의 왕도정치(王道政治)를 명분으로 내세운 공소(空疎)한 관념적 이론과는 현격한 차이가 있었다.

그는 '앞 사람의 논설을 사수(死守)함이 없이 반드시 지금의 일로 헤아려 보고 옛 일로 고증하며 마름으로 이회(理會)하고 실사에 나아가 참작하여 생각하고 또 생각해서 그 정미(精微)함을 다 하도록 연구하는 공부였다(홍계희(洪啓禧, 1703-1771)의 평(評)『반계수록』).

그는 정치의 기간(基幹)을 경제생활의 확립에 두었고, 그의 개혁안은 사회적 제관계의 구체적 구조를 탐구함에 있어, 자신의 농촌생활에서의 직접적인 체험을 기초로, 그리고 많은 조선과 중국의 문헌에 있는 역사적 논거(論據)를 근거로 하는, 실증적인 방법을 견지하는 당시로는 획기적인 것이었다. 반계는 실제로 각 개혁안 뒤에 고설(攷說-攷는 考의 옛글자)을 붙여 자신의 이론에 대한 역사적 문헌 자료를 제시하고 있다.

반계 학문의 특징은 유교본래의 성격인 정치와 도덕 간의 교착(交錯)을 벗어나 사회의 현실적 구체적 구조인 경제적 제관계를 객관적이고 독립적으로 취급하였다는 데 있다. 물론 그는 유학자로서 그의 최종 목표 역시 도덕세계의 구축임에는 틀림없었다. 그러나 그 목표를 추구하는 과정에서의 방법론에서는 윤리적 논리와 정치경제 논리를 구분하고, 민산(民産)은 물론 군역, 호패, 등등 사회적 제관계를 경제적 관점에서 분석하고 검증하였다.

그가 기도한 개혁방안의 범위는 사회 제현상 중 어느 한 부분의 보정(補正)이 아니라 전 국가체계에 대한 일대 반성(反省)으로, 성호 이익은 '국초 이래의 식무(識務)는 오직 이율곡, 유형원 이공(二公)이 있을 뿐이고, 율곡은 태반이 가행(可行)이요, 반계는 원본(源本)에 도구(到究)하여 새롭게 개혁하는 것으로 왕도정치(王政)의 새 출발을 삼으려 했으니 그 뜻 진실로 크도다'라 하였다.

그는 당우삼대를 이상세계로, 그러나 그는 복고주의자가 아니라 현실을 삼대의 이상·이념에 따라 극복하고자 한, 오히려 당시 현실에 대한 철저한 이해와 분석을 바탕으로 목적을 추구하는 현실주의자였다. 여기서 현실주의란 선험적인 이상(理想)과 가치를 관념적으로 추구하는 태도와 대비되는, 즉 삶의 가치가 일상생활에서 찾아 진다는 도기론(道器論)에 기반한 철학적 관점을 의미한다.

도기론은 도체기용(道體器用), 도는 천(天)에 있고 기는 지(地)에 즉 도덕은 천에 근본하고 정치와 법제는 지에 근본하는 것으로, 천지가 그러하듯이 도덕과 법제는 도와 기의 관계로서 서로 분리될 수 없음을 분명히 하였다(김준석, 전게서).

3) 리기론(理氣論)

반계의 리기론은 율곡으로부터 직접적인 영향을 받았다. 그의 리기론에서 리는 퇴계의 초월성을 거부하고 내재성만을 인정하지만 리의 도덕적 원리성을 부정하는 것은 아니다. 리의 보편성. 원리성에 대한 인정 내지 이해는 서화담에게 볼 수 있는 단순한 원기론(元氣論-기일원론)이나 양명학의 심즉리(心卽理)에서 유추되는 리의 독자적 원리성의 부인(否認)과 구별되는 리기일원론(理氣一元論)의 특성이다.

리의 보편성·원리성에 대한 인정은 기본적으로 인간의 윤리실천을 목표로 하는 성리학의 근간(根幹) 이상의 기본관념이다. 다시 말해 리의 도덕적 원리성을 부정하는 것은 성리학의 논리체계를 거부할 때만 가능한 것이다.

그는 '사물이 그 현상으로 나타나 있는 점(已然者)에서 보면 리는 단지 기의 리로서 기밖에 다시 리가 없지만, 그러나 그 사물의 본질이라는 점(本然者)에서 보면 그 리가 있음으로써 그 기가 있는 것이다' 바꿔 말하면 우리가 사물을 인식하는 관점이나 순서에서 보면 기가 우선하지만, 그 사물이 현성하는 관점에서 보면, 건축물에 앞서 설계도가 있어야 하듯, 리가 기에 선재한다. 이러한 논리로 그는 리의 본원성을 긍정한다.

반계는 '비록 기(氣)를 리(理)라고 할 수는 없으나 기의 밖에는 리가 없다. 요컨대 리는 단지 기의 리일 뿐이며, 따라서 주자의 말에는 의심할 바가 있다. 리와 기는 섞이어 사이가 없다. 그러나 비록 기의 밖에 리가 없으나 리가 기로 인하여 있는 것은 아니다. 그것은 상천(上天)에 실려(載)있어 소리도 없고 냄새도 없으나 도리어 지극히 진실하다. 그 본체로서는 그것을 도(道)라 하고, 그 진실함으로는 성(誠)이라 하고, 그 총괄적 의미로는 태극이라 하고, 그 조리(條理)의 있음에 서는 그것을 리라 하는데 그 실(實)은 하나이다'라 하였다(안정복(安鼎福), 『반계선생년보』).

그의 리기론의 이해는 선진유학의 강한 영향을 반영한 것이다. 그는 성리학의 리의 관념적, 사변적 성격을 거부하고 대신 이를 '실(實)' 한 글자로서 대체한다. 그렇다고 하여 그가 리의 도덕적 원리성을 부인하는 것은 아니다. 그가 거부한 것은 공소하고 관념적인 따라서 구체성을 상실한 리의 성격으로, 그러한 리로서는 그가 추구하는 개혁. 변법의 근거로서의 실사(實事)의 원리가 될 수 없었기 때문이다.

성리학의 기본적 명제인 리기이원론은 리·기라는 관념을 이원(二元) 즉 각각 독립적 지위를 갖는 관념적 실체로 보았고, 이는 한 사물 안에서 본성인 리가 형(形)과 질료(質料)인 기와 서로 나뉘어져 있다는(理氣決是二物) 결과가 되어, 사물이 현실성을 잃으면서 추상적 존재가 된다. 이는 리기일원론에서의 리기는 한 사물의 속성(屬性)으로 그 사물이 형실성을 유지하는 것과 대조를 이룬다.

반계가 생각하는 리는 천지만물의 조화의 반영으로 '조화가 조화일 수 있는 것은 실리 아님이 없다(造化之爲造化 莫非實理也). 또한 조화가 없을 수 없는 것은 일체 자연이 원래 그러한 것이기 때문이다'라 하여 조화·리를 천지만물의 속성으로 이해하였다. 이때 리는 천지만물이라는 실체의 구체적인 조화현상으로 따라서 실리라 이름한 것이다.

조화란 천지가 정해지고(位), 해와 달이 밝고(明), 귀신이 어둡고(幽), 사람과 사물이 생겨나는(生) 것 총체를 의미하며, 성명과 인·의·예·악·형·정 역시 인간사에서의 조화 즉 리 아님이 없다(김준석, 전게서).

여기서 그의 실리는 기(氣)와의 관계에서 변화가 온다. 그는 '인의(仁義)는 곧 인지리(人之理)이다. 그런데 리는 당연히 물지리(物之理)라고 해야지 기지리(氣之理)라고 하면 옳지 않다'고 한다. 여기서 물(物)과 기(氣)를 구별하는 이유는 인과 물은 구체성을 갖는 실체이지만, 기는 이들을 포괄하는 보편 내지는 전체로 이는 필연적으로 관념일 수밖에 없기 때문이다.

그는 '천지의 리는 만물에 나타나니 물(物)이 아니면 리의 나타나는 바가 없을 것이고, 성인의 도는 만사에서 이루어지니(行) 사(事)가 아니면 도가 이루어지는 바가 없다(天地之理 著於萬物 非物理無所著 聖人之道 行於萬事 非事道無所有)'라 하여 구체적 사물의 세계 즉 물(物)과 사(事)로 이루어지는 현실적 삶에 절대적 중요성을 부여한다(『반계수록』).

다시 말해 리가 구체적 사물(事物)을 근거로 하여 나타난다는 의미는 사물 즉 시대나 제도의 개별성을 중시하는 현실주의(現實主義)에로의 방향을 열어 놓는 것이다.

이렇게 하여 그의 실리론은 리기론과 경세론을 이론과 실천관계, 사물과 법칙의 관계로 통일함으로서 사회개혁론의 근거가 되었다(김준석, 전게서).

그는 명분론자들의 '도만 밝아지면…'이라고 하는데 반대하며 '천하의 사물은 실사가 아닌 것이 없다. 내가 실리(實理)를 체득하면 천하의 리는 의식적 안배를 기다리지 않고 사물에 부딪치는 대로 리가 패연

(沛然-마음에 감동하는 모양)히 행하게 되어 마치 물을 만나면 배가 뜨듯이(浮) 저절로 되는 것이다'라 하여, 먼저 사물에 즉(卽)하여 그 이치를 따라 행하면 그것이 자연스러운 도의 밝혀짐이 된다는 것이다.

『반계수록(磻溪隧錄)』 서문에는 실학적 정신과 태도에 대해 다음과 같은 서술이 있다.

'도(道)와 덕(德)은 하늘(天)을 근본으로 하고, 정(政)과 제(制)는 땅(地)에 근본하는 것이니, 하늘만을 스승으로 하고 땅을 알지 못하거나 땅만을 스승으로 하고 하늘을 알지 못하면 어찌 올바르다 하겠는가? … 형이상자를 도(道)라 하고 형이하자를 기(器)라 한다. 도는 둥글고 기(器)는 모나니, 정치와 제도는 기이다.'

이 글로 반계는 도기론(道器論)의 입장에서 도와 기의 상관관계에서의 동등성과 동시성(同時性)을 강조하고 있다. 그러나 보다는 땅(器)을 스승으로 하여 하늘의 도를 실현하려는 의지를 보인다.

반계의 사상에는 천과 지, 도와 기를 대립시키지 않고 균형을 이루려는 정신이 그의 인식 근저에 자리하고 있다 즉 원리와 현실을 분리하여 생각하지 않는 이도규사(以道揆事)의 정신이 일관되게 흐르고 있다(남상락, 『동서철학과 한국실학사상의 탐구』).

그는 성리학자로서 '무릇 천하만사는 천리와 인욕 양단일 뿐이다. 가깝기는 한 마음의 미미(微微)함으로부터 멀리는 천하의 일에 이르기까지 모두 한 가지 규칙뿐이니, 사람이 진실로 천리를 보존하면 인욕은 스스로 물러나는 것이다'라 하였다. 이는 성리학의 특성인 이분법적(二分法的) 사유형식의 전형(典型)으로 그는 이러한 성리학의 도덕주의적 기본명제를 수긍하고 있다.

그러나 그는 '삼대의 법은 모두 천리로서, 후세는 인욕으로 만들었다. 인욕의 제도를 시행하면서 국가가 잘 다스려지기를 바라니 어찌 이럴 리가 있는가?'고 하여, 이 명제 즉 천리와 인욕의 관계를 법과 제도론과 연계시켜, 인욕을 제도에 의한 외부적 규제 대상으로, 다시 말해 개인 윤리적 과제를 통치의 대상으로 이끌었다.

이러한 경향은 '성인의 정전법이 땅을 근본으로 하고 사람을 고르게 하는 것도 역시 고요함(천리)을 말미암아 움직임(인욕)을 제어하는 뜻이다(聖人井田之法 本地而均人 亦由靜制動之意也)'라 하였고 이 역시 현실 삶에서 천리·인욕을 수기(修己)의 차원보다는 토지제도라는 객관적인 현실조건의 개선과 연계함으로서 즉 객관적 통치의 문제로 환치하려는 현실주의의 의지(意志)를 보인 것이다.

성리학의 대전제인 성즉리(性卽理)를 부정하지 않는다면, 성은 기질과 세의 방해만 없다면 리로서의 본연을 들어 낼 것이기 때문에 인간이 윤리적 삶을 위해 해야 할 과제는 '도만 제자리에…'가 아니라 '현실 여건만 갖추어 진다면…'이 되어야 할 것이고, 따라서 현실 중심의 생존여건의 향상이 우선되어야 할 것이다. 그것이 현실주의자들이 도를 추구하는 길이며, 항산·항심(恒産·恒心)이 갖는 또 다른 의미라 하겠다.

4) 맹자와 반계

반계 정치사상의 기본 노선(路線)은 맹자의 인정론(仁政論)에 따르고 있다.

맹자는 이상주의자로서, 성리학의 도통론(道統論)에서는 인의(仁義)를 절대적 정신적 가치로 정립시킨 성인으로 받들고 있지만, 그러나 그는 항산(恒産)이 없으면 항심(恒心)도 없다하여 경제적 안정에 우선을 두었다. 그리고 율곡은 이를 '양민(養民) 이후에 교화가 가능하다'고 표현하였다. 그러나 사실 이는 이미 공자의 가르침에서 충분히 강조된 통치의 원칙이기도 하다.

맹자의 경제적 관심은 '5 묘(畝)의 택지에 뽕 나무를 심으면 쉰 살 된 자도 비단 옷을 입을 것이며, 닭, 돼지, 개 등의 가축을 기르는데 시기를 잃지 않으며, 70대 노인이 고기를 먹을 수 있으며 100 묘의 밭에 계절에 따라 경작하면 일가 여러 식구가 주리지 않을 수 있다'라 말할 만큼 극진하고 세심하였다(『양혜왕상』).

그러나 이에 비해 성리학에서는 항심과 항산에 해당하는 수기치인(修己治人)의 두 방편을 두고 있지만 리 우선인 명분론에 치우쳐 항산

(養)에 등한한 것 역시 사실이다. 그것은 주자가 당시 공리주의자인 진량과의 대립각을 세운 논쟁에서도 이미 충분히 들어나 있다. 특히 조선 성리학의 태두(泰斗)인 퇴계는 치인보다는 수기(修己) 중심의 학문적 성향을 대표하고 있다.

조선 성리학은 수기(修己)의 내적 성찰과정에서 요구되는 인간성에 대한 이해를 심화시키면서, 심성론(心性論)에 천착(穿鑿)하게 되어 그것이 조선성리학의 특성으로 자리매김하였다. 그리고 이러한 성리학자들에 의해 운영되는 조선의 현실정치는 명분론과 공리공론에 치우쳐 항산(恒産)에 등한하였다.

그들이 주장하는 '도만 밝아지면…'하는 말에서는 맹자의 '항산이 없으면 항심도 없다'는 대원칙이 무시된다. 이에 비해 반계는 그 원칙면에서 맹자의 올바른 해석자이고 개혁 시도자이었다. 반계는 '예로부터 성왕이 제도를 창설해서 백성을 편안히 함은 다른 술(術)이 있는 것이 아니요, 그 생각하는 바가 천하 백성의 이익을 위하여'할 뿐이었다고 하였다.

맹자의 다음 말은 반계가 실행코자한 토지 개혁문제의 중요성에 대한 이 두 사람의 공감(共感)을 잘 들어내고 있다.

'대저 인정(仁政)이란 경계(經界-토지소유관계)를 명확히 하는 것으로부터 출발한다. 경계가 정확치 않으면 토지(소유)가 불균등해지고 관리의 봉록도 불공평해 진다. 폭군오리(汚吏)는 반드시 그 경계를 정하는 일을 태만히 한다. 경계를 정하는 것이 이미 바르면 토지를 나누고 록을 정하는 일은 앉아서도 할 수 있다(夫仁政 必自經界始 經界不正 井地不均 穀祿不平 是故暴君汚吏 必慢其經界 經界旣正 分田制祿 可坐而定也)' (맹자 등문공상)

3. 유형원－현실 정치에서의 개혁－

1) 토지 개혁

① 개 관

조선조 지배관료층의 경제적 수요는 원칙상 과전제에 의해 보장되었다. 그러나 과전의 불법 상속과 무분별하고 과다한 공신들에 대한 토지분급으로 세조 때 이미 직전제로 바꾸어야 할 만큼 그 한계를 노정하였다.

그리고 직전제 역시 유지되기 어려웠고 그러한 혼란스러운 상태는 오히려 특권층의 권력을 이용한 대토지 소유의 경향을 가져왔다. 특히 임난 후의 궁방전의 설정, 둔전의 확대는 관전(官田) 특히 역토(驛土)에 대한 사유화와 함께 그러한 경향을 한층 심화시켰다. 결국 문란한 토지 소유관계는 농민 경작지의 결핍으로 이어지면서 그 폐해가 극심하였다.

『반계수록』의 첫 머리에서 그는 '경계(經界-토지소유관계)가 한번 바르면 만사가 따라서 된다. 만일 전제(田制)를 밝히지 않으면 민산(民産)도 마침내 떳떳하지 못할 것이며, 부역(賦役)도 마침내 고르지 못할 것이며, 호구(戶口)도 마침내 밝혀지지 못할 것이며, 군오(軍伍)도 마침내 정비(整備)치 못할 것이며, 사송(詞訟)도 마침내 그치지 못할 것이며, 형벌(刑罰)도 마침내 간략히 되지 못할 것이며, 풍속도 마침내 돈후(敦厚)하지 못할 것이니 이와 같고도 능히 정교(政教)를 행한다는 것은 있을 수 없는 일이다. 대체 그것은 어째서 인가? 토지는 천하의 대본인 까닭이다'라 갈파(喝破)하였다.

천관우 교수는 이를 두고 '관념의 유희에 탐익(耽溺)하고 인습의 철쇄(鐵鎖)에 자박(自縛)된 조선 사회는 반계 한번 나오매 비로소 자신의 창이(創痍)를 직시하게 되는 것이며 반계 종횡의 포부 또한 일언으로써 그 연원을 삼는다. 그는 토지문제의 정비 위에 인민의 부담과 국가의 재정을 논하고, 그 기초 위에 서서 정치와 국방과 과거(科擧)의 제도를 논하는 것이니, 토지정책은 그의 모든 정치체계의 공간(槓杆)이며 토지를 매개로하는 신분적 계급관계가 봉건제도의 본질이라면 이 또한 당연한 일이다'라 반계사상을 일관(一貫)하였다.

반계는 '토지는 천하의 대본'이라는 확고한 신념하에 토지제도의 개혁을 주장하였다.

그리고 이미 그가 말한 대로 토지관계는 민산(民産), 부역, 호구, 군오(軍伍), 사송(詞訟), 형벌, 풍속 등의 제반 문제가 결부되어 있어 그의 토지제도 개혁은 곧 사회 전반에 대한 개혁과 직결되어 있는 것이다.

이처럼 토지문제를 중심에 두고 사회전반을 한 틀에서 조감(鳥瞰)하는 능력이 그를 실학의 태두로. 더 나아가 최초의 조선 체계적 사회학자로 만들었다.

그가 희망하는 바는 주례(周禮)의 정전법(井田法)의 시행이었으나 우리나라의 지형과 현실이 따르기 어려워, 고려조에 시행한 바 있는 균전법(均田法)을 원칙으로 하되 그 결함을 조절하면서 정전법의 실효를 거두도록 하자는 것이다. 그러나 정전법이나 균전법은 둘 다 토지 국유를 원칙으로 함으로서 토지의 일부계층에의 집중이나 그로 인한 무전(無田)의 백성이 생기는 일이 없도록 하려는 데는 일치한다.

그는 토지개혁을 통해 농민의 최저생활을 보장하고, 국가재정을 재건하려 하였다.

그의 이러한 토지 개혁방안의 가장 큰 과제는 첫째가 이미 토지의 사유화(私有化)가 대세로 진행된 상황에서 국유화로의 환원(還元)이고, 다음에는 이들을 분급하는 방법상의 원칙과 과세상의 문제였다.

② 토지소유권

일본인 학자인 신다니(沈谷敏鐵)는 조선조 토지제도상의 소유권에 대하여 국가는 수조권을, 전주는 공법적 형식적 경작권을, 전객(佃客)은 사법적(私法的) 실질적 경작권을 갖는 것이라 하였다. 즉 소작인의

'대리인에 의한 점유'와 지주의 '대리점유'라는 점에서 현대의 경우와 다름없으나 원칙적인 처분권이 국가에 있음을 인정한데서 토지국유임을 시사하고 있다. 그러나 사실상의 처분권인 토지 수수(授受)가 국가에 의해 행해지지 못하고 매매, 양도, 상속, 저당 등이 개인간에 행하여졌다는 데서 토지국유가 사문화(死文化)되었음을 보여준다고 하였다(천관우, 『한국실학 연구』).

반계의 토지개혁은 국가가 완전한 소유권을 발동할 수 있는 토지국유를 전제로 집권(集權)체제를 강화하는데 목적이 있는 만큼 그에 대해 반대하는 세력이 결코 적지 않을 것이고, 그는 이를 인식하고 있었다. 따라서 '혹 말하기를 이 법은 진실로 즐겨할 자 많으나 부호(富豪)는 이(利)를 빼앗김을 면치 못할지니 난(亂)을 일으킬 단(端)이 되지 않을까 하는 이가 있다. … 가사(假使) 간남전리(奸濫專利)하는 자(者)있어 혹은 원대(怨懟)를 품는다 하더라도 장차 누구를 더불어 난을 지을 것이며, 또 … 혹 난을 짓는 자 있다하더라도 스스로 복주(伏誅)하게 될 따름이다'고 하여 그 단호한 태도와 만만한 자신감을 피력하고 있다.

그는 일체의 타협론을 도리어 착간(錯簡)과 행간(行奸)을 일으킬 위험이 있다고 일축하면서 '공전이면 공이균(公而均)하고 사전이면 사이편(私而偏)하니 민산(民産)이 유항(有恒)이면 인심도 유정(有定)이라'(수록)는 철칙에 따라 토지의 국유와 그 합리적인 재분배를 단행하는 이외에 다른 길이 없다고 단정하고 있다.

그러나 이러한 호언 자체가 이미 현실조건을 가볍게 여긴 이상성(理想性)의 표현으로 공전제 원칙이 붕괴된 당시의 상황에서 그가 주장하는 토지 국유화의 실현문제는 현실에서는 원리 원칙상의 논의에 그치는 의제적(擬制的) 성격이 강하여 그 구체적 실천은 시도해보지도 못하였다.

③ 분급(分給)의 원칙

반계의 토지 분급의 목표는 경자유전(耕者有田)이라는 전통적 이상(理想)의 실현으로 농민(남자 20세)에게 동등하게 일경(一頃-100묘(畝))의 토지를 지급하여 전체 농민을 자작농으로 육성하려는 것이었다.

또한 토지제도 개혁의 문제에는 토지 분급만이 아니라 이와 직접적인 관련을 갖는 과세(課稅)와 병역(兵役)문제도 깊이 연관되어 있어 그는 이들을 함께 다루어야 했다.

반계의 전제개혁의 원칙에 첫째는 이전위본(以田爲本)이다. 토지분배의 기준을 사람에게 두는 것이 아니라 토지에 두어 모든 농민이 균일하게 농지를 갖도록 하자는 것이며 군역, 세부(稅賦) 역시 토지를 근거대상으로 하여 일률적으로 과(課)하자는 것이다.

당(唐)과 고려의 전제는 '인(人)을 기준으로 정(丁)의 수에 따라 전(田)을 나누어 주는(以人爲本 計丁給田)' 제도였고, 반계는 이를 '지(地)를 근거로 세(稅)와 역(役)을 걷어 들이는(以地出稅 以地出役) 것'을 원칙으로 하는 제도로 바꾸고자 한 것이다.

이러한 공전(公田)의 법은 '균인이전(均人以田) 계전출병(計田出兵)'이며 이는 유전자(有田者)는 반드시 역을 가지게 되고, 반대로 역을 지는 자는 반드시 전(田)을 가지게 하는 것이다. 그는 이 원칙에 따른 농토의 분배를 통해 백성의 균등한 생활을 달성코자 하였다.

만약 사람을 기준으로 세금을 징수하고 군역이나 기타 부역을 정한다면 대상자인 그 사람이 죽거나 유이(有移)했을 때 문제가 생기지만 토지에는 항상 경작자가 있어 이를 대신 할 수 있기 때문에 나라로서는 세적(稅籍)의 누호(漏戶)가 없고, 백성으로서는 무산(無産)의 역(役)이 없게 되어 율곡이 말한 일족절린(一族絕隣)의 폐가 생겨나지 않을 수 있다.

둘째의 원칙은 일부일경(一夫一頃) 사경일병(四頃一兵)으로 이는 토지분배의 양적(量的)단위와 출역(出役)의 단위를 규정한 것이다. 일경(100묘(畝))을 20세 이상의 농민 1인당 기준 토지분배량으로 하여 소정의 세를 부담시키고, 또한 4경=4부(夫)를 하나의 공동 책임의 단위로 하여 그 중에서 건장한 1인을 출병시키고 나머지 3인이 그 입역(立役)의 비용을 부담하는 병(兵)의 보역자로서 '보(保)'가 되도록 한다는 것이다.

셋째는 획방성경(劃方成頃)의 원칙이다. 이는 정전법의 방리이정(方里而井)의 원리에 맞도록 토지를 구획하여 지형이 네모가 되지 않는 것은 깎고 보태어서 잔여 밭을 처리할 것이며, 도로와 하천을 경계로 사용하는 동시에 농사가 한가한 철을 이용하여 봉토개구(封土開溝)하여 표식을 만들도록 한다는 것이다. 이것은 토지개혁을 하면서 동시에 경지 정리를 통해 증산(增産)을 꾀하고자 한 것이다.

그러나 반계는 사대부 지배층에 대하여는 여전히 특권을 부여하여, '사대부는 농사를 짓지 않더라도 정해진 밭에 일정량을 더하고, 또한 상전을 배당할 뿐 아니라 군역 역시 면제토록 제안 하였다'(士以上 非農業者 而定田有加 士以上田 皆不出兵)[36]

2) 과세제도

조선조에서 농민에 부담되는 조세에는 조(租)와 역(役) 그리고 공물(貢物)의 세 가지가 있고, 농본사회에서 조세의 대종(大宗)은 전세(田稅)이고, 따라서 전세에 적용하는 부세기준의 근거와 방법의 중요성은 절대적이다.

또한 역(役)이라 함은 요역(徭役)만이 아니라 피지배층이 그 속하는 신분에 따라 노동을 통하여 그 지배구조에 망라조직(網羅組織)되는 일체의 공공적인 의무로서 부담되는 일체의 형태를 가리킨다(천관우, 전게서).

① 경묘법

반계는 사람을 기준으로 하는(以人爲本 計丁給田) 제도로부터 땅 중심으로(以地出稅 以地出役)라는 토지 분급원칙의 변경과 함께, 과세에 있어서도 조세 중심적인 수확량 기준의 결부법(結負法)으로부터 땅을 기준으로 하는 경묘법(頃畝法)의 채택을 주장하였는데 이는 공전제(公田制)의 시행을 위해서도 시급한 과제였다.

---

36) 17세기 양반이 군포징납의 면제 대상이 된 것은 처음부터 법제적 근거에 따른 것이 아니라 그들의 신분적 특권에 대한 암묵적 배려이자, 수조권분급제가 소멸되는데 따른 대상(代償)으로서 관행화 된 것이다.

결부제(結負制)는 고려시대 이래 전조(田租)의 기준으로 적용한 제도로 일정한 수확량에 의거하여 토지면적을 표시하는 방법으로 수확량과 토지면적을 동시에 표시하는 이중성을 가지고 있다. 따라서 같은 1결이라도 그 수확량에 따라 토지면적은 다를 수 있다.

이에 비해 경묘법(頃畝法)은 주척(周尺)으로 6척을 일보(一步), 백보(가로 일보, 세로 백보)를 일묘(一畝), 백묘를 일경(一頃-약 40마지기(斗落))으로 토지면적을 동등하게 한 단위로 하고, 부세(賦稅)는 토지 등급을 나누어 그에 따라 차등하게 부과하는 제도로 그 실행에서의 공평성이 보장된다고 보았다.

그에 대하여 '후세의 토지제도는 오직 수세만을 일삼아 세액의 동일만을 기준으로 결(結)을 정한 것이나 … 토지상의 누세(漏稅)를 살피기 어렵고 복잡하여 이서(吏胥)의 자의적인 신축이 가능하였고, 이를 이용해 관리들의 농민수탈과 조세의 중간수취가 극심하다'고 피력(披瀝)하였다.

그는 '대저 경묘법은 조세기준의 본체이고 결부법은 그 말이다(夫頃法 體也本也 結法 用也末也)'라 생각하였다. 당시 조세는 토지에 대한 과세 외에도 그 수많은 잡부(雜賦)가 모두 결(結)을 기준으로 하여 부담되어 결부법의 폐해는 더욱 가중되었다.

② 재정운영

당시 국가의 재정운영은 예산의 대강(大綱)이 없이 국가 각 기관이 독자적인 수입원(收入源)과 지출권(支出權)을 가지고 양출위입(量出爲入)이라는 방침에 따라 무계획하게 집행됨으로서, 농민들의 계속적인 조세부담을 요구할 수밖에 없는 체제였다.

이에 반계는 국가와 궁중의 예산은 미리 액수를 확정, 정상적인 세금으로만 충당하고, 일체의 잡다한 공물은 파기할 것을 제안하였다.

그는 진상·공물의 폐단을 없애려면 궁중의 일년 예산을 미리 확정하고 그에 따라 예산을 집행하는 원칙을 지켜야 한다. 국가의 예산뿐 아니라 궁중에서 소요되는 일체의 물품도 미리 책정하여 정상적인 세금으로 충당하고 일체의 잡다한 공물을 폐기하고, 이와 함께 대동법의 실시를 요구했다. 그리고 궁중의 예산 절약 방안으로는 율곡에 따라 내수사 폐지를 주장하였다.

3) 군역 및 노비제의 개혁

① 군 역

조세개혁의 다른 하나의 초점은 군정(軍政)의 확립에 있었다.

군에는 병사·수사·첨사·만호·권관 등의 직급이 설치되어 있으나 이들에게 고정된 봉급이 없었다. 이는 군인사(軍人事)에서부터 병역면제 등을 위요한 비리와 부패의 원인이 되었고, 또한 그들은 자신들의 지위를 최대한 이용하여 생활비를 충당, 더 나아가 축재(蓄財)로 이어졌다.

군역에서의 또 다른 폐해는 그 병역의무자가 유고(有故)시 친척과 이웃에 책임을 묻는 족징(族徵)·인징(隣徵)의 시행에 있었고, 이는 사회적 폐단을 유발, 율곡은 이를 일족절린(一族切隣)의 폐(弊)라 하였고 이러한 현상이 반계 시대에도 계속되었다.

그에 대한 근본적인 대책이 첫째가 토지분급 개혁안인 이전위본(以田爲本)이고 그에 따른 일부일경(一夫一頃) 사경일병(四頃一兵) 원칙이다. 한 병사를 다른 셋이 뒷바라지 하여 병역을 무사히 마칠 수 있다는 것이다.

또한 둘째로는 과세제도의 개혁 즉 경묘법을 군역과 연계하는 방안이다. 그는 '지금의 결부법에서 토지는 오직 조세만을 받고, 병정(兵丁)으로는 따로 장정(壯丁)을 뽑아내니 토지를 가진 자가 반드시 병역이 있는 것도 아니고, 병역이 있는 자가 반드시 토지가 있는 것도 아닌, 토지와 사람이 아무런 관련이 없는 두 길로 되어 이 제도는 더 이상 쓸 수가 없는 것이다.

따라서 공전법은 토지를 사람들(壯丁)에 고르게 분급하고, 토지면적을 계산하여 병역을 내어 토지와 사람이 합하여 하나로 되는 것이니 반드시 경묘법을 써서 토지의 경계를 바로 잡은 뒤에야 (군역)고르게 되는 것이라 하였다.

② 노비(奴婢)

조선조에서 노비는 토지와 함께 가장 중요한 재산으로 간주되기조차 하였다. 이러한 노비는 한번 빠지면 다시 헤쳐 나올 수 없는 이른바 '유입무출(有入無出)'로, 지배층의 요구에 응해 그 범위는 날이 갈수록 확대되었다.

이들은 혹심한 신분적 긴박(緊縛)으로 세습을 강요당하여 종모법(從母法)에 따라 소생 자녀들 역시 노비신분인 생모에 따랐을 뿐 아니라, 노비의 지속적인 유지·확대를 위해 양친 중 한 쪽만 천인이라도 그 자녀 역시 천인이 되는 관례가 공인되었다. 따라서 그는 당시 종모법(從母法)은 양녀(良女)에게는 적용되지 않는 데도, 그 양녀의 남편이 노비인 경우 그녀들의 자식들이 모두 천민이 되는 폐단이 있어 이를 막아야 함을 주장하였다.

그러나 그 외에도 천인에게는 군역에 충당되지 않아 양인이 스스로 천인으로 전입하는 경우도 생겨 '본조(本朝)에 이르러서는 천자(賤者)가 점점 많아져 십중팔구나 되고…'(수록)라 할 만큼 사회적으로 확대되었다.

율곡과는 달리 그는 노비를 속량할 수 있으면 하되, 속량이 못되는 노비라 하더라도 단순히 신분적 상하관계에 의한 예속관계에 놓이는 것이 아니라 고용에 의한 경제적인 계약관계로 전환시키자는 것이다(『반계수록』). 그는 이른바 노비의 고공제(雇工制)를 제안한다.

이는 비록 반계 자신은 의식하고 있지 못했을 수도 있지만, 사회구성 원리면에서 보면 신분관계로부터 일종의 사회적 계약관계로의 이행의 의미일 수도 있다.

그는 이를 군역의 경우에도 적용하여, 노비가 군에 입대할 때는 그에 해당하는 급료를 주도록 하고, 또한 군대에 가는 자는 능력에 따라 속량해주어야 한다고 하였다. 이러한 정책은 훗날 정조에 의해 장려되기도 하였다(안재순, 『율곡학과 반계실학』).

4) 과거제도

① 신분제

조선조의 관리 충원 방식은 대체로 과거(科擧)와 국가 유공자의 자손이나 궁정과의 친척관계, 삼품 이상의 요직을 지낸 자의 자손이 특별히 임용되는 문음(門蔭)이라는 두 제도가 있었으나 점차 정치권이 안정되어 가면서 과거제도가 주를 이루었다.

반계는 이러한 과거제에 대하여 여러 불합리. 부당한 면을 지적하고 있다. 그는 폐쇄적인 과거제도 자체를 비판하기 전에 먼저 당시 신분제의 불합리성을 지적하였다.

그는 사회가 명분에 의해 질서 지워져야 한다는 성리학의 수직적 정치사회관을 수용한다. 그것은 이미 공자의 정명사상(正名)에서 천명(闡明)된 바이고, 하나의 국가사회가 하이라키(Hierarchy)를 구성하는 것은 필연적이다. 다만 차별에 대한 정당성의 근거가 얼마나 합리적이냐가 관건(關鍵)이고 그것이 그 사회의 문명정도를 가늠하는 하나의 기준일 수 있다.

반계는 혈연 중심의 출생을 근거로 하는 봉건사회의 한계를 지적하고 있다.

그는 '명분이란 곧 천지자연의 이치이니 어찌 엄하게 하지 않으리오. 소위 명분이란 본시 귀천의 차이에서 나온 것이오, 귀천이란 본시 현우(賢愚)의 나뉨에서 나온 것이다. 그러나 오늘 날에는 그 사람의 착하고 악함을 가리지 않고, 귀천을 오로지 선세(先世) 벼슬의 고귀함에 따라 차이를 지으면서 말하기를 명분을 엄하게 한다 하니 어찌 의(義)에 합당하겠는가?'라 하여 이를 통박(痛駁)하고 있다.

결국 귀족이 결코 우수한 재능을 가진 집단으로 간주될 수 없는 이러한 불공정한 신분제에서, 그러한 집단에 의해 폐쇄적으로 운영되는 과거제도는 바람직하지 않다는 것이다.

사실 서구의 계몽주의자들은 동양 정치에서 행해지고 있는 과거제에 대해서는 많은 찬탄을 보낸 바 있다. 과거제가 갖는 개인 실력위주의 등용과 기회 균등의 원칙은 당시 서구 정치실정으로는 선망(羨望)할만한 것이었다. 그만큼 과거제의 올바른 시행은 동양사회 나름의 민주성 근대성을 실천하는데 가장 요긴한 제도이다.

조선의 과거제에서 문무과에는 양반이, 잡과는 중인이 응시하는 것이 상례이었다. 그러나 조선조 과거제는 법제적으로는 천(賤)을 제외한 양(良) 이상의 신분이면 누구에게나 응시자격이 주어졌다. 그리고 초기 신분제인 양천제(良賤制)는 이분(二分) 즉 양인과 천민만으로 나뉘었고, 이때 양인은 천민을 제외한 양반과 중인, 평민까지를 포함한 개념으로, 과거는 모두에게 개방된 상태였다.

그러나 사대부(士大夫) 계층이 양반계급을 형성하는 16.7세기에 이르러는 신분제가 분화(分化)·고정되며, 사대부는 계급적으로 일반 백성들과의 차이를 공고히 함으로서 양인(良人)의 범주를 벗어났다. 따라서 양인은 양반과 천민(賤民)을 제외한 백성, 민(民) 즉 피지배 계층을 지칭하게 되면서 상대적으로 하강하였다. 그리고 사회계층이 서로 섞이는 과정에서 종래의 중인(中人)계층이 확대·형성되어 갔다.

신분제의 분화와 그 차별의 심화(深化)에 따라 양인계층은 통치계급으로 진입할 수 있는 기회인 과거는 점점 멀어졌다. 또한 실제 과거에 응시하기 위해 필요한 학문에 전념할 수 있는 생활의 여유는 양반층에 국한되면서, 과거는 자연스레 양반의 전유물이 되어 신분제적 성격을 띠게 되었다. 다시 말해 과거제에 있어 신분제한은 법률이 아니라 관습에 의해 이루어진 것이다.

그러나 결과적으로 과거제는 신분적 폐쇄성격으로 본래의 개방성을 잃어갔고 그 원인이 양반과 양인이라는 계급제 분화·고착의 영향에 따른 것이었다.

② 시험 과제

과거시험에서 과제(課題)상의 문제는 시험의 내용이 덕행 그리고 경전에 대한 숙지(熟知)와 이해보다 사장(詞章-시가(詩歌)과 문장(文章))에 의한 평가 중심으로 성행하는 데 있었다.

이에 대해 그는 '천하의 일에는 행함이 부족한 것을 근심하고, 말이 부족함을 근심치 아니하며, 항상 실(實)이 부족함을 근심하고 문체가 부족함을 근심치 않는 법이다. 그리고 후세에 실덕(實德)이 없어진 것은 사람들의 뜻이 부문(浮文-외면치레의 경박한 글)에 따른 때문이다. 이는 모두 과거의 해독이다'라 하였다.

또한 시험의 일회성 역시 그 능력을 판단하기에 적합지 않다고 보았다. 뿐만 아니라 합격 이후에는 진급에 있어 문벌과 당파가 작용하면서 실력 위주의 원칙이 장애를 받게 되는 점 역시 지적하였다.

따라서 반계는 관리의 조달 방법으로서 교육제도에 기반을 둔 공거제(貢擧制)를 제안하고 있다. 그 취지는 한 번의 시험으로 관리로 임명하는 데 있을 수 있는 요행(僥倖)이나 폐단을 막기 위해 '계통적인 교육단계를 거쳐 양성된 자들 중에서 학행(學行)이 우수한 자'들을 키우고 선발·채용한다는 것이다.

그가 제시하는 교육제도는 초급 교육을 위해 서울에는 '사학(四學)', 부군현(府郡縣)에는 '읍학(邑學)'을, 그리고 중급 교육기관으로는 전국에 '영학(營學)', 서울에 '중학(中學)', 상급으로는 서울에 '태학(太學)', 그리고 그 위에 '진사원(進士院)'을 설치, 단계적으로 진학시켜 관리로 등용하자는 것이었다.

그리고 지역편차를 없애는 공평성을 기(企)하기 위해 입학생을 각 도별로 적정 인원을 분배하고, 일종의 졸업정원제를 시행하여 관리들의 수급을 조절한다.

5) 법과 정치 제도론

봉건시대에 법(法)의 개념은 정치·토지, 군사 등의 제도와 예의·도덕을 비롯한 사회생활 전반에 대한 규범까지도 포함하는 제도와 질서를 포괄한 것이다.

① 관 료

반계는 역사(役事)의 불균형(不均形)을 바로잡고 이서(吏胥)에 의한 주구(誅求)의 폐단을 없애려면 관리의 제도가 제대로 잡혀야한다고 생각하여 그 개혁을 요구하였고, 그의 관료제도 개혁은 율곡의 영향을 강하게 받았다.

첫째 관리의 임기는 임무수행에 있어 자신의 능력을 충분히 할 수 있게 되도록 길게 한다. 예컨대 중앙직의 당하관(堂下官)인 경우 6년, 외직의 수령, 진장, 교관, 찰방은 9년, 관찰사 등은 6년으로 한다. 너무 잦은 인시이동은 관리의 능력을 시험해 볼 기회가 없어, 능력과 자질이 없이 요행으로 자리를 차지한 자들을 변별할 수 없었고, 이들에 의해 백성을 수탈하는 일이 있게 된다.

둘째 관직을 조정하여 불필요한 직제를 없애 관원의 수를 줄인다. 꼭 필요한 관직이 무엇인지를 헤아려 관리의 정원을 책정하고 고정급을 주어 생활을 보장해 주어야 한다.

반계는 제도개혁을 탐구하는 과정에서 율곡의 만언봉사와 동호문답을 많이 참고하였다.

② 법에 대하여

반계는 법에 대해 '대저 마땅한 때(時之宜)에 인간의 감정(人之情)에 어긋나지 않도록 만들고, 모두에게 고르게 시행하는 령의 고름(均之令)이 법의 선(法之善)이다'라 하여 그 원칙을 제시하고 있다.

'마땅한 때'란 현실의 구체적인 상황에 맞는 시중(時中)의 의미이다. 법을 적용하는 대상인 현실 상황은 항상 유동적이어서 그 적합한 때를 잃게 되면 그 목적을 이룰 수 없을 뿐 아니라 오히려 부작용을 가져 올 수 도 있다. 때(時)는 항상 유동하는 시대변화 속의 한 상황의 선택이며, 그것은 일회적이고 개별적인 성격을 갖는다.

이러한 '마땅한 때'를 알기 위해서는 시대적 현실을 정확하게 파악하는 한편 변통(變通)의 논리를 능동적으로 적용하여 선택하여야 한다.

이런 의미에서 법의 시의성(時宜性)이란 변화 속의 개혁을 적극적으로 지향한다는 의미를 포함하고 있다.

다음에 그는 '인정은 인간이 이익을 따르고 손해를 피하려 하는 것(人之趨利避害之情)'이라 보았고, 인지정을 강조한 것은 인간의 욕망을 긍정적으로 이해하려는 것으로, 사실 그는 '(내 마음에 갖추어진) 순리(順理)에 따르지 않고 이익(利益)을 어긴다면 그것이 어찌 인정이리오?(背順違利 豈人情哉)'라 하였다. 그리고 좋은 법이란 인간의 상정(常情)을 거슬리지 않아야 한다는 것이다.

이처럼 그는 인정에 따른 이(利)의 추구에 긍정적이었으나 공상(工商)의 이익을 말리(末利), 사회적 관계에서 해(害)가 되는 자신만의 이익을 사리(私利)라 하여 이 둘을 경계하면서 전자는 세금(稅金)으로서 후자는 통치 차원에서 통제되어야 한다고 생각하였다.

그리고 '령의 고름(令之均)'을 말함으로서 그는 시행과정에 있어 귀천·빈부를 떠난 법집행에서의 민주성 내지 근대성을 주장하는 의지를 보인다.

그는 법의 시행이 성공하려면 이러한 세 가지 조건을 갖추어야 함을 강조한다. 이때 법의 선(善)은 법에 의해 각각의 인간이 자기의 분(분)을 취득한다는 공리적 효과를 의미하며 또한 잘 시행된다는 의미이기도 하다. 그렇지 못한 법이 되어, 이를 어기게 되면 결국 형벌에 의존하게 되며, 이 경우 '형벌을 조금만 늦추면 법이 도로 폐지 될 것이다'라 보았다.

따라서 좋은 법을 만드는 것이 중요하며 이때 법을 만드는 사람들이 갖추어야 할 기본정신은 천하위공(天下爲公)이어야 한다. 그는 '공과 사라는 두 글자는 '천리'와 '인욕'의 갈림 길이니 나라를 다스리고 제도를 만드는 데는 조그만 '사'도 용납되어서는 안 된다'고 한다.

그리고 모든 법이나 제도에 대한 논의가 토지문제와 연계되어 있는 반계의 입장에서 보면 무제한의 사전(私田)은 사(私)이며 공전제의 실시는 공(公)의 실현이었다.

그는 법의 필요성에 대해 '대저 법이라 함은 장인(丈人)의 먹줄과 자(尺) 같은 것이요, 다스리는 자의 본보기라, 이른바 먹줄과 자가 올바른 먹줄과 자가 아니고 본보기가 올바른 것이 아니라면, 비록 천하에 훌륭한 장인이라도 한 칸의 집이나 한 개의 기물도 만들 수 없다' 고 하였는데 이는 이미 선진(先秦)의 순자(荀子)가 한 말로 순자는 법가(法家)의 조종(祖宗)인 이사(李斯)의 스승이었다. 이처럼 그는 법가적 치인(治人)을 어느 정도 수용하였다.

그는 당시 도덕만능의 교조적 성리학이 전횡(專橫)하는 사회분위기에서 법의 필요성과 좋은 법을 만들기 위한 제언(提言)을 함으로서 이들과 맞섰다. 그것은 도기론에 따른 현실적 객관적 규범을 요구하는 것이었다.

6) 향 약

향약(鄕約)이란 원래 '여씨향약' 이래 덕업상근(德業相勸), 과실상규(過失相規), 예속상교(禮俗相交), 환난상휼(患難相恤)을 골간으로 꾸며졌지만 이를 세목화된 가족 윤리들과 함께 향속의 윤리규범들을 더 한 것이다. 따라서 향약에 반영된 위계(位階)는 '가례' '족계'에서 나타난 것 외에도 처법, 적서, 장유 및 지주 전호·이민(吏民)·반상·사농공상·주노(主奴)의 차등을 포함하고 있다(윤사순, 『조선시대 성리학 연구』).

교화(敎化)가 정치사회질서 확립이라는 통치론의 차원에서 백성의 내면적 도덕성을 개발·고양시키는데 목적이 있다면 향약은 그러한 내면주의를 보완하는 형태의 실천적 규범인 동시에 그 실천을 위한 제도적 장치라 하겠다.

퇴계는 '인도의 대본인'인 효제충신(孝悌忠信)을 실제로 실행하는 곳은 가정과 향당임을 지적한 바 있다. 특히 인도 규정(糾正)의 책임이 향소에 있음을 역설하였다(『퇴계집』).

반계는 교화의 길을 정치제도에만 의존하지는 않았다. 그는 향약의 시행을 통해 개인·가정뿐 아니라 사회 공동체의 예적(禮的) 질서를 확립하고자 하였다. 즉 향약에 따라 공동체 내의 덕화(德化)와 선(善)의 추구를 도모함으로서 더 나아가 도덕국가의 실현도 가능하다고 보았다.

그는 향약의 시행에 있어 사대부 계층을 주요한 대상으로 인식하였고, '공사천(公私賤)은 학교나 향약에 들이지 말 것'이라 하여 그의 신분제 질서의 사고를 들어낸다. 그러나 '향법의 행함이 비록 사대부로부터 시작되나 서민도 또한 남과같이 떳떳한 법을 지키고 있는 자는 어찌 잘 권유하고 지도하여 한 가지로 선(善)에 들어가지 않으리오?'라 하여 향약의 범위를 서민에게도 개방되어야 할 것이라는 뜻을 내비쳤다.

그는 '향약의 행함은 옳은 사람을 얻음에 있으니 마땅히 그 추천하여 가리기를 지극히 하고 우대하기를 예모(禮貌)로써 하여야 한다. 약정(約正)이 되는 자도 또한 먼저 몸을 바르게 하여 남의 모범이 되어 향리(鄕里)를 거느려야 한다'고 하여(수록), 향당에서 인재를 관(官)에 천거 그리고 향리를 거느릴 권한을 염두에 두고 있음을 볼 수 있다.

또한 그는 향약의 조직을 국가의 행정조직인 오가작통(五家作統)을 기본 단위로 하여 방(坊)과 향(鄕)에 이르는 구성을 제안하고, 향약 내에서의 과실을 사회적 문제로 이해하여, 이에 대한 규제 역시 향약 내에서 처리하기 보다는 관(官)과 협의한다는 기본 생각이었다.

이처럼 그는 향촌의 자치규약인 향약을 국가행정과 연계시켜 이를 보완하는 기능으로 보아, '상고하건데 향당(鄕黨)의 제도가 이룬 연후에야 생양(生養)하는 일을 완수할 수 있고, 교화의 법령을 행할 수 있고, 풍속을 균일하게 할 수 있는 것이오, 그렇지 않으면 성왕이라도 정치와 교화는 이루지 못한다'고 하였다(『반계수록』).

조선 사회에서의 향약 제도는 백성 전체를 유교적 가치질서로 통합, 교화하는 데 있어 가장 큰 공헌을 하였다. 개화기의 의병(義兵)들의 의거가 유림에 의해 주도되었다는 것은 향약을 통해 일반화된 유교적 가치관이 그 정신적 사상적 배경이 되었음을 의미한다.

그러나 향당은 조선 후기에 들면 정치사회적 현실세력으로부터 탈락하여 밀려난 낙향 사대부들이 토착 세력화되어 온갖 악폐를 저지르는 근거지가 되기도 하였다. 이때 향당의 갖는 관의 보조기관으로서의 성격은 서민들을 징치(懲治)할 수 있는 권한을 암묵적으로 승인받음으로서 향당은 현실적으로 권력기관이 되었다.

또한 근본적으로는 향약에서 예론 중심의 유교적 가치관을 실천하면서 이것이 곧 계급사회를 유지하는데 도움이 되었다. 특히 향약의 권농문에는 관리와 양반과 적자(嫡子) 및 지주에 대한 능멸을 그 어느 죄목보다 중벌로 다스려야만 한다고 하여 결과적으로 지배·수탈행위에 대한 저항의지가 싹트지 못하도록 하였다.

4. 성호 이익(李瀷, 星湖, 1681-1763) – 정치사상 –

– 실학은 반계 유형원에 의해 학문으로서의 체계가 이루어지고 성호 이익에 의해 학파가 성립되었으며, 다산 정약용에 의해 집대성(集大成)되었다(천관우). –

1) 생애와 학문

성호가 살았던 18세기 초는 양난의 피해가 어느 정도 회복되어 가는 시기였다.

당쟁이 격화·정변에도 불구하고 농지 개간, 대동법 시행과 주전(鑄錢)사업을 통한 국가 재정의 확보, 그리고 노비추쇄(奴婢推刷) 및 호패법, 오가작통법의 강화에 의한 신분제의 유지, 향촌질서의 회복이 부분적이나마 조선조 지배기반을 안정시켜주었다고 할 수 있다(이종범, 『조선시대정치사의 재조명』).

특히 논농사에 있어 이앙법(移秧法)의 전국적 실시는 농촌사회의 중대한 변화를 가져왔다.

성호는 '남쪽 지방에서는 모두 이앙(移秧)을 하는 데 종전의 직파법(直播法)에서 보다 노동력이 8할이나 감소되는 반면 소출(所出)은 두 배로 증가하였다'고 그 효율성을 전하고 있다(『성호전서』). 그러나 이로 인해 유휴노동력이 발생, 이들은 농토를 떠나 도시나 광산에 유입되어 임금노동자가 되거나 일부는 거리의 유랑배가 되었지만, 그들 대부분이 농업 근로자로 전락하는 사회적 변화가 뒤따랐다.

한편 문화적 측면에서는 '서양의 서적은 선조 말년에 이미 우리나라에 들어 와서 이름 난 고관이나 큰 학자들 가운데 보지 않은 이가 없었다. 그들은 그것을 제자(諸子)나 도교 또는 불교의 서적과 같이 여기고 서재에 비치해 두고서 읽었다'고 하여 서양문화가 비공식적 채널(Channel)을 통해 수입·유통되고 있었음을 밝히고 있다(안정복, 『순암전집』). 그것은 분명 학문에 대해 개방적인 관심을 갖는 사대부들에게는 신선한 충격으로 다가 왔다.

성호 이익은 사대부 계층의 분열·대립이 격화되던 시기에 당쟁의 화난(禍難) 속에서 몰락하기 시작한 한 남인(南人)의 가문에서 태어났다. 그는 실학 선배인 반계로부터는 두 세대(60년) 후에, 그리고 송시열의 문하에서 그 계보를 이어 마지막을 화려하게 장식한 남당 한원진보다는 한 해 뒤에 태어났다.

그는 중형(仲兄)이 당쟁으로 죽음을 맞자 '과거 공부에 뜻이 없어졌으며 문을 닫고 엎드려져있어 날로 속세와는 어긋나게 마련이어서 집에 장서(藏書) 수 천권이 있어 이를 번열(繙閱)함으로서 소일의 자(資)로 삼게 되었다고 한다(『성호문집』).

그는 반계와는 달리 부친이 연경(燕京)으로부터 가져온 서구문명에 대한 많은 역서(譯書)들을 접하여 근대적 천문, 지리, 역법 등에 대한 지식을 흡수함으로서 보다 합리적 사유가 가능하였다. 따라서 그의 학문은 반계보다는 훨씬 폭이 넓고 사회적 감성에 있어 비교적 전통으로부터 자유로웠다.

성호는 학문에서의 개방적 성향에 따라 서구 근대지식을 대할 기회를 적극적으로 활용함으로서 여러 분야에 걸친 학문의 성취를 이루어 냈다. 그의 학문 영역은 역사는 물론 천문, 역상(歷象), 지리를 위시하여 기용(器用), 기예(技藝) 등과 시문(詩文)에 이르기까지 광범하였다.

성호의 의식구조는 세계관의 확대와 역사의식의 심화, 실증적 과학적인 이론과 지식의 수용 등으로 종래의 동양중심, 중국 중심에서 벗어날 수 있었다. 이로 인해 전통적인 중화관·성인관(聖人觀)에서 이탈하여 새로운 과학정신에 눈뜨게 하여 실증주의적인 추향(趨向)을 지니게 한 것이다. 그런 면에서 성호의 의식은 주체적이고 근대적인 것에로 한 걸음 내디딘 것이다(한우근, 『성호 이익의 연구』).

이는 반계의 실학체계가 자신의 학문에 한정된데 비해 보다 폭 넓은 영향력으로 한 학풍을 이룰 수 있었던 배경이 되었다. 특히 이수광(李晬光)의 서구적 문화와 반계의 실사구시적 태도 및 그의 학문적 체계가 성호에 의해 통합되고 신사조(新思潮)로 하여금 확고한 지위에 서게 하였다(천관우, 『전게서』).

성호문하에는 사학(史學)에 안정복(安鼎福), 지리(地理)에 윤동규(尹東奎), 산학(算學)에 신후빙(愼後聘) 서학(西學)에 권철신(權哲身) 등이 일가를 이루었으며 그들의 학문은 다산 정약용에 이르러 크게 집성되었다.

성호는 남당 등 우암문하들이 소위 '인물동이론'이라는 논쟁으로 관념적이고 추상적인 공리공론(空理空論)을 하고 있던 같은 시기에 현실적이고 합리적인 정치개혁론을 준비하고 있었다. 또한 이들이 대보단(大報壇)에서 명(明)의 신종(神宗)과 의종(毅宗)의 제사지낼 때 그는 명(明) 이전의 몽골 왕조인 원(元)을 중국의 정통 왕조로 인정하여 청(淸) 역시 정통 왕조임을 시사하였다.

그는 물려받은 밭에서 평생을 농부로서 일하며 선비로서 공부하였다. 사람이 간람(奸濫-간사하고 외람됨)하지 않으면 천하가 무엇 때문에 다스려지지 않을 것인가? 간람은 재(財)가 부족한데서 생기고 부족은 농사를 힘쓰지 않은데서 생긴다. 농사에 힘 쓸 수 없게 하는 좀은 여섯이 있다. 그것은 첫째 노비(奴婢), 둘째 과거(科擧) 셋째 벌열(閥閱-공로, 벼슬 경력이 많음), 넷째 기교(技巧-완상품 기타 미혹하게 하는 방술(方術)), 다섯째 승니(僧尼), 여섯째 유타(遊惰)이다(『성호전서』).

여기서 그가 강조하고자 한 것은 농업에 힘쓰는 실질적(實質的)이고 근면(勤勉)한 생활을 통해 근본적인 사회병폐를 근절할 수 있다는 믿음이었고, 여섯의 '좀'은 공소하고 나태한 생활태도를 사회전반에 퍼지게 한 악폐의 원인으로 지목한 것이다. 그는 책만 읽는 자신조자도 '좀'이라고 할 만큼 실질을 중시하였다.

그는 사농합일을 주장하였다. '사(士)와 농(農)과의 관계를 '천은 사민(四民)을 낳았으나 사와 농은 같은 것으로 귀결된다. 농은 철경(鐵耕)으로써 하고 사는 필경(筆耕)으로써 하되 만약 혹시 사(士)가 때를 얻지 못하고 그것이 원활치 못하여 빈천(貧賤)한데도 농사를 하지 않는다면 장차 생활을 영위하지 못하게 될 것이므로 반드시 농사에 의지해야 하는 것이다'라는 신념을 가지고 살았다(동서).

성호는 자신이 농촌에서 생활하면서 학문에 전념할 수 있었던 것은 자신의 전장(田莊)이 있었기 때문이라는 자각에서 그는 평생 인간이 각자의 농지(農地)를 소유(所有)할 수 있도록 하는 것을 가장 중요한 과제로 인식하고 그의 농지 개혁안에서 영업전(永業田)을 역설하였다.

성호는 1763년(영조 39년) 83세 고령(高齡)에 이르렀을 때 나라에서 우노예전(優老例典)에 따라 그에게 추부사(樞府事)로서 승자(陞資)의 은전을 베풀었으나, 그는 그 해에 병고 끝에 세상을 떠났다.

2) 리기론

성호의 리기론은 리에서는 반계의 '실리' 그리고 기에서는 우암의 '삼건물사설'의 영향을 볼 수 있다.

① 리기의 기본 성격

성호의 성리학의 기본 개념인 리기에 대한 근본적인 생각은 그가 맹자는 주리라 하였고, 고자는 주기라 하였다. 생은 곧 리와 기의 합이니 주리론도 좋고 주기론도 좋다(當彼時孟子主理 告者主氣 生卽理與氣合 主理說亦得 主氣說亦得)고 한데서 찾아 볼 수 있다.

여기서 '생(生)은 리와 기의 합'이라는 표현은 매우 중요한 것을 시사하고 있다.

그것은 그의 철학적 관점(觀點)이 현실적 삶의 자리에서 리와 기를 해석하고 있다는 뜻이다. 이는 주리 혹은 주기를 주장하는 입장 즉 리나 기라는 관념을 실체(實體)로 인정하는 관념론(觀念론)의 관점에서 세계와 사물을 해석하려는 것과는 근본적인 차이가 있다.

성호 같은 현실주의자는 하나의 사과나무를 보고 느낀 다음에 그 사과나무로부터 사과나무일 수밖에 없는 소이연(所以然)으로서의 리와 사과나무의 질료로서의 기를 추론하여 사과나무가 이 리와 기라는 두 속성의 합이라는 결론에 이른다.

이때 사과나무는 살아 있는 실체이고 리와 기는 나무의 다른 두 속성(屬性)이다. 리와 기의 속성의 차이를 인식하고 개념적으로 구분하되, 리와 기는 독립적 실체가 아니라고 본다.

율곡은 '어디에서 리 자체, 기 자체를 볼 수 있는가?(何處見其理自理其氣自氣耶)'라 물었는데 이는 율곡이 리기가 현상의 세계에서는 하나의 실체에 속하는 두 개의 속성이며, 독립된 실체가 아닌, 관념일 뿐이라는 점을 인식하고 있었다고 보아야 할 것이다.

반면 후자[37] 즉 리기이원론에서는 현실존재인 사과나무를 그 본성으로서의 리, 그리고 그에 따른 형(形)과 질료(質料)로서의 기로 나누고, 이를 속성이 아니라 독립된 관념적 실체로 이해한다.

이때 리는 형체로서의 기와 나누어 질 뿐 아니라, 기 즉 형체 이전에 존재한다는 주장이다. 그것은 관념론의 관점에서 현실존재를 해석하며 그러한 사과나무는 추상적 존재일 수밖에 없다. 관념론자인 헤겔은 '자신의 철학체계를 따라 사유한다는 것은 거꾸로 서서 걷는 것과 같다'고 하였다.

사실 황종희는 '대체로 하나의 사물에 두 가지 이름이 있는 것이지, 두 가지 사물이 하나의 몸이 된 것은 아니다'라 간명하게 이를 표현해주고 있다(『명학유안』).

---

37) 주리, 주기는 퇴계가 처음 말한 것으로, 이는 이원론을 전제한 개념이다. 이는 맹자를 주리, 고자를 주기로 나누는 것에서도 볼 수 있다. 여기서 성호가 주리, 주기로 맹자와 고자를 말하였으나 이는 이들이 이원론자라는 뜻과는 무관하다.

② 리

성호는 그의 리기론에서 주희의 리와 기의 성격을 새롭게 규정하고 있다.

주희는 모든 현상적 존재는 본질의 리에서는 같으나 기질의 차이 때문에 현상에서의 리가 다르게 나타난다고 한다. 그러나 성호의 리기체계에서는 기의 차별상－동정(動靜), 정조(精粗), 본말, 대소 등－에 따라 리에도 그에 상응하는 차별상이 있다고 상정한다. 다시 말해 철저하게 일기(一氣-개체)에 일리(一理)를 대응시켜 '불상리, 불상잡'의 명제를 수용하고 있다(김용걸, 『성호 이익의 철학사상연구』).

그는 '리는 역할을 가졌으나 형질이 각각 같지 않다. 그러므로 (리가) 물(水)에 있으면 물의 성(性)이 되고 … 비유하면 물은 같은 물이라도 붉은 물감에 섞으면 붉어지는 것과 같다. 이 리는 통하지 않음이 없지만, 기에 의하여 제한된다(從理在物上說 則只須言氣質之性 理自有爲而質各不同, 故在水爲水之性 ....)(『성호 전서』). 이는 '생의 자리에서 리기를 본다'는 입장에서 기(氣) 중심의 세계상을 세우고 리를 그에 상응시키고 있는 것이다.

따라서 그의 리는 기에 대해 보편자로서, 회통(會通), 존귀(尊貴)의 의미를 갖지 못하며 기와 리는 동시·동처(同處)에 존재한다. 즉 물(物)에 대해서는 아리스토텔레스의 형상인(形相因)과 같은 의미이고. 사(事)로서는 사물의 조리(條理)일 뿐 일체의 초월적인 도덕적 원리로서의 의미를 갖지 못한다.

그는 '리는 또한 말라 죽은 물건이 아니다. 그러므로 리가 동(動)함에 기도 동한다. 리가 작위하는 능력을 리의 재(才)라 하고, 기가 작용하는 능력을 기의 재라 한다. 그러나 리는 조짐이 없으나 기는 작위가 있으므로 그 능력을 논하면 기의 측면에서 차지하는 비중이 많음을 알 수 있다'라 하였다.

이렇게 그는 리의 발(發)을 주장하지만 성호철학에서 리(理)의 '발·

작위'는 사물이 사물로서의 본질을 들어내는 리의 자기 현현(顯現)을 의미할 뿐이다. 바꾸어 말해 형상인(形象因)으로서의 리의 자기 발현(發顯)으로, 이는 퇴계 철학에서의 초월적 절대적 도덕원리인 리의 발(發)과는 근본적으로 다른 의미이다.

성호의 '리의 발'은 개개 물·사에 국한되지만 퇴계에서의 '리발'은 도덕적 원리, 절대적 가치가 스스로 현상세계를 이끌어 간다는 종교에서의 신(神)에 가까운 의미를 함축하고 있다고 볼 수 있다.

③ 기

성호는 '천지간에 가득 찬 것은 기 아닌 것이 없다. 그것이 응결하여 물(物)이 되니 곧 기의 정영이다(凡盈天地間者 莫非氣也, 然氣融結爲物 卽氣之精英)'라 하여 기 중심의 세계상(世界像)을 강조하고 있다. 또한 기는 이러한 보편성과 더불어 '대기의 사물 가운데 생기있는 것은 전부 각자의 기가 있으며 사람에게는 사람의 기, 물에는 물의 기가 있다(大氣中 物之有生氣者 亦各自有其氣 人有人氣 物有物氣)'라 하여 사람을 포함한 사물의 개별·독자성의 근거를 기(氣)에 두었다.

성호는 기의 응취로 이루어진 물(物)을 형(形)과 질(質)로 구분한다.

그는 '형이란 사물의 방원(方圓), 곡직(曲直) 대소, 장단을 말한다. 이것으로 미루어 시초의 연유를 캐어내면 리(理)가 있는데 리란 도(道)이다. 이것으로 미루어 아래를 내려다보면 질이 있는데 질이란 기(器)이다. 도는 리의 유행(流行)이요, 기(器)는 질의 주어진 것으로 형(形)이 그 사이에 거(居)한다'(전서) 성호에 있어 형은 리와 기 사이에 독특하게 자리한다. 사실 이러한 논의는 우암의 삼건물사설과 다를 바 없다.

그러나 성호는 형(形)에 대해 우암의 삼건물사설(三件物事說)이 갖는 형식논리에 그치지 않고, 더 발전시켜 형을 '운행(運行)의 기'라 하여 그 구체적인 작용에 대해 설명하고 있다.

그의 형(形)은 리의 유행인 도(道)와 현상적 존재로서 형체를 갖춘

기(器)사이의 거(居)하는 존재로서, 그 형체 안팎에서 운행되고 있는 기(氣)이다. 형체(形體) 역시 이 기의 운행으로 인하여 그 외적(外的)인 꼴을 유지하게 된다. 이 '운행의 기'는 이들 형체와 밀접한 관계가 있어 형체가 자라면 기도 같이 자란다. 형체가 성장을 멈추면 기는 그 때부터 쇠퇴하게 된다.

그는 이어 '사람의 몸 중에 있는 기(운행)가 사지(四肢)와 백체(百體)에 유행하는 것은 몸 가운데서 형질을 갖추지 않은 것이다. 심장과 신장(腎臟)은 곧 한 몸 가운데서 형질을 이룬 것인데 이 각각에는 퍼지고 모여드는 운행의 기가 있으며 이 기는 동(動)하더라도 그 집을 비우고 나가는 것이 아니며, 정(靜)하더라도 다른 집으로 들어가는 것이 아니다 비록 그렇더라도 이 기는 이 집속에 갇히지 않고 이 집에 주(主-뿌리)하여 한 몸을 두루 돌아다니는 것이다.

그는 기(氣)에 대해 재질이라는 면에서는 취산(聚散)작용과 청탁, 편전(偏全)의 차이를 들 수 있지만 이것으로 현상계의 다양한 개별사물의 질적 양적 차별상을 구체적으로 설명하기는 어려워 여기에 '운행하는 기의 대소론'을 더한다.

기에는 한 몸에 전체에 유행하는 기가 있고, 심장에 운용되는 기가 있다. 비록 동일한 기일지라도 대소의 구별이 있다. 이처럼 모든 현상적 존재는 각기의 뿌리를 중심으로 한 운행질서를 가진 존재이다.

이때 개별 사물의 '형을 구성하는 기는 일신혼륜(一身混淪)의 기 즉 대기(大氣)이며, 질(器)을 이루는 기는 심장운용(心臟運用)의 기 즉 소기(小氣)라 할 수 있다' 이 둘의 차이는 질적·작용 범위 상의 차이뿐 아니라 대기는 사물이 소멸되면 '태허(太虛)의 상태로 돌아가지만 소기는 사물과 함께 소멸한다'는 것이다. 그리고 만약 리와 기가 상수(相須)관계에 있고, 기에 대소의 구별이 있으면 리 또한 마땅히 그렇다. 다시 말해 그는 철저하게 일기에 일리를 대응시켰다.

성호의 기 운행에 대한 관점·논의는 후에 혜강 철학의 핵심이 되어 '기철학'을 완성시켰다.

3) 심성론

① 성(性)

성호는 성리학 대전제인 '성즉리'를 비판적 관점에서 상론(詳論)하고 있다.

그는 리로써 성(性)을 새김(성즉리)은 리 한 글자가 성의 의미를 다 할 수 있다는 것이 아니다. 짐짓 리를 들어서 이 성은 다른 것이 아니라 다만 이것(리)으로부터 이루어진 것임을 밝힌 것이다. 리는 공공의 칭호이며, 성(性)은 형기에 내재한 것이다(『성호전서』).

이는 성과 리는 그 범주, 개념이 다르다는 의미로 이해할 수 있다. 성과 리는 반드시 동일한 개념일 수는 없으며, 성은 다만 개별 사물에 내재하는 품부받은 리일 뿐, 만약 기(氣)중에 있지 않으면 리라고 해야지 성이라 할 수는 없다는 것이다.

성은 인·물에 대해서 다 통용되고, 인성과 물성은 천리에서 나온 것이지만 그렇다고 인·물의 성을 모두 리라고 할 수는 없다. 왜냐하면 첫째 기품(氣稟) 이후로 말한다면 그것(성)은 이미 천리가 아니기 때문이다. 둘째 미생(未生) 때는 리라고 할 수 있지만 아직 성은 아니며, 기생(旣生) 때는 기품에 내재해 있으므로 이미 성(본연지성)이 아니기 때문이다. 기생의 리는 이미 기(氣)중의 리로서 선악을 겸한 것이다. 그리고 선악을 겸한 것을 천리라고 하면 온당치 않다. 따라서 성호는 성은 기품 이후의 것 즉 기질지성뿐이라 단정한다.

따라서 본연지성과 기질지성에 대하여 리가 사물상에 있는 것으로부터 말하면, 오직 반드시 기질지성이라고 말해야 한다. 왜냐하면 사물 속에서는 항상 기질지성만 있고 본연지성이란 없다. 이때 본연지성은 기품(氣稟)을 제외하고 말하는 것이라 하여 두 성은 대립관계에 있는 것은 아니라는 점을 명확하게 인식하고 있었다.

그러나 성리학에서 본연지성을 강조한 것은 인간의 성품중 리의 도덕적 측면인 인의예지를 천리로 규정하려는 분명한 의도가 있었음을 간과해서는 안 될 것이다.

② 심

성호는 성과 리의 차이에 근거하여 '성(性)'과 '심'을 명확히 성즉리, 심즉기로 구별하였고, 이때 심을 기로 파악하는 것은 율곡을 따른 것이다. 그는 기에 대해 리발기수(理發氣隨)하는 경우의 '신명(神明)의 기'와 기발리승(氣發理乘)하는 '형체의 기'로 구분하고 있다.

그에 의하면 심이란 일신(形)의 주재요 기(氣)의 정영(精英)한 것이며 성(性)과 정(情)의 통명(統名)이다. 하늘에 있어서는 상제(上帝)가 되며 사람에 있어서는 신명(神明)이다. 그리고 신명은 '리발기수'에 의해 생겨난 것이다.

그는 기를 '신명'과 '형체'의 기로 구분하듯 심 역시 신명(神明)의 심과 혈육의 심으로 구분하였다. 그는 혈육을 말하지 않으면 심의 동정과 성정(性情)의 시말을 밝힐 수 없고, 신명을 말하지 않으면 정(靜)하여 성을 통섭하고, 동하여 정(情)을 통섭하는 것이 모두 심의 작용임을 밝힐 수 없다'고 하였다(전서).

또한 심이 깃든 상대에 따라 초목지심, 인물지심, 천지지심를 구별하였는데, 이때 초목지심과 천지지심은 같다. 천지의 심은 사시(四時)가 운행되고 백물(百物)이 생기는데서, 그리고 초목은 그 봄에 꽃이 피고 가을에 시드는 스스로의 운용에서 그 마음(心)을 볼 수 있다. 이를 『주역』에서는 천지이생물위심(天地以生物爲心)이라 하였고 이 '생물위심'이 곧 천지의 대덕이라는 것이다.

또한 이를 '생생(生生)'으로 표현하고 있는데, 생생이란 우주의 생명 작용으로 동일한 사태의 반복이나 동일한 물질의 지속을 부정하며, 끊임없는 창조과정으로 창진(創進)을 의미한다.

그는 인물지심에 대해서는 심에는 혈육지심과 신명지심(神明之心)이 있는데 하나는 사유기관, 다른 하나는 사유 혹은 정신이다. 혈육의 심은 오장(五臟)의 하나인데 이른바 신명이 머무르는 곳(心臟)이다. 신명의 심은 혈육의 심 가운데 기의 정영(精英)한 것인데 드나들면서 있었다 없었다 하는 것이다.

성호는 이러한 심(心)에는 인간 고유의 영적(靈的) 능력이 있다고 보았다. 그는 심을 사물의 단계에 따라 다음과 같이 비유하고 있다. '심을 거울에 비유하면 거울은 공허하나 죽은 것이며, 심을 물(水)에 비유하면 물은 살았지만 지각할 수 없으며, 심을 원숭이에 비유하면 원숭이는 각(覺)이 있으나 영득(靈得)하지 못한다. 그러면 심은 결국 비유 할 수 없는 것일까, 공허함에 처한 것은 거울에 비유하고, 산 것은 물에 비유하며 지각이 있음은 원숭이에 비유하여 여기에 영득을 더하면 된다. 다시 말해 인간은 생장(生長)하고 지각하는 마음이 있다는 점에서는 금수와 같지만 거기에다 또 이른바 의리(義理)의 마음이라는 것이 있다. 이때 의리지심은 천명의 당위성을 따르는 도덕적 인식능력이다.

그는 사물을 인식(認識)함에 있어 감각기관의 작용은 단지 외부 사물을 반영할 뿐, 반영된 사물을 분석·판단하는 인식능력은 감각기관의 작용에 의해 생기는 것이 아니라 이미 마음속에 선험적으로 존재한다. 그리고 이 마음은 '아직 생각하고 헤아리기 전에는 비록 지각은 있다 해도 그대로 고요할 뿐이다'라 하였다.

그는 심즉기[38]를 율곡에서처럼 인성론의 차원에서 정식화했다기 보다는 인식의 주체라는 기능면에서 이해함으로서 경험론에의 길을 개척하였다.

성호의 철학적 입장은 비록 경험론이랄 수 있지만 그러나 인간의 영득(靈得)하는 능력, 의리의 마음 등 인식의 선험성을 인정함으로서 그 근원에는 리에 대한 보편적 원리성을 받아들이고 있다.

---

38) 『중용』의 배경을 논의하였을 것으로 추측되는 『성자명출(性自命出)』에는 '희노애비(喜怒哀悲)의 기(氣)가 성(性)이다. 또한 『공자가어(孔子家語)』 '예운'에는 인정이란 무엇인가? 그것은 기뻐하고, 노여워하고, 슬퍼하고, 두려워하고, 사랑하고, 증오하고, 욕심내고 하는 일곱가지 감정인데 이것은 인간이 배우지 않고서도 잘하는 것이다(何謂人情? 喜怒哀懼愛惡欲七者, 不學而能)(김용옥, 전게서).

그는 인신도심에 대하여 '지각지심은 알고 느끼는데 그친다. 그러므로 그 공능은 이(利)를 쫓고 해(害)를 피하는데 지나지 않는다. 그것이 인심이다. 만약 천명의 소당연자로서의 주재를 삼는다면 하고자 하는 것에 삶보다 더 심한 것이 있고, 싫어하는 것에 죽음보다 더 심한 것이 있다 이것이 도심이다(知覺之心 知之覺之而止, 故其用不過乎趨利避害 在人則人心是也. 若人者必以天命所當然者爲主宰 而欲惑甚於生 惡惑甚於死 則道心是也)'라 하였다(전서).

4) 학문관

성호는 당시의 주자교조주의에 대해 '글자 하나에 대하여 의문을 가져도 망발(妄發)이라 하고, 고증(考證)하고 비교·대조한다면 죄(罪)라고 인정한다. 주자(朱子)의 글이 오히려 이와 같거늘 하물며 고대 경전에 대하여는 더 말할 것도 없다. 그러니 우리나라의 학문이 고루(固陋)하고 거칠게 됨을 면할 수 없을 것이다'(『星湖僿說類選』)

① 방법론

성호는 『대학(大學)』의 최종 목표인 격물치지(格物致知)에서 '격(格)'을 각(各)을 따른 글자로 보고 각(各)에는 변별의 뜻이 있고, 물(物) 역시 '역(易)에 이르기를 물은 무리로서 나누어진다'고 한데 주목하여 격물의 주된 의미를 변별(辨別)로 이해하였다.

이러한 격(格)에는 공부와 공효의 의미가 포함되어 있다. 즉 내가 궁구해가는 과정 즉 '공부'에서 '격'은 '궁(窮)', '지(至)'로 해석되고, 이때 '궁'은 극처를 향하여 탐구해가는 것이고, '지'는 그 극처에 이른 것이다. 또한 궁구의 과정을 끝낸 뒤에 리가 이르는 '공효'의 면에서 '격'은 '예(詣-학업에 통달함)', '도(到)'로 해석되고 이때 예(詣)는 하등한 것(粗)으로부터 일등극처를 스스로 드러낸 것이고, 도(到)는 극처를 스스로 보여 준 것이다.

그는 '격물'을 '천하의 만물은 만가지로 다르다'는 것과 격은 이를 '변별하는 일'로, 그리고 치지의 지를 '선험적 지'로 인정하지 않고 사물 처리를 위한 변별된 지식 또는 방법적 지식으로 파악하였다(김용걸, 전게서).

이는 치지(致知) 문제에 있어 퇴계가 리도설(理到說) 즉 격물정도가 진척됨에 따라 리가 스스로 이른다고 한데 대한 반대이다(이종술, 『퇴계선생 리도설 소고』). 다시 말해 퇴계가 연역적, 추상적이었다면 성호는 귀납적, 구체적인 길을 택한 것이다.

그는 물(物)과 사(事)의 표·리·정·조(表裏精粗)를 배가시켜 분석함으로서 물·사의 개별적 차이와 특성을 변별하고 더 나아가서 사물간 관계의 본말시종(本末始終)의 선후를 알게 되면, 이로써 만사만물의 리가 모두 들어나게 된다고 보았다. 즉 사물의 이치에 궁지하여(窮至事物之理) 지식이 축적된 다음이라야 모든 사물에 대하여 알지 못하는 것이 없게 된다(『物理之極處無不到』)고 하여 격물과 치지를 두 단계로 봄으로써 생기는 논리의 비약을 극복하였다.

그러나 여기서 성호가 말하는 물리지극처(物理之極處)는 활연관통하는 깨달음의 경지를 이름은 아니다. 그는 학문의 목적이 사물간의 본말시종을 요해하여 그 관계성을 해득하는 것이고 이에 전제로 지식의 집적(集積)을 강조한 것이다, 그는 만사만물을 하나하나 개별적으로 궁구하고 축적하여, 구체적 개별적 사실에 대한 경험적 지식을 체계화하려 하였다.

② 지행(知行) 관계

성호에 따르면 학문은 모르는 것(未通·不明)에 대해 배우고 익힘으로서 체계적인 지식을 쌓는 과정으로 그 목적은 존재의 원리(所以然之理)와 당위의 법칙(所當然之則)을 밝히는데 있다.

이때 배움에는 반성(反省)을 통해 스스로 깨달아 얻는 '각(覺)'과 먼저 깨달은 사람을 본받아 모방(模倣)을 통해 얻는 '효(效)'가 있어 보완관계를 이룬다. 그리고 기본적으로 학문의 진보라는 것은 먼저 알고 나중에 행하는 가운데 성취된다.

그는 독서궁리와 같은 이론적 탐구 뿐 아니라 효제와 같은 도덕적 실천 역시 먼저 앎의 이치(知之理)에 통해야만 가능하다는 것이다. 도덕적 삶을 실천의 측면에서 보면 『대학』 뿐 아니라 효제의 가르침인 『소학』 역시 배워야만 알 수 있는 것이다.

그러나 그는 '학문은 몸으로 배우는 것이 있고 마음으로 배우는 것도 있지만 모두 행(行)이라 할 수 있는데 효제(孝悌)는 몸의 행이요 독서궁리는 마음의 행이다. 이로 말미암아 밝게 살피는 데에 이르면 바야흐로 지(知)가 되는 것이니 행이 지보다 앞서는 것 같기도 하다'라고도 하였다.

그에게 학문을 하는 목적은 실제생활에 있어 배운 바를 실천궁행(實踐躬行)하는데 있다는 확실한 생각을 갖고 있었다. 더 나아가 '비록 물의 리를 변별하였을지라도 만약 이에 대처할 올바른 방법을 알지 못하면 지(知)에 이른 것이라 할 수 없다(雖已辨別於物理 若不知所以處之之道 則不可謂知已)'하여 지의 실천성 그리고 올바른 방법(道理)을 체인(體認)할 것을 절대적 전제로 들었다(『성호전서』).

따라서 그는 '대저 가난한 선비가 집에 있으면서 위로는 부모를 섬기고 아래로 처자를 보살피는 것이 모두 학문 가운데 일인데 … 손으로는 갈고 심는 것을 알지 못하고, 입으로는 자산에 대해 말하지 않아 부모와 처자가 얼고 굶주리며 노비들이 흩어지고 떠나가게 되니 쓸모없는 결과가 되지 않겠는가? 나라를 다스리는 데에 있어서도 무엇이 이와 다르겠는가?'라 하여 일상생활과 시무(時務)를 도외시한 학문태도를 비판하였다(송갑준, 『성호 이익의 철학연구』).

이러한 성호는 정치사상의 주축인 유학에 대해 두 가지 견해를 가지고 있었다.

먼저 그는 유교에서는 경서(經書)에 대한 연구가 학문의 기본이 되어야 하며 그러한 의미에서 일찍부터 궁경실학(窮經實學)을 표방하였다. 그는 당시 과거(科擧)를 통해 정계에 입문하려는 자들에 대해 '과거에 응시하려면 전적(典籍)이 날로 많아져 칠경(七經)을 다 외우고, 그

외에 사(史)·자(子)까지도 다 알아야 함'으로, 그렇기 때문에 그들은 실제 학문에 있어 한 가지 경(經)이라도 실용에 도움이 되도록 깊이 이해하려는 태도를 지니지 못한다고 보았다.

그가 문제로 지적한 것은 경의(經義)를 올바르고 온전하게 이해한다는 것이 결코 쉬운 것이 아니어서 불실한 태도로는 '수기치인'이라는 목적을 위한 '궁경'의 정신이 되지 못한다는 것이다.

다음에 그는 허목(許穆)의 영향으로 선진유학의 근원으로서의 중요성을 인식하고 있었고, 당시의 주자 교조주의를 비판하였다. 그는 금세의 학자가 반드시 주자의 글을 익히지 않는 것은 수치로 여기고 사자(四子-공, 증, 자사, 맹자) 및 시·서경(詩·書經)에 대해서는 오히려 완만(緩慢)하게 생각하는 폐풍(弊風)을 지적하며 마땅히 이들의 글에 힘을 쓰고 그리고 나서 성리학자들의 방증을 박채(博採)하고, 거기에 의리의 취지를 더해야 한다는 것이다.

사실 이러한 뜻은 송시열에 의해 사문난적으로 찍힌 윤휴가 경연에서 주자의 『논어집주』를 꼭 읽어야 할 것은 아니라고 한 것과 궤(軌)를 같이 하는 것이다.

그는 교조주의에 대해 '한 글자에 대하여 의문을 가져도 잘못이라 하고, 고증이나 비교·검토한다면 죄라고 한다. 주자의 글이 오히려 이와 같거늘 하물며 고경(古經)이야 … 우리나라 사람들의 학문은 노둔(魯鈍)하고 거칠게 됨을 면치 못한다'고 예단(豫斷)하였다.

사실 맹자는 『서경(書經)』의 기록이라 해서 덮어 놓고 그대로 믿는다면, 차라리 『서경』이 없는 것만 못하다. '무성편(武成篇)'만 하더라도 나는 두 세 개의 간책(簡册)만 취할 뿐이다'라 하였는데(『맹자』 '진심하'), 이대로라면 주자 교조주의자들에게 '주자의 저서들'은 없는 것만 못한 것이 된다.

5) 국가관-조선사에 대한 자각

성호는 '동국(東國)은 스스로 동국이다'라 하면서 조선의 독립적 역사를 새롭게 서술해야 할 필요성을 강조하며, 우리나라의 역사는 스스로 우리나라의 사실(史實)이니 당연히 우리나라의 기년(紀年)으로 서술하고, 『춘추』의 예(例)와 같아야 할 것이다'라 주장하였다.

그는 명이 멸망한지 두 세대가 지난 당시에도 명의 마지막 황제인 신종의 '숭정(崇禎)' 년호를 사용하는 것을 통렬히 비판하여 '숭정기원후(崇禎紀元後)'라는 다섯 글자가 널리 사용되고 있는데 이는 다만 가문의 우환이 될 뿐 아니라 반드시 나라에 화(禍)를 미치게 할 것이다'라 하여 명을 종주국으로 떠받드는 병폐를 비판·우려하였다(『성호전서』).

그는 조선사의 전통을 단군과 기자(箕子)로부터 시작하여 삼한(三韓)으로 이어지고 삼국의 무통(無統)시대, 그리고 문무왕의 삼국통일과 고려 이후를 정통국가로 간주한다. 이는 중국사에만 적용되어 온 정통론(政統論)을 조선사에서도 시도하려는 뜻이었다.

그의 주된 관심은 단군, 기자, 삼한에 치중되었고, 우리나라가 기수(氣數)의 공교(工巧)함에 의해 중국과 동귀(同歸)·상부(相符)하는 역사 즉 도덕성의 흥폐(興廢)가 시기적으로 일치하는 문화의 성쇠(盛衰)를 같이 경험했다고 믿었다. 그는 중국의 요(堯) 임금과 단군이 함께 나와 요임금의 교화(敎化)로 단군의 치세도 이미 중화의 단계로 진입한 상태라고 인정함으로서, 종래 이(夷)의 상태로 보아 온 통념을 거부하며 단군시대의 문화를 높게 재평가하였다.

그는 조선의 역사·문화에 대해 자긍심을 갖고 있었는데 이는 당시 송시열류의 문화적 자부심인 '소중화(小中華)'와는 전혀 다른 근거, 즉 그 정당성을 독립적인 국가관을 바탕으로 하여 상고 이래의 양국간의 역사·문화적 관계에서 정립하려 하였고, 따라서 조선사 해석에 있어 많은 독특한 견해를 내놓았다.

그는 이에 대해 '크고 작음은 비록 구별되지만 … 동토(東土)는 예의와 인현(仁賢)의 나라로 알려진지 오래다. 그래서 말하는 사람마다 소중화라 일컫는다'고 하여, '소중화' 개념을 명의 멸망과는 관계없이, 조선의 오랜 문화적 역사를 그 근거로 들고 있다. 그것은 정당하고 독립적인 의미에서의 문화적 자부심을 표출한 것으로 중화주의에 의부(蟻附)하려는 입장과는 그 근거에서 부터 확연히 차이가 난다.

그의 조선사에 대한 연구는 타당성 여부를 떠나 당시의 사학(史學) 수준에서는 가장 세련된 문헌실증적 방법에 의해 양국의 문화교류관계를 폭넓게 이해한 토대 위에서 도출하였다는 점에서 그 선진성이 인정된다(『한국학보』 46집).

그는 '화하(華夏)를 귀하게 여기고 이적(夷狄)을 천하게 생각하는 것은 옳지 않다'라 단정하고 역사 서술에 있어서도 요, 금, 원을 명(明)과 특별히 구별해서 쓸 필요가 없다고 주장했다. 이는 곧 당시의 숭명반청의 고정관념을 부정하려는 뜻이었다.

사실 성호는 서양이라는 더 큰 세계가 있음을 알았고 '중국이라는 것도 대지(大地)중의 한 조각 땅에 지나지 않는 것(中國者 不過大地中一片土)'으로 볼 수 있는 지식과 시야를 가졌다.

5. 성호 이익 – 정치 현실에서의 개혁 –

1) 개 관

성호의 정치사상은 삼대의 '선왕(先王)의 도'를 이상적인 지표로 하는 왕도정치였으며, 율곡, 반계에 따른 변혁론 즉 '혁구도신(革舊圖新)'을 시대적·사회적 변천에 따른 필연적 요구로 받아 들였다.

성호의 통치론은 '왕은 나라를 다스림에 마음으로 힘쓰고 백성은 일을 열심히 하여 서로 보혜(報惠)하는 관계이며, 이는 마치 아비가 자식을 키우고 자식이 그 아비에 효도하듯 어느 하나가 없어서는 안 된다(夫君勞心以治之 民勞力以事之, 兩相報惠 如其父畜其子 子孝其父 不可闕一)고 하여 민본사상을 기본으로 하였다.

또한 성군현신(聖君賢臣)을 정치의 기둥을 세우는 원칙으로 믿어 그는 '천하를 다스리기는 사람으로써 하고, 사람을 얻기는 천거로써 하고, 천거는 재능으로써 하는 것이니 … 재능이라 함은 보민어환(保民禦患-백성을 보호하고 재앙을 막음)을 일컬을 뿐이어서 위를 섬기는 일은 이에 관여되지 않는다'고 하여 존군(尊君)이 아닌 민본을 강조하였다.

그는 '도는 사람들이 먹고 마시는 것과 같은 일상생활에서 벗어나지 않는다. '사람이란 몸을 말한다. 이 몸이 있으면 부자·군신 등의 마땅히 행해야 할 도리가 있다 … 사람을 떠나서는 처음부터 행할 도리가 없다. … 가까운 일상행위를 고루하게 여기고 먼 일에만 힘쓰는 것은 사람과 도가 서로 관계·교섭하는 것이 아니다'라고 하여 현실적인 문제의 중요성을 강조하였다.

그리고 통치방법에 있어서는 '다스림에 있어서는 그 시작은 덕례(德禮)로부터, 그러나 그 마무리는 정형(政刑)으로 (治道始於德禮 終於刑政)라 하였다. 다시 말해, '국가의 치난(治亂)은 온전히 헌령(憲令)을 펼치는데 있데 달려있다. 법이 제대로 이행되지 않으면 비록 선정(善政)하려는 착한 마음이 있다하더라도 나라에 도움이 안 된다'고 하여 '덕례'나 '인심선정'보다는 '정형', '헌령'을 중히 여김으로서 인정주의로부터의 탈피를 지향하였다.

그는 전통적인 형법체계의 채용을 인정하면서도 '연좌법(連坐法)'에 대해서는 폐지를 주장하였다. 그는 '연좌라는 형(刑)은 아마도 성인의 뜻이 아닌 것 같다. 삼족을 멸하는 형법도 이미 엄한데 오족, 칠족, 구족을 멸하는 형법은 모두 이 연좌법으로부터 본떠 만들어졌다. 부자형제라도 반드시 모두 같지 않은데 진실로 자신의 죄가 아니라면 얼마나 원통하고 억울하겠는가'라 하여 그의 합리적 정신을 들어내었다.

율곡이나 반계가 통치의 원칙을 '양민 이후에 교화'라 하였을 때 이 둘의 인과적 관계는 '도(道)'의 달성이라는 정치의 궁극적 목표를 암묵적으로 상정한 것이다. 그러나 성호에 이르면 군주는 통치자로서의 직무의 수행, 그리고 백성은 국부(國富)를 가져오는 근원적 힘(國用出於民力)을 제공하는 기능적 상호작용이라는 공리적인 국가관을 내비치고 있다(박충식, 전게서).

2) 균전제

성호는 왕정은 빈부가 불균하고 강약의 세가 다르면 위태롭고 이는 올바른 전제(田制)편성에 근거하여 해결하여야 한다고 믿고, 전제개혁을 지지하였다.

그는 왕도(王道)가 토지와 인민을 기반으로 한다는 믿음과 '하늘 아래의 온갖 것은 왕토에 속하지 않은 것이 없다(普天之下莫非王土)'라는 유교의 전통적인 왕도정치에서의 토지관념에 따라 무릇 전지(田地)는 본래 국가의 소유라는 명분상 토지국유의 관념을 견지하였다.

따라서 그는 '각종 명색의 전주(田主)는 일시 공전을 빌려 경작, 국가에 납세하는데 불과하며 매매(賣買)는 사사로운 일로서 전제 개혁시에는 원칙에서 나라의 소유임으로 이에 구애(拘碍)될 이유가 없다'고 할 수 있었다.

그는 당시 농촌의 실상에 대해 다음과 같이 말하였다.

'부자의 토지는 경계를 연(連)하고 있으나 빈자(貧者)는 송곳 하나 꽂을 땅도 없다. 부익부 빈익빈이 아니 될 수 없다. 백성들이 파산하고 항심(恒心)없어 불의를 저지르는 것과 부자가 고리대금을 하여 막대한 이익을 거두어들이는 것을 보았다. 관부(官府)가 백성들을 벗겨먹는 일과 민간 호족의 횡포하는 것을 소탕해 버려야 한다'(전서)

이와 같은 토지겸병의 폐단을 제거하는 방안으로 그는 균전제를 제안하였다. 첫째 국가에서 일가의 소유기준량을 정하여 그에 상당한 전지(田地)를 한정하고, 둘째 한 호(一戶)에 영업전(永業田)을 지정해 주고 그 매매를 금하고 이를 어기면 엄벌하며, 제한된 영업전 이외의 매매는 허락하여 토지소유의 평등을 이루도록 하고, 셋째 전지 매매는 양안(量案-토지대장)에 기록을 마친 후 문권(文券)을 주고 엄격한 규제로써 그 이동을 제한한다.

특히 그에게 영업전은 맹자의 항산항심의 취지를 '농민 각자에 평생 농토소유'로 현실에서 실현코자한 그의 정치철학 중심에 자리한 염원이었다. 그러나 그는 '즐기는 자가 백(百)이요 즐기지 않는 자가 하나라도 그 하나의 힘이 족히 백의 입을 막는다면 어찌 행할 수 있으리오' '누가 그런 줄 모르리오만 마침내 행하지 못하는 것은 부자의 밭(田)을 갑자기 빼앗을 수 없기 때문이다'라 스스로의 한계를 인정하였다.

3) 경제와 사회개혁

① 경 제

성호는 인간이 살아가려면 재화가 있어야 하며 부나 재화는 각자의 노력에 의해 이루어지지만 그것은 개인의 것이 아니라 사회의 것이므로 남들에게 나누어주어야 한다는 생각이다.

그는 '재화는 업으로부터 나오고 업은 노력으로 인하여 일어난다. 노력은 내가 하는 것이지만 재화는 반드시 사람을 구제하는 것이므로 종족(宗族-종문친족)은 보태주기를 기대하고, 이웃은 도와주기를 바라고, 길거리의 가난한 자들도 모두 남은 재화로 도와주기를 생각하는 것이니 이는 어진 사람이 마땅히 생각해 봐야 할 일이다(『성호사설』).

'대저 재물은 하늘이 내리는 것이 아니라 반드시 백성의 피와 땀에서 얻어지는 것이고, 백성이 부유하면 나라도 부유해지는 것이다. 그럼으로 군자가 백성을 다스림에는, 백성을 인도하여 가난에서 벗어나 부유하게 되도록 할 뿐이다. 그 인도한다는 것도 말로 이르고 손으로 가리키는 것이 아니라, 백성을 해치거나 겁탈하지 않고 죽음을 피하여 살길을 찾게 하고, 선을 행하고 악을 행하지 않게 하는 것에 불과하다. 그렇게 하면 저 백성들은 제각기 지능이 있음으로 산택(山澤-산천)의 이(利)를 놓지지 않을 것이다.'

성호의 경제윤리의 기초는 근검절약에 있다.

'백성을 부유하게 만드는 방법은 윗사람이 반드시 재물을 내어 보조해주는 것이 아니다. 그 요령이 세 가지가 있으니, 농사에 힘쓰게 하는 것과, 검소함을 숭상하게 하는 것과 토색질을 금하는 것이다. 농사로서 재물을 모으게 하고, 검소로서 재물을 절약하게 하며 또 남에

게 빼앗기지 않게 하면 백성이 어찌 부유해지지 않겠는가?'

그는 '빈천은 근검을 낳고, 근검은 부귀를 낳으며, 부귀는 교만과 사치를 낳고, 이는 다시 빈천을 낳으니 이것을 윤회(輪回-Cycle)라고 한다'(동서)고 하였다.

그는 왕도는 덕치로서 인정(仁政)을 실현하는 것이며 군덕(君德)의 상실은 많은 경우 환관과 궁첩에서 연유되는 점을 상기시켰다. 그는 '궁녀와 환관이 처음에는 적었으나 나중에 늘어나서 그 수도 제한이 없어서 나라의 큰 고질(痼疾)이 되었으니, 역시 마땅히 정제(定制)되어야 한다.

그는 당시의 환관이 335명, 궁녀가 684명으로 그들이 받는 록미량(祿米量)이 도합 11,430석(石)에 이른다. 환관과 궁녀의 수가 천명이 넘어 동반(東班-문관의 반열)보다도 많아 국가재정만 소모한다는 것이었다(한우근, 『성호 이익연구』).

이런 근검의 차원에에서 그는 화폐제도에 대해 부정적이었다. 그는 '무릇 재화는 검소함이 주가 되는데 검소의 반대는 사치이고 화폐만큼 사치하는데 편리한 것이 없다. 이 화폐가 백성에게 무슨 유익이 있겠는가?'라 하여, 화폐는 탐욕과 재물을 늘리고, 사치하는데 편리하고 농가의 곤궁만을 더해 줄뿐이니 백성에게는 백 가지로 해롭고 한 가지도 이로움이 없는, 따라서 경화(硬貨)가 필요치 않다고 주장한다.

그는 재물은 생업을 좇아서 나며 생산은 사람의 노동에서 일어난다는 원칙을 선호하였는데, 화폐는 마을의 풍속을 해치고 농업에 전념할 수 없게 한다는 것이다. 또한 도적의 만연을 돕고 관리들의 탐학(貪虐)도구가 되어 농민들을 도산으로 끌고 가며, 모리(謀利)수단이다.

② 당 쟁

조선조 당쟁의 특징은 그 붕당의 근거가 정책에 대한 기본 방향이나 학문상의 이념의 같고 다름에 따른 국론(國論)의 시비의 가름에 있지 않고, 주로 인맥, 지방색 등 비합리적 요인에 의지하였다는데 어려움이 있었다. 더구나 오랜 대립으로 당파가 세습적 성격을 갖게 되면서 타협이나 관용을 기대하기 어려웠다.

당쟁을 경제적 관점에서 보면 토지경제에 의존하는 봉건적인 지배체제 내에서 수적(數的)으로 증가되게 마련인 양반들의 대립, 분열에서부터 발단된 것이다. 그는 '붕당은 쟁투에서, 쟁투는 이해에서 일어난다. 이해관계가 절실하면 그 당의 결합이 깊어지고, 이해관계가 오래 계속되면 그 당의 결합이 견고하게 되는 것은 필연의 세이다.'(전서)

이처럼 당쟁을 토지경제의 한계에 따른 이익집단(利益集團) 간의 대립으로 보았을 때 '무릇 이(利)가 하나인데 사람이 둘이면 바로 이당(二黨)이 되고 이(利)가 하나인데 사람이 넷이면 사당(四黨)이 되는 것이니, 이에는 변함이 없는데 사람만 더욱 많아지면 십붕팔당(十朋八黨)으로 더욱더 분열되는 것은 어찌할 수 없는 일이다'(전서)

성호는 당시 당파간의 투쟁·반목의 모습을 '선조(宣祖) 이래로 하나가 나뉘어져 둘이 되고, 들이 나뉘어져 넷이 또 나뉘어져 여덟이 되는 등, 자손에로 세전(世傳)되어서 원수가 되면 죽이고 죽고, 같은 조(朝)에 나가고, 같은 거리에 살면서도 늙어죽을 때까지 더불어 왕래하지 않는다'고 하였다.

당쟁의 폐해를 막는 방법에 대한 그의 주장은 첫째로 사농합일(士農合一)과 둘째로 과거제의 모순을 시정할 것을 제시하였다. 그러나 당대의 주요한 정치적 이슈(issue)인 탕평책에 대해서 '탕평책의 실시는 도리어 인재등용의 불엄정, 무사안일주의의 관료기풍만이 미만하게 되어 정치기강의 문란은 관료의 뇌회(賂賄), 침학(侵虐) 등 불법행위가 늘어만 갔다'하여 부정적 입장이었다.

특히 그는 과거의 사회적 폐해에 대해 그가 강조한 사농합일의 관점에서 관직에 실패할 경우 토지로 돌아가 농사에 힘쓴다면, 생계를 유지하며 공부를 계속하여 다시 기회를 얻을 수 있으나, 선비들이 생업을 천시하고 이에 종사하지 않는데서 생계를 부지(扶持)하지 못하게 될 뿐 아니라 학문의 길도 막히게 되어 오직 관리가 되려는 경쟁을 치열하게 하여 붕당의 주원인이 된다고 하였고, 이는 그의 영업전의 필요성에 대한 또 다른 한 면이었다.

③ 과거제도

성호는 과거제도의 폐해의 근본원인들을 다음에서 찾았다. 그러나 그가 과거제를 전면 부정한 것은 아니었고, 과거제를 새로 개편하는 동시에 천거제를 병행함으로서 소기의 목적을 이루려하였다.

첫째 시험내용이 유교의 기본정신이나 인재선발이라는 과거 원래의 목적에 적합지 않다는 것이다. 당시 과거시험이 사육문(四六文-병려체(騈儷體))을 전용(專用)하고 사장(詞章)·기송(記誦)을 주로 삼는 데서 오는 폐단이 있었고, 그리고 '반나절의 공(功)으로 판단하게 되니 진실로 그 재능의 비견을 다 발휘할 수 없고' 이로부터 오는 요행이나 억울함을 없애야 한다는 것이다.

둘째 당시의 과거제는 합격자를 무계획적으로 과잉되게 선발하여 고정된 관원의 수요(需要)에 비하여 과다한 관리후보자를 만들어 내서 필경에는 당쟁의 원인을 만들어 낸다고 보았다.

셋째 지역적 신분적 차별대우를 비판하고 있다.

성호가 제안한 과거제의 개편은 3년마다 실시하는 이른바 식년제(式年制-태세가 자·묘·오·유가 드는 해)를 폐하고 이를 '오년대비(五年大比)'의 제도로 수정하고 이와 함께 향거리선(鄕擧里選)의 제도를 채용한다는 것이다.

성호의 오년대비제는 첫째, 3년마다 실시하는 이른바 식년제(式年制)를 폐하고, 5년 동안 해마다 소정의 과목별로 시험을 시행, 응시자의 학업내용을 보다 착실하게 할 수 있도록 한다.

둘째 그는 법식을 제정하여, 먼저 서울과 지방에 각각 시험장을 개설하여 시험을 치른 후, 다시 늦가을에 서울의 성균관과 사학(四學)에서 재시험을 한다. 이러한 시험을 5년간에 걸쳐 해마다 행하고, 그 중

합격자들을 취택하여 최종적으로 전정(殿庭)에 들어 치도(治道)를 책문한다.

위의 과정은 종래 초시·복시·전시의 형식을 따른 것으로, 이 전의 경과(經科)·사과(詞科) 그리고 소과·대과의 구별을 폐하지만 실제적으로는 소과·대과의 구분을 설정한 것이나 다름없는 것이다.

셋째, 본조사(本朝史-국사)를 강목(綱目)과 송명원사 등 역대 중국사와 더불어 시험과목에 넣는다. 이는 그의 주체적 역사의식의 연장이다.

이와는 별도로 그는 과거제의 병폐에 대해 보완책으로 향거리선(鄕擧里選)을 제안하였다. 그는 '인주(人主)가 왕위에 있어 당폐(堂陛-대궐섬돌)는 천리보다 먼데, 누구의 천거에 힘입지 않고서는 어찌 듣고 알아서 인재를 이끌어 쓸 수 있겠는가?'라 하여 이 제도의 본지를 밝히고, 이와 병행하여 향약을 지반으로 하는 공거제(貢擧制)의 실시도 촉구하였다.

그가 생각한 이상적인 향거리선은 고을에서 추천하고 마을에서 선발하는 제도로 귀천은 물론 서얼, 문벌 등에 구애받지 않는 오직 재능에 따라 평가한다는 것이다. 그러나 그 차선책으로 '이미 과거에 합격한 자(생원·진사) 중에서 재능과 덕을 보아서, 육조. 한성부의 장·차관 및 양도의 유수(留守)·팔도의 감사들로 하여금 3년마다 각각 문과 출신 몇 사람씩 추천케 한다. 또 각각 전공(專攻)을 기록하게 하여 임금과 담당 신하가 그 추천서를 친히 살펴서 취택한다.

그는 지역차별에 대해서 '국조 삼백년 이래 개경이서(開京以西)·철령이북(鐵嶺以北)을 무단히 고폐(錮廢)하여 … 오늘날의 인사행정에서 반드시 서북지방인으로써 택용(擇用)하라는 것은 양전례(兩銓例)에 언급되어 있다. 그러나 소위 택용이라 하더라도 장령(掌令) 한 자리에 지나지 않고 …'라 하여 그 역사적 정치적 실정을 들어 부당성과 아울러 인재들의 손실(損失)을 지적하고 있다.

또한 신분 차별에 대해서는 서얼은 문과생원진사과에 응시하지 못하게 한 이른바 서얼금고법(庶孼禁錮法)의 부당성을 지적하여 공격하였다. 근본적으로 성호는 '타고나는 재능과 도량은 귀천이 다르지 않은데 요즈음은 문벌만 숭상하여 그로부터 소원(疎遠)한 자는 백 명 중 하나도 진출하지 못한다'고 하고 '서북 삼도는 폐쇄해 버린지 4백년이 지났고, 노비의 법이 엄격하여 그 자손은 평민과 동석할 수 없으니 전국 백성이 모두 원한과 울분에 차있다'고 하여 사회적 불안의 원인이 된다고 주장하였다.

④ 군 역

양난 이후 국가재정의 결핍으로 무기의 개선이나 군자(軍資)의 보급이 제대로 되지 못하였고, 병역의무(良役)제가 무너져서 군포대납과 모병제로 바뀌었다. 이러한 군사제도의 변화는 선초(鮮初)의 병농일치를 원칙으로한 부병제(府兵制)가 무너진 것이다. 모병제(募兵制)는 양역(良役)이 일종의 용역으로 변질되어 사실상 용병제(傭兵制) 성격이 강하여 군사유지비가 크게 늘고 이에 따른 군포(軍布)의 납부를 과중케 하는 폐단을 초래하였다.

그는 양역이란 양민을 뽑아 군대를 만드는 것인데, 실상은 그 의무를 진 자에게는 군장(軍裝)이 전혀 없고, 병사(兵事)에 참여하지도 않으며 전포(錢布)만 바친다. 따라서 본인이 못낼 경우에는 백골과 어린이의 명목으로 부담을 매겨 징수하는 폐단이 생기니 이는 안 될 말이다(동서).

그는 병제개편의 필요성에 대해 '양역이란 병사(兵事)이다. 병은 구난(寇亂)을 방어하기 위한 것인데 이미 납포하고 면역된 후에는 한가로운 몸이 되어 국가의 위난을 외면한다'라고 하였다.

그리고 그 개편의 기본원칙은 병농합일, 양천(良賤)합일의 향병제를 편성하고자 하였다. 이는 철저한 호구조사와 양천을 가리지 않는 병역의무, 그리고 대신에 병정에게 전지(田地)를 나누어 주어 생활을 안정시키고, 군사경비를 원래대로 국가재정(田賦)에서 부담케 하여 농민의 부담을 없앤다는 것이다.

6. 맺는 말

조선은 성리학의 가치체계로 새로운 정치세계를 확립하고 사회적 관습을 개조하려는 열망에서 이를 적극적으로 수용 발전시켰다. 성리학은 조선조 봉건사회의 모든 질서에 이론을 부여한 이데올로기이었다.

성리학은 우주론, 리기론 등 형이상학, 그리고 인의예지를 절대화한 명분론과 예론으로 구체화된 실천철학, 이 둘을 정치사상과 결부하여 그 나름의 이상을 펼쳐나갔다.

조선조 전기까지 성리학은 조선사회에 수용되어, 정치사회와 문화 전반에 걸쳐 깊고 광범한 영향력을 행사하며, 그 합리적 성격은 사회를 긍정적으로 이끌었다. 조선 성리학이 갖는 인간심성에 근거한 윤리 도덕적 차원에서의 밝은 힘은 가히 조선사회를 문명화시켰다 해도 과언은 아니다.

그것은 민간신앙의 미신적 요소와 기복(祈福) 차원에 머문 대중 불교(佛敎)의 영향에 의한 도덕적 혼미(昏迷) 상태로부터 '인간답게 사는 것'이 무엇인지를 생활에서 확인하는, 분명 문명생활에 대한 자각(自覺)이었다.

정치적으로는 확고한 유가적 지도이념을 제시하고, 그에 따른 법과 제도를 마련함으로서 사회적 안정과 함께 백성을 교화시키는 공헌을 하였고, 또한 왕권의 자의적(恣意的) 행사를 엄격하게 제한함으로서, 비록 민주적이라고 하기는 어려워도, 정치권력의 공적(公的)기능과 성격을 강화시켰다.

조선 성리학은 퇴계와 율곡에 의해 완성되었고 정치철학으로는 각기 이상주의와 현실주의의 효시로서 이 둘의 차이는 오히려 정치발전에 있어 매우 긍정적일 수 있는 현상이었다.

조선 중기에 이르기까지의 성리학은 사회에 긍정적으로 영향하면서 학문적 효과에 있어 불급(不及)한 단계에서 중(中)에 이르렀다면, 양란 이후의 성리학은 이제 중(中)을 지나쳐 주자학의 교조화에 따른 과(過)

의 단계에 들어서면서 사대부 계층의 의식이 경색(梗塞)되어 관용이 없는 당쟁이 격화되고, 그 결점들이 정치상의 악폐로 나타나기 시작하였다.

성리학을 성립·발전시킨 중국사회는 그 거대한 영토와 인구 그리고 폭 넓은 개방성에 있어 조선사회와는 비교되기 어려운, 오히려 대조되는 면이 있었다. 사실 조선은 작은 나라여서 정치나 학문을 주도하는 입장에서 보면 다루기 쉽고 동질성을 유지하기가 용이한 정치단위였다. 따라서 학문적으로는 한 학풍이 전체 정신계를 완전히 장악할 수 있었고, 정치적으로는 한 왕조의 수명이 중국보다 두 배나 되었다.

이처럼 조선 사회는 중국과 비교하여 역사 문화와 정신적 풍토가 다르고 그 규모 또한 턱없이 작아, 주자학과 주례(周禮)를 적용하여 가치, 덕목들을 추구하는 과정에서, 형식적, 관념적, 그리고 배타적이고 강압적인 성격이 점차 강화되었고, 그로 인해 사회는 그 견고하고 철저함에 압도되어 나름의 생동력(生動力)이 질식되지 않을 수 없었다.

성리학의 명분론을 근간으로 하는 조선사회의 형식주의는 예(禮)에 철저하여 비실제적인 사고를 유발, 비생산적인 공리공론의 경향을 띠게 되었을 뿐만 아니라, 그 혹심한 형식이 인간성의 원활한 구현을 억압하는 원인으로 작용하였다.

그러한 영향으로 학문적으로는 치명적(致命的) 수준의 획일성으로 지적(知的) 관심의 범위가 좁아지고, 건조(乾燥), 무기력해지면서 무반성, 무비판에 따른 사상의 독단성(獨斷性), 그리고 종교화가 진행되었다.

그리고 여기에 더하여 학문과 사상의 범형, 목표를 당우(唐虞) 삼대라는 문헌에나 나오는 비현실적 세계에 둠으로서 자신의 현실적 실제 문제와의 괴리(乖離)마저 초래하였다. 또한 성리학의 언어와 교육의 주제(主題)는 모두 중국 것이어서 조선인에게는 더 많은 훈련이 요구되었고, 특히 한자(漢字)가 가하는 중압감은 창조성을 억제하는 역할을 하였다. 그리고 그러한 폐단들로부터 벗어나려는 의지가 실학사상에 의해 전개되었다.

제5장 | 청 변화기와 조선의 영·정조 시대

제1절 정치사회적 상황

1. 청의 변화기

청 제국은 건국으로부터 130여 년간 중국 역대에서 찾아 볼 수 없는 오랜 융성으로 점차 배만반청(排滿反淸)의 감정은 잠재되고 사회가 안정되면서 당연한 현상으로 인구가 급속히 증가하였다.

역사적으로 중국에서 정치사회적 안정 시기 이후에 발생하는 사회문제는 대부분 이 기하학적 인구 팽창과 산술적 생산력 사이의 간극에서 시발하였다.

1794년(건륭 59년)에는 전국 인구가 3억1,320만에 달했는데 이는 명대에 비해 5배가 증가한 것이었다. 그러나 식량과 생활필수품의 생산은 이에 따라가지 못하였음으로 생활은 어려워지고 사회는 혼란스러워 질 수밖에 없었다. 그것은 일찍이 몽테스키외가 지적한 '한족(漢族)의 경이적인 다산(多産)'의 결과로 중국 역사의 숙명과도 같은 것이었다.

청 제국은 정치·군사적 안정과 통일, 농업 생산의 비약적 발전, 전국 규모의 광범한 민간 수요 등 제조건이 산업의 융성과 번영의 기틀이 되어 일류 수공업 제품을 생산할 수 있었다.

그럼에도 불구하고 이들 수공업자들은 상업자본에 지나치게 예속되어 근대적인 공업생산단계로 진입하는데 실패하였다. 또 다른 근본적인 원인 중 하나는 급속한 인구 증가로 값싸고 풍부한 노동력이 지속적으로 공급되어 이것이 기술개혁의 필요성을 봉쇄해 버렸다는데 있었다. 따라서 산업혁명을 통한 기술혁신으로 무장된 서구의 자본주의 세력과 직면했을 때 파탄의 운명을 피할 수 없었다(이춘식, 『중국사서설』).

청대에는 명대에 이어 도시에는 동업(同業) 또는 동향(同鄕) 상공인들들의 경제·복지·친선을 목표로 대길드와 조합길드가 형성되었는데 이들은 지방 도시의 도량형 지정·시장(市場)관리를 넘어 치안유지 등 경찰, 소방업무까지 관장, 시정(市政)에 영향력을 가지게 되어 이들의 사회적 신분 향상과 정치적 영향력은 크게 증대하였다.

한편 선교사들이 소개한 세계지도는 중국인들의 중화사상(中華思想)과 중국 위주의 세계관을 흔들어 놓았고, 서양문명의 실용적 학문을 선도해 나간 천문, 역법(曆法), 수학, 포술(砲術), 의술(醫術) 같은 우수한 과학과 기술을 접하며, 중국인들은 이전처럼 기기음교(奇技淫巧)라 폄하해버릴 수 없는, 그 우수성을 인정하게 되었다.

그러나 역(逆)으로 같은 시기에 서양의 이성(理性) 절대를 주장하는 계몽주의자들은 유학(儒學)을 비롯한 중국 전통문화로부터 종교(神)없이 다만 자연법(理性)에 기반하여 인간이 사회제도를 창설하고 질서를 유지하며 문명을 꽃피울 수 있다는 가능성을 보고 한 때 중국학(中國學)에 몰두하였다.

18세기 중엽 이후 즉 건륭 말기부터 정부의 지배력이 쇠퇴하기 시작하여 관리들은 부패하고, 군사력을 대표하는 만주팔기(滿洲八旗) 역시 타락하여 유명무실하여 졌다. 또한 장기간의 융성기에 조장되었던 사치풍조와 방종, 부단한 인구증가와 물가 폭등, 그리고 역사적으로 반복되는 지배층에 의한 토지겸병과 이에 따른 농민의 몰락 등 말기적 현상이 진행되었다.

그리고 이러한 현상들은 배만·반청의 비밀결사 활동을 다시 표면화시키면서 국기(國基)를 흔들기 시작하였다. 그와 때를 같이하여 서구열강이 중국으로 몰려들기 시작하였고, 이런 와중에도 정부관료들은 자존망대(自尊忘大)에 빠져 확고한 대비책도 없이 외부로부터 고립된 상태를 자초하였다.

국내적으로는 1796년에 묘족(苗族)들이 귀주와 호남지역에서 반란을 일으켰고 정부의 관심이 이들에 기울자 그 동안 극심한 탄압을 받아오던 백련교도(白蓮教徒)들이 난을 일으켰다. 이들은 아미타불(阿彌陀佛)과 미륵불(彌勒佛)에 토속적인 미신과 주술(呪術)을 가미하여 혼탁한 세상을 극락으로 만들겠다는 종교적 민간결사(結社)로 호북지역에서 시작하여 순식간에 사천, 섬서, 호남지역으로 확대되었다.

이들이 1804년 완전히 진압되기까지 9년이 걸렸고, 그것도 정부군인 만주 팔기군이 아니라 지방농민 의용군으로 구성된 향군(鄉軍)에 의해서였다. 이는 후에 일어난 훨씬 큰 규모의 태평천국의 난(亂)에서도 같은 상황이 되풀이 되었고, 이를 경계로 청의 정권내부에서 만주족의 세력이 약화되고 한인들이 정치권(政治圈)의 중심에 서는 계기가 되었다.

중국 쇄락(衰落)의 근본적 계기는 외부적으로는 서구세력에 의한 침탈, 그리고 내부적으로는 유가적 가치체계로서는 더 이상 산업화로 인한 인간관계의 변화를 커버(Cover)할 수 없게 되었다는 데에 있었다.

2. 조선 영·정조시대

1) 조선의 고립과 후기 실학의 태동

조선 사대부들에 의한 숭명반청 사상은 명의 멸망 이후에도 1세기 이상 풍미하며 정치현실과 모순관계를 지속시켰다. 병자호란 이후 조선과 청의 관계는 정치적으로는, 비록 무력(武力)에 의한 것이기는 하지만, 군신관계라는 전통적인 사대관계를 수립하였으나, 문화·이념적으로는 소중화 의식이 팽배하여 청을 이적시, 경멸하는 풍조에는 변화가 없었다. 이러한 정치현실과 문화 이념간의 모순과 갈등으로 조선은 스스로 고립되어 갔다.[1)]

교조적 주자주의자들은 명에 대한 사대는 천리, 청에 대한 사대는 인욕으로 보아, 비록 중화질서가 현실적으로는 역전되어 있으나, 심정적, 당위론적으로는 회복되어야만 할 천리로 인식·희망하고 있었다. 그리고 이 질서의 회복이라는 과제를 내성적 수양과 결부시켜 주자학의 교조화를 강화하며, 북벌론을 계속 주장하였다.

조선 사대부들 특히 송시열을 중심으로 하는 서인(西人)은 병자호란 이후 숭명반청사상의 연장선에서 진행된 소중화 사상과 북벌론을 펼치면서 당시 정치문화 전반을 주도하였으나, 이는 필연적으로 폐쇄적인 대외의식을 수반하여 조선의 고립을 가져왔고, 이 흐름이 장기화되었다.

조선 정부는 대보단(大報壇)에서 명(明)의 신종(神宗)과 의종(毅宗)의 제사를 지냄으로서 숭명반청의 뜻을 국가적으로 천명하였고, 송시열은 이와는 별도로 그 제자 권상하게 유지(遺志)로서 만동묘(萬東廟)를 짓게 하여 1708년에 완공하였다. 이것이 소위 당시 사림의 청의(淸議)라는 것이다.

이러한 폐쇄적인 의식은 특히 사대부층에 심화된 상태이었고, 이로부터 비교적 자유로운 중인계층으로서는 사대부층의 역할을 대신하여 청(淸)과의 교역이나 선진문화를 접할 수 있는 기회가 많아지면서 자신들의 활동범위를 넓혀갔고, 이는 정치경제적 환경의 변화와 맞물리어 사회계층 의식의 변화를 촉진시켰다.

명의 멸망으로부터 시작된 조선의 '백년간의 고립'[2]은 약 2백년의 시차가 있었음에도, 19세기에 서구세력과의 조우(遭遇)과정에서 쇄국정책으로 재현되었다. 이는 19세기 국제사회의 일반적 조류(潮流)인 근대화에 결정적 장애가 되었다.

---

1) 이는 경제적으로는 자급자족에 스스로를 가두는 일로 근세 사회로의 진입을 크게 저지·방해하여 낙후된 사회로, 전락의 길을 걷게 되었다. 또한 서양문물에 대한 멸시·반대로 이어져 쇄국의 전례로 작용하였다.

2) 병자호란이 끝난 이후인 1644년(인조 22)부터는 이전의 매년 성절(聖節), 정조(正朝), 동지, 천추(千秋) 등 4차례 정기사행(使行)과 수시로 행해 온 사행들을 삼절겸년공사(三節兼年貢使)라는 단 한번으로 제한하였다.

그러나 조선 사회에서는 청조의 정치적 안정과 번영, 더 나아가 괄목할만한 경제, 문화면에서의 발전을 목도(目睹)하게 되면서부터 당시 정치를 주도적으로 이끌던 숭명배청이라는 이념에 대한 불신이 제고(提高)되었고, 그러한 영향으로 일군의 후기 실학자들이 배출되었다.

이들은 명말청초의 중국의 뛰어난 삼대 유신들의 경세철학에는 훨씬 미치지 못하였으나, 백년간의 어둠과 모순을 뚫고 나와 하나의 변혁기를 새롭게 의식하면서, 실학사상에 근거하여 자기반성과 그에 따른 정치설계를 제시하고 있다는 면에서는 이들 삼유(三儒)와 정치사상적 성격을 공유하였다고 볼 수 있다.

당시의 실학자들은 노론계열의 북학파와 근기남인 계열의 성호학파로 분별할 수 있지만 이들의 공통된 견해는 『춘추』의 대일통 사상을 벗어나 숭명반청과 화이론을 반대, 재검토한다는 입장으로 이는 두 번의 호란(胡亂)의 책임을 묻고 반성하는 당시 사대부들의 정치철학으로 볼 수 있다.

또한 사회적으로는 현실과 이념간의 괴리(乖離)가 커지면서, 그 틈으로 그 동안 주자 교조주의라는 경색된 가치관에 의해 억압되고 잠재되어 있던 한(韓)민족 본래의 자유분방한 힘이 분출되기 시작하였고, 이는 비단 학문에서 뿐 아니라 사회 각 방면 특히 문예면에서도 표출되어 18세기 후반, 영·정조 시대에는 '문예중흥'이라 할 만한 사회적 현상이 나타났다.

그것은 관점을 달리하면 주자학의 교조화라는 문화적 종속관계를 탈피하여 민족의 창의성이라는 주체적 성격을 표출한 것이었다.

정조는 자신이 학문을 좋아하여 직접 많은 저술(著述)과 편찬(編纂)을 남기었고, 규장각(奎章閣)을 설치하여 『속오레의(續五禮儀)』, 『국조보감(國朝寶鑑)』, 『증보동국문헌비고(增補東國文獻備考)』, 『오륜행실도(五倫行實圖)』 등을 간행하는 체계적인 편찬사업을 펼쳤다.

또한 문화 전반에 조선의 고유색(固有色)이 들어나면서 미술사 측면에서는, 사대부 계층이 명의 그림자에서 벗어나지 못하고 중화사상의 아류(亞流)인 소위 소중화를 자랑스럽게 내세우는 정신적 예속상태에 있었을 때, 중인계층을 중심으로 산수화에서는, 대상 그것도 주로 중국의 산수를 상상에 의해 화폭에 담는 화법에서 벗어나 조선의 산수를 사실적으로 표현하는 진경산수(眞景山水)의 화풍이 겸재(謙齋) 정선(鄭敾)에 의해 꽃을 피웠다.

이는 그리는 이(畵家)의 내면의 의식세계를 표상화(表象化)하는 주정주의(主靜主義)에서 벗어나 대상세계를 실체화하는 현실주의의 화풍으로 실학정신과 맥이 닿아 있다.

그리고 같은 맥락에서 단원(檀園) 김홍도(金弘道, 1748-1806)와 혜원(蕙園) 신윤복(申潤福, 1758-?) 등은 조선인의 생활상을 자신감을 가지고 자유롭고 기쁨이 충일(充溢)한 모습으로 그려내는 풍속화를 유행시키며 전성기를 구가하였다. 또한 서예에서도 남도를 중심으로 윤순(尹淳)의 뒤를 이은 이광사(李匡師)에 의해 조선 고유의 동국진체(東國眞體)가 완성되었다

2) 사회 변혁

당시 조선사회의 경제적 측면에서는 자본주의 맹아(萌芽)의 기미(幾微)가 보이기 시작하였다. 숙종이 상평통보(常平通寶)의 주조 등 통화전책을 적극적으로 추진하기 시작하여 화폐가 전국적으로 유통(1678 숙종 4년)되고, 숙종 44년(1718)에는 전세(田稅)의 금납화(金納化) 현상이, 그리고 정조 18년(1794)에는 장시(場市)에서의 세(稅)도 화폐징세가 많아지는 등 사용가치의 상품화, 화폐화로 발전하여 나갔다. 더 나아가 토지의 가격도 화폐로 산정되어 동산화(動產化)의 경향이 나타났고, 노동력의 상품화 현상은 소작료에까지 파급되었다.

한편 농업생산 분야에서의 이앙법(移秧法)의 일반화와 밭농사에서의 견종법(畎種法-이랑과 이랑 사이의 골에 파종하는 법) 보급 등 기술변혁과 함께 농업을 상업 경영화하는 경향이 나타났고, 그 일환으로 담배, 인삼, 채소, 약초 등의 재배가 유행하였다. 또한 임금노동제의 도입 등

은 일부 경영형 부농과 자영농민 형성의 계기가 되어 농민층의 분해가 확산되어 갔다.

그러나 정치경제적으로는 양역(良役)의 폐해를 없애기 위하여 1749년(영조 26년)에 실시한 균역법(均役法)도 그 실효를 거두지 못하였고, 환곡(還穀)제도는 국가재정 보충을 위한 영리수단으로 변질되어 민생의 구휼(救恤)에 기여하지 못하였다. 또한 숙종 이래 유통하게 된 화폐(貨幣)는 관료와 부호들의 고리대의 영리수단으로 이용되면서 화폐경제의 정상적 발전을 기할 수 없게 되었다.

정치사회면에서는 17세기 이후 거듭된 당쟁의 격화와 정치세력의 분열, 이로 말미암은 사족(士族)들의 분해, 약화와 정권으로부터의 소외와 갈등 현상이 누적되면서, 양반이 경제적으로 몰락하여 서민화되거나 반대로 경제적으로 부유해진 상민들이 납속수직(納贖授職) 등을 통하여 신분의 상향이동을 하는 등 광범위한 변화가 있었다.

이러한 신분의 변동이 활발하게 이루어진 정치적 배경에는 국가가 당시 사회적 요구에 따라 봉건적 신분제를 이완시키려는 의지와 함께 재정위기를 극복하려는 차원에서 공식적으로 여러 정책과 방안을 마련하여 이를 촉진시켜 나간 면도 있다. 즉 납속수직(納贖授職), 납율면천(納粟免賤), 서얼허통(庶孼許通), 노비종모법(奴婢從母法)과 노비공혁파(奴婢貢革罷) 등을 시행하여 나간 것이다.

이러한 사회분위기에서 평민의 의식수준이 성장하고, 중인계급이 차지하는 사회적 비중이 숫적으로나 질적으로 확대되면서 상대적으로 사대부층의 정치경제 사회에서의 절대적 역할이 약화되었다.

3) 중인계층의 성장

조선시대 신분제의 골간이던 양천제(良賤制)가 무너지고 반상제(班常制)가 확립되던 17세기에 들면서 중인(中人)계층의 사회적 역할이 증대하여 갔다.

조선조의 중인계층은 크게 세 부류로 나눌 수 있는데, 첫째가 이미 양천제에서 기능상 농·상이나 사족(士族)과 구별되는 전문 기술직 즉 의관(醫官)이나 역관(譯官) 등으로 이들은 상위 중인에 해당한다. 다음이 양반의 첩자(妾子)인 서얼(庶孼)들이다. 이들은 혈통상의 하자(瑕疵)로 인해 사족들의 끊임없는 자기도태 작업의 대상이 되어 양반도 중인도 아닌 위상(位相)에 서 있었고, 이들은 현실적으로는 기술직에 편입되기 마련이었다. 그리고 여기에 일선행정을 맡은 하급관료집단인 이서층(吏胥層)이 함께 함으로서 중인계층이 형성되었다.

또한 평민들 중에서 일부 향촌사회에서 교생, 약정(約正), 권농 같은 지위를 차지한 사람들 역시 스스로를 중인이라 생각, 칭호를 사용하였다.

이처럼 신분의 하락과 상승, 두 흐름이 합류되는 선에서 중인신분의 위계가 규정되었던 것이다. 결국 양천제가 법제에 의한 신분제인 반면 중인계층의 구성과 함께 굳혀진 반상제는 사회관습적 규범에 의한 것이었다(정옥자, 『조선 후기 역사의 이해』).

중인계층은 도덕적 제약으로부터 비교적 자유롭고, 사변적이기 보다는 실용적 사고(思考)로 현실적응 능력이 뛰어났다. 따라서 사회활동에 적극적이었던 만큼 그들은 끊임없는 신분상승 운동, 그리고 그 연장선으로 경제·문화 양면에서 자신들의 내적 발전을 추구하였다.

예를 들면 이들 중 양반으로의 상승에 집념을 가지고 있는 서얼들은 탕평책을 기회로 통청운동(通淸運動)을,[3] 이서층은 한문학(漢文學)을 자신들 문화운동 성격인 위항문학(委巷文學)의 중심 놓음으로서 이제까지 사대부층 전유(專有) 영역의 경계를 허물었다. 그리고 기술직 중인의 활발한 경제활동을 들 수 있다.

중인들의 성장과 그에 따른 의식변화는 정치권에도 영향을 주었다. 이때 일부 서얼들은 규장각(奎章閣)의 일원으로 참여하게 되면서 정치에 접근하였다. 규장각은 정조 초기인 1782년경 정조자신이 우문지치

3) 통청운동 : 사대부들은 최초 보직을 청직(淸職) 즉 글로써 벼슬하는 문한관(文翰官)으로 시작하여 고위관직에 이를 수 있어, 자신들에게도 그러한 대우를 요구한 것이다.

작인지화(右文之治 作人之化) 즉 문화국가로의 방향과 인재양성이라는 목적을 설립이념으로 발족시켰으나, 그 내면에는 당파세력에 둘러싸인 자신의 고립무원(孤立無援)한 정치적 상황을 타개하여, 친정체제 구축을 위한 정치권력기구로서의 역할을 기대하였고, 그 소기의 목적을 달성하였다.

당시 정권을 장악한 노론이 사대부 중심의 신권(臣權)강화에 마음이 있었던 반면 남인은 왕권강화의 입장이었다. 사실 남인(南人)은 1694년(숙종 20년) 갑술환국으로 정권에서 완전히 도태되어 재야처지가 되었고, 정조가 이들을 등용함으로서 이들은 정조정권의 주요한 고임돌이 되었다.

이러한 노론과 남인의 대치상태에서 정조는 한편으로는 노론 내부에서 발생한 북학운동의 급진성과 다른 한편 즉 근기(近畿)남인 계열의 성호학파 내부의 서학(西學)의 이단성(異端性)을 상호견제하고 선별, 수용하여야 하는 어려움을 안고 있었다.

역사적으로 이들 중인계층은 사회변동기에 빠르게 변신하는 적응능력과 상당한 지식을 갖추고 있었고, 19세기에 이르면 북학사상을 수용함으로서 주자학을 기반으로 한 사대부 계층에 대응하는 사회세력으로 성장하여 갔다.

그리고 19세기 후반의 중인계층은 양반 사대부에 필적하는 정치사회 세력으로 성장하여 사대부의 지식수준에 도전하는 문화운동으로부터 개화운동을 통한 사회변혁을 지향하는 단계로 나아가기에 이르렀다. 다시 말해 중간계층의 위상에서 탈피하여 근대화의 주역으로 역사의 지표(地表)에 올라서게 된다(정옥자, 전게서).

4) 탕평책

① 배 경

탕평론(蕩平論)은 18세기 중엽에 왕권의 강화를 통해 제반 문제를 해결하기 위한 방안으로 제기되었다. 탕평책의 정치사회적 배경에는 양난 이후의 국가재조(再造) 방략(方略)에서 보이는 토지개혁을 위요한 강·온의 대립, 그리고 중인층을 포함한 서민층 일반의 괄목(刮目)할만한 사회적 성장과 그에 따른 이들의 유교적 교양의 확산이 있었다.

사실 탕평책은 사회적 요구의 반영이라는 몇 가지 요인이 있었다.

첫째, 실학정신의 대두이다.

정치사상 측면에서 보면 실학정신은 실용적 공리적 사유를 기저(基底)로 함으로서, 성리학의 명분론과는 대치되는 현실주의 철학이다. 이러한 실학이념의 선례(先例)인 반계의 정전제 원리는 균(均)·평(平)을 지향하였고, 그 목표는 농민적 입장의 기대를 수용하려는 것이고, 그 실행은 국왕중심의 정치세도(勢道)를 전제한 것이었다. 따라서 같은 정치 이념과 목표를 가졌던 영조에게 오광운(吳光運) 등은 『반계수록』을 적극 추천하였다.

둘째는 사회적 구조의 변화이다.

신분제의 동요에 따라 사회적 역할이 증대된 중인들의 사회의식의 변화·확대는 그것이 정치지향으로 이어졌다. 또한 사회경제적 변화에 의한 농민층의 분해과정에서 상대적으로 치부(致富)에 성공한 경영형 부농과 서민 지주들 그리고 상품 유통경제와 수공업·광업의 발달 과정에서 등장하는 부상대가(富商大賈)들 역시 자신들의 역량에 걸 맞는 정치적 기대와 요구를 갖게 되었다. 그리고 이들 정치적 불만층은 당쟁이라는 정치동향에 민감한 반응을 보였다.

셋째로는 중인들의 유교 교양과 범절이 사대부들을 능가할 정도로 유교의 확산과 보편화가 진행되면서, 정치를 주도한 성리학에서의 사대부층의 독점체제가 와해되었고, 이러한 제 요인들은 탕평책을 추진할 사회적 근거가 되었다. 그리고 이러한 사회환경의 변화는 정치사회에서는 사대부 계층에 의한 정치권력의 독점적·수직적 관계가 사회계층 간의 수평적 관계로의 점진적 이행을 의미하는 것이었다.

② 정치사상적 관점

탕평론의 등장을 정치철학적 관점에서 보면 사대부 계층의 정치행위에서의 도덕주의에 근거한 명분론이 힘을 잃으면서, 이것이 그 결정적 계기였다.

탕평이란 『서경』 '홍범'에 이른바 무편무당(毋偏毋黨), 왕도탕탕(王道蕩蕩), 무당무편(毋黨毋偏), 왕도평평(王道平平)이라 한데서 나온 것으로, 임금은 항상 어느 한쪽에 치우침이 없이 공평해야 한다는 것을 강조한 말이다(최영성, 『한국 정치사상사』).

탕평론은 숙종대 전반기에 이미 서인 소장층의 지도적 인물인 박세채가 회니시비로 인한 송시열과 윤중의 불화관계, 그리고 그에서 비롯된 노·소론의 대립을 해소하려는 노력의 일환으로 제기한 바 있다.

탕평론은 붕당간의 정치적 세력균형을 왕의 권력에 의지하려는 논의로, 이는 정치를 주도하던 사대부 계층의 정치권력 독점과 성리학적 명분론이 그 한계를 노정(露呈)한 현상으로 사대부들의 정치에서의 공적, 정통적 지위가 흔들리고 있음을 반증한 것이다.

이와 함께 실학사상과 중인계층의 경제사회적 부상(浮上)은 사회 이념적으로는 실용주의가 힘을 받게 되었고, 이것이 사대부층의 보호막 역할을 해온 도덕주의에 대한 해체요소로 작용하면서 명분론이 힘을 잃는 계기가 되었다.

또한 정치적으로는 청(淸)의 정치문화뿐 아니라 경제적 안정·발전으로 그들이 주장한 숭명반청의 허점이 들어나고, 또한 예송 역시 사대부들의 정권놀이에 이용된, 다시 말해 '예(禮)를 인간의 이욕(利慾)에 이용한 것'에 불과하였다는 의식이 확산되면서 더 이상 내세워야 할 명분도 없고, 명분의 진실성 역시 의심받는 현실에 당면한 것이다.

조선조 초기, 정치세계에 등장하면서부터 이들은 인의(仁義), 그리고 당우(唐虞) 삼대를 이상(理想)으로 하는 지치(至治)를 명분으로 내세워 일체의 타협을 거부하여 왔다. 사실 명분론은 사대부의 정치적 등장의 동기, 역할, 성취 등이 이 하나에 집결된 조선 성리학의 정치 슬로건(Slogan)이었다.

성리학이라는 정치철학에서 명분론(名分論)은 이상주의(理想主義)와 표리관계에 있으면서 일체의 공리적 사고(思考)를 배척할 뿐 아니라 그러한 현실주의적 태도를 소인배(小人輩)들의 행위로 간주하여 정치 제일의 급선무가 이들을 변별하여 정치계로부터 축출하는 것이었다. 거기에는 공존의 논리가 없었다.

명분론은 동중서의 '그 마땅함을 바르게 여기되, 그 이익을 도모하지 않으며'라는 뜻을 이은 것으로, 정치행위에서 비롯되는 현실적 결과에 대해 고려하지 않는 것을 대인, 군자의 도리로 여기는 풍토를 조성하였다.

그리고 당쟁에서 소인배로 낙인찍히지 않기 위해서는 경쟁적으로 보다 고고(孤高)하고 관념적인 명분론을 펼칠 수밖에 없었다. 현실적 효용이 긍정적 기준으로 평가되지 않는 정치적 논쟁에서 '명분(名分)'은 당연히 가장 유력하고 유일한 무기(武器)였다.

그 명분론에 따른 대표적 정치적 결단이 두 차례에 걸쳐 호란(胡亂)을 끌어들인 배청숭명론이었다. 이에 비해 임진왜란은 조선으로는 선택의 여지가 없는 왜의 일방적 결정이었다.

숭명반청을 명분으로 제공한 주자 절대주의는 송시열에서 정점을 이루었고, 두 세대 이후 그의 학손(學孫)인 한원진이 '왕양명집변(王陽明集辯)'이나 '곤지기변(困知記辯)'을 통해 이단(異端)배척운동을 펼치며 '만동묘(萬東廟)'를 짓는 것을 고비로 그 세(勢)가 꺾이었다.

송시열이 군자와 소인을 변별하고, 사문난적의 레드 카드(red card)를 뽑아들며 명분에 따라 모든 정치적 결정이 내려지든 상황에서 보자면 탕평이란 명분론에 대한 전면적 부정으로 이해할 수 있다.

사대부들을 지탱(支撑)시키는 힘은 명분(名分)에 있었다. 조선 성리학은 양반에 의한, 양반을 위한 정치철학이었으며, 그들은 인륜과 의리 추구(綱常說)라는 명분론으로 왕권을 이차적(二次的) 권위로 약화시켰다. 왕권이 내리는 정치적 결단은 표면상 군주의 뜻이었으나, 그 실행에는 어느 한 당파 계열과의 제휴가 전제되어야 실효할 수 있었다.

따라서 이제 왕권에 의지하려는 탕평은 사대부들 세력의 약화를 반증하는 것이었다.

이러한 탕평책은 사회적 갈등을 유교 전통 안에서 해결하려는 노력의 일환으로, 신권에 대한 왕권의 절대 우위와 왕권 중심의 정치운영을 실현함으로서 당쟁을 완화·해소시킬 뿐 아니라 정치 소외층의 불만도 일정하게 흡수할 정치적 대안이 될 수 있었다.

③ 결 과

탕평책은 정조의 죽음으로 급격히 위축되었다. 서구의 계몽군주에 비견되는 정조의 때 이른 서거는 그 휘하에 모여든 정약용 등을 비롯한 많은 인재들을 몰락, 흐트러지게 함으로서 새로운 이념의 창출과 새로운 사회세력을 육성하려는 정조의 구상과 시도는 미완성으로 그칠 수밖에 없었다.

탕평책의 실패 내지 퇴조의 정치사회적 배경에는 왕권 강화에 반대하는 외척벌열(外戚閥閱)을 중심으로 한 노론 벽파(辟派)의 결집이, 그리고 그 저변에는 광범한 보수 사대부층이 있었다.

그러나 순조의 왕위등극과 함께 시작된 이들 노론·외척 중심의 정치는 명분론을 되살리지는 못하였다. 그들이 비록 반탕평, 반서학을 주장하였으나, 이는 성리학의 정치 이념의 추구와는 무관한 이권(利權)에 따른 것으로, 이로부터 사회 전반의 노골적인 부정부패가 촉진되었다.

이제 뜻있는 재야 사대부들은 개인적 차원에서의 유가로, 다시 말해 국가적 치원에서 외형적 제도적으로 표방하는 경향으로부터 지방적 개인적 차원에서 내면적 학문적으로 천착(穿鑿)해 가는 흐름이었다(김준석, 전게서).

조선 정치전통의 특징인 명분론은 서양세력과 조우하게 되면서 '위정척사(衛正斥斯)'라는 정치 슬로건으로 다시 등장하였다. 그러나 그 운동은 재야 사대부들에 의해 주도되었으며, 그 배후에는 유교의 영향을 받으며 살아 온 농민(민중)들이 있었고, 결국 이들에 의해 의병활동으로 이어질 수 있었다.

제 2 절 청 후반기 학문과 조선 영·정조 시대의 학문

1. 청 후반기 학문

1) 안원(顔元, 습제(習齊), 1635-1704)

안원은 하북, 박야(博野) 사람으로 19세에 수재(秀才)에 합격하였으나 집안이 쇄락해져 자신이 직접 농사를 지어 부모를 봉양하였다. 22세에 의학(醫學)을 배웠고, 24세에 사숙을 열어 글을 가르쳤으며, 이 이후로 약방을 열어 의술을 행하여 생계를 꾸렸고 만년에는 장주(漳州) 서원의 책임자가 되었다.

그는 젊어서 양명학을 그리고는 정주(程朱)에게로 믿음을 바꾸었으나, 그 이후에 주공(周公)의 육덕, 육행, 육예와 공자의 사교(四教)가 올바른 학문임을 깨닫고부터, 양명과 정주의 학문은 선학(禪學)과 속학에 물든 것이라 하여 격렬한 비판을 하였다.

그는 중국 역사 가운데서도 특히 송·명시대의 경험과 교훈을 총괄하였고, 정주도학에 대한 비판적 입장을 견지하여 이론적으로 독창성을 갖추게 되었다.

① 리기론

안원은 만물이 생성되는 재료가 가(氣)이며, 만물이 그렇게 되는 까닭인(所以然) 법칙이 리(理)이다. 리와 기는 완전히 통일된 것이어서 분리할 수 없는 것인데 왜냐하면 '기는 리의 기이고 리는 기의 리이기 때문이다(존성편). 즉 리기이원론을 부정하였다.

그는 기의 주도적 지위를 긍정하며 '리와 기가 하나로 융합되어 있다면 음과 양의 두 기가 천도(天道)의 양능(良能)임을 알 수 있다. 이때 원·형·이·정·의 사덕은 음과 양 두 기의 양능이며, 만물을 화생하는 것은 바로 이 원·형·이·정의 양능이다'(존성편)라 하였다.

즉 기는 음과 양의 두 기이고, 기는 원형이정이라는 사덕의 리를 지니고 있으며, 다시 변화하고 유행하면 춘하추동을 형성한 후에 만물을 낳는다. 기는 주체이며 리는 기의 양능 즉 기의 리이다. 그러나 리는 교감하여 소통하거나, 변화하여 생성하거나, 왕래하여 변화하지 못한다.

안원은 리와 사(事)의 관계에 있어 리를 파악한 것이 이미 분명하다고 해도, 일을 처리할 수 없는 경우가 많다. 그런데 송대의 여러 선생들은 자신이 파악한 리가 아직 밝지 못하다고 말하면서도 다른 사람들에게는 리를 밝히라고 가르친다. 반면 공자는 일을 익히라고 가르쳤는데, 일에서 리를 파악하게 된다면 이미 상하를 관통하게 되니, 공자의 학문과 정주의 차별성이 바로 이곳에서 생겨났다(존학편).

그는 일과 사물을 강조하여 그것을 위주로 하지 않으면 필연적으로 리는 일이나 사물과 나누어지게 되고 마침내 허공에 매달린 꼴이 되고 만다는 것이다.

② 성(性)과 형(形)

안원은 리가 사람의 몸에 드러나는 것이 성(性)이고 이러한 성 역시 기질의 성으로 성은 기를 떠나서 홀로 있을 수 없다. 즉 기질이 아니면 성이 되지도, 드러내지도 못한다.

그는 정주리학이 리와 기, 성과 형을 구분지어 대립시키거나 또는 리와 성을 지극히 선(善)한 것으로, 기와 형을 지극히 악(惡)한 것으로 간주하는 인성론상의 이원론을 반대하였다.

결과적으로 그는 성과 기질과의 관계를 성과 형(形)의 관계로 간주하고, 리와 기, 성과 형이 통일적이라는 생각에서 '리와 기는 천도를 가지고 있으며, 성과 형은 천명을 가지고 있다'고 하였다(존학편).

또한 성과 형이 통일적인 이상 이 모두는 지극히 선한 것이기 때문에 기질을 변화시킬 필요가 없고, 다만 성을 알고 극진히 하면 된다는 생각이었다. 사람의 형체는 바로 성이 작용하는 구체적 표현이며 외계의 사물은 성이 작용하는 구체적 대상이다. 따라서 성을 극진히 하려면 반드시 형체를 통해야 한다.

안원이 일(事)에서 리를 드러낸다고 제기했을 때의 일은 구체적으로는 주례(周禮)에서의 육덕(六德), 육행, 육예라는 삼물과 '상서(尙書)'에서의 육부(六府)와 삼사(三事)이다.[4] 이러한 구체적인 항목들을 대상으로 삼아야 진정으로 성을 극진히 할 수 있고, 따라서 성을 극진히 하는 것과 일을 익히는 것은 일치한다.

이른바 정좌(靜坐)와 독서의 방법으로 따로 구한다는 것은 모두 이단이자 외도이다.

그는 중국의 정치사에서 크게 혼란되고 정체된 원인을 학문적으로는 훈고(訓詁), 청담(淸談), 선종(禪宗) 그리고 거짓 유학자들인 향원(鄕愿)이 넷의 장난 때문이라고 하며, 송(宋)의 유학자들은 이 넷 가운데 몇 가지를 가지고 있으니, 어찌 성인(聖人)의 도를 어둡게 하고 백성을 잘 못 이끄는 것이 이 지경에 이르지 않을 수 있겠는가?(『습제기여 권3』)

그는 천하에 이단(異端)의 학문은 있을지언정 거짓학문이 있어서는 안 된다. 이단의 학문은 정학을 어지럽힐 수는 있어도 정학을 말살하지는 못하는데, 사이비 학문은 정학을 말살한다라고 까지 말하며 성리학을 공격하였다(연보).

③ 인식론

안원은 인식의 기초는 객관적 대상에 있으며, 인식의 내용은 인식대상에 의해 결정될 뿐 아니라 인식능력이 작용을 발휘하는 것 또한 그에 의존한다. 그는 사람의 마음이 영묘하지만 이 사물 저 사물을 접촉하지 않는다면 영묘함이 베풀어 질 곳이 없다고 한다.

그는 이처럼 인식과정에서 인식대상이 주도적 작용을 하는 것을 설

---

4) 주례의 육덕은 지(智), 인(仁), 성(聖), 의(義), 충(忠), 화(和)이고 육행은 효, 우(友), 목(睦), 인(姻), 임(任), 휼(恤)이며 육예는 예, 악, 사(射), 어(御), 서(書), 수(數)이다. 상서의 육부는 금, 목, 수, 화, 토, 곡(穀)이고, 삼사는 정덕(正德), 이용(利用), 후생(厚生)이다.

명하여 '밝게 보고 명확히 듣는 것은 눈·귀의 본성이다. 그리고 색에 어긋나는 것을 보거나 들으면 그 밝음이 흐트러져 나의 본성을 어지럽히듯, 예(禮)에 어긋나는 것을 보거나 들으면 그 본성을 어지럽히니, 이처럼 나의 눈을 해치는 것은 색에 있지 눈·귀에 있지 않다'고 하였다.

또한 그는 '격물의 격(格)'을 양명학에서는 '바르게 한다(正)' 주자학에서는 '이르다(至)'의 뜻으로, 그리고 한(漢)의 유학자들은 '다가온다(來)'로 해석하였는데 이 모두 정확한 것 같지 않다. 나는 역사서에서와 같이 '손으로 맹수를 붙든다(手格猛獸)의 붙든다'나, '손으로 처서 죽인다(手格殺之)의 치다'가 정확하다고 보는데 공자 문하에서 가르친 육예가 바로 이것이다(『습제기여』).

이에 대해 그는 공자가 '생각하기만 하고 독서하기만 하는 것은 배우는 것만 같지 못하고, 배우기는 익히는 것만 같지 못하다. 시간 나는 데로 익혀서 나와 하나가 되어야 한다'고 하였음을 강조한다. 안원은 이러한 가르침을 중히 여겼다. 따라서 그는 선천적인 양지(良知)가 있음을 반대하며, 참된 앎은 반드시 행에 의지하고 행의 검증을 받아야 한다는 생각이었다.

④ 공리사상

안원은 '형체를 떠나면 성이 없다(舍形無性)'고 하였는데 이는 곧 사람의 육체가 인간 본성에 누(累)가 되지 않을 뿐 아니라, 오히려 인간 본성을 실현시키는 것이라 생각하였다. 그는 더 나아가 물질적 욕망이 좀 사치스럽더라도 죄악의 성질을 지닌 인욕이라고 볼 수는 없다는 것이다.

그는 남녀 간의 사랑은 사람의 큰 바램이자 참된 감정이며 지극한 본성이다(존인편).

그는 동중서의 '그 마땅함을 바르다 여기되 그 이익을 도모하지 않으며'를 내용이 없고 쓸모없는 학문으로 보고, 반대로 그 마땅한 것을 바르다고 여김으로서 그 이익을 도모해야 하고, 그 도를 밝힘으로서 그 공(功)을 셈해야 하는 것이라고 하여, 도(道), 공(功), 의(義)와 이(利)를 완전히 통일적인 것으로 이해하였다. 같은 맥락에서 그는 '농사를 잘 짓도록 하는 것이 전쟁을 잘 치르도록 하는 것이고 글을 가르치는 것이 곧 무예를 가르치는 것이다'라 하였다.

그는 반공리사상의 유행을 조성한 원흉을 주희로 지목하였다.

⑤ 토지제도

봉건지주의 토지소유제에 대하여 그는 정전제(井田制)를, 그것이 불가능하면 균전제를 실시해야 한다고 하였다.

'정전제가 타당치 않다고 하는 이들은 부유한 백성들의 땅을 급히 빼앗으려 한다고 하거나 사람은 많은데 땅은 적다고 한다. 천지간의 땅은 마땅히 천지간의 사람이 함께 나누어 가져야 한다는 것을 어찌 생각하지 않는가? 만약 저 부자들의 마음을 따른다면 만 사람이 생산한 것을 다 거두어 한 사람에게 준다고 해도 만족스러워 하지 않을 것이니, 왕도정치를 행함에 있어 인정(人情)을 좇음이 진실로 이와 같겠는가'(『존치편(存治編)』 '정전')

그러나 그의 구체적 방안은 지주(地主)의 토지 소유제를 폐지하는 것이 아니라 소유에 제한을 가하는 것이다.

조갑전(趙甲田) 10경(頃)을 20가구에 나누어 준다. 갑이 다만 50묘(畝)라면 어찌 원망과 탄식이 없겠는가?(일경(一頃-100묘(畝)) 법으로 19가구에 갑전을 내리도록 하며, 공전의 절반을 귀속시켜 그 반을 세금으로 내게 한다. 종갑신(終甲身)은 그 아들이 똑똑하여 관리가 된다면 그것으로 먹고 살게 하고, 그렇지 않으면 일반 사람에게 준하는 것이 타당하다(연보).

그는 '만약 천하가 나를 버리지 않는다면 장차 일곱 글자로 천하를 부유(富裕)하게 할 것이니 황무지를 개간한다(墾荒), 균전제를 실시한다(均田), 수리사업을 일으킨다(興水利)가 그것이다. 또한 여섯 글자로 천하를 강하게 할 것이니 백성들 모두를 병사로 만든다(人皆兵), 관리들을 모두 장수로 만든다(官皆將)가 그것이다 아홉 글자로 천하를 평안하게 할 것이니 인재를 등용한다(擧人才), 기강이 되는 법률을 바르게 세운다(正大經), 예악을 일으킨다(興禮樂)가 그것이다'라고 그의 경세 포부를 밝히었다.

2) 대진(戴震, 1723-1777)

대진은 자가 동원(東原)이고 안휘성 사람이다. 그는 의류상(衣類商)의 아들로 태어나 주요한 관리의 집에서 가정교사와 편집인으로 생계를 유지하였다. 그는 고염무의 학풍을 이어받은 강영(江永)의 제자였는데 경학(經學)연구의 기초가 되는 음운(音韻)연구에 몰두하여 고대 언어 연구의 방법론을 확립하였다.

대진은 스스로 맹자(孟子)의 후학임을 천명하며 맹자가 양주와 묵적의 배척을 자기의 임무로 삼았듯이, 자신은 송·명대 도학가의 학설의 배척을 임무로 삼았다.

송대의 신유학(新儒學)에는 도교나 불교의 교리가 어느 정도 혼입되어 있었고 가장 핵심 개념인 리(理)의 해석에는 불교(佛敎)의 초자연주의적(超自然主義的) 성격의 영향을 받아 어느 정도 선험화(先驗化) 현상을 보인 것은 사실이다. 대진은 신유학에서 그러한 부분을 제외시키면서 유물론적 일원론을 구축하려 하였다.

주자(朱子)는 '천지간에는 리(理)와 기(氣)가 있는데 리는 형이상의 도(道)로서 사물을 낳는 근본이며, 기(氣)는 형이하의 기(器)로서 사물을 낳는 도구이다'라 하면서, 기를 초월하여 리가 존재한다(氣上有理)라 하였다.

그러나 이에 대하여 대진은 음양오행(陰陽五行)이 곧 도(道)라 주장했다.

'도(道)는 운동(行)과 같다. 기화(氣化)가 유행(流行)하여 부단히 낳고 낳는다(生生不息). 그래서 도(道)이다. 『역(易)』에 한번 음(陰)이면 한번

양(陽)이 되는 것이 도(道)라 했고, 『홍범(弘範)』에 오행은 첫째 물, 둘째 불, 셋째 나무, 넷째 쇠, 다섯째 흙이라 했으니, 행(行) 또한 도(道)의 원칙이다. 음양을 거론하면 오행이 포괄되니 음양마다 오행은 구비되어 있고, 오행을 거론하면 음양이 포괄되니 오행마다 음양은 구비되어 있다(孟子字義疏證)는 것이다. 이처럼 대진은 리(理)의 위치를 기(氣)에 내재하는 것으로 확실하게 되돌려 놓았다.

'송유들은 리를 사물처럼 존재한다고 생각하여 사물의 리라 하지 않고 리가 사물에 흩어져 있다고 말했다. 사물의 리는 반드시 사물을 아주 세밀히 분석하여 비로소 이것을 얻을 수 있다. 그러나 리가 사물에 흩어져 있다면 명상 속에서 리를 구하게 되는데 그래서 그들은 근본은 하나인데 현상은 만가지이다(一本萬殊). 또 마음이 뭇 리를 구비하고 만사에 응한다고 했다. 그러나 마음에 있던 것이 표출될 경우 그것을 의견 말고 무슨 이름으로 부르겠는가?'(『맹자자의소중』)

그는 올바른 사유를 위해 '사심이 없으면 모든 욕망은 어질고(仁) 예의 맞으며, 치우침이 없으면 모든 감정은 조화롭고 평온해지고, 편견이 없으면 그런 지성이 이른바 총명이고 성지(聖智)이다'라 하였다(상동).

대진은 리는 가장 비천한 인간에게도 존재하는 것이지만 리가 인격을 높이고 보다 높은 차원의 법을 제공하리라 생각하였다.

다른 한편 그는 정치적 관점에서 송(宋)유학에서 리(理)를 선험적인 계시(啓示)의 원리(天理)라고 보는 이론이 사회적 의미로 확대되어 '법의 보편성'으로 환치(換置)되면서 정치권력의 절대적 정당성을 담보하는 역할을 하고 있음을 크게 우려하였다.

바꾸어 말하면 정치적 권력을 행사함에 있어 개인 즉 군주의 주관적 판단을 정당화시키기 위해 리를 이용할 때 그 해악(害惡)은 클 수밖에 없다는 사실을 알고 경계하였던 것이다. 그는 리를 정치적 특권을 옹호하는 보편성과의 관계를 끊어 버리고, 리의 본래적 의미인 우주의 형식, 조직 또는 구조라는 뜻을 회복시킴으로서 그러한 비속화

(卑俗化)로부터 이탈하려 하였다.

결국 그가 의도한 것은 형이상학을 형이상학 본령에 국한시킴으로서 성리학이 유교 본 모습을 회복하기를 바란 것이다.

2. 영·정시대의 학문 – 후기 실학 –

1) 개 관

조선 사회는 18세기 중엽에서 19세기 초에 이르는 동안(영조, 정조, 순조, 헌종)은 경학(經學), 국학(國學), 북학(北學), 자연과학 등 신사조가 백화난만(百花爛漫)하는 전성기를 이루었다.

영·정조에 이르면 새로운 사상적 조류인 양명학, 서학과 고증학 등이 사방에서 모여들어 뒤엉키고 소용돌이치는 상황을 연출하며 성리학(도학)의 절대적 권위를 상대화시켰다. 이때 북학은 숭명배청론이나 북벌론을 정면으로 거부, 오히려 청의 우수한 문물과 학문을 배워야 한다는 주장을 하였다. 이러한 생각은 반계, 성호 이래의 전기 실학사상의 정신에 닿아있다.

천관우 선생은 이를 전기 실학과 함께 요약하여 '고증학의 맹아기(萌芽期)'의 시초는 유형원을 선진(先陣)으로 하여 이익, 안정복 이하 사회정책에서 눈부신 활동을 개시하고 있으며 특히 이수광(李睟光)의 서구적 문화와 유형원의 실사구시적 태도 및 학문적 체계가 이익에 의하여 통합되고 학파로서의 존재를 확고히 하여 신사조로 하여금 확고한 지위에 서게 한다.

이 신사조의 세(勢)를 몰아 연암 박지원, 담헌(湛軒) 홍대용 등이 북학을 제창하고 다산 정약용이 그 대재(大才)를 구사하여 사회정책, 서학, 국학 등 무소부지의 장관을 이루매 실학은 완연히 시대사조의 지배적 경향으로서의 지위를 차지하게 되었으나 이 전성기의 전군(殿軍-후미의 군대)으로서 이규경(李圭景, 오주(五洲), 1788-?), 최한기(崔漢綺-명남루(明南樓), 1803-1875) 등이 광채를 던져 도미(掉尾-끝판에 더욱 활약함)의 대업을 지음에 미처 한 세기의 준비와 한 세기의 맹아와 한 세기의 전성을 자랑한 실학이 그 광망(光芒)을 걷고 그 뒤를 따르는 서구적 근대문명과 서로 시대사조의 주류로서의 그 위치를 바꾸지 않을 수 없게 되는 것이라 하였다.

조선 후기 학문을 주도한 실학의 성격은 근세 지향적이고 민족적이라는 두 면을 가지고 있다. 이때 근세 지향이라 함에는 반계의 노예 폐지론이나 상공업 진흥론처럼 그 철학적 사회적 근거는 비록 중세적이었지만 결과에 있어 근대적 요소를 사회. 문화에 파급시킨 개혁론도, 그리고 그 이후의 성호의 사회 개혁론과 민족적 입장에서 척화파를 비난한 합리적 사유와 논의 역시 포함되어야 한다는 의미이다.

18세기 중반에 북학운동을 제기한 홍대용·박지원 등은 노론 중 '인물성동론'에서 동론(同論)을 주장한 낙론을 철학적 기반으로 하였다. 이 동론(同論)은 화이론을 부정(否定)할 수 있는 성향을 갖고 있었고, 또한 이를 암시한 것으로 받아들인 것이다.

북학자들은 집권층의 젊은이들로 자제군관의 명색으로 연행(燕行)에 참여하여 건륭(乾隆)시기의 만개(滿開)한 청(淸)의 문화를 보면서 충격을 받았고, 이는 소중화와 북벌론의 허구성을 명료하게 의식하게 되는 계기가 되었다. 따라서 소중화 사상과 외교상 북벌정책이라는 국제정세를 외면한 1세기, 백년에 걸친 조선의 고립주의로부터 벗어나는 일을 우선시하였다.

한편 서학(西學)은 실학자들의 평등주의적 경향, 과학과 기술에 대한 관심, 과감한 개혁에의 주장 그 이후의 변화에의 길을 가는데 도움이 되었다. 중국 너머에 있는 세계에 대한 지식은 이들에게 조선이 중국과는 별개의 존재라는 사실을 점차 자각하게 하였고, 그 영향으로 진경산수(眞景山水)라는 풍경화를 포함한 조선민화가 등장한다. 한편 이 시기의 사회 경제적 성격과 변동을 주목하는 사회경제사 연구가 활발하게 진행되었다.

실학은 일반적으로 그 발전시기와 맞물리어 세 시기, 세 경향으로 분류하고 있다.

먼저 경세치용으로 분류되는 학파는 반계 유형원과 성호 이익을 대종(大宗)으로 하여, 토지제도나 행정기구와 같은 제도상의 개혁에 치중한 학파이다. 이들은 율곡계의 현실주의 노선에 따른 자생적 학파로 토지제도나 행정개혁이 중심이 될 수밖에 없었다.

한편 이들과 구별되는 이용후생 학파는 북학(北學) 즉 청의 실학문화를 직접 목격하고 그 충격의 영향으로 형성되었다. 이들은 연암 박지원을 중심으로 도시적 분위기에서 자라난 이른바 북학파(北學派)로, 주로 상품의 유통이나 생산기구의 발전 등 기술 혁신을 지표로 할 수 있었다.

이들에 비해 실사구시학파는 정약용과 완당 김정희에 이르러 일가를 이루게 된 파로서 경서 및 금석, 전고(典故-전거가 되는 고사)의 고증을 위주로 하여 정치사상면에서는 한정된 학파였다(이우성, 『실학연구서설』).

이들을 주자학과의 관계에서 보면 실학파 제1기(18세기 전반까지)에 속하는 유형원, 이익, 안정복에서는 주자학적 가치와 실학적 관심이 모순 없이 추구되어 왔으나 제2기(18세기 후반)의 홍대용, 박지원, 박제가에 와서는 주자학의 이념 자체보다는 그 학풍에 날카로운 비판과 거부의 태도가 보였다. 그러나 이들 대부분은 사대부 계층으로 이들의 입장이 탈주자학적 경향이라 해도 그것이 곧 탈유가적이라고는 할 수 없다. 그것은 이들의 학술적 주장에 민본사상이나 계급적 장벽을 비판하는 견해가 보인다 해도 그것이 사대부 계층이라는 신분적, 계급적 한계를 넘어선 것은 결코 아니었기 때문이었다.

그러나 제3기(19세기 전반까지)의 정약용, 김정희, 최한기에 이르러서는 성리학의 이론체계에서 벗어나 독자적인 철학적 체계를 제시하는데 까지 나아갔다(금장태, 『실학파의 공리사상』).[5]

전체적으로 보아 실학은 율곡의 도기론에 포함되는 유학의 한 경향

---

5) 이는 발생과정에서 보면 1기는 자생적, 2기는 청의 영향, 3기는 실학 내용에서의 근대화가 이루어진 것으로 이 책에서는 초기, 후기, 근대화된 시기로 이름하였다.

으로 볼 수 있다. 도기론이라는 철학적 입장이 당시의 국제관계를 포함한 사회적 변천과정에서 현실여건과 조우(遭遇)하면서 표출된 하나의 사조(思潮)이다.

그러나 후기 실학파라는 일군의 지식인들은 대부분이 그 정치적 지위나 입장이 국가정책수립에 결정적인 영향을 미칠 지위, 또한 전통유학의 주류를 형성할 위치에 있지도 않았다.

따라서 남인학자들 중심으로 경제학파의 운동이 선전하는 동안에 일시 유학계의 학풍이 일변하는 듯 하였으나 정부는 완고한 당파적 감정으로 이들의 건의를 받아들이지 않았고, 더구나 천주교 탄압과 연계되어, 서학 염신(染信)의 혐의를 받아 강압됨으로 현실 정치에서는 백성을 구제하고 소생시키는데 하등의 공헌을 하지 못하였다.

2) 연암(燕巖) 박지원(朴趾源, 1737-1805)-북학파-[6]

연암은 1780년 44세에 사신(使臣)인 친척을 따라 청(淸)에 가서 그 발전상을 목격하고, 숭명반청이라는 화이론이 자초한 당시 조선의 고립된 실상과 소중화와 북벌론의 허구성을 통감하였다. 그러한 충격으로 그는 화이일야(華夷一也)의 입장에서 '진실로 법이 좋고 제도가 아름다우면 비록 오랑캐라고 할지라도 나아가 스승으로 모셔야 한다'고 하였다(『연암집』).

그를 대표하는 『열하일기(熱河日記)』는 이때의 경험적 산물이었다.

연암의 정치사회관은 부패, 문란, 궁핍한 조선사회를 개량하고 '생민(生民)'의 방도를 근대적인 방법을 따라 접근코자 하였다.

『열하일기(熱河日記)』는 연암 학문의 대표작으로 당시의 조선사회 전반(全般), 특히 양반사회를 비판하는 사회사상론으로, 북학의 사상을 구체적, 실증적으로 개진(開陳)하는 북학론의 총체이다. 따라서 다산을 비롯하여 실학파의 학인(學人)들은 『열하일기』를 자기들 북학론의 논

---

6) 북학이라는 말은 박제가가 『북학의(北學議)』를 지으면서 '진량(陳良)은 남방 초(楚)의 출신이나 주공, 공자의 도를 즐겨하여 북으로 중국를 배웠다'고 한 맹자의 고사를 들어 그 서명을 정한데서 온 것이다.

거로 삼았었다.

연암은 문학자인 동시에 경세의 사상가였다. 그는 창작활동을 통하여 당시의 조선사회를 부식(腐蝕)하고 있는 여러 요인들을 비판하였다. 먼저 문학방면에서 보면 그는 문체에 있어서 한문학(漢文學)의 전통을 깨고 반항아 같은 문체로 『양반전』, 『허생전』 등 9편의 짧은 한문(漢文)소설을 써서 그 당시의 사회를 날카롭게 비판했다. 그는 양반을 생산에 종사할 생각은 조금도 없는 위선과 게으름 속에서 사는 타락한 무리로 농민들이나 수탈하는 도둑이나 메뚜기 같은 기생적(寄生的) 존재로 묘사하였다.

한편 그의 경세관은 '옛날에 민(民)이라고 한 것은 사·농·공·상 네 가지입니다. 사(士)의 업은 물론이려니와 농·공·상의 일도 그 시초는 성인의 이목과 심사에서 나온 것으로, 대대로 전승된 것에는 그 학설이 있지 않은 것이 없습니다. … 그러나 사의 학문은 실제로 농과 상공의 이치를 아울러 포함하고 있으니, 삼자의 업은 반드시 모두 사를 기다린 이후에 이루어집니다. 이른바 농을 밝히고, 상을 통하게 하고, 공에게 슬기를 주는 것이니, 밝히고, 통하게 하고, 슬기를 주는 이는 사가 아니고 누구이겠습니까. 후세에 농과 공과 상이 업을 잘 못하는 것은 바로 사에게 실학이 없는 허물 때문입니다'로 요약된다(『열하일기』).

그는 본래 유학(士의 학문)은 도덕뿐 아니라 경세 즉 국익의 효(效)를 목표로, 영농, 통상, 혜공(惠工-공업에 혜택을 줌)을 포함하고 있었으나 유학이 그 실을 잃은 탓에 학문으로서의 기능을 상실했다고 본다.

연암은 조선의 정치적 낙후의 원인을 관료층인 사대부들이 일상학문에 있어 실제(實際)에 어긋난 탓으로 보았다. 그는 당시에 농, 공, 상이 발전하지 못하고 있는 것은 허(虛)하고 공(空)한 주자학에 원인이 있고, 따라서 이러한 학풍을 개혁코자 하였다.

이러한 생각은 정조에게도 있었고 그는 당시에 유행한 저서 중에 『기기도설(奇器圖說)』를 사들여 규장각에 수장(收藏)하였는데, 이 책은 관료적 유교주의 학자 간에서도 많이 전사(轉寫)하여 이해를 도왔을 만큼 근세 과학기술사에 기여한바 크다. 그는 또한 신료들에게 『천공개물(天工開物)』, 서광계의 『농업전서』 등을 조선의 산업기술 발전을 위해 참고하기를 요구하였다.

연암은 이용(利用)이 있은 연후에야 후생(厚生)이 될 것이고, 후생이 된 후에야 정덕(正德)을 이룰 수 있다고 하여 정덕의 기준이 이용, 후생에 있다고 보았다. 그는 생활이 넉넉해야 마음이 바로 잡히고, 백성의 우환과 국가의 계책이 오로지 재부에 있고 하여 부국을 당면 목표로 설정하였다.

그는 토지개혁에 대해 『한민명전의(限民名田議)』에서 토지의 소유를 제한하기를 건의한다.

'토지소유에 대한 한계를 세워서 모년모월로부터 이 제한보다 많이 소유한자는 더 보태지 못하고 이 명령이 발표되기 전에 일은 비록 많이 소유한 것이라도 불문하고, 명령이 반포된 후에 더 사서 한제를 넘는 자는 민(民)이 적발하면 민에게 주고 관에서 적발한 것은 관에 몰수키로 하면 수 십년이 못가서 국민의 전지가 균분(均分)될 것'이라 하였다.

이러한 연암의 한전론은 성호가 '영업전의 절대적 필요'라는 측면에서 하한(下限)을 설정한데 비해 균등화의 빠른 시행을 위해 상한(上限)까지도 요구한 것이다. 또한 전정(田政)의 문란에 대해서는 반계와 같이 그 원인을 결부법에서 찾아 경묘법의 시행을 주장하였다.

그러나 연암의 한계는 그가 공상적(空想的) 유토피아에 가까운 소설들을 썼다는 데서도 단편적으로 보이지만, 그는 양심적이기는 하지만 행동할 수 없는, 다만 현실 비판적인 지식인이라는 데 있다. 그가 기대 할 수 있는 것은 '권력에 의한 개혁'이었고, 그것이 절망적이라는 것 그러면서도 개혁에 필요한 새로운 권력체제를 창출할 기백이나 의욕을 갖을 수 없었다는 점에서 그는 고독한 지식인이었다.

그는 30대에 이미 세상에 널리 알려졌고, 그를 따르며 모여든 젊은

학자들과 함께 학문을 논하고 시대를 비판했다. 그런 후에 그는 농촌에서 농사를 지으며 농서(農書)를 연구하였다.

3) 담헌(湛軒) 홍대용(洪大容, 1731-1783)

담헌은 서양의 세계관을 접하게 되면서 음양오행설에 근거한 성리학의 자연관을 극복하고, 서양 과학적 기초위에 새로운 실학 자연관을 구축하였다. 그는 그의 저서 『의산문답(毉山問答)』에서 오행설을 배제하고 서학의 사원설(四元說-氣·水·火·土)을 수용하고 있음을 보여준다(금장태, 전게서).

그는 천문, 역학, 수학자로서 서구의 과학적 자연관인 지구는 둥글고 돌고 있다는 것(地圓, 地轉說)을 알고 있었고, 따라서 그의 경세치용사상은 화이적(華夷的) 명분론을 정면으로 배격하는, 화이가 하나(華夷一也)라는 세계관이 되어, 국가 자립사상과 근대적 민족주의 의식을 가질 수 있었다.

'하늘에서 본다면 화이(華夷)가 일반이며 내외의 분이 있을 리 없다. 다만 화(華)로서 보면 화가 내이고 이가 외이며, 이(夷)로서 보면 이가 내이고 화가 외다. 공자는 주인(周人)인 까닭에 주를 존숭한 것이지 공자가 성외에 태어났다면 마땅히 성외춘추를 지었을 것이다'(『담헌서』)

'화이일야'라는 생각은 사회적으로는 반상사서(班常士庶)라는 신분적 질서를 부정하며, 신분과 직업간의 관계에서도 사민(四民)이 종사하는 직업은 같은 수준이며 사(士)와 서(庶)와의 상하관계가 있을 수 없다는 쪽으로 발전하였다. 뿐만 아니라고 서민(庶民)의식에 있는 농(農)을 본(本)으로, 공상(工商)을 말(末)로 보는 농본주의적 본말사상 역시 직업상의 귀천관이라 하여 이를 배격하였다.

이는 부국강병이라는 목표를 위한 제도개혁 즉 경장, 변법에 요구되는 가치관의 변혁을 의도한 것이다. 따라서 그는 도학적 인간관과의 단절을 선언하였다.

'지금 학자가 입을 열면 곧 성선을 말하니 성이 선한 것을 어찌 아는가? 어린 아이가 우물에 빠짐을 보고 측은한 마음을 가짐은 진실로 본심이라 하겠으나, 만일 놀이깜을 보고 탐내는 마음이 생겨 태연하게 곧 따라서 행동한다면 이것 역시 본심이 아니라 하겠는가? 또 성(性)이란 것이 일신(一身)의 리(理)이고 리란 것이 소리도 냄새도 없는 것이니 선악이란 두 글자를 어디에 붙일 것인가?'라 하여 경험적인 지식에 의거하여 인간성을 평가하려는 입장이었다.

그렇다고 하여 그가 성리학 자체를 부정하는 것은 아니었다. 사실 그는 천에 있어서는 리라하고 물(物)에 있어서는 성(性)이라 한다. 천에 있어서는 원·형·이·정이라 하고 물에 있어서는 인의예지라 한다 하여 성리학의 기본 명제를 수용하고 있다(『담헌서』). 그러나 그는 기일원론에 의거한 인과 물의 균등 및 사민평등을 주장하였다.

그의 대표적 저서인 『의산문답(毉山問答)』에서 성리학을 '허자(虛子)의 학'에, 그리고 실학을 '실옹(實翁)의 학'으로 이름하고, 대비(對比)한다.

그는 '허자(虛子)의 학'에 대해서는 '자허자(子虛子)는 은거하면서 독서하기를 30년 동안 하며, 천지의 변화를 궁구하고 성명(性命)의 은미함을 연구, 육경을 희롱하고 정주를 절충하는 것이니'라 하고, 반면에 '실옹(實翁)의 학'은 '인생의 궁달은 스스로 정해진 것이며, 겸선(兼善)과 독선(獨善)은 처할 바에 따라 분분을 다하는 것이다. 우리 유가의 실학은 예로부터 이와 같았다. 실심·실사로 날마다 실지(實地)를 밟아야 한다'고 하였다.

그가 학문에 대해 강조한 것은 치인에 있어 쓰이는 바가 있게 되어 헛된 것으로 돌아가지 않도록 한다(所措置不歸於虛影)는데 있었다.

그는 여기서 버려야 할 것으로 과환(科宦-과거와 벼슬), 물욕, 연안(宴安)에 대한 탐익과 사장, 기송(記誦), 훈고에의 몰두, 그리고 공리(空理), 노불, 육왕학에 대한 심취를 든다. 반대로 고학, 정학, 실학이 그가 주장하는 학문이다(윤사순 『조선시대 성리학 연구』).

그의 경세관에 따르면 인간은 신분에 관계없이 첫째 모든 장정은 노동을 하여야 한다. 양반이라도 노동을 하지 않고 유식(遊食)하는 것은 용서되지 않는다. 둘째 재·학(才·學)이 있는 자는 중직(重職)에 임명하여야 한다. 셋째 지방마다 면 단위까지 학교를 세워 8세 이상이면 교육을 받게 한다. 이러한 원칙에서 과거제 대신 공거제로 하여 순차적으로 상급 교육기관에서 인물을 천거하여 관직도 이 추천에 의해 임명할 것 등을 주장했다.

그의 학문관은 실증적 태도의 계발(啓發)로 높이 평가되고 있다.

4) 초정(楚亭) 박제가(朴齊家, 1759-1805)

초정은 양반 태생이었지만 서자(庶子)로서 계급의식에 투철하여 당시 봉건사회에 대한 저항의지가 자리하고 있었다. 그는 어렸을 때의 기억으로 '돌아가신 어머니를 생각하면 가슴이 아프다. 과부로서 가난하게 살아 10여 년 동안 제대로 입지도 먹지도 못하면서 밤새워 바느질 품삯을 팔아 아들의 공부를 뒷바라지 하였다. 아들이 사귀는 사람들 중에는 스승, 장자, 또는 세상에 이름이 알려진 인사가 많았고, 어머니는 반드시 그들을 초대하여 술과 안주를 대접하였기에 그 집의 가난을 몰랐다'고 회상하였다.

그는 1777년 서얼허통절목(庶孽許通節目)의 시행으로 1779년 규장각의 검서관(檢書官)으로 임명되어 그 후 13년간 그곳에 비장(備藏)되어 있는 서적을 읽고 많은 지식인들과 교제하였다. 또한 그는 네 번이나 북경에 여행하여 청 건륭대(乾隆代)의 문화와 그곳 석학(碩學)들과 교류할 수 있었다.

그의 『북학의(北學議)』는 조선 현실의 개혁을 위주한 헌책(獻策)으로 산업기술 내지 농본적 상업경제론을 제시하기 위해 전(田), 수리(水利)에서 재부론(財富論) 더 나아가 존주론(尊周論)까지도 언급, 비판하는 광범한 과제를 다루고 있다.

그는 다산과는 동향(同鄉)으로 추측, 어떤 사상적 연락이 있었다고 보인다. 그 역시 다산처럼 1800년 정조가 세상 떠나자 유배당하였고,

1805년 유배에서 풀려났으나 젊은 나이로 곧 세상을 떠났다. 이는 같은 연배의 다산이 같은 시기, 같은 경우에 더 오랜 유배생활, 그리고 그 이후 더 오래 남아 살면서 학문에서의 큰 업적을 남긴 것과 비교하면 아쉬움이 남는다.

초당 학문의 대전제는 '우리 동토에서는 소위 백성이란 겨우 명목이 남았을 뿐 이용후생에 이르러서는 날로 곤궁으로 나아가니 이는 다름 아니라 학문의 잘못임을 알지 못하는 까닭'에서 볼 수 있다(박제가, 『북학의서(北學議序)』). 지금 민생은 날로 곤(困)하고 재용(財用)은 날로 궁(窮)한데 사대부는 수수(袖手)하고 이를 구하지 않으려 하는가 그렇지 않으면 인순고식(因循姑息-구습을 안 고치고 목전의 안식만 취함)하여 연안(宴安-놀고 즐김)을 떳떳이 여기고 이 현상을 알지 못함인가 … 오늘날의 이 수폐(受弊)의 근원을 더욱 밝혀야 할 것이다'(박제가, 『북학의서』)라 하여 현실과 이론, 사회와 학문과의 접근을 절실히 요구하였다.

그는 『북학의』에서 청으로부터 문화수입을 주장하면서 '우리나라의 장기(長技)를 다 합하여도 중국의 일물(一物)에 불과하다' '우리나라를 빼앗은 것이 호(胡)라고 해서, 지금 우리나라가 빼앗기고 있는 것이 중국임을 알지 못하기 때문에 자수(自守)하는 것만으로는 부족하다'고 하여 과거에 얽매이지 않고, 현실을 직시하여 배워야 할 가치 측면서의 청에 대한 인식의 변화와 그들과의 교류를 강조하였다.

그는 기본적으로 우리나라는 국토가 좁고 민생이 빈곤하기 때문에 국내산업을 일으켜서 나라 안의 이원(利源)을 다 개발하여도 오히려 부족하다는 생각이었다. 따라서 청의 문물제도를 배우고 산업기술을 도입하여 상업과 대외무역을 진흥해야 한다고 주장하였다. 그는 나라의 가난을 구하는 일은 중국과 통상하는 길뿐이라 하여 조선의 고립주의에 일침을 가하면서 나라 사이에 있는 것과 없는 것을 서로 교역하는 것은 천하의 통의(通義)라 지적하고, 지금 일본, 안남, 서구 등의 여러 나라들이 모두 중국 각지에서 교역을 하고 있으니 우리도 수로를 통하여 여러 외국과 교역할 것을 건의 하고 있다.

그러나 그는 일용소모품인(日月消磨之具)인 소비재가 들어오고, 천년불괴지물(千年不壞之物)이오, 산용유한지재(山用有限之財)인 귀금속(鑛物)이 나가는 무역구조는 크게 걱정하고 있었다.

그는 백성들이 풍족하게 즐기며 살고 남녀노소 모두 안락한 삶을 누리기 위해서는 농업은 물론 공·상을 포함해서 모든 산업이 고루 발달하고 기술도 개량하여야 하며 이러한 근본문제가 해결된 연후에 비로소 교화나 예악과 학문을 말할 수 있다는 생각이었다.

그는 인구의 반을 차지하는 비생산적 양반을[7] 상업에 종사시켜야 한다고 역설하며, '무릇 수륙을 왕래하면서 장사를 하는 일은 모두 사족(士族)에 맡겨야 한다. 혹은 자금을 빌려주고 혹은 점포를 세워주고, 혹은 뛰어난 자를 발탁(拔擢)하고 권장하여 날마다 이익을 추구하게 한다면 먹고 노는 자의 수는 줄어들 것이다'라 하였다(지명관, 『한국문화사』).

그는 사농공상의 계급 구분을 근본적으로 바꾸어 놓으려 하였다. 따라서 그는 사대부들의 명분에 치우친 도덕주의에 반대하며, 오히려 '백성들에게 날마다 이(利)를 추구하도록 할 것을 권장하였다. 또한 부국의 수단으로 상업이 가장 좋다고 하여 적극적인 상업정책을, 그리고 혜공으로서 공업민흥(工業民興)을 이룰 것을 주장한다.

이처럼 초정은 전제개혁이라는 제도적 측면보다는 이용후생에 중점을 두어 기술과 도구를 개량하여 이윤을 목적으로 하는 상업적 경영형(經營形) 농업을 지향, 청(淸)으로부터 농업기술을 도입하고 농기구를 개량하려 하였다. 또한 비료의 중요성과 부업으로서 목축과 양잠을 장려하였다.

그는 『서전(書傳)』에는 정덕(正德)을 행하려면 이용후생(利用厚生)을 잘 조화시켜야 한다고 하였으며, 『대학전(大學傳)』에는 재물을 생산하는 데는 대도가 있으니 생산하는 자는 빨리 하여야 한다고 했으니 빨리한다는 것은 용(用)의 이(利)를 말하는 것이고 후생은 의식(衣食)이

---

7) 어느 지역의 인구 통계는 양반을 주장하는 가문들이 17세기 말에는 인구의 10분의 1도 안 되었는데 19세기 중엽에는 약 5할로 증가되었다(라이샤워, 『동양 문화사』).

족하다는 의미로, 그러기 위해서는 농정(農政)의 근본적 개혁이 필요하다는 것이다.

그는 이전의 근검절약을 중시하는 농본주의와는 다른 경제관을 가지고 있었다.

그의 주장은 '재물은 우물과 같이 퍼 쓸수록 가득차고 쓰지 않으면 말라버린다. 우리는 물건을 이용할 줄 모르니 생산할 줄도 모르고 생산할 줄 모르니 백성(四民)은 나날이 궁핍하여진다'는 것이다. 그는 경제적 악순환을 경계하여 '이용(利用)할 줄 아는 것', 즉 '소비의 미덕'을 강조하여 케인즈 경제학과 요점을 같이 하였다. 그러면서 '검소하다는 말은 내게 물건이 있어도 남용하지 않는 것을 말하는 것이지 없어서 못쓰는 것을 검소라 하지 않다'는 것이다.

'지금의 논자들은 누구나 사치가 날로 심해져 간다고 개탄하고 있으나, 신(臣)이 보기에는 근본을 모르는 말입니다. 대체로 다른 나라는 사치 때문에 망하지만, 우리나라는 반드시 검소 때문에 쇠망할 것입니다. 왜냐하면 문채(文彩)나고 수놓은 옷을 입지 않아서 나라의 비단짜는 기계가 없어지므로 여공(女工)이 전폐되었으며, 성락(聲樂)을 숭상하지 않으므로 오음육율(五音六律)이 맞지 아니하며, … 공장(工匠), 목축(牧畜), 도야(陶冶)가 폐절되었습니다. 심지어는 농사가 황폐하여 농법이 없어졌으며, 상리(商利)가 박하여 상업을 하지 않게 되니, 사농공상 사민이 모두 곤궁하여 서로 도움을 줄 수가 없게 되었습니다.'(『북학의』)

그러나 이러한 그의 판단이 당시 조선의 경제적 상황에 맞는 것인지의 여부는 다른 문제이다. 다만 그의 의도는 상공업을 진흥시켜 국부(國富)를 이루고자 하는 우국충정(憂國衷情)의 실학정신에서 비롯된 것임은 분명하다.

제 3 절 조선의 근대적 성격의 실학

1. 정약용(丁若鏞, 다산(茶山), 1762-1836)

1) 시대배경과 학문의 성격

① 시대적 배경

다산 정약용은 1762년(영조 38년) 당시 경기도 광주 마재(馬峴)에서 태어났고, 부친 정재원(丁載遠)은 비록 문과에 급제하지는 않았으나 영조의 특지(特旨)로 벼슬을 하였고, 외가는 해남 윤(尹)씨로 고산 윤선도의 가문이다.

그가 태어난 해에는 바로 사도세자가 죽음을 당하는 참혹한 사건이 있었고, 이 사건으로 사도세자에 동정하는 시파(時派)와 비판적인 벽파(僻派)가 나뉘었는데 노론은 대부분이 벽파, 남인은 시파에 속하였고, 다산의 가문은 시파였다.

18세기 영·정조시대의 실학의 흐름에는 노론 계열의 북학파와 남인에 속하는 성호 계열로 나눌 수 있는데, 북학파는 홍대용, 박제가, 박지원 등이고, 성호 계열은 서양문화를 수용하는 과정에서 서양과학의 합리성과 정확성은 다 같이 인정하지만 종교적 측면에서는 차이를 보였다. 즉 이들은 천주교 교리를 비판하는 신후명, 안정복 등과 반대로 천주교 신앙에 빠져든 이가환, 권철신, 이승훈 등으로 다시 나뉘고, 전자는 공서파(攻西派), 후자는 신서파(信西派)로 불리었다. 그리고 다산은 신서파에 속한다.

당시의 시대적 사상은 도학이 사회의 정통이념으로 권위와 세력을 누리고 있었지만, 이미 서양과학에 대한 서적들이 수입되어 사대부들 간에 유통되고 있었으며, 도학자들이 명분론을 내세워 주장하는 북벌론을 정면으로 거부하며 청의 우수한 문물과 학문을 배워야 한다는 북학파가 등장하였다.

다산의 사상 형성과정에는 천주교의 영향이 컸는데, 큰형 정약현의 처남이 이벽(李蘗), 사위가 황사영(黃嗣永)이고, 이승훈(李承薰)은 다산의 자부(姊夫)로 이들은 모두 우리나라 초기 천주교 신앙 공동체를 이끌던 핵심 인물들이다.

서학(西學)에 대한 조선인들의 관심은 크게는 과학 기술과 종교 두 측면으로 나누어질 수 있는데, 과학적 측면에서는 이미 서양 역법(曆法)의 우수성을 안 김육(金堉), 정두원(鄭斗源) 등이 서양 역법에 따른 '시헌력(時憲曆)'을 만드는(효종 4년 1653) 등 실생활에서 나름대로의 변화를 가져왔다.

그러나 서학의 근본적 영향은 과학에 대한 지식과 합리적 사유방식이 이수광과 이익 등 학자들의 의식세계에 침윤(浸潤)하여 서서히 성리학의 근원을 와해하기 시작하였다는데 있었다.

한편 종교적 측면에서는 천주교가 소개되어 일부 지식인들에 의해 수용되었고,[8] 이는 조선 역사의 큰 파장을 예고하는 것으로 과학사상과 함께 성리학의 영향력을 감퇴시키는 데에 직접적인 영향을 주었다.

다산의 생애는 크게 세 시기로 나뉘는데, 그 첫째는 청년시기로 벼슬에 나아가 정조의 측근에서 총애를 받으며 내각(內閣-奎章閣)을 중심으로 활동하였고 그는 이곳에서 경학의 기초를 확립할 수 있었다. 둘째는 정조 사후(死後), 청년시절에 천주교에 연루되었다는 혐의로 1801년(40세)부터 18년간 유배생활을 한 시기이다. 그의 학문은 유배지인 강진(康津)에서 경전주석과 경세론의 대작을 쓰며 체계화를 이루었다.

8) 정약종(丁若鍾)의 둘째 아들이자 당시 천주교의 지도자로 큰 영향을 가졌던 정하상(丁夏祥)은 그의 저서 『상제상서(上帝相書)』에서 '만약 기둥과 주춧돌과 대들보가 서까래와 문과 찬과 담과 벽이 뒤섞여서 서로 합쳐져 저절로 우뚝 일어섰다고 말한다면, 반드시 미친 사람의 말이라고 할 것입니다. 무릇 천지는 큰 건물입니다. … 기기묘묘한 형상들이 어찌 저절로 생겨난 것이겠습니까? … 해와 달과 별이 … 봄, 여름, 가을, 겨울이 어떻게 그 순서를 어기지 않겠습니까? 흥하고 망하고 번영하고 시드는 것을 주재하는 이가 누구이며, 착한 자에게 복을 주고 음란한 자에게 화를 주는 것을 주관하시는 누구이겠습니까?'(정하상 『상제상서(上帝相書)』)

셋째 시기는 유배에서 풀려나 고향 마재(馬峴)로 돌아와 만년을 보낸 시기(1818-1836)이다.

② 학문의 성격

다산의 학문방법은 성리(性理)의 형이상학적이고 의리론적인 경전해석으로부터 벗어나 '수사학(洙泗學)으로 돌아가자'는 구호 즉 선진유학으로 돌아갈 것을 기본으로 하였다.

실학자들은 그 근원에 도기론(道器論)적 성향을 가지고 있어 초월적 리(理)의 세계가 아닌, 현실에서 삶의 의미를 찾으려 하였고 따라서 자연히 사회제반의 모든 현상에 대한 관심을 갖게 되면서 백과사전적 지식세계를 지향하였다. 다산 역시 사상영역이 철학, 유교 경전의 고증, 문학, 정치, 법률, 군사, 경제, 수학, 역학, 의학, 지리, 역사 등 미치지 않는 곳이 없었다.

다산은 서학의 영향을 받아 유교경전의 주자학적 해석 즉 전통의 관념적 해석을 극복하고 실재의 인간적 감정에 근거한 독자적인 재해석을 시도하였다. 더욱이 그의 만년(晩年)에는 정주의 성리학을 전연 부정하고, 일체의 형이상학을 부정하여 동양 재래에서는 볼 수 없는 대담한 설(說)을 주장하였다. 음양오행이 만물을 낳았다는 설을 부정하고, 태극설을 부정하고 천리설을 부정하였다. 그는 위로 상제만을 믿고 아래로는 개개의 실물만을 경험으로 알려고 하였다(천관우, 『정다산 연구』).

2) 경 학

① 태극·리 그리고 천인합일설의 부정

다산의 학문세계는 크게 경학(經學)과 경세론(經世論)으로 나뉘는데, 이외에도 국학(國學)의 일환으로 역사·지리·언어·풍속 등과 과학기술의 차원에서는 농업기술·기기(器機)·의학을 비롯해 전선(戰船)·축성(築城) 등 군사학에까지 그 영역이 확대되었다.

그의 경학은 수기(修己)를 위한 학문으로 『육경사서(六經四書)』를 중심으로 이루어졌으며, 그는 그에 대해 엄밀한 고증에 의거한, 그러면서도 독자적인 해석을 펼침으로서 조선 후기 실학파의 사회현실에 대한 백과사전식 지식세계에 철학적 근거를 제공하였다. 또한 치인(治人)을 목적으로 하는 경세론의 중심에는 일표이서(一表二書-『經世遺表』와 『牧民心書』, 『欽欽新書』)가 있었으며 이를 통하여 자신의 사회제도적 관심을 종합·체계화하였다.

다산은 태극(太極)을 새롭게 해석하여 '천지가 분화하기 이전의 혼돈한 시원적(始原的) 존재(易學緖言)'이며, 그로부터 나온 천·지·수·화의 4대 물질이 만물을 형성하였다. 그리고 그러한 태극이 '형체가 없는 리(理)'일 수는 없다고 하여 '태극이 곧 리'라는 성리학의 기본명제를 부정하였다. 이는 원론적으로 선진유학의 기일원론의 입장이다.

한편 그는 천을 초월적 존재로 설정하여 천인합일설을 부정함으로서 보편적 자연법칙과 인간의 고유한 본성을 무관한 별개로 보았다.

그는 '지금의 성리학자는 리(理), 기(氣), 성(性), 정(情), 체(體), 용(用)이나 본연기질, 리발기발, 이발미발(已發未發), 단지겸지(單指兼指), 리동기이(理同氣異), 심선무악(心善無惡) …이라 하면서 스스로 천하의 고묘(高妙)함을 지극히 한다고 생각한다. 평생을 해도 그 변송(辨訟)을 해결할 수 없으며, 대를 물려 내려가도 그 간감(懇憾-간곡한 미흡함(섭섭함))을 풀지 못한다. 자기 문에 드는 사람은 떠받들고 나가는 사람은 천대한다. 한 패가 되는 사람은 추어주고 갈라서는 사람은 비난한다. 그러면서 스스로는 근거함이 지극히 바르다고 생각한다. 이 어찌 아니 공소(空疎)한가'(『오학론』)

이 글에서 다산은 이미 리, 기 등 형이상학적 관념들은 현실 경험세계에서 객관적으로 정당함이나 진실임을 증명 내지 확인할 수 없는 개념임을 분명히 인식하고 있었음을 알 수 있다. 또한 옳고 그름을 객관적으로 확인·증명할 수 없는 관념적 논쟁, 그리고 이러한 공소한 논쟁을 자신들 생리(生理)로 하는 당파의 폐단을 공박한 것이다.

그는 성리학이 '관념적 논쟁'으로 흐르게 원인을 우주의 근원인 천을 관념적인 리(理)와 의(義)로만 해석함으로서, 성·정 등 천지만물의 현상에 대하여도 그 실제적 측면이 아니라 관념론의 입장에서 접근함으로서 형이상의 제 관념에 대한 궁리에만 힘쓴 결과로 보았다. 따라서 그는 주재자(主宰者)로서의 천·상제(上帝) 개념을 도입하여 천에 대한 외경심(畏敬心)을 강조, 이러한 병폐를 극복하려 하였다.

다산은 천주교 교리로부터 공서파(攻西派)에 의한 비난의 표적이었던 천지창조설, 최후 심판설 그리고 특히 천당·지옥설을 배제시켜, 거부감을 해소시키고, 동시에 귀신과 상제를 동격으로 하는 귀신설을 내세워 '상제에 대한 외경(畏敬)'을 사대부학의 중심 개념인 수기의 근본으로 받아들인다.

그는 본성(本性)이 올바르게 인륜을 실천하는 데 요구되는 수기(修己)를 상천제에 대한 계신공구(戒愼恐懼)하는 독신(獨愼)과 일치시키고 있다. 그는 독신에 의해 마음이 평화롭고 바르게 되면(平正) 이것이 곧 중(中)이고, 이 마음이 사물에 나아가면 희노애락(喜怒哀樂)이 제자리를 찾으니 곧 화(和)이다. 이것이 독신의 숨은 공(潛功)이라는 것이다.

따라서 인간은 주체적 자의식의 존재로서 '독신(獨愼)'이라는 수양방법을 통해 영지(靈知)를 발현시켜 요순의 경지에 오를 수 있다고 보았다. 이러한 면에서 그는 인간의 삶, 운명의 향방을 신(神)의 선택에 의존하는 기독교와 근본적 차이를 보였다.

그러나 다상이 말하는 외경의 대상인 상제 곧 귀신적 존재인 천주는 성리학 종래의 천이 아니라 인간의 개별적 행위를 밝게 살필 수 있는 강감(降監)의 능력과 함께 재난과 복을 가려주는 신적(神的) 존재이다.

그리고 이러한 천에 대한 외경에는 신앙심으로 비약할 수 있는 심리적 비이성적 요인이 있고, 이는 합리주의를 표방하고 있는 성리학의 범주를 벗어난 것이다.

성리학에서 수기의 주요한 자세·덕목으로 강조하는 경(敬)은 천인감응, 물아일체의 자연관에 근거한 외부세계 전반에 대한 마음가짐이며, 거경(居敬)의 의미는 주일무적(主一無適)으로 풀이되는 의식의 집중·통일에 의하여 진지하고 경건한 마음의 자세를 갖추는 것을 의미하였다. 그것은 근원에 있어 인본주의로, '상천제에 대한 계신공구(戒愼恐懼)'이라는 신 중심의 사유와는 전혀 다른 형이상학적 근거에 따른 것이다.

다산이 천을 리가 아닌 상제 내지 신명(神明)으로 파악하고 하늘을 두려워하는 외천(畏天)이라는 인간적 정감을 수양의 필수적 조건으로 강조하는 근본에는, 먼저 그의 가족관계와 친지들의 영향에 의한 종교적 성향이 자리하였음을 간과할 수는 없다. 사실 그의 천이나 상제는 이미 전통적 동양사상인 자연주의에 근거한 것이 아니라 천주교의 인격신을 염두(念頭)에 둔 존재였다.

② 인간관

다산은 천인관계에서는 성리학의 천인합일설을 부정하고 '천'의 초월적 주재성을 강조하였듯이, 인간과 만물의 관계에 대해서는 인간은 배태(胚胎)가 이루어졌을 때 천으로부터 '영명(靈明)을 부여받아', 단순한 생생지리(生生之理)만을 부여받은 만물로부터는 독립된 존재로 생각하였다. 그리고 이는 인간이 만물과 단순히 다를 뿐 아니라 이들을 초월, 향유, 사용할 수 있는 존재라는 것이다.

이는 근본적으로 인간을 주체로서 세우고, 반면에 자연을 객체 즉 대상화시킴으로서 고대 이래 자연주의에서 인간과 자연의 조화와 공존을 깨트리는 기독교적이고 데카르트적인 인간관을 수용한 것이다.

고대 동양에서 뿐 아니라 서양 그리스에서도 자연주의(自然主義)는 철학의 근원을 이루었고, 인간이 자연, 만물로부터 독립된 존재라는 의식은 없었다. 그리고 그가 데카르트적 인간관을 수용하였다는 측면에서 보면, 이로서 서구 근대사상과의 친근성을 보여 준 것이라 하겠다.

그러면서도 그의 인간관은 인간의 본성이란 천에 의해 부여된 무형한 영명(靈明)의 체(體)이며 영지(靈知)를 자연스레 발현시키는 힘을 가

진 것으로 보아 성리학의 성선(性善)으로부터 크게 벗어나지 않았다. 사실 그가 천주교를 긍정적 수용한 현실적 목적은 형해화(形骸化)된 성리학적 윤리체계에 강한 실천력을 부여함으로서 관념, 공론을 극복하려는데 있었다.

사실 다산은 성리학의 관념적 병폐에 대한 답을 수사학(洙泗學) 즉 선진유학에서 찾고자 하였다. 그는 인간의 본성에 대하여도 공자의 성상근(性相近)과 같은 입장 즉 선천적으로 규정된 실재가 아니라 '기호(嗜好)·경향(傾向)'으로 이해하였고, 인간은 자신의 의지에 따른 자유로운 결정과 노력을 통하여 자신의 삶을 선택할 수 있다는 생각이었다.

그에 따르면 인간의 기호 내지 욕구에는 영지(靈知)와 형구(形軀)의 두 기호가 있으며, 전자에 따르는 것이 도심(도의의 성-천명지성)이다. 그러나 그것은 기호일 뿐, 그는 선악을 인간의 본성에 대한 내성(內省)으로 파악하는 것이 아니라 인간의 대외 관계에서의 구체적 행위에 의해서 비로소 실재하게 된다는 것이다. 따라서 인의예지는 인간의 행위의 결과에서 비롯된 것으로 인덕(人德)이지 인성(人性)은 아니다.

그리고 선악행위의 선택이 인간 자신의 자주지권(自主之權)에 맡겨져 있다고 한다. 이때 인간을 주재하는 것은 마음(心)이며, 마음은 무형한 정신과 유형한 신체를 오묘하게 결합시키는 중심축으로, 다산을 이를 인간의 고유한 생명적 실체로 파악했다.

금장태 선생은 '다산의 경학적 세계관은 전통의 성리학적 관념을 극복하고 실제의 인간적 정감과 사회적 현실을 중시한다. 인간의 욕망을 긍정하고 성품을 리의 본체가 아니라 선을 좋아하는 기호(嗜好)의 정감적 속성으로 파악하는 인성론을 제시하고, 인간의 자유의지를 확인하며, 덕을 인격의 선천적 본질이 아니라 실천의 결과로서 후천적으로 성취된 것이라는 실천적 도덕론을 재구성하고 있다'고 요약하였다.

3) 경세론

다산에 있어 경세론의 목적은 치인(治人)에 있으며 중심에는 일표이서(一表二書-『經世遺表』와 『牧民心書』, 『欽欽新書』)가 있고 이를 통하여 자신의 사회제도적 관심을 종합·체계화하였다.

다산에게 서양 문물은 물질적 측면보다도 새로운 시대를 사는 사상, 그리고 그와 함께 새로운 인간과 사회가 생겨나지 않으면 안 된다는 사회 혁명적 의미를 함축하고 있다. 따라서 그는 정치 역시 새로운 시각에서의 접근을 시도하였고 이는 그의 치인관(治人觀)에서도 보인다.

다산은 치인(治人)의 의미를 종래의 백성을 다스리는 권력자의 지배 행위라는 관점보다는, 인도(人道)의 원리에 따라 자신을 실현하는 즉 인륜의 실현이라는 의미에서 본다. 예를 들면 그는 『중용』에서의 '사람으로 사람을 다스린다(以人治人)를 인도로서 사람을 섬긴다'로 해석한다. 다시 말해 그는 '치(治)'를 인간으로서 도리와 책임을 다하는 것이라 이해하여, 부모를 섬기는 것도 치인임을 분명히 하고 있다(금장태, 전게서).

이러한 치인관(治人觀)은 그의 정치이념이 본질적으,로 인도주의에 바탕한 민주주의에 대한 소질(素質)을 충분히 갖춘 것임을 증언하고 있는 것이다.

① 경세유표

경세유표는 '방례초본(邦禮草本)'이라고도 한다. 책 제목은 주자의 의례경전통해(儀禮經典通解)에서 말하는 방국례에서 온 것으로, 여기서 초본이란 시안(試案)으로 개혁론 또는 사안(私案)이란 뜻을 지닌다(홍이섭, 『정약용의 정치경제사연구』).

당시의 정부는 토지제도상의 문제와 관리들의 삼정(三政)문란(紊亂)에 따른 격심한 국가재정의 결핍을 다만 농민들에 대한 조세, 수렴(收斂)으로 해결하려 함으로서 그들에게 편중된 과중한 부담을 주었고, 이로 인해 그들의 생산성을 질식시키는 단계에까지 이르렀다.

다산은 원론적으로 이러한 국가재정의 결핍을 초래한 법·제도의 문란에 대한 책임이 권력의 독점과 군주의 일욕(逸欲)에 있으며 그 결과가 국가를 망실케 한다는 주장을 하는 한편 현실적으로는 국가행정기구의 개편, 관원의 감소라는 재정적 정비를 통해 해결코자 이를 『경세유표』에서 제시하였다.

경세유표의 궁극의 지표는 부국강병에 있으며 이를 위해 1. 중앙행정기구의 개편, 2. 행정감독의 강화, 3. 이를 시행키 위한 재정기반을 튼튼히 하는 국가재정책, 4. 이용감(利用監)을 두어 산업기술정책을 진척시키려 하였다. 이때 이용감의 신설론은 연암의 이용후생에 대한 기본적인 인식에 따른 것으로, 그는 북학파(北學派)의 이론을 현실정치에 직결, 실천코자 한 것이다.

첫째인 중앙행정기구 개편에 대해 관료의 인원의 제한(주례(周禮)에 보인 중국적 기구의 삼분의 일로 감축), 관료 품별의 간소화, 관료의 교육, 훈련, 그리고 관리 등용에 있어 문·무 과거시험을 3년마다 1회, 그리고 별시(別試) 등 각종 특별시험을 없애 선발된 인원이 모두 관직을 갖도록 하고, 서얼·관북지방에 대한 차별이나 귀천을 가리지 않도록 한다는 것이다.

둘째인 행정감독의 강화는 고적법(考績法)의 원래적 범위로의 확대 내지 시행의 강화를 들고 있다. 원래 고적법의 취지는 관료 특히 수령(守令)의 치적(治積)을 정확하고 엄밀하게 조사하여 상벌을 가리자는 것이었다. 그러나 다산에 의하면 당시까지의 고적법의 내용은 '소략(疏略)하고 실제적인 이행여부와 수폐(修廢)에 대한 법규적 검사를 하지 않고, 문벌이나 개인의 교양, 인품을 논하는 등 치민과는 하등의 관계가 없는 사항들이 삽입되어 현실에 어긋난다'고 하며 이에 대한 수정을 요구하였다. 사실 그의 정치적인 이념의 본 면모는 고적론에 집결되어 있다.

셋째는 국가 재정책에서는 관료층의 토지 급여, 정전제 실시, 군포의 폐지, 둔전제 실시, 사창제(社倉制), 통화(通貨)의 개편, 그리고 향리(鄕吏)의 세습폐지 등을 시도하였으며, 특히 토지·조세관리 부분에서의 개편안에 주안점을 두었다.

즉 경국대전에는 호조(戶曹)에 속하는 판적사(版籍司)가 토지·조세·부역·공헌(貢獻) 등의 업무를 관장하고 있으나 다산은 이를 경전사(經田司), 평부사(平賦司), 상평창(常平倉) 등에서 분담케 하고, 이 중에 국가 최급(最急)의 재정적인 토지관리를 경전사에 맡기어 정전제의 시행을 전담토록 하였다.

넷째인 이용감은 산업기술 정책으로 대체로 북학론에 따라 북경에서 학습·기술을 수용케 하고자 하였다. 또한 여기서 그는 공조(工曹) 기구를 개편함으로서, 궁정(宮廷)을 중심으로 집결, 예속되어 있던 종래의 수공업을 민본적 입장에서 일반 장인들이 주도하는 사회적 전개를 시도하였다.

또한 광산(鑛産) 경영에는 세법을 관대히 하여 중세를 피함으로서 광산의 발전을 통한 민과 국가의 번영을 기도하였으나, 반대로 염업(鹽業)의 이윤은 민(民)에 맡겨 정부의 독점적 관리로 인해 민중에 끼치는 해독(害毒)을 시정코자하였다.

② 목민심서－정치 기원론

다산은 저술이 많은데 그 중에 『목민심서(牧民心書)』는 당시 수령의 치민에 관한 방법을 시의에 적합하도록 상술하였고, 『흠흠신서(欽欽新書)』는 형법에 관한 중요한 참고서이며, 기타 그의 문집에는 정치·산업에 대한 개혁의견이 많이 나타나 있다.

경세유표가 중앙행정기구의 간소화와 국가재정정책을 위한 논구(論究)인데 비해 목민심서는 지방행정 즉 농민경제를 정비하는 방향에서 편성되었으며, 이는 유표의 실제적 하향적 전개라 할 수 있다. 정치적 문란 역시 유표는 위에서부터 법제적인 논의를, 심서는 밑에서부터 윤리적으로 논하고 있다.

i) 정치 기원론(起源論)

다산의 정치 기원론(起源論)은 서구 사회계약론자들과 별로 다르지 않다. 그는 '하늘은 금수에 발톱, 뿔, 날카로운 이빨, 독(毒)을 주어 … 사람은 지혜와 교묘한 생각이 있기 때문에 이것으로 기예를 습득 … 성인이라 할지라도 천만인이 공의(共議)하는 바를 당하지 못하며'라 하였다(『기예론』).

여기서 그는 인간이 인간인 까닭을 종래의 인륜(人倫)의 실천이라는 도덕적 관점을 벗어나 '기술을 사용하며 사회를 형성하는' 기예의 측면에서 해석함으로서, 생활인으로서의 인간 존재의 현실성을 강조하고 있다. 또한 정치적 측면에서는 다수의 지혜를 성인의 그것보다 상위에 설정함으로서 민주적 성격을 강조하였다.

원목론은 다산의 민본주의 이념의 일단의 표시로 그 지배권력의 형성의 시원(始原)을 원시적인 취락(聚落)에서 이정(里正)을 추대하는 과정에서 보았다. 그는 '태고에는 민(民)만 있지 어찌 목(牧)이 있을 수 있을까, 민은 무지했으며 한데 모여 살았다. 그들 사이에 싸움이 있으면 이것을 해결할 수 없었다. 그들은 한 노인이 있어서 공정한 지침을 제시해 주었기 때문에 그에게로 가서 판결을 받았고. 모두 그를 따랐다. 그리하여 그들은 모두 그를 추대하여 이정(里正-里長)이라고 이름지었다(원목)' 하였다.

그리고 같은 원리를 공동체 사회의 범위를 계속 확대하여, 현정(縣正), 제후(諸侯) 그리고 국가 최고 권력자인 천자(天子)·황왕(皇王)에까지 적용함으로서 정치권력의 기원을 민주적 입장에서 구조적으로 간단히 설명하였다. 이는 루소의 사회계약론에 서술된 원시사회의 민주성과 유사하다. 또한 정치사회에 대한 이해는 황종희의 『명이대방록』에서 영향된 것 같다.

그는 『원정(原政)』에서 '정치는 정(正)이며 백성을 고르게 하는 일이다. 어찌하여 땅을 멋대로 몰아주어 부(富)하게 만들고, 땅으로부터의 혜택을 막아서 가난하게 만들어도 좋다는 말인가. 토지를 재어 백성에게 주고 균분되도록 해야 한다. 이것을 바로 잡는 것이 백성에 대한 다스림을 고르게 하는 일이다'라 하였다. 다산은 기본적으로 토지를 바탕으로 한 개혁의 입장을 떠나지 않았다.

그러나 정치적 관점에서는 민생의 어려움의 원인이 '왕정의 쇠퇴'에 있다고 보아 왕권의 회복을 궁극적 해결로 이해하였다. 그는 '백성이 곤궁해지고, 백성이 곤궁해지면 나라가 가난하게 되고, 부세(賦稅)가 번다해지고, 마침내 인심이 떠나게 된다. 인심이 떠나면 천명도 떠나니 급선무는 정치에 달려 있다'고 하였다.

여기서 그가 말하는 '왕정의 쇠퇴'는 전통적으로 조선정치를 일관한 서인·노론의 사대부 중심의 세도정치에 따른 결과로서, 이는 강력한 군주권을 지지해 온 남인으로서의 정치적 입장이 배경되어 있다.

사실 그에게서는 어디에서도 왕권에 대한 비난은 찾기 어렵다. 이는 민본사상이라는 측면에서는 같은 입장이었던 황종희가 명 황제를 비난하며 군주제에 대한 강한 비판을 가한 것과는 대조를 이룬다.

이는 먼저 중국과 조선의 군주제 운영에서의 실제적 차이에서 비롯된 것으로, 중국의 황제는 절대군주로서의 권력을 행사하였으나, 조선의 군왕은 대립하고 있는 당파들 중 어느 한편의 지지(支持)없이는 그 왕권행사 자체가 어려웠고, 따라서 왕도정치(王道政治)의 실현도 불가능하였다. 그가 왕권의 회복을 바란 것은 이른바 '왕도정치'에 의한 정치경제적 안정·발전을 기대한 것이다.

다산의 민주주의 사상은 『탕론(蕩論)』에 집중되었다. 그는 한대(漢代) 이후의 정치를 '하향적인 정치(上而下)'로 규정하고 이를 '상향적인 정치(下而上)'로 바꿔야 할 것이라 주장하고, 통치자가 민중의 자유의사에 의해서 교체되는 것을 팔일무(八佾舞)에서 리더(leader)를 교체하는 것과 비유함으로서 자연스러운 현상으로 이해하였다

그는 여기서 '탕왕이 걸왕을 추방한 것이 옳은가? 신하로서 임금을 치는 것이 옳은가? 그렇다 이것은 예전부터 있는 옳은 일이다'라 하여 맹자의 폭군방벌론을 되풀이 하였는데 이는 맹자의 방벌사상을 새롭게 고취(鼓吹)하여 성리학에서 실종되었던 민주주의 정신을 되찾으

려 한 것이다.

③ 목민심서 – 양반·관료계층에 대한 비판

다산은 그의 사회철학에서 사회의 대립 모순현상의 원인에 대해 초기에는 반상(班常)이라는 일반적이고 포괄적 계급차별에 초점을 맞추었고, 따라서 양반 사대부인 선비에 대해 '대체 선비란 어떠한 사람들이 관대 어찌 수족을 놀려두고 남의 땅과 재물을 삼키는 것인가'라 힐난하였다(정약용, 『여유당전서』). 그는 몰락한 지식인으로서 지배당하고 학대받는 민중 편에 서서 비판과 저항을 서슴지 않던 양심적인 지식인이었다.

그러나 그는 사회적 문제·모순의 원인에 대한 이해를 단순한 반상의 대립관계라는 관점으로부터 벗어나, 사회계층의 기능적 역학적 관계 즉 정치권력을 장악하고 있는 관료와 부호(富豪)를 중심으로 하는 착취계급과 민중·농민이라는 피착취계급 간의 대립으로 파악, 이 두 주체를 구체화시켰다.

이는 조선 후기 양반계층이 분화, 몰락하는 사회현상에 따른 것으로 이미 계층으로서의 단일성(單一性)을 잃은 '양반'이라는 개념을 이분법적 사회구조에서 한 축으로 하는 사회분석이 적당치 않았기 때문이었다.

그는 몰락한 사대부 계층의 실상을 '백년 이래로 작록(爵祿)이 변두리 지방까지 주어지지 않아서 옛 사대부의 자손들이 몰락하고, 가산이 없어져서 모양을 이룰 수 없게 되자, 토족(土族)이 실권을 잡아서 갖가지 꾀로 이들을 모함하고 박해하여 여러 대를 억눌려 살았던 수치를 보복한다'고 하였다(『목민심서』).

따라서 그의 힐난 대상 역시 '선비'로부터 '관료'로 바뀌어 '여기에 큰 도적이 있는데, 큰 깃발을 세우고 큰 일산(日傘)으로 옹위하고, 큰 북을 치고 쌍가마를 탄다. 이 도둑은 야경꾼이 감히 심문하지 못하고, 재상도 감히 성토하는 말을 못한다'고 하였다.

그는 당시 수탈의 특권을 자행(恣行)하고 있는 것은 다만 소수의 사대부들로 보았다.

'상민도 버려지고 중인도 버려지고 있었다. 서관(西關-평안도), 북관(北關-함경도), 해서(海西-황해도), 송경(松京-개성), 비도(泌都-강화) 출신의 사람들은 잘려나갔다. 관돈(關東-강원도)과 호남(湖南-전라도) 사람들도 반은 잘려나갔다. 서자(庶子)도 버려지고, 게다가 북인도 남인도 당파싸움에서 쫓겨났다. 남는 것은 문벌이 좋은 몇몇 집안밖에 안 된다. 그 중에서도 사건에 연루되어 버려지는 자들이 많았다'(『통색의(通塞議)』) 그리고 이렇게 버려진 사람들은 비분강개하여 술만 마시며 스스로 방탕해지고 있었다.

그러나 그 소수의 관료로 살아남은 문·무신들에 대해 다산은 매우 실망하고 있었다.

'문신(文臣)이라면 시(詩)나 부(賦)를 조금 지을 줄 알고, 무신(武臣)이라면 활이나 좀 당길 줄 알뿐 그 밖에 배운 것이 있다면 마작이나 도박과 기생이나 끌어안고 술이나 퍼마시는 정도이다. 그보다 좀 나은 자는 구궁팔문(九宮八門)의 리(理)라든가 하도낙서(河圖洛書-구궁팔문)과 함께 정감록 해석의 기초가 되는 주역의 기본이치의 수(數理)라든가를 입에 올리는데, 이러한 미신이나 술수는 원래 인간만사에 모두 들어맞을 수 없는 것이다.'(『목민심서』).

그는 비록 전통적 봉건사회의 붕괴를 분명하게 예단, 인식하고 있지는 못하였지만, 정치사회의 제반 관계를 이해함에 있어 타고난 신분보다는 사회에서의 기능과 역할에 초점을 맞추는 통찰력을 가졌었다. 즉 신분관계로부터 사회학적 역할과 기능에 따른 계층 관계로의 이행을 분명하게 의식하였다는 점에서 그는 조선 근대 정치사회학자의 효시(嚆矢)라 할 수 있다.

그리고 이러한 사회에서의 기능과 역할이라는 관점에서 보면 수령은 매우 중요한 자리였다.

중앙집권적인 조선 관료제도에서 중앙의 정치권력이 실질적으로 미치는 것은 지방의 수령까지였고, 따라서 조선사회에서의 수령의 직분은 현재의 지방행정관과는 달리 국가 권력을 전면적으로 대표하는, 행정, 사법, 군사에 걸친 전권행사로서 농민생활에 미치는 영향력은 절대적일 뿐 아니라 국가성쇠를 좌우하는 것이었다.

그러나 조선조 행정지침에 따른 수령의 복무는 일정 기간 체류하고 자리를 바꾸는 단기복무제였다. 이로 인해 수령은 과객(過客)같은 존재가 되어 현지 실정파악을 제대로 할 수 없었고, 또한 행정집행의 일관성 역시 유지할 수 없었다. 이에 비해 향직서리들은 세습적이고 토착적인 세력을 형성하여 행정 실제에 있어 매우 밝았다. 결국 수령의 지방실정에 대한 무지(無知)는 이들 이서(吏胥)들에게는 부패, 협잡(挾雜)의 틈이 되었다.

수령의 단기복무의 취지는 임지(任地)에서 '객으로서의 수령'이 되어 독자적 세력을 갖지 못하게 함으로서 중앙권력에 대항하는 일이 없도록 하려는 것이었다. 결국 이들이 지방에서 세력으로 성장하는 것은 저지하였으나, 여기에서 비롯된 이서들의 발호(跋扈)로 인한 폐해는 농민의 몫이 되었다.9)

백성에 대한 수탈이라는 면에서 이들 수령은 행정 책임자이어서 수탈행위의 당사자로 주목받았고 또한 사실 그들에 의한 병폐 역시 극심하였으나, 백성들이 일상에 피부로 느끼는 면에서는 중하층에 속하는 이서(吏胥)들의 횡포가 더 심각하였고, 다산은 '이서망국론(吏胥亡國論)'을 들고 나오기도 하였다.

4) 토지제도 – 여전제

반계는 조선조에서 토지를 단순한 소유·재산이라는 경제적 가치뿐 아니라 국가의 재정, 군사제도의 기반으로 이해하여 그 개혁을 제안하였다.

---

9) 명말청초의 대학자인 고염무 역시 같은 문제점을 지적하면서 그 해결책으로 군현제하에서 인사(人事) 원칙인 관리임명에 있어 연고지(緣故地)를 기피하는 회피제(回避制)를 포기하고 오히려 연고지 중심으로 운영할 뿐 아니라 현령직(縣令職)에 대한 종신(終身), 더 나아가 세습(世習)까지도 허용하는 혈연중심(血緣中心) 사회로의 복귀를 제안했다.

다산 역시 토지제도 개혁의 필요성을 절감하고 있었다. 그러나 반계나 성호에 비해 근대화의 영향으로 실증적 과학정신에 투철하였던 다산은 개혁의 필요성을 설득할 수 있는 이론적 근거를 마련하기 위해 당시의 농촌에서의 토지 경작형태를 실제로 조사하여 그 결과를 다음과 같이 적고 있다.

그는 호남지방의 지주·소작농의 분포비율을 추산하여 토지를 소작시켜 소작료를 수취하는 자(受其租者)인 지주는 불과 5%이고, 자작농(自耕其田)은 25%이며, 토지를 소작하면서 소작료를 납부하는(輸地租者) 소작농이 70%에 이르고 있어, 이 제도를 개선하거나 제거하면 70%의 소작농은 모두 크게 기뻐할 것이고, 25%의 자작농도 휼빈(恤貧)의 뜻에서 즐거워 할 것인 즉 개혁의 지지자는 95%이고, 이에 반대하는 자는 불과 5%에 불과하니, 95%의 농민이 용약(踊躍)하는 정치를 하지 않는다면 어찌 왕이 권력을 가지고 교화한다고 할 수 있겠는가(『與猶堂全書』).

다산의 전제개혁론은 그의 생애 초기, 관직에 있을 때 지은 『전론(田論)』(1799년 정조 23)에서의 여전제(閭田制)와 후기 유배지에서 저술한 『경세유표』에서의 정전제(井田制)로 나누어져 큰 차이를 보이고 있다.

이는 그의 사회 경제적 인식의 변화에 따른 결과였다.

① 여전제(閭田制)

청년 관료시절에 그가 제안한 '여전제'는 균전(均田) 내지 균산(均産)의 원리에 따른 것으로 이는 하나의 정치강령 형태의 토지 재분배론으로, 근본적으로는 농본주의적 생재론(生財論)이라는 경제인식 즉 농본억말(農本抑末)을 주장하는 사상단계에서 농자득전(農者得田)의 원칙을 제기한 것이다.

다산의 여전제(閭田制)는 부락(部落)을 중심으로 하는 일종의 토지 공산주의(共産主義)로, 부락민이 공동으로 경작하여 노력의 일수에 따라 분배하자는 것으로 그는 여전제를 통해 치전(治田)에 의한 생산력의 증가, 그리고 균산 즉 경제적 평등의 실현을 통일적으로 해결할 수 있으리라 믿었다. 그러나 이는 반계의 토지개혁안보다도 현실정치실정에서 실천되기 어려운, 따라서 시안(試案)으로서의 성격이 강하였다.

그는 '무엇을 여전이라 하는가, 산골짜기와 개울과 들판의 형세를 가지고 경계를 그어 만들고, 그 경계의 안을 여(閭)라 하고, 여 셋을 리(里), 리 다섯을 방(坊), 방 다섯을 읍(邑)'이라고 한다. 여에는 여장을 두고 무릇 1여 밭에는 1여의 사람들로 하여금 다 함께 그 밭일을 하게 하되, 서로의 경계가 없이 하고 오직 여장의 명령만 따르도록 한다.

매양 하루하루 일을 할 때마다 여장은 그 날의 수(數)를 장주에 기록하여 둔다. 그래서 가을에 거들 때에는 먼저 국가의 세(稅)를 바치고 일한 내용대로 장부에 의해 분배한다(『전론』).

그는 '대저 세상 사람들이 모두 농업에 종사하는 것이 내가 진실로 바라는 바이지만, 그렇지 않더라도 받아 들여야 할 것이다. 그렇지만 농사를 짓는 사람에게는 토지를 주지만, 농사를 짓지 않는 사람은 토지를 받지 못하게 하여야 받아들일 수 있다. 그런데 균전론과 한전론에서는 농사를 짓지 않는 사람에게도 역시 토지를 지급한다. 또한 (농사는 물론이고) 공상(工商)에 종사하지 않는 사람에게도 역시 토지를 지급한다. 이는 천하 사람들에게 놀고먹는 것을 가르치는 것과 같다'라고 하였다(『전론』).

따라서 여전제에서는 사대부 계층은 분배 대상에서 철저히 제외하였는데 이는 반계가 그들을 우대한 것과는 대조를 보인다.

그는 『농책(農策)』에서 '가만히 생각건대, 사(士)와 농(農)이 두 갈래로 갈라지면서 천하의 농사가 날로 폐단이 일어나게 되었다'고 하였다. 이는 성호 역시 사농의 일치를 주장하였지만 그 시각이 사대부 개인들의 올바른 생업·생활에 초점이 맞추어져 있었다면, 다산은 이를 국가 사회적 차원으로 확대시켰다.

그는 여전제를 통해 토지개혁 자체 외에도 사대부계층의 유식기생(遊食寄生)하는 집단적 특권을 혁파하여 생산계층으로의 유도를 기도

(企圖)한 것이다. 즉 이러한 유식기생하여 토지분배로부터 제외된 사대부층에 대해 농업·수리(水利) 또는 목축 등의 실리를 강구(講究-좋은 도리를 연구함)하거나 농기구를 제작하여 농업에 도움이 되는 역할을 기대하면서, 이 역할에 대해서는 농민보다 10배의 노력으로 인정해서 수확의 분배가 이루어지도록 배려하였다(전론).

여전제에서 기도(企圖)하는 또 다른 목적은 임난 이후 군포(軍布)제도의 병폐를 감안한 병농 일치제로의 군사제도 개편을 위한 준비를 위한 것이기도 하였다.

5) 토지제도－정전제

초기 『원정』에서의 토지개혁론은 토지를 계량하여 고르게 나누어 줌으로서 (정치를) 바르게 하려는 것(計地與民而均分焉 以正之)인 반면, 그의 후기 저작인 『경세유표』에서는 전지(田地) 10결에서 일결을 취하여 공전으로 하고, 이 공전을 농부들로 하여금 힘을 도와 농사를 짓되, 기타 다른 세금을 징수하지 않도록(於田十結 取一結以爲公田 使農夫助而不稅)한다는 치전(治田)과 균세의 이중의 효과 즉 치전 외에 균세(均稅)에도 초점이 맞추어져 있다.

① 치전론·균세론

조선조 후기에 가장 큰 병폐는 이서(吏胥)와 토호(土豪)들에 의한 근거가 박약하고, 부단(不斷)한 부세(賦稅)와 수탈에 있었고 다산은 토지개혁을 통해 일체의 농민에 대한 징감(徵歛)이 철폐되기를 바랐다.

후기 토지 개혁안인 정전제의 사회학적 관점은 앞서 말한 반상의 계급적 신분관계로부터 사회의 실질적 역학관계로의 변화와 같은 맥락에 있다.

『경세유표』의 단계에서의 다산의 사회경제에 대한 이해(理解)는 이미 농본억말이라는 생각을 폐기하고, 오히려 탈농본주의적 상품유통경제의 구축을 지향하는 이용후생 입장에서 사민구직론(四民九職論) 같은 자유롭고 다양한 탈신분적인 직업관을 보였고, 따라서 토지의 몰수 내지

국유화와 같은 획일적이고 강제성을 띤 논리는 어울릴 수 없었다.

그의 정전제는 고대, 아니 그의 청년기 여전제를 제시하던 시기의 '정전제' 즉 전국토를 국유화하여 이를 다시 정전의 원칙에 따라 분배한다는 원칙과는 다른, 전지(田地)의 9분의 1만을 국유화 한다는, 원칙상 토지사유제의 바탕에서 시도한 것이다.

『경세유표』에는 '지금의 토지는 사유지가 아닌 것이 없으니, 장차 어떻게 할 것인가? … 무릇 정전(井田) 형태(井의 모양대로 9등분)로 구획할 수 있는 토지는 전주(田主)의 수긍여부와 관계없이 정전을 구획한다. 그런 다음에 공전(公田) 1구(區)만 되도록 후한 가격으로 수용하며, 사전(私田) 8구에 대해서는 전주의 자의에 맡긴다'는 것이다.

다산의 정전제를 목표로 하는 토지제도 개혁의 구체적 실시반안은 다음과 같다.

경전사(經田司)의 설치를 제안하고, 여기서 양전(量田-논밭을 측량함)으로 은누결(隱漏結)과 진황전(陳荒田-오래 묵거나 황폐한 밭)을 찾아내어 이 전토(田土)를 국유화하고, 또 관아, 군영, 지방관청의 전(錢)을 전용(轉用)하여 사전(私田)을 사들이는데 이때 원장에 4백결이면 40결을, 5백결이면 50결을 사들여 공전으로 하여, 정전제를 구축한다는 것이었다.

이러한 정전제에서의 국가의 권능은 기존 소작지 또는 경작지의 범위에 대한 재조정의 수준에서 발휘되며, 그 목적은 소작경영의 안정을 통해서 농민경제의 안정과 국가재정의 확보를 위한 것으로, 정치적으로는 왕정의 회복을 기대한 것이었다.

그렇다고 해도 이는 원칙에 있어서는 일부이기는 하나, 토지 사유제를 국유제인 공전제로 전환하는 혁명적 방안으로 그는 군주의 영단과 여러 신하들의 적극적 협조를 요청하였다.

② 양전(量田)

그는 정전제 실시의 전초로서 토지조사 즉 양전을 가장 중요한 사업으로 생각하였다.

'양전'의 의미는 경계(토지소유관계)를 확정함으로서 토지개혁이라는 적극적 효과와 함께 호구, 부역, 병비(兵備) 더 나아가 행정상의 간사(奸邪)를 그치게 한다는 부수적 실제효용 둘로 나누어 볼 수 있겠다. 그는 이 개혁이 왕정(王政)을 바로 세우는 요결(要訣)이라 믿었다.

그의 '왕정은 경계를 정하는 일보다 큰 것이 없다'는 이해는 반계에서 뿐 아니라 멀리 맹자에게 있어서도 항상 주장된 것으로 이는 다산에 있어서는 고적제(考績制)와 함께 국정 개혁의 근간인 것이다.

따라서 그는 토지조사의 부실(不實)을 기술적으로 해결하기 위해 방전(方田-네모가 반듯한 논, 밭)과 어린도법(魚鱗圖法)을 제시하였다. 그가 제안한 토지개혁을 실천하는 데는 양전(量田-논밭을 측량함)의 올바른 시행이 전제되었고, 양전의 기초로서뿐 아니라 생산의 효율성을 위해서도 농지를 방전 형태로 변환시킬 필요성을 제안하였다.

토지측정 방법으로서 어린도법(魚鱗圖法)은 매우 중요한 기술이었다. 어린도법은 명(明)에서 시행된 양전법으로, 도본 작성의 방법상의 원칙을 경위선(經緯線)에 둔 도법으로, 이 경위선으로 구성된 방전도(方田圖)의 모양이 물고기 비늘과 비슷한데서 온 이름이다. 어린도법은 '큰 정(井)뿐 아니라 작은 정도 각각 도본을 만들며, 경위선을 그어 실제 면적을 증험한다. 이때 한 정은 여러 방전을 합계하여 이룬 것으로 방 10리, 방 50리라 하여 모두 방(方)으로써 말했다(『田制別考』).

토지조사(量田)에 있어 가장 중요한 목표 중의 하나는 탈세를 목적으로 하는 은결(隱結-'결'이란 조세를 계산하기 위한 논·밭의 면적·단위)을 찾아내기 위한 검색이었으며, 이는 이들 은결의 대부분이 조세를 피하기 위해 '진폐전(陳閉田-오래되어 폐기한 밭)'이라고 사칭하고 있음으로 이를 양전을 통해 분명히 밝히려 한 것이다. 이와 함께 탈세전을 방지하기 위해서는 일반전 즉 상경전(上耕田)의 위진(僞陳)을 꾸준히 검색토록 하였다.

그리고 그는 진폐전에 대한 공정한 국가 관리의 필요를 강조하였고 그 목표를 첫째 탈세전 확대의 방지 둘째 농민의 진전의 경영과 그에 대한 효율적 관리를 내용으로 하며, 이때 진전 경영에서는 농민의 진전 재경(再耕)을 장려하기 위해 세의 과중을 피하라 하였다. 이는 국가 재정보충에 관계된 수령의 중요업무이다.

③ 분배의 원칙과 군역

다산의 정전제는 지주소작제를 인정하고 계구분번(計口分田)의 원리는 폐기한 상태이다. 사실 그는 정전제에 대한 이해를 '정전이란 농가의 [군사(軍事)로 말하면] 진법(陣法)이다. 호구를 계산해서 전지를 분배했다는 것은 망령된 말이다. 천하의 농부를 8인(人)씩 묶어 1오(伍)를 만들어서 1백 묘를 경작토록 하였는데, 8인이 1오로 된 것을 1부(夫)라 이르며 … 1정(井)이라 이른다 … 이것으로써 부세를 내고, 이것으로써 군여(軍旅-5백인으로 이루어진 군사력 단위)를 동원했다. 이것이 옛날의 정전이다'(전제)라 새롭게 해석하였다.

더 나아가 '부모처자의 양육할 식구가 비록 많더라도 진실로 굳센 힘이 없다면 전지를 줄 수 없다'라 하여 정전제의 목적이 부세 및 군사제도의 기반을 마련하는 데 있으며 백성의 생계기반을 마련하려는 데 있지 않다(分田之法 重在治田 不在制産). 따라서 노동생산성 우위에 따라 토지를 분배·경영하는 것이다. 그는 이를 통해 병농일치의 군사제도의 기반을 마련한다는 부국강병의 길을 택하였다. 그리고 그것이 유표의 정신이었다.

그는 '토지는 군사인 농민에게만 분배하고, 그 외의 계층은 자신에 알맞은 직업을 갖고 그 생산물을 농부와 교환함으로서 생계를 해결하면 되는 것'이라 하여, 산업구조의 다양화를 전제, 이를 추구하는 방향으로 사회개혁을 모색하였다.

④ 사민구직론(四民九職論)

그는 백성이란 서로 의존하며 살아가는 것이다. 밥이 비록 귀한 것이지만 천하 백성을 모두 농업에 종사하게 하면, 곤궁해져 죽음이 있을 뿐이다. 공장(工匠)이 쇠, 나무, 질그릇, 기와, 벽돌을 만들어 내지 않으면 죽음이 있을 뿐이요, 상인이 재화를 교환하여 부족한 것을 보충해 주지 않으면 죽음이 있을 뿐이라 하였고, 농사도 구직(九職)의 하나를 구성하였을 따름이라고 하였다(전서).

이러한 구상(構想)의 배경에는 사농공상이 직업에서 분업화·전문화를 통해 협력함으로서 사회생산력을 증대시킬 수 있고, 이를 통해 부국강병을 이루려는 목적도 있었다. 다신은 이것이 필요할 뿐 아니라 가능한 것으로 보았다.

정전제의 원리는 사농공상의 생계기반을 '전(田)'에서 '직(職)'으로 전환하는 논리로, 사민구직론(四民九職論)과 함께 새로운 사회경제 원리에 의한 새로운 사회공동체의 구상을 지향한 것이다.

⑤ 결부제

그는 전제개혁의 원안을 제시하여 이를 곧 실시하고자 하였고, 동시에 부론(附論)으로 결부제를 비판하였는데, 이 모든 제안이 조세문제와 직결된 것들이었다.

결부제의 폐단은 이미 반계에 의해 충분히 제시된바 있으나 다산은 이를 보다 합리적 논리적으로 설명하여 '[경묘법의 근거인] 경계란 유형의 사물을 대상으로 하고, [결부제의] 비척(肥瘠-기름지거나 척박함)의 구분은 무형의 성질을 다루는 일'이라 하여 유형·무형이라는 객관적 척도의 존재여부를 기준으로 하는 과학적 사고방식을 보였다. 이로 인해 온갖 부패의 근원의 원인인 결부제가 갖는 편파성이 '무형'에 근거한 주관적 판단에 따른 것임이 분명해 질 수 있었다.

⑥ 평 가

정전제는 단순히 조세문제뿐 아니라 『경세유표』에서 둔전제(屯田制)의 실시, 군포제의 개혁, 일정 제한을 넘는 토지겸병에 대한 징치(懲治), 환곡제의 개혁으로서의 상평제도(常平制度) 등과 함께 제안되었다는 면에서 보면 전체적인 사회개혁의 일환으로 볼 수 있다.

그가 제시한 정전제는 사농공상의 생계기반을 '전(田)'에서 '직(職)'으로 전환하는 새로운 사회경제 원리로, 이는 그가 새로운 사회공동체의 구상을 지향한 근대 정치사회사상가로서의 면모를 분명히 한 것이다. 그가 서학을 받아들인 자세, 동기에는 이미 서양 문물을 물질적 측면보다도 새로운 시대를 사는 사상 그리고 그와 함께 새로운 인간과 사회가 생겨나지 않으면 안 된다는 사회 혁명적 의미를 함축하고 있었다.

다산의 사상은 종합적이고 체계적이며 기본적으로는 근대 사상가로서 민본주의적이었지만 근본에서는 유교의 이상인 왕도정치를 지향하였다. 그러나 전반적으로 유교적 전통의 유지보다는 그것의 포기와 부정을 포함하는 그의 개혁의지는 가히 혁명적이었다고 평가되고 있다.

그의 실학적 정신은 1880년대 외세의 침략이 본격화되었을 때 민족의식, 근대의식 및 실증주의를 배경으로 구체적인 자주자강(自主自强)의 사상으로 발전하여 각종 저항운동을 낳았다.

사실 그의 문하에서는 많은 중인 개화 사상가들이 배출되었다

2. 최한기(崔漢綺, 혜강(惠岡), 1803-1877)

1) 기학(氣學)과 실학(實學)

혜강의 철학적 대표작으로는 그가 34세에 이룬 『신기통(神氣通)』과 『추측록(推測錄)』이 있고 사회사상으로는 노년기에 쓴 『인정(人政)』이 있다. 특히 『신기통』과 『추측론』 이 둘은 『기측체의(氣測體義)』로 합본되어 중국의 북경에서 출간한 바 있다.

혜강은 자신의 기학을 실학으로 규정하며 '온 천하 학문의 시비를 가리고 우열을 정함에 있어 그 기준이 되는 것은, 천하의 민생이 실용할 수 있는가 그리고 사해(四海)의 정치가 반드시 말미암을 수 있는 것인가 하는 것이다. 유형(有形)이어서 잡을 수 있고 처물(處物)에 증험할

수 있으면 곧 실학이다'라 선언한다. 그리고 이때 실(實)은 '버리려도 버릴 수 없고 어긋나려 해도 어긋날 수 없는 것'으로 곧 기(氣)이다.

그에 따르면 기는 유형자(有形者)로서 물리(物理) 즉 포착이 가능한 유형의 이치로서 사물에 즉해서 경험할 수 있고 검증할 수 있는 '실리(實理)'이고, 따라서 기학은 그가 말하는 '성실한 유형(有形)의 학'이다.

그는 비록 기학이라는 명칭은 없었지만 예나 지금이나 사람들은 이 기(氣)를 받아서 주선(周旋)하고 이 기를 가지고 태어나고 죽었으니 다른 설이 있음은 옳지 않다(기학)고 하며, 천도(天道) 천리(天理)와 천칙(天則)이라는 것 역시 기화(氣化)에 준(準)하는 것으로 보았다.

혜강은 실학자의 입장에서 말하기를 '실용을 힘쓰는 자가 이기고 허문(虛文)을 숭상하는 자는 굴(屈)하며 이(利)롭게 하는 자는 이기고 그렇지 않고 고루함을 지키는 자는 굴하는 법'이라 하여 실용 즉 사회적 효용성을 강조하고 있다. 그러한 관점에서 지금 세계에서는 바다로 선박이 두루 통하고 서적이 새로 번역되고 이목(耳目)이 서로 전달되고 있다(추측록). 그럼으로 마땅히 문호를 개방해서 서구로부터 '법제의 선(善)', '기용(器用)의 이(利)', '토산(土産)의 양(良)'을 배우고 이용할 것을 주장하였다.

또한 '내가 힘입어 생육되는 바와 의뢰하는 바가 금일에 있고 왕고(往古)에 있지 않다. 옛것을 버릴지언정 지금(今)을 버릴 수는 없다', '세무(世務)에 뜻을 둔 자가 새로운 지식을 섭취한다면 고문(古聞)의 의혹을 깨트리고 신득(新得)의 열락(悅樂)이 깊어질 것이다'(인정)라 하여 일부 실학자들에게서 보이는 상고적(尙古的)인 의식을 완전히 청산하고 진보주의의 기틀을 마련하였다.

2) 기철학

혜강은 기학의 체계를 확립하여 성리학적 리기론을 벗어난 독특한 존재론적 근거를 제시하면서 경험적 인식을 중시하고, 하나의 통일된 우주와 사회질서를 구성하였다(금장태, 『혜강 최한기의 실학사상』).

그는 음양오행으로 분석되는 전통의 '기' 개념을 거부하며, 신기의 운화활동에 따라 만물과 세계의 형상들이 전개되고 순환하면서 동시에 일통(一統)하는 유기론적 기일원론을 제시한다.

그는 '기(氣)라는 것은 무릇 한 덩어리의 살아 움직이는 것(一團活物)이니 스스로 순수하고 깨끗하여 맑은 기질이 있으며, 비록 소리, 빛깔, 냄새, 맛에 따라 변하지만, 그 근본의 성질은 변하지 않으니 그 전체의 무한한 공적과 활용의 덕을 들어서 총괄하여 신(神)이라 한다'라 정의한다(『신기통』).

이리하여 그는 우주와 인간을 일괄시킬 수 있는 근원적 존재로서 '무한한 공적과 활용의 덕'을 갖춘 '신기(神氣)'라는 개념을 세운다. 이때 신(神)은 기의 정화(精華)를, 기(氣)는 신(神)의 기본바탕을 말하는 것이고, 신기가 무한한 묘용으로 작용할 때 요구되는 두 요인 중 밝음은 신(神)에서, 힘은 기에서 생겨난다. 이는 중용에서 성즉명(誠卽明)의 관점에서 명과 덕을 이해한 것과 다르지 않다.

혜강은 '사람이 처음 나서 몸을 움직이며 울음보를 터뜨리는 것은 기의 힘이니 이 힘은 근골(筋骨)이 장대하여짐에 따라 더욱 세차지는 것이다. 분개(分開) 양탁(量度)하는 것은 신의 밝음이요 이 밝음은 견문열력(閱歷)이 많아짐에 따라 빛을 더하게 된다. 이 빛은 기의 주변에 미량(微量)이 있고 기에 앞서서 전도(前導)의 빛이 있으며 기에 뒤따라 여운(餘韻)을 남기는 것이니 이것이 다름 아닌 신이다. 그리하여 신과 기와의 관계는 마치 형(形)에 대한 영(影), 촉(燭)에 대한 빛과 같은 것이어서 기를 떠나 신만 홀로 있을 수 없다'고 한다. 이처럼 신기는 본체와 현상, 체와 용을 통괄하고 있는 존재이다.

그리고 이어 그는 다시 기를 '형질의 기'와 '운화(運化)의 기'(氣有形質之氣 有運化之氣)(『기학』)로 구분하여 사물의 계량적 대상으로서 형체를 지닌 측면(형질의 기)과 개체 사이에 구획되지 않고 서로 유행하여 소통하는 측면(운화의 기)을 대조시키고 있다.

이때 형질의 기에 따라 사물의 다양한 차이가 생기지만 그러나 혜강은 형질의 신기를 사물을 형성하는 고정된 것이라기보다는, 변화하는 작용으로 자신을 들어내는 유동적 존재로 이해하였고, 따라서 그는 사물의 개체를 신기가 변화·작용하는 한 단계의 현상으로 본다. 그에게 항존무변하는 것은 기 자체이다.

그러한 '기의 성질은 원래 활동운화하는 것이다. 우주안에 충만하여 털끝만큼도 빈틈이 없으며, 모든 천체를 운행시켜 조물(造物)의 무궁함을 들어낸다고 한다(『기학』).

여기서 '활동운화'에서의 '활은 생기(生氣)요, 동은 진작(振作-떨쳐 일으킴)이요, 운은 주선(周旋)이요, 화는 변통이다'(『기학』) 다시 말해 '활동'은 대기(大氣)의 항상적 역동성으로 우주의 생명력의 기원이고, '운화'는 법칙적 순환성과 상호 연관작용이다. 그리고 '운화'에서 '운'은 도량주선(度量周旋), 즉 량질(量質)순환을 '화'는 변통융화(變通融和) 즉 개별 사물과 타(他)가 범주를 넘나들며 섞이는 것이다.

그리고 이때 운화란 변화작용을 총괄하는 명칭이지만 운화의 양상은 맹목적인 변화가 아니라 신기의 목적적이고 통일된 자기변화라 할 수 있다. 따라서 운화는 합리성과 목적성을 내포하며 통일성을 본질로서 지니고 있다. 이는 그가 우주를 목적을 가진 유기체로 이해하였기에 가능한 논리이다. 사실 그는 기를 '일단의 활물'이라 한 바 있다. '기학'에서는 모든 존재는 기의 활동운화에 의해 생겨나고, 운화에 의해 성장, 활동, 변화한다고 본다. 그리하여 그는 '운화'로서 자연, 인간, 사회의 제 현상의 법칙적 작용을 총섭하고 있다(배영순, 『최한기의 경세론과 그 정치사상사적 위치』).

그는 사람이나 사물의 생성이 기의 취산작용의 과정에서 나타나며, '인간의 출생·성장·노쇠·사망은 대기가 운화하는 것이니 도피할 수 없다'고 이해하였으며, 이로서 초월적 존재나 절대자의 의지(意志)를 부정한다.

그리고 같은 맥락에서 그의 유기론(唯氣論)에 따르면 '사람은 평등한 기의 소산이다. 그리하여 사람에게 구별이 없다. 있다면 그 구별은 '조정(朝廷)이 그저 인품과 귀천의 조작에 따라 만든 것이다'라 하였다. 그리고 그는 귀천이나 우열은 '운화의 통·불통, 민용(民用)의 이(利)·불이에 따라 정해야 한다'고 하여 공리적 입장을 밝혔다.

그러므로 인간만의 독특한 신기인 '추측'이 있다고 인정하면 있다고 인정하고 없으면 없다고 인정하는 것이 곧 성실하고 정대(正大)한 도리이다. 죽은 뒤에 아무런 자취도 없는 것을 가지고 헛되이 사악한 교설을 만들어서 우매한 사람에게 큰 해(害)를 끼쳐서는 안 된다고 하여 철저한 합리주의를 주장한다(『추측록』).

그리고 사회가 목표로 하는 것은 사농공상이 저마다 사람이 위임된 것을 헤아려 근원을 잡고 그 근원을 지켜 주어진 바를 다할 때 나라와 관료와 백성은 모두 제대로의 일을 하게 된다는 민주성을 표명하고 있다(지명관, 『한국 문화사』).

그는 인간의 신기가 형성되는 유래를 하늘, 풍토, 부모의 정혈(精血), 듣고 보아서 얻는 습염(習染)의 네 가지로 보고 있으며, 이 중에 습염만이 공부(工夫)의 대상이고, 이 공부는 이성에 의해 수행된다. 그리고 인간의 신기 곧 추측(이성)은 공부, 변통을 가능케 하는 지각능력으로, 이성의 작용에 의해 인간은 자연의 필연성으로부터 벗어난 자유를 누리는 존재가 된다.

3) 인식론

혜강의 인식론은 자연과학적 합리성을 근거로 한 서구의 경험주의적 사고(思考)를 수용한 면을 보이고 있다. 이러한 그의 인식론은 서구 경험주의 철학과 대등한, 조선 당대의 철학정신의 한계를 훨씬 뛰어넘는 성과였다.

그는 『인정』에서 '옛 사람들이 말하는 이른바 심체(心體)라 하는 것이 곧 신기(古所謂心體 卽 神氣也)'라 하여 신기를 심체와 동일시함으로서 지각(知覺)의 주체로 파악하였다.

그의 신기는 마음과 동일한 의미이며, 그는 '마음은 일신을 주재하는 것이므로 모든 이치와 모든 일이 마음(心)에 근본을 두고 있다'라고 한다. 그러나 이 뜻은 '익히고 물들여 지는 추측이나 스스로 얻는 지각으로 마음을 삼는다는 것이지, 하늘이 부여한 신기에 의해, 처음부터 끝까지, 근본과 말단, 이것과 저것을 통달하는 것이 마음이라는 이름을 따라 알맹이를 갖추고 있는 것이 아니다(신기통)'라고 분명히 하고 있다. 이는 본유관념의 부정으로 경험주의 철학의 선언이며 사물에 대한 인식(認識)을 경험과 합리적 이성작용에 의한 것으로 이해한 것이다.

그의 기철학에서의 '추측(推測)'은 인간의 이성작용을 말하는 것으로 금장태 교수는 '운화가 신기일반의 작용이라면 추측은 인간의 신기가 작용하는 운화의 독특하고 의미 깊은 작용이다'라고 하며, 그에 대한 설명으로 '인간의 추측은 인식과 판단을 통해 기의 변화과정에서 있게 되는 개별화와 다양화에 따른 차이와 단절을 연관시켜 개별적 존재들 간의 단절과 이질성(異質性)을 소통케 함으로서 합리성과 통일성을 확보하여 신기의 목적을 성취시킨다'는 것이다. 즉 기가 일원적인 본질을 가지면서 다원적인 현상을 들어냈고 다시 추측에 의한 소통을 통해 일원화. 통일성을 확보하는 것이다.

다시 말해 기의 다양성은 궁극적으로는 통일성을 지향하도록 정위(定位)된 존재로 추측은 그 자체가 운화이면서 그 독특한 작용에 의해 운화의 목적을 성취시킨다.

① 인식의 단초와 본질

혜강은 '사람의 마음은 거울과 같아 진구(塵垢)에 의하여 흐려지지만 않는다면 삼라만상을 비추이지 않는 것이 없으나, 그렇다고 하여 만물의 이치가 선천적으로 마음에 구비되어있는 것은 결코 아니다. 심체는 순담(純澹) 허명(虛明)하여 일물도 그 속에 있는 것은 아니며,

단지 견문, 열력(閱歷)이 오래 쌓이는 동안에 습관이 이루어져서 이치(理致)를 추측하게 되는 것이다'라 하여 본유관념을 부정한다.

또한 마음의 본체가 본래 순담하여 설사 첨색(添色)을 하여도 본색을 잃지 않음을 정천(井泉-우물)에 비유하여 첨색하던 대상이 사라지면 순담으로 환원된다. 그러나 그 첨색이라는 경험이 누적하여 이치의 추측(판단, 이성작용)이 자생하는 것이라 하였다.

그러나 혜강이 마음의 본체를 '순담하여 설사 첨색(添色)을 하여도 본색을 잃지 않는' 거울이나 우물에 비유하는 것은 일단은 순선한 선험적 존재에 대한 인정으로 사실 그의 본지(本旨)인 경험주의에 대한 표현으로는 맞지 않는 논리이다.

따라서 그는 이를 다시 물감들이지 않은 비단 즉 소백(素帛)에 비유하여 단 한 번의 염색되었던 비단은 처음 상태로는 환원되지 않는다고 입장을 바꾸었다. 그리하여 선진유학의 경험(習)을 중히 여기는 '성상근 습상원'을 '그 포괄하는 바 뜻이 매우 커서 실로 만세의 표준이라'하였다.

성리학자들의 인식론은 대체로 오관(五官)의 외감(外感)보다 마음이 본래적으로 갖춘 리기(理氣)의 속성에 치중하여 이해하는 경향이 짙다. 그러나 실학자들의 인식론은 그 반대이다.

성리학에서는 리의 보편성이나 천(天)사상에 따른 우주자연과 합일하는 경지, 관계를 설정하지만 경험론자인 혜강은 사물의 실재성은 모든 개별적인 것에 존재하며 개별적인 것에 대한 감성적 지각으로부터 보편적인 개념을 추출하려 하였다.

그는 '명(名)은 실(實)에서 생기는 만큼 실이 있으면 명이 있게 되지만 그 실이 없으면 그 명도 없게 된다'고 하여 서구철학에서의 유명론(唯名論)과 같은 논의를 전개하고 있다.

무릇 사물의 이름은 그 사물의 실(實)과 다를 수 있으나, 실 자체는 그 이름에 따라 본질이 바뀌는 것은 아니다. 오직 사람의 교사(巧邪)가 다단(多端)하여 혹은 그 실을 꾸며 스스로 이름을 낚기(釣)도 하고 혹은 전하는 자의 사의(私意)로 인하여 그 이름을 과장하기도 함으로, 명상(名象)에 묶이어 실재하는 운화(運化)를 돈망(頓忘)한다면 성실한 교학을 자절(自絕)시키는 결과를 가져 오게 한다.

혜강은 인(仁)의 단초(端初)인 측은한 마음(心)에 대해서도, 이는 전일에 물에 빠져 죽은 자에 대해 듣고 알았기 때문에 아이가 우물에 빠지는 것을 보면 측은한 마음이 일어나는 것이지 만일에 듣고 알지 못하였다면 그럴 수 없다고 하여 모든 인식(認識)은 후천적으로 획득된 것이라는 경험주의 철학을 다시 천명(闡明)하였다.

서구 경험론에 따르면 인간의 감각은 외적 대상에서 신경계통을 통하여 뇌수에 전달되는 충격에 의하여 생기는 것으로 인식 내지 지각(知覺)은 이러한 감각에 기초하여 형성된다. 따라서 모든 관념은 감각에 기원한다.

혜강 역시 사람의 '신기는 내외를 매개하는 감각기관 즉 이목구비(耳目口鼻) 등에 의해 밖으로부터 얻어져, 안으로 신기를 염습(染習)하여 지각(知覺)을 이루는 것으로 본래부터 가지고 있는 것은 아니라고 분명히 말한다. 이때 감각적인 지각은 가능한 여러 기관을 통하여 그 자료가 얻어질 때 서로 증험(證驗)함으로서 더욱 밝아질 수 있으며 그는 이를 '주통(周通)'이라고 이름하였다.

이를 굳이 단계로 구분하자면 여기까지는 사실을 인지하는 오성(悟性)의 단계(推)이며, 이를 기초로 아직 경험하지 못한 것을 사유하는 것을 이성(理性)의 단계(測)로 볼 수 있는데 혜강은 이 둘을 합하여 '추측(推測)'이라고 이름한 것이다.

② 추 측

혜강에 이르면 '격물설'을 중심으로 전개하던 성리학의 인식 테두리를 완전히 벗어나 모든 지식세계를 추측론(推測論)으로 설명한다.

혜강에 의하면 '추(推)'의 뜻은 인(因), 유(由), 수(遂)이고, 측(測)은 양

(量), 탁(度), 지(知), 리(理)를 의미 한다 '미룬다(推)'는 것은 원인이 있고 일정 절차를 따라야 하지만, '헤아린다(測)'는 '추'를 기초로 판단하는 지각의 작용이다. 이 추측의 작용으로 하나를 듣고 열을 안다(聞一知十)거나, 한 잎의 낙엽을 보고 천하에 가을이 왔음을 알 수 있으며 이때, 일(一)을 추(推)하여 만(萬)을 측함은 연역법으로, 만을 추하여 일을 측함은 귀납법적 사유형식으로 볼 수 있다.

그는 '한갓 '추'만 하고 '측'하는 바가 없으면 동정(動靜)이 모두 고체(固滯)하여 새로운 확충을 꾀할 수 없고, 한갓 '측'만 하고 '추'하는 바가 없으면, 즉 '추'할만한 경험적인 단서도 없이 사려(思慮)·의혹만 가지고 '측'한다면 어찌 허망되지 않으랴?'는 것이다.

혜강은 이 추측의 작용에 있어 사람의 소습(所習)이 작게는 선입견에, 크게는 처지(處地)에 니착(泥着-묶이어)하여 차류(差謬-차이와 오류)를 일으키는데, 지난 염습(染習)에 묶이어 현재에 대한 융통성을 잃거나, 지역적이고 풍토적인 편방(偏邦)에 묶이게 되면 천하대동의 보편성을 확보할 수 없게 된다고 한다.

그는 이러한 염습에 의한 편견과 집착의 경향성을 면(免)하려면 이 염습을 자각하여 보다 광범한 경험과 관련시켜 그 고루(固陋) 편벽(偏僻)으로부터 벗어나야 한다는 것이다. 이는 근본적으로 사유를 통해 명목과 실재와의 차이점을 끊임없이 명확하게 구별하는, 깨어있는 이성작용을 요구하고 있는 것이다.

이러한 혜강의 생각을 로크는 다음과 같이 설명한다.

모든 관념은 경험을 통하여 획득되며 이러한 경험의 기원은 이중적(二重的)이다. 즉 감각과 반성(反省) 즉 외적 경험과 내적 경험이다 이때 반성은 독립적으로 내적 정신활동의 영역, 즉 내적 경험의 독립을 의미하지만, 그 목적은 주로 정신자체와 여러 가지 활동을 인식(認識)하는 데 있다. 즉 반성에 의해 사유(思惟), 의지(意志), 상기(想起), 판별(判別) 등의 관념을 갖게 된다. 이러한 감각과 반성이라는 이중의 경험은 인간의 내부의 암실(暗室)이 조명되는 두 개의 창(窓)이다. 단순한 오성(悟性)은 암실의 흐려진 거울과 같은 것으로 사물을 반사(反射)하나 그때 그것을 변형시킨다.

혜강은 추측을 '하늘을 이어받아 이루어진 것이 성(性)이고 성을 따라 익힌 것이 추이며, 추로 인하여 마땅한 것을 재는 것이 측이다. 추측의 방법은 예로부터 모든 백성이 함께 말미암은 대도(大道)이다'라 하여 이성을 기준·근거로 한 만민평등을 암시하고 있다(『추측록』).

그러나 '추'는 기득의 경험을 기초로 하고, 따라서 '경험'의 한계 즉 시공간적 제한을 받으며, '측'이 '추'를 근거로 한다는 측면에서 보면 '측' 역시 확실성 내지 불변성을 전적으로 고집할 수만은 없는 것이다.

이를 흄은 '인간은 사물들 가운데 어떤 필연적인 연관(聯關)을 경험하지 못한다. 그는 판단(判斷)에 대해 직관론자(直觀論者)들이 강조했던 필연성은 습관의 결과일 뿐이라 하여 인간은 보편적(普遍的)이며 필연적(必然的)인 인식에 도달할 수 없다'고 한다.

결국 흄은 인식(認識)에 있어 올바른 방법이란 '관념간의 관계'를 분석적(分析的)으로 헤쳐 나가 그 관계성 속에 내재하는 합리적 필연성을 확인하며 그 진위를 밝혀내는 것이라는 경험주의 철학을 다시 강조한다. 이렇게 하여 흄은 인간의 도덕성을 완전히 사회현상으로 설명하려 하였다.

혜강 역시 신기의 작용인 추측은 '무처부재(無處不在)하고 임시유용(臨時有用)한 것이니 사람은 누구나 그의 생활환경과 관습을 따라 추측하며 그에 따른 다른 생활을 영위하고 있다고 하여 마치 마르크스가 말한 존재가 의식을 규정한다'에 근사한 표현을 하고 있다.

그러나 그는 견문·경험과 추측이 균형을 갖추었을 때 올바른 인식이 가능하다고 믿었고, 이때 추측을 더 중요하게 생각하여, 일신을 주재하는 '마음(心)이란 추측의 총명(總名)'이라 하였다(『추측록』).

따라서 혜강은 '오직 추측이 미진함만 염려할 것이요, 편폐(徧蔽-편협하고 가려있음)의 미거(未去)를 근심할 것이 아니라' 하였고, 이는 인간은 이성적 존재라는 믿음, 이성에 대한 확신을 선언한 것이다. 이러한 혜강 역설의 저변에는 자신에게 전수된 문화와 학문전반에 대한 재검토의 필요를 암시하고 있다.

③ 기억과 변통

혜강에 의하면 모든 외부로부터의 감각자료를 기억하는 것 역시 신기의 능력이며, 이 기억능력은 보다 고차적인 사유(思惟)에 의한 사물의 인식에 절대적으로 요구되는 것으로 그는 그러한 기억 능력을 보강하는 방법으로 심리적 연상(聯想) 또는 논리적 체계화 내지 인공적 분류 등을 제시하고 있다.

이러한 그의 논리는 흄이 한 다음의 말과 같은 맥락에 있다.

흄에 의하면 '인간은 관념만 인식하는데 이 관념들은 유사성(類似性), 근접성(近接性)과 인과성(因果性) 즉 인접성(隣接性)의 법칙에 따라 시간적 질서에서 서로 계기(繼起)한다. 다시 말해 관념(觀念)들은 이전에 의식(意識)에서 결합되었던 다른 관념들을 상기(想起)한다. 그럼으로 인식한다는 것은 관념의 올바르고 타당한 결합의 순서를 마련하는 것이며 이는 귀납적 방법에 의하여 달성된다'고 한다. 이는 혜강의 기억능력을 보강하는 방법의 옳음이 흄에 의해 확인되고 있다고 볼 수 있다.

그는 기억과 함께 변통(變通)의 중요성을 강조한다. 그는 '기억하고 있더라도 올바른 인식을 위해서는 물아(物我)를 참작하여 임기(任期)에 변통함이 없다면 이고(泥古)의 탄(歎-탄식)과 무권(無權)의 기(譏-꾸짖다)를 면치 못한다'고 하여 잘못된 옛것에 대한 단호하고 꿔진 대처로서의 변통의 중요성을 강조하였다.

이때 변통은 주통(周通) 즉 서로 다른 감각기관 간의 교제(交際) 그리고 타인과의 교제를 함께 아우르는 의미로 그렇게 하여 새로운 변화의 가능성이 비로소 열리게 되고 난국의 타개 역시 가능해진다. 이는 또한 이들 즉 감각기관 상호, 그리고 타인과 나의 신기가 본래 다르지 않다는 즉 신기의 보편성 때문에 가능하다는 것이다.

④ 변통·증험·체인

'추측'을 마음이 대상세계를 경험하면서 그 관계를 이해하고 질서를 구성하는 지각능력이라고 한다면 '변통'은 형질의 다양성에 따른 개별 존재간의 분열을 신기의 보편성에 근거하여 소통함으로서 외부세계와의 관계를 재결합·조화시키는 실천적 행위이다.

이러한 소통의 궁극적인 형태는 우주와 인간의 만남이며 이 만남은 '고정된 형식'이 아니라 변화와 운행의 시간적 계기에 적응하는 것이라야 한다. 이때 시간이란 곧 기의 운행을 가리키고 있으며 시(時)와 기는 언제나 결합시켜 이해해야 하는 것이다(時中之道). 그렇게 하려면 인간의 경험과 추측 역시 끊임없이 스스로 변화해야 하며, 변통이란 그런 활동을 통한 우주와의 원활한 소통을 의미한다.

그리고 변통이 확실하고 성공적인 결과를 이루려면 단순한 추측만으로는 가능하지 않으며 반드시 증험(證驗)과 체인(體認)의 과정을 요구한다.

그는 증험의 필요성에 대해 '대저(大抵) 신기는 활동하는 것으로 상정(常靜)하기 힘든 것인 만큼 환망(幻妄)을 일으키기 쉬워 만일 험시(驗試)를 돌아보지 않고 사물을 통하려 한다면 막연한 체 준적(準的)이 없어서 명지(明知)가 진취할 수 없게 된다. 따라서 이를 증거할 다양한 체험이 요구된다. 그는 일상생활에서의 범백(凡百)사무가 모두 진절(眞切)한 학문이니 그것들이 모두 증험의 대상이 될 수 있다고 한다.

그는 '더 나아가 설사 일우(一隅)의 합이나 일시의 응(應)이 있다 하여도 그 증험을 지나치게 자신(自信)하여서는 안 된다'고 하여 체인(體認)의 단계를 요구한다. '증험'이 추측의 외적 확인 과정이라면 사물에 대한 '체인'은 추측의 내적(內的) 궁극의 경지로 여기에는 연구(年久)한 취양(就養)이 요구된다. 그는 취양 즉 '이 일(此事)로써 관숙(慣熟)하여 저 일(彼事)로 추이(推移)하면 관숙의 방법이 차차로 힘이 생겨 응변(應

變)할 수 있게 되며', 그곳이 증험을 넘어선 체인의 경지이다.

혜강에 있어 변통은 그의 인식론의 최종 형태·목표로서, 추측, 증험, 체인을 모두 포섭하는 생활의 지혜에 다다르는 행위·경지이다.

4) 경세론(통민운화)

① 일반론

혜강의 경세론은 민본(民本)주의 입장에서 인정(仁政)을 통해서 천도를 시행하는 것을 관건으로 하였으나, 제도적 문제에는 큰 관심을 갖지 않았다.

그가 말하는 '천인(天人)의 정사(政事)'란 천지의 법칙 즉 운화의 기가 생양수장(生養守藏)하는 활동궤철(活動軌轍)인 우주의 대정(大正)을 표준으로 하여 정치법칙을 세우는 인정을 의미한다.

그는 경세론의 전제로서 '왕의 권위를 존중하는 것은 그가 나라와 천하를 태평하게 해주기 때문이다. 그러나 만일 왕이 치평(治平)에 무관하다고 하면 이는 썩은 왕권이다. 만일 치평에 해가 된다면 이는 도적과 같은 왕권이다'라 하고 있다. 이는 마치 황종희의 '반군주론'에 버금가는 주장이다.

그는 인간의 정치기원 내지 그 현상에 대해 '만민(萬民)운화는 각기의 몸에 갖추어져 있다. 그러나 사람들이 무리를 지어 생활하면서 강한 힘을 가진 자가 약한 자를 침탈하여 해를 입히고 이권을 다투어 싸움을 일으켜 서로 죽이게 된다(기학). 다시 말해 인간사회의 무질서와 투쟁은 인간의 이기적 욕망에 기인하여 초래된 것으로 그 원인을 인간의 신기운화와 자연의 대기운화 사이의 단절 현상으로 이해하였다.

그러나 그의 기철학에 근거한 경세론을 펼치는 논의과정은 그가 인식론에서 보여 준 경험, 합리주의 철학을 외면한 채 관념론에 흐르는 모순을 들어내고 있다. 이는 그의 인식론이 자신에게 육화(肉化)되지 못하였음을 보여주는 것이나, 이는 혜강 개인의 한계라기보다는 '시대의 한계'라 하겠다.

② 통 민

혜강에 의하면 학문은 사실을 운화에 맞추어 보고 모든 사람과 공론으로 결정하는 일이다. 그는 운화라는 개념으로 자연, 인간, 사회의 제현상의 법칙적 작용을 총섭(總攝)하고 있다.

사람을 헤아리는 방법은 대소를 참작하여, 천지운화를 근본으로 삼고, 통민운화로 처지를 삼고, 일신운화로 기용(器用)을 삼아야 한다. 이때 소운화의 전이(轉移)는 중윤화의 윤주(輪周)에 견제되고, 중운화의 윤주는 대운화의 알선(斡旋)에 제어된다. 세 가지 중에 한 가지만 없더라도 법이 되지 못한다(『인정』). 이는 도가의 인법지 지법천·천법도 도법자연(人法地 地法天 天法道 道法自然)과 같은 사유형식이다.

혜강의 경세론의 기초는 자연과 인간사회를 대기운화에 의해서 일통적으로 파악하여 이러한 천인 운화론으로부터 인도(人道)를 도출하여 인정의 출발점으로 삼았다. 그리고 '치국'의 통민운화는 '평천하'의 대기운화를 준거(準據)로 하는 하위(下位)의 질서개념이다.

그리고 당연히 대기운화에 따르는 정치질서의 개념에는 봉건왕조의 계급적 통치질서의 개념은 부정되고 우주세계의 법칙과 질서만이 그 중심에 놓인다.

혜강은 경세론의 중심개념인 통민운화에 대해 통민운화는 기학의 추뉴(樞紐)가 된다. 일신운화는 통민운화에 준거할 때에 진퇴하는 바가 있고, 대기운화는 통민운화에 통달할 때 위월(違越)하는 바가 없다. 만약 일신운화가 통민운화에 준거하지 않는다면 인도를 세우고 정교를 시행할 수 없고, 대기운화가 통민운화에 통달하지 못하면 표준을 세우고 범위를 정할 수 없을 것이다(『기학』).

이러한 통민운화는 정치요 교화로서 나타나는 것이요, 통민의 원리는 바로 사회질서를 구현하는 정교의 원리라 할 수 있다(금장태, 전게서).

그는 종래 인간의 심성론 중심으로 설명하는 개념들인 '대학'의 수신·제가·치국·평천하를 운화론의 관점에서 '수신의 요체가 되는 일신(一身)운화, 제가(齊家)의 요체인 교접(交接)운화, 치국의 요체가 되는 통민(統民)운화 그리고 평천하의 요체가 되는 대기(大氣)운화에 해당시킨다. 이때 대기운화는 우주자연계의 보편적 법칙, 그리고 통민운화는 인문사회학적 법칙에 해당하는 것으로 하늘의 신기와 인간의 신기는 본래 하나로 일통한다.

그는 또한 '신기'를 천의 신기, 인간의 신기, 사물의 신기로 구별하면서, 신기는 하나의 유기적 통일성을 지닌 것으로, 인간의 개인적인 일신지기(一身之氣)는 다른 인간이나 사물과 운화를 통하여 교섭하는 교접운화로 나타나며 이때 인간은 다양한 감각기관을 통해서 대상·사물과 소통한다.

③ 선악과 공리

혜강은 기를 '형질의 기'와 '운화(運化)의 기'로, 그리고 운화의 기를 대기운화와 통민운화로 구분하고, 여기서 대기운화의 리(理)는 유통지리(流通之理)로서 천도(天道)이고, 통민운화의 리는 추측지리이며 인도(人道)라고 한다. 그리고 대기운화에 승순(承順)하는 것이 곧 선(善)이고, 이를 실현하는 것이 인도 즉 인간의 도리이다.

그는 성리학적 개념인 성(性)과 정(情)에 대해 성은 유통지리에 속하며 정은 추측지리에 의한 것으로 보아 '성(性)에 있으면 순역(順逆)이라 하고, 정(情)에 있으면 선악이라 한다. 그러므로 정의 선한 것은 그 성에 순(順)하는데 말미암고, 정의 악한 것은 그 성에 역(逆)하는데 말미암는다. 순역이란 감동하는 기미(幾微)요 선악이란 순역에 따른 길흉이다'라 한다(『추측록』).

이처럼 선과 악은 모두 추측에서 나오는 것이다(『신기통』).

그러나 선과 악은 사물에 결부되어야 그 형상을 찾을 수 있고, 사물은 신기의 형질에 조화되어야 선악의 형질을 볼 수 있다. 그리하여 그는 선악은 인간 본성의 속성이 아니며, 사회 제반 현상에 대응하는데 있어 인간의 판단을 통한 선택의 결단에서 일어나는 것이라 한다. 이는 로크가 인간의 도덕성을 사회현상으로 이해한 것과 같은 맥락이다.

혜강은 '정(情)의 발하는 바는 비록 칠정이 있으나 그 실은 좋고 싫은 것이 있을 뿐(情之所發 名雖有七 其實好惡而已)이며 이때 생에 마땅한 것이 좋은 것(好)이고 그렇지 못한 것이 싫은(나쁜) 것(宜於生者 好之 不宜於生者 惡之)'이라 하여 공리적인 가치관을 명확히 하였다.

이러한 시각에서 그는 물욕(物慾) 역시 '그 물(物)로 인하여 하고자 하는 바(欲)가 있는 것'이라 정의하고, 그 옳고 그름(의·불의)의 기준으로 정치적 사회적인 공리(公利)에 합당한가의 여부를 제시한다.

다시 말해 그는 선악 자체를 공의(公議)의 이해(利害)로 보고, 이때 이해란 곧 사세(事勢)의 선악으로 선은 이로운 것이고 이로운 것은 선이며, 악은 그 반대이다. 결국 선과 이(利)는 동의어라는 것이다. 그리고 이러한 공의는 다수(衆)의 호오에 의해서 결정된다고 하여 벤담의 '최대다수의 최대행복'이라는 공리주의의 명제를 그대로 시인하였다.

④ 유가 이념의 적용

혜강은 통민의 원리로 유가이념을 받아들여 통민운화와 결부시킨다. 그는 '유술(儒術)이 곧 통민운화의 도(道)이다. 인도를 밝혀 인의를 강(講)하며, 기강을 세워 충절을 높이며, 염치와 사양을 귀하게 여겨 쟁탈을 피하며, 탐욕과 비루함을 천하게 여겨 치욕을 멀리하며, 정교의 도화(導化)를 열고, 생령(生靈)의 포폄(褒貶)을 중히 한다. 군생(群生)을 이끌어 일통으로 돌아가게 하는 것은 이 유술이 아니면 어찌 이룰 수 있겠는가. 다만 오유(汚儒)들이 그 논술을 과격하게 하고 그 의리를 각박하게 하여 도리어 통민의 도를 해쳐 사법(死法)으로 만들었다(『인정』).'

그는 인의예지를 통민운화에서 확충해 나가면 곧 천지운화의 인의예지가 되고, 존양(存養)해 나가면 곧 일신운화의 인의예지가 된다. 또한 인도의 대체(大體)는 오륜을 펴 시행하고 정교(政敎)를 수명(修明)하는데 있다고 보았다.

이렇게 그는 전통의 유가적 규범과 제도를 경상(經常)의 원리로 받아들이면서, 그러나 동시에 '옛 도에 빠지지도 말고, 현실에 구애되지도 말고, 자신에 치우치지도 말고 남과 무리 짓지도 말아 오직 천인의 정도(正道)로서 때에 따르고 마땅함에 맞추어야만 정치와 교화의 변통하는 준적(準的)이 된다(勿泥於古 勿拘於今 毋偏於己 毋黨於人 惟以天人之正道 隨時之適宜 爲政敎變通之準的)'는 충고를 잊지 않았다(『신기통』).

그의 운화론의 목표는 대기운화라는 우주 보편성에 부합하는 인도(人道)를 시행하는 것이었으나, 여기에서 유가적 규범을 받아들임으로서 결국 대기운화라는 우주 최고의 운행원리를 곧 유가적 덕목으로 귀착(歸着)시키고 있다. 이는 '인도(人道)가 궁극적으로 자연의 천리인 천도를 본받아 설정된다(道之大原出於天)'는 유가 본래의 성격을 따라간 것이다.

혜강은 우주와 인간이 공통의 기로 이루어졌다고 주장하였고, 이는 곧 유가뿐 아니라 동양전통 사유의 고전적인 신념으로, 그는 이를 유기론적 입장에서 재확인 한 것이다.

이우성 교수는 혜강을 '실학사상과 개화사상의 가교자(架橋者)'로 지목한다.

제6장 | 청(淸)과 조선(朝鮮)의 서양문명에 대한 대응

제1절 개 론

19세기에 들어 동양사회에서 점차적으로 시도된 근대화는 곧 '서양화'를 의미할 만큼 서양문명과의 조우에서 비롯되었다. 따라서 '서양문명에 대한 대응'은 사회전반의 합리화 곧 근대화 과정이라 할 수 있으며, '개화(開化)는 곧 서양문명에의 문호개방을 통한 의식의 변화를 의미한다.

동양사회에서의 근대화란 기본적으로 인간관계의 관점에서는 농본의 종법사회(宗法社會-Gemainschaftf). 신분에 따른 계급사회를 유지시켜 온 유교적 가치·이념으로부터 산업·이익사회(Gesellschaft)를 지향하는 자본·자유주의 이데올로기로의 이행을, 그리고 정치적으로는 공화정(共和政), 경제적으로는 공업화, 사회적으로는 계급철폐를 뜻한다.

근대화·서양화를 수용하는 주체인 동양사회의 지배계층인 사대부의 입장에서는 자신들이 고수해 온 유교적 이데올로기를 유지하는 선에서, 서구세력에 대응책으로 부국강병을 위한 공업화를 추구하려 함은 당연한 것이었고, 따라서 그 근대화 과정은 단순한 산업화·공업화로부터 시작, 정치체제의 변혁 그리고 민중을 기반으로 하는 정치사회의 근본적 개혁이라는 순차적 단계를 거치며 진행되었다.

중국의 근대화 과정은 역사주체로서의 국가성격을 유지하면서 그 과정들을 한 단계씩 거치며 진행되었다. 그러나 조선의 경우 내적으로는 완고한 성리학의 교조주의 성격을 벗어나지 못하였고, 대외관계에서는 주체로서의 능력을 상실한 상태여서, 이로 인해 국제정치상의 미아(迷兒)가 되어 청·일·러 사이를 헤매었다. 정치사상 관점에서 보면 한편에서는 척사위정을 명분으로 서양문명에 강경하게 저항하고, 다른 한편에서는 개화를 앞세워 외세에 매달리는 상태여서, 근대화를 주체적으로 추진하지 못하였다.

조선왕조는 정치지배층의 무능과 부패로 인한 실정(失政)으로 정권의 정통성 조차 유지하기 어려운 상태에 이르렀고, 이는 주체성 상실로 이어지며 국가체제의 말기적 현상이 두드러지게 나타났다. 그러나 이 와중에 민중세력은 동학농민 혁명을 통해 정권내의 부패한 세력의 척결과 양·왜라는 외세에 강력하게 저항하는 진정한 민중의 힘을 보였다. 이들은 일시 외세에 의해 진압되었으나 그 힘은 민족의 저류(低流)로서 도도히 흘러 항일운동으로 이어졌다.

1. 중국의 근대화 운동(전반기 1860-1911)

중국의 근대 여명(黎明)의 시기(時期)는 일반적으로 아편전쟁(1840)으로부터 신해혁명(辛亥革命, 1911)까지로 본다. 그리고 정치사상의 측면에서는 이 시기에 서구로부터 자유와 평등 같은 민권사상과 입헌(立憲)·공화(共和)라는 민주사상을 접촉하며 받아들이기 시작하였다.

그리고 지식인들을 중심으로 개혁이 주창(主唱)되었으나 그들의 사상과 의식(意識)은 크게 보아 중체서용(中體西用)의 범주를 벗어나지 못하였고, 또한 서구사상을 수렴(收斂)하는 과정에서도 서구이념을 단편적 혹은 개념적으로 이해하였을 뿐이었다.

2천 5백년 동안 중국에서 유지되어 온 전통적인 여러 이념과 제도는 서양문명과의 충돌로 그 약점을 드러내었다. 1840-1860년 사이에 서구 열강들에 연이어 (아편전쟁(1840)과 애로호 사건(1856), 영·불 연합군의 침공과 베이징 조약(1860)) 패전(敗戰)하자 중국은 서구식으로 강력해지고자 하는 노력이 시도되었다.

그 개혁하고자 하는 노력(努力)의 흐름은 먼저 군사적, 공업적인 개량을 시도하는 양무(洋務)운동으로부터 시작하여 강유위를 필두(筆頭)로 정치적 개혁을 주장하는 운동으로 이어졌다.

이들은 다시 입헌군주제(立憲君主制)를 지향하는 강유위, 양계초 등과 손문을 중심으로 혁명을 통해 민주공화국을 건립하고자 하는 두 개의 파(派)로 나뉘었다.

당시 개혁운동을 주도한 중국의 지식인들은 그들의 성장기에 유교적인 전통 안에서 생활하며, 고전(古典)인 유학(儒學)을 공부하였고, 성장(成長)한 후에야 서학(西學)을 배울 기회를 접하였다는 공통점을 갖고 있었다. 따라서 이들의 기본사상은 전통적인 중국문화에 근거한 것이다.

그러나 이들이 활약한 19, 20세기에 걸치는 변혁(變革)의 반세기(半世紀) 동안, 중국 지식인들의 외부세계 새로운 사상에 대한 정신적 태도의 변화(變化)는 중국전통을 흔들어 놓기에 충분한 것이었다. 이를 두고 1922년에 양계초는 다음과 같이 술회하고 있다.

'내 기억에 1876년에 영국에 대사(大使)로 갔던 곽숭도가 그의 여행기의 한 대목에서, 대략 현재의 야만인은 옛날과 달라서 그들도 2천 년의 문명이 있다고 적은 일이 있다. 아아! 이 일을 어찌하랴! 이 책이 북경(北京)에 전해지니 조정(朝廷) 안의 사대부들의 공분(公憤)을 사게 되었다. 사람들 마다 욕을 하고 매일매일 황제에게 진정을 올리니, 황제의 이름으로 그 책의 판본(板本)을 불태워 버리는 난리를 치르고서야 일이 끝났다. 지금에 와서는 신문화운동이라는 말이 지식인 사회의 상투어가 되었다. 마르크스는 거의 공자(孔子)와 자리다툼을 하려하고 입센은 거의 굴원(屈原)의 자리를 밀어내려고 한다. 이러한 심리의 변화가 옳으냐 그르냐는 별개의 문제이다. 요컨대 이 사상적인 급변은 확실히 과거 4천 년 동안에는 꿈에도 생각해 보지 못했던 일이다.'(『오십년중국진화개론』)

그러나 이 시기에 형성된 개혁운동의 한계(限界)는 이들의 정치의식(意識)이 경제적·물질적인 하부구조(下部構造)의 토대 위에 세워진 것이 아니었고, 개혁사상 역시 상층 지식인 계급의 전유물(專有物)로, 이들에게 인민(人民)은 아직 정치의 대상(對象), 그리고 그들의 의식수준은 계몽이 필요한 단계로 생각되어, 사회변혁의 주동적 역할을 기대하지는 않았다.

따라서 문제의식 자체도 인민의 생활근거인 경제적 구조(構造)의 개혁 아니라 상부구조(上部構造)인 정치개혁에 집중되어 있었다. 이들도 물론 양민(養民)을 말하였지만 이는 단순하고 피상적인 한계를 벗어난 것은 아니었다.

중국의 개혁 내지 혁명은 신해혁명(1911)에 의해 서구사상에 대한 방파제(防波堤)가 무너지면서 새로운 국면(局面)을 맞게 된다.

1900년에 발생한 의화단(義和團) 사건은 태평천국이 배만반청(背滿反淸)과 재산의 공유(公有)·균분(均分)이라는 혁명적 성격을 띤 봉기였던 것과는 반대로 '만주족을 일으켜 서양을 무찌르자(扶滿滅洋)'는 구호를 내세운 보수적이고 배타적 보국(保國)운동이었다.

이 사건의 실패와 그에 따른 수습과정은 중국의 국가존립(存立)을 위협하는 참담(慘憺)한 상황을 초래하였고, 이는 혁명파의 등장을 촉진시켜 신해(辛亥)혁명을 촉발하는 직접적인 계기가 되었다.

신해혁명 이후에는 국민의식 개혁을 위한 사상계몽인 신문화(新文化) 운동이 일어났고, 이는 1919년 5.4 운동을 촉발하는 원동력이 되었다. 이로 인해 '인민(人民)의 힘'에 의한, 진정한 의미에서의 중국의 개혁이 시작되었고, 1920년에는 중국공산당(中國共産黨)도 창립되어 이미 마르크스의 공산주의도 지식인들에 영향을 주고 있었다. 그리고 모택동은 그 '인민의 힘'에 의거하여 공산혁명을 이루어 낼 수 있었다.

이 시기의 서양세계와의 문명충돌(文明衝突)에서 빚어진 과제는 종래 중국역사가 경험하지 못하였던 정치적 문제뿐 아니라, 경제사회의 구조적 변화, 그리고 사회 전반에 걸친 의식구조(意識構造)의 변화를 요구하는 것이었다.

그것은 전인민의 문제였고, 이들 인민 즉 농민과 노동자가 혁명의 중추세력으로서의 역할과 기능을 할 수 있었던 계기(契機)는 1920년대 후반(後半) 모택동의 중국식 공산주의에 의해 주어졌다.

2. 조선에서의 서양문명

조선의 근대화는 서구문명에 대한 강경한 저항 그리고 쇄국으로 이어지면서 저지되었다.

조선이 쇄국(鎖國)으로 일관하게 된 근본적인 동기는 주자 교조주의에 따른 화이론의 연장선에서 찾을 수 있다. 그 첫 단계는 천주교에 대한 금교(禁敎)조치와 함께 이루어졌으며, 둘째 단계는 1860년대의 병인양요(丙寅洋擾)와 신미양요(辛未洋擾) 등 서양의 물리적 위협이 구체화 되자 국가와 유림(儒林)이 일체가 되어 화이관에 입각한 위정척사(衛正斥私)를 내세워 강력하게 대응하였고, 이는 대원군의 쇄국정책으로 나타났다.

그러나 쇄국은 시대적 흐름에 거역하는 한시적(限時的)인 선택으로, 결국 일본의 강압에 의한 1876년 강화도 조약으로 개국하면서 1905년 을사보호조약을 통해 조선왕조의 패망으로 이어졌다.

1) 서학·천주교

근세 초기 서양인들의 외부세계로의 진출은 일차적으로 제수이트파 선교사들이 앞 장 섰고, 상인들이 뒤를 이었으며, 이들은 상대국에 대하여 자신들 고유의 목적인 포교의 자유와 통상을 요구하였다. 그러나 한편으로는 자국 정부를 위해 각종 정보를 수집하여 본국에 보냄으로서 정치적 차원의 세력확장에 절대적 역할을 하였다.

마테오 리치(Matteo Ricci, 1552-1610)가 중국에서 활동을 펼친 것은

1583년 무렵이었고 조선에는 1603년 그가 제작한 『구라파국여지도(歐羅巴國與地圖)』가 들어왔고, 이를 계기로 서양문물이 조선에 서학(西學)이라는 이름으로 전해졌다(이수광(李睟光), 『지봉유설(芝峯類說)』). 그리고 그의 다른 저서인 『천주실의(天主實義)』는 그가 '천주교는 유학을 보완한다(補儒論)'는 입장을 표방한 기독교 교리서였다. 이 두 권의 책은 각각 서구 문명의 과학과 종교를 동양 세계에 소개, 영향을 준 대표적 저술이다.

천주교의 조선사회로의 진입은 선교사(宣教師)에 의한 것이 아니라 내부 요구에 의한 자발적이라는 선교사상(宣教史上) 그 유례가 없는 독특한 양상이었다. 프랑스 선교사 달레(Dallet)는 '아마 천주교의 역사상 오직 하나인 조선 천주교회가 아무 목자(牧者)의 도움 없이 세워져서 자라고 굳세어졌다는 사실을 생각하면, 그 순교자들의 용기, 그 증거자(證據者)들의 항구심, 그 교우들의 불굴의 정신, 그 존재까지도 명백한 기적이 되는 것이라 하였다(조선천주교회사 Histoire de L'eglise de Coree, 1874).

사실 서양인들은 중국이나 일본에 천주교를 적극적으로 전파하려 하였고, 그 수단으로 서양의 과학 기술을 이용하는가 하면 경제적 교류도 추진하였음에 비해, 이들은 조선을 중국의 속국으로 인식하여 조선에 대한 관심은 미온적이었다.

서양 문명의 중심에 있는 천주교가 조선을 포함한 동양 고유의 가치질서 즉 성리학적 윤리관을 파괴하는 이단(異端)인 점은 분명하지만 특히 조선사회에서 거센 반발에 부딪친 이유는 조선의 성리학이 종교적인 성격이 강하였다는데 있었다.

조선 정부의 서양에 대한 위기의식과 그로인한 배척은 천주교를 사학(邪學)으로 낙인(烙印)하면서 결국 1785년(정조9년)에 서학(西學)의 옥(獄)으로 나타났다.

천주교 박해는 근본적으로는 조선 성리학의 극단적인 이단배척, 유일사상(唯一思想)에서 비롯되었다. 이때 탄압의 공식적인 이유는 제례

(祭禮)와 황사영백서(黃嗣永帛書) 사건이었고 여기에 일반 민중의 정부에 대한 불만을 천주교인들에게 전가(轉嫁)시키려는 의도, 그리고 정치적으로는 당쟁에서 상대를 공격하는데 이용된 점 역시 무시할 수 없는 요인이었다.

중국의 대국으로서의 개방적 성격은 이들을 품을 수 있는 넉넉함이 있었다.

성리학이 정치·도덕철학의 차원에 머물렀던 중국에서는 천주교가 자신들 철학과 다른 독자적 영역을 갖는다는 이해(理解)가 가능하였기에 그토록 심한 반발을 가져오지는 않았다.

더 나아가 태평천국이 기독교를 패러디(Parody)하여 구세(救世)를 표방하면서 근 20년 가까이 중국을 휩쓸며 난을 지속시켰다는 역사적 사실은 중국인의 기독교에 대한 태도·반응을 보여주는 실례라 하겠다.

그러나 성리학이 종교화 되어가는 조선에서는 사정이 다를 수밖에 없었다.

조선 성리학은 그 특성인 강경한 도덕의식을 바탕으로, 퇴계가 리(理)로 표현되는 성리학의 도덕적 가치를 종교적 차원으로 비상(飛翔)시키면서 종교화가 진행되었다. 그러나 현실 정치문화에 있어 천주교에 대한 보다 강한 거부의 원인은 송시열류의 주자교조주의에 따른 학문적 폐쇄성과 그로 인한 편협한 가치관에 의한 결과로 보아야 할 것이다.

조선조 후기에 사대부들의 성리학 교리에 따른 도덕적 신념은 전인적(全人的)이며, 심도(深度)와 강고(强固)함이 종교적 차원에까지 다달았다. 그 결과로서의 천주교에 대한 철저한 박해는, 그것으로 조선 성리학이 종교화되었다는 것을 반증(反證)한다고 하겠다.

그러나 이러한 주자학의 종교화에는 신비(神秘)·성(聖)스러운 감정이나, 세속으로부터 초탈(超脫)한 면은 없었고, 다만 도덕적 가치에 대한 신념이 일신교(一神敎)의 배타적인 종교적 열정에 이르렀다는 의미에서의 종교화이다. 그것은 '리(理)' 자체는 초월적 존재이나 리가 주재하는 내용은 현세의 도덕, 즉 인의예지의 실천에 있었기 때문이다.

그들의 종교화된 독단성은 지극히 비합리적 감정에 치우쳐 서양인을 '금수(禽獸)'라고도 하고, 성리학을 버리고 그들의 교(敎)를 따르는 것은 물고기가 뭍에 나오면 죽게 되는 것과 같다고 하는 등 이미 건전한 상식의 범위를 넘어선 모습을 보였다. 물론 중국에서도 서양문명에 대한 반감이나 저항이 있었지만 그것은 오랜 중화사상의 자존심 차원이었고, 그들의 반감은 상식적 이해의 수준에서 크게 벗어나지 않았다.

한편 조선의 천주교 신자들은 이러한 박해에 대해 천주교 포교(布敎) 역사상 유례가 없는 대규모 순교(殉敎)로서 맞섰고, 이는 조선인 특유의 선천적인 강한 종교적 성향으로 밖에는 설명되기 어려운 현상이었다. 사실 현시대의 한국 기독교의 성황(盛況)은 동양 어느 나라에서도 찾을 수 없는 기적(?)과 같은 현상이다.

천주교의 조선사회에의 침투는, 비록 정치 이전의 문제이나 성리학이 정치 정통성을 보증하고 있는 조선 정치에서 정권을 담임하고 있던 사대부들로서는 '정통성의 위기'로 이해할 수밖에 없었다. 그러나 그 '정통성의 위기'는 성리학적 가치질서에 대한 것으로, 민족적 위기의식은 부차적인 것이었다.

한편 천주교에 대한 일련의 정책은 민족적 각성과 근대화를 내세운 실학이 전체적으로 서구의 영향을 받았다는 이해에 따라, 큰 타격을 받은 반면, 정치적 지배 이데올로기로서의 기운을 잃어가던 성리학으로서는 재기할 기회가 되었다.

그리하여 개화기에 이르면 위정척사운동과 함께 뿌리 깊은 화이관에 근거한 반청사상이 기운을 잃어가는 청제국의 말로를 보면서, 이항로에 의해 '만동묘'의 복설(復設)을 주장하는데 까지 이르렀다.

천주교 박해는 배청숭명 화이론의 연장에서 이루어진 것으로, 서양

문화에 대한 그 기본적 시각, 자세는 동일한 맥락 즉 교조적 주자주의의 결과로 그것이 고립·쇄국으로 이어진 것 역시 당연하였다.

2) 정치적 상황

순조(純祖)가 즉위(1801)하는 19세기에 접어들면서 명분론을 구심점으로 하는 붕당정치마저 무너지고 노론이 주류를 이룬 왕실의 외척들에 의해 권력 독점적 세도정치가 시작되었다

'조선왕조는 중앙집권적인 수탈체제로 민중을 휘어잡고 있긴 했지만, 그러나 그것은 민중을 조금도 조직하지 못한 체제였다. 오히려 그러한 수탈을 통해 민중의 에너지를 압살(壓殺)하였을 뿐 그 에너지를 국가적 목적에 동원하려는 생각이 전혀 없는 사회였다. 민중은 관료들의 수탈에 체제적으로 저항할 힘이 없어 할 수 없이 그대로 굴복하였고, 이념적으로는 유교적 이데올로기에 의해 강요당하고 있었다.'

따라서 대외문제에 있어서도 국가 미래의 위험에 대한 현실적 대비책을 마련하지 못하여, 국가를 극도로 허약한 권력체로 만들었다.

19세기 들어 명분론은 현격하게 힘을 잃었다. 대의(大義)를 주장해온 명분론은 탕평책 실패 이후에도 정치가 외척에 의한 세도정치로 바뀌는 것을 방관하였을 뿐 그 힘을 되살리지는 못하였다. 그러나 아직 사대부들의 정치적 권력의 생명력이 다한 것은 아니며 다만 그 공적(公的)기능의 형태에서 변화가 왔을 뿐이다.

중앙정부 자체가 '대의명분을 내세운 정치'를 포기하면서 중앙 집권층과 지방 수령간의 매관매직(賣官賣職)을 통한 야합(野合)이 더욱 노골화 되었고, 부패한 지방 수령과 토착 서리의 탐학(貪虐)과 농간을 막을 명분, 도덕적 힘마저 잃게 되었다. 이러한 현상은 잠재적으로는 유가적 가치관 즉 명분론을 내세워 이끌어 온 정권의 정통성 위기를 의미하였다.

이제 수탈자나 피수탈자 모두 자신들의 행동을 제어할 양심 내지 윤리적 제약을 받지 않는 상태가 되면서, 수탈자들에 의한 황구첨정

(黃口簽丁), 백골징포(白骨徵布) 등 종래의 폐단이 극에 달하였고, 수탈 당하는 입장에서는 저항·민란을 정당한 행위로 인식하여 그 행동에 거침이 없게 되었다.

사회적으로는 침체가 더욱 가속화되고, 사회내의 신분적·경제적 모순이 누적·극대화하여 마침내 폭발의 단계에 이르렀다. 서북지역에서는 1811년 오랜 동안의 소외에 따른 대중의 불만이 항거 ·반란으로 이어졌고, 세기 중엽에는 '진주민란' 그리고 마침내 정치사회 이데올로기로서의 유학을 부정하는 동학이 등장하였다.

조선사회의 서양 내지 일본의 충격에 대응하는 형태에 대해 천관우 선생은 그 유형을 다음의 셋으로 대별하였다.

첫째는 민족이라는 지표(指標)에 치중하여 근대지향이라는 지표에 냉담했던 척사위정계(斥邪衛正系)로 처음에는 척양으로 일관했고 뒤에는 서양적인 질서를 사실상 인정하되 서양문명 수용에는 소극적이었다. 둘째는 근대지향과 민족의 두 지표를 복합적인 일체로 파악했던 경우로 변법개화, 자강(自强)계의 대부분이다. 셋째는 근대지향이라는 목표에 치중하여 민족이라는 지표에 등한했던 경우로 외세의존에 탐익(耽溺)한 나머지 후일 민중의 지탄을 받게 된 군상(群像)이다(천관우, 전게서).

제 2 절 태평천국(太平天國)의 난(亂)(1851-1864)과 동학혁명(1861-1894)

19세기 세계사적 추세인 근대화는 사회구성원 간의 기본관계에서는 일차적 공동사회(Gemeinschaft)로부터 이익사회(gesellschaft)로의 이행을 의미하며, 이러한 변혁에 대한 요구는 이념상으로는 종법사회(宗法社會)를 유지해 온 이데올로기로서의 성리학에 대한 부정·공격일 수밖에 없었다.

그리고 중국의 '태평천국'이나 조선의 '동학'이 기독교의 변형이나 유·불·선과 민간신앙을 통섭한 새로운 종교의 형태를 통하여 제시한 이데올로기는 기본적으로 성리학의 사회 윤리적 기능에 대한 거부였다.

그러나 조선의 동학이 종교로서 정치변혁에 참여한 것이라면, 중국의 태평천국은 정치변혁을 위해 종교를 방편으로 삼았다는 차이를, 따라서 태평천국의 상제교는 그 정치모체와 운명을 같이 하였으나, 동학은 종교로서, 혁명의 실패 이후에도 천도교로 개명하며 현재에 이르고 있는 것이다.

이들은 공통적으로 미래세계에 대한 근본적 비전(Vision)은 갖추었으나, 자신들의 정치적 가치와 신념을 국가 이데올로기로 내세울만한 구체적 대안이 결여되었다.

1. 태평천국의 난(亂)

1) 시대적 배경

오랜 역사를 가지고 있는 중국적인 전통은 너무나 확고하여서, 제도와 가치관(價値觀)을 철저하게 바꾼다는 것은 쉽게 상상할 수조차 없는 일이었다. 그러나 중국은 서구 문명(文明)과의 충돌로 그러한 변화를 강요당하였다.

19세기 들어서면서 밀려드는 서구 세력에 맞서야만 했던 중국은 이미 청초(淸初) 군사력의 핵심이었던 팔기병이 무력화(無力化)되고, 관료기구 정상부(頂上部)의 부패, 그리고 크게 증가된 인구(人口)의 생계문제 등으로 쇠망(衰亡)의 징조를 보였다.

거기에 더하여 백련교(白蓮教)의 난(亂)(1796-1804)으로 국가재정이 고갈(枯渴)되고 국력이 극히 쇄잔(衰殘)해진 상태여서 중국 정부는 서구 세력에 대항하여 주도적(主導的)으로 대처할 능력이 없었다.

그리고 마침내 아편전쟁(1840)과 그 결과로 맺게 되는 남경조약을 시작으로 서구 제국주의(帝國主義)의 공개적인 침략은 중국을 걷잡을 수 없는 나락(奈落-지옥)으로 빠트렸다.

태평천국의 난(亂)은 이러한 시대상황(時代狀況)에서 발발(勃發)하였다. 이들이 기독교를 패러디(parody)한 종교형태를 취하여 신앙(信仰)생활을 정치혁명과 연계하였고, 이로서 전통의 정치 이데올로기로서의 유교 규범과 질서를 정면으로 거부하였다는 점에서 그 상징(象徵)하는 바가 크다.

이는 당시 사회의 혼란과 일반민중의 극심한 생활고에 직접적 책임이 있는 지배계층의 억압행위를 일방적으로 비호(庇護)하는 변질된 유교가치관에 대한 전면적인 부정을 의미하며, 유교의 사회 주도적 이데올로기로서의 한계를 예감(豫感)한 것이다.

2) 성립과 그 진행과정

태평천국의 최고 지도자인 홍수전(洪秀全, 1814-1864)은 처음에는 관리가 될 꿈을 품고 여러 번 과거(科擧)에 응시하였으나 낙방(落榜)하였다. 후에 꿈속에서 '세상을 구하여 백성들을 다스리라'는 계시(啓示)를 받고 기독교에 귀의(歸依)하여, 친구였던 풍운산(馮雲山)과 함께 배상제회(拜上帝會)를 조직하여 기독교를 선교(宣教)하기 시작하였다.

그들이 조직, 선교하는 상제교(上帝教)는 기본적으로 기독교(基督教) 교리를 받아 들였지만, 중국의 전통적인 사상과 결합시켜 상제(上帝)는 아버지인 천부(天父), 예수는 천형(天兄), 홍수전 자신은 그의 아우인 천제(天弟)라 하여 중국 사회문화의 중심인 가족관계로 변형·정립하였다.

태평천국이 이전의 다른 농민반란들과 다른 점은 체계적인 이념 아래 조직적 구성체를 갖추었다는 점이다. 이들은 본래의 종교적 선교(宣教)에서 차츰 현세적인 구세관(救世觀)을 제시함으로서 정치이념으로 구체화하여 갔다.

태평천국의 기치에는 반청(反清)과 한족(漢族)부흥, 반지주(反地主), 반고리채(反高利債), 반봉건(反封建)이라는 혁명적 요소와 함께 모든 재산의 공유(公有)와 균분을 주장하는 대동사회의 이상(理想)이 제시되었다. 또한 이들은 기독교 신앙 차원에서 도박, 절도, 음주, 폭행 등을 금지하는 사회의식 개혁도 강행하였다.

이들은 황제(皇帝)의 권위보다 높은 무소불능(無所不能)하고 무소부재(無所不在)한 상제(上帝)를 내세워 세간의 낡은 관념이나 생활 방식을 받혀주는 정치적·정신적 권위(權威)를 부정(否定)할 수 있었다.

홍수전은 '속세의 인연을 벗어던지고, 누구도 모든 속세의 정(情)에 끌려서는 안 되고 반드시 모든 망념을 버려야 한다'는 도덕적 구원(救援)을 선전하는 참회설교(懺悔說教)를 시작으로 하여 정치투쟁을 위한 호소로 발전시켰다(『원도성세훈(原道醒世訓)』).

이들의 선교 대상은 초기 서구 기독교에서와 같이 사회의 최하층 즉 토지를 상실한 농민과 기민(飢民)들, 광부, 실업자, 아편 밀매업자 등 다양하였다.

태평천국은 기독교의 유일신(唯一神)인 상제에 대한 신앙과 그 안에서 모두가 형제자매라는 교리를 전파 하였다. 이들의 선교 대상인 사회의 최하층민들에게 평등은 가장 받아들이기 쉽고, 또한 절실한 요구로 이들을 묶어 주는 형제자매라는 강한 연대감은 상제에 의한 구원사상과 결합하여 폭발적인 힘을 분출할 수 있었다.

① 군　사

태평천국의 종교적 유대와 신앙생활을 기초로 하는 조직기율은 수많은 태평전사가 일치단결하는 근거가 되었고 형제자매라는 의식은 이들을 스스로를 돌보지 않는 용사(勇士)로 변신시켜 전투에서의 승리로 이어졌다.

태평천국의 군사조직은 병농일치제였고, 단단한 군사조직과 이들이 믿는 종교의 계율과 의식(儀式)은 군대에 필요한 엄격한 기율로 쉽게 개조되었다.

홍수전은 모세의 십계명을 십관천조(十款天條)로 바꾸어 태평군(太平軍)이 이를 받들어 초기의 군율로 삼게 하였다. 배상제회의 종교적 이념은 신성화한 각종 기율과 의식(儀式)을 통해 선전·관철되었고, 열렬한 신앙심은 실제 투쟁에서 용감하고 헌신적으로 효과하였다.

태평천국은 '마음을 바꾸고 … 맑으면 병사를 조련하고 비가 내리면 천서(天書)를 습득하며 … 무릇 벌줄 때에도 도리를 강구하고 약탈할 때에도 도리를 강구하며 … 지극히 힘든 일에도 반드시 도리를 강구해야 한다'고 하여, 일상생활에서 신앙심에 근거한 인간의 도리를 강조하였다(『천정도리서』).

3) 건국과 개혁

1850년 홍수전은 태평천국을 건립하고 천왕으로 추대되었다. 1853년에는 남경(南京)을 함락하여 이름을 천경(天京)으로 바꾸어 도읍으로 삼았다.

태평천국의 난은 15년이란 오랜 기간 동안 중국 18개 성(省)중에 17개성에 영향력을 행사하거나 장악하는 대동란(大動亂)이었다. 이들은 강렬한 배만반청, 반관료, 반지주, 반고리채라는 기치를 내세워 민중의 감정에 호응하였고, 종교가 갖고 있는 특유의 강한 흡인력을 매개로 하여 빠른 속도로 추종자들을 결집시켰다.

그리하여 남경을 점령할 때까지 참가한 인원은 남자 180만, 여자가 30만 정도에 이르렀다(이춘식, 『중국사서설』).

이 밖에도 상제회에는 집단을 이루고 있던 여러 잡다한 무리들이 자신들의 보호를 위해 가입하였는데 특히 명말청초의 유민(流民)이 조직한 삼합회(三合會)의 세력이 컸다. 그들은 반청복명을 목적으로 조직된 비밀결사로 태평천국 지도부에 자신들의 노선을 관철시키려 하였으나 홍수전은 '복명은 청초 강희제(康熙帝) 때까지는 적용될 수 있었지만 200년 뒤인 지금에는 적용될 수 없다'고 하며 배만(背滿)만을 고수(固守)하였다.

그러나 이들은 남경 점령 이후에 복명(復明)까지도 주장하게 되었는데 그 이유는 단순한 배만(背滿)이라는 구호에 비하여, 보다 구체적인 복명이라는 표어가 행동의 목표로서 효과적이라는 판단에 따른 것이다. 그는 복명을 정책적으로 이용하기 위해 자신을 명왕가의 후손으로 자칭, 명 태조의 능에 참배하였다.

홍수전은 기독교를 패러디하는 과정에서 중국에 적합토록 천국에 대한 생각을 바꾸어 설교하였다. 기독교에서는 사후(死後)에 천국을 가게 하지만, 그는 지상에서도 천국을 세울 수 있음을 강조했다.

'…천국은 천상과 지상을 모두 일컬음이다. 천상에도 천국이 있고, 지상에도 천국이 있다. 천상과 지상은 모두 신부(神父)의 천국이니 천상의 천국만을 가리키는 것으로 오해하지 말라. 그러므로 천형(天兄)은 천국이 가까이 왔다고 예언하셨다. 무릇 천국이 범계(凡界)로 내려오고 오늘 천부와 천형이 범계에 내려와 천국을 개창(開創)함이 그것이다.' (마태복음비해)

태평천국의 정치사상은 반청복한(反淸復漢), 봉천박애(奉天博愛), 평등상현(平等尙賢)의 세 가지로 압축된다(소공권, 『중국 정치사상사』). 그리고 천명을 빌어 군중에게 호소하는 신권(神權)정치의 형태였다. 그러나 인민과 군주가 종교적으로 평등하고 당연히 천왕도 실제적으로 그 통제를 받는다는 민주적 성격도 강조하였다.

그들은 배만토청(排滿討淸)을 표방하고 국가적 체제를 갖추기 시작하였고, 1853년 홍수전이 남경에 도읍을 정한 후 반포(頒布)한 『천조전무제도(天朝田畝制度)』는 공인된 태평천국의 총강령이다. 이 강령에는 토지소유제 개혁을 핵심으로 하는 상당히 완비된 일련의 이상적 설계를 제시했다.

그리고 그 강령에 따라 토지개혁을 시행하는 등 일련의 개혁을 시도하였다.

'토지분배는 인구에 따르되 남녀를 가리지 말고 식구의 다소를 계산하여 사람이 많으면 많이 분배하며 적으면 적게 분배한다. … 천하의 토지는 천하의 사람이 같이 경작해야 한다. … 음식을 같이 먹으며, 옷을 같이 입고 돈을 같이 씀으로서 모든 곳이 평등하고 모든 사람이 배불리 먹고 따뜻하게 입어야 한다'는 것이다. 특히 토지분배에 남녀를 차별하지 않은 점은 이들의 개혁성향을 잘 나타낸다.

그러나 이 강령이 제시하고 있는 토지정책의 시행은 당시 태평군이 점령하고 있는 지역이 대부분 도시 아니면 성진(城鎭)이었고 계속되는 전쟁 중이어서 현실적으로는 근본적인 개혁을 실시할 여유가 없었다.

4) 실패와 그 원인

① 원 인

중국에는 인간은 이지(理智)에 따라 자기개선을 적극 추구하는 전통이 유지되어 왔기 때문에 개인의 자유로운 사유를 속박하는 비합리적인 신앙적 요소가 없었다. 또한 태평천국이 내세운 기독교의 신(神)은 인격신으로 이는 중국인들의 천(天)사상이나 문화 심리구조와는 조화되기 어려운 것이었다.

로마에서 기독교의 시작은 빈민층에서부터 확장되어 나갔으나 그 성공은 상류 계층의 참여에 의해 이루어졌다. 그러나 중국의 사대부들의 의식에는 인본주의(人本主義)가 전통적으로 깊이 뿌리내리고 있었고, 따라서 이들의 호응을 기대하기 어려운 상황에서 기독교를 표방

(標榜)한 태평천국은 단명할 수밖에 없었다.

사실 태평천국은 중국 전통문화를 담임하고 있는 향신(鄕紳)계층이 주도하는 증국번(曾國藩)의 상군(湘軍) 등에 의해 격파당하였다.

또 다른 원인으로는 태평천국이 의식혁명을 추구하였으나 그들의 혁명이념은 수미일관(首尾一貫)하지 못하였고, 그 수뇌부 자체의 정신상태가 정치적으로는 봉건사상과 분명하게 결별, 구습(舊習)을 벗어나지 못하여, 오래된 병폐를 그대로 안고 있었다.

먼저 태평천국 초기에 홍수전은 분서(焚書)와 금서(禁書)를 명(命)하면서 '지금 진정한 도서(道書)에는 세 가지가 있는데 이는 『구약성서』, 『신약성서』 그리고 『진천조명서(眞天詔命書)』이다. 공자·맹자와 제자백가의 요서(妖書)와 사설(邪說)을 모두 불태워 버리고 매매·소장·독서를 허락하지 않으며, 이를 어기면 죄를 묻는다고 하였다(『조서개새반행론』).[1]

그러나 1861년에는 '천부(天父)께서 전에 성지(聖旨)를 내려 말하기를 공자와 맹자의 책을 폐지할 필요가 없다. 그 중에는 천정도리(天定道理)에 부합되는 것도 많다'고 입장을 바꾸었다(『흠정사계조례』).

또한 태평천국은 처음부터 여성을 전투대오(戰鬪隊伍)에 편입시켰고, 정부에 직책을 가지기도 하였다. 그들은 자유결혼을 실행했으며, '무릇 천하의 혼인은 재물을 논하지 않는다'고도 하였다(『천조전무제도』). 뿐만 아니라 여성의 고시(考試) 참여를 윤허하고 전족(纏足) 해제를 명했다.

그러나 홍수전 역시 '처(妻)의 도리는 삼종(三從)에 있으니 너희 지아비를 거스리지 말라. 암탉이 새벽을 다스리게 되면 가도(家道)의 고난을 초래하게 될 것이다(유학시)' '처의 잘못이 있을 뿐, 남편의 잘못은 없고 … 신하의 잘못이 있을 뿐 군주의 잘못은 없다(천부시)'라 하여 전통사회의 봉건성을 그대로 가지고 있었다.

그러나 이러한 변화의 심리적 배경에는 그가 투쟁하는 민중의 지도

1) 상제교에서 공자(孔子)를 비판적으로 대한 것은 공자 본인에 대한 것이라기보다 상제와 대립되는 우상으로서의 공자에 대한 반대였다. 그가 공자의 위패(位牌)를 부순 것은 우상을 숭배하지 말라는 기독교의 신앙심에서 비롯된 것이다. 사실 그는 유교의 옛 성인 또는 현인을 모범적인 인간으로 생각하여 요순우탕 문무 주공에서 안회 맹자에 이르기까지 윤리를 실천한 인물들로 칭송하였다.

자에서 권력을 장악한 지배자로 입장이 바뀌었다는 데도 그 원인이 있었다.

그러나 보다 중요한 사실은, 그들이 내세운 기독교적인 '인간평등사상'은 하나님 앞의 평등으로 이는 기본적으로 중국인들의 가족 윤리의 한계를 벗어난 것이었으며 이를 받아들인다는 것은 문화 감성 측면에서 거의 불가능하였다. 사실 중국에서 소농(小農) 중심의 농촌의 사회구조는 혈연을 유대로 삼고 토지에 안착(安着)하여 종래의 종법(宗法)관념은 쉽게 흔들리지 않았다.

② 난(亂)의 종식

태평천국의 난은 청조를 뒤엎으려는 북벌(北伐)이 좌초되고, 지도부의 내분으로 중심세력이 와해되면서 몰락하였다.

1860년 북경조약 체결 후 영국 등 서구열강들이 종래의 방관적 입장에서 반태평(反太平) 무력 간섭정책으로 바꾸면서, 정부군에 대한 군사원조를 제공, 이들의 신식무기로 무장한 향군들에 의해 태평군은 제압당하였다.

태평천국이 민족혁명의 대의(大義)를 내포했다는 것은 부인할 수 없다. 이상만으로 본다면 태평천국은 당시 사대부들이 이들이 중국의 사회관습을 남김없이 파괴한다고 할 만큼 사회혁명의 선창(先唱)이었다.

이들은 만주족의 전제정치에 대한 한족(漢族)의 민족주의 운동의 맹아적(崩芽的) 성격과 함께 반봉건적 성격을 띤 것으로, 비록 혁명은 실패했으나 당시 중국의 정치, 사회, 문화가 갖고 있는 현실적 그리고 의식세계(意識世界)의 한계들을 세상 밖으로 끌어내어 펼쳐보였다. 그리고 그 효과는 정치 지도자들은 물론이고 일반 대중들에게 결코 과거로 되돌아 갈 수 없다는 새로운 각성의 계기가 되었다.

태평천국의 난을 진압하는 주력군은 종래의 '만주 8기병'이 아니라 의병 형식을 띤 호남의 증국번이 이끈 상군과 이홍장의 회군(淮軍)이었고 이로 인해 이 둘은 난이 진압된 후에 중앙정치에 진출하여 청

정부의 중심인물이 되었고 이를 시작으로 정권은 서서히 한인(漢人)들에게 주도권이 넘겨졌다.

또한 이 진압과정에서 서양의 무기가 위력을 발휘하면서 양무(洋務)운동의 시발점이 되었고 양무운동에 이어 전통사회를 개혁하고자 하는 강유위(康有爲)가 주도하는 무술변법(戊戌變法)의 단서(端緖)를 마련하였다.

2. 동학혁명

1) 사회적 배경

19세기에 들어오면서 정치지배계층 내부의 분화가 심화되어 가면서 농민에 대한 탐학(貪虐)은 사적(私的)으로 지주화(地主化)되어 가는 관료뿐 아니라, 몰락한 지방 양반들에 의한 자의적(恣意的)인 수탈행위가 향교를 중심으로 성행하였다.

이러한 정치경제적 상황의 악화는 민중저항운동에 동기를 제공하여, 홍경래난 등 민란이 계속 이어졌고, 그들의 투쟁 결과는 그 성공여부와 관계없이, 성리학적 가치체계의 붕괴, 사대부 중심의 정치체제에 대한 거부로 집약되었다.

이와 함께 민중 사이에서는 정통사회 종말기에 나타나는 감결(鑑訣-정감록비결)사상과 미륵신앙에 대한 경도(傾度)현상 역시 두드러졌고, 또한 국제정치상의 극적인 변화를 가져 온 영·불군의 북경 침입(1860)은 조선 정부와 일반 백성에까지 상상을 초월한 충격으로 다가왔다.[2)] 그리고 이는 전통사회에 대한 위기의식으로 이어졌다.

조선 19세기 현실 개혁사상은 양반 사대부계층의 몰락과 부패화, 농민의 사회의식의 성장이라는 사회적 조건을 배경으로, 이제 정치사

---

2) 달레에 의하면 서양 군인들의 북경침입으로 '서울에서 시작하여 전국으로 번진 엄청난 공포의 심각한 경악을 말하는 것은 불가능한 일일 것이다. 모든 일이 중단되고 부자나 넉넉한 집안들은 산골로 도망하였고 … 온 세상이 이성을 잃을 만큼 당황한 것 같았다'라고 하였다.

회 운동의 주도권이 소수의 실학 사상가들을 포함한 일부 개화된 지배계층의 한계를 벗어나 민중에게로 넘어가기 시작하였다. 그 과정에서 동학은 자신들을 민란(民亂)의 주축인 농민들과 연계, 정신적 지주(支柱)역할을 함으로서, 종래 민란의 한계를 넘어 정치사회의 민권·민주화 운동의 첫 걸음이 되었다.

최제우(崔濟愚, 1824-1864)가 동학(東學)을 새로 발흥시키고, 전봉준(全琫準, 1854-1895) 등이 동학혁명(1894)을 일으킨 시기를 기점으로 하여, 정치사상에 있어 소수 지식인들이 주도하는 실학시대는 사실상 끝났다. 그러나 실학사상의 근대화, 민족지향적 성격은 시대정신에 영향을 주어 동학은 두 성격을 강하게 지닐 수 있었다.

수운은 서구세력에 의한 중국의 패배를 서학·서교에 의한 유학(儒學)의 패배로 받아들였고, 그는 '보국안민(輔國安民)'의 정신에서 서교보다 우수한 도를 하루 속히 수립하려 하였다.

동학은 창도(唱道)시대(1860-1864)와 지하포교 시대(1864-1893), 농민 혁명기(1894-1895), 그리고 잔영기(殘影期) 등으로 나눌 수 있다(신복룡, 『동학의 정치집단화 과정과 갑오농민혁명의 사상적 전개』).

2) 동학과 민간신앙

최제우(崔濟愚)의 본 이름은 제의(濟宜)였고, 그는 '어리석은 세상 사람을 구제하겠다'는 결심을 자기 이름 '제우'로 바꾸어 표현하였다.

그는 1824년 경상북도 월성에서 태어났다. 1864년 3월 교수형을 당할 때 그의 나이 불과 40세, 도를 받은지 겨우 5년에 불과하였으나, 그 교세는 1862년에 이미 지방의 관청으로서는 손을 댈 수 없다고 판단하여 선전관(宣傳官)을 파견할 만큼 커져 있었다.

수운은 1860년 4월 5일 득도(得道)하였는데 스스로 '지금도 들어보지 못하고 옛날에도 들어보지 못한 것이요, 지금도 견줄 것이 없고 옛날에도 견줄 것이 없는(今不聞 古不聞 今不比 古不比)(논학문) 상원갑

(上元甲-신시대)의 무극대도(無極大道)를 얻었다'고 하였다.

동학의 교의는 전통사상의 종합 즉 무교(巫敎) 바탕에 유불도(儒佛道)를 융합한 사상으로 '무극대도'는 유교의 윤리, 불교의 각성(覺醒) 선도(仙道)의 양기(養氣)의 근원을 포함하였고 더 나아가 기독교의 천주(天主) 개념에 이르기까지 당시 조선의 모든 종교의 교의를 통섭(統攝)한 것으로 이는 당시의 사상계가 사분오열되어 있었다는 사회현상과 무관한 것이 아니었다.

수운은 동학이 당시 민중의 신앙심을 움직이기 위해서는 민간신앙의 미신적 경향에 투합(投合)하는 것이 효과적이라고 판단하여 그는 다음의 몇을 포교의 방편으로 삼았다.

첫째가 주문(呪文)과 부(符-궁을(弓乙))였는데 그는 이것들이 장생·항마(降魔)·요병(療病)·어구(禦寇-왜구에 대한 방어)·강령(降靈) 등 개인의 육체와 정신뿐 아니라 정치사회적 문제까지지도 치유하는 효력을 가졌다고 주장한다.[3] 이에 대해 『동경대전(東經大全)』 '포덕문(布德文)'에는 '이 부적을 받아서 사람의 질병을 고치며, 또 내 주문을 받아 모든 사람으로 하여금 나를 위하게 하라'고 하였다.

그러나 그는 '세인이 모두 궁을을 찾기에 여념이 없음을 어리석다고 웃고(몽중가) 가슴속에 품은 죽지 않는 약이 궁을의 모습이다(胸臟不死之藥 弓乙其形)'라 하였는데, 이때 '죽지않는 약'이란 곧 올바른 마음(正心)이며, 동학은 궁을을 다만 이 정심(正心)의 상징으로 이용한 것이다.

둘째로는 음양오행 사상과 참위설(讖緯說)로 그는 '서양학은 음이고 동양학은 양으로서 음을 제압하려 한다'라든가, '삼각산 한양 도읍 4백년 지낸 후에 하원갑(下元甲)이 세상에'라 하여 신구 세운(世運)을 구분하였다.

---

3) 주문은 '하느님에 대한 지성(至誠)은 주로 정서, 주문의 내용을 생각하고 음미하는 것은 사유, 그리고 구송(口誦)은 행위' 이 세 가지 의미를 담고 있다. 그리고 주문(呪文)을 거듭 암송하는 데에는 마음의 태도를 어떠한 방향으로 이끌기 위해서는 정서(情緖)나 사유 혹은 행위 즉 마음의 작위를 통해서 길들이지 않으면 안 된다는 뜻이 있었다. 특히 구송은 동학의 신도라는 것을 떳떳하게 자처하는 공개적인 행위로, 이로서 신도들 사이의 유대감·연대의식 더 나아가 동지애를 심어주는 심리적 효과를 갖게 된다.

셋째는 선인사상(仙人思想)이었다. 그러나 그는 재래의 '선인향(仙人鄕)'이 피난의 의미를 포함한 '속세를 떠난 세상'이라는 의미에서 벗어나, 태평세계가 건설되면 따로 선인향을 찾지 않고, 현세 그대로가 선인향이 실현되는 즉 '지상신선'을 말하고 있다. 수운의 유저(遺著)라는 '교훈가'에서 그는 '입도(入道)한 세상사람 그날부터 군자되어 무위이화(無爲而化)될 것이니 지상(地上)신선이 네 아니냐'라 하였다.

넷째는 귀신(鬼神)으로, 그는 득도과정에 대해 '몸은 추위와 두려움에 떨었지만 밖으로 신령한 기운을 맞고 안으로는 내리는 가르침의 말씀이 있었다'고 하여, 신앙의 근간증험으로 천신(天神) 또는 귀신의 강교(降敎)를 밝히고 있다.

그는 종래의 '집집마다 각색의 귀신'이라는 잡신적 귀신관을 배격하고, 이들을 천주라는 개념 속으로 포섭시키려 하였다. 그는 '귀신 역시 음양(氣)'이라는 성리학적 해석에 따라 귀신과 음양이 일리(一理)임을 도파(道破)하면서 자신은 득도·접영(接靈)과정에서 천주 자신이 '귀신이 바로 나다(鬼神者吾也)'라고 한말을 들었다고 하였다(선어(仙語) 중에서). 그리하여 동학에의 귀의(歸依)로서, 그들 잡신(雜神)에 의지하였던 모든 문제를 천주(가장 전능한 귀신)가 해결할 수 있다는 믿음을 주려 하였다.

수운을 체포한 선전과(宣傳官)은 그의 보고서에 '그는 주문을 외어 신을 내리게 한 뒤에 손에 목검(木劍)을 잡는다. 처음에는 꿇어 앉아 있다가 차츰 일어나 칼춤을 추기에 이른다. 드디어 한 길(一丈) 이상이나 공중으로 뛰어 올라 한 동안 있다가 내려온다'라 하여 수운의 초능력을 직접 목도(目睹)한 바를 술회하고 있다.

그러나 이러한 미신이나 초능력은 방편(方便)일 뿐, 동학의 본질과는 무관한 것이다.

오히려 그와는 반대로 동학에는 불·선 또는 기독교에서 보이는 초현실적 색채가 극히 적을 뿐 아니라 우주만물의 변화에서부터 정치·민생문제에 이르기까지 모든 것을 언제나 현실에 치중하여 설명한다. 동학의 정신은 현실적이고 실천적이어서 '만사지(萬事知)도 밥 한 그릇

(食一椀)'이라 하여, 먹어야 도(道)도 닦을 수 있다는 주장이었다.

그는 초현실적인 극락·천당·지옥같은 관념세계를 만들지 않았고, 언제나 하원갑(말세)·상원갑(上元甲-신시대)이라 하여, 새로운 세계가 내세(來世)가 아닌 현세에 있음을 갈파하며, 부패하고 혼란한 현실세계를 개조(改造)하여 소위 '태평성세'로 바로 잡는다는 것이 그의 목적이며 특징이다(김양기, 『동학과 동학난』).

3) 서학과의 대결

수운은 기본적으로는 '유도·불도 누천년(累千年)에 운이 역시 다했는가?'라 외쳤으나, 서학에 대해서는 자신의 도와 그 운이 같다고 보았다.

1860년 4월 5일 수운은 도를 받을 때 하나님과 대화를 주고 받았다. 그 대화에서 하나님께서 '나도 역시 일한 보람이 없었다. 그러므로 너를 이 세상에 나오게 하여 이 법을 사람들에게 가르치려고 한다'고 하자, 그는 '그러면 서학으로서 사람을 가르치려고 하십니까?'라고 하여, 그의 내심에는 유·불과 달리 서학은 미래를 위한 생생한 종교적 힘을 가지고 있다는 의식이 있었다.

다음의 인용은 그의 서학에 대한 관계뿐 아니라 동학의 성격도 미루어 볼 수 있다.

그는 '서양인들은 천시를 알고 천명을 받아 그것을 서학이라 이름하고, 그것을 통해 각자 이기심을 극복하고 오로지 천주를 위하는 마음으로 도성입덕(道成立德)하여 부귀를 취하지 않고 천하를 공취(攻取)하여, 그 당(堂)을 높이 세우고 그 도를 행한다는 소문을 듣고, 자신도 그럴 수 있을까 하는 감탄과 한편으로는 서양인들이 새로운 도를 받은 이후에 자신(自身)이 태어났음을 한탄하고 있을 때 동학에 대한 각도(覺道)가 이루어졌다'는 것이다(『논학문(論學文)』).

그러나 그는 그의 동학이 서학과 운은 같고 도(道)도 같다. 그러나 리(理)는 같지 않다(洋學 如斯而有異 如呪而無實 然而運則一也 道則同也 理

則非也)고 하여 서학과의 대결의식을 은연중에 들어내고 있다(『論學文』). 이때 그가 말한 '리의 차이'는 천주와 인간과의 관계를 논하는 교리 즉 시천주(侍天主) 사상을 의미하는 것이다.

수운은 자기의 도와 서학은 다 같이, 첫째 하느님(天主)으로부터 받은 도라는 점에서 같고, 둘째 하느님으로부터 조화를 받았다는 점에서 같고, 셋째 현실적으로 놀라운 위력을 나타내고 있다는 점에서 같다고 믿었다(최동희, 『한국 동학 및 천도교사』).

그러면서도 수운은 '나는 역시 동쪽에서 나서 동쪽에서 도를 받았으므로 도는 비록 천도(天道)지만 학은 동학이다'라 선언하였다.

'동학'이란 이름은 당시 정치사회 분위기에서 '천주'라는 이름 때문에 서학으로 의심받는다면 이는 크게 위험하다는 것을 의식하고 이를 회피(回避)하려는 뜻이 있었다. 사실 당시 정부에서는 동학을 천주교를 전습(傳襲)한 것으로 그 명목만을 바꾸어 어리석은 백성들을 현란(眩亂)(今此東學 傳襲洋術 而特移易名目 眩亂)케 하는 사설(邪說)이라 규정하였고, 이는 동학의 '천주'라는 신앙대상을 문제 삼은 것이다.

또한 '동학(東學)'은 그의 도(道)가 투철한 호국정신을 앞세워 서세침입(西世侵入)에 대항, 보국안민하려는데 있다는 뜻을 천명한 것이다. 사실 동학사상은 그 교리 중에 개벽(開闢)사상과 함께 척양, 척외, 척화를 통한 보국안민(輔國安民)의 뜻을 담고 있고, 이는 동학의 민족적 성격을 의미한다.

이를 다른 관점에서 보면 당시 민중들은 서양의 과학을 응용한 근대기술, 거함(巨艦) 화포(火砲) 등의 위력을 인력을 초월한 놀라운 조화(造化)로 받아들이는 상태였고, 수운은 '이는 그들이 천시를 알고 천명을 받은 때문'이며 자기 역시 같다고 하여 동학을 서학과 위력(威力)에 있어 동격에 두려한 것이다(『논학문』).

동학은 성리학 전통에서는 볼 수 없는, 새로운 종교의 탄생을 의미한다.

동학의 '천주'의식은 물론이고, 그는 분명히 하느님으로부터 도를 받았다 하여 유학의 사제간의 사도(師道)의 전승과는 달랐다. 그러나 동학은 서학의 신앙대상인 '천주'라는 개념을 받아들였지만 기독교의 '원죄설' 대신에 성리학의 '성선설'을 접목하여, 근본에 있어 천인(天人)합일사상인 '시천주 사상' 즉 구원을 신(神) 일방이 아니라 인간 내면의 자율적 능력인 영감(靈感)에 근거한다는 점에서 동양사상의 특성을 유지하였다.

근본적으로 동학의 교리에는 민족보존의식과 사회평등이라는 근대적 가치를 지향하였다는 점에서 실학정신의 연관성을 찾을 수 있으며 그것이 역사발전의 추이였다.

이러한 동학은 실학이 당대의 민중에게 아무런 호소력을 갖지 못했던 정태성(靜態性), 위정척사 계열의 모화적(慕華的) 비자주성, 그리고 개화파의 약점이었던 외세의존도나 우민관(愚民觀)을 극복했거나 보완함으로서 완전하다고는 할 수 없을 지라도 역대의 어느 민족 운동보다도 민족주의로서의 제반 요소를 갖추고 있었다(신복룡, 『동학의 정치집단화 과정과 갑오농민혁명의 사상적 전개』).

4) 동학의 교의

동학은 '보국안민(輔國安民) 포덕천하(布德天下)'를 기치로 내세우고, 억조창생이 모두 한 몸으로 돌아간다(億兆蒼生 同歸一體)라는 제도(濟度)를 목표로 하여, 스스로를 고금 무비(無比)의 대도(大道)라 선언한다.

이러한 동학의 근본 교의(敎義)는 '지기금지원대강(至氣今至願爲大降)'이라는 강령(降靈)주문과 '시천주 조화정 영세불망 만사지(侍天主 造化定 永世不忘 萬事知)'라는 본 주문으로 요약된다.

수운은 강령주문 일곱 자(字)에 대해 '지(至)는 극(極)을, 기(氣)는 미묘하고 아득하여 모든 사물에 내재하고 지배하나 형체가 있는 듯 하지만 형용하기 어렵고 들리기는 하지만 보기는 어려운 만상(萬相)이 갈리기 이전의 유일한 영기(靈氣)이며 여기에 입도하여 기에 융합되는 축복을 원한다'는 의미로 풀이한다.

또한『동경대전(東經大全)』에서는 본주문에 대해 '시(侍)는 안으로 신묘한 영감을 느끼고 밖으로 기(氣)와 융합하여 각자가 마음속에 간직함이며(侍者 內有神靈 外有氣化), '주'는 존귀함을 칭송하여 부모처럼 섬기는 것을 말한다. '조화'는 무위자연에 따름이요, '정'은 한울님의 덕에 따르고 그 뜻으로 마음을 삼는 것이다. '영세'는 사람의 한 평생이요, '불망'은 언제나 마음에 간직한다는 뜻이요, '만사'는 수가 많음이요, '지'는 한울님의 도를 깨달아 그 지혜를 받는 다는 뜻으로, 이는 전체적으로 한울님의 밝고 밝은 덕을 생각하고 생각하여 잊지 않으면 '지기(至氣)'에 융합하여 성인이 된다는 내용이다'라 하였다.

말하자면 '지기'라는 것은 도의 본원이며, '시천주'는 도의 몸이요 '만사지'는 도의 용으로 볼 수 있고, 그 중 하느님을 모신다는 의미인 '시천주'는 동학교의 근본적 골자로서 수운의 '천심즉인심'을 역설한 근거도 또한 여기에 있다(김양기, 전게서).

수운은 '시(侍)란 안으로는 신묘한 영감, 밖으로는 기화(무위이화(無爲以化))를 간직함이며, 득도한 사람들은 이 둘이 다르지 않음을 알고 있다(侍者 內有神靈 外有氣化 一世之人 各知不異者)'라고 하였다.

내유신령(內有神靈)의 의미는 '나는 도시 믿지 말고 한울님만 믿었어라, 네 몸에 모셨으니 사근취원(捨近取遠)하단 말가?라 하여 하느님이 사람 마음속에 있으며 이것이 동학의 천인합일, 아천아시(我天我侍)라는 근본 원리이다(『교훈가』).

여기서 '나도 도시 믿지 말고'는 마치 석존(釋尊)의 말씀 그대로로, 이는 동학이 인위적 권위를 철저히 부정하는 자유로운 종교임을, 따라서 서학(천주교)과의 확실한 차이를 보여준다. 사실 수운에 있어 천주는 시천주를 통해 인간의 주체적 자의식과 결합하는 내재적 존재로서 천주교의 초월신과는 전혀 다른, 동양사상의 인본주의에 뿌리를 두고 있다.

그리고 천주에 이르는 데는 수운 자신을 포함한 어떠한 매개자 즉 기독교의 사제(司祭)나 무격(巫覡-무당과 박수)도 필요하지 않으며 오직 자신의 마음에 의지해 도를 성취할 수 있다는 것이다.

외유기화(外有氣化)란 동학에서의 도는 곧 무위이화(無爲以化)이며, 동학도는 수심(守心), 정기(正氣)라는 수기(修己)를 통하여, 솔성(率性)할 수 있게 되고, 여기에 동학의 가르침을 받으면(受其敎) 자연 중에 조화(造化)를 이루게 된다는 즉 천도(天道)를 깨닫게 된다는 것이다. 이렇게 하여 안에 있는 신령과 밖의 기화는 천도에서 만나게 된다.

그는 시천주 사상에 대해 '하늘과 사람이 하나의 이치가 됨은 대도(大道)의 근원이다. 성(誠)·경(敬)·신(信)은 도를 세우는 몸이요, 마음을 지키고 기를 바로 하는 것은 수도하는 요체이고, 덕을 펴고 널리 구제함은 도를 행하는 쓰임이다'라 하였다(『시천교 역사』).

이러한 도 근원에 대한 사유는 그 깨달음에 대해 '신앙심'과 함께 '수기'를 강조함으로서 성리학의 교리, 보다는 동양의 인본사상의 틀을 유지한다고 할 수 있다.

수운에 의하면 하느님을 진심으로 믿는 것이 근원적인 신(信)이고, 하느님에 대한 지극한 정성이 성(誠), 공경이 경(敬)으로 도에 이르는 길은 이 세 가지 근본적 덕목(德目)을 수행하면 가능하다.

그 중에도 '신'이 가장 근원적이지만, 이들이 심적(心的)인 것 즉 자각이나 관념상태에 그친다면 불충분하며 신적(身的) 체험을 통해 징험(徵驗)되어야 한다. 이때 징험이란 하느님의 영기(靈氣)와 화합(化合)하는 신체적 상태를 말한다.

그는 이러한 징험을 시천주(侍天主) 즉 하느님을 몸으로 직접 모신다고 하여 가장 중요한 신앙체험으로 설파하였다. 그리고 이러한 적극적 태도가 '수심정기(守心正氣)'이고, 이때 '주문'은 이를 체현하여 하느님을 모실 수 있는 놀라운 힘을 갖추고 있다.

동학에서의 수도(修道)는 형식상 '주문'을 중심으로 하지만, 그러나 실재 내용에 있어서는 성·경·신의 세 가지 덕목에 대한 강조와 맞물리어 있다. '영부'에 대해서도 '논학가'에 '성경(誠敬) 이자(二字) 지켜내어 하느님만 공경하면 어릴적부터 있던 신병(身病) 물약자효(勿藥自效) 아닐런가'라 하여 '영부'없이도 질병을 막을 수 있다는, 즉 '영부' 역시 '성경(誠敬)'에 대한 상징으로 생각하였음을 알 수 있다.

시천주 사상인 '네 몸에 모셨으니'란 곧 하느님이 사람 마음속에 있다는 의미이고, 이것이 곧 천인합일, 아천아시(我天我侍)라는 동학의 근본 원리이다. 이렇게 하여 다산을 비롯한 실학 사상가들에 있어서는 피동적 구제(救濟)의 대상인 농민층이 수운의 동학에서는 아천아시(我天我侍)라는 근본원리에 따른 적극적인 자기실현의 주체로 정립된다.

수운은 '지벌이 무엇이기에 군자를 비유하며, 문필이 무엇이기에 도덕을 의논하노'라 하여 일반 민중도 시천주 즉 직각(直覺)을 거쳐 성인군자가 될 수 있다는 것이다. 그는 이를 '입도한 세상사람 그날부터 군자되어, 무위이화(無爲而化) 도리 할 것이니 지상신선 네 아니냐'로 표현하였다(『도덕가』, '용담유사').

모든 종교의 세계적 종교로의 과정 즉 유대교에서 기독교, 힌두교에서 불교로 발전하는 과정에는 인류 보편성에 대한 믿음과 그에 근거한 평등사상의 실천이 있었고, 동학은 그 길을 걸어 천도교로 자리하고 있다. 사실 수운이 그의 득도과정에서의 '천인여일(天人如一)'한 자신과 천과의 관계를 말한 것은, 스스로가 최초로 그러한 일체화를 이루었다는 의미일 뿐 아니라 누구나 천과 내면적 일체를 이룰 수 있다는 인간평등 원리의 선언이다.

5) 동귀일체(同歸一體)와 인내천(人乃天) 사상

동학에서의 동귀일체는 천과 내면적 일체화가 이루어짐으로서 지상신선이 된다는 믿음으로 그 본원(本源)은 화담의 기철학으로부터 찾을 수 있다. 즉 수운은 '음양이 상균(相均)하여 백천만물이 그 기의 조화로부터 나온다' 하였고(『논학문』), 해월은 '만물이 또한 지기(至氣) 소사(所使)라 하여(『천도교창건사』) 화담사상과 유사성을 보였다.

더 나아가 해월(海月)은 '대개 천지, 귀신 조화하는 것은 유일한 지기(至氣)로부터 생기는 것이며, 만물이 또한 지기의 소산이니 이렇게 보면 하필 사람뿐이 천주를 시(侍)하였으랴. 천지만물이 시천주 아님이 없나니'라 하여 지기(至氣)와 천주를 동일시함으로서 인간평등의 이념을 넘어 천지만물이 하나임을 천명하고 있다.

지기 즉 내재적 천주 사상은 인간의 주체적 자아의식에 대한 신뢰로 이어져 '화(禍)와 복은 저에게서 오는 것이 아니오 전혀 내 마음의 소조(所造)니라. 화복이 심으로부터 생하고 심으로부터 멸하나니 이것이 천주의 권능이니라'고 하였다(『神師聖師法說』).

이러한 사람의 마음이 곧 하늘의 마음(人心卽天心)은 해월(海月)에 이르면 인내천(人乃天)사상으로 발전하여 사람 섬기기를 하늘 섬기듯 한다(事人如事千)는 논리로 인류평등의 이념이 된다.

그는 성리학의 인간 차별의식에 대해 '… 무슨 경륜 포부있어/ 세간 중인(衆人) 불동귀(不同歸)라/ 의심없이 지어내어/ 완연히 붙여두니'라 하여 이를 거부·비난하였다.

그리고 이러한 각성(覺醒)은 당시 극단의 신분차별제도에 희생되어 있던 일반 교도들의 반항정신으로 발전하면서, 이 정신이 드디어 갑오 동학 농민혁명의 지도이념이 되었다. 이는 사실 프랑스 혁명 정신과 상통하는 종교화 된 자유 평등사상이었다.

6) 동학혁명과 후천개벽(後天開闢-天開地闢) 사상

동학이 주장하는 후천개벽(後天開闢-天開地闢)은 천지 자체의 소멸을 의미하는 것이 아니라 천운순환(天運循環)하는 역리(易理)에 의해 선천시대에 정해져 있던 천지만물의 모든 포태지수(胞胎之數)가 부정, 경정(更定)되어 후천시대로 넘어가는 즉 새로운 시대와 새로운 사회의 출현을 의미하는 사회적 현상으로, 현실에서의 신분적 지배질서의 붕괴와 새로운 사회로의 변혁에 대한 선언이다.

수운은 '세운(世運)이 크게 변천하여 천지도 새로 개벽되고, 국가도 또한 비참하게 되어 함지사지(陷之死地-아주 위험한 곳에 빠트림) 출생이라 많고 많은 사람이 몇이나 참여하고 억만 장안 빈터되고 고국이 쇠진(衰盡)커든 (그때)또다시 놀아볼까'라 하여 동학의 이념이 실현되는 새로운 세계의 탄생을 예고하고 있다.

19세기 중반에 일어난 민란의 특징은 특권계급의 자의적 수탈에 대해, 그들에 대한 개인적 적개심의 차원을 넘어 국가행정의 개혁에 대한 구체적인 안을 제시할 정도로 발전하였다는데 있었다. 그러나 이들의 한계는 그러한 단편적 제안을 체계적으로 이론화한 새로운 사회의 비전(Vision)을 구체적으로 제시할 수 있는 능력이 부족하였다는 것이다.

연이은 농민들의 좌절감은 그러나 이전 상태로의 단순한 복귀를 의미하는 것은 아니었다. 소규모의 지방 분산적 민란의 실패로 인한 그들의 무력감은 동학의 후천개벽이라는 초자연적 신비한 힘에 귀의함으로서 여전(如前)한 자신들의 현실부정의 의지를 봉건적 신분제에 대한 부정으로까지 정립시키고 있다.

이 당시 동학조직에 대한 폭발적 참여는 그들에게 새로운 자신감을 심어 주었고, 이것이 단순한 민란의 성격을 극복한 새로운 차원의 사회운동을 전개할 수 있는 현실적인 힘이 되었다.

이제 동학사상은 동귀일체(同歸一體)라는 인간평등의 원리로서 가장 강력한 반봉건적, 반계급주의적 사회의식을 갖게 되었다. 이 사상으로 민란의 주체인 농민들로서는 자신들이 희망하는 미래세계에 대한 사회적 전망(展望)을 체계화 내지 이론화할 수 있게 됨으로서, '동귀일체'는 이들이 기꺼이 동참토록 이끌어내고 지도하는 원리가 되었다.

수운에 있어서 시천주사상은 천을 매개로한 개인적 수기(修己) 즉 천인관계가 일차적인 과제이었다. 그러나 해월에 이르면 그에 더하여 '사람을 섬기기를 하늘같이 하라'는 사인여천(事人如天)사상 같이 천을 매개로한 인간사회의 실천윤리가 중심이 되었다.

해월은 '경천은 결단코 허공을 향하여 상제를 공경한다는 것이 아니요 내 마음을 공경함이 곧 경천(敬天)의 도를 바르게 하는 길이니, … 경천은 경인(敬人)의 행위에 의하여 사실로 그 효과가 나타나는 것이다. 경천만 있고 경인이 없으면 이는 농사의 이치는 알되 실지로 종자를 뿌리지 않는 행위와 같으니, 도 닦는 자 사람을 섬기되 한울과 같이 한 연후에야 처음으로 바르게 도를 실행하는 자이다. … 천어(天語)가 어찌 따로 있으리오, 인어(人語)가 곧 천어이며, 새 소리(鳥聲)도 역시 시천주의 성(聲)이니라(神師聖師法說)' 하였다.

이러한 어록(語錄)의 정신으로 그는 하층 농민교도들의 견해를 존중하여 단순한 개인적 차원의 교화를 벗어나 적극적인 현실참여를 통해 농민운동과 결합·주도할 수 있었다.

이러한 인내천 사상이라는 근본 원리에서 형성된 동학의 윤리강령은,

첫째가 어린아이를 때리는 것은 천주의 뜻을 상하게 하는 일이니 이를 금하며,

둘째는 노예를 자식과 같이 사랑하며 우마육축(牛馬六畜)이라도 학대하지 말고,

셋째로 적서(嫡庶)와 귀천(貴賤)의 차별을 하지 말 것 등이었다.

이 강령이 포섭하고 있는 사상은 평등과 박애이며 수운 자신이 몸으로 시행한 바이다. 그는 자신에 속한 두 여종을 속량(贖良)하여 하나는 며느리로, 하나는 양녀(養女)로 삼았다.

7) 최시형(崔時亨, 海月, 1827-1898)

수운은 일찍이 실질적 종교활동을 최시형에 맡겨, 그의 사후에 대비하는 철저함과 선견지명을 갖춘 인물이었다.

수운은 1860년 4월에 득도한 후, 1년 여 동안 많은 사람들이 찾아와 그들에게 가르침을 펼치는 과정에서 관에 의해 서학으로 지목되어 1861년 6월 이후에 일시 피신하였다, 그는 이 기간에 동학의 교리를 다듬어 다음 해에 경주로 돌아와 본격적인 포교활동을 하였다.

그는 그해 9월에 경주 진영(鎭營)에 체포 당하였으나, 수백명의 제자들이 몰려와 항의하여, 영장(營長)은 민폐를 끼치지 않겠다는 조건으로 무죄석방 하였다. 당시 정부에서는 '만약 엄중한 토벌을 하여 국법을 튼튼히 하지 않으면 중국의 황건적, 백련교와 같이 되지 않는다고 할 수 있겠는가(日省錄)'라 하였다. 사실 수운이 선전관에 체포되었을 때 '서로 돌려가며 통지하여 … 모여든 동학도의 수를 당우수천(黨羽數千)'이라 하여 이미 교세가 만만치 않았음을 보여주고 있다.

그러나 수운의 무죄석방은 그에게 정당성을 부여한 것으로 이해되었고, 이것이 계기가 되어 신도들이 더욱 많아지면서 조직이 필요하게 되었다.

수운은 교를 세운지 3년 만에 경상도 지역을 중심으로 경주, 영덕 등 각 지방에 접소(接所-접은 서당에서의 개강을 뜻하였다)를 두고 그 지방에서 인망과 지위가 상당한 인물을 접주로 임명하여 교도의 훈련과 단속의 임무를 맡기어다.

수운은 1864년에 처형당함으로 그의 교주로서의 동학포교기간은 불과 3년 9개월(1860.4-1863.12)이었다. 그리고 그 이후 30년이 지난 갑오(1894) 동학혁명을 일으켜 농민세력을 이끌면서 국가를 전복시킬 만한 막강한 교세를 확립한 것은 역시 제2대 교주인 해월의 탁월한 능력에 의해 가능하였다. 이는 마치 예수와 바울, 석가와 가섭 그리고 소크라테스와 플라톤의 관계를 연상시킨다.

수운은 최시형을 북접도주(北接道主)로 임명하여 종무(宗務)를 통합하여 각 접과의 연락을 취하게 함으로서, 해월은 이미 제2대 교주로 예정되어 있었고, 실제 동학교의 교세는 그에 의해 확립되었다.

수운은 비록 몰락한 집안이기는 하였으나 양반출신이었지만, 해월은 조실부모하여 천애고아로서 이집 저집 돌며 날품을 팔고, 종이 만드는 곳에서 일하기도 하였다. 그러나 그의 나이 28세 때에는 이미 방내(坊內)주민들의 신망을 얻었고, 그로 인해 집강(執綱)이 되어 6년간 그 소임을 공렴(公廉)하게 수행한 바 있다.

이처럼 그는 기질이 자못 견실하여 동학의 교주로서는 오로지 교문(教門)의 기초를 안전하게 하여 교화홍통(教化弘通)하는 것을 자신의 사명으로 함으로서, 당시 정부의 엄밀한 감시에도 불구하고 교세는 해가 다르게 팽창하여 소위 신원운동(伸寃運動-1892) 당시에는 드디어 공공연하게 정부와 항쟁할 만한 큰 세력으로 등장하게 되었다.

이러한 교문의 실력배양 위주의 신중론(愼重論)의 성공에 힘입어, 그는 신원운동 때에나 동학혁명(1894) 때에도 '무위이화(無爲而化)'[4]의 입장에서 자중론을 주장하였다. 이는 자주 교도의 직접적 행동에로의 흐름을 경계·견제하여, 얼마간의 마찰도 있었고 후에 남접과의 불화(不和)에 원인이 되었다.

이제 교단조직은 전국 각지로 확대되어 일종의 교구제(教區制)인 포제(包制)를 설립, 각 포에는 사무처리를 위해 육임(六任-교장)[5] 교수, 도집, 집강, 대정, 중정을 두었고, 각 포를 통솔하는 대접주인 도접주(都接主-예를 들면 무장(茂長)의 손화중, 남원의 김개남, 청풍의 성두환 등)를 세웠다(김양기, 전게서). 또한 교도의 총집회기관으로서 중앙에 법소(法所-충주 황산리) 그리고 도접주 관할에는 본포에 도소(都所)를 두어 그 지역 집회소로 지정하였다.

동학은 이러한 교단조직에 의해 정연한 규율에 따라 단체행동을 함으로서 대외적인 위력(威力)은 배가(倍加)하였고, 그들의 집회는 정부 선무관들로부터 마치 민회(民會)와 같다는 경외에 가까운 평가를 받을 수 있었다.

---

4) 수운의 조화 즉 무위이화는 자연적인 리법 이상의 초자연적인 의지적 섭리도 포함하고 있다. 무위이화(無爲而化)는 우주본체인 무극대원(無極大元)에서 유출되는 음양의 상호전환, 오행의 상생상극(相生相克)에 의한 운동의 원리로, 현실사회에서는 봉건적 질서를 고정불변이 아니라 과정으로 보는 개혁적 의미를 갖는다. 그러나 이에 대한 주장에는 강제력·실력행사를 부정하는 소극적 측면도 있다.

5) 교장은 건실하고 덕망있는 자로 하고, 교수는 성심으로 도를 닦아 가히 사람을 지도할 수 있는 자로 정하고, 도집은 위풍이 있고 기강이 밝으며 경계를 아는 자로, 집강은 옳고 그름을 분명히 가려 판단을 내리는 자로 삼았으며, 대정은 공평·무사하고 근후(謹厚)한 자로, 중정은 직언할 수 있는 강직한 자로 정하여, 교인들의 교화와 기강을 바로 잡으며, 교인들의 지도자로서 수범이 되게 하였다(유병덕(柳炳德), 『동학·천도교』).

8) 동학 농민혁명(東學 農民革命, 1894)

① 교조신원운동(敎祖伸寃運動)

수운의 사후 30년에 동학 교세는 비약적으로 성장하였고, 이를 배경으로 우선적으로 해결해야 할 과제는 교조의 신원(伸寃-원통한 일을 풀다), 그리고 그것을 통한 동학을 합법화하는 것이었다. 현실적으로 당시 동학이 비합법화된 상태였기에 이들은 관헌의 일차적 탄압·수탈의 대상으로 지목되고 있었다.

해월은 신원운동을 시작함에 있어 '30여 년에 걸친 지목(指目)의 혹엄(酷嚴)함으로 인하여 감히 움직이지 못한 것 역시 천(天)이요, 지금 금영에 명원(鳴寃)하며 관부에 탄원하는 것도 천이라'하여 그 운동을 천의 뜻으로 믿도록 지휘하였다.

그들은 일차적으로 전주 감영에 보낸 탄원서에서 '수운이 당시 혼란한 인심을 쇄신·통일하여 안으로 태평성세를 만들고, 밖으로 서교에 대항하려는 순결무하(純潔無瑕)한 대도(大道)를 창건하였음에도 불구하고 도리어 '천주'라는 두 글자로, 서교의 모방이라는 판단 아래 사형을 받은 것은 교도의 궁천극지(窮天極地)의 분한 일이며, 선사의 눈이 지하에서 감기지 못할 것이라 그 죄안(罪案)을 씻으려 한다'고 하여 신원의 이유를 밝혔다.

신원운동은 교주의 신원을 통해 결국 동학이 이단사교(異端邪敎)가 아니라는 것에 대한 공인, 그리고 그로 인한 교도들의 박해로부터의 자유로운 상태를 유도하는 일석삼조(一石三鳥)를 겨냥한 것이다.

신원운동은 일차적으로 전주와 공주 양영(兩營)에 탄원서를 보내었고, 이듬해(1893) 2월에 대거 입경하여 광화문 앞에서 관헌의 교도침학에 대해 대성질호(大聲疾呼)하는 상소문을 올렸다. 이에 대해 '너희들은 각자가 집으로 돌아가 생업에 안주하면 '원대로 시행하리라(則當依願施之)'라는 하비(下批-왕의 답)가 내려 일시 해산하였다.

이 신원운동 과정에서 해월은 통유문(通諭文)을 각지에 보내어 수만의 교도를 일제히 전주(全州)에 집합하도록 동원시켜 동학당의 기세를 크게 보임으로써, 안으로는 동학세력의 자신감을 확인하고 밖으로는 농민들의 호응을 가늠할 수 있었다. 사실 신원운동의 긴박한 현실적 요구는 관에 의한 침탈의 방지라는 민생(民生)을 겨냥한 것으로 이는 당시 여러 농민봉기의 목표와 다르지 않았다.

따라서 해월은 이러한 배경에서 '양영에 정사(呈辭-탄원서를 관부에 보냄)한 바는 장차 화기(禍機)를 느슨하게 하고자 함'이라 하여 관(官)과의 일전을 예고하였다.

동학의 지방정부나 중앙의 국왕에 대한 탄원은 결국 국왕을 비롯한 선무관(宣撫官)들에 의한 약속들이 미봉(彌封)·허언(虛言)으로 끝나 아무런 효과도 거두지 못하였다. 사실 당시 조선 정부로서는 그 누구도 동학과 그 저변의 농민문제를 해결할 수 있는 의지와 능력이 있는 개인이나 집단도 없었다.

② 혁명의 진행

동학에는 종교로서의 본체와 사회적 역할로서 정치사회운동을 주도하는 주체라는 두 측면이 있었고, 최시형은 종교교주로서, 그리고 전봉준은 농민운동을 주도하는 정치적 지도자로서 구분할 수 있겠다. 따라서 혁명의 진행과정에서는 전봉준의 역할이 부각되었다.

동학의 신원상소에 대한 '원대로 시행하리라(則當依願施之)'라는 하비(下批)가 허언임은 물론이고 관원·토호들의 침탈이 더욱 거세어지면서 동학 안에서는 합법적 투쟁이 한계에 이르렀다는 공감대(共感帶)가 형성되었다.

당시 정부의 대내외 정세에 대한 무책임한 대응은 집권층의 무능을 통감하게 하였으며, 여기에 개량 개화파·친일세력에 대한 증오가 겹치면서[6] 동학당의 창의(倡義-국난을 당해 의병을 일으킴)는 이미 신원의

6) 동학도들은 '금년(1894) 시월(10월)의 개화 간당(奸黨)이 왜국을 체결하여, 승야입경(乘夜入京)하여 군부(君父)를 핍박하고 국권을 천자(擅恣-마음대로)하여 우황(하물

단계를 벗어나 내란의 형태를 갖추었다. 그리고 갑오 동학혁명에서 '척양척왜(斥洋斥倭)'를 표방하게 되는 것도 같은 원인에서이었다.

동학은 종교와 집회의 지방적 성격을 벗어나 중앙에 진출함으로서 국제 정세에 눈뜨게 되었고 이를 통하여 시야가 민족주의 노선으로 전화될 수 있는 계기를 얻었다. 보은 집회때에는 이미 교조 신원의 차원을 넘어서 척양, 척왜, 척화의 기치를 내세웠다(신복룡, 전게서).

해월은 1893년 3월 10일을 기하여 팔도 각 읍에 통유문을 발하여 교도의 총동원을 명하여 보은(報恩)에서 집회토록 하였다.

정부는 보은집회에 대한 대응으로 초기에는 충청 병사(兵使)를 보은에 주둔케 하였으나, 동학당의 세가 수 만명에 이르고 기율이 엄정함을 보고, 다시 회유로 방책을 바꾸어 선무사로 어윤중을 임명, 그는 정부의 책임과 인민의 곤고(困苦)에 대한 유감을 표명하였다.

최종적으로 '관리의 탐학과 살약(殺掠)은 단당엄징(斷當嚴懲)하리니 도인들은 본가에 돌아가 그 업을 안(安)케 하라'는 내용의 임금의 말을 전해 듣고 취회(就會)한지 3일 만에 자진해산하였다.

당시 선전관인 어윤중은 그의 보고서에서 '동학은 비도(匪徒)가 아니라 민당(民黨)으로서 서양 사람들이 말하는 민권주의자에 가깝다'고 하였다.[7)]

보은집회의 해산은 동학당 내분의 기점이 되었다. 동학 전체의 분위기는 무력혁명을 주장하기에 이르렀고, 이에 대한 교주 해월을 비롯한 북접(北接) 간부들이 무위이화(無爲而化)라는 동학 근본 사상에 따라 자중론은 펼친 것은 원칙상의 반대가 아니라 시기상조라는 시국관에 의한 것이었다. 이에 비해 남접의 인사들은 강경론을 주장하다 거

며), 방백 수령이 다 개화파 소속으로 인민을 무휼(撫恤)하지 않고, 살육을 좋아하며 생명을 도탄함에 이제 우리 동도가 의병을 들어 왜적을 소멸하고 개화를 제어하며 조정을 청평(清平)하고 사직을 안보할 세…'라 하여(경군(京軍) 병영에 고시함, 민(民)에 고시함 중에서) 개화파는 간당으로 일본과 결탁하여 매국·매족의 행위를 일삼는 소탕해야할 집단이라 규정하고 있다.

7) 보은집회에 대한 보고서에는 '집회분위기가 마치 한 나라의 꽉 차있는 불평을 하나로 두들겨 뭉쳐 놓은 부락과 같다'고 하였다.

부되자 독자적인 행동을 결심하게 되었다, 이 보은(報恩)집회는 동학혁명의 서막(序幕)이 되었다.

다음 해 1984년 2월 전라도 고부군에서 전봉준이 이끄는 농민들이 봉기하였다.

봉기의 직접적인 원인은 고부(古阜) 군수 조병갑(趙秉甲)이 농민들로부터 무리한 세미(歲米)를 거두어들이고, 백성들에게 무고한 죄명을 씌워 2만 냥이 넘는 돈을 수탈하는가 하면 자기 부친의 송덕비각(頌德碑閣)을 세운다는 명목으로 1천여 냥을 농민들로부터 강제로 징수하는 등 계속적인 탐학을 자행한데 있었다.

수령인 전봉준은 당면한 읍폐(邑弊)의 시정을 넘어 중앙정부를 상대로 삼았는데 이는 이 봉기가 고립된 것이 아니라 어느 곳에서든 점화되기만 하면 '승시합세(乘矢合勢)'하려는 동학당이 전국, 특히 전라도에 많았기 때문이었다.

그들은 척왜양(斥倭洋), 구병입경(驅兵入京), 진살권귀(盡殺權貴)를 맹약하고, '오만년수운대의(五万年受運大義)'의 깃발을 들고, 행군시에는 주문을 외고, 몸에는 궁을부를 붙였으니 모두 총탄에 맞지 않는다는 조화신앙의 표식이었다(노태구, 『동학혁명과 태평천국 혁명의 비교』).

③ 좌 절

동학은 당시 주체성을 상실한 지배계급이 자신들의 안위에만 급급한 나머지 외세를 불러들여 백성들을 탄압한 반시대적 반민족적 행위에 의해 좌절되었다.

해월은 봉기가 실패한 이후에 '갑오 봉기는 인사로 된 것이 아니라 천명으로 된 일이며, 지금은 세인이 동학교도와 한울을 원망하나 이제로 부터는 한울이 조화하는 것을 보이어, 원성이 없어지고 도리어 찬성하게 될 것이고, 나아가서는 갑오년과 같은 때가 되어 갑오년과 같은 일을 하게 되면, 우리나라의 일이 이로 말미암아 빛나게 되어 세계 인민의 정신을 불러일으킬 것이다'라 하였다(『신사성사법설』).

해월은 갑오혁명 이후에 지하에 숨어서 동학 신도들을 지도하여 오다가 1898년 5월에 경무청 관인들에 잡혀 7월에 처형되었고, 해월 이후 삼대 교주가 된 손병희(孫秉熙, 의암(義菴), 1861-1922)는 일본으로 건너가 새로운 문물을 접하고, 세계의 대세를 살피는 한편 국내와의 연락을 통해 교인들을 지도하였다.

동학은 다시 지하에 숨어서 끈질기게 살아남아 급속히 교세를 회복하기 시작하면서 1904년에는 진보회(進步會)를 만들어 전국 각지에서 개화운동을 전개하였다. 이 운동이 일진회와의 관계로 친일적인 모임으로 오해받자, 손병희를 비롯한 천도교의 지도층은 일진회와의 관계를 끊고 삼일운동으로 힘을 모아갔다(조재복, 『조선 말기 조선 개화사상 연구』).

그리하여 1905년에는 동학을 천도교로 이름을 바꾸고 근대적인 교회조직을 위해 규약을 제정하였고, 1910년부터 포교활동과 아울러 출판 교육 등의 문화활동, 그리고 1919년에는 삼일운동을 주도하며, 동학정신을 실천해 나갔다.

동학은 실학이 당대의 민중에게 아무런 호소력을 갖지 못했던 정태성(靜態性), 위정척사 계열의 모화적 비자주성, 그리고 개화파의 외세의존이나 우민관(愚民觀)을 극복한 민중에 의한 근대 민주·민족운동의 효시라고 평가될 수 있다.

9) 태평천국과 동학

동양 정치사회의 붕괴과정은 이 사회를 이끌고 지탱한 이데올로기로서의 유교가 현실 사회와의 모순을 노정(露呈), 그 기능을 상실하게 되면서 사회 변혁과 함께 진행되었고, 이 두 집단, 태평천국과 동학은 그에 대처(對處)하려 새로운 종교를 표방(標榜)하였다는 데서 일치하였다.

그러나 태평천국이 기독교의 미숙한 패러디에 불과한 반면에 동학은 그 교의의 심오·완숙한 면에서는, 태평천국과는 비교가 되지 않는, 오히려 기존의 종교에 비해서도 인간성의 해방이라는 근대성에서는 훨씬 앞서 있었다. 그것은 단적으로 태평천국의 이념은 그 난의 종식과 함께 사라졌지만 동학은 천도교로 개명하며 종교로서 굳건하게 현존하고 있다는 점에서 볼 수 있다.

두 혁명 단체는 비록 전근대적이고 미신적인 요소를 약점으로 안고 있지만, 동학의 지도층은 그러한 요소를 하나의 방편으로 분명히 의식하고 있었지만 태평천국은 그 지도층 자체가 전근대적 사고. 가치관을 벗어나지 못하였다.

또한 두 혁명의 실패원인의 하나를 지도층의 분열에서 찾고 있지만, 그러나 동학이 비록 최시형이 이끈 북접과 전봉준의 남접사이의 갈등이 고조되어, 일부에서는 살상지경에 이르고 '역적, 사문의 난적'이라는 비방이 오가기는 하였으나 그러나 근본적으로는 시국관이라는 공적 시각·판단에서의 차이에서 비롯된 것이었다. 반면 태평천국은 사적 욕망에 따른 결별·투쟁에 의한 것이라는 차이 역시 지적할 수 있다.

그러나 실패의 직접적인 원인에 있어, 태평천국은 증국번, 이홍장의 의병형식의 지방군, 비록 서구 열강으로부터 신식무기를 제공받았기는 하지만, 즉 자국의 향촌세력에 의해 패퇴당한 반면 동학은 유림이나 천주교측은 물론이고 사회 안정을 원하는 일부 부유층에 의해 부정·저항을 받기도 하였지만, 결과적으로는 외세인 일본군(日本軍)과의 대결에서 무너졌다는 정치적 의미를 간과할 수 없다. 이는 두 혁명이 처(處)한 대내외 문제에 대한 역사적 정치적 성격을 평가할 수 있는 준거라 할 수 있다.

태평천국의 난은 그로 인해 중국에서는 신식무기의 효능에 대한 인식·요구가 제고됨으로서 양무운동이 힘을 싣게 되었고, 조선에서 동학농민혁명은 종래의 지배구조를 근원적으로 뒤흔들었고, 이에 추동되면서 정부내에서도 개혁의 필요성을 절실히 인식하게 되었다. 따라서 그들이 제시한 폐정(弊政) 개혁안은 갑오경장 주체들이 채택하지 않을 수 없어 정부에 교정청(校正廳)이 설치되었다.

김윤식은 '그들(갑오경장 주체세력)이 취급한 폐정의 내용은 '모두가 동학당의 원정(原情)에 들어 있는 것'이라 술회하였다(김윤식, 『續陰晴史』).

제 3 절 중국의 양무(洋務)운동과 조선의 위정척사

양무와 위정척사는 중국과 조선에서 서구문명에 대한 정부차원의 첫 공식적 대응이라는 점에서 비교의 의미를 갖는다. 그러나 양무운동은 중국 정부의 부국강병책의 일환으로 '중체서용(中體西用)'이라는 당시로서는 개방된 정치의식을 그 배경으로 하고 있었음에 비해, 위정척사 운동은 재야사림(在野士林)에 의해 주도되어, 수구적(守舊的)인 화이관(華夷觀)을 그 철학의 근거로 하고 있으며, 결과적으로 조선 정부의 쇄국정책을 이끈 직접적 동기가 되었다.

거기에는 물론 정치 경제적 현실에 차이가 있었다. 중국은 비록 '종이호랑이'로 전락하였다 하더라도 대국으로서의 잠재력은 양무운동에 필요한 재정적 뒷받침을 제공할 수 있었고, 이를 근거로 주체적으로 이 운동을 실천할 수 있었다.

그러나 조선은 이미 누적되어 온 실정(失政)의 폐해로 궁궐 하나를 짓는데도 새로운 화폐를 발행해야 할 만큼 재정이 고갈된 상태였고, 대원군에 의한 쇄국은 이러한 상태에서 국력을 회복시키는데 필요한 시간을 벌기 위한 방편으로 이해될 수 있다. 그것은 주체성의 문제였다.

1. 청의 양무운동

1) 성격과 진행

양무운동의 이념적 배경인 중체서용을 내세운 사람들 중에는 청조(淸朝)에 대한 자신들의 이해에 따라 만주정권을 정통(正統)으로 인정하여 수용하려는 입장과, 한족(漢族) 중심의 민족주의 입장에서 배만토청(排滿討淸)을 정치사회 개혁의 전제로 하는 사람들이 함께하고 있었다.

이들은 대체적으로 서구문명에서 민권(民權)이나 입헌(立憲) 등을 개념적(槪念的)으로 받아들여 전통사회에 개혁의 동기로 기능(機能)하게 하려 하였을 뿐 그러한 개념을 포괄하고 있는 정치사회적 이데올로기에 대해서는 관심이 부족하였다.

양무운동(洋務運動)[8]은 1861년 신유정변(辛酉政變)으로 서태후(西太后)와 공친왕(恭親王)이 정권을 장악하고 청조(淸朝)의 위기(危機)를 강력한 군사력과 각종 근대산업의 육성을 통해 극복하고자하는 노력의 일환이었으며 그 기간은 일반적으로 청일전쟁(淸日戰爭)이 일어난 1894년까지로 보고 있다.

양무운동은 군사중심(軍事中心)의 근대화를 적극적으로 추진한 관료군(官僚群)에 의해 주도(主導)되었다. 그 중심에는 공친왕(恭親王)과 그의 궁정대관료들이 있었고, 특히 태평천국의 난을 진압하는데 각각 상군(湘軍)과 회군(淮軍)을 이끌어 수훈(首勳)을 세운 증국번과 이홍장이 앞장섰다.

당시 정치적 상황은 대외적으로는 아편전쟁과 애로호 사건으로 해서 배외쇄국(排外鎖國)주의가 굴복당하고 대내적으로는 태평천국의 난으로 봉건적 지배체제가 위기에 빠져 있었다.

이러한 시대상항을 타개하기 위해 청(淸)정부는 서구(西歐)로부터의 근대기술의 도입(導入)을 통해 근대무기의 생산이라는 군사공업(軍事工業)을 일으키고자 하였다.

그러나 이들 최고 관료집단은 민족·민생에 대하여는 별 관심이 없었다. 그들에게 필요한 것은 화기(火器), 증기선, 중장비 그리고 그런 것들을 만들어 낼 수 있는 지식과 기술이었다. 이들은 중국의 도덕적 가치가 우월하고 황실(皇室)의 특권이 정당하다는 믿음에는 변화가 없었다.

비록 이러한 정치관을 가지고 있었지만 당시 중국정치 현실에서 외

8) 원래 양무라는 말은 이무(夷務) 즉 이적(夷狄)과의 문제를 처리하는 업무(業務)에서 나온 말로 아편전쟁 시기에는 연안방어(沿岸防禦)를 책무로 하였으나 아편전쟁 패배 후에 양무로 고쳤다. 이후 연안방어 외에 서양 세력과의 관계에서 광범위하게 통상(通商)업무를 관장하는 용어가 되었다.

향적(外向的)인 이들 관료집단과 중국이 외국으로부터 배울 것이 없다는 편협한 파벌(派閥)들, 이들 사이의 간극(間隙)은 엄청난 것이었다.

이들 보수주의자(保守主義者)들의 주장은 '나는 위대한 우리 땅의 신조(信條)를 이용해서 오랑캐들을 변화시키는 사람들이 있다는 말은 들어봤지만 오랑캐들에 의해서 변화를 경험한 사람이 있다는 얘기는 아직 들어 본 적이 없다'식(式)이었다(키신저, 『중국 이야기』).

그런 면에서 보면 양무운동을 추진한 인사(人士)들은 오히려 진보적이고 개혁적이었다.

이홍장(李鴻章, 1823-1901)은 1863년에 작성한 제안서에서 이 운동의 출발점을 '우리네 시민 체제와 군사체제의 모든 것은 서양보다 훨씬 우월하다. 단지 화력(火力)에 있어서만큼은 도무지 그들을 따라 잡을 수 없다. … 더는 외국의 혁신을 얕잡아 본다든지, 그들이 만든 날카로운 무기(武器)들을 이상한 기술과 교묘한 손재주의 산물이라고 코웃음 치며 그런 것은 배울 필요도 없다면서 여유를 부릴 틈이 없다'(헨리 키신저, 『중국 이야기』).

양무운동은 중국 최초의 근대적 개혁 운동으로 사회경제적 변혁의 계기가 되었다.

자본주의와 공장제(工場制)가 도입되어 기계공업의 발달과 민족자본이 형성되었고, 사회적으로는 학교, 번역사업, 유학 등이 활발하게 진행되었다. 또한 상해 등에 상품경제가 형성되며 본격적인 자본주의가 실행단계에 들어갔다.

1861년부터 상해, 남경등 양자강 유역에 대규모 공장이 들어서기 시작하였다. 대체로 총포(銃砲)와 탄약(彈藥)을 만드는 군수공장들이었으나 기술, 자금, 원자재 등 모든 면에서 자체 운영이 불가능하여 서양인에 의해 운영되었다. 그러나 공장가동에 필요한 석탄 철강 등의 공급을 위해 광산개발(鑛山開發)이 시작되었고, 이로서 근대적 광업이 발달하게 되었다. 또한 서양 기술서적 번역과 그것을 가르치는 기관이 지방정부에 세워졌고, 뜻있는 젊은이들에게는 서양 유학(留學)의 길도 열렸다.

1870년부터는 민간기업의 창설과 일반수요(需要)에 맞춘 면방직 공장 등도 설립되었고 그리고 이러한 사업은 외국상인들과 접촉하였던 매판(買辦)[9]들이 그 역할을 담당하였다.

그러나 양무는 철저한 청정부의 자강(自强)운동으로 정치사회 체제의 개혁과는 무관(無關)한 정부정책의 일환이었으며, 다만 소수자본가들이 관상(官商) 합작사업에 따른 이득을 취했을 뿐이다.

그나마도 청불(淸佛), 청일(淸日)전쟁의 패배로 그 약체성이 노정(露呈)되었다. 그리하여 구체제의 지배자인 이들은 정치주도권을 변법운동(變法運動)에 내주게 된다.

2) 학자들

① 풍계분(풍桂芬, 1809-1874)

풍계분은 그의 저서(著書) 『항의(抗議)』(1860년)에서 국가의 부강(富强)을 위해서는 중국과 서양의 학술을 겸용해야 한다는 뜻을 펼쳤다. 그 해(年)는 아편전쟁(1840-42) 이후 20년 그리고 태평천국의 난이 종식되기 4년 전이고 무술정변 38년 전이다.

그가 서양에서 채용하려고 한 것은 형이상(形而上)의 도(道)가 아니라 형이하(形而下)의 기(氣)로, 즉 중체서용(中體西用)의 입장이었다. 그는 중국이 서양에 여러 번 패(敗)한 이유는 다만 선견포리(船堅砲利-견고한 선박과 강력한 대포)의 과학기술이 결핍되었기 때문이라는 것이다.

그는 『항의』에서 아편전쟁의 경험을 '천지가 개벽한 뒤로 그만큼 분통을 일으켜 심지(心地)와 혈기(血氣)가 끓어오르게 한 일은 없었다. 만리(萬里)의 지구를 지배했던 제1의 대국이 오늘날 작은 오랑케의 압제(壓制)를 받게 된 것이다'라고 비분강개(悲憤慷慨)한 심정을 토로하였다.

그는 선견포리의 기술을 서양에 의지할 수밖에 없다는 현실을 인정

9) 1770년 경 이래 중국에 있는 외국 상관(商館). 영사관 등에서 중국 상인과의 거래의 중계수단으로 고용한 중국사람, 외국자본에 붙어 사리(私利)를 탐하여 제 나라의 이해(利害)를 잊어버리는 일, 또 그 사람(민중 국어사전).

하였고, '저들의 장기(長技)를 본받아 저들을 제압해야 된다'는 생각이었다. 그러나 그것은 서양에서 구입(購入)하고 서양인을 고용함을 통해서가 아니라 스스로 만들고 사용하는 것을 원칙으로 해야 한다는 것이다. 그런 생각에서 그는 선포국(船砲局)의 설치를 건의하여 제조기술을 배우고 학교를 세워 제조인재를 키움과 동시에 책의 번역과 외국어 습득을 강조하였다.

풍계분은 옛 것을 버리지 못하였으나, 과거제도에서의 팔고문에 대한 공격 등 그가 실로 중시한 것은 유신(維新)이었다. 그의 사상(思想)은 약 40년 후 무술정변 즈음에 장지동에 의해 '중학위체(中學爲體) 서학위용(西學爲用)' 즉 중체서용(中體西用)의 이름을 얻으며 계승되었다 (소공권, 『중국 정치사상사』).

② 장지동(張之洞, 1837-1909)

장지동은 『권학편(勸學編, 1897)』에서 중체서용설(中體西用說)을 주장하면서 스스로가 '신구(新舊)를 절충하고 본말(本末)을 종합하였다'고 하였다.

그는 '오늘날의 변란(變亂)은 춘추시대에도 없었던 것일 뿐 아니라 진·한 이후 원·명까지에도 없었던 것'이라고 하여 그 심각성을 이해하였고, 그러나 도(道)를 근본으로 하는 중화사상에 대하여는 절대적인 믿음을 가지고 있어 그 보존(保存)을 우선시하고 자보(自保)의 방법으로서 서양문명의 장점인 무기생산과 더 나아가 공업화를 추진하려 하였다.

그는 '시대를 구제하려고 하는 자는 신학(新學)을 주장했고, 도(道)를 해칠까 염려하는 자는 구학(舊學)을 주장하며 하나로 절충되지 못하고 있었다. 구학파는 목이 막혀 먹지 못했고, 신학파는 길이 너무 많아 헤맸다. 구학파는 융통을 몰랐고, 신학파는 근본을 몰랐다. … 그 틈에 사설(邪說)이 난폭하게 나돌아 천하를 횡행(橫行)했다'라고 하였다.

여기서 신학은 서양의 정치, 기예, 역사에 관한 공부이고, 구학은 사서오경(四書五經)과 중국의 역사 정치에 대한 것으로, 그는 그 절충으로 신학과 구학의 장단점을 받아들여 구학을 체(體), 신학을 용(用)으로 하는 중체서용의 이론을 펼쳤다.

그에 따르면 중국의 사대부들은 아편전쟁을 비롯한 수많은 환란(患亂)을 겪으면서도 여전히 어리석고 교만했다. 중국인들은 옛것에 얽매인 채 교양(敎養)과 부강(富强)의 실질적 정치에 대해 심력을 다해 구하려 하지 않고, 그것을 따라 고치지 않았다고 하여 보수주의자들을 공격하였다.

그가 생각하는 교양과 부국의 길은 '사회(社會)를 다스리고, 군사력과 경제력을 갖춤으로써 국세(國勢)를 키우고 외교(外交)를 하는 선비의 지식(知識), 기기(器機)를 이용하고 물리 화학을 학습하는 공인(工人)의 지식, 그리고 군함과 무기를 갖추고 성벽을 쌓는 병사들의 지식 등 실제적인 지식에 따른 정치이다(소공권, 동서).

장지동이 난국을 타개하기 위한 방책은 유학(留學)을 장려하고, 학당을 세우고, 서적(書籍)을 번역하고, 신문 잡지를 읽게 하여 지식을 개명시키는 것이다.

그는 '내가 듣기로 오늘날 세상의 변란을 구제하려는 주장은 세 가지가 있다. 첫째 유교(儒敎)를 보존하는 것, 둘째 민족(華族)을 보존하는 것, 셋째 국가를 보존하는 것이다. 그 세 가지는 일관된 것이다. … 오늘날은 오로지 충군애국(忠君愛國)의 마음으로 부강(富强)을 강구(講究)할 시국이다. 우선 조정(朝廷)을 높이고 사직을 지키는 일이 중요하다'고 하였다.

이러한 장지동의 생각은 청(淸)에 충성하고 공자(孔子)를 존숭할 것을 그 기본으로 하고 있어 중국 정치발전(政治發展)과는 역행하는 것이었다.

그는 '군신의 벼리(綱)를 안다면 민권(民權)을, 부자의 벼리를 안다면 면상폐사(免喪廢祀-상례를 없애고 제사를 폐함)를, 부부의 벼리를 안다면 남녀평등을 각각 행할 수 없을 것이다'라고 하여 삼강을 세워 개혁의 조류에 맞서 체(體)를 보존하려 하였다.

장지동의 변법은 법제, 기계, 공예 등 몇 가지에 한정되어 있다는 문제를 안고 있다. 그러나 보다는 그의 정치관(政治觀)에 문제가 있었고, 그것은 그의 정치행적에서 볼 수 있다. 그는 양무운동의 현장(現場)에서 일하였으며 경한철로(京漢鐵路), 평향매광(萍鄉煤鑛), 한양철창(漢陽鐵廠)을 기획하고 실현시켰다. 그리고 그의 말년에는 군기대신(軍機大臣)에 올랐다.

2. 조선에서의 위정척사(衛正斥私)운동과 쇄국

1) 시대적 배경

조선에서는 천주교에 대한 금교(禁敎)조치 이후 1860년대의 병인양요(丙寅洋擾, 1866)와 신미양요(辛未洋擾, 1871) 등 서양의 물리적 위협이 구체화 되자 정부와 재야유림이 일체가 되어 서구세력에 강력하게 대응하였고, 위정척사를 내세워 쇄국을 시행하였다.

물론 이는 유가의 도덕적 이념을 수호하려는 행위였으나, 그 배후에는 대원군이 한 국가로서의 국력을 갖추지 못한 상태에서의 개국을 원하지 않았다는 정치적 판단이 있었다.

대원군은 국가의 개방 이전에 나라를 이토록 피폐시킨 사대부들의 영향력으로부터 자유로울 수 있도록 왕권을 강화하여 자주적 권력체제를 확립함으로서, 근대화의 추진에 있어 구심점으로서 역할을 하기를 원했고, 그 목표를 위한 시간을 필요로 하였던 것이다.

2) 이항로(李恒老, 화서(華西), 1792-1868)

① 시국관

이항로는 이 시기에 서양의 물리적 위협에 대항하여 재야(在野)에서 유학자들과 그에 공감하는 민중을 주도하여 '위정척사'의 명분을 내세워 다시 한번 조선 성리학의 위세를 떨치면서 활약하였다.

위정척사 운동의 초기 형태는 광범위한 지역과 계층에 의한 척사상소(斥邪上疏)이었고, 을미사변(乙未事變-1895) 이후에는 민중을 무장시켜 반일 의병투쟁에 나섰다.

화서는 45세(1836)에 『설론양교지화(說論洋教之禍)』를 72세(1863)에는 『벽사록변(闢邪錄辯)』을 저술하여 서학을 이론적으로 분변하였다. 그의 초기 척양이론은 천주교에 집중되어 인간의 도리를 외면하고 이욕을 추구하는 도덕성에 초점이 맞추어졌으나 병인양요 이후에는 서양문명 일체를 비판하며 특히 통상으로 인한 피해의 문제점을 다음과 같이 지적하고 있다.

'저들의 물건 만드는 일은 손에서 생산되어 일계(日計)로도 남음이 있지만, 우리의 물건 만드는 일은 땅에서 생산되어 세계(歲計)로도 오히려 부족하다. 그러므로 부족한 것을 가지고 남음이 있는 것과 교역한다면 우리가 어찌 곤궁해지지 않겠으며, 일계를 가지고서 세계를 교접한다면 저들이 어찌 넉넉해지지 않겠는가?'(『화서집』)

또한 서양 물건은 모두가 기기음교(奇技淫巧)한 것으로 백성들의 일상생활에 도움이 되지 않을 뿐 아니라 오히려 화(禍)가 큼으로 양물의 근절이 곧 척양의 첩경이라 하였다.

이때의 위정척사 운동은 기본적으로는 송시열의 소중화 사상에 입각한 것으로 화서는 이를 주도하면서 양이에 대한 대응책을 제시하였다. 사실 그는 '우암이 천하의 지대한 일을 담당하였으되 동요하지 않고 천하의 지난한 지경에 처하였으나 좌절하지 않았다'고 찬탄하였다(『화서집(華西集』).

1. 대신들을 경신(敬信)하여 체통을 존중하고, 2. 삼사(三司)의 밖에까지 언로를 광개 하고, 3. 장수를 뽑아 무비(武備)를 닦고, 4. 용인에는 적극적으로 인망 있는 사람을 쓰는 등과 함께 '의여책(義旅策)'을 첨가하였다.

그의 의여책은 정부차원에서의 의병제로서 그는 팔도에서 인망있는 사람을 뽑아 그 호칭을 '소사(召使)'라 하고 그들에게 위권(威權)과 존총(尊寵-총은 임금께 사랑받을 총)을 주어 그들로 하여금 충의기절(忠義

氣節)의 인재를 모아 '의여'를 만들게 한 다음 그 의여를 관군과 함께 서로 응원케 하여 적이 오면 절충어모(折衝禦侮-적의 창끝을 꺾어 래습을 막음)하여 왕실을 보위하고 적이 물러가면 이윤(彝倫-사람으로서 떳떳이 지켜야 할 도리)을 수명(修明)하여 사교(邪敎)를 종식케 한다면 전화위복의 기회가 거기서 얻어질 수 있다(최창규, 『근대한국정치사상사』).

② 복명반청·화이론

위정척사파의 기본 입장은 송시열을 그대로 답습하여, 우리를 인류라 할 수 있는 것은 인도(人道)가 있기 때문이며 이때 '인도란 삼대의 문물제도인 예악형정의 교(敎)와 공자 이후 상승(相承)되어 온 인의예지의 덕과 오륜을 그 내용으로 한다.

김평묵은 그의 『어양론(禦洋論)』에서 서양의 교(敎)란 것은 서양은 세계의 주변이기 때문에 오행(五行)의 편기(偏氣)만을 받아 그들의 이목심지(耳目心智)가 통하는 바는 금수(禽獸)의 기능에 불과하여 그 도(道) 역시 금수의 도일 수밖에 없다. 또한 동북은 양방(陽方)이기 때문에 의(義)를 주장하고 문명의 기를 얻어 인도를 찬연히 세울 수 있지만 서양은 음방(陰方)이기 때문에 이(利)만을 주장하고 그들의 심지로 알 수 있는 것은 금수의 기능밖에 없다. 따라서 인도를 버리고 그들의 교를 따르게 되면 물고기가 땅에 오르면 죽듯이 우리 역시 살수가 없다는 것이다.

명이 멸망한지 200년이 지난 당시에도 그들의 역사의식에는 숭명반청이라는 송시열류의 역사의식에서 한 발짝도 벗어나지 않았고, 서구세력에 의한 청의 몰락은 이들 어양척화론자들에게 다시 '복명반청'을 주장할 계기가 되었다.

그는 '명이 멸망하여 사해가 성전(腥羶-더러워져 비린내, 노린내가 남)하여 진 것이 200년이나 되는데, 이제 중국대륙마저 양화의 물결속에 들어갔으니, 동양에서 오직 일맥양기가 머무르고 있는 곳은 바로 청구일우(靑丘一隅-조선) 뿐이다'라 하였다.

또한 그들은 명과 청을 비교하며 주장하기를 '주야명암(晝夜明暗)의 대분(大分)이 일정불역한 것인데 … 이제 중국(명)의 폭군은 낮으로서 음에(陰曀-음산함)한 것이고 참노(僭虜-청)가 소강(小康)한 것은 밤으로서 청제(淸霽-맑게 개임)한 것이니 어찌 동일하게 말할 수 있겠는가?(화서아언(華西雅言))라 한다.

그것은 기본적으로 당시 영·불세력에 의해 청(淸)이 압도된 정치적 상황에서 중화문화의 한 편린(片鱗)인 화이론이라는 편협한 사고에 준거한 변방논리(邊方論理)로 민족적 자각에 따른 민족의식에 근거한 주체성과는 그 성격이 전혀 다르다.

이들에게는 그 '청구일우'에 사는 혼돈과 도탄에 빠진 백성들의 현실적 삶은 보이지 않고, 오직 선비들 마음속에 있는 '일맥양기(一脈陽氣)' 즉 이상세계, 리의 세계만이 보일 뿐이다.

혹자는 이를 '한민족에게 부여된 새로운 역사임무를 자긍적으로 느끼게 하는 이론적 기반으로 작용하였다'고 하지만 이는 민족의 보존을 위한 백성의 현실적 삶을 외면하였을 뿐 아니라 동양세계가 근대화로 이행하는 상황에서 오직 유학의 가치관만을 고수하는 유아독존의 변에 지나지 않는다.

사실 이들이 느끼는 위기감 역시 그러한 가치관에 의거한 도덕세계에 대한 것이었다.

이러한 생각에서 만동묘를 복정(復亭)을 주장하면서 그는 '만동묘를 지으니 청(淸)의 지배로 온 천지의 윤리가 훼손한 데도 한 가닥 왕춘일맥(王春一脈)이 여기에 붙어있었다', '이 만동묘를 복정(復亭)하면 양이지의(攘夷之義)를 알게 되고 … 그 기세가 오히려 삼군의 위력보다도 더하다'고 주장하였다.

그러나 당시의 근대지향이 아니고는 민족의 보전이 어려운 세계적, 정치적 환경에서 진정한 의미의 민족 주체성을 확립하기 위해서는 근대지향일 수밖에 없었다. 따라서 이 둘 즉 '민족 주체성'과 '근대화'는 목표에서 하나이었음에도 위정척사파는 이를 외면하였다.

병인양요 당시 화서는 재야의 사림으로서 정책결정 과정에 중요한 영향력을 갖고 있었고, 그가 주장하는 위정척사는 당시 실력자인 대원군의 지지를 받아 정책으로 채택되었다. 그러나 이 두 사람은 각각 왕권과 사대부 계층을 대표하는 입장에서 국내문제 즉 만동묘 복설(復設)과 서원(書院)문제에 대해서는 첨예하게 대립되었다.

화서로서는 이 둘을 실현함으로서 사림정치의 회복을 통한 조선조의 활력을 되찾으려 하였다. 그리고 그가 생각하는 사림정치의 회복에 있어 만동묘의 정치적 의미는 사대부들의 역할 신장과 왕권 약화를 재현하는 것으로 이어진다. 그리고 이때 서원(書院)은 바로 그 사대부들의 근원처로 존재가치가 있었던 것이다.

그러나 현실생활에 대한 아무런 물질적 보장이나 근거가 없으면서도 일 안하는 양반들의 수적 팽창으로 양반계급의 생활 파탄이 심해지면서 서원은 일면 당론의 세포기관으로, 다른 한편 평민 침학(侵虐)의 근거지가 되어 『연려실기술(練藜室記述)』에 의하면 숙종·영조시대부터 자주 서원에 대한 제재론이 제기되었었다. 따라서 대원군이 이에 반대한 이유는 분명하였다.

③ 대원군과의 관계

대원군은 그 집권과정에서 이미 사대부들의 병폐를 분명히 보았고, 그로서는 사대부들 중심의 정치권에서 다만 상징적 의미만을 갖는 왕권이 아니라, 진정한 실력자로서의 왕권의 확립을 원했던 것이다. 그리고 그러한 집중된 왕권만이 어려운 시기에 대내외적 문제들을 해결할 수 있는 관건으로 보았고, 그 위엄을 위해 경복궁 중수(重修)라는 무리수를 강행한 것이다.

대원군은 단순한 쇄국주의자가 아니었다. 그의 쇄국에 대한 입장은 위정척사파처럼 화이론적 세계관에 의한 '예(禮) 질서의 회복'이라는 유가의 정치적 윤리적 목적에 전적으로 동조한 것은 아니었다.

대원군은 집권하여 박규수, 신관호(申觀浩) 같은 실학자를 중용하였으며 샤만호를 격파하고 김정희(金正喜)의 주장처럼 그 선제(船制)를 연구, 한국 최초의 증기기관선을 만들도록 적극 힘썼다, 또한 내치(內治)에서는 다산의 호포제(戶布制)를 받아들여 획기적 조세정책인 동포제(洞布制)와 호포제를 실시 시행키로 하였다(김영호, 『실학과 개화의 연관문제』).

그러나 1873년 실각 이후 임오군란을 계기로 재기하려던 대원군의 의도는 실패로 끝나 그의 시대는 막을 내렸고, 이와 함께 위정척사파 역시 정치일선으로부터 후퇴하였다. 그러나 이들의 성리학적 윤리관을 수호하기 위한 위정척사 운동은 이제 그 대상이 포괄적인 서양문명으로부터 일본을 적으로 규정하는 단계로 진행되었다.

일차적으로는 일본은 서양문명을 적극적으로 받아들여 성공한 세력으로 그들 역시 같은 부류로 이해, 배일(排日)이 주장되었다. 이는 전통사회와 그 생활을 교란하는 새로운 틈입자(闖入者)에 대한 반발이었으나, 이에는 물론 일본에 대한 역사적으로 불쾌한 감정이 함께 작용하고 있었다.

병자수호조약을 계기로 이러한 일본의 조선에 대한 정치적 영향력·간섭이 강화되면서, 이에 따른 민중의 반감 역시 증폭되었다. 그러나 결정적 원인은 국모를 시해(弑害)한 을미사변으로, 이는 성리학적 윤리관에서뿐 아니라 모든 민족의 의분(義憤)을 솟게 하는 결코 용서할 수 없는 행위로, 이를 계기로 일본은 단순한 정치·역사적 반감의 대상으로부터 민족의 원수로 인식하게 되었다.

그리고 이로부터 위정척사파의 저항운동은 서구문명이라고 포괄적 대상으로부터 배일이라는 한 국가에 대한 투쟁으로 전환·귀일되면서 주체로서의 민족적 성격이 부각(浮刻)되었다.

위정척사파의 일본침략에 대한 항거는 자신들의 그 선명하고 비타협적인 성격이, 민중의 공감을 불러일으키는데 효과적으로 작용, 성공 이는 의병활동으로 발전되었다.

그러나 의병활동의 측면에서는 1907년 조선군의 해산과 관련하여 의병운동이 전국적으로 확대되고 유력한 군대출신의 의병장들이 등장하면서 위정척사파의 영향력은 차츰 희석(稀釋)되었다.

위정척사사상의 의의에 대해 현상윤 박사는 '이 운동이 조선사상에 미친 영향은 국권옹호에 있어서 그 공적이 실로 파다(頗多)하나, 기타의 운동에 즉, 서양사상을 배척한 것이라든가, 또 구관습 완수(頑守)의 운동 같은 것은 최근 조선의 개화혁신에 있어서 가장 큰 장애물이 되었다(『조선유학사』).

그들은 자주적 개국과 채서(採西)의 길까지도 청정(淸淨)을 더럽히는 단서로 보고, 대결적 비타협적 자세를 유지함으로서 세계사적 발전에 자주적이고 유연하게 대응하는 길을 잃고 말았다.

3) 최익현(崔益鉉, 勉庵, 1833-1906)과 유인석(柳麟錫, 毅菴, 1842-1915)

① 면암 최익현

최익현이 활약한 시기는 화서와는 약 반세기라는 시대환경의 차이가 있었고, 비록 그가 화서학파이기는 하였으나 이제 그에게는 화서류의 복명반청같은 명분론과 시대착오적 시국관은 더 이상 찾아 볼 수 없다. 오히려 그는 철저한 현실 상황분석에 따른 정치적 비판을 통해 정치권에서도 대원군을 실각시킬 수 있었다.

일본의 무력적 위협에 의해 개항된 이래 국토는 청·일을 비롯한 서구 열강들의 세력 각축장이 되었고, 누적된 사회모순들이 여과 없이 표출되면서 혼란을 야기, 이를 자력으로 수습하지 못한 정권으로서는 자주적인 개혁은 사실상 무산되었다.

그리고 이러한 시대상황에서 화서학파는 모화사상이라는 한계가 있음에도 불구하고 결과적으로 국가의 자주와 독립을 위해 실천적 행동으로 맞서는 세력이 되어 의병활동을 주도하였다. 사실 이들 위정척사 계열의 민족적 정치적 공헌은 의병(義兵)정신에서 표출되었다. 의병들의 희생을 마다 않는 민족 공동체 의식의 근저에는 유가적 덕목들이 작용하였고, 그 윤리적 가치들인 인의(仁義)정신을 아무런 사심 없이 순수한 모습으로 간직하고 있었던 백성들의 의기(義氣)를 뜻있는 재야(在野)사대부들이 의병으로 결집시켰던 것이다.

면암은 화서의 문하로 경복궁 중건(重建)과 당백전(當百錢) 발행으로 인한 재정파탄을 들어 대원군의 정책을 비판, 상소를 거듭하여 대원군 실각의 결정적 역할을 하였다. 또한 개화파가 외세인 일본에 의존(依存)·추부(趨附)하는 정책의 현실적 효과에 대하여는 통열하게 비판하였다.

그는 민씨 척족 정권에 의해 일본과의 통상이 논의되자 조약체결의 불가함을 담은 5조로된 격렬한 척사소를 올려 반대하였다. 즉 힘의 불평등관계에서 맺은 수교는 그들의 요구가 끊임없어 결국 수많은 화(禍)가 뒤따라 멸망에 이를 것이며, 산업구조의 차이가 무역 불균형에서 오는 폐해, 물욕의 지나침으로 인한 도덕성의 타락, 강화 후의 일인의 만행으로 인한 사회적 풍속의 침해와 국가 안위의 문제 등을 현실적 입장에서 지적·비판하였다(오석원, 『위정척사사상의 본질과 구현』).

면암은 '이제 4천년 역사와 삼천리 인민은 저들의 보호국으로서만 끝나지 않고 저들의 내지(內地)국민이 되겠으며, 내지속민만 되어도 오히려 저들과 평등한 생존권을 누릴 수 있기에 나라는 망하여도 인종은 살아남을 것이었마는 저들의 호악한 침략정책은 이제 민족의 생존권마저도 빼앗고 말 것이다'라고 하였다. 이처럼 그는 이후 '식민지시대'의 일본의 민족말살정책을 예견하는 통찰력을 지닌 인물이었다.

그의 정치적 소신은 '법이 오래되면 변경하는 것이 마땅하다'는 경장의 필요성을 인정하였고, 개화에 대한 비판도 주체성 없는 개화만을 반대한 것이며 개화 자체에 대한 비판은 아니었다.

그가 제시한 주체에 근거한 대안은 '우리 대한은 토지와 인민이 충분하여 신의를 지키면 자립하기에 충분하며 … 내수의 방도를 부지런히 힘쓰고 자강책을 도모해서 국가보전에 힘을 쓴다면 비록 일본이 의리가 없다고 해도 천하의 공론을 두려워해서 감히 우리를 삼키지 못할 것이라 하였다(『면암집』). 그는 국제외교에는 공법(公法)이 있다는 개방·진보된 의식에서 일본의 만행을 이 공법에 호소·규탄할 것을 주장하였다.

그는 을사조약이 체결되자 포고문을 내어 항일 투쟁을 호소하고 납세거부, 철도 이용 안하기, 일본 상품불매운동을 촉구하였다. 또한 그는 전라도 태인과 순창에서 400여명의 의병을 이끌고 관군, 일본군과 싸우다 체포되어 대마도에 유배, 그곳에서 지급되는 음식을 적(敵)이 주는 것이라 거절, 단식을 계속하다 결국 굶어 죽었다. 참으로 화서학문의 실천적 의리·절개를 꽃피운 선비였다. 한편 본격적인 의병활동은 의암 유인식에 의해 수행되었다.

② 의암 유인식

1895년 민비를 시해한 을미사변 그리고 단발령(斷髮令)이 내려지자 의암은 선비들이 취할 수 있는 행동원리로서 의병을 일으켜 무력으로 일제를 소탕하는 거의(擧義), 해외로 망명하여 옛 법도를 지키는 거수(去守), 그리고 죽음으로 항거하여 뜻을 이루고 지조를 지키는 자정(自靖), 이 셋을 국난을 당한 선비가 선택할 수 있는 도를 보존하고 실현하는 길이라 하며 자신은 을미의병(乙未義兵)을 주도하였다.

그는 그 목적에 대해 '나라의 적을 죽여야 한다는 것과, 문명인이 야만인이 될 수 없다는 것, 그리고 사람이 짐승이 될 수 없다는 것을 알게 하기 위하여 이 대의를 후세에 펴는 것이다'라 하여 화서파로서의 면모를 보였다.

그가 진단한 시대상황은 '위로 권력을 갖고 국가를 도모하는 자는 손역(遜逆), 호오(好惡)에 따라 용사(用捨)하고 아첨 아부하는 습속으로 사대부는 예의염치의 풍속이 끊기고, 아래로 고을에서 뇌물이 많고 적음, 애증으로 벼슬의 출척이 결정되고, 무거운 형벌과 가혹한 취렴으로 백성들의 삶을 돌보지 않아 백성들은 군왕에 충성하고 어른을 위하여 죽는 마음이 없어져 국가의 병이 오래되고 또한 대단히 깊어졌다(『의암집』).

그는 서구문명의 영향에 대해 일본은 서법(西法)으로 하여 나라를 얻었고, 조선은 그로 인하여 나라를 잃었으니 천하에 서법의 화(禍)를 가장 혹독히 입은 것은 조선이라는 생각이었다. 그리고 이제 조선의 정치사회의 사회적 위협은 서구 문명에 의한 보편적 형태의 경제·문화적 도전으로부터 특정국가 일본에 의한 정치적 침략행위로 변질되면서 심화되었다.

그는 개화파의 문제점을 전통문화의 부정으로 인한 도덕성의 타락과 서법(西法)을 사모함으로서 오는 주체성의 상실로 이해하여, 그는 '한 나라가 남의 나라를 빼앗을 때 먼저 사람의 마음을 빼앗으며, 마음을 빼앗으면 땅을 빼앗는 것은 어렵지 않다'고 하였다(동서).

그는 '비록 구학(舊學)이 나쁘고 신학이 좋다고 하더라도 어제까지 구학의 나라에다가 그렇게 일시에 구학 금지령을 내린다는 것은 부당함으로 서서히 점진적으로 개혁해 나갈 것'을 주장하였다

그는 을사조약 이후, 자신의 의병의 본거지인 제천성(提川城)을 잃게 되자 서북행의 대행군을 시작하여 압록강을 건너 요동으로 간 후 1908년 블라디보스톡(海參威)로 망명하여 의병을 모집하고 군사훈련에 힘썼다. 1910년 5월에는 이상설(李相卨, 1870-1917) 등의 추대를 받아 13도 의군(義軍) 도총재(都總裁)를 맡았으며 의병규칙을 제정하여 조직적인 의군을 이끌었다.

그는 국권회복운동을 주도하며 1914년 만주로 옮겨가 투쟁을 하다 이듬해 이역 땅에서 순절(殉節)하였다. 그의 민족의 자주와 독립을 위한 항일투쟁은 무장독립운동의 원류를 이루었다.

조선 정치사회를 이끌어 온 명분정치는 그 근본정신에서는 인의와 인륜을 가장 완벽한 경지로까지 추구하는 삶을 목표로 하였다는 점에서 긍정적인 면을 갖는다.

그러나 명분정치를 지향한 송시열이나 이항로 등이 주장하는 숭명·화이관은 인의를 실천하기 위한 방편일 수는 있어도 인의 자체는 아니었다.

사실 숭명·화이관은 보다 상위 가치인 민족이나 인류평등의 관점에서는 결코 정당하게 평가될 수는 없는 편협한 가치들이었다.

화하정도(華夏正道)나 인·의 자체는 만세지상(萬世之常) 즉 강상일 수 있지만 그것이 구체적 역사물인 국가(明)와 결부될 때에는 이미 순수한 강상일 수 없다. 이는 본연지성과 기질지성의 관계에서 기질지성은 유선악(有善惡)임과 비교해도 분명하다.

숭명·화이관에는 분명 명이나 화이에 대한 현실적 판단이 전제되어야 하고, 따라서 숭명·화이론은 또 다른 형태의 권변(權變)일 뿐이다.

그러나 이제 최익현과 유인식은 명분정치의 계보를 이으면서, 그러나 숭명·화이론으로 부터 벗어나, 현실을 정확하게 판단할 수 있었고, 그 판단을 근거로 명분정치 본연의 인의(仁義) 실천에 요체인 절의(節義)정신을 발휘함으로서 조선조 말(末) 성리학의 본면모를 찬란하게 장식하였다.

제 4 절 중국과 조선의 개화사상과 전개 -중국의 무술변법(1896)과 그 사상가들

1. 서론 - 명치유신의 영향 -

소위 개화시기에 동양 삼국에 절대적 영향을 준 '명치유신(明治維新)'은 일본의 명치왕(明治王) 때 막번체제(幕藩體制)를 무너뜨리고 왕정복고를 이룩하여 유신(維新)을 성공시킨 사건이었다.

일본은 1854년 막부(幕府)에 의해 미·일 화친조약을 필두로 러시아, 네덜란드, 프랑스와 통상조약을 체결함으로서 유신의 싹이 텄으나, 7백년이나 유지되어 온 막부 자체는 오히려 반대 세력에 의해 패배함으로서 종말을 맞았다. 그리고 1867년 소위 대정봉환(大正奉還)이라는 왕정복고가 이루어지면서 명치정권이 수립되었다.

명치유신으로써 일본은 서구 자본주의 열강에 문호를 개방하여 근대화 특히 경제적인 면에서의 자본주의화에 성공하였다. 중국은 일본보다 훨씬 앞서 서구문명과 조우하였으나 거대한 몸체와 뿌리 깊은 전통을 갖추고 있어 그들이 무력으로 침공하기 전에는 크게 동요되지 않을 수 있었다.

이에 비해 일본은 비교적 규모가 작고 성리학이라는 확고한 정치사상의 영향력 역시 약한 나라로서, 전통적으로 막부는 항상 '힘의 논리'에 의해 유지되어 왔다. 또한 그들은 섬나라 특유의 문화는 외부로부터 수입된다는 인식을 갖고 있었으며, 여기에 강력한 왕권 수립을 계기로 서양의 근대화를 적극적으로 수용할 수 있었다.

명치정부는 유신(維新)을 단행하여 학제, 징병제, 지조개정(地租改正) 등 일련의 개혁을 추진하고, 부국강병의 기치하에 서구 근대국가를 모델로 관(官)이 주도하는 자본주의 육성과 군사력 강화에 힘써 새 시대를 열었다. 그리고 그 개혁의 중심에 국왕이 있었다.

국왕을 중심으로 한 이러한 개혁의 성공은 청과 조선에서 개혁을 제창한 강유위와 김옥균 등을 고무시켰고, 이들 개혁사상에 모델이 되었다.

조선의 갑신정변은 3일간의 해프닝(Happening)으로 끝났고 이는 중국의 무술변법이 단 100일을 유지한 것과 짝을 이루었다. 이 둘은 그 주체자들의 출신성격, 개화 내용과 국왕의 동의하에 시행되었다는 점에서 닮았는데 그것은 이들이 모두 일본의 명치유신의 영향을 받았다는데 원인이 있었다.

그러나 무술변법이 자국내 정권 실세들에 의해 패퇴당한 반면 갑신정변은 처음 시도 계획에서부터 외세에 지나치게 의존하였고, 그 실패 역시 외세에 의한 점에서 그 다름이 있었다.

2. 중국의 무술변법(1898년)

강유위 등은 청조(淸朝)라는 현체제를 전제로 정치, 경제, 사회, 문화 등 각 분야에 걸친 근본적인 개혁을 요구하는 개혁운동을 전개하였다. 그리고 1894년에 발발(勃發)한 청일전쟁에서의 패배로 강유위는 본격적인 정치활동 즉 변법유신활동에 주력하게 된다.

청일전쟁의 참패(慘敗)로 인한 위기의식이 그에게는 좋은 기회가 되었다.

강유위는 1895년 과거(科擧)에 응시하고자 모인 거인(擧人)들을 설득하여 정치개혁을 핵심으로 하는 내용의 상서(上書)를 연명(連名)으로 올린 것(일명 공차상서(公車上書))을 시작으로 본격적인 정치활동을 펼쳐 나갔다.[10]

---

10) 청일전쟁의 패배가 확실해저 청조가 굴욕적 화의(和議)를 준비하자 마침 회시(會試)에 응시하기 위해 모인 각성의 수천 명 거인(擧人)들이 강유위를 중심으로 상서를 내도록 하였다. 이때 18개성 1,300 여명은 연합서명을 하여 화약(和約)을 거절하고 천도(遷都), 변법할 것을 내용으로 하는 '만언서(萬言書)'를 상서하였다. 그 뜻이 이루어지지는 못하였으나 전국에 알려지면서 변법 유신운동의 기점이 되었다. 강유위는 7차에 걸친 상소와 29편의 건의서(建議書)를 광서제에게 올렸다. 또 34편의 건의문을 대신 초안(草案)하기도 하였다.

그의 정치개혁론의 기본목표는 군민일체(君民一體) 상하일심(上下一心)을 이루는데 있었다. 그는 군민공주(君民共主)의 정체(政體) 즉 입헌군주제와 의회제를 실시해야 한다는 것이었다. 이를 위해 그는 여러 분야와 단계를 설명하였다.

강유위는 변기(變器)·변사(變事)·변정(變政)·변법(變法)의 개념을 사용하여 그의 변법이론을 설명하였다. 즉 기선을 사고 기계를 설치하는 것은 변기이며, 우편국을 설립하고 광산을 개발하는 것은 변사, 관제(官制)를 개편하고 과거제를 변경함은 변정 그리고 국헌(國憲)을 개정하는 것이 변법이다. 즉 헌법의 제정을 목표로 그 과정·내용을 설명한 것이다

1870년대의 양무운동은 일종의 자강론으로, 이를 주장한 관료들은 전통적인 질서의 수혜자(受惠者)로 다만 정치판도의 재편만을 원했다. 그들도 국가의 부(富)를 말하였지만 이는 국가의 강(强)을 위한 수단이었다.

그러나 1898년 강유위가 영도한 개혁운동에서의 부(富)는 국민의 생활경제를 포함한 의미였다. 이들은 정치혁신을 선결과제로 삼았고, 사회적 여건의 변화에 적응하지 못하는 낡은 제도에 집착하면 커다란 혼란이 생길 것이라 주장하며 제도적인 변화를 목표로 하였다. 그러나 강유위는 개혁파로서 입헌군주제를 주장하며 혁명파의 공화제에 반대하였다.

또한 그는 국민총화라는 입장에서 만한불분(滿漢不分)을 주지(主旨)로 삼아 내우외환을 극복해야 하며, 부국책으로서 자원개발을 하기 위해 서구의 선진문명을 도입하여 상업과 공업을 주축으로 하는 개발정책을 준비하였다.

강유위는 이를 위해 광서제(光緖帝)를 개혁의 핵(核)으로, 개혁의지를 가진 신진 인사층을 개혁추진 동력으로 설정하였다. 그는 개혁의 주체에 대해 당시의 관료는 타성(惰性)에 젖어 있고 부패하여 참신하고 유능한 인재가 필요하다고 생각하였다.

그러나 변법개혁이 의도하는 바는 황권옹호가 아니라 그 권한을 개혁의 추진력으로 삼아, 황제의 전제권력 스스로가 개혁주체가 되어 왕권의 전제성을 포기하는 것을 의미했다. 이는 일본 유신(維新)과정에서 유신을 성공시킨 천황이 수행한 역할에 영향을 받은 것이다.

그는 개혁을 위해 1898년에는 총리아문(總理衙門)에서 이홍장 등을 만나 정치개혁을 역설하였고, 광서제(光緖帝)와 만나 제도개혁을 위해 변법을 단행하고, 제도개혁을 위한 핵심기구로 제도국을 설치할 것 등을 제안하였다.

광서제는 개혁의지가 분명하였다. 사실 강유위의 여섯 번째 상소는 광서제의 '구위입국(救危立國)의 방안을 건의하도록 하명(下命)한데 응한 상소였다. 그리하여 1898년 6월 11일 변법을 국시로 발포하고 9월 20일까지 소위 백일천하의 개혁이 시작되었다.

그러나 변법파에 의한 신정(新政)은 실권이 없어 파국에의 길을 걷게 되자 군사력의 필요를 절감, 원세개와의 협상을 시도하였으나 이 협상은 노회한 원세개의 표리부동한 태도, 그리고 이은 배신으로 실패하면서 백일간의 변법파의 정권은 무너졌다.

변법개혁은 수구파와 실권자인 서태후(西太后)를 중심으로 한 보수세력의 반대로, 광서제 자신은 유폐당하고 100여 일 동안에 수립된 모든 신정책은[11] 폐지되고 강유위 등은 망명길에 오를 수밖에 없었다.

1898년 무술정변(戊戌政變)이라는 변법유신운동이 실패로 끝나자 강유위는 일본으로 망명하였다. 이곳에서 손문(孫文)파와 여러 차례 간부모임을 갖고 합작을 논의하였으나 그는 입헌군주제를 고집하며 합작을 거부하였다.

그리고 1905년 이후 일본에서는 망명 중이던 강유위, 양계초 등이 중심이 된 보황(保皇)입헌운동과 손문 등의 만주족 타도, 공화국 건설

11) 팔고를 폐지하고, 학당을 열고, 병제를 고치고, 쓸데없는 관원을 도태시키고, 언로를 넓히고, 광무, 철로, 공상, 농, 국(局)을 차례로 결정하여 시행하였다(소공권, 『중국 정치사상사』).

을 주장하는 두 계파 간에 격렬한 논전이 전개되었다.

손문은 그가 조직한 '동맹회(同盟會)'의 강령에 따라 '민보(民報)'를 통해 종족혁명과 정치혁명을 동시에 진행할 것을 주장했고, 이에 대해 강유위 등을 대변하는 '신민총보(新民叢報)'는 국민주의 입장에서 편협한 종족주의를 버릴 것과 중국인들의 민도(民度)의 미숙, 그리고 혁명과정의 혼란과 이에 따르는 외세의 간섭을 우려하여 반대하였다.

그러나 1911년 신해혁명으로 배만흥한(排滿興漢)과 민주공화(民主共和)는 이미 중국 대중을 사로잡는 이념이 되었고, 이에 반대하는 강유위는 정치적으로 하강하는 추세에 있었다.

신해혁명은 시간의 수레바퀴를 너무 빨리 돌려 강유위나 양계초같이 입헌군주제를 주장한 인사들은 물론, 손문처럼 공화제를 지향하던 이들에게도 정치행보에 차질을 가져왔다. 손문은 혁명의 3단계를 설정하여 과도기로서 군정(軍政)기간을 본헌법 시행의 준비단계로 예비하였고, 따라서 그로서는 그 준비기간을 빼앗긴 것이다.

변법운동과 그 실패는 청조 지배체제하에서 위로부터의 점진적 개혁을 통해 중국을 근대화시킨다는 것이 얼마나 허망한 일인가를 보여주는 가장 극적인 사건이었다. 그러나 이 운동은 비록 실패는 하였으나, 그것은 거쳐야만 하는 하나의 단계로, 그 후의 혁명적인 변천을 몰고 온 원동력이 되었다는 긍정적인 효과를 가져왔다.

3. 강유위(康有爲, 1858-1927)

1) 생 애

강유위의 자는 광하(廣夏)이고 호는 장소(長素)이며 그는 광동성에서 지주(地主) 독서인(讀書人)의 집안에서 태어났다. 그의 부친은 그가 11세에 세상을 떠났고 그는 조부 밑에서 18세까지 정주(程朱)의 학문을 배웠다.

19세에 결혼하여 성인(成人)이 된 그는 성인(聖人)이 되는 것이 자신의 운명이라는 강한 자부심과 자기 확신을 가졌다. 그는 『자편년보(自編年譜)』에서 '나는 내 자신을 과거의 위대하고 선(善)한 인물들과 교접(交接)시키면서 범인(凡人)들 위에 야심(野心)차고 담대(膽大)하게 올라섰다'라고 쓰고 있다.

그는 이 시기에 이미 강한 우월감(優越感)과 자신감을 갖게 되었고 이는 그의 성품과 행로에 결정적인 요소로 작용한다. 그리고 청장년(靑壯年)에 이르면 '독단적이고, 의지(意志)가 넘치는 심지어 완고한 개성'을 나타낸다.[12)]

2) 우주론과 본성론

① 우주론

강유위의 우주론은 그의 삼세진화론과 더불어 변혁사상의 철학적 기초를 제공하는 관념으로 만물은 태원(太元)이라는 동일한 기(氣)에서 생성되었다는 원기설(元氣說)을 출발점으로 하고 '물아일체(物我一體)'를 근거로 이론을 펼쳐 나갔다.

그는 만물을 동일한 근원을 가진 존재로 인식함으로서 모든 인간은 평등한 관계에 있다는 그의 '평등론', '사해동포'의 정치철학의 기초가 마련된다.

강유위는 왕부지와 대진으로 이어지는 유물론적 기철학의 입장에서 서있다. 그는 '원(元)은 기(氣)이다. 형(形)이 없는 것으로서 일어나고, 형이 있는 것으로서 나뉘어져, 천지를 이루며 시작된다', '천지의 본(本)은 모두 기에서 운용된다'고 하여 원기(元氣)가 우주의 전체로 만물의 본원(本源)이라 하였다(『춘추동씨학』).

그의 형이상학에서는 종래의 리기론에서 기에 대립되는 개념으로서

---

12) 그는 19세에 조부(祖父)의 친구인 주차기(朱次琦)에게 배우기 시작하였는데 스승은 공자(孔子)를 종(宗)으로 하고 제세구인(濟世救人)을 중시하는 경세치용의 학문을 주장한 신유학자였다. 21세에 그는 스승의 문하를 떠나 백운동(白雲洞)에 칩거(蟄居)하며 오로지 수행하며 도교와 불교 서적을 탐독했다. 22세 되던 해에 홍콩을 방문하여 비로소 서양학문을 접하였다.

의 리를 추상적 관념이라 생각하여 리를 논외(論外)하였다. 성리학에서 리는 유무를 상통하는 우주의 선험적 존재 원리로서 기(氣)와 함께하였으나 이제 기(氣) 중심의 유(有)의 세계가 펼쳐지면서 만물의 생성을 설명하는데 있어 리의 원리성이 배제되고 이는 단순한 용(用)[13]이라는 생동감 있는 개념으로 대치된다.

이로부터 리는 구체적이고 현실적인 자연관에 묻히고 만다. 이러한 관념상의 추세(趨勢)는 이미 왕부지와 대진에 의해 리를 기에 내재하는 원리로 이해되면서 이루어 진 것이다.

강유위는 기가 우주의 본체이며 이 체를 바탕으로 우주의 작용인 용에 의해 만물이 생겨난다고 하였다. 용은 체를 떠나서는 발생할 수 없으며, 체 또한 용이 없으면 그 모습을 들어 낼 수 없다고 하여 용으로 리를 대체하였다. 그러나 용에는 종래 리의 보편성이나 원리성의 흔적은 보이지 않는다. 이미 송명 리학에서의 리가 갖는 만물을 주관하는 원리로서의 전면적이고 권위적인 성격은 퇴락(頹落)하였다.

그는 '도(道)는 원(元)으로서 체를 삼고, 음양으로서 용을 삼으니, 리는 모두 음양이 있다'고 하여 음양의 교체를 우주의 근본법칙으로 보고 있다. 다시 말해 천도(天道)는 하나가 양(陽)이면 다른 하나는 음(陰)이며, 이는 사물에서 반드시 합하여 진다.

역(易)의 원리는 음양이 교체하는 변(變)에 있고, 그 과정은 조화와 균형에 따른다.[14] 우주자연은 상호 연관된 모든 부분과 다양한 힘의 위계적 질서로서 이루어진 유기체로 조화는 이 질서의 절대적 요청이다.

이 법칙에 따르면 우주내의 모든 존재는 상호대립하는 모순된 두 측면이 있으나 이 둘이 서로 조화되고 균형을 이루어 만물을 형성한

---

13) 기(氣)에는 이미 운동이 포함되어 있고, 리(理)가 제공하는 운동법칙에 따라 스스로를 체현(體現)한다는 것이 신유학의 리기론이다. 그가 리(理) 대신 사용한 용(用)은 그러해야 할 만큼 당시의 리(理)는 그 추상적, 선험성 때문에 요원한 개념으로 현실세계에서 거리를 두게 되었다는 뜻도 된다.

14) 음양론은 자연변화 또는 사회발전의 모순현상을 음과 양이라는 이질적이고 상대적인 성질 또는 동력으로 범주화한 것으로, 이 둘은 자기발전과 완성의 조건으로 상대를 필요로 할뿐 아니라 이를 통해 양자간 생산적 조화를 지향한다.

다는 것이다. 그는 상호모순 되고 반대되는 점을 확실히 알게 되면 옳은 선택을 할 수 있고 그것이 곧 도(道)이며 이 도에 따라 조화를 이룸으로써 인류역사는 발전할 수 있다고 믿었다.

② 본성론(本性論)

강유위는 역사가 진화 발전한다고 보았으나 그 주된 추진력은 인간의 자연적인 수요와 욕구 만족을 추구하는 노력에 있다고 생각하였다. 그는 인간이 선천적으로 완전한 도덕본성을 지닌다는 정주(程朱)의 철학(性卽理)에 반대하고 '천리는 인욕 속에 있다는 대진(戴震)의 견해에 동의한다.

그는 공자(孔子)의 '성상근(性相近) 습상원(習相遠)'을 철학적으로 재해석하여, 인간의 본성은 본래의 생명력인 식·색 등, 육체적 요소로 이는 서로 다를 바 없고, 도덕적인 선(善)은 후천적인 교화에 의한 것으로 그 닦고 다듬음(習)에서 크게 차이가 날 수 있다는 것이다. 그러나 인간의 본성에는 교화되는 근원인 윤리적 요소가 있다고 보았다.

인간은 그 본성에 선(善)의 소질이 있지만 아직은 선은 아니다.[15)]

선은 성(性)의 정상적 발전에 의해 구현되며 악은 그에서 일탈(逸脫)한 결과이다. 이를 사회적 관점에서 보면 역사발전에 있어 올바르고 적합한 행위를 하면 번영하고 역행하면 멸망한다는 결론에 이르렀고, 이는 곧 선진유학의 천인관계의 해석과 일치한다.

강유위는 욕망 없이 산다는 것은 죽은 것이나 다름없다고 하여 인간의 욕망을 긍정했다.

따라서 행복추구는 인간의 가장 중요한 행위동기로 모든 사회, 정치제도는 모든 사람의 행복과 쾌락을 향유하도록 보장해 주는 기구여야만 한다.

그러나 행복을 추구함에 있어 '다른 사람에게 고통을 주어서는 안

15) 그에 의하면 쌀은 벼에서 나오나 벼가 곧 쌀은 아니다. 이처럼 선(善)은 성(性)에서 나오나 성이 곧 선은 아니다. 즉 인성에 있어 선질(善質)은 있으나 아직 미발(未發)인 상태이므로 교화를 통하여 선으로 될 수 있다.

된다'는 스스로의 한계를 지키는 것이 모두의 행복을 수호하는 행위 기준으로 보았다. 따라서 공동의 가치척도는 공익(公益)에 있고 사회적으로 유익한 쾌락이 진정한 것이고, 해가 되는 것은 거짓된 쾌락이다.

그는 하늘이 부여한 본성에 순종하여 인도(人道)가 실현되는 것을 즐거움으로 정의하고 있다. 그는 즐거움은 자연적, 이성적이라 하여 자연의 원칙과 이성의 원리가 동일한 것으로 믿었다.

3) 삼세설(三世說)과 화이론(華夷論)

① 삼세설

강유위에 있어 삼세론은 그의 정치개혁론과 이상정치론, 두 이론을 연결시키는 철학적 기초로서의 성격을 갖는다.

그는 동중서의 삼세관을 수용하였고 그 삼세에는 각각 요구되는 법이 다를 수밖에 없다는 논리를 자신 정치철학의 목표인 변법의 당위성의 근거로 삼았다.

그의 삼세설에 따르면 '삼세란 공자의 비상한 대의(大義)로 『춘추(春秋)』라는 역사서에 그것을 밝혀 놓았다. 공자(孔子)가 전(傳)해들은 바(所傳聞)의 세(世)는 거란세(據亂世)이고, 들은 바(所聞)의 세(世)는 승평세(升平世)이며, 본 바(所見)의 세는 태평세(太平世)이다. 난세에는 아직 문교(文敎)가 밝지 않았고, 승평세에는 점차 문교가 갖추어지니 바로 소강(小康)이다. 태평세는 바로 대동(大同)의 세로 원근대소가 하나로 되며 문교가 완비된다'라고 하였다(『춘추동씨학』).

그에게 삼세설은 제도개혁의 필연성에 대한 이론적 근거였다. 그는 서양 진화론에서 아이디어를 얻어 종래 공양(公羊)[16] 삼세설을 순환이

---

16) 공양학은 『춘추(春秋)』에 대한 주석서(註釋書)인 공양고(公羊高)의 『공양전』에 근거하여 성립한 학문으로 서한(西漢)의 동중서와 후한의 하휴(何休)에 의해 체계화 되었다. 『공양전』의 핵심사상은 공자(孔子)가 천명을 받은 왕으로서 한(漢)나라의 법도를 제정했다는 것이다.
공자(孔子)가 살았던 시대는 공개적으로 법도를 제정할 조건이 아직 구비되지 못하여 공개적으로 논(論)할 수 없었고, 이에 공자는 『춘추』에 의리(義理)의 개념을 천하통일 이념으로 승화(昇華)시킨 내용을 미언대의(微言大義)로 함축시켜 놓았고, 이를 공양고가 『춘추』의 주해(註解)로 풀어 썼다. 여기에 탁고개제(託古改制)라는 말이 나

아닌 전진적(前進的) 의미로 재해석하여 이를 인류전체의 발전원리로 삼은 것이다.

그는 각 세에는 마땅히 있어야 할 제도와 법이 있어 그 시의(時宜)에 맞는 입법을 하여야 하며, 이를 잘하는 사회는 당연히 때와 더불어 병진한다하여 변법의 필연성을 강조하였다. 따라서 강유위가 말하는 역사적 필연성이란 인간의 실천을 매개로한 필연성이다.

사실 그의 개혁론의 근거에는 시세(時勢)에 대한 인식이 있었고 이를 삼세론을 빌어 증거하려 했으며, 또 이것이 천도에 맞는 행위라는 믿음이 있었다.

② 화이관(華夷觀)

역사상 고대 이래 청조에 이르기까지 여러 차례 이적들에 의한 정치적 지배를 받아 온 중국인들에게 화이의 구별은 외래 이적의 왕조를 중국의 정사로 보는 문제 즉 중국의 정통성의 범주를 결정하는 중요한 문제였다.

일반적으로 명대 이전에 화이관은 오상(五常)을 따르느냐는 문화적 측면에서 보았으나 명말청초에는 종족에 따른 화이의 구별을 따르는 추세가 화이관을 주도하면서 당시의 배만을 주장하는 이들의 심리적 근거가 되었다.

그러나 공양사상에 근거한 강유위의 화이관은 태평의 세인 대동세계에서는 원근대소(遠近大小)가 하나라는 이념에 따라 종족적 화이가 아닌 문화주의, 그리고 더 나아가서 화이구별 자체를 부정하였다.

따라서 그는 현실적으로 청조를 긍정적으로 받아들였고, 1893년의 저작인 『여유왕자필세이후인(如有王者必世而後仁)』이란 글에서 '성인(聖人)이 인정(仁政)의 어려움을 생각하여 『춘추』를 짓고 그로써 왕사를 가탁하였다. 대저 왕자가 있은 후에야 인정이 있을 수 있다'고 하여 군주제의 필요성을 암시하였다. 그의 이후의 정치 행보 역시 이러한

오는데 이는 한(漢)의 유자(儒者)들이 정치·사회제도를 제정함에 있어 공자의 말에 가탁(假託)하였다는 의미이다.

만한불분(滿漢不分)과 군주제의 기조에서 벗어나지 않았다.

강유위는 삼세를 문교의 차이로 규정함으로서 그가 관념적 인문주의자로 현대 서구 정치사상에서 찾을 수 있는 사회경제의 실제적 사회구조에 대한 이해가 결여되었음을 보여준다.

4) 복벽(復辟, 1917)과 공교(孔教, 1912-1927)

강유위는 특유의 독단적이고 의지가 넘치는 완고한 개성을 나타냈다. 그의 정치 행보 중에 하나는 복벽(물러났던 임금이 다시 왕위에 오름) 운동이고 다른 하나는 공교회 활동으로 이 두 시도는 현실적으로나 중국인들의 문화적 성품이라는 점에서 볼 때 현실과는 맞지 않는 선택이었다.

원세개의 사후 그의 휘하 장군들 간에 권력투쟁이 공공연히 행해지면서 정국은 군벌의 각축장이 되었다. 1917년 군대를 이끌고 북경에 진입한 장훈(張勳)은 이미 퇴위한 청제를 다시 옹립하기로 하였는데 강유위는 이 복벽에 찬동하여 이들과 합류하였다.[17)]

또한 강유위의 독창적이랄 수 있는 성격의 다른 한 단면으로, 그는 유교를 국교(國教)로 삼을 것을 제의한다. 그는 금문경학에 정통하였고, '금문경학에서는 공자의 위치는 스승에서 왕으로, 왕에서 신(神)으로 나아갔기 때문에 금문경학을 주장하면 자연히 공자는 교주(教主), 공자의 가르침은 종교로 되었다(펑유란, 『중국 철학사』).

강유위는 서양에서 사회질서와 평화가 법이 아니라 종교에 의해 유지되고 있다고 보았다. 그는 당시의 상황을 정치사회적인 문제뿐 아

---

17) 이에 대해 양계초는 크게 반대하였다. 양계초가 군주제(君主制)를 선택한 것은 국가 안정의 필요에 따른 것으로 '황제의 존엄(尊嚴)은 신비적(神秘的)인 역사적 개념(概念)에 의하여 생긴 것으로 무형중(無形中)에 그것은 직간접으로 정치의 안정(安定)을 이루는 힘'이 있고 그는 그 힘을 이용하려는 데 있었다. 그러나 한 번 더럽혀진 존엄은 다시는 유지(維持)되지 못한다하여 복벽의 무의미함을 들어 반대하였다. 그러한 이유와 함께 양계초는 국체(國體)를 변화시키려는 어떤 시도(試圖)도 혁명적인 것으로 이는 인민에게 해롭기만 한 파괴적인 것이라는 입장에서, 복벽은 신해혁명으로 한 번 바뀐 국체를 다시 되돌리는 행위로 이에 반대하였다. 그는 이전에 이미 원세개에 의한 황제제 복귀문제로 그와의 관계가 반원세개로 바뀐 바 있었다.

니라 문화·종교적인 면으로 이해하여 보교(保教)와 보국(保國)을 동시에 강조하였다.

그는 종교가 꼭 신(神)의 도(道)일 필요는 없고 인간 내면의 의지를 인도할 수 있고 행동을 조절해주는 신념이면 된다고 생각하였다. 그는 천하의 종사(宗師)는 공자(孔子)이며 의리와 제도가 모두 공자에게서 나왔다고 하여 공자가 단순히 중국문화를 계승 발전시킨 것이 아니라 그로부터 비롯된 것으로 해석하였다.

그러나 이는 중국의 문화성격과는 맞지 않는 것으로 이에 대하여는 그의 가장 측근인 양계초조차도 전통에 대한 모독이라고 비판하였다.

5) 이상론

그의 삼세론에서의 대동세계는 이미 그 내용에 있어 이상세계였으며, 따라서 그의 이상세계에 대한 구상은 1884년부터라고 볼 수 있지만 그것이 보다 구체화되기는 1898년 백일유신(百日維新)이 실패하고 망명한 시기부터였다.

강유위의 사상에는 항상 박애와 평등사상이 함유(含有)되어 있다. 그리고 그가 이상으로 하는 대동세계란 인류의 박애와 평등을 실현한 이상적인 제도이다. 박애가 대동의 기초라면 평등은 대동의 작용이다. 박애가 대동의 동기라면 평등은 대동의 결과이다. 이 두 가지는 상보병행(相補竝行)의 관계에 있지만 강유위는 박애를 더 중시했다(소공권, 전게서).

강유위가 그리고 있는 이상사회란 인간사회의 경계를 허물고,[18] 박애정신으로 평등을 이룬 문교가 완비된 사회이다. 그리고 '문교(文教)가 완비된 대동의 세'는 곧 문화적 이상세계이다.

강유위는 자기 본래의 이상적 성품에서 동서고금의 어느 유토피아

18) 그에 따르면 인류(人類)의 모든 고통은 인간들이 9계(界)로 나뉘고 경계(境界)를 세워 자기를 고집하며 소통(疏通)이 차단(遮斷)되어 있기 때문이다.
9계란 국계(國界), 급계(級界), 종계(種界), 형계(形界), 가계(家界), 업계(業界), 난계(亂界), 유계(類界), 고계(苦界)의 아홉 가지 구분이다(소공권, 전게서). 그 구분의 기준에는 정치사회학적, 생물학적 그리고 더하여 불교적 색채까지 가담한 범인류 문화적 범주를 포함하고 있다.

에서도 찾아 볼 수 없는 가장 비현실적 이상세계를 태평세의 이름으로 구상하고, 비상(飛翔)하였다.

그가 구상하는 이상세계는 단일 민주정부를 갖춘 세계국가로서 사회적으로는 혈족, 종족, 계층의 구별 없이 모든 인류를 포용하고, 인류의 과학기술의 혜택이 모든 이에게 극대화되는 체제이며 박애로 평등을 이루는 사회이다. 그의 박애사상은 유가의 인(仁)에 바탕한 것으로 인은 곧 인류애를 의미하며 따라서 그의 이상세계는 인의 실현이 극치에 다다른 상태이다.

그는 사유재산제도나 국가의 폐지는 물론 가족제도 심지어 남녀 간의 결혼 관계조차 부정하였다. 그는 일체의 인위적인 제도를 행복을 향유할 전제조건인 평등과 평화에 대한 방해물로 보았다.

강유위는 가족제도를 안으로는 가족간의 갈등으로 인한 각종 폐해 그리고 밖으로는 이기주의의 온상으로 사회악의 근원이라는 두 측면에서 이 제도의 폐지를 주장하였다.[19)]

플라톤 역시 가족제도의 폐지나 부부관계에 대한 국가의 감독을 말하였으나 그것은 지도계층의 통치자로서의 자질향상이라는 목표를 갖고 사회 일부에게 또한 한시적으로 적용하려 한 것이었다.

이상은 당위로서의 성격을 갖추어야 비로소 그 의미가 인정된다. 그러나 강유위의 이상론이 가족제도의 폐지에 이르면 공허할 뿐 아니라 양계초가 말했듯이 '전통문화에 대한 모독'일 뿐이다. 그가 힘써 제창한 공교(孔教)의 윤리관은 그 입지(立地)가 과연 어디인가 의심스러워지는 주장이었다.

양계초는 강유위를 다음과 같이 평하였다.

'나의 스승은 중국에서 민권을 옹호했던 첫 인물이다. 그러나 개혁에 대한 현실적 정책을 다룸에 있어 그 분은 군권의 중대성을 강조하였다. … 또한 민생을 실천하도록 황제를 이용해야 한다고 역설하였다.'

---

19) 그는 '가족제(家族制)를 없애려고 한다면 오로지 천부인권(天賦人權)의 뜻을 분명히 하고, 남녀(男女)를 모두 평등·독립하게 하며, 혼인을 부부(夫婦)라고 이름붙이지 않고 다만 교호(交互)의 화약(和約)만을 맺게 해야 한다'고 하였다(『대동서』).

소공권은 강유위의 생애 전반을 다음과 같이 논평하였다.

'천진난만하게도 인간적인 강유위는 오류와 결함으로부터 결코 해방되지 못하였다. 그는 성인도, 성현도 아니었다. 잃어버린 명분을 찾아 투쟁한 투사로서 결코 영웅은 못 되었다. 때때로 그는 많은 이들의 관심을 끌었던 대상이었을 뿐, 이내 변화가 닥쳐왔다. 역사는 실용주의적 기준에 의거, 사회 정치적 행위를 보고 인물을 평가하는 경향이 있다. 현실에서 확증을 보여주지 못하는 예언자들의 선견지면에는 영광이 돌아오기 어렵다. 그러나 개혁가이자 이상주의자였던 강유위가 중국근대의 지성사(知性史)에 공헌한 바는 대단하다.'

4. 양계초(梁啓超, 1873-1929)

1) 생 애

양계초는 광동성 사람으로 호(號)는 임공(任公)이다. 그는 중국 최남단 광동성(廣東省)의 한 섬에서 태어났다.

1889년 16세에는 광동(廣東) 향시(鄕試)에 합격하여 그의 조부와 부친의 염원이던 거인(擧人)이 되었고, 다음 해에 북경(北京)의 회시(會試)에 참가하였지만 낙방하였다. 이 해에 그는 친구를 따라 강유위를 찾아뵙고 그의 제자가 되었다. 그리고 그를 사사(師事)하여 공양학의 정수를 익혔다. 그러나 그는 강유위가 왕부지와 대진의 기철학의 계열에 따른 것과는 달리 육왕심학에 보다 친근하였다.

양계초는 단순한 정치 사상가나 이론가 이상(以上)이었다. 그는 대중적인 지성인, 언론인 그리고 정치활동가로서 그의 경력은 아주 젊었을 때부터 시작되었다.

그는 동시대인들 중에서 가장 국제적인 인물이었다.[20)]

---

20) 그는 일본에서 16년을 보냈으며, 미국, 영국, 프랑스, 독일, 캐나다 등 많은 나라를 여행했고 또 많은 사람들, 데오도어 루즈벨트(Theodore Roosevelt) 대통령, 재계(財界)의 제이 피 모건(J. P. Morgan), 철학자 앙리 베르그송(Henri Bergson) 등을 만났다. 또한 버트랜드 러셀(Bertrand Bussel)을 초청하였고, 그는 중국에서 일련의 강의를 하기도 하였다.

양계초는 강유위가 전통 유가의 틀에 갇혀 유연성을 상실한데 반하여, 그는 결코 중국 전통을 바꾸어 서양화하려고 하지는 않았지만, 서구의 정치와 사상을 이해하고 받아들이는데 앞장섰다. 그는 먼저 학문적 개념과 용어의 사용에서도 서구화되었다.

한 마디로 강유위의 장점은 독창력에 있는 반면 양계초는 사상이나 인간관계에서 친화력을 바탕으로 하고 있다.

2) 사상의 성격

양계초는 우주생성의 근원에 대해 이를 원기(元氣)라 하고 원기는 '무성(無聲)·무형(無形)의 존재로, 이는 취할 수 없으며, 그 크기는 우주만물을 만들 정도이나 작기로는 홀연히 위축되어 형태마저 사라지는 것이다'라고 하였다.

그러나 그는 '문명에는 형질(形質)이 있는 것과 정신이 있는 것이 있다. 형질의 문명을 구하기는 쉬우나 정신의 문명을 구하고자 하면 어렵다. 정신이 갖추어 지면 형질은 저절로 생긴다. 정신이 존재하지 않으면 형질은 의부(依附)할 곳이 없다. 그러니 진짜 문명이라 할 것은 정신만 있으면 된다'고 하였다(『국민십대원기론』).

이는 그의 유심론의 한 단면으로 국민계몽에 의한 정신적 자립을 강조하기 위해 문명론을 빌어 정신의 중요성을 설파한 것이다.

그는 불교의 유심론의 영향을 받아 '경(境-대상(對象)과 심의(心意)가 만나는 경계)'의 개념으로 사물의 현상과 마음의 현상을 구분하였다. 즉 물경(物境)과 심경(心境)을 상대적인 것으로 구분하고, 사물의 본래 모습은 하나이나 인간은 오직 마음에 따라 나타나는 갖가지 현상 즉 심경에 따라 이들을 이해하며 또 행동할 뿐이다.

이때 그가 심경을 들어 강조하고자 한 것은 국민 각자의 마음의 중요성이었다.

그는 '이른바 정신이란 무엇이냐? 곧 국민의 원기이다. … 이는 일석일조에 할 수 있는 것이 아니며, 일인일가(一人一家)가 이루어 낼 수 있는 것이 아니며, 정부가 힘으로 강요할 수 있는 것이 아니며, 종문(宗門)의 가르침이 권도할 수 있는 것이 아니다. … 나라는 무엇에 의해 설 수 있는가? 민(民)에 의해서 일 뿐이다. 민은 무엇에 의해 설 수 있는가? 기(氣)에 의해서 일 뿐이다(『국민 십대원기론』).

이러한 양계초의 신념은 그의 후반기 삶을 국민계몽에 그리고 학교에서 교수로서 가르치는 일에 전념케 하였다.

사실 양계초는 철학을 지식탐구의 목적이 아니라 현실 개혁의 수단으로 생각하여 국민계몽에 힘쓰고 있던 그에게 우주생성의 원리와 같은 우원한(迂遠)한 논의는 그의 주된 관심 밖이었다.

3) 정치사상

① 정치사상

양계초 정치철학의 중심 화두는 국가주의였다.

그는 중국인들에게는 '국가'와 '천하(세계)'를 그리고 국가와 왕조(왕실)를 구분하는 의식이 없었고 따라서 국가와 국민과의 관계에 대한 이해 역시 없었다고 하였다. 그는 이러한 이해의 부재를 중국의 정치적 폐해의 근본적인 원인으로 파악하였다.

따라서 서구화를 지향하는 양계초에게 가장 중요한 것은 국가주의와 서양의 국가번영 사이의 인과적 관계를 밝히는 것이었다. 그는 1902년에 다음과 같이 썼다.

'16세기 이래 유럽이 흥기하고 세계가 발전한 것은 모두 Nationalism의 떠오르는 힘 때문이었다. 국가주의란 무엇인가? 같은 종족, 언어, 종교와 관습을 가진 다양한 지역의 사람들이 서로가 서로를 동료로 보면서 독립적인 자치를 추구하고, 공동의 선(善)을 추구하거나, 다른 종족을 정복하기 위하여 정부를 조직하는 것이다. 그리고 19세기 말까지(지난 20년 혹은 30년) 이 주의(主義)가 극도로 발달하고 더 나아가 National Imperialism이 되었다(『1996 양계초 전집』).

그는 국가주의를 그가 추구하는 역사적 변화에 따른 새로운 제도창설의 목표로, 그리고 그 정당성에 대한 근거로 삼았다.

국가주의는 세계에서 가장 공평하고 가장 커다란 학설이다. 어떤 국가도 우리 국가의 자유를 침범해서는 안 되며 우리국가도 다른 나라의 자유를 침범해서는 안 된다. 이 학설이 국가에 적용될 때 그것은 인간의 독립을 의미하며, 그 학설이 세계에 적용되었을 때 국가의 독립을 의미한다.

그는 국가주의를 역사화하고, 18·19세기를 국가주의 시대로 이해하여 이제 '우리가 중화(China)를 하나의 국가로 건설해야 한다'고 믿었다. 그는 처음으로 '국민'이라는 단어를 사용하였다. 이 단어로 종래의 어떤 지역의 인구를 뜻하던 '민(民)'을 국가주의와 연결하여 국가와 민을 하나의 공동 운명체로 느끼게끔 하였다.

국가주의는 국민의 입장에서는 민권의 보장을 의미한다.

그는 '국가에 대한 사랑이란 무엇인가? 그것은 인민이 자신을 사랑하는 것이다. 그러므로 인민의 권리가 신장되었을 때 국가의 권력도 수립된다. 인민의 권리 혹은 권력이 사라지면 국가의 권리 혹은 권력도 사라진다'라 하여 국권과 민권사이에는 밀접한 관계를 강조하였다(상동).

이 말의 배후의 논리는 '권력은 국민이 함께 행동할 때 생겨날 것이며, 이 권력을 통하여 새로운 공화국을 건설하여 역사를 만들어 나갈 수 있을 것이다'라는 것이다.

양계초는 입헌군주제의 지지자로 민주공화제를 주장하는 이들이 가장 중요하게 생각하는 민권에 대하여, 이는 군주입헌이나 민주입헌에서 동등하다고 주장하였다. 그는 군주와 민주는 국체상(國體上)의 차이이고, 민권은 정체(政體)상의 문제로 이 둘은 입헌에 의한 정체라는 점에서 같다고 하였다.

그는 민권 신장을 필수적인 것으로 그리고 지성(知性)에 의해 성장하는 것으로 이해했고 따라서 중국인민을 새로운 시민(新民)으로 교화시키는 것을 자신의 사명으로 알았다.

② 자유와 평등

양계초는 자유를 '권리의 표징'이며 '정신계의 생명'이라고 정의한다. 자유는 독립을 기초로 해서 구축되어야 하며 인간은 자유를 통해 독립된 인간으로서의 자격을 얻게 된다.

그는 당시 중국인들의 자유를 상실한 상태의 원인을 삼강오륜의 압제(壓制)에 의해 형성된 노예근성에서 찾았다. 유가의 삼강오륜은 인간을 독립적인 존재로 보지 않고 사회를 구성하는 인간관계라는 큰 망(網)에 벼리(綱)인 군주, 부친과 남편에 이끌리는 한 눈(그물 따위의 구멍)으로 생각하였다.

따라서 이러한 상대적 존재로서의 인간에게 '의뢰(依賴)'는 일상적 타성(惰性)이 되었고, 모든 잘못을 남의 탓으로 돌리는 노예근성이 굳어졌다고 보았다. 그리고 독립된 인간으로서의 삶을 위해서는 노예근성을 뿌리 뽑고 민권을 신장시키고 자유가 무엇인지를 가르쳐야 한다.

그러나 그는 자유의 사회에 대한 윤리적 책임을 강조하여 제재력 없는 자유는 '공공의 적(敵)'이라 하였다.

그는 자유가 자유로워지기 위해서는 공리(公理), 법률, 그리고 집단의 다수의견에 복종할 수 있어야 한다고 하여 한편으로는 천부적인 자유를 인정하면서도 그에 앞선 공공의 질서와 이익을 중시하였다. 그는 집단의 자유가 우선 보장되어야 개인의 자유도 비로소 보장될 수 있다는 생각이었다.

그는 정치적 법률적 자유를 사회적·윤리적 자유와 구분하였다.

그는 자유에 대하여 정치적 자유가 외부의 권력이나 제도로부터의 자유임에 반하여 윤리적 의미의 자유는 자신을 억제하여 육체적 욕망으로부터 벗어나 양지(良知)를 완전히 자유롭게 하는 것이라고 하였다.

그는 자유와 평등의 기능은 정치에 적용되는 것으로 누구나 법에 의해 보호받을 자유를 가지고 있으며, 누구나 법 앞에서는 평등하다는 것을 뜻하는데 지나지 않는다. 그것들을 이 영역을 벗어나 해석되어서는 안 된다고 하였다(상동).

그는 '평등'에 대하여도 이는 인간은 같은 기본 성품을 갖고 태어난다는 것을 의미할 뿐이며, 인간은 성인이 될 수도, 인간성을 상실 하고 짐승처럼 될 수도 있는데 후자의 경우 그들이 다른 사람과 평등할 수 있겠는가라고 반문한다.

③ 사법(私法)과 공법(公法)

양계초는 앞으로의 사회가 법률에 의해 운용될 것이라는 믿음을 가졌고 따라서 이러한 인간관계의 법률적 해석을 참구(參究)하였다.

그는 '근대 문명은 로마법의 연구로부터 시작되었다. 그 영향은 매우 커서 모든 근대국가의 법률체계는 의무가 아니라 권리를 기초로 성립되었다. … 권리가 법의 기초였음으로 법의 목적은 인민의 자유를 제한하는 것이 아니라 인민의 자유를 보호하는 것이었다. … 중국은 3천 년의 법률 역사를 가지고 있었으나 시민법에 관한 것은 거의 전무하였다.'(상동)

농경 중심인 중국의 전통사회에서는 기본적인 인간관계를 오륜(五倫) 즉 군신, 부자, 부부, 붕우, 장유라는 단순한 틀로 설정하고 삼강(三綱)에 의해 사회질서를 유지하였다. 이러한 단순한 사회관계의 설정의 기본적인 정서는 종법사회 즉 종족개념에서 비롯된 인간내면의 친근감을 결합의 원천력으로 하는 하나의 공동체 개념이 전제된 것이다.

그러나 경제사회의 발전에 따른 이익(利益) 중심의 인간관계 즉 이익사회 혹은 산업사회가 점차 사회 일각(一角)에서 이행되어 갔고 그러한 사회에서의 인간의 행위는 전혀 다른 동기 즉 비인격적이고 계약에 의한 자기이익 추구에 있음으로 이는 오륜의 범주를 벗어난 것이다.

그리고 이러한 관계를 규정하는 권리·의무에 대하여는 근대적인 사법(私法) 즉 시민법이 필요하며 그는 이를 인식하고 그 법제정을 주장하였다.[21] 그러나 그는 기본적으로 유가의 오륜의 본래의 뜻을 바꾸

21) 의무와 권리는 대대적(對待的)인 것이다. 만약 이 세계가 점진적으로 문명화되어 간다면 결단코 권리없는 의무는 없을 것이고 마찬가지로 의무없는 권리도 없을 것이다.

려는 대신 이러한 관계의 합당한 윤리적 덕목을 추가하려는 뜻에서 이 관계를 설명한 것이다.

양계초는 법체계에 대하여 사법(私法)은 일반인의 권리와 의무를, 공법(公法)은 국가에 관련된 국민의 권리와 의무를 결정하며, 그리고 국가와 국민의 관계인 공법의 기본요건(要件)으로서 헌법이 필요하다는 점을 지적하였다.

양계초는 헌법은 한 나라의 군주, 관리 인민들이 모두 지켜야 할 국가의 모든 법도의 근원으로, 중국에서 군주의 전제가 가능하였던 것은 군권(君權)을 '유한(有限)'하게 하는 헌법의 기능을 몰랐기 때문이라고 하였다.

그는 헌법은 일반적으로 세 부분을 가지고 있다고 설명하였다.

즉 1) 국가 조직의 체계, 2) 국가 행정에 관한 규정, 3) 국가에 대한 국민의 권리와 의무의 세 가지가 있어야 하며 이 중에 어느 하나가 빠져도 그것은 헌법이라고 부를 수 없다.

4) 정치 실천과정

양계초의 정치적 목표는 국가주의의 실현에 있었고 이를 실천하는 과정의 행동원리는 단계적 사회진화론에 따른 점진적인 것이었다.22)

양계초는 이를 받아들여 중국의 현실에 대응하는 이론체계로 발전시켜 사회진화론의 학계 보급에 크게 기여하였다. 사회진화론의 이론적 전제(前提)는 사회 또는 국가의 유기체설로, 국가를 하나의 유기체로 보아 그 유기체의 운동과 그에 따른 변화를 진화·발전 과정으로 이해한다.

생물학적 진화에는 비록 돌연변이는 있어도 그 전체적인 과정은 연

그러므로 권리와 의무의 양단(兩端)은 평등하고 서로 상응하게 되어 있는 것이 그 본성이다(飮氷室專集)라 하여 개인과 집단 간의 권리·의무와 자유의 한계를 말하였다.

22) 그가 사회진화론을 전해 듣기는 강유위로 부터였고 담사동에 의해서도 진화론을 접할 수 있었다. 그러나 사회진화론을 중국에 처음 소개한 사람은 엄복(嚴復)으로 그가 번역한 헉슬리의 『천연론(天演論)』에 의해 학술적으로 소개되었고 양계초는 1896년 『천연론』이 출간되기 전에 그 수고본(手稿本)을 먼저 읽었다.

속적인 진행에 따른 점진적인 발전으로 비약은 있을 수 없다. 양계초는 이를 사회발전과정에 적용하여 입헌군주제라는 비교적 온건한 사회개혁의 논리적 근거로 삼았으며, 또한 급진적인 사회개혁을 주장하는 민주공화제의 이론에 대항하였다.

사실 입헌군주제는 군주제를 옹호하는 입장에서는 보수적이지만, 입헌(立憲)을 통해 군주를 형식상 상징으로 존속시키며 정치실권을 국민이 장악한다는 면에서는 당시로는 혁신적인 제도인 것이다.

양계초에게 국가의 안전은 곧 그의 국가주의의 실현을 위한 절대적 가치이다. 그의 정치이론은 개명군주제에서 입헌군주제로 그리고 다시 민주공화제로의 변화를 겪어 왔지만, 그 과정에서 그는 언제나 국가의 안전을 최우선으로 하는 선택을 하였다.

사실 그는 '입헌(立憲)이 실행되고 정권이 의회로 돌아가면 황제는 폐물에 다름이 아닙니다. 국세가 안정된 뒤에 그를 폐하면 어떻고 남겨두면 어떻습니까?'라 하여 그의 궁극적 목적이 민주공화제에 있음을 밝힌바 있다.

신해혁명 이후 귀국하여 현실 정치 일선에 참여하면서 그는 민주공화제를 지지하는 변화를 보였는데 이는 이미 군주제가 폐지된 상태에서 더 이상 국체를 논하는 것은 의미가 없을 뿐 아니라 원래 국체는 혁명가들의 몫이며, 정치가인 자신은 정체에 대한 논의로 충분하다고 보았다.

5) 정치 개혁

일본 망명 초기의 양계초는 강유위의 영향을 잘 받아들여 그의 변법이론을 중국의 실정에 맞도록 구현하는 역할을 담당하였다.

이들은 입헌군주제를 가장 좋은 정치형태라 믿었다.

입헌국이 되면 군위(君位)의 계승과 주권의 소재가 분명해져 군왕의 폭정이나 신하의 왕권찬탈은 있을 수 없으며 또 군주의 명령이나 대신의 임면 등 모든 조치는 의회의 동의를 받아야 가능하게 된다.

양계초는 중국의 정치상황이 변정·변법 단계에 있다고 확신하였고, 강유위에 따라 변정(變政)으로는 삼권분립의 원칙에 따른 정체(政體), 그리고 변법(變法)으로는 입헌군주제로의 헌법제정을 주장하였다.

그러나 강유위와 마찬가지로 양계초 역시 '무릇 국가의 풍기(風氣)가 열리고 문학이 성(盛)하고 민지(民智)가 이루어진 다음에야 의원(議院)을 설치할 수 있다'고 하며 이들의 즉각적인 실시를 유보하였다.

이러한 준비론은 1905년 이후로 더욱 강조되어 『개명전제론(開明專制論)』으로 나타난다. 그는 '인민의 의식정도'와 시정기관이 미비하여 입헌군주제의 본격적인 실행에 앞서10-15년간의 국민의 참정능력을 함양하기 위한 기간이 필요하다고 보았으며 이 기간을 개명군주가 이끌어야 한다고 믿었다.

그러나 이 때(1906년 9월 1일) 청조는 실시시기를 명시하지 않은 예비입헌을 발표하며 그 후속 조치로서 관제(官制) 개혁을 단행하였다. 그러나 청조의 이러한 조치는 황족의 집권을 공고히 하려는 의도에서 이루어진 것이다.

이 예비입헌 발표는 양계초를 고무시켰다. 그는 이제 '정치혁명의 문제'는 일단락되었다고 믿었고 이로 인해 그는 손문의 민주공화파와의 논쟁에서 그 동안의 수세를 벗어났다고 생각하였다. 그리고 청(淸) 정부가 밝힌 '집회·결사의 자유의 보장원칙을 믿고 다음 할 일로서 입헌 단계에 대비한 정당(政黨)을 만드는 준비에 들어갔다.

양계초로서는 입헌이 공론화되어 개명군주론은 이미 지나간 얘기가 되었음으로, 이제는 의회정치를 논하여, 정부가 과거의 군주에게만 책임지는 형태에서 국민에게 책임지는 '책임정부' 곧 내각책임제를 주장하게 된다.

그는 '국민적 정부라고 함은 국민에게 책임을 지는 정부이다. 국민은 많은데 정부가 어떻게 국민에 대하여 책임을 지겠는가 그래서 국민이 선거한 국회에 대하여 책임을 지는 것이 곧 국민에 대하여 책임을 지는 것이다'라고 하였다(정문사 선언서). 따라서 국민적 정부는 의

회의 다수당이 내각을 구성하는 내각책임제가 합리적이고 필연적인 것이다.

그러나 신해혁명은 양계초의 이러한 모든 입헌 후의 정체에 대한 논의를 무의미한 것으로 만들었다.

양계초는 한 유력한 정치가였지 심원한 철학자는 아니었다. 따라서 그가 정치문제에 대해 주장한 것은 시폐(時弊)를 지적한 것으로 시폐가 달라지면 주장도 달라졌다. 그는 자신이 지나치게 선입견(先入見)이 없다고 스스로 말하였지만, 그 선입견은 사상적·사변적인 것을 말할 뿐이었고, 그의 삶의 원칙이나 신념에 대한 것은 아니었다.

그는 첫째, 국가를 사랑하고 사회를 존중하는 것이 개인으로서의 공덕(公德)이라는 점, 둘째, 민주정체가 인류생활의 마지막 귀결이라는 점, 셋째, 지식과 도덕이 정치의 기초라는 것, 넷째, 진보는 인생과 사회의 정상적인 추세(趨勢)라는 것이다. 그 네 가지는 양계초의 모든 주장을 관통했고, 수 십 년 동안 바뀌지 않았다. 그 네 가지를 합치면 하나의 개명된 애국자, 온화한 민치주의자, 온건한 자유주의자가 된다(소공권, 전게서).

5. 담사동(譚嗣同, 1865-1898)

1) 생애와 사상적 배경

담사동은 호남(湖南) 사람으로 자는 복생(復生) 호는 장비(壯飛)이다.

그는 부친이 호북순무(湖北巡撫)에 올랐던 전통적인 무신(武臣)의 관료가문에서 성장하였다.

그는 10세에 동향의 내각중서(內閣中書)인 구양중곡(歐陽中鵠)을 만나 그를 평생 스승으로 섬기게 되었다. 구양중곡은 왕부지의 영향을 깊이 받았고 금문경학(今文經學)에 심취하였으며 진보적인 지식인으로 당시 중국에서는 가장 진취적인 호남에서의 신정(新政) 운동에 관계하였다. 이 스승과는 그의 짧은 생애 동안 항상 교류가 이어졌으며 그의 학문과 성품에 결정적인 역할을 하였다.

담사동은 1895년 강유위가 북경과 상해에서 강학회(强學會)를 조직했다는 소식을 듣고 북경으로 갔으나 강유위는 없고 대신 양계초를 만나 강유위 강학(講學)의 종지(宗旨)와 경세(經世)의 조리(條理)를 전해 듣고 크게 자극 받았다.

이러한 전통학문에 더하여 그는 서구문명에 심취하기도 하였다. 그는 서양문화의 영향을 쉽게 접할 수 있는 광동에서 태어났고 그의 서양지식은 주로 강남 제조국(製造局)의 번역관에 있었던 자연과학, 서구의 역사, 지리, 정치에 관한 책들을 통해 이루어졌다.

그는 1896년 북경에서 양문회(楊文會)를 만나 그에게 약 일년 동안 유식(唯識), 화엄(華嚴) 등 불교를 사사(師事)받았고, 이때의 영향으로 그의 대표작인 『인학(仁學)』을 저술하였다.

담사동은 사상적으로는 공양학(公洋學) 계통의 유교와 불교, 묵가(墨家)사상에 바탕을 두고 여기에 서구 자연과학을 섭취하여 그 나름의 독특한 정치이념을 세웠다.

2) 정치사상

담사동의 정치사상은 '철학, 과학, 종교를 도야(陶冶)하여 일로(一爐)로 하고 이를 다시 정치적 삶에 적용하여 적절하게 형성한 것으로' 그의 전체적인 사상적 구상은 극히 대담하고 요원한 일종의 세계관이라 할 수 있겠다. 그는 개혁을 도덕, 사상, 문화의 영역으로 확대했고 거의 완벽한 철학 체계로 총괄 설명했다.

그는 불교의 유식·화엄사상을 기반으로, 당시의 서구과학 지식을 응용함으로서, 금문경학의 대동·태평세를 새롭게 해석하여 자신의 이상세계를 구상하였다. 그의 『인학(仁學)』은 강유위보다 치밀하게 대동사상을 발휘했다는 평을 받고 있다(평유란, 전게서).

담사동의 철학은 왕부지의 도기관(道器觀)과, '천지의 변화는 날마다 새롭다'는 우주에 대한 인식 그리고 사물의 변화를 자신이 이해한 서양의 근대적 과학의 관점에서 해석했다.

그는 세계는 변화하는 가운데 있으며 '새롭고 새롭다'는 것이 사물 변화의 보편적 법칙이라고 생각했다. 그래서 '기(器)가 이미 변했는데 도(道)가 어찌 홀로 변하지 않겠는가?라고 하며 정치이념의 개혁을 외쳤다.

그는 정치·사회적 논의의 전제로서 인(仁)의 개념을 정립하였다. 그는 종래의 유가의 인의 범주를 넘어 인을 우주의 생명력으로 이해하였으며, 정치사상적으로는 인간이 스스로를 해방하는 평등사상을 포함한 내용이었다.

원래 공자의 인에는 인간과 인간관계 즉 사회를 그 존재기반으로 할뿐 어떤 형이상학적 의미도 없었다. 그 인은 구체적으로 실천하는 인간관계에서 확실한 의미를 갖게 하는 것으로 인간의 도덕적 삶의 가능성을 마련해 주는 개념이었다.

3) 인(仁)

담사동에게 인은 그의 인식과 실천의 출발점으로 그의 주관적 정신세계를 객관세계와 연결시켜 주는 교량(橋梁)이었다. 그는 인사상(仁思想)을 근거로 장자(莊子)의 절대자유에서부터 프랑스 혁명정신에 이르기까지 범인류적 관점에서 사회, 정치, 도덕, 종교의 문제를 포괄하려 하였다.

담사동의 사상적 계보는 장재(張載)에서 왕부지를 거쳐 대진에 이르는 기철학(氣哲學)에 있으며, 그는 서구 과학의 영향으로 기(氣)를 물리학 용어인 Ether를 음역(音譯)한 '이태(以太)'로 변용(變容)하여 사용하고 있다.

당시 중국 지식인들에게 '민주'와 '과학'이라는 두 이념은 서구 문명으로부터 배워야 할 시대의 요청으로 받아들여지고 있었으며, 이 이념들을 깨우쳐 정치·사회생활에 적용하는 것이 중국 역사적 현실의 활로라는데 동의하고 있었다. 이러한 서구 문명을 수용하려는 분위기에서 그는 전통철학의 기(氣)를 '이태'(Ether)라는 서구 물리학의 용어를 차용하여 대체한 것이다.

그는 '이태'를 만물일체를 구성하는 무형의 물질로, 인의 체(體)이며 인은 '이태'의 용(用)이라고 하였다. 그리고 인의 작용은 '통(通)' 즉 소통으로 특징지었는데 이는 불인(不仁)이 곧 마비(痲痺)를 의미하는 인(仁)의 한의학적(漢醫學的) 용법과 같은 이해이다.

그는 이상 즉 인이 발현된 완전한 소통 상태를 인간의 현존재로 보고, 장해로 인한 불통(不通) 상태인 난(亂), 즉 충결망라(衝決網羅)[23]가 요구되는 상태는 본질적인 것은 아니고 장애를 제거함으로서, 난은 그로 인한 고통과 함께 소멸된다고 보았다.[24]

이러한 불통 즉 난을 비본질적(非本質的)인 상태로 보는 것은 불교적 현상 이해이며, 인의 존재가치에 대한 강한 긍정이다. 이는 곧 그의 현실 긍정과 개혁의지로 전화(轉化)된다. 사실 현실세계에 대한 긍정 없이는 논리적으로도 개혁의지가 설 자리는 없다.

그는 불교적 논법을 따라 이 두 상태, 혹은 사회가 하나도 아니고 다름도 아니라는(非一非異) 상대주의적 인식에서, 오직 인간의 주체적인 의식과 이로 인한 실천력만이 사회를 인이 발현된 상태로 이끌고, 그리하여 타인과 공존할 수 있는 인간사회의 본질적 상태인 소통의 장(場)을 펼칠 수 있다는 생각이었다. 그리고 이에 대한 실천의식은

---

23) 충결망라는 모든 봉건의 그물을 타파하는 것을 의미한다. 그러나 그는 '먼저 이록(利祿)의 망라를 타파하고, 다음으로 속학(俗學)의 망라를, 모든 학문의 망라, 군주의 망라, 윤리의 망라, 하늘의 망라, 전 세계 모든 가르침의 망라, 마지막으로 불법(佛法)의 망라를 타파해야 한다'고 하여(인학) 전반적이고 근본적인 소통을 지향했고 이는 민기(民氣)를 신장시키려는 의도였다. 이러한 충결망라의 정신이 그가 인을 연구하는 근본정신이고 목적이다.
당시 중국의 문제는 이록(利祿)이나 학문의 가치라는 객관적 상항 만에 있는 것이 아니라 이들이 전체로 기능하는 주객, 물심(物心) 양면에 환류(還流)가 폐색(閉塞)된데 있다는 것이며 이를 소통시키기 위한 인의 기능에 의한 충결타파를 주장한 것이다.

24) 이는 그의 철학이 불교의 영향을 받아 형성된 결과이다. 그러나 헤겔 역시 '이성적인 것은 현실적이고, 현실적인 것은 이성적'이라 하였다. 그는 나쁜 국가는 있을 수 있기는 하지만 그러한 국가는 존재할 뿐 진정으로 현실적이지는 못한다고 하여 단순히 존재하는 것과 현실적인 것과를 구분하였다. 개별사건은 우연적이고 일시적이고 피상적으로 존재한다는 말의 이면(裏面)은 '현실적인 것은 역사가 갖고 있는 영원한 내부의 핵심적인 것'만을 의미이다.

생명의 근원이 투시되는 '본원적 자아'에 이르러서야 가능한 것이다.

그는 인(仁)의 작용으로 중외(中外), 상하, 남녀, 인아(人我-다른 사람과 나) 사이의 분별이라는 장애를 넘어 섬으로서 어떠한 것에도 얽매이지 않는 완전한 소통 상태를 이상으로 하는 세계관을 폈다.

그가 말하는 네 가지 통의 정치적 의미는, 중외통은 외국과의 통상 무역을 강화하는 것을, 상하통은 봉건등급을 반대하고 군주와 백성을 소통시키는 군주입헌을, 남녀내외통은 남녀평등권을, 그리고 인아통은 인간평등과 개인 해방을 지향하는 것이다.

4) 자기반성으로서의 개혁과 변법

담사동은 양계초와 같이 인간이나 국가의 생사존망에 결정적인 역할을 하는 것은 원기(元氣), 곧 국민정신으로 이는 외적 강제에 의해서 고취할 수 있는 것이 아니며, 오직 나라의 기반인 민(民)의 기(氣) 자체를 고양시키는데서 출발해야 한다고 믿었다.

그는 이에 장애가 되는 중국인들의 중화의식을 비판하였다.

'지구는 둥글다. 어디가 중(中)이겠는가? … 금일의 중국과 서양을 비교하면 서양의 법도(法度), 정령(政令), 공예, 기용(器用)의 면에서 중국보다 열 배나 정밀하다. 냉철히 말한다면 중국이야 말로 이적이며 서양이 오히려 문명국가이다'라고 말하였다.

그의 이러한 강한 자기부정은 중국에 대한 객관적 성찰을 통해 중화사상에서 벗어나 서양의 문물을 수용할 수 있는 이론적 근거로서 국가보존을 위한 개혁사상의 전개를 가능케 하려는 것이다. 그는 단적으로 '수구하면 이적이고 개신(開新)하면 중국이다'라고 하였다.

① 군주제

담사동이 가장 급진적인 인물로 평가받는 근거는 그가 강유위나 양계초와 함께 무술유신에 적극 참여하였으나, 그들과는 달리 군주제 자체에 대한 비판과 아울러 배만(背滿)의 입장에서 청(淸)정부를 격렬하게 비난하며 결국에는 청조타도를 주장한데 있다.

담사동은 군주제의 기원에 대해 '민(民)이 생성된 초기에는 이른바 군신이 없는 즉 모두 민이다. 민은 서로 다스릴 수 없었고 또한 다스림을 받을 것도 없었다. 이에 한 사람을 받들어서 군(君)이라 했다. 무릇 한 사람을 받든다고 한다면 군이 민을 선택한다는 것은 잘못된 것이고 민이 군을 선택하는 것이다. … 민이 있음으로 인해 후에 군이 있다는 것이다. 군(君)은 지말(枝末)이고 민은 근본이다. … 군주를 선택할 수도, 폐지할 수도 있다'는 것이라 하여 천하의 주인은 민이며 군주는 민의 선택에 의해 옹립되었음을 분명히 하였다(『인학』).

따라서 군주가 인민에 의해 추대되었으므로 일을 잘못할 경우 인민에 의해 군주가 폐위되는 것이 보편적 정의라는 결론으로 이는 황종희의 영향을 받은 것으로 보인다.

그의 이러한 군주제의 기원에 대한 생각은 청조정권에 대한 부정으로 이어진다.

그는 만주인을 야만인이라 하여 경멸하면서, '청조는 한인(漢人)에 대해 어떠한 경우에나 참는 것이 평소에 황상(皇上)의 토지에서 생긴 곡물을 먹고, 황상의 토지에서 살 수 있게 된 인민의 본분이 아닌가?' 라고 한다. 그러나 본래 누가 누구의 토지의 곡물을 먹고 누가 누구의 토지에서 살고 있는가?

담사동의 군주제 비판은 항상 인민과의 관계에서 논의되었다. 그는 태평천국의 난을 '홍수전과 양수청의 무리들은 군관(君官)에게 괴롭힘을 당하면서 어려움에 몸을 바쳤으니 그 모양이 가엽다'고 동정하고 인민이 모반하는 것은 그 정법(政法)이 나쁘다는 것을 반증하는 것으로 군주부터 중형(重刑)해야 할 것이라고 하였다.

또한 이들을 진압했던 상군(湘軍)을 조토위학지죄(助討爲虐之罪)를 저질렀다고 비난하면서 '중국의 군대는 외침을 방어하기엔 부족하면서도 자국민을 도살하는 데는 오히려 여유가 있다'고 꼬집었다. 이러한 마음에서 그는 '나는 마땅히 청조를 멸하고 한민족을 구하겠다'고 자신의 의지를 결연히 밝히고 있다.

② 삼강오륜에 대한 비판

담사동의 봉건사회 전반에 걸친 비판의 초점은 명교(名敎-인륜의 명분을 밝히는 가르침)의 중심 윤리관인 삼강오상에 대한 부정에서부터 출발한다.

유교에서 삼강이론은 모든 도덕과 정치의 근본이다. 군위신강(君爲臣綱), 부위자강(父爲子綱), 부위부강(夫爲婦綱)의 논리는 군주, 아버지, 남편에 대해 신하나 인민, 자식, 아내는 부속(附屬)된 존재로 따라서 자주적이고 독립적인 인격을 갖지 못함을 의미한다.

따라서 이 삼강논리에 의해 도출된 도덕적인 덕목인 충, 효, 절(節)은 자기를 밀어 남을 대하는 (推己及人) 주인(主人)으로서의 도덕이 되지 못하고, 타인에게 종속되는 노예도덕으로 되었다. 인간의 모든 행동은 자아가 중심인데 이 자아를 상실한다면 다른 것은 말할 필요조차 없게 된다.

다만 오륜 중에 삼강의 논리에서 제외된 붕우유신(朋友有信)만이 인간관계의 중심에서 자주적 인간들의 사회를 가능케 한다. 따라서 담사동은 이 덕목을 그가 힘써 온 학회의 정신으로 삼았다.

그는 공자(孔子)의 인은 통을 그 본질적 내용으로 하였으나 불통의 원인이 되는 명(名)에 의해 그 실현이 억압되어 왔다고 보았다. 물론 공자에게도 명(名)은 그의 정명사상(正名思想)에서 볼 수 있듯이 중요한 이념이었다.

그러나 유학이 형이상학화(形而上學化) 되면서 명(名)은 소여(所與)의 세계인 실(實)을 잊고 관념화되어 허망한 분별의 논리에 천착하면서, 오히려 사회억압체제의 유지에 이용되고 모든 악폐의 근원이 되었다.

그는 『인학』에서 삼강오상의 참화(慘禍)는 모두 명교에서 나왔다고 한다.

군주의 명분으로 신하를 속박하고, 관리의 명분으로 인민을 속박하고, 아비의 명분으로 아들을 억압하고, 남편의 명분으로 부인을 핍박하고, 형제와 붕우는 각각의 명분으로 상대를 속박했다.

그는 명교를 성인이라는 권위와 천자라는 권력이 야합한 교(教)로 보았다. 따라서 이를 강하게 비판하며 '사람을 죽이는 도구'인 명(名)과의 확실한 단절을 주장한다. 이는 그와 철학적으로 같은 계열에 서 있는 청초(淸初)의 대진(戴震)이 송유(宋儒)를 비판하며 '이(理)를 가지고 사람을 죽인다'고 한데 비할 수 있다.

5) 학회와 개혁

① 학 회

담사동은 진정한 학문의 본질은 실용성에 있다고 인식했다. 그의 경우 학문은 국가의 존망과 관련된 것으로 '나라를 보전함에 급효(急效)를 구한다면 학(學)보다 빠른 것이 없다'고 주장하며, 조정이 학문을 일으키지 않으면 민간부터 일으켜야 한다. 그것은 자위(自衛)를 위해서라고 하였다(『인학』).

그에게 학문의 진흥은 변법론의 실현을 위한 필수적이고 근본적인 수단이었고 학회를 인-통의 세계를 실현시킬 학(學)을 강구하는 절대적인 장(場)으로 구상한 것이다.

그의 개혁운동은 학회활동을 주축으로 하였다. 그의 생각에 '학회에는 변법의 명(名)은 없으나 실(實)은 있다'고 하여 망종(亡種), 망국(亡國), 망교(亡教)를 구제할 역할을 학회활동에 기대하였다.

그는 개명적인 향신(鄕紳)을 모아서 학회를 만들고 이를 중심으로 개혁을 진행시킨다는 취지에서 산학회(算學會)를 성립시켰는데 이는 청일전쟁후 호남유신 인사가 세운 최초의 학술 단체였다.

호남성은 전국변법 혁신의 거점으로 관신(官紳)이 공동으로 주도하여 신정(新政)을 시행하였고 이 중에도 남학회(南學會)가 중심에서 정치운동의 조직화와 신사조의 실천과 확대의 장(場)이 되었다.

그는 1895년에서 1898년 사이의 중국의 개혁운동에서 가장 활발한 양상을 보인 호남성의 학회운동에 가담하였다. 특히 1898년 1월 장사

(長沙)에서 발족한 남학회는 학회운동을 집대성한 것으로 그는 이에 상당한 역할을 하였다.

담사동은 남학회에서 네 차례 강연하여 인재 양성과 인민의 힘을 규합하여 중국의 위기를 극복하자고 하였다. 그러나 학회활동은 수구세력의 반대와 정부의 협조도 끊어져 중단되었다. 사실 이들의 개혁 노력은 대중(大衆)의 힘을 모을 만큼 대중적인 것은 아니었다.

② 개 혁

그의 변법계획은 재원(財源), 기기(器機), 군사(軍事), 교육의 네 분야로 정리되어 있고 사회적으로는 팔고문의 폐지, 실학의 진흥, 신문·잡지의 발행 등에 관심을 가지고, 특히 변발(辮髮)과 전족(纏足) 등의 폐지 같은 풍속의 개정 등도 주장하였다.

그는 개혁에 있어 민권의 신장을 이루기 위해서는 자신들의 권리를 주장할 수 있는 정치의식이 중요하다는 것을 알고 있었다. 그가 학회에 노력을 경주한 이유 역시 그 때문이었다. 그러나 중국에서 시급한 것은 경제문제이고, 이를 위한 그의 경제개혁사상의 목표는 균빈부(均貧富)가 이루어지는 대동사회의 건설이었다.

그리고 균빈부의 실현을 위한 분배문제 이전에 경제발전을 통한 재부의 확충이 필요하며 따라서 상공업 발달을 촉진할 수 있는 자본주의 경제를 성장시켜야 한다.

그는 전통적 숭검론(崇儉論)을 배척하며, 검(儉)은 우민책(愚民策)으로 백성을 죽음으로 몰아넣는 술수이니 절약보다는 부(富)의 생산에 주력해야하며 이를 위한 기계적 생산을 적극 주장하였다.

또한 그는 노자(老子)의 정(靜)의 논리에 대해서도 '움직임이 없으면 나태해지고, 나태하면 우매해진다. … 정과 검은 모두 백성들을 어리석게 하는 잔인한 수단으로 이들을 죽음에 이르게 한다'고 하였다(상동).

그는 민생문제의 핵심이 중국인이 경시(輕視)한 상공업적 이익추구에 대한 인식의 전환에 있다고 보았다. 그는 중국을 오랫동안 지배해

온 사농공상의 신분질서 의식을 장애요인으로 보고, 사람들이 물질적 욕구를 충족하려는 인욕이 곧 천리라 주장함으로서 인식의 전환을 꾀하였다.

그는 사회에서 필요한 것은 이익추구를 위한 상호경쟁이며 개인의 부는 결국 국가전체의 부로 축적된다고 보았다. 그는 또한 중외통(中外通)을 추구한다는 원칙에서 자립적인 기계생산기반을 마련하여 서방열강과 동등한 입장에서 통상할 것을 주장했다.

1898년 6월 11일 변법(變法)을 국시(國是)로 발포하고 9월 20일까지 소위 백일천하(百日天下)의 개혁이 시작되었다. 담사동은 7월 광서제(光緖帝)의 부름을 받았으나 9월 초에나 북경(北京)에 도착하여 신정(新政)에 참여하였다.

그는 유신파(維新派)에 의한 신정이 실권이 없어 파국에의 길을 걷게 되자 군사력의 필요를 절감, 원세개를 추천하고 그와의 협상을 자임하였다. 그러나 이 협상은 노회한 원세개의 표리부동한 태도 그리고 이은 배신으로 실패하면서 백일(百日)간의 유신정권은 무너졌다.

전국에 수배령(手配令)이 내려지자 강유위와 양계초는 영국인과 일본인의 도움을 받아 홍콩과 일본으로 도주하지만, 담사동은 망명의 권유를 뿌리치고 남는다.

양계초에 의하면 그는 '가는 것이 없으면 장래를 도모할 수 없고, 죽는 사람이 있지 않으면 성주(聖主)께 보답할 방법이 없습니다. 각국의 변법(變法)은 피를 흘리지 않고 이루어진 적이 없었습니다. 오늘에 이르기까지 중국에서는 피를 흘린 사람이 있었다는 이야기를 들어 본 적이 없습니다. 이것이 나라가 번창하지 못한 이유입니다. 그런 사람이 있어야 한다면 이 담사동으로부터 시작되기를 청합니다'라 하였다고 한다(양계초, 『담사동전』).

담사동은 어려서부터 기질상 의협심이 강한 사나이였다고 한다. 그러나 그의 죽음은 사나이 의리를 위해서가 아니라 나라와 백성의 장래를 생각하는 절실한 마음에서 택한 희생이었다.

그는 광범위한 이념들을 포괄한 개혁운동가로서 그의 급진적 사고는 전통적 정치질서의 근간인 명교(名教)와 군주제를 공격하고 비판하였으나 새로운 이념이나 제도를 창제(創製)하는 데는 이르지 못하였다.

제 5 절 중국과 조선의 개화사상과 전개 -조선의 갑신정변(1884)과 독립협회

1. 개 관

19세기 중엽까지 조선의 대외관계는 청, 한 나라에 집중되었고, 양국관계는 정적(靜的)이라 할 만큼 안정된 상황이었다. 그러나 19세기 서구세력의 진출은 동양 여러 나라에 국내 정치·경제, 문화면뿐 아니라 국제관계 전반에 급격한 변화를 가져왔고, 이러한 격동기를 맞은 조선은 이 소용돌이를 자주적으로 헤쳐 나갈 국력을 전혀 갖추지 못한 상태였다.

그 원인은 정치사상적으로는 숭명반청으로 인해 초래(招來)된 병자호란으로, 국왕을 비롯한 나라 전체가 굴욕과 화마(火魔)를 분명하게 경험하였음에도 불구하고, 사대부들은 오히려 이에 대해 소중화·북벌론이라는 도덕주의·명분론을 내세움으로서 스스로 고립시켰다. 이처럼 국가의 정치경제적 과제들을 현실적으로 대응하지 못한 것이 일차적 요인이었다.

그러나 직접적인 원인은 19세기 초엽에 시작된 외척에 의한 세도정치의 독주에서 시작되었다. 이로 인해 도덕주의의 명분론, 그리고 서로를 견제할 상대세력마저 잃게 됨으로서 그나마 유지하던 도덕적 자존심조차 외면한 채 정치적 부패와 백성에 대한 수탈이 자행되었고, 그 심화정도는 이미 도를 넘어 끊임없는 민란(民亂)으로 이어졌다.

현실정치에서 도덕을 내세우는 명분론자들과 극심한 부정부패 행위를 자행하는 자들은 같은 사대부들이었으며, 따라서 이들이 내세우는 윤리·도덕은 한갓 희언(戱言)이 될 수밖에 없었다. 그리고 이 시기에 오면 말과 행동의 극단적 괴리(乖離)로 인한 사회 특히 이들에 대한 불신은 극에 달하였다.

조선조에서 정통성을 자부하던 이들에 대한 불신은 곧 정권자체에 대한 불신이었고, 겨우 자기 백성들을 수탈할 수 있는 정도의 힘밖에 없었던 정부는 민중의 지지라는 뿌리를 완전히 잃어 사실 공중에 뜬 상태로 스스로를 가눌 수 없을 만큼 허약하였다.

한편 대외관계에서는 1876년 전형적인 '무력시위에 의한 불평등 조약'인 일본과의 병자수호조약이 체결되었고 이 '불평등'에는 이미 민족의 대외적 주체성의 위기(危機)가 담겨 있었다. 이러한 불평등 조약이 국왕을 중심으로 한 소수의 고급관인들에 의해 결행되었을 때 이 정치권력의 정통성은 동요되지 않을 수 없었다. 이제 조선은 '왕에 대한 충성'이라는 뿌리 깊은 왕권사상에 의해 겨우 명맥을 유지하였다.

19세기 중엽이 지난 후에 일어난 임오군란(1882)이나 갑신정변(1884) 그리고 동학농민혁명(1894)에 이르기까지 모든 국내 소요사태를 당해서는, 조선 정부를 담임하고 있던 자들은 정통성을 상실한 상태에서 정권유지를 위해 그때마다 스스로 외세를 끌어들여 해결할 수밖에 없었다.

결국 조선 정부는 정통성을 유지하지 못함으로서 이는 곧 바로 주체성의 상실로 이어졌고, 이로부터 국내정치는 그들 외세의 절대적이고 직접적인 영향 아래 들게 되었다.

그 당연한 귀결로 한 나라의 실권자이고 국왕의 아버지인 대원군이 서울 한 복판에서 청에 의해 납치되었고(1882), 국모(國母)는 일본세력에 의해 구중궁궐(九重宮闕)안에서 시해(弑害)당했다(을미사변 1895). 이제 국왕은 자기 나라에 있는 일개 외국공관에 피신하는 상태(아관파천 1896)가 되었는데, 그것은 정상적인 의미에서 볼 때 이미 국가가 아니었다.

비단 외세가 아니더라도 홍경래난으로부터 진주민란 그리고 동학농민혁명은 조선정부로 하여금 사회 전반의 개혁을 절대적인 요구로 받아들일 수밖에 없는 상태로 이끌었다.

그리고 조선에서의 개화사상은 이러한 정치환경에서 진행되었다.

2. 개화사상과 실학

당시 근대화가 되지 않고서는 민족의 보전이 어려운 세계사적, 정치적 환경에서 민족 주체성을 확립하기 위해서는 근대지향일 수밖에 없었고 따라서 근대화 즉 개화는 필수·필연적인 과제였다. 결국 이 둘 즉 '민족 주체성'과 '근대화'는 목표에서 일치하였다.

개화사상은 크게 보아 경장(更張)의 한 형태로, 그 이념이 갖는 근원적인 성격은 정치적 목표를 현실논리에 따라, 그리고 그때마다의 변혁을 통해 해결하고자 하는 현실주의 정치철학으로 그 연원은 율곡의 도기론(道器論)에서 찾을 수 있다.

이러한 현실주의 정치철학은 반계의 실학사상을 시작으로 성호가 학파를 형성하면서 확장되었고, 북학파에 이르면 북쪽 오랑캐에게도 배울 것이 있다면 배워 현실을 개혁해야 한다는, 적극적인 입장이 되었다. 이는 개방·개화사상이라는 근대적 이념의 목표와 다르지 않았다. 사실 언제나 개방과 개혁은 표리관계에 있다.

개화사상은 개혁논리로서의 실학사상이 조선조 말의 특수한 국제정치적 상황에서 표현된 것으로 실학의 목표인 민족자주와 근대화는 개화사상에서도 주요 목표이었다.

실학과 개화사상의 친근성은 다음 몇 가지 점에서 들어 난다(조재복, 『조선말기 개화사상 형성에 관한 연구』).

1. 민족 주체의식을 강조하는 면에서 보면 실학자들은 그 일차적 공격이 숭명과 같은 가치관에 기반한 화이론적 세계관에 집중되었고, 개화의 선구자인 박규수는 김옥균에게 지구의(地球儀)를 돌리면서 화이론의 허구를 깨닫게 하였다.

2. 민권사상으로는 다산은 '탕론'에서 백성을 통치권력의 근본으로 보는 주권재민의 민권사상을, 그리고 유길준은 천부인권설을 주장하였다.

3. 실학의 실사구시에 대해 박영효는 '동도(東道)니 서기(西器)니 하는 것이 문제가 아니라 동양의 학문이건 서양의 학문이건 실용을 먼저하고 문화(文華)를 뒤로 해야 한다(개화에 대한 상소(上疏)는 입장이었다).

4. 이심(利心)의 추구에 대해 홍대용은 성인(聖人)이나 우인(愚人) 모두 측은지심과 이심(利心)을 함께 가지고 있다고 하였고, 박제가는 부국의 수단으로는 상업이 가장 좋다고 하여, 이욕을 죄악시하던 송시열류의 도덕주의로부터 벗어났다. 한편 유길준은 스펜서의 사회진화론의 영향으로 인간의 기본적인 삶을 경쟁으로 규정하고 경쟁심을 개인 발전의 동인(動因)으로 보았다.

5. 통상개국의 관점에서 보면 박제가는 나라의 가난을 구하는 일는 중국과 통상하는 길 뿐이라 하였고, 다산은 기술향상을 위한 외국기술의 도입을 제창하였다. 한편 개화의 입장에서는 문명의 진보와 경제발전은 자유경쟁에 의해서 달성되어야 한다는 생각에서 통상의 필요성을, 그리고 경쟁에서 승리하려면 경쟁의 영역을 개방·확대하고 제도를 근대적으로 개혁해야 한다는 것이다.

6. 그러나 토지문제에 있어서는 시대적 상황의 변화로 인해 그 해결방안을 달리하고 있다. 실학자들은 토지문제를 제도적 측면에서 접근하였으나 대체로 그들이 제시한 개혁은 현실적으로는 실현 불가능한 방안으로 일관하였다. 이에 비해 개화사상가인 유길준은 지주의 소유권을 침해할 수 없다는 자유경제 입장에서 종래 5할의 소작료를 3할로 내리는 새로운 도조법(賭租法)을 제의하며 균전법을 시행하지 않더라도 그러한 이상을 현실화할 수 있다고 믿었다.

대내적 관점으로만 보면 개화사상은 실학사상을 계승 발전시켜 내·외적 위기에 봉착한 시대적 과제를 해결코자 하였던 것으로 정의할 수도 있다. 그러나 당시의 국제정치적 환경은 종래의 동양적 사고로는 대응하기 어려운, 새로운 안목이 필요한 상황이었다.

그리고 그 안목이란 서구문명과의 만남에서 세계사적 시대관과 자유·평등 같은 정치적 이념들 그리고 합리적 과학정신 등을 수용함으로서 가능한 것이었다.

실학파 자체는 그들의 정책방안이 모두 채택되지 않은데다가 19세기 후반, 열강의 직접적인 위협에 처하여서는 위정척사(衛正斥邪)가 민중의 정서에 부합되는, 그리고 더 실효성 있는 시대적 대응으로 인정받게 되면서 그 생명을 다 하였다.

사실 이들은 정권으로부터 만이 아니라 민중으로부터도 감성적으로 격리된 지식인들로 결코 자신들의 사상을 '사회운동(社會運動)'으로 발전시킬 수는 없었다.

3. 개화파

개화사상의 선구자로는 박지원의 손자인 박규수(朴珪壽, 1807-1876), 추사(秋史) 김정희에게서 배운 강위(姜瑋, 1820-1884)와 오경석(吳慶錫, 1831-1879), 그리고 유홍기(劉鴻基-대치(大致, 1831-1884)) 등을 들 수 있다. 이들은 개화운동의 주역들인 김윤식(金允植), 김홍집(金弘集), 김옥균(金玉均), 박영효(朴泳孝), 홍영식(洪英植), 서광범(徐光範), 유길준(兪吉濬) 등을 지도하였거나 영향을 주었다.

1) 형성 과정

초기 개화파는 박규수의 지도와 그 뒤를 이은 오경석의 활동에 의하여 개국·개화를 위한 사상적 정치적 결사(結社)로서의 모습을 보였고, 오경석이 타계한 1879년부터는 유대치가 정신적 지주가 되어 그 지도를 받은 김옥균, 박영효, 홍영식 등은 개화운동을 담당할 자들로서 당파를 형성하였다. 이 개혁당은 1884년 12월의 갑신정변에 주역으로 활약하였다.

이광린씨에 의하면 1877년 박규수가 세상을 떠난 후 유홍기(대치)의 지도를 받고서부터 비로소 양반정치를 부정하게 되고, 개혁의 의지를 실현키 위해 1879년에 조직체를 만들었다는 것이다.

당시 조선에서는 병자수호조약(1876)의 체결로 대원군의 쇄국정책은 점차 무산(霧散)되어 갔으며, 국내정세는 개국·개화로 기울며, 정권은 대원군을 따르는 수구파(守舊派)와 국왕과 민비 측의 척족(戚族)을 중심으로 하는 개화파로 양분되었으나 개화는 이미 대세가 되어가며 정부 기구에는 개화파가 대거 기용되었다.

개화파의 기본생각은 서구의 제도와 문물을 수용하여 부국강병을 이룸으로서 근대화된 자주국가라는 목표를 달성하는 것이다. 그러나 자주국가의 확립에는 민족을 결집시킬 수 있는 구심점, 그리고 그 역할을 담임할 집권층의 강인한 자립의지가 먼저 요구된다.

2) 분 파

일반적으로 조선의 개화세력을 개량 개혁파와 변법 개혁파로 구분하였을 때 그 분류 기준은 청국과의 사대관계, 수구파와의 대결에 대한 입장 차이 그리고 개혁의 모델을 청국과 일본 어디에 두느냐와 동도서기(東道西器)에 대한 긍정과 부정 등에 두고 있다.

개화란 곧 개국을 동반한 개념으로 '개국이라는 의미에는 나라를 바깥, 즉 국제사회에 엶과 동시에 국제사회에 대하여 자기를 통일국가로서 획(劃)한다고 하는 양면성이 내포되어 있다(마루야마(丸山眞男), 『일본의 사상』). 이에 따르면 개국을 통해 국제사회의 일원이 되기 위해서는 스스로를 자주국가로 확립하는 것이 절대적 전제이다.

따라서 조선 근세사에서 개화세력에 대한 보다 중요한 변별의 기준은 독립국가로서의 의지, 비록 그것이 명확하게 그리고 고정된 모습은 아니라 해도, 그 확실성(確實性)의 여부·정도에 있어야 할 것이다.

그러한 면에서 박영효는 그의 '개화소(開化疏)'에서 갑신정변 당시의 개화파를 연전에 당파가 두 개로 나누어졌으니, 그 하나는 취신자립(就新自立-독립당)이요 하나는 수구의뢰(守舊依賴-사대당)라 설명한 후에 독립당을 진정한 정당이라 호소하였다(최창규, 『근대 한국정치사상사』).

당시의 개량 개화파인 김윤식은 '우리나라가 청국의 속방임은 천하가 다 아는 바이며 … 우리는 세(勢)가 고약(孤弱)하거늘 만약 청국이 종래와 같이 착실히 보호해 주지 않는다면 실로 유지하기 어렵다'고 하였다(『음청사(陰晴史)』).

이에 비해 변법 개혁을 주장한 김옥균은 '자래(自來)로 청국의 속국으로 생각해 온 것은 참으로 부끄럽다. 나라가 진작(振作)의 희망이 없는 것은 역시 여기에 원인이 없지 않다. 여기서 첫째로 해야 할 일은 속박을 물리치고 특히 독립자주국을 수립하는 일이다. 독립을 바라면 정치와 외교는 자수자강(自修自强)해야 한다'라 하여 분명한 차이를 보였다(『김옥균 전집』).

이 두 대표적인 개화 사상가들의 국가관의 차이가 개량·변법이라는 개화의 내용 내지 추구하는 방법·방향에 의한 구분보다는 훨씬 의미가 있고 명확하다.

한편 이들을 개화내용에서 보자면 개량파는 '개화'를 주로 개발변화 곧 시무(時務)라 이해하였고, 변법 개혁파는 취신자립(就新自立) 즉 독립자주의 입장에 서 있었다(이완재, 『초기 개화사상』). 그리고 그 자립의 실천은 당시 정치적 상황으로서는 혁명적 개혁의지를 필요로 하는 것이었다.

다음에 개화를 뒷받침하는 철학적 관점에서 보면, 개량파가 중국 양무운동에서 차용한 동도서기론(東道西器論)은 도(道)와 기(器)의 관계라는 전통적·유가적 이념체계의 연장선에 있었고, 이는 이들이 수구파와 친근관계를 유지하려는 정치적 태도와 같은 맥락이 닿아 있다.

반면에 그에 대한 거부는 유가를 넘어선 새로운 가치관의 체계를 염두에 둔, 서구문명에 대한 적극적 자세이며, 이것이 변법파의 입장이다.

또한 김옥균이 말한 변법파의 자수자강(自修自强)은 민중에 대한 교육을 중시하는 입장이었고, 따라서 그 내용의 실천을 위해 독립협회 등으로 발전시켜 나갔다. 반면에 개량파들의 성향은 민중을 단순한 정치대상으로 생각하여, 개화의 실천에서는 엘리트 그리고 정권 중심적이었다. 실제로도 이들은 갑신정변 실패 이후 정치의 주역으로 권력을 쥘 수 있었다.

이러한 경향성의 차이와 함께 사회적 신분관계 면에서는 개화당 요인들인 변법파는 유대치, 김옥균, 승려 이동인의 영향으로 불교의 사해평등사상에 경도되어 양반이면서 양반의 존재를 부정하는데 서슴지 않았다. 물론 개량파가 주도한 갑오경장에서도 신분관계 철폐는 채택되었으나 그것이 그들의 자각에 따른 실천이었는다고는 단정할 수 없다.

중국에서는 양무와 변법이 순차적으로 이행되면서 신해혁명에 이르렀다. 그러나 조선에서는 양무와 변법이 동일한 시기, 같은 역사 정치적 조건에서 나타남으로 인해 대립 더 나아가 적대적 양상을 보였다. 이러한 동시성은 근본적으로 이들 사상이 단순히 실학의 자연스러운 발전으로 성립된 것이 아니라, 급변하는 동양 정치사회의 물결 끝자락에서 보다 앞선 청·일의 경험을 수용하며 발생하였다는 데 있었다.

3) 개화과정에서의 중인들의 역할

중인들의 사회적 역할은 이미 병자호란 이후 조선 사대부들이 숭명배청이라는 명분론에 따라 스스로 자초한 '100년간의 고립'에 묶여있던 시기에, 이들은 청과의 관계에서 활발한 교역을 주도하며 경제적 실리를 확보. 경제사회적 지위를 확고히 하면서 증대되었다.

또한 사회 이념적으로는 청으로부터 서서히 도입되기 시작한 실용, 공리주의적 가치관은 사대부들의 보호막으로 기능하는 도덕주의를 잠식해 갔고, 오히려 중인들에게는 이 실용적 가치관이 행위동기가 되어, 사회 각 분야에서 자신들의 존재감을 분명히 들어낼 수 있었다.

뿐만 아니라 이들은 자신들의 사회적 역할이나 생활의 여유에 힘입어 사대부들을 능가하는 유가에 대한 소양과 폭 넓은 안목으로 역사적 입장에서 현실을 평가·해석하는 능력을 갖추고 있었다.

이러한 배경에서 몇몇 중인들은 개화파의 형성에 중요한 역할을 하였다. 특히 다산의 문하에서는 수많은 학자들이 배출되었는데 그 대부분이 몰락양반, 중인 내지 평민출신이었다(김영호, 『실학과 개화사상의 연관문제』).

사실 김옥균과 김윤식, 박영효, 서광범 등 개화파 인물들에 실제적 영향은 양반인 박규수 외에도 중인들인 오경석과 유대치에 의해 이루어졌다. 이들 중인은 중인계급이 정부의 중추에 진출하여 정책결정에 참여하는 것이 신분적으로 불가능하였기 때문에 북촌의 양반자제들에게 접근, 개화파의 두 주역인 유홍기(유대치)와 김옥균의 만남이 이루어졌던 것이다.

이때 오경석(吳慶錫)은 역관(譯官)으로서 박규수의 연행(燕行)에 두 차례 수행한 외에도 10여 회에 걸쳐 북경을 왕래하였고, 그는 유홍기(대치)에게 자신이 북경에서 가져온 신서(新書)들을 제공, 연구시켜 그를 양반 소장파에게 목적의식적으로 접근시켰던 것이다.

유홍기는 초기 개화파의 사상적 정치적 지도자로서, 갑신정변에 이르기까지 '백의정승(白衣政丞)'이라고 불릴 만큼 그 지주적(支柱的) 존재로서의 무게가 상당하였다.

개화운동 과정에서 김옥균과 박영효는 개화승(開化僧)인 이동인(李東仁)에게 자금을 제공하여 외국사정에 관한 자료의 수집과 일본 시찰[25]을 의뢰하였고, 그의 동지인 탁정식(卓挺埴, 僧名 無不)은 그 수집된 자료를 전달하였다. 사실 개혁당은 그들의 활약에 많은 것을 기대하였다.[26]

현실적으로 이동인은 고종을 설득하여 1881년에 12명의 조사(朝士)를 중심으로 하는 62명의 신사유람단을 일본에 파견토록 주선하였으며, 그해 북경에서 시작된 한미조약 교섭에서는 조선측의 조약 초안을 작성하였다.

---

25) 이들에게 일본의 문명개화사상은 매우 중요한 의미가 있었고, 이에 대한 정보는 당시 게이오 의숙(慶應義塾)의 후구자와(福澤諭吉)에 의존, 많은 지도를 받았다. 그는 1881년에는 어윤중(魚允中), 다음 해에는 일본을 처음 방문한 김옥균, 박영효, 홍영식, 서광범 등과 잇달아 만났을 뿐 아니라 갑신정변에 이르기까지 유길준을 포함한 50여명의 유학생을 자신의 의숙에 받아들였다.

26) 서재필은 회고담에서 '이동인이 우리를 인도해 주었고, 우리는 그 책을 읽고 그 사상을 가지게 된 것이니 봉원사(鳳苑寺)가 우리 개화파의 온상(溫床)이었다'라 하였다.

이들 보다 조금 늦은 다른 한 계열의 중인들은 이들 사상적 선각자들과는 별도로 관료집단이 되어 개화에 중요한 역할을 하였다. 그러나 이들은 비록 개화의 한 축이 되었으나 그 의식세계의 근본에는 이기적 욕구가 행위의 동기로 작용하면서, 현실적 이해관계에 민감하였고, 따라서 동류(同流)라 할 수 있는 개량파와 친근관계를 유지하였다.

이들은 1880년 초반 이후 개화정책의 결과로 만들어진 각종 근대적 행정기구의 중심에서 대외관계의 실무자로서 활약하면서 신진관료층을 이루었다. 이들은 김홍집, 어윤중 등 개량파와 일정한 관련을 맺으며 새로운 정치세력으로 성장하고 있었다.

이들 조희연(趙義淵), 김가진(金嘉鎭), 안경수(安駉壽) 등은 주로 무과(武科) 등과자, 중인 서자출신 중간관료로서 정치적으로는 배타적으로 권력을 장악한 민씨척족을 비롯한 문벌세력에 반감을 품고 있었고, 유학(儒學)에 집착하지 않았지만 정치체제를 근원적으로 바꾸려는 변법 인식도 없었다. 이들이 갑오개혁 때 김홍집 등과 유대관계를 맺고 개혁의 실무를 담당하였다.

4) 개량 개화파

개량파의 초기 기본 입장은 성리학의 영향에 매여 동도서기론을 지지하며, 일본에 대해서는 조선이 유교문화에서 그들보다 선진이었음을 자부하면서, 명치유신에 의해 서구화된 일본의 변모에 대해서는 부정적이었다.

이들은 앞선 실학세대의 유학에 대한 미련을 그대로 가지고 있었으며 따라서 수구파와의 친근관계를 유지하였고, 대외관계에서는 종속적 친청(親淸)으로, 따라서 그들의 개혁 모델은 청의 집권층에 의해 주도되고 있던 중체서용(동도서기), 양무일 수밖에 없었다.

이러한 입장에서 병자수호조약 이후 고종 정권은 무비(武備)와 군기제조에 관심을 기울여 통리기무아문(統理機務衙門)을 설치하며 신식 군대인 별기군을 창설하였고, 1881년 1월 박정양 등 모두 62명으로 구성된 신사유람단을 일본에 파견하여 정치·경제·군사·대외통상 등 각 부문에 걸쳐 시찰하고 돌아왔다.

이들이 추구하는 개화는 본질적으로 근대적 생산력의 수용과 국제간의 세력균형에 의한 통상론에 국한된 것으로, 이들에게는 자주적 근대민족국가의 수립을 통해 국내외 정세로부터 가해지는 압박을 극복하려는 적극적 의지·노력이 결여되었다.

이들은 임오군란 후 청의 강력한 뒷받침을 받아 민비를 중심으로 하는 수구파와 연합하여 집권하였다. 그러나 이들은 집권할 수 있는 상황을 확보·유지할 수 있는 여건을 자체적으로 조성하지 못하였던 만큼 자신들의 정치적 기반을 마련해 준 외세에 의존적일 수밖에 없었다. 이러한 그들의 정치행태는 기회주의, 좋게 말하면 상황에 적응하는 능력이 뛰어나 격변기에 항상 정권에서 주도적 지위를 확보하였다.

결국 친청반일의 입장에 서있던 개량파는 청(淸)으로부터 독립적 지위를 확보하려는 갑신정변에는 반대, 더 나아가 그들에 대한 진압을 요청하였다. 그러나 청일전쟁에서 일본이 승리하자 이들은 자신들의 의존세력을 청으로부터 일본으로 옮기며, 일본이 조종한 갑오경장에는 적극적으로 참여함으로서 권력의 중심에 다시 설 수 있었다.

4. 변법 개혁파

1) 갑신정변(甲申政變, 1884.12.4)

김옥균[27]은 조선의 현실을 안으로는 수구세력의 전횡으로 봉건제적 모순이 극에 달하였고, 밖으로는 서양 열강을 비롯한 청·일 양국간

27) 호가 고균(古筠)인 김옥균은 1851년 충남 청원군에서 태어나, 1872년 22세에 과거에 응시하여 알성(謁聖)문과에 장원으로 급제하여 성균관 전적(典籍), 사헌부 지평(持平)을 거쳐 홍문관 교리(敎理)를 역임하였다.
김옥균은 실학을 수용하는 한편 유대치로부터 불교를 배워 반유교적 관점을 갖게 되어, 그의 양반 계층에 대한 비판적 태도는 나라의 위난이 양반의 발호전횡에 원인하였다는 주장과 함께 '양반을 삼제(芟除-풀베듯 제거함)'해야 할 존재로 규정하였다('지운영사건규탄 상소문').

갈등의 와중에 놓여있는 누란(累卵)의 위기로 인식하였다.

김옥균, 박영효, 서재필 등은 '아국(我國) 수년 이래 평화적 수단으로 각고진력(刻苦盡力)하였으나 그 성과가 없을 뿐 아니라 이제는 이미 사지(死地)에 이르렀다. 이렇게 수년을 경과하면 조선을 변혁하는 것도, 다시 조선인의 손으로 다스리는 것도 어렵게 된다고 함은 기우(杞憂)가 아니라고 생각하였다.

'그때(갑신정변, 1884) 김옥균의 생각은 무엇보다도 청나라 세력을 꺾어 버리는 동시에 그에 추종하는 귀족들의 세력을 빼앗은 후에 우리나라의 완전자주독립 정치를 수립하자는 것이 그의 이상이었고, 실현의 최고 목표였다'(김도태, 『서재필박사 자서전』).

그러나 당시 미국 공사(公使)였던 후우트(Lucius H. Foote)는 김옥균에게 '동지를 널리 모으면서 조용히 시기를 관망하여 과격한 행동을 삼가야 될 것이다. 만일 그러한(과격한) 행동을 하게 되면 오히려 개화운동에 해(害)가 된다'고 충고할 만큼 객관적인 정치여건이나 주체로서의 개혁당의 준비 역시 충분치 않았다(이광린, 『갑신정변에 대항 고찰』).

사실 같은 입장이었던 중국의 개화운동은 14년후 1898년에야 무술변법으로 실행되었다.

김옥균을 비롯한 개혁당은 임오군란(1882) 후의 정치판도가 민비를 중심으로 하는 수구파와 개량 개화파가 연합하여 청의 강력한 뒷받침을 받고 집권하면서부터, 변법 개화파가 구상하던 서구문물의 수용을 통한 근대화와 열강과의 대결이라는 이상(理想)은 보다 희박해졌을 뿐 아니라 궁지에 몰린 고립감만 심화되어 갔다(이완재 『초기 개화사상』).

더구나 임오군란을 전기(轉機)로 청의 종주권 행사는 강력하고 노골적인 것이 되어, 종래의 형식적 방관적인 것으로부터 점차 실질적·직접적인 정치행위로 변질되었고, 결국 대원군 납치에까지 이르렀다.

개화당은 청의 내정간섭 등으로 고조된 반청 감정을 근거로, 그리고 청불전쟁으로 수세에 몰린 청의 정치상황을 이용할 수 있다고 생각하였다. 그러나 중국은 조선에 비해 너무나 큰 나라였고, 그러한 자국내 사정에 영향받지 않고 조선을 제압할 수 있었다. 그러나 이는 역으로 조선의 정치체제가 그만큼 허약하였다는 것을 의미하기도 한다.

한편 일본은 명치유신이 성공하고 그 여세로 병자수호조약(1876)을 체결하는데 까지는 이르렀으나 그들이 국제정치에서 청과의 전쟁(1894)이라는 결정적 행위를 할 수 있기에는 아직 시간이 필요하였고 따라서 당시 이들의 대외 정책은 후구자와(福澤)의 '아시아 연대론(連帶論)' 수준이었다. 그러나 그것은 당시 일본의 국가 경쟁력 상태에 대한 반영일 뿐 결코 근본적인 외교방침은 아니었다. 사실 그 슬로건은 곧 '아시아 지도론(指導論)'에 이어 '조선 개조론(改造論)'으로 진행되었다.

김옥균의 정세판단에 있어 가장 중대한 오해는 당시 일본의 대외관 즉 '아시아 연대론'을 그대로 믿었고, 그에 따른 '유대를 맺고 함께 번영'하기 위해 조선의 개화를 돕는다는 일본의 우호적 협력을 기대한 것이다. 그것은 제국주의의 식민지 쟁탈이 격화된 시기에 국가(國家)라는 인간집단의 야수성(野獸性)을 바로 보지 못한 결정적 실수였다.

김옥균은 정변을 단행하기 직전에 고종과 독대(獨對)하는 자리에서 조선을 둘러싼 청, 일, 러 등의 상호가 갈등하는 국제정세와 정치현실에 대한 의견을 개진하는 가운데 청으로부터의 독립 가능성을 피력하면서, 그는 마침내 내정개혁에 대한 고종의 밀지(密旨)를 받아 내는데 성공한다(김옥균, 『갑신일록』). 사실 임오군란을 계기로 고종은 개화를 지지하는 윤음을 발표한 바 있다.

개화당이 추구한 정치체제는 통치의 상징적 구심으로서의 군주와 군주권을 배경으로 한 개혁으로, 우선은 군주제의 확립에 있었다. 이는 명치유신의 영향으로 강유위 역시 같은 입장이었다.

개화당은 일본 육군사관학교 출신인 서재필(徐載弼)을 행동대로 포섭하여 일본으로 파견하였던 사관학교 생도들을 쿠테타에 동원하였다. 또한 별기군을 개편하여 조직한 궁궐의 호위를 맡은 전·후영(前後營)

군졸의 내응을 얻어 이들이 일본의 주둔군과 함께 국왕의 신병을 그들 편에 확보, 혁신정부를 수립하려는 계획을 수립하였다.

정변은 홍영식이 총관으로 있는 우정국(郵政局) 개국 축하 만찬회를 이용하여 단행되어, 고종을 경우궁(景祐宮)에 모시고, 청에 의존하려는 척족인 민영익, 민태호 등을 살해하였다.

김옥균 등은 한편으로는 청으로부터의 자주독립이 조선의 개화·발전의 선결과제라는 인식하에 그 상징적 의미로 대원군의 귀환을 정변의 일차적 요구로 하였다. 그리고 내정에서는 근대 국가 건립이라는 지상(至上)의 목표를 달성하기 위해 우선 내부의 제 문제들을 개혁하려 하였다.

개화당의 혁신 정강(政綱)은 문벌 폐지와 인민 평등권의 확립, 관제 개혁과 올관(兀官)의 혁파, 지조법(地租法)의 개혁과 재정(財政)의 일원화, 군제의 통합과 순사제도(巡査制度)의 실시, 고관회의를 통한 중요정책 심의 등 14개 항목을 내세웠으나 공포도 하기 전에 김윤식의 요청을 받아들인 청국군이 출동하여 정변은 실패로 끝났다.

당시 서울 주둔 청군은 원세개(袁世凱)가 이끄는 1,500명이었고 일본군은 200명에 불과하여, 교전 끝에 일본이 패퇴 당하면서 끝났다. 이들은 청에 의존하려는 척족 중심의 세력을 물리치고 자주적이고 독립적인 혁신정부를 수립하기 위해 정변을 일으켰다. 일본 주둔군의 동원을 약속받고 거사를 감행하였으나 이는 결과적으로 일본의 야망에 영합하는 행위가 되고 말았다.

갑신정변의 실패로 조선에서는 중국과 일본이 세력균형을 이루게 되었으며, 러시아와 영국은 거문도 사건(1885)을 계기로 조선 문제에 개입하게 되었다. 더 나아가 미국을 포함한 서구 열강들이 자국의 이익을 위해 각축을 벌이는 장소가 되었다.

갑신정변의 주도 인물들은 그 실패 후에 망명하여 구미사상을 섭취함으로서, 개화사상이 심화·성숙하여 후일 개화운동에 활력소가 되었다.

2) 독립협회 운동

① 설립 배경

독립협회는 1896년 7월부터 1898년 12월에 걸쳐 열강들에 의한 국권 침탈과 지배층에 의한 민권 유린이 자행되는 상황 속에서, 자주국권·자유민권·자강개혁사상에 의해 민족주의·민주주의·근대화운동을 전개한, 우리나라 최초의 근대적인 정치사회단체이다.

또한 한국 역사상 처음으로 민중의 수준에서 언론, 출판, 집회결사의 민주주의적 규칙을 초보적으로나마 개척하고 민중을 그런 방향으로 계몽·훈련하였다(강재언, 『한국의 개화사상』).

이들은 당시 사회에서 누구나 공감할 수 있는 자주독립과 충군애국(忠君愛國)의 강령을 내걸었고 그 주축은 새로운 세계관과 지식 체계를 갖춘 서재필을 중심으로 하는 윤치호(尹致昊)·이상재(李商在) 등 신지식층이었다.

1896년 7월에 독립문 건립과 독립공원 조성을 창립사업으로 하는 독립협회가 수립되면서 개화운동은 새로운 단계로 접어들었다. 이 운동은 민중의 정치운동을 위한 준비단계로서, 민중계몽에 의한 민력(民力) 조성·단합의 길을 닦아나갔다.

개화사상은 정치·경제·문화 등 사회 전반의 과제들을 개혁코자 하였지만 그 중 정치적 목표의 근간은 국가의 독립과 민주주의의 실현에 있었다. 이때 독립 즉 민족을 자주적으로 유지하기 위해서는 민족의 실체인 민중·백성들 스스로의 자각과 그에 기반한 힘이 필수적이며, 민주(民主) 역시 말 그대로 민중이 주인이 되는 사회로서, 그 실현 역시 사상운동을 통해 민중을 이끌어 내어 이들을 세력화하는데 있다고 하겠다.[28)]

---

28) 당시 그러한 목표와 부합되는 항일 국권회복을 주도한 두 흐름이 있었고, 그 하나는 전통적 가치관에 입각하기는 하였으나, 백성들의 적극적 참여를 유도하며 반일의병운동을 전개한 재야 유림(儒林)들, 그리고 다른 하나는 변법 개화파의 전통을 이

그리고 이러한 이념의 실현을 위해 독립협회에 의한 개화사상의 대중정치운동으로의 발전은 개혁의 근원적 힘을 '민중의 자각'에 두었던 갑신정변 정신에서 비롯된 것이다. 김옥균은 '방가(邦家)의 빈약함이 전연(全然)히 일반 민중의 교육이 없는 것과 상류계급 인사들의 무지와 몰각에 있다는 것을 확각(確覺)하였고, 우리나라를 구하자면 민중을 교육시키는 이외에는 다른 길이 없다'고 하였다(조민, 『변법개화파의 정치적 개혁구상』).

현실적으로도 독립협회가 갑신정변의 사흉(四凶)의 한 사람인 서재필이 망명생활을 청산하고 자유와 독립의 이상을 실현시키려는 포부를 안고 11년 만에 환국, 그가 주도하였다는 것은 이 운동이 갑신정변의 적자(嫡子)로서의 의미를 상징한다고 볼 수 있다.

또 다른 독립협회를 주도한 인물들 중의 한사람인 윤치호(尹致昊) 역시 망명중인 김옥균의 권고로 영어를 배워 국왕과 미국 공사(公使)에 대한 개화파의 연결관 역할을 하였고, 그의 아버지 윤웅열은 갑신정변 당시 형조판서로 지명된 바가 있다.

이에 앞서 서재필은 같은 목적에서 '독립신문'을 창간하여 독립협회 창립의 원동력이 되었다. 이는 갑신정변의 민중과 같이하려는 의지의 표현으로, 앞서 1883년 박영효 등은 '한성순보(漢城旬報)'를 발행한 바 있다.

이들은 대변지 격인 '독립신문', '독립협회회보', '황성신문' 그리고 토론회와 강연회 등을 통해, 새로이 성장하고 있는 광범위한 사회세력을 계몽, 포용하였고, 그들의 지지를 바탕으로, 초기의 소수 개명적 관료 중심으로부터 차츰 민중에 의한 대중조직으로 발전, 이를 민중

으면서 독립협회운동 및 애국운동을 추진한 계몽적 지식인들이 그들이었다. 그리고 이들은 각각 해외 독립군 운동과 국내에서 끈질기게 이어진 계몽운동의 연원이 되었다. 그리고 여기에는 잠재되어 있던 동학세력이 손병희(孫秉熙)에 의해 천도교로 개명, 교육 계몽 사업을 이끌며 삼일운동에 중심에 있었다는 것을 상기할 필요가 있다. 사실 의병의 과반(過半)은 동학혁명으로 인해 생활 근거지로부터 유리된 농민들이었다. 비록 유학과 동학은 그 뿌리에서 대립적이었으나, 반일·독립이라는 절대적 정치적 가치에서 민족의 이름으로 하나가 되어갔다. 그것은 외세 의존적인 개화 지식인들이 친일로 전향한 것과는 전혀 다른 길이었다.

단체로 탈바꿈시켜 나갔다.

독립협회운동은 처음에는 독립문·독립관·독립공원의 조성 등 창립 사업에 주력하였고, 1896년 말에는 회원수가 2,000명을 돌파하였다. 1년이 조금 경과한 1897년 8월부터는 정기적인 토론회를 시작하였다.

서재필·윤치호 등은 자신들의 지도 아래 토론회와 강연회를 통해, 회원들에게 효과적인 의사표현의 방법과 민주적인 행동성향을 체득하게 하려고 하였다.

특히 토론회는 독립협회의 활성화에 중요한 역할을 하여 자체내 토론회에서 민중에게 공개된 토론회로, 그리고 가두집회 형식으로 발전하였다. 그리고 정기 토론회를 시작한 6개월 후인 1898년 2월부터는 구국운동을 선언하고, 서재필이 발안(發案)하여 만민공동회(萬民共同會)를 개최하였다.

② 만민공동회

1898년 2월의 만민 공동회는 독립협회가 보다 많은 백성들과 다양한 계층의 참여를 위해 주최, 시민, 소상인, 일부 지식인 등이 참가한 최초의 민중대회였다. 그 해 10월에는 박정양을 비롯한 정부의 개혁적 관료들이 참가 범국민적 대회로 성장했다.

이 만민공동회는 누구나 참여하여 자신의 의견을 발표할 수 있는 토론의 장(場)으로, 백정 출신 박성춘(朴成春)이 박수를 받으며 연단에서 연설할 수 있었고, 평양대회에서는 안창호가 청년 연사로 열변하였다. 또한 만민공동회 회장에는 미곡상인인 현덕호(玄德鎬)가 선출되는 등 이는 당시로는 새로운 정치적 경험이었다.

이를 계기로 조선에서의 국권·운동의 담당 세력도 독립협회 회원 중심에서 민중체제로 전환되는 양상을 띠었다.

정치적 관점에서 보면 1898년 2월 이후 독립협회와 정부는 자주외교와 개혁의 방향을 두고 대립하는 상태였고, 독립협회 측은 자신들의 의사를 관철시키기 위한 압력 수단으로 만민공동회를 이용, 이제 이들은 민중의 정치활동을 통해 민의를 국가 정책에 반영하기 시작하였다.

실제로 '독립신문'과 함께 러시아인 재정고문 고용문제와 관련해 보수파 정권의 외세의존 정책을 비판하였고, 1898년 3월 서울 종로 네거리에서 러시아인 탁지부(度支部-오늘날의 재무부에 해당)고문과 군부 교련사관의 해고를 요구하였다. 이때 이승만(李承晩)·홍정하(洪正夏) 등의 청년 연사가 열렬한 연설을 하여 대중의 여론을 일으켰고, 그 결과 러시아의 군사고문관, 한로은행(韓露銀行) 등이 폐지되었다.

이러한 민의의 합법적인 압력에 의해 정부가 그 외정(外政) 및 내정을 변경한 것은 조선의 정치사에서 처음 있는 일이었다(강재언, 전게서). 그러나 이렇게 집요한 민중운동은 정부와의 대립, 위기의식을 발생시켜 서재필은 다시 미국으로 추방되었다.

이 시기에 만민공동회(萬民共同會)의 활동은 외세의 이권 침탈과 내정 간섭을 민중의 힘으로 배제하려는 국익·국권·국토 수호를 포괄하는 자주국권(自主國權) 운동으로 시작하여, 전근대적인 압제와 수탈로부터 신체와 재산권의 자유 등 인권을 보장하려는 자유민권(自由民權) 운동으로까지 진전되었다. 그리고 드디어는 민권의 신장과 국권의 강화를 위해, 관민의 합력기구로서 의회(議會)설립을 추구한 국민 참정운동이 전개되었다.

독립협회는 의회설립의 전제인 중추원 개조문제 외에도 국정 전반의 개혁을 위한 관민(官民)공동회의 개최를 요구, 1898년 10월 28일에서 11월 2일까지 6일간 종로에서 대집회를 열었다. 여기에는 서울시민은 물론 독립협회·국민협회·일진회 그리고 정부대표로 의정부(議政府) 참정(參政) 박정양(朴定陽) 등이 참석하였다.

이 집회 둘째 날인 10월 29일 6개항의 개혁 원칙을 결의하고 이를 황제에게 헌의(獻議)하기로 하였다. 이날 결의된 헌의6조(獻議六條)는 다음과 같다.

첫째, 일본인에게 의부(依附)하지 말 것, 둘째, 외국과의 이권계약(利權契約)을 대신(大臣)이 단독으로 하지 말 것, 셋째, 재정을 공정히 하고 예산을 공표할 것, 넷째, 중대 범인의 공판과 언론·집회의 자유를 보장할 것, 다섯째, 칙임관의 임명은 중의(衆議)에 따를 것, 여섯째, 기타 별항의 규칙을 실천할 것 등이었다. 이 결의에 따라 고종은 헌의6조를 수정 없이 재가하고 이를 실천할 것을 약속하였다.

그러나 정부관료 보수파 세력은 황제에게, 독립협회가 황제를 폐하고 의회개설 운동을 통해 공화정(共和政)을 수립하려 한다고 무고(誣告)하였고, 이에 고종은 독립협회 회원을 체포하고 독립협회의 해산을 명령하였다. 이후 독립협회는 '만민공동회'라는 이름으로 명맥을 유지하다가, 1898년 말에 소멸되고 말았다.

변법파가 주도한 갑신정변이나 독립협회, 만만공동회의 공통된 현상은 '시중(時中)'을 얻지 못하였거나 '시간의 힘'을 간과하였다는데 있다.

갑신정변의 경우 이를 주도한 인물들은 불과 30세 전후의 젊은이들로서 그 철학적 성향은 다분히 이상적(理想的) 내지는 급진적이었기에, 이상과 현실을 함께 조명하여 냉철하게 판단할 경험이나 여건을 갖추지 못한 상태였다.

또한 독립협회 운동 역시 불과 2년 5개월 만에 단순한 독립문 건립이라는 목적에서부터 의회 설립, 국정 전반을 개혁하는 헌의(獻議)를 결의하는 관민공동회를 서울 시내 한복판에서 개최하는데 까지 이끌었다. 실제로는 1897년 8월의 정기 토론회를 시작으로 불과 1년 2개월만의 일이었다. 이러한 급진·과격성은 결국 상대를 위기감으로 몰아 자신들의 운명을 단축시켰다.

결과적으로 갑신정변은 너무 일찍 일으켰고, 독립협회나 만민공동회는 마치 '호랑이 등에 올라 탄 듯' 너무 빠르게 진행되었다.

'시간'은 표면상으로는 정체된 것 같으나 그 '힘'은 실현코자 하는 이념을 더 넓고, 더 깊게 대중에 침윤(浸潤)시켜 준다. 따라서 기존의 보수세력을 상대로 개혁을 의도하는 입장에서는 상대를 격화(激化) 내지 긴장시킴을 최소화하면서, 자신들의 이념을 한 단계씩 '대중화(大衆

化)'해 나가 목표에 이를 수 있도록 시간을 할애해야 한다.

그것은 이념에 대한 민중의 일시적 감정적인 호응을 과신해서는 안 되며, 민중이 이념을 이해·체득(體得)할 때까지 기다릴 줄 알아야 함을 의미한다. 민중은 그 표면상·감정상으로는 새로운 이념에 매우 빠르게 반응하지만, 실제에 있어 그 본체는 매우 더디게 점진적으로 발전, 의식화되며 민중의 세력은 그때에야 진정한 힘을 발휘할 수 있다. 그리고 개혁의 성공은 그 힘에 의해서만 가능한 것이다.

이 외에도 독립협회나 만민 공동회의 한계는 그 운동이 중앙 정치, 도시에 집중되어 이들 세력이 당시 민족세력이라 할 농민들과의 연계에 대해 관심을 갖지 않은데 있다. 그것은 곧 부르주아(Bourgeois) 그리고 시대의 한계이기도 하였다.

5. 갑오경장(甲午更張, 1894.7-1896.2)

1884년 갑신정변이 발발(勃發)하자 김윤식 등은 원세개를 찾아가 청병을 동원하여 이들을 진압해 줄 것을 요청, 진압된 이후 김홍집과 함께 정권의 핵심에 안게 되었다.

갑신정변 후 갑오경장이 실시되기까지 국내 정치는 청국의 내정간섭과 민씨 척족세력의 부정부패로 동학혁명 등 내외적인 모순이 폭발되었다. 이러한 상황에서 갑신정변에 가담하지 않았던 개화세력인 김홍집, 김윤식, 어윤중 등으로 대표되는 개량파는 친청(親淸) 노선의 범위 내에서 개화운동의 맥을 이어나갔으나, 청의 압력에 의해 개혁을 지속시키지 못하였다. 그리고 친청에서 반청, 친로, 친미로 돌아선 민씨 일파에 의해 1887년 이후에는 정권의 핵심에서 밀려났다.

조선정부는 두 차례에 걸쳐 봉기한 반봉건, 외세배척 운동으로서의 동학혁명을 진압할 목적으로 청·일 양국에 구원병을 요청하였다. 그러나 동학혁명군의 세력이 약화됨에 따라 양국군는 더 이상 조선에 주둔할 필요가 없게 되었고, 청은 일본에 공동 철병을 제안하였으나 일본은 조선에 대한 공동 내정 간섭을 주장하였다.

그리고 일본은 청일전쟁(1894년)을 일으키고, 그 승리로 청의 조선에 대한 종주권 부인(否認)과 일본의 지배를 전적으로 인정해 주는 시모노세끼(下關) 조약을 체결하게 되었다. 그것은 개량파로서는 친청에서 친일로 돌아서는 계기가 되었고, 이들은 다시 정치의 핵심에서 갑오경장을 이끌었다.

일본은 침략정책의 일환으로 조선의 내정개혁을 요구하였다. 이는 전통사회를 자신들 통치에 적합하도록 개혁하여 능율적이고 용이한 지배체제를 구축함과 동시에 자국의 자본주의 세력의 진로를 개척하는데 필요하였기 때문이었다. 이때 일본으로서는 기존 가치관을 폐기하는 과정에서 맞게 되는 저항이나 폐해를 떠맡을 조선 정부의 역할이 필요하였고, 그것은 책임의 소재를 분명히 할 수 있는 구성체이어야 하였다. 갑오경장의 주체는 일본의 그러한 필요에 따라 형성된 정권이었다.

이러한 정치정세에 대해 동학도들은 '금년(1894) 시월(10월)의 개화간당(奸黨)이 왜국을 체결하여, 승야입경(乘夜入京)하여 군부(君父)를 핍박하고 국권을 천자(擅恣-마음대로)하여 우황(하물며), 방백 수령이 다 개화파 소속으로 인민을 무휼(撫恤)하지 않고, 살육을 좋아하며 생명을 도탄함에 이제 우리 동도가 의병을 들어 왜적을 소멸하고 개화를 제어하며 조정을 청평(淸平)하고 사직을 안보할 세 …'라 하여 개화파는 간당으로 일본과 결탁하여 매국, 매족의 행위를 일삼는 소탕해야 할 집단이라 규정하고 있다(경군(京軍) 병영에 고시함, 민(民)에 고시함 중에서).

당시 동학농민혁명의 주체인 '농민'은 곧 민중이고 민족과 하나였다. 여기에는 물론 지배, 수탈세력 외에도 유림, 천주교도 등 반대세력이 있었지만 그것이 이들의 '민족 대표성'을 훼손시킬만한 수준은 아니었다. 따라서 이러한 판단 즉 개량 개화파의 개혁을 '매국행위'로 인식한 것은 민족의 시각(視覺)이라 할 수 있다.

갑오경장은 김홍집, 김윤식, 어윤중, 유길준 등 개량 개화파를 개혁주체로 하였는데, 원래 이들은 청국과의 전통적 사대관계와 수구파

정권과의 타협이라는 틀 안에서 체제내적으로 개량을 쌓아 종국적 목표에 도달하려는 입장이었다.

그러나 일본에 의한 수구세력의 축출과 동학혁명에서 제기된 폐정개혁안의 요구라는 상황적 변화가 이들을 개량이 아닌 변법토록 몰아갔고, 그 과정에 일부 갑신정변의 주역들도 여기에 참여하게 되었다.

갑오개혁은 조선의 정치·경제·사회에 가장 현저하게 '근대(近代)'를 제도적으로 각인한 획기적 사건이었다. 그 주요내용은 종래의 정치제도 중 국정과 왕정을 구분하여 이를 각각 의정부(議政府)와 궁내부(宮內府)로 하여금 담당하게 하는 근대적 국가형태로 고친 일과 관리채용의 기본법인 과거제도를 폐지하여 양반정치를 종식시킨데 있다.

이와 함께 사법권의 분리, 재정체계의 일원화, 조세의 금납제 등의 제도적 측면과 사회개혁으로 반상(班常)의 계급타파, 문벌을 초월한 인재등용, 인신매매의 금지, 천민대우의 폐지 등 전통적인 양반제하에서의 신분제도를 철폐하였다. 그리고 이로서 조선은 형식상 '근대 국가'의 모습을 갖추게 되었다.

그러나 그들이 시도한 새로운 화폐개혁에는 일본화폐의 유통을 인정하여 일본의 금융지배를 초래하였고, 차관(借款)도입 등을 통하여 조선경제의 대일 종속화를 심화하는 결과를 가져오기도 했다. 그리고 조세의 금납화와 함께 방곡령(防穀令-미곡(米穀)방출을 금하는 법령) 실시를 제한함으로서 곡물의 상품화, 그에 따른 곡물의 일본으로의 유출(流出)을 촉진시켰다.

갑오경장은 조선 개국 500년 이래 제대로 변법이 이루어진 사례가 없는 조선 정치사에서, 최초로 정치, 사회제도를 일신하는 근대적 개혁이었으나, 이는 일본의 정치적 침략책의 일환이라는 타율적(他律的) 성격으로, 결과적으로도 일본의 자본주의가 침투할 수 있는 계기를 마련해 주었다. 따라서 이들은 항일세력의 강한 반발을 일으켰다. 또한 이와 함께 친노(親露)세력이 등장하고, 복잡한 국제관계의 갈등은 을미사변(乙未事變, 1895)[29]이라는 결과를 낳으면서 갑오경장은 막을 내렸다.

혹자는 갑오경장을 근대화로의 필연적 과정으로 이를 긍정적으로 평가하는데, 이러한 논리라면 일본의 식민지 지배 역시 같은 평가를 받아야 할 것이다. 그러나 그것은 '민족혼(民族魂)이 실종된 평가'라 하겠다.

6. 조선의 개화 사상가

1) 박규수

개화파는 연암집(燕巖輯)을 통해 명분론적 화이관의 극복, 반귀족적 평등사상 그리고 실용적인 실학의 존중 등을 받아들였다. 그리고 연암 박지원의 손자인 박규수는 북학에서 개화사상으로의 내재적 발전에 기여한, 그 결절(結節)의 중심에 있었다.

박규수는 당대에 거물급 정치인이었다. 그의 사랑방에는 패기에 찬 젊은이 들이 모여 들었고 그는 연암의 손자답게 이들에게 실학사상을 지도하거나 영향을 주었다.

그리고 이들이 바로 개화운동의 주역들인 김윤식(金允植), 김홍집(金弘集), 김옥균(金玉均), 박영효(朴泳孝), 홍영식(洪英植), 서광범(徐光範), 유길준(俞吉濬) 등으로 그의 사랑방은 조선 개화사상의 산실(産室)로서의 역할을 다하였다.

그의 문인이었던 김윤식은 그에 대해 '크게는 체국경야(體國經野)의 제(制)로부터 작게는 금석, 고고(考古), 의기(儀器), 잡복(雜服)에 이르기까지 연구하고 실사구시하지 않는 바가 없는데 규모는 광대하고 종리(綜理)가 미세하고도 정밀하였다'고 평하였다(『文集』 서문).

그의 사상은 대외 관계에서는 '예(禮)' 질서에 의한 계서적(階序的) 세계관을 타파하고 이(夷)의 세계에 대하여 열려진 국제관을 확립한

---

29) 1895년 10월의 을미사변은 다음해 2월의 아관파천(俄館播遷)으로 이어졌고, 김홍집 내각은 진상을 가리고 은폐에 가담한 혐의로 해체, 김홍집, 어윤중, 정병하 등은 민중 봉기에 의해 살해되었고, 유길준 등 일부는 일본에 망명, 김윤식은 유배되었다(강재언, 전게서).

것이고, 대내적으로는 근대 외교의 알맹이를 이루는 통상에 대처하여 서기(西器)의 도입에 의한 경제적 근대화를 도모하였으나, 변법사상에까지는 이르지 못하였다(강재언, 『한국의 개화사상』).

그는 1861년에 문안사(問安使)의 부사(副使)로서 일차 청국을 방문, 국제 형세를 목격하였고, 다음 해에는 진주민란의 안핵사(按覈使)로서 현지에 파견, 봉건체제 해체기의 사회현실을 체험적으로 수습·처리하였으며, 1866년에는 평안감사로서 대동강에 불법으로 침입한 미국 무장상선 제너랄 셔만 호(號)의 격침을 직접 지휘하였다. 그로부터 1871년 신미양요(辛未洋擾)에 이르기까지 그는 양요에 관련된 청국 예부에의 자문(咨文) 및 미국측의 힐문(詰問), 통상요구에 대한 답신 등을 도맡다시피 기초(起草)하였다(이완재, 『초기개화사상』).

박규수는 '샤만호' 사건을 처리하면서 '나라는 사실 내치와 외교가 기의(機宜)를 잃지 않아야 스스로 보전할 수 있는 법이라 지적하고, 내가 듣건데 미국은 지구상의 여러 나라 중에 가장 공평하다고 일컬어지고 … 미국이 비록 그쪽에서 말이 없으나 우리가 먼저 외교를 맺어 맹약(盟約)을 해서 고립의 환(患)을 면해야 할 터인데 도리어 이쪽에서 밀어 물리치니 어찌 나라를 도모하는 것이겠는가?'라 하여, 자신은 미국과의 통상을 희망하였으나 대원군정권에서 그 의지를 실현시키기 어려웠음을 토로하였다.

그는 1871년 별사(別使)로서 입연(入燕)하고 돌아와서 '청국이 처음에는 서양의 화포·화륜선, 양화(洋貨) 등을 도입해 들여오다가 점차 그 기술을 습득하고 모방하여 스스로 제조해 냄으로서 사양은 실리(失利)하고 있다'고 지적하여 중국의 양무운동을 성공적인 것으로 이해하였다.

박규수는 병인, 신미 두 차례의 양요기에는 척양에 앞장섰으나 1874년 이후에는 통왜(通倭)를 주장하였는데 이는 미국과의 국교를 희망한 것과 같은 흐름이었다. 그는 왜양일편(倭洋一片)인 상황에서 일본과의 수교를 거부하는 것은 그들에게 무력행사의 구실을 줄 것이라 예견하여, 1875년 5월 대원군에게 '만일 저들이 한번 포격을 발하기에 이르면 그 후에는 서계(書契)를 받고자 해도 이미 때가 늦어 나라를 욕되게 할 것이다'라 경고하였다.

그리고 그것은 현실이 되어 강화도사건으로 이어져 1876년에 일본의 무력에 의한 협박하에 '병자수호조약'이라는 불평등한 조약을 체결케 되었다.

2) 유길준(兪吉濬, 1856-1914)

유길준은 1856년(철종 7년) 서울의 양반가문에서 태어나 과거(科擧) 위주의 철저한 한학(漢學)교육을 받았으나 박규수를 만나면서 신학문으로 전환하게 되었다. 그리고 그가 중요한 정치사상가로 성장할 수 있었던 계기는 일본과 미국유학에 의해 마련되었다.

그는 어릴 때 동문수학한 민영익의 추천으로 1881년 봄, 정부의 신사유람단 파견 시(時)에 어윤중의 수행원으로 일본에 가서 1년 반 동안 그리고 1883년에는 민영익을 수행하여 미국에 가서 유학생활을 하게 되었다.

그는 갑신정변 이전에는 김옥균 등 변법 개화파와 변혁에 대한 인식이 유사했지만 정변의 실패 이후에는 체제내 개혁이라는 현실적 개혁론자로서 갑오개혁의 이론적 기초를 제공하였다.

유길준은 조선 말기 개화파의 사상을 가장 체계적으로 구축한 사상가로서 그의 개혁사상을 검토한다는 것은 곧 조선 개화의 내용과 방향을 알고자 하는 것이라 할 수 있다.

① 개화사상

유길준은 미국유학을 통한 자신의 서구세계에 관한 이해를 『서유견문(西遊見聞)』[30]으로 소개하였고, 그 내용은 총 20편으로 정치, 경제, 사회는 물론 지리, 교육, 법률, 생활관습 등 사실상 사회 모든 현상을

30) 1895년에 발간되었으나 그 구상이나 집필은 훨씬 이전에 이루어졌다. 이 책은 정치적으로는 갑오경장의 사상적 지침서가 되었을 뿐 아니라, 최초의 국한문혼용서로서 당시 신문이나 잡지는 물론 신문학에도 지대한 영향을 주었다.

망라하고 있다.

그는 이 책에서 '개화(開化)'를 인간의 천사만물(千事万物)이 지선극미(至善極美)에 이르는 것을 일컫는다. 개화란 천사만물을 궁구하고 경영하여 일신우일신(日新又日新)을 기약하는 것이라 하여 우원(迂遠)한 원론(原論)으로 설명하고 있다(『서유견문』).

『서유견문』의 내용과 취지는 다음과 같이 요약할 수 있다.

첫째로 그는 종래의 화이관과 형이상학적 사유방식을 타파코자 하였고, 둘째로는 인간이 자유와 권리의 주체임을 확인하고 또한 만인은 태어날 때는 모두 평등하다는 것이다.

그리고 셋째 그는 봉건적 질곡에서 해방된 개개인의 자율성과 창의성이 국가 발전의 원기(元氣)로 작용한다고 믿었다. 그는 자유·자본주의 관점에서 인간의 이기심은 자연의 본성이며, 그러나 법률의 통제하에 발현되도록 유도됨으로서, 개인 자신뿐 아니라 사회전체의 조화로운 발전을 가져온다는 것이다. 넷째로 정체(政體)에 대해 국가 권력이 헌법과 법률의 제한 내에서 행사되는 입헌군주정체를 찬양하였다. 그리고 다섯째로 국가권력의 권한과 집행은 법률의 제정과 집행을 통해 경제활동의 공정한 규칙을 확립함에 그쳐야 한다는 등이다(우홍준, 『구한말 유길준의 정치사회 경제론』).

② 국가, 정체론

i) 국가론

유길준은 사회계약론자들이 상정하는 '자연상태'를 부정한다. 그는 각 나라들이 가지고 있는 정부제도는 '시세의 진성(溱成)과 인심의 추향(趨向)을 수(隨)하야 자연히 침윤한 습관을 성(成)함이오, 사람의 지력(智力)을 빙자(憑藉)하야 일석일조에 그 정체를 시초함이 아니다'라 하였다.

또한 군주권의 성립에 대해 '수장은 자생적(타인의 힘을 부자(不藉)하고 동(動)함)으로 국가 관념을 자각하고 신민(臣民)은 타동적으로 국가 관념을 자각하야 수장이 먼저 국가의 의의(意義)를 구성한즉 신민은 그 의의에 복종한 자'가 된다.

그는 국가의 권능과 목적에 대해 국가는 국토와 인민을 외국의 침략으로부터 수호하고, 법률로서 그 국민들의 안녕과 질서를 보장하고 나아가 문명개화를 향하여 인민들을 견인해 나가야 할 적극적 기구로서 의미를 부여 받고 있다.

그러나 '정부가 인민의 사사(私事)에 간섭하는 때는 본래 위엄과 권력을 가진 자라 그간에 필연 마음대로 횡포를 부리는 경향과 가혹한 법이 있어 인민의 자주하는 정리를 방해하는 단서가 논의를 가리지 않고도 분명하다'고 하여 자유자본주의 입장에서 제한정부를 지향하였다.

ii) 정체론

유길준은 군주제가 만고불변의 이상적인 정체라고 주장하는 유학의 이념을 『서유견문(西遊見聞)』 등 여러 저서에서 그대로 인정하였다.

그는 '대대로 국가의 규모가 천만년을 경과하여도 불변하는 것이 있으며, 또 시세를 따라 변개(變改)할 것도 있으나, 그 불변하는 것은 인군이 인민의 위에 서서(立) 정부를 이끌어 가는 제도와 또한 태평을 원성(圓成)하는 대권(大權)이며, 인민은 인군을 위하여 그 충성을 다하고, 그 정부의 명령에 복종하는 일이니, 이는 인생의 대기(大紀-큰 벼리)라 일월같이 광명하며 천지로 더불어 장구하야 인력으로 움직이기 불가한 것이다(전서).

그러나 그는 시대의 추이에 따라 입헌군주제를 지향하였다. 그는 『서유견문(西遊見聞)』에서 '각국의 정체를 상고하건데 군민(君民)이 공치(共治)하는 자가 최미(最美)한 규모'라 하여 영국의 입헌군주제가 이론상 가장 이상적인 정치제도라 하였다.

그는 입헌군주제인 군민공치(君民共治)에 대해 '이 정체는 그 나라의 법률과 정치의 일체대권을 군주 일인이 독단함이 없고 의정대신(議政大臣-국회의원)들이 반드시 먼저 결정하여 군주의 명령으로 시행하는 것을 가리킴이니, 의정대신들은 인민이 천거하여 정부의 의원이 되는 고로 대신은 자신을 추천한 인민을 대신하여 사무를 행함이며, 또 인군의 권세도 한정된 경계가 있어, 법외에는 일보도 벗어나기 불능하고 군주로부터 서인(庶人)에 이르기까지 공도(公道)를 지켜 … 또 사법대신등과 행정대신들은 … 정사와 법률마다 의정대신들이 결정한 것을 시행하는 자라, 고로 이 정체가 실은 의정, 행정, 사법의 삼대강(三大綱)으로 나누어지니 군주는 삼대강의 원수이라 …' 하였다.

그러나 그는 '인민의 지식이 부족한 나라(國)를 졸연히 그 인민에게 국정에 참섭하는 권한을 허함이 불가한 자'라는 단서를 달아 조선에 입헌구주제의 도입을 유보하자는 입장을 취하였다.

그리고 그가 친일 성향을 분명히 들어낸 이후의 저서인『정치학』에서는 명치헌법을 옹호하는 입장에서 영국의 입헌군주제로부터 프로이센형(型) 입헌군주제의 찬양으로 입장을 바꾸었다.

그는 근대 국가학의 일진과 함께 삼권분립론의 오류를 발견하였다. 입법권은 국회에 있지 않고 국회에 있어서의 군주에 있으며, 행정권은 정부에 있지 않고 정부에 있어서의 군주에게 있으며, 사법권은 재판소에 있지 않고 재판소에 있어서 군주에 있다.

국가의 주권은 유일불가분한 것으로 그 본체 및 작용은 모두 군주일신에 있다하더라도 그것을 작용함에 있어서는 정부, 국회 및 재판소 등의 보조기관을 통해서 집행해야 하는 원칙이 점차 명백하게 되었다(유길준,『정치학』). 이러한 내용과 구조는 헤겔의『법철학』에 따른 독일 프로이센 헌법에 근거한 것이다.

사실 그는 1908년 저술된『독본(讀本)』에서 사해동포주의를 제창하고 있는데 이는 명백히 일제에 대한 투항주의적 자세라 하지 않을 수 없다.

③ 사회사상

i) 법과 자유

유길준의 자유에 대한 이론은 J. S. 밀의『자유론』에 전적으로 영향받은 것이다.

그는 자유를 개인적 주관적인 자유만을 인정하고, 사회적인 자유는 오직 도덕과 법률에 합(合)한 연후에만 존재할 수 있다는 입장에서 사람이 홀로하는 일에는 자유하거니와 다른 사람과 관계하는 일에는 자유없다고 하였는데 이는 J. S. 밀을 그대로 옮긴 것이다.

그는 천부(天賦)한 일신의 자유를 약간 양보함이 없을 수 없으니, 일신의 자유의 일부를 양보하고, 세상의 법률에 순응하여 그 혜택과 의무를 따라야 한다고 주장한다.

인간이 자유와 권리의 주체이며 만인은 태어날 때는 모두 평등하다고 믿어 천부인권사상을 부정하지는 않았으나 '법은 인권을 빼앗을 수도 있고, 부여할 수도 있는 전지전능한 지위로 법률의 권(權)은 왕자에 존(存)한다'하여 법률 지상(至上)주의를 말하였다.

그는 법은 권리보다 우선하며, 법률을 세워 남을 방해하는 자의 죄를 다스림이 그 범하는 자 일신의 천부의 자유를 감소시키는 듯 하나 그 실은 처세하는 자유를 크게 증가시킴이라 하여 형벌(刑罰)의 범법자에 대한 도덕적 효과 역시 인정하였다.

그는 자유, 자본주의 입장에서 인간의 '이기심과 경쟁심은 사람이 살려는 의지의 자연스러운 발로로서, 이것이 없으면 죽은 사람이나 한 가지이다. 문명이 차츰 개화됨에 이르러 국가의 법을 개정하고 인민의 권리를 보호한즉 경쟁하는 풍습 또한 변한지라 자기의 이익을 구하는 자는 타인의 이익을 초래하며 …'라 하였다.

ii) 신분제

유길준 같은 자본주의 사회로의 개혁을 지향하고 있는 개화사상의 입장에서 볼 때, 봉건적 신분제도는 시급히 척결되어야 할 과제로 인식되었다. 그의 사회사상은 자유 평등의 원칙과 그에 따른 노동의 귀천(貴賤)의 부정(否定), 직업선택의 자유 등을 수용하였으나, 그 이해가 피상적(皮相的) 수준에 그쳐, 유가적 사회 가치관을 넘어서지 못하였다.

그는 새로운 지배질서를 1. 주치자(군왕), 2. 귀족, 3. 제삼급－학술가, 기술가, 제조업, 상공인 및 지주 등, 4. 제4급 '국민 중 최하 지위에 거(居)하는 서민급으로 나누었는데 이는 군주국가에서 양반, 중인,

서인과 천인 세 계층으로 나눈 것과 그 명칭만 바꾼 것이다.

또한 유가 전통사회에서의 군자와 소인의 구별을 '노동'이라는 용어를 사용해 설명하고 있다. 그는 노동의 귀천에 대해 원칙적으로 부정하는 입장이지만 정신노동과 육체노동 사이에서 '힘(力)'은 반드시 마음의 부림을 당하도록 되어 있어 앉아 하는 노릇은 한 사람이 천백 사람을 부리고, 서서하는 노릇은 천백 사람이 한 사람에게 부리우는 고로, '힘'은 마음같이 크게 미치지 못함으로, 노심(勞心)은 노력보다 귀하다는 것이다.

그는 기본적으로 성리학의 군자·소인관에 따라 노심자(勞心者)는 리(理) 즉 소이연(所以然)을 깨달은 선각자로서 노력자를 깨우치게 하는 것을 의무로 함으로 군자가 되고, 노력자는 소인이 된다고 생각을 하였다. 그러나 다만 그 구분이 혈통이나 가문에 의존하는 선천적 신분제에서 와는 달리 '학문을 무(務)하며 리술(理術)에 통하여 심을 노하는 자는 군자라 하야 시존(是尊)하고, 교육을 불피(不被)하야 력을 노하는 자는 소인이다'라 하였다.

또한 사회에 귀천과 상하의 차례가 존재함을 '자연적인 도리'로 보고, 아랫사람이 되거든 웃사람을 공경하고 노동자가 자본가에 충성하는 일은 비단 국내 자본가에 대해서 뿐 아니라 외래 자본가에 대해서도 마찬가지다. 외국 자본가에 나쁜 말을 듣게 되면 이는 곧 국인 모두의 치욕이 되니 그 노동자는 조선의 죄인 됨을 면치 못한다.

그는 교육은 근대화를 실현하는 전제조건으로서 국가의 권리를 보전하는 대본이며, 민중계몽의 필요성을 강조하였다. 그러나 그에 대한 구체적 제안은 유보한 상태에서 '이들 빈한한 서생은 그 공부를 달성하기에 이르러서는 세상에 대편리와 대이익을 일으키는 고로 나라사람들이 이들을 돕지 않으면 안 된다'고 하여 엘리트 중심의 사고(思考)를 들어내고 있다.

④ 국제관

유길준은 규범적이고 조화적인 세계관에 입각하여 체계화된 초기 개화파의 대(對)서양관 및 국제관을 세웠으나 이는 제국주의의 식민지 쟁탈이 격화된 시기에 막연한 역사의 진보와 약소국의 장래를 낙관한 것으로, 이로서는 조선조의 대내문제를 올바르게 해결할 수 없었다.

그는 『만국공법(萬國公法)』에서 '세력균형이란 강국들로 하여금 그 형세를 균평하게 하여 서로 업신여기지 못하게 함으로서 약국이 이에 의거하여 안전을 도모하는 것'이라 하였다. 당시 국제사회의 전체적인 경향은 부국강병에 의한 패권주의(覇權主義)와 조약체결에 의한 세력균형론이 병행(竝行)하였고, 이는 마치 춘추전국시대를 방불케 하는, 초기 자본주의 시대의 세계관에 따른 상반된 두 양상이다.

다시 말해 강자의 입장에서는 패권을 추구하는 것이며, 약자의 입장에서는 세력균형을 통하여 자신의 주권을 보호하려는, 각자의 입장에 따른 결과였다. 이러한 관점에서 개량 개화파들을 이해하자면, 이들이 청, 일, 러, 미 등을 헤매었던 것은 서구 열강과의 합종연횡식(合從連衡式) 조약체결을 통해서 세력균형을 유도하여 조선의 자주독립을 보장받고자 한 것이다.

그러나 조선의 현실은 국력면에서 속빈 강정과 다름없었고, 이러한 정부, 정권으로는 관계 국가들 간의 세력균형을 유도할 수는 없다. 세력균형은 강인한 주체의식과 결집된 세력을 확립한 상태에서만 관계국들을 선택·설득할 수 있어 가능한 것이다. 그 주체의 주도력이 상실되고, 그 구심(球心)세력마저 불분명한 경우 오히려 외세에 의해 사분오열(四分五裂)의 길을 갈 수밖에 없고, 그것이 조선의 정치현실이었다.

제 6 절 중국의 신해혁명(1911)과 조선의 을사보호조약(1905)

중국과 조선에서 개화사상에 따른 무술변법과 갑신정변이 실패한 후, 이를 주도한 인물들은 해외 망명의 길을 걸으며 정치적 재기를 모색하였다. 그러나 중국에서는 보다 급진적인 세력에 의해 신해혁명이 성공함으로 자주적으로 개혁을 진행시켜 나갈 계기와 조건을 구비할 수 있었다.

반면 조선에서는 결국 을사보호조약으로 사실상의 주권을 상실하였고, 이제 소수 지식인들에 의한 급진적 개혁의 시기는 지나갔다. 따라서 국내에서는 민족의 세력을 강화하기 위한 준비단계로서 보다 건전한 계몽운동이 전개되었고, 해외에서는 의병활동을 통해 꾸준히 조선의 독립의지를 실천해 나가면서 해외망명 인사들을 주축으로 임시정부를 설립 국가의 명맥을 이어 나갔다.

1. 중국의 신해혁명

1) 역사적 배경

중국에서 태평천국의 난이 평정된 1864년 이래 양무운동과 무술변법을 거쳐 신해혁명(1911년) 전후기(前後期)에 이르기 까지 반세기(半世紀) 동안의 개혁을 위한 정치사상은 백가쟁명(百家爭鳴)을 방불케 하는 다양한 사상과 주장이 난무하였다.

이들의 정치사상은 크게 둘로 나누어 질 수 있다.

그 하나는 중화사상(中華思想)을 중심(中心)으로 서구문명을 수입, 접목시키려는－그것을 과학기술과 무기(武器)개발에 한정(限定)시키던, 정치제도의 개혁을 시도(試圖) 하건 간에－크게 보아 중체서용(中體西用)

의 입장으로 이들은 서구의 문명과 정치이념을 개념적(槪念的)이고 단편적(斷片的)으로 채택·적용하는 점진적 개혁을 주장하였다.

다른 하나는 중국의 정치사회 변혁을 공산주의를 포함한 사회주의나 더 나아가 무정부주의(無政府主義)에 이르기까지 다양한 서구의 정치이데올로기에 따라 개혁 내지 혁명을 추구하는 급진적 경향(傾向)이었다. 그리고 시간적으로 보면 전자는 무술유신 전후(前後)가 되고 후자는 신해혁명 이후로 보아야겠지만 절대적 기준(基準)은 아니다.

이들 중 양무 계열의 사상가들에 대해 시간적으로 말하면 무술년(戊戌年-1897) 이전에는 풍계분(馮桂芬, 1809-1874)이 있었고, 이후로는 엄복(嚴復, 1853-1921)이 있었다. 내용으로 말하자면 강유위나 양계초에 비해 수구적이던 장지동(張之洞, 1837-1909)이 있었고, 보다 진취적이었던 하계(何啓)와 호예원(胡禮垣)이 있었다(소공권, 전게서).

변법을 주장한 사람들은 그 목표가 입헌 군주제였고, 강유위, 양계초, 담사동을 들 수 있다. 그리고 신해혁명을 계기로 이들은 정치 일선에서 후퇴할 수밖에 없었다.

2) 신해혁명

1900년 의화단(義和團)사건 이후 청나라의 유럽 열강에 대한 열세와 굴종적 태도는 한층 더 심해졌고 이들 열강에 의한 식민지화 위기가 심화되었다.

1905년 일본에서 활약하던 손문(孫文)의 혁명파는 화교(華僑) 외에 재일본유학생과 국내의 지식 청년층을 중심으로 각 지방의 반정부 세력을 규합, 여기에 비밀결사인 회당(會黨)과 손을 잡고 민주공화제를 지향하는 중국 최초 정당인 중국 혁명동맹회(革命同盟會)를 결성하였다.

청 정부도 나름대로 1906년 실시(實施)시기를 명시하지 않은 예비입헌(豫備立憲)을 발표하며 신정운동(新政運動)을 시행하였으나 이는 청 왕조 집권체제의 유지를 위한 것으로 사회적 모순을 해결하는 데는 도움이 되지 못하였다. 이에 신정반대·세금거부·그리스도교 배격 등의 대중투쟁이 격화되어 전국적으로 확대되었다.

1911년 5월 청 정부는 그때까지 민영(民營)인 철도에 대해 '철도 국유령'을 발표하고, 그들은 철도를 담보로 열강의 금융자본 연합체인 4국 차관단으로부터 거액의 자금을 빌려 재정난을 타개하려 하였다. 이에 대하여 호남(湖南)·호북(湖北)·광둥(廣東) 등에서 광범위한 반대운동이 일어났으며, 특히 사천(四川)에서는 대규모 무장투쟁으로 발전하였다(四川暴動).

같은 해 10월 초, 청 정부가 사천폭동을 토벌하기 위하여 호북신군(湖北新軍)을 동원하자, 혁명파는 무한(武漢)에서 문학사(文學社)와 공진회(共進會) 등을 조직하여 신군(新軍)에 대한 공작을 계속하였고, 10월 10일에는 무창에서 봉기하여 중화민국 군정부(軍政府)를 설립함으로써 신해혁명의 도화선에 불을 붙였다(武昌蜂起).

이 혁명은 순식간에 전국에 파급되어 1개월 이내에 거의 모든 성에서 호응하기에 이르렀다. 1911년 12년 1월 1일 손문을 임시 대총통으로 하는 남경(南京)정부가 수립되어 손문의 삼민주의(三民主義)를 그 지도이념으로 한 중화민국이 발족하였다. 그리고 이보다 앞서 청 정부는 원세개(袁世凱)를 기용하여 혁명군의 토벌을 명하여 사실상 두 개의 정부가 존재하게 되었다.

한편 지방에서 실권을 장악하고 있던 혁명군은 열강 측의 압력과, 내분으로 인해 북벌을 중지하고 영국의 중재로 남북화의(南北和議)가 진행되었다.

신해혁명 후 설립된 중국의 공화제 정부의 전도(前途)는 밝지 않았다.

손문은 청 황제를 퇴위시키는 조건으로 원세개에게 대총통의 지위를 이양하였고, 그는 3월에 정식으로 대총통에 취임하여 북경(北京)정부를 조직하였다. 그러나 원세개를 중심으로 한 보수세력과 군벌(軍閥)들에 의해 정국(政局)은 다시 복고적(復古的)인 정치 노선을 밟았고, 원세개의 사후(死後)(1917)에는 군벌들에 의해 정치세력이 분할 통치되었다. 군벌들은 1924년 국민당과 공산당 간의 국공합작(國共合作)이 이루어져 정치중심에서 밀려 났으나, 지방분권적 세력으로서는 유지되었다.

신해혁명으로 청나라가 멸망함으로써 2000년간 계속된 전제정치(專制政治)가 끝나고, 중화민국(中華民國)이 탄생하여 새로운 정치체제인 공화정치의 기초가 마련되었다.

정치사상사의 측면에서 보면 신해혁명은 그간에 서구문명에 대한 방파제 역할을 해오던 유교이념의 몰락을 의미하며, 이로서 유교의 중국사회를 주도하는 이데올로기로서의 기능에 대해 강한 의구심을 가져다 준 계기가 되었다. 그리고 유교에 대한 근본적 공격은 1916년부터 일기 시작한 '신문화운동(新文化運動)'의 주된 투쟁목표의 하나가 되었다.

2. 조선의 을사보호조약(1905년)

조선 후기 사대부들은 려말선초에 최영이나 정도전 등이 명에 대항하여 요동정벌을 결의하던 기개는 커녕 스스로 명의 종속국으로 자임하였고, 그렇게 형성된 중국의 종속국으로서의 의식(意識)이나 정치현실은 그 영향이 근대 개화기에까지 미치었다.

병자호란에 즈음하여 조선의 사대부들은 산해관 밖이 다 후금에 함락되었을 지라도 번국(藩國-제후의 나라)이 중국을 섬기는 도리는 상황에 따라 달라질 수 없다고 못 박았다(『광해군 일기』). 또한 우암 송시열은 '우리나라의 풀 한 포기, 나무 한 그루, 백성의 모발(毛髮) 하나하나까지도 (명황제의) 황은(皇恩)이 미친 바가 아닌 것이 없다'고 하였다(『송자대전』).

한편 개화기의 김윤식은 '우리나라가 청국의 속방임은 천하가 다 아는 바이며 … 우리는 세(勢)가 고약(孤弱)하거늘 만약 청국이 종래와 같이 착실히 보호해 주지 않는다면 실로 유지하기 어렵다'고 하였다(『음청사(陰晴史)』). 결국 이 둘의 차이는 다만 명·청이라는 이름뿐이었다.

이러한 주체성을 상실한 지배층의 의식을 가지고 근대 개화기 국제정치의 격랑(激浪)에서 독립을 유지한다는 것은 이미 가능한 일이 아니었다. 이제 그 대상이 중국에서 일본으로 바뀌었을 뿐 조선 지배계층의 정치의식이나 행태는 동일하였다.

일본은 청일전쟁의 승리로 조선의 내정을 장악하여, 갑오경장을 주도하면서 자신들의 조선 침략의 발판을 마련하였고, 러일 전쟁에서 승리한 후, 미국의 중재로 1905년 포스담에서 러·일간의 강화회담이 있었고, 그 결과로 일본은 조선침략을 국제적·공식적으로 승인받았다. 같은 해 11월에 체결한 조선의 일본과의 을사보호조약은 그 후속 조치로 이루어진 요식행위였을 뿐이었다.

일본은 이로서 조선의 외교권 탈취마저 확정지음으로서 조선의 통치권을 완전히 장악하여 사실상 식민지 시대를 열었다. 그리하여 일본은 식민지 지배의 일환으로 청으로부터 받은 배상금으로 조선 전체의 철도 부설권을 획득하고, 광산, 삼림, 어업 등에서 얻은 이권과 함께 금(金) 수출, 일반 상무역(商貿易)까지도 장악할 수 있게 되었다.

을사보호조약의 체결 과정에서 고종(高宗)은 '정부에서 협상 조치하라'고만 하여 책임을 회피하였고, 대신들 중 이에 반대한 사람은 한규설(韓圭卨), 민영기(閔泳綺), 이하영(李夏榮) 뿐이었다.

이 소식은 황성신문(皇城新聞)에 사장인 장지연(張志淵)이 '시일야방성대곡(是日也放聲大哭)'이라는 논설을 게재함으로서 알려져 전국에서 일본에 대한 항쟁이 일어났다.

전국 각지에서는 의병이 일어나 홍주(洪州)에서는 민종식(閔種植)이, 충청도에서는 신돌석(申乭石), 전라도에 최익현, 경상도에는 유인석이 이들을 이끌었고, 민영환을 위시하여 조병세, 전참관 홍만식, 학부주사 이상철, 평양대 일등병 김봉학, 주영공사 이한응 등도 죽음으로서 항거하였다.

1905년 조선이 일본의 보호국이 되자 지식인은 물론 일반 대중 사이에 소위 애국 계몽운동이 일어났고, 이 운동은 장지연(張志淵), 박은식(朴殷植), 신채호(申采浩) 등의 사상적 밑받침이 된 것이다. 이때는 이미 유길준의 보편주의적이며 규범적인 낙관적 세계인식은 자취를 감추었다.

19세기 말 겸곡(謙谷) 박은식(朴殷植, 1859-1926)은 『유교구신론(儒教求新論 1905)』에서 유교개혁의 필연성을 다음의 세 가지로 지적하였다.

'소위 삼대과제는 무엇인가? 하나는 유교파의 정신이 전혀 제왕측에 있어 인민사회에 보급할 정신이 부족함이요, 다른 하나는 철환열국(轍環列國-여러 나라를 두루 다녀)하여 사역천하(思易天下)의 주의(主義)를 불강(不講)함이요, 또 다른 하나는 한국 유가가 간이직절(簡易直切)한 법문을 불요하고 지리즙만(支離汁漫)한 공부를 전상(專尙)함이라' 하였다.

이는 유교의 대중성, 세계성, 실천성의 부족함과 그 개혁을 요구한 것으로 그는 다음과 같은 글에서 양명학(陽明學)을 그 대체 학문으로 제시하였다.

'이제 유자(儒者)가 각종 과거(科擧)외에 본령(本領)학문을 구하고자 할 진대 양명학에 종사하는 것이 실로 간단절요(簡單切要)한 법문이라, 대개 치양지(致良知)의 학(學)은 직지본심(直指本心)하여 초범인성(超凡人聖)하는 문로(門路)로 지행합일(知行合一)은 심술(心術)의 세미함에 대해서는 그 살피는 법이 긴절(緊切)하고, 그리고 사물응용에 있어 그 과감력이 활발하여, 이는 양명학파의 기절(氣節)과 사업의 특저(特著)한 공효가 실로 많은 때문이라.'(『유교구신론』)

을사보호조약으로 사실상 조선의 왕조는 수명을 다했고, 식민지 시대에 들어 창씨개명(創氏改名), 한글 말살정책 등 조선의 뿌리를 뽑으려는 일본의 악랄한 수법과 그에 의부(蟻附)하는 조선 지배층의 야합에 의해 민족 자체가 와해·소멸되는 위기에까지 이르렀으나, 밖으로는 세계 역사의 유리한 흐름과 안으로는 꺼지지 않는 민족혼(民族魂)을 지켜낸 애국자들이 있어, 한(韓)민족은 벼랑 끝에서 간신히 살아남을 수 있었다.

◈ 참고 문헌 ◈

1. 한국 중세유교정치사상사 1 김준석
2. 한국 중세유교정치사상사 2 김준석
3. 한국 철학사 최영진 외
4. 포은과 삼봉의 철학사상 정성식
5. 유학의 갈림길 데이비드 S 니비슨 김민철
6. 중국 철학사 펑유란
7. 한국 정치사상사 박충식
8. 근대 한국정치사상사 최창규
9. 조선 전기의 유학사상 금정태
10. 동양사상과 한국사상 윤사순
11. 한국사상사의 시대구분 윤사순
12. 한국유학사상론 윤사순
13. 한국의 성리학과 실학 윤사순
14. 한국 성리학연구 윤사순
15. 조선 유학사 현상윤
16. 조선조 정치사상연구 한국정치외교사학회
17. 조선 왕조정치연구 이달순
18. 동양윤리의 담론 조현규
19. 목적의 왕국 크리스턴 M 코스가드 김양현
20. 현상학과 윤리학 조관성
21. 사서집주 주희 한상갑
22. 중용 김용옥
23. 강의 신영복
24. 니체와 니힐리즘 M. 하이데거 박찬국
25. 실천이성비판 칸트
26. 정도전의 건국철학 김용옥

27. 정치가 정도전 최상용·박홍규
28. 조광조 이상성
29. 이이 임옥균
30. 한국 문화사 지명관
31. 조선 후기역사의 이해 정옥자
32. 한국정치사상사 최영성
33. 광해군대 말엽외교 노선논쟁의 실제와 그 성격 계승범
34. 조선 봉건사회의 정체적 본질 박극채
35. 광해군 한명기
36. 성호 철학 연구 송갑준
37. 율곡학과 반계 실학 안재순
38. 성호 이익 연구 한우근
39. 반계 유형원 연구 천관우
40. 우암 송시열 철학사상에 관한 연구 김문준
41. 조선후기 실학의 개혁사상 최성철
42. 동학혁명과 태평천국혁명의 비교 노태구
43. 한국 유학사상 최근덕
44. 성호 이익 철학사상연구 김용걸
45. 유암 송시열의 인간적 이해 송인창
46. 한국 근세사 개론 국사교재편집회
47. 동양 본체론 서설 배종호
48. 송대 태극론의 제문제 김충열
49. 논쟁으로 보는 중국철학 중국철학연구회
50. 다산의 연구 금정태
51. 최한기의 경험주의 박종홍
52 혜강 최한기의 실학사상 금장태
53. 한국 실학사상사 천관우
54. 한국 유교사상사 성락훈
55. 한국 동학 및 천도교사 최동희
56. 퇴율비교 윤사순 외
57. 한국 유학사 배종호

58. 논쟁으로 보는 한국철학 한국 철학사상연구회
59. 조선 성리학 연구 윤사순
60. 동학과 동학난 김양기
61. 동학의 한국정치사상사적 연구 이문수
62. 조선말기 개화사상 형성에 관한 연구 조재복
63. 한국의 개화사상 강재언

[저자소개]

지기영

1960. 서울 경동고등학교 졸업
1966.8 연세 대학교 행정학과 졸업
1968.8 고려 대학교 대학원 정치학과 졸업
정치학 석사
1983. (주)용지전자 대표이사
1993. 인도 배낭 여행
1996. 티벳 수미산 순례

東西 政治思想史(3)

2014년 12월 20일 | 초판 인쇄
2014년 12월 30일 | 초판 발행

지은이 | 지기영
발행인 | 고호균
발행처 | 법영사
등 록 | 1987. 11. 5 제3-125호(윤)
주 소 | (135-280) 서울특별시 강남구 논현로 130
전 화 | (02)501－8898
팩 스 | (02)501－8895
Site : www.bubyoungsa.co.kr
E-mail : bypuco@chol.com
ISBN : 978-89-7032-301-5

정 가 33,000원